中国安全防范行业年鉴

（2018版）

中国安全防范产品行业协会　编

中国人民公安大学出版社
·北　京·

图书在版编目（CIP）数据

中国安全防范行业年鉴：2018 版 / 中国安全防范产品行业协会编 .—北京：中国人民公安大学出版社，2019. 9

ISBN 978-7-5653-3721-5

Ⅰ.①中…　Ⅱ.①中…　Ⅲ.①安全装置—工业企业—中国—2018—年鉴　Ⅳ.①F426.63-54②F426.4-54

中国版本图书馆 CIP 数据核字（2019）第 176380 号

中国安全防范行业年鉴（2018 版）

中国安全防范产品行业协会　编

出版发行：中国人民公安大学出版社
地　　址：北京市西城区木樨地南里
邮政编码：100038
经　　销：新华书店
印　　刷：天津画中画印刷有限公司

版　　次：2019 年 9 月第 1 版
印　　次：2019 年 9 月第 1 次
印　　张：20
开　　本：889 毫米×1194 毫米　1/16
字　　数：769 千字

书　　号：ISBN 978-7-5653-3721-5
定　　价：90. 00 元

网　　址：www. cppsup. com. cn　www. porclub. com. cn
电子邮箱：zbs@ cppsup. com　zbs@ cppsu. edu. cn

营销中心电话：010-83903254
读者服务部电话（门市）：010-83903257
警官读者俱乐部电话（网购、邮购）：010-83903253
公安业务分社电话：010-83905672

广告经营许可证：京西工商广字第 0305 号
网络支持：中国安防行业网（www. 21csp. com. cn）

《中国安全防范行业年鉴》（2018版）编辑委员会

《中国安全防范行业年鉴》（2018版）编辑工作组

第一章 2018 年中国安防行业发展综述

第一节 重要讲话

习近平指出，党的十八大以来，政法战线认真贯彻党中央决策部署，坚持一手抓当前、一手谋长远，为维护改革发展稳定大局作出了重要贡献。

习近平强调，希望全国政法战线深入学习贯彻党的十九大精神，强化“四个意识”，坚持党对政法工作的绝对领导，坚持以人民为中心的发展思想，增强工作预见性、主动性，深化司法体制改革，推进平安中国、法治中国建设，加强过硬队伍建设，深化智能化建设，严格执法、公正司法，履行好维护国家政治安全、确保社会大局稳定、促进社会公平正义、保障人民安居乐业的主要任务，努力创造安全的政治环境、稳定的社会环境、公正的法治环境、优质的服务环境，增强人民群众获得感、幸福感、安全感。

——摘自：习近平对政法工作作出重要指示（2018 年 1 月 22 日新华网）

习近平强调，要加强党对国家安全工作的集中统一领导，正确把握当前国家安全形势，全面贯彻落实总体国家安全观，努力开创新时代国家安全工作新局面，为实现“两个一百年”奋斗目标、实现中华民族伟大复兴的中国梦提供牢靠安全保障。

习近平在讲话中强调，中央国家安全委员会成立 4 年来，坚持党的全面领导，按照总体国家安全观的要求，初步构建了国家安全体系主体框架，形成了国家安全理论体系，完善了国家安全战略体系，建立了国家安全工作协调机制，解决了许多长期想解决而没有解决的难题，办成了许多过去想办而没有办成的大事，国家安全工作得到全面加强，牢牢掌握了维护国家安全的全局性主动。

习近平指出，前进的道路不可能一帆风顺，越是前景光明，越是要增强忧患意识，做到居安思危，全面认识和有力应对一些重大风险挑战。要聚焦重点，抓纲带目，着力防范各类风险挑战内外联动、累积叠加，不断提高国家安全能力。

习近平强调，全面贯彻落实总体国家安全观，必须坚持统筹发展和安全两件大事，既要善于运用发展成果夯实国家安全的实力基础，又要善于塑造有利于经济社会发展的安全环境；坚持人民安全、政治安全、国家利益至上的有机统一，人民安全是国家安全的宗旨，政治安全是国家安全的根本，国家利益至上是国家安全的准则，实现人民安居乐业、党的长期执政、国家长治久安；坚持立足于防，又有效处置风险；坚持维护和塑造国家安全，塑造是更高层次更具前瞻性的维护，要发挥负责任大国作用，同世界各国一道，推动构建人类命运共同体；坚持科学统筹，始终把国家安全置于中国特色社会主义事业全局中来把握，充分调动各方面积极性，形成维护国家安全合力。

习近平指出，国家安全工作要适应新时代新要求，一手抓当前、一手谋长远，切实做好维护政治安全、健全国家安全制度体系、完善国家安全战略和政策、强化国家安全能力建设、防控重大风险、加强法治保障、增强国家安全意识等方面工作。

习近平强调，要坚持党对国家安全工作的绝对领导，实施更为有力的统领和协调。中央国家安全委员会要发挥好统筹国家安全事务的作用，抓好国家安全方针政策贯彻落实，完善国家安全工作机制，着力在提高把握全局、谋划发展的战略能力上下功夫，不断增强驾驭风险、迎接挑战的本领。要加强国家安全系统党的建设，坚持以政治建设为统领，教育引导国家安全部门和各级干部增强“四个意识”、坚定“四个自信”，坚决维护党中央权威和集中统一领导，建设一支忠诚可靠的国家安全队伍。

——摘自：习近平在第十九届中央国家安全委员会第一次会议上的讲话（2018 年 4 月 17 日新华网）

习近平在讲话中强调，党的十八大以来，党中央重视互联网、发展互联网、治理互联网，统筹协调涉及政治、经济、文化、社会、军事等领域信息化和网络安全重大问题，作出一系列重大决策、提出一系列重大举措，推动网信事业取得历史性成就。

习近平强调，没有网络安全就没有国家安全，就没有经济社会稳定运行，广大人民群众利益也难以得到保障。要树立正确的网络安全观，加强信息基础设施网络安全防护，加强网络安全信息统筹机制、手段、平台建设，加强网络安全事件应急指挥能力建设，积极发展网络安全产业，做到关口前移，防患于未然。

习近平指出，核心技术是国之重器。要下定决心、保持恒心、找准重心，加速推动信息领域核心技术突破。要抓产业体系建设，在技术、产业、政策上共同发力。要遵循技术发展规律，做好体系化技术布局，优中选优、重点突破。要打通基础研究和技术创新衔接的绿色通道，力争以基础研究带动应用技术群体突破。

习近平强调，要推动互联网、大数据、人工智能和实体经济深度融合，加快制造业、农业、服务业数字化、网络化、智能化。要坚定不移支持网信企业做大做强，加强规范引导，促进其健康有序发展。

习近平强调，要以“一带一路”建设等为契机，加强同沿线国家特别是发展中国家在网络基础设施建设、数字经济、网络安全等方面的合作，建设21世纪数字丝绸之路。

习近平指出，要加强党中央对网信工作的集中统一领导，确保网信事业始终沿着正确方向前进。各级领导干部特别是高级干部要主动适应信息化要求、强化互联网思维，不断提高对互联网规律的把握能力、对网络舆论的引导能力、对信息化发展的驾驭能力、对网络安全的保障能力。

明确网信工作在党和国家事业全局中的重要地位，明确网络强国建设的战略目标，明确网络强国建设的原则要求，明确互联网发展治理的国际主张，明确做好网信工作的基本方法。网络强国战略思想，是我们党不断推进理论创新和实践创新的科学成果，是充分运用马克思主义立场观点方法对信息化提出的一系列重大问题的创造性回答，必须长期坚持贯彻、不断丰富发展。

——摘自：习近平在全国网络安全和信息化工作会议上的讲话（2018 年 4 月 21 日新华网）

实践反复告诉我们，关键核心技术是要不来、买不来、讨不来的。只有把关键核心技术掌握在自己手中，才能从根本上保障国家经济安全、国防安全和其他安全。要增强“四个自信”，以关键共性技术、前沿引领技术、现代工程技术、颠覆性技术创新为突破口，敢于走前人没走过的路，努力实现关键核心技术自主可控，把创新主动权、发展主动权牢牢掌握在自己手中。

建设世界科技强国，得有标志性科技成就。要强化战略导向和目标引导，强化科技创新体系能力，加快构筑支撑高端引领的先发优势，加强对关系根本和全局的科学问题的研究部署，在关键领域、卡脖子的地方下大功夫，集合精锐力量，作出战略性安排，尽早取得突破，力争实现我国整体科技水平从跟跑向并行、领跑的战略性转变，在重要科技领域成为领跑者，在新兴前沿交叉领域成为开拓者，创造更多竞争优势。要把满足人民对美好生活的向往作为科技创新的落脚点，把惠民、利民、富民、改善民生作为科技创新的重要方向。

——摘自：习近平在中国科学院第十九次院士大会、中国工程院第十四次院士大会上的讲话（2018 年 6 月 6 日人民网）

第二节　重要会议

中央政法工作会议（2018 年 1 月 22 日）

2018 年 1 月 22 日，党的十九大后的首次中央政法工作会议在北京召开，中共中央政治局委员、中央政法委书记郭声琨在会上传达习近平总书记对政法工作的重要指示，深刻揭示了新时代政法工作规律特点，为做好新时代政法工作提供了根本遵循。习近平总书记对党的十八大以来政法战线取得的成绩给予充分肯定，对新时代政法工作提出明确要求。

会议精神：总结推广新时代“枫桥经验”，促进城乡基层社会治理现代化；依法严惩人民群众最痛恨的黑恶势力；重点打击非法集资、网络传销、内幕交易等经济犯罪；坚持什么犯罪突出就重点打击什么，哪里治安混乱就重点整治哪里；搭建快速便捷、安全可靠的跨部门大数据平台；利用互联网优势，为群众提供全天候、零距离、无障碍的公共服务；推广关键证据取证过程录音录像制度，让执法司法腐败无处遁形；政法队伍要养成在新媒体监督下执法办案的习惯；对收钱捞人、充当黑恶势力“保护伞”等问题，发现一起、查处一起；严肃查处为网络犯罪提供服务的企业、平台。

第十九届中央国家安全委员会第一次会议（2018 年 4 月 17 日）

2018 年 4 月 17 日下午，中共中央总书记、国家主席、中央军委主席、中央国家安全委员会主席习近平主持召开第十九届中央国家安全委员会第一次会议并发表重要讲话。习近平强调，要加强党对国家安全工作的集中统一领导，正确把握当前国家安全形势，全面贯彻落实总体国家安全观，努力开创新时代国家安全工作新局面，为实现“两个一百年”奋斗目标、实现中华民族伟大复兴的中国梦提供牢靠安全保障。

会议审议通过了《党委（党组）国家安全责任制规定》，明确了各级党委（党组）维护国家安全的主体责任，要求各级党委（党组）加强对履行国家安全职责的督促检查，确保党中央关于国家安全工作的决策部署落到实处。中央国家安全委员会常务委员、委员出席，中央和国家机关有关部门负责同志列席会议。

全国网络安全和信息化工作会议（2018 年 4 月 20 日至 21 日）

2018 年 4 月 20 日至 21 日，党中央首次召开全国网络安全和信息化工作会议，对新时代网信事业进行战略部署。

“信息化为中华民族带来了千载难逢的机遇。我们必须敏锐抓住信息化发展的历史机遇。”习近平总书记的重要讲话，站在人类历史发展和党和国家全局高度，科学分析了信息化变革给我们带来的机遇和挑战，高度概括了党的十八大以来网信事业取得的历史性成就，深入阐述了网络强国战略思想，系统明确了一系列方向性、全局性、根本性、战略性问题，对当前和今后一个时期网信工作作出重要战略部署。这是一篇科学回答了信息化提出的重大理论和实践问题的马克思主义纲领性文献，是建设网络强国、数字中国、智慧社会的行动指南。

习近平总书记重要讲话在网信战线引起强烈反响。大家表示，要高举习近平新时代中国特色社会主义思想旗帜，认真学习领会，把思想和行动统一到党中央关于网信工作的战略部署上来，以钉钉子精神把各项工作抓实抓到位。

第三节　中国安防行业发展现状

2018 年是贯彻党的十九大精神的开局之年。安防行业在主管部门的领导下，认真学习贯彻落实党的十九大精神，贯彻新发展理念，坚持创新驱动发展，积极推动互联网、大数据、人工智能与安防产业的深度融合，不断创造更多更强的新技术、新产品，为维护国家安全和社会稳定，预防和打击暴力恐怖犯罪，加强和创新社会治理，优化社会管理、服务民生，提供更加安全可靠的技术保障；为决胜全面建成小康社会、实现中华民族伟大复兴的中国梦创造安全稳定的社会环境。

一、安防行业继续保持快速发展

2018 年，我国安防行业随着平安中国、“雪亮工程”及智慧城市建设的稳步推进，随着“一带一路”建设的深入发展，产业多元化发展，规模稳步增长；行业应用进一步拓展；新技术、新业态不断涌现；国际市场稳中有升。

（一）产业规模继续保持快速增长

根据中国安全防范产品行业协会 2018 年度安防行业统计资料显示：当前世界经济呈现动能趋缓、分化明显、下行风险上升、规则调整加快的特点，2018 年我国安防行业继续保持快速增长的发展态势。截至 2018 年年末，我国从事安防行业的企业总量约 3 万家，从业人员近 160 万人。安防企业年收入总额约为 6900 亿元，相比 2017 年的 6016 亿元增长近 14%。

从产业构成来看，2018 年安防产品总收入约为 3546.6 亿元，占比 51.4%；安防集成与工程市场达到 3208.5 亿元左右，占比 46.5%；运营服务及其他约为 144.9 亿元，占比 2.1%。

从专业领域分布来看，随着国内外市场需求的不断增加，视频监控、安检排爆、入侵报警、出入口控制和实体防护等各个安防领域实现了全面发展。其中，视频监控行业继续保持了快速发展的趋势，2018 年市场总规模达到 3900 亿元，比 2017 年增长 15%以上，占安防行业的比重超过 56.5%。

2018 年，政府有关部门继续深入推进“平安城市”、“智慧城市”建设，“雪亮工程”掀起了全面建设的高潮，在国民经济下行压力增大的背景下，安防行业成为全国少数较为景气的行业之一。

（二）行业应用进一步拓展

在公安应用方面，各级公安机关进一步推进公共安全视频监控建设联网应用，更广泛、更深入地吸收现代科技的力量，以科技为引擎，大力发展智慧技防；紧密贴合当前形势发展需要和公安工作需求，融合新技术发展，创新应用模式，不断推出技防应用的新模式、新方法、新手段、新装备。与此同时，一系列新型的与公共安全密切相关的诸如视频联网、车联网、大数据和视频云等智慧警务方案纷纷落地，有效促进了立体化社会治安防控体系的共建、共治和共享的形成。

在相关领域应用方面，安防产品及解决方案在许多行业中都有深度拓展，在服务社会经济发展中发挥了重要作用。2018 年，在安防产品的应用领域中，“平安城市”类占比 24%，排名最高；智能交通、智能楼宇、文教卫生、金融行业分别占比 18%、16%、13%和 12%，整体上细分行业分布均衡。从发展势头来看，传统的金融、文博、文教卫生市场趋于饱和，服务于城市管理和社会治理等方面还在持续快速增长。在“平安”“智能”热度空前的背景下，智慧城市成为安防行业的一大亮点。

在民用安防方面，智能家居仍然保持了较高的增长速度。特别是 2018 年政府工作报告提出，要增强消费对经济发展的基础性作用，推进消费升级，发展消费新业态、新模式。消费升级风潮下，智能家居产业将迎来风口。2018 年，随着 5G 第三阶段试验的开始，物联网逐步大规模商用部署，无形中又为智能家居行业加重了砝码，安防在智能家居市场即将迎来“春天”。

（三）产业发展呈现新的特点

从产业发展层面看，行业领军企业继续保持快速增长，而部分企业困难增加，两极分化严重。前 10 家视频监控产品企业总收入约达到了 1000 亿元，所占市场份额近 2/3；而许多中小型企业难以跟上技术快速更新的步伐，市场份额进一步萎缩。

从市场发展层面看，安防市场应用边界快速拓展，为企业转型发展提供了良机。很多企业瞄准智慧城市建设需求力求转型升级。

从技术发展层面看，随着大数据、云计算、物联网、人工智能等新一代信息技术的蓬勃兴起，安防领域被认为是人工智能技术落地最好的行业之一。以商汤科技、旷视科技、依图科技、云从科技、地平线机器人等为代表的新一代人工智能企业纷纷进军安防行业，为安防行业的发展注入新动能，也促使安防产业的 AIoT 化逐步深化，这种发展趋势不但驱动着智能安防产业链的不断延伸，也驱动着传统安防企业拥抱智能化，在 AI 独角兽的冲击之下，传统安防企业也开始聚焦深度学习、促进 AI 赋能产业发展，加速安防产业在上游芯片、算法、核心零组件等业务领域的拓展。

（四）国际市场稳中有升

随着我国安防行业的不断壮大以及我国“一带一路”国际合作的深入推进，更多安防企业将目光瞄准了海外市场。2018 年，中国安防产品出口贸易稳中有升。以视频监控为例，2018 年出口总额超过 400 亿元，从出口排名来看，前三名的区域分别是亚洲、北美、欧洲。

虽然美国市场在出口份额中相对占比较大，但受美国贸易霸凌主义的影响，其市场对于安防产品的需求明显放缓。未来国际安防市场，“一带一路”沿线国家和地区将有着更大的市场空间。

二、产业政策落地实施，行业管理相关措施持续加强

回顾 2018 年，政策利好及良好的行业服务是安防行业持续发展的重要保障。

（一）相关产业政策落地实施

党的十九大报告中指出：坚持在发展中保障和改善民生。建设平安中国，加强和创新社会治理，维护社会和谐稳定，确保国家长治久安、人民安居乐业。强调“打造共建共治共享的社会治理格局”；对“健全公共安全体系”、“加快社会治安防控体系建设”作出了战略部署。

2018 年年初召开的中央政法会议提出，要以总结推广新时代“枫桥经验”为契机，提升城乡基层社会治理现代化水平。坚持以预防为基点，构建社会矛盾风险综合防控新体系。提高社会治理社会化、法治化、智能化、专业化水平，打造共建共治共享的社会治理格局。

2018 年 1 月，中共中央办公厅、国务院办公厅印发了《关于推进城市安全发展的意见》，提出强化城市运行安全保障，有效防范事故发生，加快实现城市安全管理的系统化、智能化，深入推进城市生命线工程建设，积极研发和推广应用先进的风险防控、灾害防治、预测预警、监测监控、个体防护、应急处置、工程抗震等安全技术和产品。

2018 年 6 月，工业和信息化部、应急管理部、财政部、科技部四部委联合发布了《关于加快安全产业发展的指导意见》，提出积极落实安全发展理念、提升全社会安全保障能力和本质安全水平，同时要推进安全产业行业应用不断深化，在交通运输、危险化学品、重大基础设施、城市公共安全等重点行业领域推广应用一批具有基础性、紧迫性的安全产品，其中在城市安全领域要重点发展智能化巡检、智能安防系统等安全防控产品。

2018 年，交通安全受到高度重视。2018 年 2 月，交通运输部发布了《民用航空安全管理规定》，提出建立安全数据收集和处理系统，并实现安全数据整合。针对城市交通，2018 年 3 月，国务院办公厅发布了《关于保障城市轨道交通安全运行的意见》，提出从六个方面保障城市轨道交通安全运行，其中要求强化公共安全防范，鼓励推广应用智能、快速的安检新技术、新产品，逐步建立安检新模式。2018 年年底，针对重庆万州“10・28”公交车坠江事件，国务院安全生产委员会出台了《关于加强公交车行驶安全和桥梁防护工作的意见》，督促公交运输企业在公交车内安装智能视频监控、一键报警等技术防范设施。

（二）行业管理相关措施持续加强

公安机关作为安防行业的主管部门，也是安防行业重点服务领域，伴随着近些年公安信息化建设的快速发展，出台的一系列政策与举措始终影响着行业发展。

公安部技防管理部门进一步推进公共安全视频监控建设联网应用，以“雪亮工程”为牵引，持续完善社会治安防控体系，以科技为引擎，大力发展智慧技防；加强标准制修订，不断完善技术支撑，提出三大类 24 项重点国家标准的编制任务，大力推进对现有标准的宣贯，同时，积极推动社会公共安全产品自愿认证。

各地政府及管理部门加大对技防建设与管理的力度，相继出台相关政策措施。2018 年 1 月开始实施的《浙江省社会治安综合治理条例》明确提出，各级社会治安综合治理委员会和有关部门应当推进互联网、物联网、大数据、人工智能和社会治安综合治理的深度融合，加强公共安全视频监控系统的建设和联网应用，提高社会治安综合治理智能化水平。2018 年 4 月，广东省公安厅发布了《关于〈广东省安全技术防范管理实施办法〉的操作细则》，进一步细化了广东省技防管理工作，明确了开展技防建设相关单位的能力要求，规范和促进了行业的进一步发展。针对校园安全工作，2018 年 11 月 9 日，重庆市人民政府办公厅出台了《重庆市中小学幼儿园安全防范工作规范（试行）》，提出切实加强中小学及幼儿园人防、物防、技防建设，将校园视频监控系统、紧急

报警装置接入公安机关报警平台。

地方技防管理部门作为推进各地技防建设的主管部门，2018年，各地技防管理部门持续开展公共安全视频监控建设联网应用工作，推动各地“雪亮工程”建设，深化技防建设应用工作，提升公共安全视频监控应用效能，为各地公安业务提供了强有力的信息化应用保障。截至2018年年底，山西省初步形成了覆盖全省公共区域、交通要道、治安热点及涉及国计民生的公共安全视频监控网络，基本建成省、市、县三级基于视频专网的公共安全视频监控综合管理服务平台，并完成了与国家共享平台的联网对接；江西省全面完成省级公共安全视频监控共享平台建设；湖北省整体实现视频监控城乡一体化、重点部位和复杂场所视频监控的科学覆盖。

（三）行业服务与监督不断加强

行业协会作为行业中介组织，在服务国家、服务社会、服务群众、服务行业，深入推进行业自律建设，全面提升行业服务能力，扩大对外交流，推动行业健康发展中发挥了重要作用，截至2018年年底，全国共有各级安防协会64家。

标准化工作是安防行业发展的重要基础。全国安全防范报警系统标准化技术委员会积极推进公共安全视频图像信息联网共享应用标准编制工作，2018年批准发布和完成报批稿的标准数量创历史纪录，完成并经批准发布的标准共35项，完成标准报批稿共23项；圆满完成我国牵头制定的5项楼寓对讲国际标准，推动我国安防标准走向国际；积极开展公共安全视频监控建设联网应用标准的宣贯培训；与中国安全防范产品行业协会合作，积极推动和开展团体标准的制定工作。

安防产品检测认证是加强产品监督、确保产品质量的重要环节。2018年，北京、上海检测中心在做好各项常规的产品检测业务工作的同时，不断加强实验室能力建设，大力开拓检验检测新业务，积极拓展无人机、单警执法音视频记录系统等检测业务，努力提高机构科研水平，成功立项了十多个国家级和省部级项目。

产品认证业务不断拓展，截至2018年，保持有效CCC证书1388张，保持有效GA证书472张，获证的境内外企业722家；认证科研工作取得新突破，成功立项国家重点研发计划重点专项2018年度“智慧城市信息应用和体验感知评价关键技术研究”项目。

此外，各重点实验室与技术联盟积极开展工作，努力进行实验室建设，加强人才队伍建设和科研能力培养，完成了一批软、硬科研课题，在服务行业发展方面取得了积极成效。

三、专项建设持续深化

（一）“雪亮工程”建设持续推进

2018年，全国多个省市公布的政府工作报告中，都提出要持续推进“雪亮工程”建设。例如，吉林省提出加大统筹力度，全面完成目标任务；山东省提出在各地视频监控设施建设的现有基础上，进一步推进“雪亮工程”增点扩面、加密增亮、改造升级，最大限度地实现全覆盖，并列入山东省委、省政府重点工作督查内容和综治（平安）综合考评体系，纳入全省公安机关基层基础建设重要攻坚考核项目；湖南省提出抓好综治中心标准化和“雪亮工程”建设；贵州省把“雪亮工程”建设列为贵州省2018年“十件民生实事”之一。各省政府部门将“雪亮工程”建设纳入2018年的工作部署中，为各地的相关工程立项、资金支持等提供了更多支持和保障。

在中央政策面高度重视、各地资金保障有力的条件下，各地公安机关持续推进“雪亮工程”建设落地和应用。例如，北京市实现涉铁路“雪亮工程”建设落地，东城区、通州区“雪亮工程”示范项目验收；浙江省依托“智安小区”典型经验做法，推进全省“雪亮工程”建设，并围绕深化视频大数据各种智能应用，“雪亮工程”建设应用成效显著。

2018年，全国“雪亮工程”建设呈现爆发式增长态势，“雪亮工程”建设如火如荼，每个地级行政区的建设平均规模在亿元级别以上，以全国334个地级行政区计算，“雪亮工程”的市场需求依然巨大。

另外，伴随着各地“雪亮工程”的不断建设与完善，以云计算、大数据、人工智能为代表的新技术不断融入到工程实践运用当中，在“雪亮工程”的持续有效发展过程中发挥了重要的实际作用。

（二）智慧城市建设取得阶段性成果

智慧城市建设如今已经成为我国城市可持续健康发展的重要支撑。习近平总书记曾在2016年全国网络安全和信息化工作座谈会上提出构建一体化在线服务平台，分级分类推进新型智慧城市建设。国务院《“十三五”国家信息化规划》也明确了新型智慧城市建设的行动目标，到2020年，新型智慧城市建设取得卓著成效。

2018年，我国智慧城市建设取得了阶段性成果。据国家发展和改革委员会提供的数据显示，2018年全国100%的副省级以上城市，包括76%以上的地级城市和32%的县级市，总计大约500座城市正在加速落地建设新型智慧城市，逐步形成了以长三角、珠三角为代表的多个智慧城市群。

以深圳、上海为例，2018年7月，深圳市人民政府发布了《关于印发新型智慧城市建设总体方案的通知》，提出到2020年，实现“一图全面感知、一号走遍深圳、一键可知全局、一体运行联动、一站创新创业、一屏智享生活”，建成国家新型智慧城市标杆市。上海作为全国智慧城市建设领军者，综合运用大数据、人工智能等先进技术支撑公安实战，全面强化城市要素智能化感知和数据汇聚智能化处理能力，“智慧公安”作为上海智慧城市建设的一部分，已具备了PB级的数据存储能力和毫秒级的实时计算能力，布设街面、社区、楼宇（单位）、卡口、网络等领域智能安防感知“神经元”50余万个，研发智能图像识别、风险洞察、智能安检等一批智能化应用，有效提升了社会面整体防控效能，创新实现了“圈层防护、人物干净、宽松高效、有序安全”的智慧安保模式，为推动城市治理从经验管理向数据治理转变、从应急处置向风险管控转变探索了一条新路。

如今，随着大数据、云计算、人工智能等新技术的融合，新型智慧城市已经成为连接高效、整合、开放的生态系统，通过物联网实现对城市各个角落的全面感知，利用大数据挖掘对融合信息进行智能处理和分析，并根据应用的不同向城市中的各个场景渗透，把“智慧”的理念内化到城市发展的方方面面。

在新型智慧城市建设中，安全是发展的基石。以智慧安防、智慧交通、智慧社区等为代表的应用领域的落地，正逐渐满足人们对安全、便捷、舒适等的基本需求。

四、技术创新是行业发展的动力

中国安防企业始终对科技创新保持较高的投入，全行业科研投入占销售总收入的4%左右，有的企业甚至超过10%，在全国各行业中处于领先水平。2018年，我国安防行业在人工智能、大数据、云计算方面持续发力，取得了一大批科研成果，高端技术产品自主研发能力显著增强，商业化应用不断加速，引领行业发展不断向前。

（一）安防+AI成行业发展新趋势

2018年是安防行业发展和转型的关键阶段，AI的应用是安防技术转型升级的重要手段，“安防+AI”成为众多企业积极探索并落地应用的领域。安防领域用AI技术进行人脸检测/识别/分析以及视频分析，已经成为行业主流，同时也在加速联网化，“联网+AI”在安防领域大有全面普及之势。

（二）“云边端”结构是安防智能化的最佳技术架构

2018年，将AI算力注入边缘，赋能边缘智能是大势所趋。通过统一调度IPC、NVR等分散式的智能设备资源，在数据源头就近提供以视频为核心的感知数据，实时预处理、存与传等服务，在提升业务敏捷性、实时性和系统可靠性的同时，分摊海量数据给中心节点带来的并发压力。

在大量硬件厂商的支持和投入之下，市场上已经开始出现了一些低成本、高算力的深度学习运算芯片，能够把部分算力转移出来，甚至转移至前端。

“端+云”方案不仅仅是将算力转移这么简单，它能让前/后端发挥它应有的功能，前端感知、后端认知，分工明确、算力协同，从而降低存储成本、提升数据传输效率、减轻后端分析压力，提升人工智能生态系统综合服务能力。

（三）物联网发展趋向连接无线化和感知智能化

物联网进入高速发展期，从智能家居、智慧交通到车联网等，万物互联不仅让百姓出行、生活更加便捷，也加速推动了产业提档升级。2018年，在物联网发展方面表现最明显的两个趋势是连接无线化和感知智能化。

例如，众多的便携式指挥调度无线视频终端、4G智能车载硬盘录像机、4G智能便携应急指挥箱、RJI双4G无线低功耗智能模组等设备，突出了便捷、“智慧”的发展理念。

（四）软件平台占据更重要位置

2018年，安防行业软件平台成为主流，无论是传统的安防企业，还是跨界的AI企业，甚至互联网巨头，无不在软件平台上下足了功夫，如AI多维数据融合分析系统、智能安防社区系统、智能环境监测管理平台、视频大数据平台数据安全系统、视频云+大数据平台。众多的平台功能越来越强大，基本已经可以满足安防最基本、最核心的布控和轨迹查询等业务需求。

（五）人脸识别技术愈加成熟

人脸识别及动态捕捉技术更加成熟。在2018年北京安博会上获得特等奖的东方网力的智能安防社区系统、海康的比对服务器和超脑、佳都新太的视频云+大数据平台、全视通的图侦综合实战平台、欣博电子的人工智能芯片，都充分体现了人脸识别技术的进步程度。

（六）安防芯片全面发力

随着人工智能时代的到来，中国AI芯片企业开始迅速崛起。进入2018年以来，华为、比特大陆等国内领先的芯片设计企业，纷纷发布了自研的AI芯片，并且开始逐步落地。

2018年7月，比特大陆聚焦于边缘应用的深度学习推理第一代终端AI芯片问世。2018年5月，寒武纪发布了多个最新一代终端IP产品——采用7nm工艺的终端芯片Cambricon 1M、首款云端智能芯片MLU100及搭载了MLU100的云端智能处理计算卡。

2018年10月，华为发布自主研发的全球首个覆盖全场景人工智能的Ascend系列芯片：昇腾910和昇腾310。昇腾Ascend芯片包括Max、Mini、Lite、Tiny和Nano五个系列，为安防智能化应用提供了有力的帮助。

五、行业发展面临的问题与挑战

（一）立法工作有待推进

在我国，随着安防行业管理的需要，一批法律法规陆续出台，初步形成了多层次的法规体系。这一体系由行业法规、地方法规、强制性标准和认证工作构成，在企业运营和管理上起到了很大的作用。这些法律法规为安防行业的发展提供了基本的法律框架。2018年，《公共安全视频图像信息系统管理条例》虽然被列入立法计划，但并未如愿出台。安防产业政策缺乏明确性，安防监管体系仍然不完善，这些因素导致安防行业经营中的法律风险增大、不确定性增高。

（二）行业增速放缓

2018年，我国政府持续完善宏观经济政策，推动经济发展质量变革、效率变革、动力变革，建立现代化经济体系。国家统计局公布的一系列数据显示，经济增速仍然存在下行压力。安防行业的主要增长压力来自相关部门的财政压力。由于地方债务问题，很多项目都暂时停滞；即便成功拿下订单，后期如约结付账款也存在一定问题；地方债务导致数个平台公司出现违约，风险逐步显露。

安防建设通常附属于地铁、机场、能源等大型工程项目中，地方债务增加导致的财政压缩，给安防行业的快速发展带来了一定的影响。

（三）国际市场增速下降

2018年，国际贸易骤起波澜，阻力增加。自2018年4月起，美国执意挑起了中美史上规模最大的贸易摩擦，加征了关税，并以“国家安全”的名义限制使用中国安防产品，使得我国安防企业外销之路增加了很多变数，安防产品出口受到了不小的影响。

从政府层面看，贸易保护主义纷纷抬头，国际市场环境更加复杂；从外贸市场看，各国需求萎缩或增量受阻，各国企业间的竞争越发激烈，这些必然会使贸易摩擦加剧。此外，人民币汇率波动，中小企业经营困难增多。

（四）自主创新能力亟待加强

核心元器件处于产业链上游，是整个安防产业的核心部分，同时也是利润最为丰厚的部分。长期以来，中国安防企业核心元器件诸如CCD、CMOS、GPU甚至镜头等受制于人，难有话语权。2018年，随着中美贸易摩擦的不断加强，该问题更为凸显。

对于安防行业来说，最大的压力是美国对芯片出口的限制。以视频监控企业为例，在芯片的采购方面，大数据与人工智能相关芯片大多来自于英特尔与英伟达，基础芯片主要是来自于华为海思和TI。虽然近两年国内一批芯片公司迅猛发展，但距离完全替代国外产品还有一定的差距。

受到中美关系的影响，安防行业也在随时准备调整，但在芯片这个高度全球化的领域内，实现完全国产化和自主可控非常不易，这条路艰辛且漫长。

回望2018年，我国安防产业发展依旧保持稳定增长，产业促进政策不断落地，技术创新不断加快，产业成熟度越来越高，同时受经济发展的影响，安防行业整体收入增速出现短暂下滑现象。此外，由于贸易保护主义抬头，外部环境的不确定性上升，安防厂商“出海”拓展受到影响。

抚今追昔，鉴往未来。新的一年，安防行业巨轮将继续滚滚向前，“雪亮工程”、“智慧城市”等巨量市场依然会为安防行业提供无数机会，海外市场也仍有巨大空间可以开拓，相信只要不断开拓创新、务实奋进，安防行业必将创造新的辉煌。

第四节 安防行业发展大事记

技防管理工作大事记

2018年1月9日

由深圳市反恐怖工作领导小组办公室提出并归口，深圳市智慧安防行业协会、深圳市公安局反恐怖工作支队等主导制定的《反恐怖防范目标硬质隔离设施建设规范》正式实施。

2018年1月11日

山西省社会治安综合治理委员会办公室、山西省公安厅在太原联合召开了全省“雪亮工程”建设汇报推进会。会议传达贯彻了全国“雪亮工程”衢州会议精神，听取了全省11市“雪亮工程”建设情况汇报，观看了山西省公共安全视频监控建设联网应用工作专题片和全国部分省市先进经验交流专题片，就加快推进全省“雪亮工程”建设作出安排部署。

2018年2月12日

广东省公安厅向全省市县公安机关下发了《广东省公安厅关于〈广东省安全技术防范管理实施办法〉的操作细则》，并在《广东省人民政府公报》上发布，于2018年4月1日起实施。

2018年3月17日

福建省公安厅和住建厅联合印发《关于开展停车场（库）管理系统联网建设工作的指导意见》（闽公综〔2018〕44号）。

2018年5月11日

由陕西省质量技术监督局批准，陕西省公安厅与有关科研院所及企业联合制定的《陕西省公共安全视频监控联网系统工程技术规范》正式向社会发布，自 2018 年 5 月 12 日起开始实施。

2018 年 5 月 22-23 日

山东省“雪亮工程”建设推进会召开。会议进一步贯彻落实中央加强“雪亮工程”建设部署要求，总结交流经验，研究部署下一步工作。

2018 年 6 月 21 日

中央政法委召开“雪亮工程”建设工作视频会，总结前期工作，研究部署下阶段“雪亮工程”建设。中央政法委秘书长陈一新在会上强调，要认真学习贯彻习近平总书记重要指示精神，以更高政治站位、更优质量标准、更严纪律要求，把“雪亮工程”建成守护人民安宁的“千里眼”，为推进社会治理现代化和平安中国建设作出更大贡献。

2018 年 7 月 11-12 日

山东省公安机关“天网”+“技防村”建设现场推进会召开，总结了以视频监控为重要内容的“天网”+“技防村”建设工作情况，进一步明确了今后的工作目标任务。

2018 年 8 月 13 日

江苏省省委政法委、公安厅、科技厅联合印发《升级版技防城建设单位验收考评工作方案》（苏公通〔2018〕337 号），进一步明确了验收考评对象、验收考评依据、验收考评程序、人员组成和考评时间、工作要求。

2018 年 8 月 21 日

福建省公安厅科技通信处在宁德召开全省公安智能感知天网建设应用现场会，会议总结了全省公安智能感知天网建设现状，分析存在的短板和不足，并对下一步相关工作提出要求并作出部署。

2018 年 10 月 23 日

公安部科技信息化局在北京组织召开“全国公安视频建设应用工作推进会”。会议通报了自 2017 年 10 月全国公安视频监控联网工作推进会以来各地区落实会议部署、推进重点工作的有关情况，总结交流经验做法，并就重点工作进行研究部署。会议要求各地要重点做好以下三个方面的工作：一是抓好会议贯彻，扎实推进工作落实；二是抓好开拓创新，着力实现工作突破；三是抓好规范管理，不断提升工作质效。会上，上海、江苏等地就公安视频建设应用工作的成功经验和成熟案例做了交流发言。

2018 年 11 月 5 日

江苏省公安厅下发了《关于开展升级版技防城验收考评工作的通知》（苏公传发〔2018〕953 号），明确验收考评时间和被验收考评单位、验收考评依据、验收考评方法和内容、人员组成、工作要求，正式启动升级版技防城验收考评工作。

2018 年 12 月 14 日

天津市第十七届人民代表大会常务委员会第七次会议决定，对《天津市安全技术防范管理条例》进行修改，取消了技防系统开工审核和竣工审验行政许可审批事项，增设了技防系统工程备案和安防企业备案两项公共服务事项，明确了相关事中、事后监管措施。

2018 年 12 月 27 日

《福建省民宿安全管理服务导则》经专家组审定，将于 2019 年 1 月 14 日发布，3 月 1 日正式实施。

行业组织大事记

2018 年 1 月 26 日

湖北省安全技术防范行业协会举办“湖北省首届安防行业嘉年华暨协会第四届第三次会员大会”。中国安全防范产品行业协会，湖北省、市行业主管部门，省内各地市安防协会领导嘉宾以及会员代表共计 500 余人参加会议。同期举办了安防行业产品技术交流分享会。

2018 年 2 月 2 日

中国安全防范产品行业协会印发《关于推荐公安视频监控专业人才的通知》，就专家委员会 2013 年、2015 年推荐入选的 20 名视频监控专家进行考核调整。同时，继续开展新入库专业人才推荐工作。

2018 年 3 月 21 日

中国安全防范产品行业协会在湖北武汉市召开安防工程企业能力评价工作座谈会，总结前期工作，研究部署下一步工作。北京、湖北、福建等 14 个省、区、市安防协会的负责人出席了座谈会。

2018 年 3 月 21 日

由湖北省公安厅指导、湖北省安全技术防范行业协会主办、武汉市安全技术防范行业协会协办的“2018湖北国际公共安全技术产品博览会”在武汉国际博览中心开幕。展会以“平安荆楚”建设为核心，汇聚了296家安防企业参展，全面展示了AI安防应用、物联网、大数据、视频监控防盗报警、智慧城市、智慧交通、无人机等方面的最新产品和技术，参观观众达12000余人。

2018年3月23日

石家庄市安全技术防范协会协办的“2018第十七届河北社会公共安全产品博览会”在石家庄国际博览中心举办。本次博览会共有全国各地600多家安防行业知名企业和品牌参展。

2018年3月30日-4月1日

重庆市公共安全技术防范协会主办的“2018中国重庆智能建筑暨社会公共安全、警用装备技术及产品展览会”和“2018中国重庆公共安全信息化建设暨大数据创新发展论坛”在重庆展览中心举行。

2018年4月6日

上海安全防范报警协会组织本市优秀安防企业评选活动和创新产品、新技术评选活动，共计217家企业参与优秀安防企业评选，40家企业参与创新产品、新技术评选，共申报75款产品。最终评选出优秀安防产品品牌、优秀工程商、十大创新产品等奖项。

2018年4月8-10日

吉林省社会公共安全产品行业协会主办的“2018吉林第十六届国际社会公共安全产品博览会”举行，以“平安东北、安全做保障”为主题，以新的市场经济运作为手段，为国内外社会公共安全产品供需双方提供一个信息传播、技术交流和经贸洽谈的良好交流平台。

2018年4月19日

在辽宁省公安厅的指导下，由辽宁省社会公共安全产品行业协会主办的“2018第二十届东北公共安全防范产品展览会”在沈阳开幕。本次展会展出面积达25000余平方米，吸引了来自国内外600余家企业参展，参观观众达35000人。

2018年5月2日

中国安全防范产品行业协会下发《关于协助开展2017年度安防行业统计工作的通知》，正式启动安防行业统计工作。

2018年5月3日

中国安全防范产品行业协会在北京召开全国安防行业协会会长、秘书长座谈会，通报中安协2018年重点工作，听取各地协会工作介绍及对中安协工作建议，研究探讨协会自身发展与工作创新。

2018年5月8日

济南市社会公共安全防范协会协办的“2018第十七届国际公共安全防范产品展览会”在济南开幕。展会以“创新智能安防、构建智慧山东”为宗旨，汇聚了国内外700多家安防企业参展，展出面积达26000平方米，参观观众达5万人。

2018年5月17-19日

湖南省安全技术防范协会举办了“2018第十八届湖南智慧安防产品与技术博览会”，来自国内外100余家安防产品、工程商参展。展会以“创新引领共享发展”为主题，以平安城市、智能家居、大数据安防建设方案及技术为核心内容。

2018年5月21日

上海安全防范报警协会组织各领域专家积极参与、共同草拟的DB31/T 294-2018《住宅小区智能安全技术防范系统要求》由上海市质量监督局正式发布。

2018年5月23-25日

经陕西省综治办、陕西省公安厅批准，陕西省安全防范行业协会承办的“2018中国（西安）国际社会公共安全技术防范暨‘雪亮工程’建设产品装备博览会”在西安曲江国际会展中心举办，同期举办了以“雪亮工程”为主题的发展论坛及多场技术交流活动。

2018年6月8日

苏州市安全技术防范行业协会、苏州市职业大学共建苏州市职业大学安防学院签约仪式举行。

2018年6月9-12日

在广东省公安厅安全技术防范管理办公室的指导下，广东省公共安全技术防范协会主办了“2018广州国际智能安全科技应用博览会”，展出面积15000平方米，同期举办了亚洲安防论坛、安防企业大咖采访直播、广东安防行业评优颁奖典礼。

2018年6月14日

中国安全防范产品行业协会召开《中国安全防范行业年鉴》编委会工作会议，听取《中国安全防范行业年鉴》（2017版）编辑工作情况报告，审核《中国安全防范行业年鉴》（2018版）讨论稿并提出修改意见。

2018 年 6 月 20 日

中国安全防范产品行业协会对《安防工程企业能力评价体系文件（暂行）》的部分条款进行修订，并发布修订后的《安防工程企业能力评价体系文件（2018 版）》。

2018 年 8 月 1 日

贵州省安全技术防范行业协会团体标准《安全防范工程技术资料要求》正式实施。

2018 年 8 月 3 日

根据《民政部关于在全国性和省级社会组织中建立新闻发言人制度的通知》精神，为打造行业健康形象，加强沟通交流，主动回应社会关切，中国安全防范产品行业协会建立新闻发言人制度。

2018 年 8 月 16 日

新疆维吾尔自治区安全技术防范行业协会主办的“第五届中国—亚欧安防博览会”在新疆国际会展中心举办。

2018 年 8 月 24 日

南昌市安全技术防范协会与江西省计算机用户协会等单位联合组织举办了“2018 南昌安防项目管理和工程造价培训会”，共 130 余人参加了培训。

2018 年 9 月 4 日

中国安全防范产品行业协会在北京组织召开 GB 35114 标准宣贯及执行工作座谈会，介绍 GB 35114 标准推进工作思路；请相关单位及专家讲解标准主要内容及相关认证工作准备情况；听取企业的意见与建议。

2018 年 9 月 11 日

中国安全防范产品行业协会发布实施《中国安全防范产品行业协会标准管理办法》。

2018 年 9 月 14 日

青海省公共安全技术防范协会无人机分会成立大会暨第一次会员代表大会召开，会议在报告无人机分会筹备工作情况的基础上，通过了《青海省公共安全技术防范协会无人机分会章程》、《青海省公共安全技术防范协会无人机分会财务管理制度》等制度规定。

2018 年 10 月 11 日

根据《中国安全防范产品行业协会标准管理办法（试行）》的要求，中国安全防范产品行业协会在浙江省诸暨市召开了《视频监控室外电子设备箱通用技术要求》团体标准启动会。

2018 年 10 月 18-19 日

由中国安全防范产品行业协会、安全防范报警系统标准化技术委员会人体生物特征识别应用分技术委员会（SAC/TC100/SC2）、中国生物识别科技创新产业联盟、深圳市安全防范行业协会主办，深圳市智慧城市产业协会、某公司承办的“全球生物识别大会”在深圳会展中心召开。

2018 年 10 月 23-26 日

中国安全防范产品行业协会主办的“2018 中国国际社会公共安全产品博览会”在北京举行。展览总面积超过 10 万平方米，参展企业达 953 家，参观观众突破 17 万人次。同期举办了“中国安防高峰论坛”、“中国安防国际高峰论坛”、“中国安防技术创新峰会暨 IVAA2018 国际论坛”、“视频监控网络安全高端论坛”，还组织开展了“第七届优秀创新产品评奖”、“‘平安建设’优秀行业解决方案推荐”等活动。

2018 年 11 月 19 日

浙江省安全技术防范行业协会在德清承办联合国世界地理信息大会“地理信息智能体验园无人机展览展示活动”，20 家无人机企业静态展览展示了 30 多种机型设备，范围涵盖了地理测绘、电力巡检、环境监测、警用安防、应急救助、应急通信、教学训练等诸多行业应用。

2018 年 11 月 20 日

中国安全防范产品行业协会邀请相关安防龙头骨干企业，于 2018 年 11 月 20 日至 21 日赴普安县进行投资帮扶考察，深入普安县深度贫困乡、贫困村一线了解掌握情况，支持普安县产业发展，创造更多就业机会。

2018 年 12 月 1 日

中国安全防范产品行业协会选择具有一定产业规模的安防产品制造、经营企业，联合各地安防协会，在全国范围内组织专题调研。

2018 年 12 月 21-23 日

由海南省警察协会主办、海南省公安厅协办的“2018 中国（海南）国际社会公共安全产品暨警用装备博览会”在海南国际会展中心举行。

技术服务大事记

2018年2月6日

由我国负责牵头起草的国际标准IEC62820-3-2《楼寓对讲系统　第3-2部分：高安全楼寓对讲系统应用指南（ASBIS）》正式发布。至此，IEC62820系列五项国际标准已全部完成并正式发布。其他四项为：IEC626276-3：2013《安防视频监控系统-第3部分：模拟数字视频接口》；IEC62820-1-1：2016《楼寓对讲系统　第1-1部分：通用要求》；IEC62820-1-2：2017《楼寓对讲系统　第1-2部分：系统要求-数字楼寓对讲系统（IP）》；IEC62820-2：2017《楼寓对讲系统　第2部分：高安全楼寓对讲系统要求（ASBIS）》。

2018年2月7日

国家安全防范报警系统产品质量监督检验中心（北京）正式挂牌"高机动防暴车辆技术国家工程实验室"。

2018年2月22日

由公安部科技信息化局提出、全国安全防范报警系统标准化技术委员会（SAC/TC100）归口的行业标准GA/T 1356-2018《国家标准GB/T 25724-2017符合性测试》，经公安部技术监督委员会批准发布，并于同日起实施。

2018年2月23日

由全国安全防范报警系统标准化技术委员会（SAC/TC100）提出并归口的GA/T 1354-2018《安防视频监控车载数字录像设备技术要求》和GA/T 1353-2018《视频监控摄像机防护罩通用技术要求》2项行业标准，经公安部技术监督委员会批准发布，自发布之日起实施。

2018年2月23日

由公安部科技信息化局提出、全国安全防范报警系统标准化技术委员会（SAC/TC100）归口的行业标准GA/T 1355-2018《国家标准GB/T 28181-2016符合性测试》，经公安部技术监督委员会批准发布，并于同日起实施。

2018年2月25日

由公安部科技信息化局提出、全国安全防范报警系统标准化技术委员会（SAC/TC100）归口的行业标准GA/T 1351-2018《安防线缆接插件》，经公安部技术监督委员会批准发布，并于同日起实施。

2018年3月9日

由公安部治安管理局提出、全国安全防范报警系统标准化技术委员会（SAC/TC100）归口的行业标准GA 1468-2018《寄递企业安全防范要求》，经公安部技术监督委员会批准发布，并于同日起实施。

2018年3月12日

由全国安全防范报警系统标准化技术委员会人体生物特征识别应用分技术委员会（SAC/TC100/SC2）提出并归口的行业标准GA/T 1470-2018《安全防范　人脸识别应用分类》，经公安部技术监督委员会批准发布，并于同日起实施。

2018年3月12日

国家安全防范报警系统产品质量监督检验中心（北京）联合中国安全技术防范认证中心举办首批安防线缆GA认证证书颁证仪式，标志着安防线缆GA认证工作已进入普及和深入阶段。

2018年3月22日

由公安部科技信息化局提出、全国安全防范报警系统标准化技术委员会（SAC/TC100）归口的行业标准GA/T 1469-2018《光纤振动入侵探测系统工程技术规范》，经公安部技术监督委员会批准发布，并于同日起实施。

2018年3月26日

由公安部治安管理局提出、全国安全防范报警系统标准化技术委员会（SAC/TC100）归口的行业标准GA 1467-2018《城市轨道交通安全防范要求》，经公安部技术监督委员会批准发布，并于同日起实施。

2018年5月7日

由公安部科技信息化局提出、全国安全防范报警系统标准化技术委员会（SAC/TC100）归口的行业标准GA/T 1357-2018《公共安全视频监控硬盘分类及试验方法》，经公安部技术监督委员会批准发布，并于同日起实施。

2018年5月7日

由全国安全防范报警系统标准化技术委员会人体生物特征识别应用分技术委员会（SAC/TC100/SC2）提出并归口的行业标准GA/T 1486-2018《安全防范　虹膜识别应用程序接口规范》，经公安部技术监督委员会批准发布，并于同日起实施。

2018年5月14日

由公安部为主编部门、公安部科技信息化局和公安部第一研究所为主编单位的强制性国家工程建设标准 GB 50348-2018《安全防范工程技术标准》，经住房和城乡建设部批准发布，于 2018 年 12 月 1 日起实施，原标准 GB 50348-2014《安全防范工程技术规范》同时废止。

2018 年 5 月 14 日

智能语音技术公安部重点实验室申报的《法庭科学语音及音频检验术语》国家标准通过国家标准化管理委员会审核发布，并于 2018 年 12 月 1 日正式实施。

2018 年 5 月 21 日

中国安全技术防范认证中心按照中国合格评定国家认可委员会对认证机构运行的规范要求，对原质量手册进行了修订，形成新版次 D/1《质量手册》。

2018 年 6 月 11 日

根据市场监管总局与中国国家认证认可监督管理委员会 2018 年第 11 号联合公告《关于改革调整强制性产品认证目录及实施方式的公告》，公安部第三研究所认证中心 CCC 认证范围内汽车防盗报警系统被调出 CCC 目录，不再实施强制性产品认证管理。

2018 年 6 月 13 日

国家安全防范报警系统产品质量监督检验中心（上海）参与主办的 NSC2018 中国网络安全大会召开。

2018 年 7 月 1 日

公安部第三研究所认证中心参与的、中国国家认证认可监督管理委员会研究院牵头的“国家质量基础共性技术研究和应用”2018 年度重点专项课题之子课题“智能联网产品互认评价关键技术研究与示范”正式立项，项目实施周期三年。项目主要研究内容为“一带一路”沿线国家不同类型产品认证结果互认实施方案和技术准则，并在试点区域示范应用。

2018 年 7 月 13 日

由公安部提出、全国安全防范报警系统标准化技术委员会（SAC/TC100）归口的国家标准 GB/T 36546-2018《入侵和紧急报警系统　告警装置技术要求》，经国家市场监督管理总局和国家标准化管理委员会批准发布，于 2019 年 2 月 1 日起实施。

2018 年 7 月 13 日

国家安全防范报警系统产品质量监督检验中心（北京）召开公安部技术研究计划项目“基于接入互联网的公共安全视频监控系统信息安全评价与检测关键技术研究”的项目验收会。项目成果属于原始创新的国内领先应用技术，解决了当前接入互联网以及采用专网形式的公共安全视频监控系统的信息安全检测与评价问题，同时满足了视频监控产品的信息安全检测需求。

2018 年 7 月 18 日

全国安全防范报警系统标准化技术委员会向国家标准化管理委员会正式提交了由公安部第一研究所和行业主管部门公安部科技信息化局批准、视频国家工程实验室申报的国际标准提案 IEC62676-2-4《安防视频监控系统　第 2-4 部分：视频传输协议-基于 SIP 的视频监控管理平台间互联互通实现方式》。

2018 年 7 月 28 日

国家安全防范报警系统产品质量监督检验中心（北京）通过中国国家认证认可监督管理委员会、中国合格评定国家认可委员会组织开展的“三合一”扩项现场评审。本次扩项的检验检测能力 80 余项，涉及安防电子、实体防护、软件、安防工程等领域。

2018 年 8 月 1 日

中国安全技术防范认证中心通过了公安部科研项目的立项评审，承担了公共安全产品认证可追溯管理平台项目的研究工作。

2018 年 8 月 6 日

由全国安全防范报警系统标准化技术委员会（SAC/TC100）提出并归口的行业标准 GA/T 1352-2018《视频监控镜头》，经公安部技术监督委员会批准发布，并于同日起实施。

2018 年 8 月 6 日

由公安部科技信息化局提出、全国安全防范报警系统标准化技术委员会实体防护设备分技术委员会（SAC/TC100/SC1）归口的 GA 844-2018《防砸复合玻璃通用技术要求》（代替 GA 844-2009）和 GA/T 1499-2018《卷帘门安全技术条件》2 项行业标准，经公安部技术监督委员会批准发布，于 2019 年 1 月 1 日起实施。

2018 年 8 月 13 日

由公安部治安管理局提出、全国安全防范报警系统标准化技术委员会（SAC/TC100）归口的行业标准 GA 1511-2018《易制爆危险化学品储存场所治安防范要求》，经公安部技术监督委员会批准发布，于 2018 年 11 月 1 日起实施。

2018 年 8 月 15 日

由公安部第三研究所牵头起草的强制性公共安全行业标准《电子腕带通用技术要求》项目启动会暨标准草案讨

论会在新疆乌鲁木齐召开。该项标准为公安部第三研究所在全国警用装备技术标准化技术委员会成功立项的首项标准。

2018年8月16日

经全国安全防范报警系统标准化技术委员会国内技术对口单位公安部第一研究所和行业主管部门公安部科技信息化局批准，由视频国家工程实验室申报的国际标准提案IEC62676-2-4《安防视频监控系统 第2-4部分：视频传输协议-跨区域视频监控系统互联协议技术要求》由我国国家标准化管理委员会正式提交至IEC/TC79。

2018年8月23日

接公安部科技信息化局《关于同意开展“社会公共安全产品自愿性认证公共安全视频监控产品”认证工作的批复》（公科信标准〔2018〕75号）文件，同意公安部第三研究所认证中心即日起开展公共安全视频监控产品认证工作。

2018年8月24日

公安部科技信息化局批复了中国安全技术防范认证中心开展公共安全视频监控产品GA认证工作，该中心正式启动了公共安全视频监控产品GA认证工作。

2018年8月24日

中国安全技术防范认证中心根据中国国家认证认可监督管理委员会2018年第11号公告《关于改革调整强制性产品认证目录及实施方式的公告》的要求，启动了强制性认证产品汽车防盗报警系统产品CSP（机构品牌）认证工作。

2018年9月3日

由公安部治安管理局提出、全国安全防范报警系统标准化技术委员会（SAC/TC100）归口的行业标准GA 164-2018《专用运钞车防护技术要求》，经公安部技术监督委员会批准发布，于2018年12月1日起实施。

2018年9月6日

中国安全技术防范认证中心完成了CSP机构认证标志图案的作品登记，证书号为“国作登字-2018-F-00607927”，创建了CSP标志，创立并启动了中国安全技术防范认证中心自有品牌的认证。

2018年9月10日

由公安部科技信息化局提出、全国安全防范报警系统标准化技术委员会实体防护设备分技术委员会（SAC/TC100/SC1）归口的行业标准GA 576-2018《防尾随联动互锁安全门通用技术条件》（代替GA 576-2005），经公安部技术监督委员会批准发布，于2019年1月1日起实施。

2018年9月10日

由公安部治安管理局提出、全国安全防范报警系统标准化技术委员会（SAC/TC100）归口的行业标准GA 1517-2018《金银珠宝营业场所安全防范要求》，经公安部技术监督委员会批准发布，于2019年1月1日起实施。

2018年9月17日

接公安部科技信息化局《关于同意开展汽车防盗报警系统产品自愿性认证的批复》（公科信标准〔2018〕78号）文件，同时公安部第三研究所认证中心制定的汽车防盗报警系统自愿性产品认证实施规则向中国国家认证认可监督管理委员会报备成功，中心正式开展该产品的自愿性认证工作。

2018年9月20日

由公安部第一研究所牵头申报、中国安全技术防范认证中心具体承担的国家重点研发计划“智慧城市信息应用和体验感知评价关键技术研究”项目启动暨实施方案论证会召开。会议听取了项目及课题实施方案的汇报并对实施方案进行了质询和讨论，并一致通过该实施方案。该项目正式启动。

2018年10月22日

由公安部治安管理局提出、全国安全防范报警系统标准化技术委员会（SAC/TC100）归口的GA 1524-2018《射钉器公共安全要求》和GA 1525-2018《射钉弹公共安全要求》2项行业标准，经公安部技术监督委员会批准发布，于2019年5月1日起实施。

2018年10月23日

中国安全技术防范认证中心在中国国际社会公共安全产品博览会期间举办了“首批公共安全视频监控产品GA认证证书发布会”，为获得首批公共安全视频监控产品GA认证证书的9家企业颁发了GA认证证书。

2018年10月

国家安全防范报警系统产品质量监督检验中心（北京）参与起草的《信息安全技术信息技术产品安全可控评价指标》系列国家标准，经国家市场监督管理总局和中国国家标准化管理委员会批准发布，具体包括GB/T 36630.1-2018《信息安全技术信息技术产品安全可控评价指标第1部分：总则》、GB/T 36630.2-2018《信息安全技术信息技术产品安全可控评价指标第2部分：中央处理器》、GB/T 36630.3-2018《信息安全技术信息技术产品安全可控评价指标第3部分：操作系统》、GB/T 36630.4-2018《信息安全技术信息技术产品安全可控评价指标第4部分：办公套件》、GB/T

36630.5-2018《信息安全技术信息技术产品安全可控评价指标第5部分：通用计算机》。

2018年11月16日

智能语音技术公安部重点实验室申报的《法庭科学录音的真实性检验技术规范》、《法庭科学降噪及语音增强技术规范》、《法庭科学语音人身分析技术规范》、《法庭科学语音同一认定技术规范》4项公共安全行业标准，经国家认证认可监督管理委员会批准，替代了原公安部物证鉴定中心的自编检验方法。

2018年11月19日

由公安部提出并归口的GB 15208.1-2018《微剂量X射线安全检查设备　第1部分：通用技术要求》（代替GB 15208.1-2005）、GB 15208.2-2018《微剂量X射线安全检查设备　第2部分：透射式行包安全检查设备》（代替GB 15208.2-2006）、GB 15208.3-2018《微剂量X射线安全检查设备　第3部分：透射式货物安全检查设备》、GB 15208.4-2018《微剂量X射线安全检查设备　第4部分：人体安全检查设备》、GB 15208.5-2018《微剂量X射线安全检查设备　第5部分：背散射物品安全检查设备》、GB 12899-2018《手持式金属探测器通用技术规范》（代替GB 12899-2003）、GB 15210-2018《通过式金属探测门通用技术规范》（代替GB 15210-2003）7项强制性国家标准，经国家市场监督管理总局和国家标准化管理委员会批准发布，于2019年12月1日起实施。

2018年11月20日

由公安部治安管理局提出、全国安全防范报警系统标准化技术委员会（SAC/TC100）归口的行业标准GA 1531-2018《工业电子雷管信息管理通则》，经公安部技术监督委员会批准发布，于2019年2月1日起实施。

2018年11月21-23日

智能语音技术公安部重点实验室在安徽合肥承办了以“开创智能语音+公共安全新篇章”为主题的第三届公共安全领域智能语音技术学术研讨会。来自公安部科信、网安、刑侦、技侦4个业务局，公安部第二研究所，全国30余个省、市、自治区公安机关的领导、专家共320余人参加了会议。

2018年12月3日

根据国家市场监督管理总局与中国国家认证认可监督管理委员会2018年第29号联合公告《关于进一步落实强制性产品认证目录及实施方式改革的公告》，公安部第三研究所认证中心CCC认证范围内防盗保险柜、防盗保险箱被调出CCC目录，不再实施强制性产品认证管理。

2018年12月18日

作为2018年度国家重点研发计划“智慧城市信息应用和体验感知关键技术研究”项目牵头单位的中国安全技术防范认证中心和中国城市科学研究会联合在海口召开2018（第七届）国际智慧城市峰会暨智慧城市创新生态博览会期间主办了“智慧城市认认与评价论坛”，并在展览期间对项目的目的、意义进行了介绍和宣传，对前期研究成果进行了展示。

2018年12月25日

全国安全防范报警系统标准化技术委员会组织申报的11项安防标准体系中高优先级国家标准项目列入国家标准化委员会下达的2018年第四批推荐性国家标准项目计划，这11项标准项目草案此前也通过了国家标准技术审评中心的专家评审。

2018年12月28日

由公安部提出、全国安全防范报警系统标准化技术委员会（SAC/TC 100）归口的国家标准GB/T 31070.4-2018《楼寓对讲系统　第4部分：应用指南》，经国家市场监督管理总局和国家标准化管理委员会批准发布，并于同日起实施。

由公安部提出、全国安全防范报警系统标准化技术委员会（SAC/TC100）归口的国家标准GB/T 37078-2018《出入口控制系统技术要求》，经国家市场监督管理总局和国家标准化管理委员会批准发布，于2019年2月1日起实施。

由公安部提出并归口的GB/T 31070.2-2018《楼寓对讲系统　第2部分：全数字系统技术要求》和GB/T 37128-2018《X射线计算机断层成像安全检查系统技术要求》2项强制性国家标准，经国家市场监督管理总局和国家标准化管理委员会批准发布，于2019年7月1日起实施。

由公安部提出并归口的国家标准GB 37300-2018《公共安全重点区域视频图像信息采集规范》，经国家市场监督管理总局和国家标准化管理委员会批准发布，于2020年1月1日起实施。

第二章　法律、法规、规章及规范性文件

第一节　国家法律、法规、规范性文件

国家法律、法规

序号	名称	颁布机构	实施日期
1	中华人民共和国标准化法	全国人民代表大会常务委员会	2018 年 1 月 1 日
2	快递暂行条例	国务院	2018 年 5 月 1 日

国家规范性文件

序号	名称	颁布机构	实施日期
1	国务院关于加强质量认证体系建设促进全面质量管理的意见	国务院	2018 年 1 月 17 日
2	推进互联网协议第六版（IPv6）规模部署行动计划	中共中央办公厅、国务院办公厅	2018 年 11 月 26 日
3	关于推进城市安全发展的意见	中共中央办公厅、国务院办公厅	2018 年 1 月 7 日
4	国务院办公厅关于保障城市轨道交通安全运行的意见	国务院办公厅	2018 年 3 月 7 日
5	国务院办公厅关于开展工程建设项目审批制度改革试点的通知	国务院办公厅	2018 年 5 月 14 日
6	国务院安全生产委员会关于加强公交车行驶安全和桥梁防护工作的意见	国务院安全生产委员会	2018 年 12 月 10 日
7	工业和信息化部、应急管理部、财政部、科技部《关于加快安全产业发展的指导意见》	工业和信息化部、应急管理部、财政部、科技部	2018 年 6 月 19 日
8	关于印发《道路运输安全生产工作计划（2018—2020 年）》通知	交通运输部办公厅、公安部办公厅、应急管理部办公厅	2018 年 6 月 13 日
9	公安机关互联网安全监督检查规定	公安部	2018 年 11 月 1 日
10	科技部关于发布国家重点研发计划“智能机器人”等重点专项 2018 年度项目申报指南的通知	科技部	2018 年 8 月 3 日

续表

序号	名称	颁布机构	实施日期
11	工业和信息化部、发展改革委、财政部关于印发《机器人产业发展规划（2016—2020 年）》的通知	工业和信息化部、国家发展和改革委员会、财政部	2018 年 4 月 27 日
12	工业和信息化部关于加快推进虚拟现实产业发展的指导意见	工业和信息化部	2018 年 12 月 21 日
13	教育部关于印发《高等学校人工智能创新行动计划》的通知	教育部	2018 年 4 月 2 日
14	民用航空安全管理规定	交通运输部	2018 年 2 月 13 日
15	城市轨道交通运营管理规定	交通运输部	2018 年 5 月 21 日

中华人民共和国标准化法

（1988 年 12 月 29 日第七届全国人民代表大会常务委员会第五次会议通过
2017 年 11 月 4 日第十二届全国人民代表大会常务委员会第三十次会议修订）

目录

第一章　总　　则

第一条　为了加强标准化工作，提升产品和服务质量，促进科学技术进步，保障人身健康和生命财产安全，维护国家安全、生态环境安全，提高经济社会发展水平，制定本法。

第二条　本法所称标准（含标准样品），是指农业、工业、服务业以及社会事业等领域需要统一的技术要求。

标准包括国家标准、行业标准、地方标准和团体标准、企业标准。国家标准分为强制性标准、推荐性标准，行业标准、地方标准是推荐性标准。

强制性标准必须执行。国家鼓励采用推荐性标准。

第三条　标准化工作的任务是制定标准、组织实施标准以及对标准的制定、实施进行监督。

县级以上人民政府应当将标准化工作纳入本级国民经济和社会发展规划，将标准化工作经费纳入本级预算。

第四条　制定标准应当在科学技术研究成果和社会实践经验的基础上，深入调查论证，广泛征求意见，保证标准的科学性、规范性、时效性，提高标准质量。

第五条　国务院标准化行政主管部门统一管理全国标准化工作。国务院有关行政主管部门分工管理本部门、本行业的标准化工作。

县级以上地方人民政府标准化行政主管部门统一管理本行政区域内的标准化工作。县级以上地方人民政府有关行政主管部门分工管理本行政区域内本部门、本行业的标准化工作。

第六条　国务院建立标准化协调机制，统筹推进标准化重大改革，研究标准化重大政策，对跨部门跨领域、存在重大争议标准的制定和实施进行协调。

设区的市级以上地方人民政府可以根据工作需要建立标准化协调机制，统筹协调本行政区域内标准化工作重大事项。

第七条　国家鼓励企业、社会团体和教育、科研机构等开展或者参与标准化工作。

第八条　国家积极推动参与国际标准化活动，开展标准化对外合作与交流，参与制定国际标准，结合国情采用国际标准，推进中国标准与国外标准之间的转化运用。

国家鼓励企业、社会团体和教育、科研机构等参与国际标准化活动。

第九条　对在标准化工作中做出显著成绩的单位和个人，按照国家有关规定给予表彰和奖励。

第二章　标准的制定

第十条　对保障人身健康和生命财产安全、国家安全、生态环境安全以及满足经济社会管理基本需要的技术要求，应当制定强制性国家标准。

国务院有关行政主管部门依据职责负责强制性国家标准的项目提出、组织起草、征求意见和技术审查。国务院标准化行政主管部门负责强制性国家标准的立项、编号和对外通报。国务院标准化行政主管部门应当对拟制定的强制性国家标准是否符合前款规定进行立项审查，对符合前款规定的予以立项。

省、自治区、直辖市人民政府标准化行政主管部门可以向国务院标准化行政主管部门提出强制性国家标准的立项建议，由国务院标准化行政主管部门会同国务院有关行政主管部门决定。社会团体、企业事业组织以及公民可以向国务院标准化行政主管部门提出强制性国家标准的立项建议，国务院标准化行政主管部门认为需要立项的，会同国务院有关行政主管部门决定。

强制性国家标准由国务院批准发布或者授权批准发布。

法律、行政法规和国务院决定对强制性标准的制定另有规定的，从其规定。

第十一条　对满足基础通用、与强制性国家标准配套、对各有关行业起引领作用等需要的技术要求，可以制定推荐性国家标准。

推荐性国家标准由国务院标准化行政主管部门制定。

第十二条　对没有推荐性国家标准、需要在全国某个行业范围内统一的技术要求，可以制定行业标准。

行业标准由国务院有关行政主管部门制定，报国务院标准化行政主管部门备案。

第十三条　为满足地方自然条件、风俗习惯等特殊技术要求，可以制定地方标准。

地方标准由省、自治区、直辖市人民政府标准化行政主管部门制定；设区的市级人民政府标准化行政主管部门根据本行政区域的特殊需要，经所在地省、自治区、直辖市人民政府标准化行政主管部门批准，可以制定本行政区域的地方标准。地方标准由省、自治区、直辖市人民政府标准化行政主管部门报国务院标准化行政主管部门备案，由国务院标准化行政主管部门通报国务院有关行政主管部门。

第十四条　对保障人身健康和生命财产安全、国家安全、生态环境安全以及经济社会发展所急需的标准项目，制定标准的行政主管部门应当优先立项并及时完成。

第十五条　制定强制性标准、推荐性标准，应当在立项时对有关行政主管部门、企业、社会团体、消费者和教育、科研机构等方面的实际需求进行调查，对制定标准的必要性、可行性进行论证评估；在制定过程中，应当按照便捷有效的原则采取多种方式征求意见，组织对标准相关事项进行调查分析、实验、论证，并做到有关标准之间的协调配套。

第十六条　制定推荐性标准，应当组织由相关方组成的标准化技术委员会，承担标准的起草、技术审查工作。制定强制性标准，可以委托相关标准化技术委员会承担标准的起草、技术审查工作。未组成标准化技术委员会的，应当成立专家组承担相关标准的起草、技术审查工作。标准化技术委员会和专家组的组成应当具有广泛代表性。

第十七条　强制性标准文本应当免费向社会公开。国家推动免费向社会公开推荐性标准文本。

第十八条　国家鼓励学会、协会、商会、联合会、产业技术联盟等社会团体协调相关市场主体共同制定满足市场和创新需要的团体标准，由本团体成员约定采用或者按照本团体的规定供社会自愿采用。

制定团体标准，应当遵循开放、透明、公平的原则，保证各参与主体获取相关信息，反映各参与主体的共同需求，并应当组织对标准相关事项进行调查分析、实验、论证。

国务院标准化行政主管部门会同国务院有关行政主管部门对团体标准的制定进行规范、引导和监督。

第十九条　企业可以根据需要自行制定企业标准，或者与其他企业联合制定企业标准。

第二十条　国家支持在重要行业、战略性新兴产业、关键共性技术等领域利用自主创新技术制定团体标准、企业标准。

第二十一条　推荐性国家标准、行业标准、地方标准、团体标准、企业标准的技术要求不得低于强制性国家标准的相关技术要求。

国家鼓励社会团体、企业制定高于推荐性标准相关技术要求的团体标准、企业标准。

第二十二条　制定标准应当有利于科学合理利用资源，推广科学技术成果，增强产品的安全性、通用性、可替换性，提高经济效益、社会效益、生态效益，做到技术上先进、经济上合理。

禁止利用标准实施妨碍商品、服务自由流通等排除、限制市场竞争的行为。

第二十三条　国家推进标准化军民融合和资源共享，提升军民标准通用化水平，积极推动在国防和军队建设中采用先进适用的民用标准，并将先进适用的军用标准转化为民用标准。

第二十四条　标准应当按照编号规则进行编号。标准的编号规则由国务院标准化行政主管部门制定并公布。

第三章　标准的实施

第二十五条　不符合强制性标准的产品、服务，不得生产、销售、进口或者提供。

第二十六条　出口产品、服务的技术要求，按照合同的约定执行。

第二十七条　国家实行团体标准、企业标准自我声明公开和监督制度。企业应当公开其执行的强制性标准、推荐性标准、团体标准或者企业标准的编号和名称；企业执行自行制定的企业标准的，还应当公开产品、服务的功能指标和产品的性能指标。国家鼓励团体标准、企业标准通过标准信息公共服务平台向社会公开。

企业应当按照标准组织生产经营活动，其生产的产品、提供的服务应当符合企业公开标准的技术要求。

第二十八条　企业研制新产品、改进产品，进行技术改造，应当符合本法规定的标准化要求。

第二十九条 国家建立强制性标准实施情况统计分析报告制度。

国务院标准化行政主管部门和国务院有关行政主管部门、设区的市级以上地方人民政府标准化行政主管部门应当建立标准实施信息反馈和评估机制，根据反馈和评估情况对其制定的标准进行复审。标准的复审周期一般不超过五年。经过复审，对不适应经济社会发展需要和技术进步的应当及时修订或者废止。

第三十条 国务院标准化行政主管部门根据标准实施信息反馈、评估、复审情况，对有关标准之间重复交叉或者不衔接配套的，应当会同国务院有关行政主管部门作出处理或者通过国务院标准化协调机制处理。

第三十一条 县级以上人民政府应当支持开展标准化试点示范和宣传工作，传播标准化理念，推广标准化经验，推动全社会运用标准化方式组织生产、经营、管理和服务，发挥标准对促进转型升级、引领创新驱动的支撑作用。

第四章 监督管理

第三十二条 县级以上人民政府标准化行政主管部门、有关行政主管部门依据法定职责，对标准的制定进行指导和监督，对标准的实施进行监督检查。

第三十三条 国务院有关行政主管部门在标准制定、实施过程中出现争议的，由国务院标准化行政主管部门组织协商；协商不成的，由国务院标准化协调机制解决。

第三十四条 国务院有关行政主管部门、设区的市级以上地方人民政府标准化行政主管部门未依照本法规定对标准进行编号、复审或者备案的，国务院标准化行政主管部门应当要求其说明情况，并限期改正。

第三十五条 任何单位或者个人有权向标准化行政主管部门、有关行政主管部门举报、投诉违反本法规定的行为。

标准化行政主管部门、有关行政主管部门应当向社会公开受理举报、投诉的电话、信箱或者电子邮件地址，并安排人员受理举报、投诉。对实名举报人或者投诉人，受理举报、投诉的行政主管部门应当告知处理结果，为举报人保密，并按照国家有关规定对举报人给予奖励。

第五章 法律责任

第三十六条 生产、销售、进口产品或者提供服务不符合强制性标准，或者企业生产的产品、提供的服务不符合其公开标准的技术要求的，依法承担民事责任。

第三十七条 生产、销售、进口产品或者提供服务不符合强制性标准的，依照《中华人民共和国产品质量法》、《中华人民共和国进出口商品检验法》、《中华人民共和国消费者权益保护法》等法律、行政法规的规定查处，记入信用记录，并依照有关法律、行政法规的规定予以公示；构成犯罪的，依法追究刑事责任。

第三十八条 企业未依照本法规定公开其执行的标准的，由标准化行政主管部门责令限期改正；逾期不改正的，在标准信息公共服务平台上公示。

第三十九条 国务院有关行政主管部门、设区的市级以上地方人民政府标准化行政主管部门制定的标准不符合本法第二十一条第一款、第二十二条第一款规定的，应当及时改正；拒不改正的，由国务院标准化行政主管部门公告废止相关标准；对负有责任的领导人员和直接责任人员依法给予处分。

社会团体、企业制定的标准不符合本法第二十一条第一款、第二十二条第一款规定的，由标准化行政主管部门责令限期改正；逾期不改正的，由省级以上人民政府标准化行政主管部门废止相关标准，并在标准信息公共服务平台上公示。

违反本法第二十二条第二款规定，利用标准实施排除、限制市场竞争行为的，依照《中华人民共和国反垄断法》等法律、行政法规的规定处理。

第四十条 国务院有关行政主管部门、设区的市级以上地方人民政府标准化行政主管部门未依照本法规定对标准进行编号或者备案，又未依照本法第三十四条的规定改正的，由国务院标准化行政主管部门撤销相关标准编号或者公告废止未备案标准；对负有责任的领导人员和直接责任人员依法给予处分。

国务院有关行政主管部门、设区的市级以上地方人民政府标准化行政主管部门未依照本法规定对其制定的标准进行复审，又未依照本法第三十四条的规定改正的，对负有责任的领导人员和直接责任人员依法给予处分。

第四十一条 国务院标准化行政主管部门未依照本法第十条第二款规定对制定强制性国家标准的项目予以立项，制定的标准不符合本法第二十一条第一款、第二十二条第一款规定，或者未依照本法规定对标准进行编号、复审或者予以备案的，应当及时改正；对负有责任的领导人员和直接责任人员可以依法给予处分。

第四十二条 社会团体、企业未依照本法规定对团体标准或者企业标准进行编号的，由标准化行政主管部门责令限期改正；逾期不改正的，由省级以上人民政府标准化行政主管部门撤销相关标准编号，并在标准信息公共服务平台上公示。

第四十三条 标准化工作的监督、管理人员滥用职权、玩忽职守、徇私舞弊的，依法给予处分；构成犯罪的，依法追究刑事责任。

第六章 附 则

第四十四条 军用标准的制定、实施和监督办法，由国务院、中央军事委员会另行制定。

第四十五条 本法自2018年1月1日起施行。

快递暂行条例

（中华人民共和国国务院令第697号）

《快递暂行条例》已经2018年2月7日国务院第198次常务会议通过，现予公布，自2018年5月1日起施行。

总理　李克强

2018年3月2日

快递暂行条例

第一章　总　　则

第一条　为促进快递业健康发展，保障快递安全，保护快递用户合法权益，加强对快递业的监督管理，根据《中华人民共和国邮政法》和其他有关法律，制定本条例。

第二条　在中华人民共和国境内从事快递业务经营、接受快递服务以及对快递业实施监督管理，适用本条例。

第三条　地方各级人民政府应当创造良好的快递业营商环境，支持经营快递业务的企业创新商业模式和服务方式，引导经营快递业务的企业加强服务质量管理、健全规章制度、完善安全保障措施，为用户提供迅速、准确、安全、方便的快递服务。

地方各级人民政府应当确保政府相关行为符合公平竞争要求和相关法律法规，维护快递业竞争秩序，不得出台违反公平竞争、可能造成地区封锁和行业垄断的政策措施。

第四条　任何单位或者个人不得利用信件、包裹、印刷品以及其他寄递物品（以下统称快件）从事危害国家安全、社会公共利益或者他人合法权益的活动。

除有关部门依照法律对快件进行检查外，任何单位或者个人不得非法检查他人快件。任何单位或者个人不得私自开拆、隐匿、毁弃、倒卖他人快件。

第五条　国务院邮政管理部门负责对全国快递业实施监督管理。国务院公安、国家安全、海关、工商行政管理、出入境检验检疫等有关部门在各自职责范围内负责相关的快递监督管理工作。

省、自治区、直辖市邮政管理机构和按照国务院规定设立的省级以下邮政管理机构负责对本辖区的快递业实施监督管理。县级以上地方人民政府有关部门在各自职责范围内负责相关的快递监督管理工作。

第六条　国务院邮政管理部门和省、自治区、直辖市邮政管理机构以及省级以下邮政管理机构（以下统称邮政管理部门）应当与公安、国家安全、海关、工商行政管理、出入境检验检疫等有关部门相互配合，建立健全快递安全监管机制，加强对快递业安全运行的监测预警，收集、共享与快递业安全运行有关的信息，依法处理影响快递业安全运行的事件。

第七条　依法成立的快递行业组织应当保护企业合法权益，加强行业自律，促进企业守法、诚信、安全经营，督促企业落实安全生产主体责任，引导企业不断提高快递服务质量和水平。

第八条　国家加强快递业诚信体系建设，建立健全快递业信用记录、信息公开、信用评价制度，依法实施联合惩戒措施，提高快递业信用水平。

第九条　国家鼓励经营快递业务的企业和寄件人使用可降解、可重复利用的环保包装材料，鼓励经营快递业务的企业采取措施回收快件包装材料，实现包装材料的减量化利用和再利用。

第二章　发展保障

第十条　国务院邮政管理部门应当制定快递业发展规划，促进快递业健康发展。

县级以上地方人民政府应当将快递业发展纳入本级国民经济和社会发展规划，在城乡规划和土地利用总体规划中统筹考虑快件大型集散、分拣等基础设施用地的需要。

县级以上地方人民政府建立健全促进快递业健康发展的政策措施，完善相关配套规定，依法保障经营快递业务的企业及其从业人员的合法权益。

第十一条　国家支持和鼓励经营快递业务的企业在农村、偏远地区发展快递服务网络，完善快递末端网点布局。

第十二条　国家鼓励和引导经营快递业务的企业采用先进技术，促进自动化分拣设备、机械化装卸设备、智能末端服务设施、快递电子运单以及快件信息化管理系统等的推广应用。

第十三条　县级以上地方人民政府公安、交通运输等部门和邮政管理部门应当加强协调配合，建立健全快递运输保障机制，依法保障快递服务车辆通行和临时停靠的权利，不得禁止快递服务车辆依法通行。

邮政管理部门会同县级以上地方人民政府公安等部门，依法规范快递服务车辆的管理和使用，对快递专用电动三轮车的行驶时速、装载质量等作出规定，并对快递服务车辆加强统一编号和标识管理。经营快递业务的企业应当对其从业人员加强道路交通安全培训。

快递从业人员应当遵守道路交通安全法律法规的规定，按照操作规范安全、文明驾驶车辆。快递从业人员因执行工作任务造成他人损害的，由快递从业人员所属的经营快递业务的企业依照民事侵权责任相关法律的规定承担侵权责任。

第十四条 企业事业单位、住宅小区管理单位应当根据实际情况，采取与经营快递业务的企业签订合同、设置快件收寄投递专门场所等方式，为开展快递服务提供必要的便利。鼓励多个经营快递业务的企业共享末端服务设施，为用户提供便捷的快递末端服务。

第十五条 国家鼓励快递业与制造业、农业、商贸业等行业建立协同发展机制，推动快递业与电子商务融合发展，加强信息沟通，共享设施和网络资源。

国家引导和推动快递业与铁路、公路、水路、民航等行业的标准对接，支持在大型车站、码头、机场等交通枢纽配套建设快件运输通道和接驳场所。

第十六条 国家鼓励经营快递业务的企业依法开展进出境快递业务，支持在重点口岸建设进出境快件处理中心、在境外依法开办快递服务机构并设置快件处理场所。

海关、出入境检验检疫、邮政管理等部门应当建立协作机制，完善进出境快件管理，推动实现快件便捷通关。

第三章 经营主体

第十七条 经营快递业务，应当依法取得快递业务经营许可。邮政管理部门应当根据《中华人民共和国邮政法》第五十二条、第五十三条规定的条件和程序核定经营许可的业务范围和地域范围，向社会公布取得快递业务经营许可的企业名单，并及时更新。

第十八条 经营快递业务的企业及其分支机构可以根据业务需要开办快递末端网点，并应当自开办之日起 20 日内向所在地邮政管理部门备案。快递末端网点无需办理营业执照。

第十九条 两个以上经营快递业务的企业可以使用统一的商标、字号或者快递运单经营快递业务。

前款规定的经营快递业务的企业应当签订书面协议明确各自的权利义务，遵守共同的服务约定，在服务质量、安全保障、业务流程等方面实行统一管理，为用户提供统一的快件跟踪查询和投诉处理服务。

用户的合法权益因快件延误、丢失、损毁或者内件短少而受到损害的，用户可以要求该商标、字号或者快递运单所属企业赔偿，也可以要求实际提供快递服务的企业赔偿。

第二十条 经营快递业务的企业应当依法保护其从业人员的合法权益。

经营快递业务的企业应当对其从业人员加强职业操守、服务规范、作业规范、安全生产、车辆安全驾驶等方面的教育和培训。

第四章 快递服务

第二十一条 经营快递业务的企业在寄件人填写快递运单前，应当提醒其阅读快递服务合同条款、遵守禁止寄递和限制寄递物品的有关规定，告知相关保价规则和保险服务项目。

寄件人交寄贵重物品的，应当事先声明；经营快递业务的企业可以要求寄件人对贵重物品予以保价。

第二十二条 寄件人交寄快件，应当如实提供以下事项：

（一）寄件人姓名、地址、联系电话；

（二）收件人姓名（名称）、地址、联系电话；

（三）寄递物品的名称、性质、数量。

除信件和已签订安全协议用户交寄的快件外，经营快递业务的企业收寄快件，应当对寄件人身份进行查验，并登记身份信息，但不得在快递运单上记录除姓名（名称）、地址、联系电话以外的用户身份信息。寄件人拒绝提供身份信息或者提供身份信息不实的，经营快递业务的企业不得收寄。

第二十三条 国家鼓励经营快递业务的企业在节假日期间根据业务量变化实际情况，为用户提供正常的快递服务。

第二十四条 经营快递业务的企业应当规范操作，防止造成快件损毁。

法律法规对食品、药品等特定物品的运输有特殊规定的，寄件人、经营快递业务的企业应当遵守相关规定。

第二十五条 经营快递业务的企业应当将快件投递到约定的收件地址、收件人或者收件人指定的代收人，并告知收件人或者代收人当面验收。收件人或者代收人有权当面验收。

第二十六条 快件无法投递的，经营快递业务的企业应当退回寄件人或者根据寄件人的要求进行处理；属于进出境快件的，经营快递业务的企业应当依法办理海关和检验检疫手续。

快件无法投递又无法退回的，依照下列规定处理：

（一）属于信件，自确认无法退回之日起超过 6 个月无人认领的，由经营快递业务的企业在所在地邮政管理部门的监督下销毁；

（二）属于信件以外其他快件的，经营快递业务的企业应当登记，并按照国务院邮政管理部门的规定处理；

（三）属于进境快件的，交由海关依法处理；其中有依法应当实施检疫的物品的，由出入境检验检疫部门依法处理。

第二十七条　快件延误、丢失、损毁或者内件短少的，对保价的快件，应当按照经营快递业务的企业与寄件人约定的保价规则确定赔偿责任；对未保价的快件，依照民事法律的有关规定确定赔偿责任。

国家鼓励保险公司开发快件损失赔偿责任险种，鼓励经营快递业务的企业投保。

第二十八条　经营快递业务的企业应当实行快件寄递全程信息化管理，公布联系方式，保证与用户的联络畅通，向用户提供业务咨询、快件查询等服务。用户对快递服务质量不满意的，可以向经营快递业务的企业投诉，经营快递业务的企业应当自接到投诉之日起 7 日内予以处理并告知用户。

第二十九条　经营快递业务的企业停止经营的，应当提前 10 日向社会公告，书面告知邮政管理部门，交回快递业务经营许可证，并依法妥善处理尚未投递的快件。

经营快递业务的企业或者其分支机构因不可抗力或者其他特殊原因暂停快递服务的，应当及时向邮政管理部门报告，向社会公告暂停服务的原因和期限，并依法妥善处理尚未投递的快件。

第五章　快递安全

第三十条　寄件人交寄快件和经营快递业务的企业收寄快件应当遵守《中华人民共和国邮政法》第二十四条关于禁止寄递或者限制寄递物品的规定。

禁止寄递物品的目录及管理办法，由国务院邮政管理部门会同国务院有关部门制定并公布。

第三十一条　经营快递业务的企业收寄快件，应当依照《中华人民共和国邮政法》的规定验视内件，并作出验视标识。寄件人拒绝验视的，经营快递业务的企业不得收寄。

经营快递业务的企业受寄件人委托，长期、批量提供快递服务的，应当与寄件人签订安全协议，明确双方的安全保障义务。

第三十二条　经营快递业务的企业可以自行或者委托第三方企业对快件进行安全检查，并对经过安全检查的快件作出安全检查标识。经营快递业务的企业委托第三方企业对快件进行安全检查的，不免除委托方对快件安全承担的责任。

经营快递业务的企业或者接受委托的第三方企业应当使用符合强制性国家标准的安全检查设备，并加强对安全检查人员的背景审查和技术培训；经营快递业务的企业或者接受委托的第三方企业对安全检查人员进行背景审查，公安机关等相关部门应当予以配合。

第三十三条　经营快递业务的企业发现寄件人交寄禁止寄递物品的，应当拒绝收寄；发现已经收寄的快件中有疑似禁止寄递物品的，应当立即停止分拣、运输、投递。对快件中依法应当没收、销毁或者可能涉及违法犯罪的物品，经营快递业务的企业应当立即向有关部门报告并配合调查处理；对其他禁止寄递物品以及限制寄递物品，经营快递业务的企业应当按照法律、行政法规或者国务院和国务院有关主管部门的规定处理。

第三十四条　经营快递业务的企业应当建立快递运单及电子数据管理制度，妥善保管用户信息等电子数据，定期销毁快递运单，采取有效技术手段保证用户信息安全。具体办法由国务院邮政管理部门会同国务院有关部门制定。

经营快递业务的企业及其从业人员不得出售、泄露或者非法提供快递服务过程中知悉的用户信息。发生或者可能发生用户信息泄露的，经营快递业务的企业应当立即采取补救措施，并向所在地邮政管理部门报告。

第三十五条　经营快递业务的企业应当依法建立健全安全生产责任制，确保快递服务安全。

经营快递业务的企业应当依法制定突发事件应急预案，定期开展突发事件应急演练；发生突发事件的，应当按照应急预案及时、妥善处理，并立即向所在地邮政管理部门报告。

第六章　监督检查

第三十六条　邮政管理部门应当加强对快递业的监督检查。监督检查应当以下列事项为重点：

（一）从事快递活动的企业是否依法取得快递业务经营许可；

（二）经营快递业务的企业的安全管理制度是否健全并有效实施；

（三）经营快递业务的企业是否妥善处理用户的投诉、保护用户合法权益。

第三十七条　邮政管理部门应当建立和完善以随机抽查为重点的日常监督检查制度，公布抽查事项目录，明确抽查的依据、频次、方式、内容和程序，随机抽取被检查企业，随机选派检查人员。抽查情况和查处结果应当及时向社会公布。

邮政管理部门应当充分利用计算机网络等先进技术手段，加强对快递业务活动的日常监督检查，提高快递业管理水平。

第三十八条　邮政管理部门依法履行职责，有权采取《中华人民共和国邮政法》第六十一条规定的监督检查措施。邮政管理部门实施现场检查，有权查阅经营快递业务的企业管理快递业务的电子数据。

国家安全机关、公安机关为维护国家安全和侦查犯罪活动的需要依法开展执法活动，经营快递业务的企业应当提供技术支持和协助。

《中华人民共和国邮政法》第十一条规定的处理场所，包括快件处理场地、设施、设备。

第三十九条 邮政管理部门应当向社会公布本部门的联系方式，方便公众举报违法行为。

邮政管理部门接到举报的，应当及时依法调查处理，并为举报人保密。对实名举报的，邮政管理部门应当将处理结果告知举报人。

第七章 法律责任

第四十条 未取得快递业务经营许可从事快递活动的，由邮政管理部门依照《中华人民共和国邮政法》的规定予以处罚。

经营快递业务的企业或者其分支机构有下列行为之一的，由邮政管理部门责令改正，可以处1万元以下的罚款；情节严重的，处1万元以上5万元以下的罚款，并可以责令停业整顿：

（一）开办快递末端网点未向所在地邮政管理部门备案；

（二）停止经营快递业务，未提前10日向社会公告，未书面告知邮政管理部门并交回快递业务经营许可证，或者未依法妥善处理尚未投递的快件；

（三）因不可抗力或者其他特殊原因暂停快递服务，未及时向邮政管理部门报告并向社会公告暂停服务的原因和期限，或者未依法妥善处理尚未投递的快件。

第四十一条 两个以上经营快递业务的企业使用统一的商标、字号或者快递运单经营快递业务，未遵守共同的服务约定，在服务质量、安全保障、业务流程等方面未实行统一管理，或者未向用户提供统一的快件跟踪查询和投诉处理服务的，由邮政管理部门责令改正，处1万元以上5万元以下的罚款；情节严重的，处5万元以上10万元以下的罚款，并可以责令停业整顿。

第四十二条 冒领、私自开拆、隐匿、毁弃、倒卖或者非法检查他人快件，尚不构成犯罪的，依法给予治安管理处罚。

经营快递业务的企业有前款规定行为，或者非法扣留快件的，由邮政管理部门责令改正，没收违法所得，并处5万元以上10万元以下的罚款；情节严重的，并处10万元以上20万元以下的罚款，并可以责令停业整顿直至吊销其快递业务经营许可证。

第四十三条 经营快递业务的企业有下列情形之一的，由邮政管理部门依照《中华人民共和国邮政法》、《中华人民共和国反恐怖主义法》的规定予以处罚：

（一）不建立或者不执行收寄验视制度；

（二）违反法律、行政法规以及国务院和国务院有关部门关于禁止寄递或者限制寄递物品的规定；

（三）收寄快件未查验寄件人身份并登记身份信息，或者发现寄件人提供身份信息不实仍予收寄；

（四）未按照规定对快件进行安全检查。

寄件人在快件中夹带禁止寄递的物品，尚不构成犯罪的，依法给予治安管理处罚。

第四十四条 经营快递业务的企业有下列行为之一的，由邮政管理部门责令改正，没收违法所得，并处1万元以上5万元以下的罚款；情节严重的，并处5万元以上10万元以下的罚款，并可以责令停业整顿直至吊销其快递业务经营许可证：

（一）未按照规定建立快递运单及电子数据管理制度；

（二）未定期销毁快递运单；

（三）出售、泄露或者非法提供快递服务过程中知悉的用户信息；

（四）发生或者可能发生用户信息泄露的情况，未立即采取补救措施，或者未向所在地邮政管理部门报告。

第四十五条 经营快递业务的企业及其从业人员在经营活动中有危害国家安全行为的，依法追究法律责任；对经营快递业务的企业，由邮政管理部门吊销其快递业务经营许可证。

第四十六条 邮政管理部门和其他有关部门的工作人员在监督管理工作中滥用职权、玩忽职守、徇私舞弊的，依法给予处分。

第四十七条 违反本条例规定，构成犯罪的，依法追究刑事责任；造成人身、财产或者其他损害的，依法承担赔偿责任。

第八章 附 则

第四十八条 本条例自2018年5月1日起施行。

国务院关于加强质量认证体系建设促进全面质量管理的意见

（国发〔2018〕3号）

各省、自治区、直辖市人民政府，国务院各部委、各直属机构：

质量认证是市场经济条件下加强质量管理、提高市场效率的基础性制度。近年来，我国质量认证制度不断完善，行业机构蓬勃发展，国际交流合作不断深化。同时，还存在认证服务供给不足、认证评价活动亟需规范、社会认知与应用程度不高等问题。为深入推进供给侧结构性改革和“放管服”改革，全面实施质量强国战略，贯彻落实《中共中央 国务院关于开展质量提升行动的指导意见》，现就加强质量认证体系建设、促进全面质量管理提出以下意见。

一、总体要求

（一）指导思想

全面贯彻党的十九大精神，以习近平新时代中国特色社会主义思想为指导，按照高质量发展的要求，认真落实党中央、国务院决策部署，统筹推进“五位一体”总体布局和协调推进“四个全面”战略布局，坚持以人民为中心的发展思想，牢固树立和贯彻落实新发展理念，坚持质量第一、效益优先，以推进供给侧结构性改革为主线，按照实施质量强国战略和质量提升行动的总体部署，运用国际先进质量管理标准和方法，构建统一管理、共同实施、权威公信、通用互认的质量认证体系，促进行业发展和改革创新，强化全面质量管理，全面提高产品、工程和服务质量，显著增强我国经济质量优势，推动经济发展进入质量时代。

（二）基本原则

——统一管理，顶层设计。按照“统一管理，共同实施”的要求，强化对质量认证体系建设的统筹规划和顶层设计，打破行业垄断和市场壁垒，避免多头管理和重复评价，维护质量认证工作的统一性和权威性。

——市场主导，政府引导。发挥市场在资源配置中的决定性作用，以市场需求为导向，突出市场主体地位，完善质量信号传导反馈机制，促进供需对接和结构优化。强化政府规划引导、政策扶持、监管服务等作用，完善公共服务体系，加强全面质量监管，营造良好发展环境。

——深化改革，创新发展。充分发挥认证认可制度的市场化、国际化特性，把质量认证作为推进供给侧结构性改革和“放管服”改革的重要抓手，促进政府职能转变，创新质量发展机制，激发质量提升动能。以改革创新为动力，完善质量认证体系，破解体制机制障碍，提升质量认证供给水平和创新能力。

——激励约束，多元共治。坚持引导和强制相结合，以自愿开展为主、强制实施为辅，对涉及安全、健康、环保等方面的产品依法实施强制性认证，鼓励企业参与自愿性认证，完善激励约束机制，引导社会各方开展质量共治，加强全面质量管理，共享质量发展成果。

（三）主要目标

通过3—5年努力，我国质量认证制度趋于完备，法律法规体系、标准体系、组织体系、监管体系、公共服务体系和国际合作互认体系基本完善，各类企业组织尤其是中小微企业的质量管理能力明显增强，主要产品、工程、服务尤其是消费品、食品农产品的质量水平明显提升，形成一批具有国际竞争力的质量品牌。

二、大力推广质量管理先进标准和方法

（四）创新质量管理工具

积极采用国际先进质量管理标准，将全面质量管理、六西格玛、精益管理等国际先进质量管理方法结合中国实际加以改造提升，积极开发追溯管理、供应链管理、业务连续性管理等适应新业态需求的质量管理工具，打造中国质量管理“工具箱”。充分发挥行业主管部门作用，鼓励各行业结合行业特点，推动质量管理通用要求与行业特殊要求相结合，积极开发新型质量管理工具，推广质量管理先进行业及企业的成果经验。

（五）推广应用质量管理先进标准和方法

开展百万家企业学习应用新版质量管理体系标准活动，鼓励企业运用质量认证方式加强质量管理，推动质量管理先进标准、方法向一二三产业和社会治理等领域全面延伸。发挥国有企业特别是中央企业的“主力军”作用，开展中央企业质量管理“领跑者”行动，带动各行业质量管理水平整体跃升。针对大中型企业、小微企业以及消费者的不同特点，培训普及质量管理知识。发挥行业协会、专业机构等社会组织的服务职能，开展社会化、群众性质量服务行动。

（六）转变政府质量治理方式

增强各级政府的质量意识，加强质量基础建设，推广质量管理标准和质量认证手段，提升质量治理能力。鼓励各级政府部门特别是行业主管部门建立推行质量管理体系，运用卓越绩效等先进质量管理方法，引入第三方质量治理机制，转变政府职能和管理方式，提高行政效能和政府公信力，推动一个一个行业抓质量提升，直到抓出成效。

三、广泛开展质量管理体系升级行动

（七）打造质量管理体系认证“升级版”

运用新版ISO9001质量管理体系等国际先进标准、方法提升认证要求，以互联网、大数据等新技术改造传统认证模式，通过质量管理体系认证的系统性升级，带动企业质量管理的全面升级。针对不同行业和企业，开展行业特色认证、分级认证、管理体系整合、质量诊断增值服务，推进创新管理、资产管理、业务连续性管理等新型管理体系认证，重点在航空、铁路、汽车、建筑、信息等战略性支柱产业完善适合行业特点的质量管理体系，推动质量管理向全供应链、全产业链、产品全生命周期延伸。支持认证认可检验检测关键技术研究，加强对获证企业的培训服务，全面完成质量管理体系认证升级，为广大企业树立质量提升的示范标杆。

（八）拓展质量认证覆盖面

开展万家企业质量认证现状抽样调查，摸清质量管理状况和认证需求。健全质量认证激励引导机制，鼓励企业参与自愿性认证，推行企业承诺制，接受社会监督，通过认证提升产品质量和品牌信誉，推动在市场采购、行业管理、行政监管、社会治理等领域广泛采信认证结果。支持各部门、各地区建设质量认证示范区（点）。引导各类企业尤其是中西部地区企业、服务型企业、中小微企业获得认

证，帮助更多企业提升质量管理水平。

四、深化质量认证制度改革创新

（九）完善强制性认证制度

着力发挥强制性认证“保底线”作用，遵循世界贸易组织规则，按照必要性和最小化原则，对涉及安全、健康、环保等方面的产品依法实施强制性认证。根据产品风险等级和产业成熟度，建立认证目录动态调整机制，将低风险产品逐步调出认证目录，引导产业结构调整。根据企业管理水平和诚信状况，实施分类管理，优化认证程序，引入“自我声明”方式，鼓励企业加快提质升级。

（十）创新自愿性认证制度

发挥自愿性认证“拉高线”作用，创新质量标准管理方式，优化标准体系，对新技术、新产品、新业态实施包容审慎监管，建立新领域研发认证“绿色通道”，促进产业转型升级。大力推行高端品质认证，开展绿色有机、机器人、物联网、城市轨道交通装备等高端产品和健康、教育、体育、金融、电商等领域服务认证，推进内外销产品“同线同标同质”工程，增加优质产品及服务供给，打造质量标杆。支持运用认证手段推进区域品牌建设，培育优势产业和拳头产品，提升区域经济竞争力。

（十一）清理涉及认证、检验检测的行政许可和行业评价制度

清理、整合、规范现有认证事项，取消不合理收费，坚决治理认证乱象。凡已建立国家统一认证制度的，不再设立类似的合格评定项目。面向社会的第三方技术评价活动应遵循通用准则和标准，逐步向国家统一的认证制度转变。全面清理工业产品生产许可证，加快向国际通行的产品认证制度转变。加快建设统一的绿色产品标准、认证、标识体系。清理涉及检验检测能力的行政许可事项，避免重复评价，实施统一的资质认定管理。鼓励认证机构为企业提供检验检测认证“一体化”解决方案和“一站式”服务，降低企业制度性交易成本。

（十二）简化规范认证机构审批、检验检测机构资质认定程序

完善认证机构审批程序，整合检验检测机构资质许可项目，精简整合技术评审事项，积极推动“五减”（减程序、减环节、减时间、减收费、减申请材料），实行申请、审批、发证全流程网上办理，提高便利度和满意度。严格从业机构资质认定标准，建立行政许可和技术评价相结合的资质管理制度，确保从业主体具备相应资质能力。

五、加强认证活动事中事后监管

（十三）完善认证监管体系

完善“法律规范、行政监管、认可约束、行业自律、社会监督”五位一体监管体系。加强认证监管能力建设，充实基层认证监管力量，推进部门联动监管。健全认可约束机制，强化行业自律和社会监督作用，形成多元共治格局。

（十四）创新认证监管和激励约束机制

充分运用大数据技术和信息共享平台，推行“互联网+认证监管”方式，向社会公开产品质量认证信息，建立健全质量认证全过程追溯机制，完善风险预警、快速处置、信息通报、倒查追溯等措施。健全政府、行业、社会等多层面的认证采信机制，完善鼓励企业参与自愿性认证活动的激励措施，出台质量认证责任保险、获证企业授信等政策。

（十五）加大认证监管工作力度

全面推行“双随机、一公开”监管，加强对检验检测认证机构和获证企业、产品的联动监管，严厉打击非法从事检验检测认证活动和伪造、冒用、买卖认证证书或者认证标志等行为，严禁未获强制性认证的产品进入市场，确保认证有效性和公信力。

（十六）严格落实从业机构及人员责任

严格落实从业机构对检验检测认证结果的主体责任、对产品质量的连带责任，健全对参与检验检测认证活动从业人员的全过程责任追究机制，建立出证人对检验检测认证结果负总责制度，落实“谁出证，谁负责；谁签字，谁担责”。推行从业机构公开承诺和信息公示制度，建立从业机构及从业人员的诚信档案，完善永久退出和终身禁入等失信惩戒机制，提高违法失信成本。

六、培育发展检验检测认证服务业

（十七）营造行业发展良好环境

打破部门垄断和行业壁垒，鼓励和支持社会力量开展检验检测认证业务，加大政府购买服务力度，营造各类主体公平竞争的市场环境。制定促进检验检测认证服务业发展的产业政策，对符合条件的检验检测认证机构给予高新技术企业认定。鼓励组建产学研用一体化的检验检测认证联盟，推动检验检测认证与产业经济深度融合。

（十八）促进行业机构改革发展

加快推进检验检测认证机构整合，推动检验检测认证机构转企改制，与政府部门彻底脱钩。强化认证活动的第三方属性，健全市场化运行机制，完善政策保障，打破部门垄断和行业壁垒，尽快实现认证结果的互认通用。加快整合检验检测认证机构，培育一批操作规范、技术能力强、服务水平高、规模效益好、具有一定国际影响力的检验检测认证集团，推动检验检测认证服务业做强做优做大。

（十九）提升行业综合服务能力

充分依托区域型综合检验检测认证公共服务平台和专业型产业检验检测认证公共服务平台，重点提升对食品、农林产品、生物医药、信息安全、智能制造、新能源、碳交易等领域的支撑服务能力，形成以检验检测认证为“连

接器"的产业聚合新模式。构建服务军民融合产业发展的通用检验检测认证体系，打造军转民、民参军的能力验证"直通车"。

七、深化质量认证国际合作互认

（二十）构建认证认可国际合作机制

加强政府间、从业机构间多层次合作，拓展合作领域、合作对象和合作渠道，推动合格评定政策沟通、标准协调、制度对接、技术合作和人才交流，制定合作共赢的互认安排，加快可再生资源、绿色低碳、跨境电商等新领域互认进程，推动多双边互信互认协议数量持续增长，促进对外贸易稳定发展。

（二十一）提高国内检验检测认证市场开放度

有序开放检验检测认证市场，鼓励外资机构进入国内检验检测认证市场，积极引入国外先进认证标准、技术和服务，扩大国内短缺急需的检验检测认证服务进口，鼓励引进消化吸收再创新，提高引资引智引技的质量效益。

（二十二）加快我国检验检测认证"走出去"步伐

鼓励支持国内检验检测认证机构拓展国际业务，推动检验检测认证与对外投融资、建设项目配套服务，针对高铁、民用飞机等战略产业面临的国际市场准入壁垒，加快推动国际互认，服务中国企业"走出去"和国际产能合作。

（二十三）提升我国认证认可国际影响力

积极参与和主动引领认证认可国际标准、规则制定，向国际社会提供质量认证"中国方案"，培育具有国际影响力的中国认证品牌。加强国际化人才培养和输出，扩大在相关国际组织中的影响力，提升参与全球经济治理的能力。

八、加强组织领导和政策保障

（二十四）加强组织领导

地方各级人民政府要将质量认证体系建设摆到重要议事日程，纳入经济社会发展规划，制定工作方案，完善配套政策，建立健全相应议事协调机构和工作机制，全面加强统筹协调和综合管理。各部门要高度重视，完善全国认证认可工作部际联席会议工作机制，提升协作层次，加强政策衔接、规划引导和工作协调，健全信息互换、监管互认、执法互助机制，提高协作效率。

（二十五）加强综合保障

清理涉及认证认可、检验检测的法律法规和规章，加快制定检验检测管理条例、修订认证认可条例，推动合格评定立法进程。加强质量认证学科教育和专业人才队伍建设，加快培养重点产业、高新领域质量认证紧缺人才，健全认证人员职业资格制度。完善质量认证统计分析机制，加大对质量认证信息共享等公共服务平台建设的财政支持。

（二十六）加强宣传引导

大力弘扬质量文化，传播先进质量管理方法，普及质量认证知识，推广获得质量认证的产品，合理引导生产消费，增强市场信心，激发质量提升动能，提高全社会质量意识和诚信意识，弘扬工匠精神和企业家精神，让追求卓越、崇尚质量成为全社会、全民族的价值导向和时代精神。

（二十七）加强督促落实

推动各级政府将质量认证工作纳入政府绩效考核和质量工作考核，确保加强质量认证体系建设、促进全面质量管理的各项决策部署落地。各地区、各部门要将质量认证工作作为实施质量强国战略、开展质量提升行动的重要举措，加大推进力度，强化督促检查，抓好试点示范，以点带面，全面提升质量管理水平，努力建设质量强国。

国务院

2018年1月17日

推进互联网协议第六版（IPv6）规模部署行动计划

为贯彻落实党中央、国务院关于建设网络强国的战略部署，加快推进基于互联网协议第六版（IPv6）的下一代互联网规模部署（以下简称IPv6规模部署），促进互联网演进升级和健康创新发展，根据《国民经济和社会发展第十三个五年规划纲要》、《国家信息化发展战略纲要》、《"十三五"国家信息化规划》，制定本行动计划。

一、重要意义

互联网是关系国民经济和社会发展的重要基础设施，深刻影响着全球经济格局、利益格局和安全格局。我国是世界上较早开展IPv6试验和应用的国家，在技术研发、网络建设、应用创新方面取得了重要阶段性成果，已具备大规模部署的基础和条件。抓住全球网络信息技术加速创新变革、信息基础设施快速演进升级的历史机遇，加强统筹谋划，加快推进IPv6规模部署，构建高速率、广普及、全覆盖、智能化的下一代互联网，是加快网络强国建设、加速国家信息化进程、助力经济社会发展、赢得未来国际竞争新优势的紧迫要求。

（一）互联网演进升级的必然趋势

基于互联网协议第四版（IPv4）的全球互联网面临网络地址消耗殆尽、服务质量难以保证等制约性问题，IPv6能够提供充足的网络地址和广阔的创新空间，是全球公认的下一代互联网商业应用解决方案。大力发展基于IPv6的下一代互联网，有助于显著提升我国互联网的承载能力和服务水平，更好融入国际互联网，共享全球发展成果，有力支撑经济社会发展，赢得未来发展主动。

（二）技术产业创新发展的重大契机

推进 IPv6 规模部署是互联网技术产业生态的一次全面升级，深刻影响着网络信息技术、产业、应用的创新和变革。大力发展基于 IPv6 的下一代互联网，有助于提升我国网络信息技术自主创新能力和产业高端发展水平，高效支撑移动互联网、物联网、工业互联网、云计算、大数据、人工智能等新兴领域快速发展，不断催生新技术新业态，促进网络应用进一步繁荣，打造先进开放的下一代互联网技术产业生态。

（三）网络安全能力强化的迫切需要

加快 IPv6 规模应用为解决网络安全问题提供了新平台，为提高网络安全管理效率和创新网络安全机制提供了新思路。大力发展基于 IPv6 的下一代互联网，有助于进一步创新网络安全保障手段，不断完善网络安全保障体系，显著增强网络安全态势感知和快速处置能力，大幅提升重要数据资源和个人信息安全保护水平，进一步增强互联网的安全可信和综合治理能力。

二、总体要求

（一）指导思想

全面贯彻党的十九大精神，以习近平新时代中国特色社会主义思想为指导，紧紧围绕统筹推进“五位一体”总体布局和协调推进“四个全面”战略布局，牢固树立新发展理念，把握全球网络信息技术代际跃迁和网络基础设施演进升级的难得历史机遇，以协同推进 IPv6 规模部署为主线，以典型应用改造和特色应用创新为主攻方向，加快网络基础设施和应用基础设施升级步伐，积极构建自主技术体系和产业生态，实现互联网向 IPv6 演进升级，构建高速、移动、安全、泛在的新一代信息基础设施，促进互联网与经济社会深度融合，构筑未来发展新优势，为网络强国建设奠定坚实基础。

（二）基本原则

——统筹规划、重点突破。加强顶层设计和统筹谋划，聚焦重点环节，着力弥补 IPv6 应用短板，强化互联网应用的需求拉动作用，实现技术、产业、网络、应用的协同推进。

——政府引导、企业主导。加强政府的统筹协调、政策扶持和应用引领，优化发展环境，充分发挥企业在 IPv6 发展中的主体地位作用，激发市场需求和企业发展的内生动力。

——创新发展、保障安全。坚持发展与安全并举，大力促进下一代互联网与经济社会各领域的融合创新，同步推进网络安全系统规划、建设、运行，保障互联网安全可靠、平滑演进。

——注重实效、惠及民生。贯彻以人民为中心的发展思想，紧紧围绕人民群众的期待和需求，不断提升网络服务水平，丰富信息服务内容，让亿万人民共享互联网发展成果。

（三）主要目标

用 5 到 10 年时间，形成下一代互联网自主技术体系和产业生态，建成全球最大规模的 IPv6 商业应用网络，实现下一代互联网在经济社会各领域深度融合应用，成为全球下一代互联网发展的重要主导力量。

1. 到 2018 年末，市场驱动的良性发展环境基本形成，IPv6 活跃用户数达到 2 亿，在互联网用户中的占比不低于 20%，并在以下领域全面支持 IPv6：国内用户量排名前 50 位的商业网站及应用，省部级以上政府和中央企业外网网站系统，中央和省级新闻及广播电视媒体网站系统，工业互联网等新兴领域的网络与应用；域名托管服务企业、顶级域运营机构、域名注册服务机构的域名服务器，超大型互联网数据中心（IDC），排名前 5 位的内容分发网络（CDN），排名前 10 位云服务平台的 50% 云产品；互联网骨干网、骨干网网间互联体系、城域网和接入网，广电骨干网，LTE 网络及业务，新增网络设备、固定网络终端、移动终端。

2. 到 2020 年末，市场驱动的良性发展环境日臻完善，IPv6 活跃用户数超过 5 亿，在互联网用户中的占比超过 50%，新增网络地址不再使用私有 IPv4 地址，并在以下领域全面支持 IPv6：国内用户量排名前 100 位的商业网站及应用，市地级以上政府外网网站系统，市地级以上新闻及广播电视媒体网站系统；大型互联网数据中心，排名前 10 位的内容分发网络，排名前 10 位云服务平台的全部云产品；广电网络，5G 网络及业务，各类新增移动和固定终端，国际出入口。

3. 到 2025 年末，我国 IPv6 网络规模、用户规模、流量规模位居世界第一位，网络、应用、终端全面支持 IPv6，全面完成向下一代互联网的平滑演进升级，形成全球领先的下一代互联网技术产业体系。

（四）发展路径

遵循典型应用先行、移动固定并举、增量带动存量的发展路径。以应用为切入点和突破口，重点加强用户多、使用广的典型互联网应用的 IPv6 升级，强化基于 IPv6 的特色应用创新，带动网络、终端协同发展。抓住移动网络升级换代和固定网络“光进铜退”发展机遇，统筹推进移动和固定网络的 IPv6 发展，实现网络全面升级。新增网络设备、应用、终端全面支持 IPv6，带动存量设备和应用加速替代，实现下一代互联网各环节平滑演进升级。

三、重点任务

（一）加快互联网应用服务升级，不断丰富网络信源

1. 升级典型应用。推动用户量大、服务面广的门户、社交、视频、电商、搜索、游戏、应用商店及上线应用等网络服务和应用全面支持 IPv6。

2. 升级政府、中央媒体、中央企业网站。强化政府网站、新闻及广播电视媒体网站和应用的示范带动作用，在相关政府采购活动中明确提出支持 IPv6 的具体需求，积极开展各级政府网站、新闻及广播电视媒体网站、中央企业外网网站 IPv6 升级改造。

3. 创新特色应用。支持地址需求量大的特色 IPv6 应用创新与示范，在宽带中国、“互联网+”、新型智慧城市、工业互联网、云计算、物联网、智能制造、人工智能等重大战略行动中加大 IPv6 推广应用力度。

（二）开展网络基础设施改造，提升网络服务水平

1. 升级改造移动和固定网络。以 LTE 语音（VoLTE）业务商业应用、光纤到户改造为契机，全面部署支持 IPv6 的 LTE 移动网络和固定宽带接入网络。

2. 推广移动和固定终端应用。新增移动终端和固定终端全面支持 IPv6，引导不支持 IPv6 的存量终端逐步退网。

3. 实现骨干网互联互通。建立完善 IPv6 骨干网网间互联体系，升级改造我国互联网骨干网互联节点，实现互联网、广电网骨干网络 IPv6 的互联互通。

4. 扩容国际出入口。逐步扩容 IPv6 国际出入口带宽，在保障网络安全前提下，实现与全球下一代互联网的高效互联互通。

5. 升级改造广电网络。以全国有线电视互联互通平台建设为契机，加快推动广播电视领域平台、网络、终端等支持 IPv6，促进文化传媒领域业务创新升级。

（三）加快应用基础设施改造，优化流量调度能力

1. 升级改造互联网数据中心。加强互联网数据中心接入能力建设，完成互联网数据中心内网和出口改造，为用户提供 IPv6 访问通道。

2. 升级改造内容分发网络和云服务平台。加快内容分发网络、云服务平台的 IPv6 改造，全面提升 IPv6 网络流量优化调度能力。

3. 升级改造域名系统。加快互联网域名系统（DNS）的全面改造，构建域名注册、解析、管理全链条 IPv6 支持能力，开展面向 IPv6 的新型根域名服务体系的创新与试验。

4. 建设监测平台。建设国家级 IPv6 发展监测平台，全面监测和深入分析互联网网络、应用、终端、用户、流量等 IPv6 发展情况，服务推进 IPv6 规模部署工作。

（四）强化网络安全保障，维护国家网络安全

1. 升级安全系统。进一步升级改造现有网络安全保障系统，提高网络安全态势感知、快速处置、侦查打击能力。

2. 强化地址管理。统筹 IPv6 地址申请、分配、备案等管理工作，严格落实 IPv6 网络地址编码规划方案，协同推进 IPv6 部署与网络实名制。

3. 加强安全防护。开展针对 IPv6 的网络安全等级保护、个人信息保护、风险评估、通报预警、灾难备份及恢复等工作。

4. 构筑新兴领域安全保障能力。加强 IPv6 环境下工业互联网、物联网、车联网、云计算、大数据、人工智能等领域的网络安全技术、管理及机制研究，增强新兴领域网络安全保障能力。

（五）突破关键前沿技术，构建自主技术产业生态

1. 加强 IPv6 关键技术研发。支持网络过渡、网络安全、新型路由等关键技术创新，支持网络处理器、嵌入式操作系统、重要应用软件、终端与网络设备、安全设备与系统、网络测量仪器仪表等核心设备系统研发，加强 IPv6 技术标准研制。

2. 强化网络前沿技术创新。处理好 IPv6 发展与网络技术创新、互联网中长期演进的关系，加强下一代互联网的顶层设计和统筹谋划。超前布局新型网络体系结构、编址路由、网络虚拟化、网络智能化、IPv6 安全可信体系等技术研发，加快国家未来网络试验设施等重大科研基础设施建设，支持 IPv6 下一代互联网先进网络基础设施创新平台建设，进一步加大对网络基础性、前瞻性、创新性研究的支持力度。

四、实施步骤

（一）2017 年—2018 年重点工作

1. 互联网应用

（1）典型互联网应用升级。鼓励和支持国内龙头互联网企业制定并发布主流互联网应用 IPv6 升级计划，明确“十三五”期间年度工作时间表。推动企业完成主流互联网门户、社交、视频、电商、搜索、游戏等应用的 IPv6 改造，鼓励和支持国内用户量排名前 50 位的商业网站及应用支持 IPv6 接入。推动国产主流互联网浏览器、电子邮件、文件下载等应用软件全面支持 IPv6。完成主流移动应用商店升级改造，新上线和新版本的移动互联网应用必须支持 IPv6。在 IPv4/IPv6 双栈连接的情况下，上述应用均需优先采用 IPv6 连接访问。

（2）省部级以上政府网站 IPv6 改造。初步完成国家电子政务外网改造，完成中央部委、省级政府门户网站改造。新建电子政务系统、信息化系统及服务平台全面支持 IPv6。

（3）省级以上新闻及广播电视媒体网站 IPv6 改造。完成中央及省级新闻宣传媒体门户网站改造，新建新闻及广播电视媒体网络信息系统全面支持 IPv6。

（4）中央企业网站 IPv6 改造。完成中央企业门户网站和面向公众的在线服务窗口改造，加快企业生产管理信息系统等内部网络和应用的 IPv6 改造。基础电信企业的门户网站、移动互联网应用（APP）以及应用商店等系统服务器全面支持 IPv6。

（5）新型智慧城市 IPv6 应用。在社会治理、公共安全视频监控、安全生产、健康医疗、教育、社保等领域的系统建设中采用 IPv6 技术，加快推进信息惠民。

（6）工业互联网 IPv6 应用。选择典型行业、重点企业开展工厂企业网络改造，创新工业互联网应用，构建工业

互联网 IPv6 标准体系。

2. 网络基础设施

（1）LTE 网络 IPv6 升级。开展 LTE 网络端到端 IPv6 业务承载能力建设，推动 LTE 网络、业务及终端全面支持 IPv6，移动互联网 IPv6 用户规模不少于 5000 万户。

（2）骨干网 IPv6 互联互通。推进我国骨干网互联节点的 IPv6 升级，基于 IPv6 的网间互联带宽达到 1Tbps，实现高效互联互通。

（3）城域网和接入网改造。基础电信企业完成城域网和接入网的 IPv6 升级改造，完善网络管理和支撑服务系统，面向公众用户和政企客户开通商用 IPv6 宽带接入服务。

（4）IPv6 网络国际出入口建设。扩容升级互联网国际出入口，保障国际互联网 IPv6 流量有效转接互通。

（5）广播电视网络 IPv6 能力建设。加快广电 IPv6 骨干网建设、东中部有线电视接入网升级改造，推进广播电视应用基础设施建设和 IPv6 应用示范。

（6）移动和固定终端升级。基础电信企业集采的移动终端和固定终端全面支持 IPv6，推广支持 IPv6 的广播电视融合终端。

3. 应用基础设施

（1）超大型数据中心 IPv6 升级。开展超大型数据中心改造，完成相关系统升级。

（2）内容分发网络和云服务平台 IPv6 升级。推动排名前 5 位的内容分发网络和排名前 10 位的云服务平台的 50% 云产品完成升级改造，形成 IPv6 流量优化调度能力。

（3）域名系统 IPv6 升级。开展域名系统等重要互联网应用基础设施改造，推动域名注册服务机构、顶级域运营机构、域名托管服务企业的域名服务器全面支持 IPv6 访问与解析。

（4）IPv6 根域名服务体系试验示范。推动根镜像服务器的引进，进一步提升域名系统解析性能。开展新型根域名服务体系结构及应用的技术创新，建设具有一定规模的试验验证网络设施，开展应用示范。

（5）IPv6 发展监测平台建设。建成国家级 IPv6 发展监测平台，形成对网络、应用、终端、用户、流量等关键发展指标的实时监测和分析能力，定期发布 IPv6 规模部署监测报告。

4. 网络安全

IPv6 网络安全提升计划。升级改造现有网络安全保障系统，提升对 IPv6 地址和网络环境的支持能力。严格落实 IPv6 网络地址编码规划方案，加强 IPv6 地址备案管理，协同推进 IPv6 部署与网络实名制，落实技术接口要求，增强 IPv6 地址精准定位、侦查打击和快速处置能力。开展针对 IPv6 的网络安全等级保护、个人信息保护、风险评估、通报预警、灾难备份及恢复等工作。开展 IPv6 环境下工业互联网、物联网、云计算、大数据、人工智能等领域网络安全技术、管理及机制研究工作。

5. 关键前沿技术

下一代互联网技术创新项目。不断完善 IPv6 技术标准体系，加强基于 IPv6 的网络路由、网络过渡、网络管理、网络智能化、网络虚拟化及网络安全等核心技术研发。加快研发支持 IPv6 的网络处理器、嵌入式操作系统、重要应用软件、终端与网络设备、安全设备与系统、网络测量仪器仪表等自主可控核心设备系统。加强下一代互联网新型网络体系结构与关键技术创新，探索网络设施演进方向。加快建设国家未来网络试验设施，积极开展网络新技术、新应用的试验验证与应用示范。

（二）2019 年—2020 年重点工作

1. 互联网应用

（1）互联网应用升级（滚动）。继续鼓励和支持主流互联网门户、社交、视频、电商、搜索、游戏等应用，以及主流移动应用商店、互联网浏览器、电子邮件、文件下载等应用软件的 IPv6 升级和应用部署。鼓励和支持国内用户量排名前 100 位的商业网站及应用支持 IPv6 接入。在 IPv4/IPv6 双栈连接的情况下，上述应用均需优先支持 IPv6 访问。

（2）市地级以上政府网站 IPv6 改造。继续推进既有电子政务系统升级改造，全面完成电子政务外网升级。完成市地级以上政府门户网站升级改造。完成综治、金融、医疗等领域公共管理、民生公益等服务平台改造。

（3）市地级以上新闻及广播电视媒体网站 IPv6 改造。完成市地级以上新闻及广播电视媒体网站升级改造，新上业务及应用全面支持 IPv6。

（4）工业互联网 IPv6 应用（滚动）。持续开展工厂企业网络改造，推动工业互联网创新应用的规模部署，不断完善工业互联网 IPv6 应用、管理、安全等相关标准。

2. 网络基础设施

（1）骨干网 IPv6 互联互通（滚动）。新增和扩容我国 IPv6 骨干网互联节点，互联带宽达到 5Tbps。

（2）IPv6 网络国际出入口扩容（滚动）。持续扩容 IPv6 网络国际出入口，进一步提升与国际下一代互联网的互联互通能力。

（3）广播电视网络 IPv6 能力建设（滚动）。完善广电 IPv6 骨干网，实施西部地区有线电视接入网 IPv6 升级改造，基本实现广播电视内容、平台、网络、终端全流程 IPv6 部署。

（4）移动和固定终端升级（滚动）。全面部署支持 IPv6 的移动终端、固定网络终端以及广播电视融合终端，加快存量终端的淘汰替换。

3. 应用基础设施

（1）大型以上数据中心 IPv6 升级（滚动）。开展大型以上数据中心改造，完成相关系统升级，实现与网络基础设施的协同发展。

（2）内容分发网络和云服务平台的 IPv6 升级（滚动）。完成排名前 10 位的内容分发网络和排名前 10 位的云服务平台全部云产品改造，形成IPv6流量的优化调度能力。

（3）IPv6发展监测平台建设（滚动）。增加监测指标和对象，不断完善监测平台功能和性能。定期开展企业、行业、区域IPv6发展情况评测。

4. 网络安全

IPv6网络安全提升计划（滚动）。持续升级改造相关网络安全保障系统。深入落实网络安全等级保护制度、网络实名制和IPv6地址备案管理办法，继续开展相关网络安全技术、管理及机制研究工作，强化网络数据安全管理及个人信息保护能力，确保网络安全。

5. 关键前沿技术

下一代互联网技术创新项目（滚动）。持续开展支持IPv6的芯片、操作系统、终端及网络设备、安全系统的技术攻关和产业化。进一步加快互联网新型体系结构，以及新型编址与路由、内生网络安全、网络虚拟化等前沿基础技术创新，加强网络新技术、新应用的试验验证和应用示范，不断提升创新成果的生产力转化水平，显著增强网络信息技术自主创新能力，形成未来网络技术先发优势。

五、保障措施

（一）加强组织领导

建立网信、发展改革、工业和信息化、教育、科技、公安、安全、新闻出版广电等部门协同推进机制，强化统筹协调，明确责任分工，加强部门、行业、区域间合作，扎实推进行动计划落地实施，研究推进IPv6规模部署工作的重点任务。健全专家咨询制度，充分发挥调查研究和决策咨询作用，提供高质量咨询意见。鼓励行业组织和第三方机构广泛参与，完善政企间沟通协调机制。

（二）优化发展环境

统筹资金，加大支持力度，引导社会资金投入，充分发挥企业主体作用，推动IPv6技术创新、基础设施改造、应用部署、安全保障等领域发展。推动建立IPv6网络网间互联与结算体系，研究出台IPv6终端和流量优惠措施，引导用户向IPv6迁移。加快下一代互联网相关学科建设，加大下一代互联网技术、管理、国际治理人才培养力度，建立国际化人才梯队。

（三）强化规范管理

完善互联网网站、移动互联网应用等管理要求，引导和推动互联网信息服务、内容分发网络、云服务、移动虚拟运营、宽带接入等企业在系统和业务上支持IPv6。完善政府采购要求，明确相关设备、系统和服务支持IPv6。在基础电信企业业绩考核中，支持和鼓励企业积极开展IPv6相关工作。完善设备进网中有关IPv6的检测要求。完善网络、应用、终端等IPv6支持度评测认证体系，定期开展企业、行业、区域应用情况评测。

（四）深化国际合作

密切跟踪全球下一代互联网研究、试验、技术、产业和应用情况。加强与国际标准化组织的合作，积极参与下一代互联网相关标准制定，扩大中国标准国际影响力，共同推进国际标准化进程。推动我国机构和组织在国际基础资源管理组织中发挥更大作用，增进政府间、企业间的合作与交流，建立更加科学合理的IPv6地址分配、互联网域名管理机制，推动构建面向下一代互联网的国际治理新秩序。

关于推进城市安全发展的意见

随着我国城市化进程明显加快，城市人口、功能和规模不断扩大，发展方式、产业结构和区域布局发生了深刻变化，新材料、新能源、新工艺广泛应用，新产业、新业态、新领域大量涌现，城市运行系统日益复杂，安全风险不断增大。一些城市安全基础薄弱，安全管理水平与现代化城市发展要求不适应、不协调的问题比较突出。近年来，一些城市甚至大型城市相继发生重特大生产安全事故，给人民群众生命财产安全造成重大损失，暴露出城市安全管理存在不少漏洞和短板。为强化城市运行安全保障，有效防范事故发生，现就推进城市安全发展提出如下意见。

一、总体要求

（一）指导思想

全面贯彻党的十九大精神，以习近平新时代中国特色社会主义思想为指导，紧紧围绕统筹推进“五位一体”总体布局和协调推进“四个全面”战略布局，牢固树立安全发展理念，弘扬生命至上、安全第一的思想，强化安全红线意识，推进安全生产领域改革发展，切实把安全发展作为城市现代文明的重要标志，落实完善城市运行管理及相关方面的安全生产责任制，健全公共安全体系，打造共建共治共享的城市安全社会治理格局，促进建立以安全生产为基础的综合性、全方位、系统化的城市安全发展体系，全面提高城市安全保障水平，有效防范和坚决遏制重特大安全事故发生，为人民群众营造安居乐业、幸福安康的生产生活环境。

（二）基本原则

——坚持生命至上、安全第一。牢固树立以人民为中心的发展思想，始终坚守发展决不能以牺牲安全为代价这条不可逾越的红线，严格落实地方各级党委和政府的领导责任、部门监管责任、企业主体责任，加强社会监督，强化城市安全生产防范措施落实，为人民群众提供更有保障、更可持续的安全感。

——坚持立足长效、依法治理。加强安全生产、职业健康法律法规和标准体系建设，增强安全生产法治意识，健全安全监管机制，规范执法行为，严格执法措施，全面提升城市安全生产法治化水平，加快建立城市安全治理长效机制。

——坚持系统建设、过程管控。健全公共安全体系，加强城市规划、设计、建设、运行等各个环节的安全管理，充分运用科技和信息化手段，加快推进安全风险管控、隐患排查治理体系和机制建设，强化系统性安全防范制度措施落实，严密防范各类事故发生。

——坚持统筹推动、综合施策。充分调动社会各方面的积极性，优化配置城市管理资源，加强安全生产综合治理，切实将城市安全发展建立在人民群众安全意识不断增强、从业人员安全技能素质显著提高、生产经营单位和区域安全保障水平持续改进的基础上，有效解决影响城市安全的突出矛盾和问题。

（三）总体目标

到 2020 年，城市安全发展取得明显进展，建成一批与全面建成小康社会目标相适应的安全发展示范城市；在深入推进示范创建的基础上，到 2035 年，城市安全发展体系更加完善，安全文明程度显著提升，建成与基本实现社会主义现代化相适应的安全发展城市。持续推进形成系统性、现代化的城市安全保障体系，加快建成以中心城区为基础，带动周边、辐射县乡、惠及民生的安全发展型城市，为把我国建成富强民主文明和谐美丽的社会主义现代化强国提供坚实稳固的安全保障。

二、加强城市安全源头治理

（四）科学制定规划

坚持安全发展理念，严密细致制定城市经济社会发展总体规划及城市规划、城市综合防灾减灾规划等专项规划，居民生活区、商业区、经济技术开发区、工业园区、港区以及其他功能区的空间布局要以安全为前提。加强建设项目实施前的评估论证工作，将安全生产的基本要求和保障措施落实到城市发展的各个领域、各个环节。

（五）完善安全法规和标准

加强体现安全生产区域特点的地方性法规建设，形成完善的城市安全法治体系。完善城市高层建筑、大型综合体、综合交通枢纽、隧道桥梁、管线管廊、道路交通、轨道交通、燃气工程、排水防涝、垃圾填埋场、渣土受纳场、电力设施及电梯、大型游乐设施等的技术标准，提高安全和应急设施的标准要求，增强抵御事故风险、保障安全运行的能力。

（六）加强基础设施安全管理

城市基础设施建设要坚持把安全放在第一位，严格把关。有序推进城市地下管网依据规划采取综合管廊模式进行建设。加强城市交通、供水、排水防涝、供热、供气和污水、污泥、垃圾处理等基础设施建设、运营过程中的安全监督管理，严格落实安全防范措施。强化与市政设施配套的安全设施建设，及时进行更换和升级改造。加强消防站点、水源等消防安全设施建设和维护，因地制宜规划建设特勤消防站、普通消防站、小型和微型消防站，缩短灭火救援响应时间。加快推进城区铁路平交道口立交化改造，加快消除人员密集区域铁路平交道口。加强城市交通基础设施建设，优化城市路网和交通组织，科学规范设置道路交通安全设施，完善行人过街安全设施。加强城市棚户区、城中村和危房改造过程中的安全监督管理，严格治理城市建成区违法建设。

（七）加快重点产业安全改造升级

完善高危行业企业退城入园、搬迁改造和退出转产扶持奖励政策。制定中心城区安全生产禁止和限制类产业目录，推动城市产业结构调整，治理整顿安全生产条件落后的生产经营单位，经整改仍不具备安全生产条件的，要依法实施关闭。加强矿产资源型城市塌（沉）陷区治理。加快推进城镇人口密集区不符合安全和卫生防护距离要求的危险化学品生产、储存企业就地改造达标、搬迁进入规范化工园区或依法关闭退出。引导企业集聚发展安全产业，改造提升传统行业工艺技术和安全装备水平。结合企业管理创新，大力推进企业安全生产标准化建设，不断提升安全生产管理水平。

三、健全城市安全防控机制

（八）强化安全风险管控

对城市安全风险进行全面辨识评估，建立城市安全风险信息管理平台，绘制“红、橙、黄、蓝”四色等级安全风险空间分布图。编制城市安全风险白皮书，及时更新发布。研究制定重大安全风险“一票否决”的具体情形和管理办法。明确风险管控的责任部门和单位，完善重大安全风险联防联控机制。对重点人员密集场所、安全风险较高的大型群众性活动开展安全风险评估，建立大客流监测预警和应急管控处置机制。

（九）深化隐患排查治理

制定城市安全隐患排查治理规范，健全隐患排查治理体系。进一步完善城市重大危险源辨识、申报、登记、监管制度，建立动态管理数据库，加快提升在线安全监控能力。强化对各类生产经营单位和场所落实隐患排查治理制度情况的监督检查，严格实施重大事故隐患挂牌督办。督促企业建立隐患自查自改评价制度，定期分析、评估隐患治理效果，不断完善隐患治理工作机制。加强施工前作业风险评估，强化检维修作业、临时用电作业、盲板抽堵作业、高空作业、吊装作业、断路作业、动土作业、立体交叉作业、有限空间作业、焊接与热切割作业以及塔吊、脚手架在使用和拆装过程中的安全管理，严禁违章违规行为，防范事故发生。加强广告牌、灯箱和楼房外墙附着物管理，严防倒塌和坠落事故。加强老旧城区火灾隐患排查，督促整改私拉乱接、超负荷用电、线路短路、线路老化和影响消防车通行的障碍物等问题。加强城市隧道、桥梁、易积水路段等道路交通安全隐患点段排查治理，保障道路安全通行条件。加强安全社区建设。推行高层建筑消防安全经理人或楼长制度，建立自我管理机制。明确电梯使用单位安全责任，督促使用、维保单位加强检测维护，保障电梯安全运行。加强对油、气、煤等易燃易爆场所雷电灾害隐患排查。加强地震风险普查及防控，强化城市活动断层探测。

（十）提升应急管理和救援能力

坚持快速、科学、有效救援，健全城市安全生产应急救援管理体系，加快推进建立城市应急救援信息共享机制，健全多部门协同预警发布和响应处置机制，提升防灾减灾救灾能力，提高城市生产安全事故处置水平。完善事故应急救援预案，实现政府预案与部门预案、企业预案、社区预案有效衔接，定期开展应急演练。加强各类专业化应急救援基地和队伍建设，重点加强危险化学品相对集中区域的应急救援能力建设，鼓励和支持有条件的社会救援力量参与应急救援。建立完善日常应急救援技术服务制度，不具备单独建立专业应急救援队伍的中小型企业要与相邻有关专业救援队伍签订救援服务协议，或者联合建立专业应急救援队伍。完善应急救援联动机制，强化应急状态下交通管制、警戒、疏散等防范措施。健全应急物资储备调用机制。开发适用高层建筑等条件下的应急救援装备设施，加强安全使用培训。强化有限空间作业和现场应急处置技能。根据城市人口分布和规模，充分利用公园、广场、校园等宽阔地带，建立完善应急避难场所。

四、提升城市安全监管效能

（十一）落实安全生产责任

完善党政同责、一岗双责、齐抓共管、失职追责的安全生产责任体系。全面落实城市各级党委和政府对本地区安全生产工作的领导责任、党政主要负责人第一责任人的责任，及时研究推进城市安全发展重点工作。按照管行业必须管安全、管业务必须管安全、管生产经营必须管安全和谁主管谁负责的原则，落实各相关部门安全生产和职业健康工作职责，做到责任落实无空档、监督管理无盲区。严格落实各类生产经营单位安全生产与职业健康主体责任，加强全员全过程全方位安全管理。

（十二）完善安全监管体制

加强负有安全生产监督管理职责部门之间的工作衔接，推动安全生产领域内综合执法，提高城市安全监管执法实效。合理调整执法队伍种类和结构，加强安全生产基层执法力量。科学划分经济技术开发区、工业园区、港区、风景名胜区等各类功能区的类型和规模，明确健全相应的安全生产监督管理机构。完善民航、铁路、电力等监管体制，界定行业监管和属地监管职责。理顺城市无人机、新型燃料、餐饮场所、未纳入施工许可管理的建筑施工等行业领域安全监管职责，落实安全监督检查责任。推进实施联合执法，解决影响人民群众生产生活安全的“城市病”。完善放管服工作机制，提高安全监管实效。

（十三）增强监管执法能力

加强安全生产监管执法机构规范化、标准化、信息化建设，充分运用移动执法终端、电子案卷等手段提高执法效能，改善现场执法、调查取证、应急处置等监管执法装备，实施执法全过程记录。实行派驻执法、跨区域执法或委托执法等方式，加强街道（乡镇）和各类功能区安全生产执法工作。加强安全监管执法教育培训，强化法治思维和法治手段，通过组织开展公开裁定、现场模拟执法、编制运用行政处罚和行政强制指导性案例等方式，提高安全监管执法人员业务素质能力。建立完善安全生产行政执法和刑事司法衔接制度。定期开展执法效果评估，强化执法措施落实。

（十四）严格规范监管执法

完善执法人员岗位责任制和考核机制，严格执法程序，加强现场精准执法，对违法行为及时作出处罚决定。依法明确停产停业、停止施工、停止使用相关设施或设备，停止供电、停止供应民用爆炸物品，查封、扣押、取缔和上限处罚等执法决定的适用情形、时限要求、执行责任，对推诿或消极执行、拒绝执行停止供电、停止供应民用爆炸物品的有关职能部门和单位，下达执法决定的部门可将有关情况提交行业主管部门或监察机关作出处理。严格执法信息公开制度，加强执法监督和巡查考核，对负有安全生产监督管理职责的部门未依法采取相应执法措施或降低执法标准的责任人实施问责。严肃事故调查处理，依法依规追究责任单位和责任人的责任。

五、强化城市安全保障能力

（十五）健全社会化服务体系

制定完善政府购买安全生产服务指导目录，强化城市安全专业技术服务力量。大力实施安全生产责任保险，突出事故预防功能。加快推进安全信用体系建设，强化失信惩戒和守信激励，明确和落实对有关单位及人员的惩戒和激励措施。将生产经营过程中极易导致生产安全事故的违法行为纳入安全生产领域严重失信联合惩戒“黑名单”管理。完善城市社区安全网格化工作体系，强化末梢管理。

（十六）强化安全科技创新和应用

加大城市安全运行设施资金投入，积极推广先进生产工艺和安全技术，提高安全自动监测和防控能力。加强城市安全监管信息化建设，建立完善安全生产监管与市场监管、应急保障、环境保护、治安防控、消防安全、道路交通、信用管理等部门公共数据资源开放共享机制，加快实现城市安全管理的系统化、智能化。深入推进城市生命线工程建设，积极研发和推广应用先进的风险防控、灾害防治、预测预警、监测监控、个体防护、应急处置、工程抗震等安全技术和产品。建立城市安全智库、知识库、案例库，健全辅助决策机制。升级城市放射性废物库安全保卫设施。

（十七）提升市民安全素质和技能

建立完善安全生产和职业健康相关法律法规、标准的查询、解读、公众互动交流信息平台。坚持谁执法谁普法的原则，加大普法力度，切实提升人民群众的安全法治意识。推进安全生产和职业健康宣传教育进企业、进机关、进学校、进社区、进农村、进家庭、进公共场所，推广普及安全常识和职业病危害防治知识，增强社会公众对应急预案的认知、协同能力及自救互救技能。积极开展安全文化创建活动，鼓励创作和传播安全生产主题公益广告、影视剧、微视频等作品。鼓励建设具有城市特色的安全文化教育体验基地、场馆，积极推进把安全文化元素融入公园、街道、社区，营造关爱生命、关注安全的浓厚社会氛围。

六、加强统筹推动

（十八）强化组织领导

城市安全发展工作由国务院安全生产委员会统一组织，国务院安全生产委员会办公室负责实施，中央和国家机关有关部门在职责范围内负责具体工作。各省（自治区、直辖市）党委和政府要切实加强领导，完善保障措施，扎实推进本地区城市安全发展工作，不断提高城市安全发展水平。

（十九）强化协同联动

把城市安全发展纳入安全生产工作巡查和考核的重要内容，充分发挥有关部门和单位的职能作用，加强规律性研究，形成工作合力。鼓励引导社会化服务机构、公益组织和志愿者参与推进城市安全发展，完善信息公开、举报奖励等制度，维护人民群众对城市安全发展的知情权、参与权、监督权。

（二十）强化示范引领

国务院安全生产委员会负责制定安全发展示范城市评价与管理办法，国务院安全生产委员会办公室负责制定评价细则，组织第三方评价，并组织各有关部门开展复核、公示，拟定命名或撤销命名“国家安全发展示范城市”名单，报国务院安全生产委员会审议通过后，以国务院安全生产委员会名义授牌或摘牌。各省（自治区、直辖市）党委和政府负责本地区安全发展示范城市建设工作。

国务院办公厅关于保障城市轨道交通安全运行的意见

（国办发〔2018〕13 号）

各省、自治区、直辖市人民政府，国务院各部委、各直属机构：

城市轨道交通是城市公共交通系统的骨干，是城市综合交通体系的重要组成部分，其安全运行对保障人民群众生命财产安全、维护社会安全稳定具有重要意义。在各有关方面共同努力下，我国城市轨道交通运行态势总体平稳，但随着近年来运营里程迅速增加、线网规模不断扩大，城市轨道交通安全运行压力日趋加大。为切实保障城市轨道交通安全运行，经国务院同意，现提出以下意见。

一、总体要求

（一）指导思想

全面贯彻党的十九大精神，坚持以习近平新时代中国特色社会主义思想为指导，认真落实党中央、国务院决策部署，牢固树立和贯彻落实新发展理念，以切实保障城市轨道交通安全运行为目标，完善体制机制，健全法规标准，创新管理制度，强化技术支撑，夯实安全基础，提升服务品质，增强安全防范治理能力，为广大人民群众提供安全、可靠、便捷、舒适、经济的出行服务。

（二）基本原则

以人为本，安全第一。坚持以人民为中心的发展思想，把人民生命财产安全放在首位，不断提高城市轨道交通安全水平和服务品质。

统筹协调，改革创新。加强城市轨道交通规划、建设、运营协调衔接，加快技术创新应用，构建运营管理和公共安全防范技术体系，提升风险管控能力。

预防为先，防处并举。构建风险分级管控和隐患排查治理双重预防制度，加强应急演练和救援力量建设，完善应急预案体系，提升应急处置能力。

属地管理，综合治理。城市人民政府对辖区内城市轨道交通安全运行负总责，充分发挥自主权和创造性，结合本地实际构建多方参与的综合治理体系。

二、构建综合治理体系

（三）健全管理体制机制

交通运输部负责指导城市轨道交通运营，拟订运营管理政策法规和标准规范并监督实施，承担运营安全监管职责，负责运营突发事件应对工作的指导协调和监督管理；指导地方交通运输部门监督指导城市轨道交通运营单位（以下简称运营单位）做好反恐防范、安检、治安防范和消防安全管理相关工作，根据应急预案调动行业装备物资为突发事件应对提供交通运输保障。公安部负责会同交通运输部等部门拟订城市轨道交通反恐防暴、内部治安保卫、消防安全等政策法规及标准规范并监督实施；指导地方公安机关做好城市轨道交通区域的巡逻查控工作，依法查处有关违法违规行为，加强对危及城市轨道交通安全的涉恐等情报信息的搜集、分析、研判和通报、预警工作，监督指导运营单位做好进站安检、治安防范、消防安全管理和突发事件处置工作。国家发展改革委、住房城乡建设部、安全监管总局等有关部门，按照职责分工履行有关安全工作职责。

省级人民政府指导本辖区城市轨道交通安全运行，负责辖区内运营突发事件应对工作的指导协调和监督管理。城市人民政府按照属地管理原则，对辖区内城市轨道交通安全运行负总责，建立衔接高效、运行顺畅的管理体制和运行机制，统筹协调相关方面共同做好安全运行管理工作。对跨城市运营的城市轨道交通线路，有关城市人民政府应建立跨区域运营突发事件应急合作机制。运营单位承担安全生产主体责任，落实反恐防暴、内部治安保卫、消防安全等有关法规规定的责任和措施。

（四）完善法规标准体系

加强城市轨道交通立法工作，根据实际需要及时制修订城市轨道交通法规规章。强化技术标准规范对安全和服务的保障和引领作用，以保障建设质量和安全运行为重点，进一步修订完善城市轨道交通工程建设标准体系；以运营安全和服务质量为重点，建立健全城市轨道交通运营标准体系；以防范处置和设备配置为重点，建立健全城市轨道交通反恐防暴、内部治安保卫、消防安全等标准体系。

三、有序统筹规划建设运营

（五）科学编制规划

城市轨道交通发展要与城市经济社会发展阶段、发展水平、发展方向相匹配、相协调。城市轨道交通线网规划要科学确定线网布局、规模和用地控制要求，与综合交通体系规划有机衔接，主要内容纳入城市总体规划。城市轨道交通建设规划要树立“规划建设为运营、运营服务为乘客”的理念，将安全和服务要求贯穿于规划、建设、运营全过程，并结合城市发展需求、财政状况等实际，准确把握城市轨道交通发展规模和发展速度，合理确定制式和建设时序，量力而行、有序发展。

（六）做好相关环节衔接

城市轨道交通规划涉及公共安全方面的设施设备和场地、用房等，要与城市轨道交通工程同步规划、同步设计、同步施工、同步验收、同步投入使用，并加强运行维护管理。在工程可行性研究和初步设计文件中设置运营服务专篇和公共安全专篇，发展改革、规划等部门在审批时要以书面形式听取同级交通运输部门、公安机关意见。城市轨道交通工程项目原则上要在可行性研究报告编制前确定运营单位。加强城市轨道交通建设与运营的交接管理，完善交接内容和程序。城市轨道交通建设工程竣工验收不合格的，不得开展运营前安全评估，未通过运营前安全评估的，不得投入运营。城市轨道交通工程项目要按照相关规定划定保护区，运营期间在保护区范围内进行有关作业要按程序征求运营单位同意后方可办理相关许可手续。

四、加强运营安全管理

（七）夯实运营安全管理基础

建立健全运营安全风险分级管控和隐患排查治理双重预防制度，对运营全过程、全区域、各管理层级实施安全监控。建立城市轨道交通运营安全第三方评估制度。制定城市轨道交通运营安全事故报告和调查处理办法。建立健全行业运营服务指标体系和统计分析制度、服务质量考评制度，加强服务质量监管。依法推进运营单位安全生产标准化。运营单位要依法做好运营安全各项工作，严格落实安全生产责任制。

（八）强化关键设施设备管理

制定城市轨道交通关键设施设备运营准入技术条件，加快推动车辆、信号、通信、自动售检票等关键设施设备产品定型，加强列车运行控制等关键系统信息安全保护。建立健全设施设备维修技术规范和检测评估、维修保养制度。建立关键设施设备全生命周期数据行业共享机制和设施设备运行质量公开及追溯机制，加强全面质量监管。

（九）提升从业人员素质

深入开展行业运营人力资源跟踪研究，评估行业人才发展水平。鼓励各类院校设置城市轨道交通相关专业或者专业方向，扩大人才培养规模。完善从业人员培训考核管理制度，建立健全城市轨道交通职业分类和职业标准体系、职业技能鉴定机制，完善列车驾驶员职业准入制度，规范和强化行车值班员、行车调度员等重点岗位职业水平评价，建立从业人员服务质量不良记录名单制度，规范行业内人才流动。

五、强化公共安全防范

（十）加强日常巡检防控

运营单位要制定安全防范和消防安全管理制度、明确人员岗位职责、落实安全管理措施，保障相关经费投入，及时配备、更新防范和处置设施设备。有关部门要加强涉恐情报信息搜集工作，运营单位要按照规定及时报告发现的恐怖活动嫌疑或恐怖活动嫌疑人员。地方反恐怖工作领导机构以及公安机关等要对有关情报信息进行筛查、研判、核查、监控，认为有发生恐怖事件危险的要及时通报和预警，有关部门和单位根据要求做好安全防范和应对处置工作。

（十一）规范安全检查工作

依法对进入城市轨道交通场站的人员、物品进行安全检查。从事城市轨道交通安全检查的单位、人员要按照有关标准、规范和约定实施安全检查，发现违禁品、管制物品和涉嫌违法犯罪人员，要妥善处置并立即向公安机关报告。鼓励推广应用智能、快速的安检新技术、新产品，逐步建立与城市轨道交通客流特点相适应的安检新模式。制定安全检查设备和监控设备设置标准、人员配备标准及操作规范。

（十二）加强社会共建共治

城市轨道交通所在地城市及以上地方人民政府要构建公安、交通运输、综治等部门以及运营单位、社会力量多方参与的城市轨道交通公共安全协同防范体系和应急响应机制，加强政府部门、运营单位与街道、社区之间的协调联动，推广“警企共建”、“街企共建”等专群结合的综治模式。积极招募志愿者，鼓励城市轨道交通“常乘客”参与公共安全防范与应急处置工作，提高公众安全防范能力，实现群防群治、协同共治。通过多种形式广泛宣传普及城市轨道交通相关法规和知识，加强公众公共安全防范及突发事件应对培训教育，引导公众增强安全意识和防护能力。

六、提升应急处置能力

（十三）完善应急预案体系

城市轨道交通所在地城市及以上地方人民政府要将城市轨道交通纳入政府应急管理体系，结合本地实际制定完善应对各类突发事件的专项应急预案、部门应急预案，督促运营单位制定完善具体预案。建立突发事件应急处置机制，成立应急指挥机构，明确相关部门和单位的职责分工、工作机制和处置要求。运营单位要建立完备的应急预案体系，编制应急预案操作手册，明确应对处置各类突发事件的现场操作规范、工作流程等，并立足实战加强站区一线人员培训，定期组织开展应急合成演练。

（十四）加强应急救援力量建设

城市轨道交通所在地城市及以上地方人民政府和有关部门、运营单位要配备满足需要的应急设施设备和应急物资，根据需要建立专职或志愿消防队、微型消防站，提高自防自救能力。建立健全专业应急救援队伍，加强应急培训，提高应急救援能力。建设国家级城市轨道交通应急演练中心，开展培训和实战场景演练。鼓励和支持企业、科研院所及社会有关方面加强专业救援装备研究开发。

（十五）强化现场处置应对

建立协调联动、快速反应、科学处置的工作机制，强化运营单位对突发事件第一时间处置应对的能力，最大程度减少突发事件可能导致的人员伤亡和财产损失。公安、交通运输等部门以及运营单位、街道、社区要密切协同联动。有关部门和运营单位的工作人员要按照各自岗位职责要求，通过广播系统、乘客信息系统和专人引导等方式，引导乘客快速疏散。充分发挥志愿者在安全防范和应急处置中的积极作用，提高乘客自救互救能力。

七、完善保障措施

（十六）加大综合政策扶持力度

城市轨道交通所在地城市人民政府要加大城市轨道交通财政扶持力度，统筹考虑城市轨道交通可持续安全运营需求，建立与运营安全和服务质量挂钩的财政补贴机制，科学确定财政补贴额度。保障公共安全防范所需资金并纳入公共财政体系，确保设施设备维护维修、更新改造资金到位。在保障运营安全的前提下，支持对城市轨道交通设施用地的地上、地下空间实施土地综合开发，创新节约集约用地模式，以综合开发收益支持运营和基础设施建设，确保城市轨道交通运行安全可持续。

国务院各有关部门、各省级人民政府要根据各自职责，加强对城市轨道交通运行安全监管的指导，强化督促检查。城市轨道交通所在地城市人民政府要加强组织领导，根据本意见提出的任务和要求，进一步细化贯彻落实政策措施，明确责任分工和时间进度要求，确保各项工作落实到位。

国务院办公厅
2018年3月7日

国务院办公厅关于开展工程建设项目审批制度改革试点的通知

（国办发〔2018〕33号）

各省、自治区、直辖市人民政府，国务院各部委、各直属机构：

为贯彻落实党中央、国务院关于深化“放管服”改革和优化营商环境的部署要求，推动政府职能转向减审批、强监管、优服务，促进市场公平竞争，国务院决定开展工程建设项目审批制度改革试点。经国务院同意，现就试点工作有关事项通知如下：

一、总体要求

（一）指导思想。全面深入贯彻党的十九大和十九届二中、三中全会精神，以习近平新时代中国特色社会主义思想为指导，按照党中央、国务院关于深化“放管服”改革和优化营商环境的部署要求，以推进政府治理体系和治理能力现代化为目标，对工程建设项目审批制度进行全流程、全覆盖改革，努力构建科学、便捷、高效的工程建设项目审批和管理体系。

（二）试点地区。北京市、天津市、上海市、重庆市、沈阳市、大连市、南京市、厦门市、武汉市、广州市、深圳市、成都市、贵阳市、渭南市、延安市和浙江省。

（三）改革内容。改革覆盖工程建设项目审批全过程

(包括从立项到竣工验收和公共设施接入服务)；主要是房屋建筑和城市基础设施等工程，不包括特殊工程和交通、水利、能源等领域的重大工程；覆盖行政许可等审批事项和技术审查、中介服务、市政公用服务以及备案等其他类型事项，推动流程优化和标准化。

(四) 工作目标。2018年，试点地区建成工程建设项目审批制度框架和管理系统，按照规定的流程，审批时间压减一半以上，由目前平均200多个工作日压减至120个工作日。2019年，总结推广试点经验，在全国范围开展工程建设项目审批制度改革，上半年将审批时间压减至120个工作日，试点地区审批事项和时间进一步减少；地级及以上城市建成工程建设项目审批制度框架和管理系统。2020年，基本建成全国统一的工程建设项目审批和管理体系。

二、统一审批流程

(五) 优化审批阶段。将工程建设项目审批流程主要划分为立项用地规划许可、工程建设许可、施工许可、竣工验收等四个阶段。其中，立项用地规划许可阶段主要包括项目审批核准备案、选址意见书核发、用地预审、用地规划许可等。工程建设许可阶段主要包括设计方案审查、建设工程规划许可证核发等。施工许可阶段主要包括消防、人防等设计审核确认和施工许可证核发等。竣工验收阶段主要包括规划、国土、消防、人防等验收及竣工验收备案等。其他行政许可、涉及安全的强制性评估、中介服务、市政公用服务以及备案等事项纳入相关阶段办理或与相关阶段并行推进。

(六) 分类细化流程。根据工程建设项目类型、投资类别、规模大小等，分类细化审批流程，确定审批阶段和审批事项。简化社会投资的中小型工程建设项目审批，对于带方案出让土地的项目，不再对设计方案进行审核，将工程建设许可和施工许可合并为一个阶段。对于出让土地的工程建设项目，将建设用地审批纳入立项用地规划许可阶段。

(七) 大力推广并联审批。每个审批阶段确定一家牵头部门，实行“一家牵头、并联审批、限时办结”，由牵头部门组织协调相关部门严格按照限定时间完成审批。

三、精简审批环节

(八) 精减审批事项和条件。取消不符合上位法和不合规的审批事项。取消不合理、不必要的审批事项。对于保留的审批事项，要减少审批前置条件，公布审批事项清单。取消施工合同备案、建筑节能设计审查备案等事项。社会投资的房屋建筑工程，建设单位可以自主决定发包方式。

(九) 下放审批权限。按照方便企业和群众办事的原则，对下级机关有能力承接的审批事项，下放或委托下级机关审批。相关部门要加强沟通协调，制定配套措施，完善监管制度，开展指导培训，提高审批效能。

(十) 合并审批事项。由同一部门实施的管理内容相近或者属于同一办理阶段的多个审批事项，应整合为一个审批事项。推行联合勘验、联合测绘、联合审图、联合验收等。将消防设计审核、人防设计审查等技术审查并入施工图设计文件审查，相关部门不再进行技术审查。推行以政府购买服务方式开展施工图设计文件审查。将工程质量安全监督手续与施工许可证合并办理。规划、国土、消防、人防、档案、市政公用等部门和单位实行限时联合验收，统一竣工验收图纸和验收标准，统一出具验收意见。对于验收涉及的测量工作，实行“一次委托、统一测绘、成果共享”。

(十一) 转变管理方式。对于能够用征求相关部门意见方式替代的审批事项，调整为政府内部协作事项。建设工程规划许可证核发时一并进行设计方案审查，由发证部门征求相关部门和单位意见，其他部门不再对设计方案进行单独审查。推行由政府统一组织对地震安全性评价、地质灾害危险性评估、环境影响评价、节能评价等事项实行区域评估。

(十二) 调整审批时序。落实取消下放行政审批事项有关要求，环境影响评价、节能评价、地震安全性评价等评价事项不作为项目审批或核准条件，地震安全性评价在工程设计前完成即可，其他评价事项在施工许可前完成即可。可以将用地预审意见作为使用土地证明文件申请办理建设工程规划许可证，用地批准手续在施工许可前完成即可。将供水、供电、燃气、热力、排水、通信等市政公用基础设施报装提前到施工许可证核发后办理，在工程施工阶段完成相关设施建设，竣工验收后直接办理接入事宜。

(十三) 推行告知承诺制。对通过事中事后监管能够纠正不符合审批条件的行为且不会产生严重后果的审批事项，实行告知承诺制。公布实行告知承诺制的审批事项清单及具体要求，申请人按照要求作出书面承诺的，审批部门可以直接作出审批决定。对已经实施区域评估的工程建设项目，相应的审批事项实行告知承诺制。在部分工程建设项目中推行建设工程规划许可告知承诺制。

四、完善审批体系

(十四) “一张蓝图”统筹项目实施。加快建立“多规合一”业务协同平台，统筹各类规划。以“多规合一”的“一张蓝图”为基础，统筹协调各部门提出项目建设条件，建设单位落实建设条件要求，相关部门加强监督管理和考核评估。

(十五) “一个系统”实施统一管理。在国家和地方现有信息平台基础上，整合形成“横向到边、纵向到底”的工程建设项目审批管理系统，覆盖各部门和市、县、区、乡镇（街道）各层级，实现统一受理、并联审批、实时流转、跟踪督办、信息共享。其中，涉密工程按照有关保密要求执行。审批管理系统要与“多规合一”业务协同平台、各部门审批管理系统等信息平台互联互通，做到审批过程、审批结果实时传送。通过工程建设项目审批管理系统，加强对地方工程建设项目审批工作的指导和监督管理。

（十六）“一个窗口”提供综合服务。整合各部门和各市政公用单位分散设立的服务窗口，设立工程建设项目审批综合服务窗口。建立完善“前台受理、后台审核”机制，综合服务窗口统一收件、出件，实现“一个窗口”服务和管理。

（十七）“一张表单”整合申报材料。各审批阶段均实行“一份办事指南，一张申请表单，一套申报材料，完成多项审批”的运作模式，牵头部门制定统一的办事指南和申报表格，每一个审批阶段申请人只需提交一套申报材料。不同审批阶段的审批部门应当共享申报材料，不得要求申请人重复提交。

（十八）“一套机制”规范审批运行。建立健全工程建设项目审批配套制度，明确部门职责，明晰工作规程，规范审批行为，确保审批各阶段、各环节无缝衔接。建立审批协调机制，协调解决部门意见分歧。建立督办督查制度，实时跟踪审批办理情况，对全过程实施督查。

五、强化监督管理

（十九）加强事中事后监管。建立与工程建设项目审批制度改革相适应的监管体系。全面推行“双随机、一公开”监管，加大监督检查力度，严肃查处违法违规行为。对于实行告知承诺制的审批事项，审批部门应当在规定时间内对申请人履行承诺的情况进行检查，对申请人未履行承诺的，撤销行政审批决定并追究申请人的相应责任。

（二十）加强信用体系建设。建立工程建设项目审批信用信息平台，建立黑名单制度，将企业和从业人员违法违规、不履行承诺的不良行为向社会公开，构建“一处失信、处处受限”的联合惩戒机制。

（二十一）规范中介和市政公用服务。建立健全管理制度，实行服务承诺制，明确服务标准和办事流程，规范服务收费。依托工程建设项目审批管理系统建立中介服务网上交易平台，对中介服务行为实施全过程监管。

六、统筹组织实施

（二十二）强化组织领导。住房城乡建设部要切实担负起工程建设项目审批制度改革工作的组织协调和督促指导责任，各有关部门要加强协作、密切配合。试点地区人民政府要高度重视工程建设项目审批制度改革工作，成立以主要负责同志为组长的领导小组，完善工作机制，层层压实责任。试点地区要根据本通知编制实施方案，细化分解任务，明确责任部门，制定时间表、路线图，确保试点工作有序推进，并于 2018 年 6 月 15 日前将实施方案报送住房城乡建设部。鼓励改革创新，改革中涉及突破相关法律法规及政策规定的，按照程序报有权机关授权。支持试点地区在立法权限范围内先行先试，依法依规推进改革工作。研究推动在农村地区因地制宜开展相关工程建设项目审批制度改革。

（二十三）建立考评机制。住房城乡建设部要会同相关部门建立工程建设项目审批制度改革考核评价机制，重点考核评价试点地区全流程、全覆盖实施改革情况，考核评价试点地区统一审批流程、精简审批环节、完善审批体系等情况，及时总结试点做法，形成可复制、可推广的经验，并将有关情况报国务院。试点地区人民政府要加大对有关部门改革工作的督查力度，跟踪督查改革任务落实情况。试点地区要定期向住房城乡建设部报送工作进展情况。对于工作推进不力、影响工程建设项目审批制度改革进程的，特别是未按时完成阶段性工作目标的，要依法依规严肃问责。

（二十四）做好宣传引导。试点地区要通过多种形式及时宣传报道相关工作措施和取得的成效，加强舆论引导，增进社会公众对试点工作的了解和支持，及时回应群众关切，为顺利推进试点工作营造良好的舆论环境。

国务院办公厅
2018 年 5 月 14 日

国务院安全生产委员会关于加强公交车行驶安全和桥梁防护工作的意见

（安委〔2018〕6 号）

各省、自治区、直辖市人民政府，新疆生产建设兵团，国务院安全生产委员会有关成员单位：

公共交通安全工作事关人民群众生命财产安全，事关社会和谐稳定。为认真贯彻落实习近平总书记等中央领导同志重要指示批示精神，深刻吸取重庆万州“10・28”公交车坠江事件教训，进一步加强公交车行驶安全和桥梁防护工作，经国务院领导同志同意，现提出以下意见：

一、进一步加强公交车安全运行保障

（一）健全完善公交车驾驶区域安全防护隔离设施标准。明确在用公交车驾驶区域安全防护隔离设施安装标准，确定防护隔离设施的指标要求，既能保障驾驶员在行车过程中不受侵扰，又能满足驾驶员突遇身体不适等紧急情况的救助需求。（交通运输部牵头，公安部等按职责分工负责）研究提高客车结构安全技术及安全运行技术条件等国家标准，增加公交车驾驶区域安全防护隔离设施有关强制要求。（工业和信息化部、交通运输部、公安部等按职责分工负责）组织本地区交通运输、公安等部门对在用公交车驾驶区域安全防护隔离设施现状和底数进行全面摸排，指导制定改造方案，在确保相关经费落实的前提下，明确安装时间节点和保障措施；督促本地区公交运输企业在公交车内设立安全警戒线，喷涂张贴统一警示标语，安装智能视频监控、一键报警等技术防范设施。（各省级人民政府负责，交通运输部、公安部指导）

（二）切实落实公交车配备乘务管理人员（安全员）相关规定要求。研究出台配套政策措施，加大资金投入力度，按照“政府购买服务，先重点后一般”的要求，逐步在跨江跨河、跨高速公路高速铁路以及经过人员密集区的重点线路公交车上配备乘务管理人员（安全员），跟车服务乘客、维护秩序，加强安全防范。（各省级人民政府负责，交通运输部、公安部指导）指导、督促公交运输企业加强乘务管理人员（安全员）的教育培训，开展实战演练。（交通运输部、公安部、各省级人民政府等按职责分工负责）

（三）全面提升公交车驾驶员安全意识和应急处置能力。指导公交运输企业按照《城市公共汽电车应急处置基本操作规程》（JT/T999）要求，完善应急处置规范，明确紧急情况时必须立即靠边停车、及时报警等操作流程。（交通运输部牵头，公安部等按职责分工负责）加强对公交运输企业的监督检查，督促公交运输企业加强内部管理和驾驶员身心健康管理，健全驾驶员日常教育培训制度，以应对处置乘客干扰行车为重点，开展心理和行为干预培训演练，规范驾驶员安全驾驶行为，切实提高驾驶员安全应对处置突发情况的技能素质。（交通运输部、公安部、各省级人民政府等按职责分工负责）

（四）强化法治措施，加大违法惩处力度。协调推动最高人民法院、最高人民检察院通过出台指导文件或者发布典型案例等方式，对以袭击殴打驾驶员等方式干扰驾驶员安全驾驶的犯罪行为，明确适用刑法的具体规定，对于造成一定后果的，要依法严格控制适用缓刑。（应急管理部牵头，公安部等按职责分工负责）加大案件侦办力度，对干扰公交车正常行驶的行为，构成犯罪的，依法追究刑事责任；尚不够刑事处罚的，依法予以行政拘留等处罚。（公安部负责）

二、进一步提高桥梁安全防护水平

（五）开展桥梁防撞护栏排查治理。按照全面覆盖、突出重点的原则，全面排查在用城市、公路桥梁防撞护栏设置情况，摸清底数和安全管理现状。（交通运输部、住房城乡建设部、各省级人民政府等按职责分工负责）对城市桥梁要重点排查防撞护栏、防撞垫、限界结构防撞设施、分隔设施等安全设施，对不符合标准要求的安全隐患，进行彻底整改。（各省级人民政府负责，住房城乡建设部指导）对公路桥梁要开展护栏升级改造支撑技术研究，编制护栏升级改造技术方案和技术指南，综合考虑公路桥梁结构安全、运行状况、防撞标准、改造条件等进行评估，根据评估结果，科学合理制定防护设施设置方案，结合干线公路改造、公路安全生命防护工程、危桥改造工程、公路改扩建工程等逐步完善，提高桥梁安全防护能力。（交通运输部、各省级人民政府等按职责分工负责）

（六）强化落实综合性交通管控措施。对客观上无法改造或改造难度大的桥梁，且跨越大型饮用水水源一级保护区和高速铁路的桥梁、特大悬索桥及斜拉桥等缆索承重的桥梁，研究科学调整公交线路或采取公交车限速等交通管控措施。完善各相关部门联合管理措施，加强对桥梁上车辆运行情况、驾驶行为的监控，确保车辆通行安全。（交通运输部、住房城乡建设部、公安部、各省级人民政府等按职责分工负责）

三、进一步强化应急救援体系建设

（七）完善长江航运应急救助体系。在长江干线水上搜救协调中心基础上，推动沿江地方政府设立省、市级水上搜救中心，健全统一领导、条块结合、属地为主、专兼结合、军地结合的长江航运应急救助指挥体系。协调推动地方政府出台水上搜寻救助地方性法规，完善水上搜救应急预案体系，建立搜救中心成员单位定期会商机制。遵循长江干线巡航救助一体化总原则，在现有布局下，强化整合万州、武汉、南京区域性救助基地的功能，形成地质灾害应对、搁浅处置、应急抢通和灭火救援各有侧重的布局模式，为长江黄金水道安全发展保驾护航。（交通运输部牵头，发展改革委等按职责分工负责）

（八）制定完善水上应急救援预案体系。落实《国家海上搜救预案》，制定完善重特大水上事件应急处置工作方案，细化应急处置程序，明确各部门职责分工，健全多部门联动工作机制。加强区域风险分析，预置救援力量，完善相应的应急技术和装备储备，建立勘测搜寻、潜水打捞等领域专家和救援人员数据库，健全预案体系，搞好应急演练，实现协同安全高效处置。（交通运输部、应急管理部、各省级人民政府等按职责分工负责）

（九）规范社会救援组织管理。组织开展社会应急救援力量普查和评估，研究制定参与救援方式。搭建管理服务平台，健全培训演练、能力测评、信息发布、分级调用等工作机制，完善通行保障、奖励补贴、社会荣誉等政策措施，构建统一指挥、快速响应、有序参与的工作格局。（应急管理部、民政部等按职责分工负责）

四、进一步加强社会宣传和警示教育

（十）加强法治宣传教育，强化警示效果。各有关部门按照“谁执法谁普法”责任要求，通过广播、电视、报纸、网络等各种手段以及短视频等新媒体，加强对《刑法》《治安管理处罚法》中关于危害公共安全相关条款的宣传，有计划地曝光一批侵扰公交车驾驶员安全驾驶处罚典型案件，引导社会公众自觉增强安全意识和规则意识。（中央宣传部、公安部、司法部、交通运输部、应急管理部、各省级人民政府等按职责分工负责）督促公交运输企业通过在公交车内车载媒体播放视频、语音播报等方式进行警示告诫，提醒乘客遵守规则、文明乘车。（交通运输部、各省级人民政府等按职责分工负责）

（十一）完善奖励机制，及时制止违法行为。进一步完善奖励机制，鼓励乘客对干扰公交车正常行驶的违法行为积极进行劝导和举报，在确保自身安全的前提下勇于制止违法行为，对见义勇为的先进个人要予以大力表彰褒奖，并及时进行宣传报道，引导形成全社会群防群治的良好氛围。（各省级人民政府负责，公安部、交通运输部指导）加强警民联动，对于接到干扰、辱骂、殴打公交车驾驶员等违法犯罪行为的报警，要第一时间出警，及时依法处理，并向社会公开，形成震慑。（公安部负责）

各地区、各有关部门和单位要按照职责分工要求，强化责任，细化举措，抓紧制定工作实施方案，明确时间表和路线图（原则上 2020 年底前全部完成），并于 2018 年 12 月底前报送国务院安委会办公室。各有关部门和单位要立足全局，密切配合，加强协作，对涉及多部门参与的工作，牵头部门要发挥主导作用，协办部门要积极配合；对由地方政府负责的事项，有关行业管理部门要加强督促指导，形成工作合力。国务院安委会办公室要加强跟踪督促，及时将贯彻落实情况上报国务院安委会。

工业和信息化部、应急管理部、财政部、科技部《关于加快安全产业发展的指导意见》

（工信部联安全〔2018〕111 号）

各省、自治区、直辖市及计划单列市、新疆生产建设兵团工业和信息化主管部门、安全生产监督管理局、财政厅（局）、科技厅：

安全产业是为安全生产、防灾减灾、应急救援等安全保障活动提供专用技术、产品和服务的产业，是国家重点支持的战略产业。发展安全产业对于落实安全发展理念、提升全社会安全保障能力和本质安全水平、推动经济高质量发展、培育新经济增长点具有重要意义。为落实《中共中央国务院关于推进安全生产领域改革发展的意见》（中发〔2016〕32 号），现就安全产业发展提出如下意见。

一、总体要求

（一）指导思想

全面贯彻党的十九大精神，以习近平新时代中国特色社会主义思想为指导，牢固树立安全发展理念，弘扬生命至上、安全第一的思想，聚焦风险隐患源头治理，以坚决遏制重特大安全生产事故为目标，以提升安全保障能力为重点，以示范工程为依托，着力推广先进安全技术、产品和服务，提升各行业领域的本质安全水平；以企业为主体，市场为导向，强化政府引导，着力推动安全产业创新发展、集聚发展，积极培育新的经济增长点。

（二）基本原则

创新驱动，优化供给。加快关键、亟需新技术新产品研发，提高安全产品供给质量，不断缩小与国际先进水平差距；加快推动商业模式创新，深化产融合作，积极培育安全服务新业态。

突出重点，集聚发展。聚焦安全生产事故高发、频发的重点行业领域，优先发展可有效防范事故、具有重大推广应用价值的专用技术与产品；提高产业集中度，完善产业链，促进产业发展规模化、专业化、集聚集约化。

需求牵引，示范带动。提升安全标准，强化安全监管，激发市场需求，推广先进可靠的安全产品和服务；面向重点行业领域，坚持问题导向，实施安全产品试点示范应用工程，引导社会资本投入，有力拉动安全产业发展。

规范引导，有序推进。充分发挥市场在资源配置中的决定性作用，调动市场主体发展安全产业的积极性；加强行业自律，规范市场秩序，营造有利于安全产业健康发展的市场环境。

（三）工作目标

到 2020 年，安全产业体系基本建立，产业销售收入超过万亿元。先进安全产品有效供给能力显著提高，在重点行业领域实现示范应用。

创新能力明显提高。突破一批保障生产安全、城市公共安全的关键核心技术，研发一批具有国际先进水平的安全与应急产品，推广应用一批“机械化换人、自动化减人”的安全技术装备。

集聚效应初步显现。创建 10 家以上国家安全产业示范园区，培育 2 家以上具有较强国际竞争力的骨干企业和知名品牌，打造百家专业化的创新型中小企业。

发展环境持续优化。技术创新、标准、投融资服务、产业链协作以及政策保障等产业支撑体系初步建立，一个有利于产业健康发展的市场环境基本形成。

行业应用不断深化。组织实施一批试点示范工程，在交通运输、矿山、危险化学品、工程施工、重大基础设施、城市公共安全等重点行业领域推广应用一批具有基础性、紧迫性的安全产品，为遏制重特大事故提供有力保障。

到 2025 年，安全产业成为国民经济新的增长点，部分领域产品技术达到国际领先水平；国家安全产业示范园区和国际知名品牌建设成果显著，初步形成若干世界级先进安全装备制造集群；安全与应急技术装备在重点行业领域得到规模化应用，社会本质安全水平显著提高。

二、发展方向

面向生产安全和城市公共安全的保障需求，制定目录、清单，优化产品结构，引导产业发展，创新服务业态。

(一) 加快先进安全产品研发和产业化

风险监测预警产品。生产安全领域，重点发展交通运输、矿山开采、工程施工、危险品生产储存、重大基础设施等方面的监测预警产品和故障诊断系统。城市安全领域，重点发展高危场所、高层建筑、超大综合体、城市管网、地下空间、人员密集场所等方面的监测预警产品。

安全防护防控产品。生产安全领域，重点发展用于高危作业场所的工业机器人（换人）、人机隔离智能化控制系统（减人）、尘毒危害自动处理与自动隔抑爆等安全防护装置或部件、交通运输领域的主被动安全产品和安全防护设施等。城市安全领域，重点发展智能化巡检、集成式建筑施工平台、智能安防系统等安全防控产品。综合安全防护领域，重点发展电气安全产品、高效环保的阻燃防爆材料及各类防护产品等。

应急处置救援产品。应急处置方面，重点发展应急指挥、通信、供电和逃生避险等产品，以及危险品泄漏等应急处置装备。应急救援方面，重点发展各类搜救、破拆、消防等智能化救援装备。

(二) 积极培育安全服务新业态

在规范发展安全工程设计与监理、标准规范制订、检测与认证、评估与评价、事故分析与鉴定等传统安全服务基础上，积极发展安全管理与技术咨询、产品展览展示、教育培训与体验、应急演练演示等与国外存在较大差距的安全服务，重点发展基于物联网、大数据、人工智能等技术的智慧安全云服务。

三、重点任务

组织实施“5+N”计划，逐步健全技术创新、标准、投融资服务、产业链协作和政策五大支撑体系，开展N项示范工程建设，培育市场需求，壮大产业规模。

(一) 健全产业技术创新支撑体系

建设一批高水平科技创新基地。按照国家科技创新基地总体部署，推动国家重点实验室建设和优化整合，大幅提升安全产业领域持续创新能力。组建若干个细分领域安全技术创新联盟，推动安全技术示范应用、科学普及与教育培训基地建设，逐步形成国家安全科技示范网络和成果推广体系。

攻克一批产业前沿和共性技术。聚焦重点行业领域安全需求，以数字化、网络化、智能化安全技术与装备科研为重点方向，通过中央财政科技计划（专项、基金等）支持符合条件的灾害防治、预测预警、监测监控、个体防护、应急救援、本质安全工艺和装备、安全服务等关键技术的研发。

加强安全技术成果转移转化。通过创投基金等渠道支持转化一批先进适用安全技术和产品。鼓励地方政府完善科技成果转化激励制度，健全科技成果评估和市场定价机制，提升科技创新和成果转化效率。

(二) 健全产业相关标准体系

建立完善产业相关标准体系。全面梳理安全技术装备标准建设的需求和存在的问题，完善包括强制性国家标准、推荐性国家标准、行业和地方标准、团体标准、企业标准等在内的标准体系框架，建立政府主导制定与市场自主制定的标准协同发展、协调配套的新型标准体系，促进产品和服务推广应用。

制修订一批关键亟需的技术和产品标准。按照“急用先行、逐步完善”的原则，面向重点行业领域，推动一批安全技术、产品的强制性标准制修订，组织制修订相关安全产品行业标准，鼓励制定相关团体标准，并组织标准的宣贯和培训。

制修订重点领域安全生产标准。根据安全生产执法检查发现的突出问题、事故原因分析和新工艺技术装备应用等情况，及时制修订安全生产标准，提高重点行业领域安全生产标准，推动先进安全装备应用。

(三) 健全投融资服务体系

探索建立政策引导、市场化运作的投资服务体系。鼓励地方将安全产业纳入政府基金投资范畴，引导金融机构等积极参与地方安全产业发展投资基金和行业安全产业发展投资基金；引导股权投资基金、创业投资基金等各类民间资本为企业发展、安全产业园区建设和智慧社会安全基础保障能力建设等提供支持。

推动企业利用多层次资本市场进行融资。鼓励企业按照国家相关政策在资本市场进行股权融资，以发行公司债券、资产支持证券等方式进行债权融资。鼓励金融研究机构开展安全产业指数研究，引导社会资本关注安全产业。

积极发展安全装备融资租赁服务。引导国内大型融资租赁机构与安全装备生产企业组建融资租赁服务联合体，通过融资租赁等方式，为企业生产安全、城市公共安全等提供大型安全装备、基础设施等融资租赁服务。

(四) 完善产业链协作体系

建设安全产业大数据平台。依托制造强国产业基础大数据平台，构建多方合作、共建共享的国家安全产业基础数据库。基于云计算和大数据分析技术，面向各类市场主体提供供应链合作、经济运行分析、技术和市场发展趋势研判、产业区域布局优化、示范应用、政策效果评估等公共服务。

继续开展国家安全产业示范园区创建。编制发布《国家安全产业示范园区创建指南》，鼓励有条件的地区发展各具特色的安全产业集聚区，形成区域性安全产业链。在示范园区基础上，择优建设一批安全产业国家新型工业化产业示范基地，逐步培育成为具有国际影响力的先进安全装备制造集群。

建设安全产业公共服务平台。依托现有社会公共服务资源，选择一批基础好、信誉高的技术服务机构，扶持建设一批公共服务平台，规范服务标准，提升服务质量，增强对园区建设、产业链协同发展等方面的支撑作用。

大力发展服务型制造。支持地方政府、园区、企业积极发展本质安全工艺和产品设计服务、安全装备（系统）定制化服务、全生命周期安全管理服务等服务型制造，对接科技、金融等多种资源，创新商业模式，引导企业深度参与上下游产业链协同和社会协作。

（五）完善政策体系

完善产业支持政策。充分利用现有资金渠道，引导和鼓励社会资本加大对安全产业相关领域的支持力度。发挥国家安全产业基础数据库作用，每年遴选一批先进安全产品编入《推广先进与淘汰落后安全技术装备目录》，增强对企业安全设施改造升级和风险隐患治理、示范工程建设、社会资本投资等方面的指导作用。落实企业安全生产费用提取与使用管理制度，鼓励企业应用先进适用的安全技术、产品和服务，提升安全基础保障能力。

探索安全产业与保险业合作机制。利用首台（套）保险补偿机制支持符合条件的重点行业领域重大安全技术装备。鼓励地方政府和企业在国家保险政策支持范围内与保险企业开展合作，吸引保险资金参与重点行业领域和区域性安全产品示范工程建设及安全基础设施建设。鼓励安全产品研发制造企业与保险企业开展合作，创新商业模式、销售渠道和产品服务等，加速推动先进安全技术、产品和服务的规模化应用。

（六）建设N项试点示范工程

编制安全产品推广应用三年行动计划。根据我国安全生产形势变化，从国家安全产业基础数据库中筛选出一批安全产品，制定安全产品推广应用行动计划，确定行动目标、实施方案和进度安排等事项。

组织开展先进安全产品应用示范。面向交通运输、矿山开采、工程施工、危险品、重大基础设施和城市安全等重点行业领域，会同国务院相关部门和地方政府组织建设N项国家、省、市级先进安全产品应用示范工程，逐步探索有效的经验和模式，不断完善后在相关领域推广。

四、营造有利发展环境

（一）加强组织领导

工业和信息化部、应急管理部、财政部、科技部将建立沟通协调机制，加强组织领导，加强与国务院有关部门在政策、规划、法规、标准、市场准入等各方面的协调沟通。各地相关部门要参照本意见要求，制定促进本省（区、市）安全产业发展的政策措施，充分发挥行业协会、产业联盟等中介机构的桥梁纽带作用，促进安全产业有序、健康、可持续发展。

（二）加强国际合作

鼓励企业加强国际科技创新合作，引进、消化、吸收、再创新国外先进安全技术和服务理念；鼓励企业、技术服务机构积极参与国际标准制定，牵头或参与建立国际安全产业创新联盟。鼓励企业参与并购、合资、参股国际先进安全科技企业或设立海外研发中心；鼓励安全装备企业和安全服务企业以服务“一带一路”建设和国际产能合作为重点，积极开拓国际市场。鼓励国外创新资源与国内安全产业创新发展需求开展对接，促进国际先进安全科技成果转移转化。

（三）加强人才培养

合理利用高等院校和科技资源，吸纳高素质人员进入安全科技领域，加强安全科学与工程学科建设和高层次专业人才队伍培养。依托重点企业、行业协会开展安全领域急需紧缺人才培养，鼓励社会培训机构开展面向安全产业专业人才培训。支持相关高校开展安全产业相关学科专业建设，推动校企协同，改进产教融合、校企合作办学模式，加强安全领域复合型人才培养。

（四）加强宣传教育

组织召开中国安全产业大会和安全装备博览会，通过会展集聚带动产业集聚，推进产研对接、产需对接、产融对接。鼓励相关部门和机构建设宣传培训演练基地，编写出版安全教材与科普手册，摄制安全生产公益广告和警示教育片；充分利用广播、电视、网络、报纸、卫星传输平台、新媒体等平台，加强安全知识宣传，提高全民安全意识、知识水平和避险自救能力。

工业和信息化部
应急管理部
财政部
科技部
2018年6月19日

关于印发《道路运输安全生产工作计划（2018—2020 年）》的通知

各省、自治区、直辖市、新疆生产建设兵团交通运输厅（局、委），公安厅（局），安全生产监督管理局：

为全面贯彻落实党的十九大精神和《中共中央国务院关于推进安全生产领域改革发展的意见》，牢固树立生命至上、安全发展理念，提升道路运输安全现代化治理能力，有效遏制和减少道路运输安全事故的发生，切实保障人民群众生命财产安全，经交通运输部、公安部、应急管理部同意，现将《道路运输安全生产工作计划（2018—2020 年）》印发给你们，请结合本地实际，认真抓好落实。

交通运输部办公厅
公安部办公厅
应急管理部办公厅
2018 年 6 月 13 日

道路运输安全生产工作计划（2018—2020 年）

2018—2020 年道路运输安全生产工作的总体要求是：以习近平新时代中国特色社会主义思想为指导，全面贯彻落实党的十九大精神和《中共中央国务院关于推进安全生产领域改革发展的意见》，牢固树立生命至上、安全发展的理念，坚持安全发展、改革创新、源头防范、系统治理、依法监管，不断强化道路运输安全监管、事故防范和应急处置措施，提升道路运输安全现代化治理能力，坚决遏制重特大道路运输安全事故，大幅减少较大道路运输安全事故，确保道路运输安全生产形势稳中向好，为交通强国建设、全面建成小康社会提供坚实可靠的道路运输安全保障。具体工作计划如下：

一、推进道路运输安全管理机制改革

1. 完善责任体系，强化责任落实。按照“党政同责、一岗双责、齐抓共管、失职追责”的要求，落实党政领导干部安全生产责任制，理清道路运输安全监管职责，依法依规建立权力清单、责任清单和监管工作规范，强化监管责任落实。健全安全生产责任考核机制，严格落实安全生产“一票否决”制度。健全道路运输安全生产联合约谈制度，加强对事故多发或工作开展不力地区（单位）警示诫勉。

2. 创新监管机制，加强联合共治。加强部门协同联动，共同研究决定重大道路运输安全生产问题。积极推进道路运输安全生产信用体系建设，综合运用信用中国、信用交通、安全生产失信联合惩戒“黑名单”等载体，完善安全生产守信激励和失信惩戒机制。建立道路运输安全生产巡查制度，加大巡查督查和考核考察力度，坚持问责与整改并重，及时督促整改问题。发挥注册安全工程师作用，调动行业协会等社会力量参与安全治理，形成部门协同共治、行业自觉落实、社会积极参与的良好氛围。

3. 健全防控体系，抓好源头治理。推动运输企业建立健全隐患排查治理与安全风险自查自控管理制度，制定隐患排查与风险识别手册，开展安全风险评估和危害辨识，落实安全操作规程，完善控制措施和应急预案，形成自我约束、持续改进的内生机制。建立健全隐患治理监督机制，对存在重大安全隐患的运输企业实施挂牌督办，督促及时消除安全隐患。深入推进运输企业安全生产标准化建设，实现安全管理、操作行为、设施设备和作业环境的标准化。

4. 加强执法检查，严厉打击违法行为。加强交通事故多发路段和时段的管控，加大联合执法力度，依法从严查处客货运输车辆“三超一疲劳”交通违法行为。深入推进治超联合执法常态化、制度化，严格落实“一超四罚”措施。开展隧道交通违法行为集中整治，加大对交通流量较大、通行危化品车辆较多等重点隧道交通秩序管控力度。加大“四不两直”、暗查暗访、突击检查、“双随机”抽查力度，提升执法检查效能，提高企业违法违规代价。

5. 建立事故应急处置和调查处理协调机制。事故发生后，要做好协同配合，及时赶赴现场，做好现场保护，救助伤员，安抚家属。加强事故信息共享，强化舆论引导，及时按规定上报事故情况。做好道路保畅和现场秩序管控，避免引发二次事故。加强事故原因调查分析，堵塞漏洞，依法依规从严查处相关责任人员和单位，避免类似事故再次发生。

6. 加强宣传教育，接受社会监督。将道路运输安全生产监督管理纳入领导干部培训内容，推进道路运输安全文化建设，强化全民安全意识和法治意识。加强“两客一危”、重点营运货车及农村地区驾驶员交通安全宣传教育。充分利用 12350、122、12328 等服务监督电话和社会公共管

理平台举报投诉渠道，完善投诉受理机制，发挥社会监督作用。组织开展“人人都是安全员”活动，积极拓展微信、微博、手机 APP 等举报渠道，建立旅客和社会力量参与运输安全监督的制度和激励机制。

二、深化驾驶员素质教育工程

7. 加强驾培监督管理，提升驾驶员素质。督促机动车驾驶培训机构和教练员按照教学大纲规范施教，严格落实培训内容和培训学时要求。严肃考试纪律，严格考试标准，全面提升驾驶员职业素质。研究制定机动车驾驶培训机构质量信誉考核办法，加强教练员管理和机动车驾驶培训质量监管。全面推进机动车驾驶培训行业诚信体系建设，加强消费者权益保护。推广使用全国统一标准的计算机计时培训管理系统，建立省级驾驶培训机构监管平台，强化培训过程动态监管，督促落实培训学时，确保培训信息真实有效。推进驾驶培训机构监管平台与考试系统联网对接，实现驾驶培训与考试信息共享，确保培训与考试有效衔接。持续推进文明交通进驾校“五个一”活动。

8. 加强职业资格建设，提升从业人员素质。加快构建道路运输职业资格制度，健全职业标准、职业资格考试、注册管理、继续教育、从业管理、国际互认制度等职业资格制度体系。充分发挥好职业资格制度作用，提升从业人员的获得感和归属感。制定实施道路运输企业主要负责人和安全生产管理人员考核管理制度。

9. 加强应急处置培训，提升突发事件应对能力。指导运输企业加强营运驾驶员防御性驾驶和应急处置培训，强化典型事故案例警示教育，充分运用互联网和移动终端等培训教育方式，培养营运驾驶员掌握突发情况应对常识，提升营运驾驶员应急处置能力。积极推动大型客货车驾驶员职业教育，从源头上把好营运驾驶员安全素质关。

三、切实强化营运车辆安全技术管理

10. 严格营运车辆安全技术管理。严格执行《机动车运行安全技术条件》（GB7258—2017）、《汽车、挂车及列车外廓尺寸、轴荷及质量限值》（GB1589—2016）、《营运客车安全技术条件》（JT/T1094—2016）、《营运货车安全技术条件第 1 部分：载货汽车》（JT/T1178. 1—2018）等相关标准和文件要求，严把新进入道路运输市场车辆的安全技术管理关口，不得为不符合标准的车辆办理营运手续。

11. 深入推进货运车型标准化工作。持续做好车辆运输车治理工作，督促不合规车辆运输车按要求退出市场。加强超长平板半挂车和超长集装箱半挂车监管，重点整治低平板半挂车车货总质量超过限载标准和假牌套牌行为。开展常压罐体危险货物罐车专项治理工作。

12. 切实加强“营转非”客车安全管理。鼓励客运企业提前报废更新老旧客车，并对购买“营转非”客车的单位资格条件进行审核把关，引导“营转非”客车作为企事业单位自备车辆使用。严厉打击“营转非”客车非法营运和“三超一疲劳”等严重交通违法行为。

四、强化重点领域运输安全规范化管理

13. 贯彻落实《道路旅客运输企业安全管理规范》。组织开展宣贯培训，督促道路客运企业严格落实安全基础保障、驾驶员管理、车辆管理、动态监控、运输组织、风险管控和隐患排查等管理要求。加强联合督导检查，督促指导道路客运企业对照《道路旅客运输企业安全管理规范》的内容和要求，逐条逐款进行落实和整改，确保《道路旅客运输企业安全管理规范》真正落地实施，发挥效果。

14. 规范旅游包车客运安全管理。依托包车客运管理信息系统，规范旅游包车客运标志牌管理，完善客运标志牌的申领、核发流程，严格实施省际包车客运标志牌信息化备案管理，逐步推进省内（含市际、县际、县内）旅游包车信息化管理。加强与旅游管理部门的配合衔接，推进旅行社、导游和旅游客运企业及驾驶员等信息共享和社会公开，接受社会监督。加强联合执法，严格查处旅游包车无证经营、超范围经营、未按包车客运标志牌载明事项运行等违规行为，严禁违规发放空白包车证。

15. 切实加强长途客运安全管理。加快推进道路客运结构调整，鼓励客运企业集约化、规模化、公司化经营。严格落实《道路客运接驳运输管理办法（试行）》，规范长途客运接驳运输管理，积极推进分段式接驳运输，通过不同企业间联程联运或同一企业换车换驾驶员等接驳运输方式，逐步实现驾驶员和车辆当日往返。加强长途客运车辆凌晨 2 时至 5 时停止运行或接驳运输工作的监督检查，促进长途客运规范化运行。支持客运企业在客运班线起讫地间按需求和有关规定增加配客点，规范站外上下客行为，保障旅客安全便捷出行。

16. 切实加强农村客运安全管理。严格按照《农村道路旅客运输班线通行条件审核规则》要求，建立健全农村客运班车通行条件联合审核机制。引导农村客运经营者更新乡村公路营运客车推荐车型，引导农民群众乘坐具备资质的农村客运车辆。鼓励农村客运经营者安装卫星定位装置和视频监控装置，提升农村客运车辆动态管理水平。

17. 加强危险货物道路运输安全监管。严格落实《反恐怖主义法》《危险货物道路运输规则》及危险货物道路运输安全管理办法规定，提升危险货物道路运输企业和危化品生产、经营、使用、储存企业的安全管理水平。严格落实危险货物道路运输驾驶员从业资格培训大纲和考试大纲，强化实际操作培训考试把关。加快推进危险货物道路运输安全监管系统建设，并与部级危险货物道路运输安全监管系统对接，加快实现危险货物电子运单、罐体检测报告、监督检查等监管信息全国联网。加强危险化学品生产、储存、经营企业的安全管理，严格执行托运及充装查验、登记制度，严禁向个人或不具备危险货物道路运输资质的企

业和车辆托运、充装危险货物。

18. 加强汽车客运站安全管理。严格落实《反恐怖主义法》《汽车客运站安全生产规范》，以及“三不进站、六不出站”等安全管理制度，加强道路客运安全源头管理。强化安检人员专业素质培训，落实安全检查标准规范，推动安检设施设备更新升级，提升旅客进站安检效率和服务质量。严格执行省际、市际道路客运班线实名制售检票制度。

五、提升公路基础设施安全保障水平

19. 深入开展公路隧道风险防控专项行动。以高速公路上的长隧道、特长隧道、“两客一危”车辆和交通流量大的隧道、发生过较大事故和火灾事故的隧道，以及单洞双向通行的隧道为重点，严格落实公路隧道运营相关法规规章和标准规范，认真清查影响隧道设施设备使用、交通安全管理、安全运营等关键问题，确保洞口设施设置规范、防护有效，照明设施齐全、功能完备，洞内设施性能合规、运转正常。

20. 深入开展公路安全专项工程。加强公路建设阶段的安全评价和养护阶段的风险评估，以普通国省干线公路和县乡公路的护栏、标志标线等设施为重点，深入开展现有公路安全生命防护工程。以国省干线公路四、五类桥梁为重点，深入开展危桥改造工程。以山岭重丘区二级及以下国省干线公路路段为重点，深入开展干线公路灾害防治工程。专项工程实施完成后，按程序组织工程验收，确保实施效果符合要求。

六、提升营运车辆动态监管能力

21. 健全联网联控分级分类监管制度。完善动态监控抽查制度，建立抽查结果及时通报和信息共享机制，层层传导监管压力。推进公安、交通运输部门数据实现交换共享，强化大数据分析应用，加强分级分类监管，突出对安全管理不规范、驾驶员违法行为突出企业的监管。指导运输企业搭建动态监控与驾驶员管理、机务管理、运输组织等综合运营安全管理信息平台，提升运输企业安全管理信息化水平。

22. 强化联网联控系统功能拓展应用。积极推广第三方动态监控平台，对“两客一危”车辆和重型货车开展动态监测服务，为政府管理部门履行监管责任和运输企业履行安全生产主体责任提供技术支撑。推动将“两客一危”车辆超速、疲劳驾驶、违法违规接驳运输、站外揽客等重点动态监控报警纳入联合信用惩戒范围，形成部门监管合力。

七、大力实施科技兴安

23. 积极做好主动智能防控技术的推广应用。加快关键技术研发和转化应用，积极做好智能辅助驾驶技术在营运车辆上的推广使用，提升现代化信息技术与道路运输安全生产融合度。充分发挥市场机制，按照国家有关要求，督促新进入道路运输市场的“两客一危”车辆安装使用智能视频监控系统，鼓励在用“两客一危”车辆安装使用智能视频监控系统。

24. 利用大数据提升决策支持水平。加强安全生产形势分析，开展道路运输安全重特大事故深度挖掘分析，深入查找薄弱环节和管理漏洞，为加强行业安全管理和修改完善相关政策制度提供支撑。坚持问题导向，不断完善法规制度和标准规范，改进安全管理和事故预防机制。组建专家团队，发挥专家技术优势，加强事故调查和督导检查的技术支撑。

25. 加大交通应急科技应用。大力推进公路大型专业机械设备配备，全面提升冰雪天气铲雪除冰能力。配合气象部门加强雨雪天气特别是团雾监测预警技术研究和装备建设，在团雾多发的高速公路路段推广智能引导系统。推进跨部门交通应急和事故救援体系建设，完善交通应急管理机制，提高应急响应和联动救援效率。积极开展隧道安全风险管控科技研发和新技术应用，加强特长隧道、长隧道群视频监控系统建设，推广智能化监控技术，提升隧道防控安全风险能力。

各地要切实提高思想认识，牢固树立安全生产红线意识、底线思维，积极推动道路运输安全生产工作融入地方政府年度工作部署，强化人力、物力和财力保障，切实把各项部署落实到位。一是尽快制定实施方案，分年度明确工作重点和推进时间节点。二是依据部门法定职责，明确任务分工，加强部门协调配合，完善联动机制，合力推进工作落实。三是加强跟踪指导，定期联合开展督导检查或互查，定期评估工作落实效果。四是做好活动宣传，加强舆论引导，宣传先进典型，曝光安全隐患，营造良好活动氛围。

各地实施方案请于 2018 年 7 月底前分别报交通运输部、公安部、应急管理部。每年 12 月 25 日前将本地道路运输安全生产工作计划落实情况分别报交通运输部、公安部、应急管理部。

联系方式：

交通运输部运输服务司李强 010-65292753；

公安部交通管理局王政新 010-66263414；

应急管理部颜彬 010-64464002。

抄送：各省、自治区、直辖市、新疆生产建设兵团道路运输管理局（处）。

公安机关互联网安全监督检查规定

（中华人民共和国公安部令第 151 号）

《公安机关互联网安全监督检查规定》已经 2018 年 9 月 5 日公安部部长办公会议通过，现予发布，自 2018 年 11 月 1 日起施行。

部长　赵克志

2018 年 9 月 15 日

公安机关互联网安全监督检查规定

第一章　总　　则

第一条　为规范公安机关互联网安全监督检查工作，预防网络违法犯罪，维护网络安全，保护公民、法人和其他组织合法权益，根据《中华人民共和国人民警察法》《中华人民共和国网络安全法》等有关法律、行政法规，制定本规定。

第二条　本规定适用于公安机关依法对互联网服务提供者和联网使用单位履行法律、行政法规规定的网络安全义务情况进行的安全监督检查。

第三条　互联网安全监督检查工作由县级以上地方人民政府公安机关网络安全保卫部门组织实施。

上级公安机关应当对下级公安机关开展互联网安全监督检查工作情况进行指导和监督。

第四条　公安机关开展互联网安全监督检查，应当遵循依法科学管理、保障和促进发展的方针，严格遵守法定权限和程序，不断改进执法方式，全面落实执法责任。

第五条　公安机关及其工作人员对履行互联网安全监督检查职责中知悉的个人信息、隐私、商业秘密和国家秘密，应当严格保密，不得泄露、出售或者非法向他人提供。

公安机关及其工作人员在履行互联网安全监督检查职责中获取的信息，只能用于维护网络安全的需要，不得用于其他用途。

第六条　公安机关对互联网安全监督检查工作中发现的可能危害国家安全、公共安全、社会秩序的网络安全风险，应当及时通报有关主管部门和单位。

第七条　公安机关应当建立并落实互联网安全监督检查工作制度，自觉接受检查对象和人民群众的监督。

第二章　监督检查对象和内容

第八条　互联网安全监督检查由互联网服务提供者的网络服务运营机构和联网使用单位的网络管理机构所在地公安机关实施。互联网服务提供者为个人的，可以由其经常居住地公安机关实施。

第九条　公安机关应当根据网络安全防范需要和网络安全风险隐患的具体情况，对下列互联网服务提供者和联网使用单位开展监督检查：

（一）提供互联网接入、互联网数据中心、内容分发、域名服务的；

（二）提供互联网信息服务的；

（三）提供公共上网服务的；

（四）提供其他互联网服务的；

对开展前款规定的服务未满一年的，两年内曾发生过网络安全事件、违法犯罪案件的，或者因未履行法定网络安全义务被公安机关予以行政处罚的，应当开展重点监督检查。

第十条　公安机关应当根据互联网服务提供者和联网使用单位履行法定网络安全义务的实际情况，依照国家有关规定和标准，对下列内容进行监督检查：

（一）是否办理联网单位备案手续，并报送接入单位和用户基本信息及其变更情况；

（二）是否制定并落实网络安全管理制度和操作规程，确定网络安全负责人；

（三）是否依法采取记录并留存用户注册信息和上网日志信息的技术措施；

（四）是否采取防范计算机病毒和网络攻击、网络侵入等技术措施；

（五）是否在公共信息服务中对法律、行政法规禁止发布或者传输的信息依法采取相关防范措施；

（六）是否按照法律规定的要求为公安机关依法维护国家安全、防范调查恐怖活动、侦查犯罪提供技术支持和协助；

（七）是否履行法律、行政法规规定的网络安全等级保护等义务。

第十一条　除本规定第十条所列内容外，公安机关还应当根据提供互联网服务的类型，对下列内容进行监督检查：

（一）对提供互联网接入服务的，监督检查是否记录并留存网络地址及分配使用情况；

（二）对提供互联网数据中心服务的，监督检查是否记录所提供的主机托管、主机租用和虚拟空间租用的用户信息；

（三）对提供互联网域名服务的，监督检查是否记录网络域名申请、变动信息，是否对违法域名依法采取处置措施；

（四）对提供互联网信息服务的，监督检查是否依法采取用户发布信息管理措施，是否对已发布或者传输的法律、行政法规禁止发布或者传输的信息依法采取处置措施，并保存相关记录；

（五）对提供互联网内容分发服务的，监督检查是否记录内容分发网络与内容源网络链接对应情况；

（六）对提供互联网公共上网服务的，监督检查是否采取符合国家标准的网络与信息安全保护技术措施。

第十二条　在国家重大网络安全保卫任务期间，对与国家重大网络安全保卫任务相关的互联网服务提供者和联网使用单位，公安机关可以对下列内容开展专项安全监督检查：

（一）是否制定重大网络安全保卫任务所要求的工作方案、明确网络安全责任分工并确定网络安全管理人员；

（二）是否组织开展网络安全风险评估，并采取相应风险管控措施堵塞网络安全漏洞隐患；

（三）是否制定网络安全应急处置预案并组织开展应急演练，应急处置相关设施是否完备有效；

（四）是否依法采取重大网络安全保卫任务所需要的其他网络安全防范措施；

（五）是否按照要求向公安机关报告网络安全防范措施及落实情况。

对防范恐怖袭击的重点目标的互联网安全监督检查，按照前款规定的内容执行。

第三章　监督检查程序

第十三条　公安机关开展互联网安全监督检查，可以采取现场监督检查或者远程检测的方式进行。

第十四条　公安机关开展互联网安全现场监督检查时，人民警察不得少于二人，并应当出示人民警察证和县级以上地方人民政府公安机关出具的监督检查通知书。

第十五条　公安机关开展互联网安全现场监督检查可以根据需要采取以下措施：

（一）进入营业场所、机房、工作场所；

（二）要求监督检查对象的负责人或者网络安全管理人员对监督检查事项作出说明；

（三）查阅、复制与互联网安全监督检查事项相关的信息；

（四）查看网络与信息安全保护技术措施运行情况。

第十六条　公安机关对互联网服务提供者和联网使用单位是否存在网络安全漏洞，可以开展远程检测。

公安机关开展远程检测，应当事先告知监督检查对象检查时间、检查范围等事项或者公开相关检查事项，不得干扰、破坏监督检查对象网络的正常运行。

第十七条　公安机关开展现场监督检查或者远程检测，可以委托具有相应技术能力的网络安全服务机构提供技术支持。

网络安全服务机构及其工作人员对工作中知悉的个人信息、隐私、商业秘密和国家秘密，应当严格保密，不得泄露、出售或者非法向他人提供。公安机关应当严格监督网络安全服务机构落实网络安全管理与保密责任。

第十八条　公安机关开展现场监督检查，应当制作监督检查记录，并由开展监督检查的人民警察和监督检查对象的负责人或者网络安全管理人员签名。监督检查对象负责人或者网络安全管理人员对监督检查记录有异议的，应当允许其作出说明；拒绝签名的，人民警察应当在监督检查记录中注明。

公安机关开展远程检测，应当制作监督检查记录，并由二名以上开展监督检查的人民警察在监督检查记录上签名。

委托网络安全服务机构提供技术支持的，技术支持人员应当一并在监督检查记录上签名。

第十九条　公安机关在互联网安全监督检查中，发现互联网服务提供者和联网使用单位存在网络安全风险隐患，应当督促指导其采取措施消除风险隐患，并在监督检查记录上注明；发现有违法行为，但情节轻微或者未造成后果的，应当责令其限期整改。

监督检查对象在整改期限届满前认为已经整改完毕的，可以向公安机关书面提出提前复查申请。

公安机关应当自整改期限届满或者收到监督检查对象提前复查申请之日起三个工作日内，对整改情况进行复查，并在复查结束后三个工作日内反馈复查结果。

第二十条　监督检查过程中收集的资料、制作的各类文书等材料，应当按照规定立卷存档。

第四章　法律责任

第二十一条　公安机关在互联网安全监督检查中，发现互联网服务提供者和联网使用单位有下列违法行为的，依法予以行政处罚：

（一）未制定并落实网络安全管理制度和操作规程，未确定网络安全负责人的，依照《中华人民共和国网络安全法》第五十九条第一款的规定予以处罚；

（二）未采取防范计算机病毒和网络攻击、网络侵入等危害网络安全行为的技术措施的，依照《中华人民共和国网络安全法》第五十九条第一款的规定予以处罚；

（三）未采取记录并留存用户注册信息和上网日志信息措施的，依照《中华人民共和国网络安全法》第五十九条第一款的规定予以处罚；

（四）在提供互联网信息发布、即时通讯等服务中，未要求用户提供真实身份信息，或者对不提供真实身份信息的用户提供相关服务的，依照《中华人民共和国网络安全法》第六十一条的规定予以处罚；

（五）在公共信息服务中对法律、行政法规禁止发布或者传输的信息未依法或者不按照公安机关的要求采取停止传输、消除等处置措施、保存有关记录的，依照《中华人民共和国网络安全法》第六十八条或者第六十九条第一项的规定予以处罚；

（六）拒不为公安机关依法维护国家安全和侦查犯罪的活动提供技术支持和协助的，依照《中华人民共和国网络安全法》第六十九条第三项的规定予以处罚。

有前款第四至六项行为违反《中华人民共和国反恐怖主义法》规定的，依照《中华人民共和国反恐怖主义法》第八十四条或者第八十六条第一款的规定予以处罚。

第二十二条 公安机关在互联网安全监督检查中，发现互联网服务提供者和联网使用单位，窃取或者以其他非法方式获取、非法出售或者非法向他人提供个人信息，尚不构成犯罪的，依照《中华人民共和国网络安全法》第六十四条第二款的规定予以处罚。

第二十三条 公安机关在互联网安全监督检查中，发现互联网服务提供者和联网使用单位在提供的互联网服务中设置恶意程序的，依照《中华人民共和国网络安全法》第六十条第一项的规定予以处罚。

第二十四条 互联网服务提供者和联网使用单位拒绝、阻碍公安机关实施互联网安全监督检查的，依照《中华人民共和国网络安全法》第六十九条第二项的规定予以处罚；拒不配合反恐怖主义工作的，依照《中华人民共和国反恐怖主义法》第九十一条或者第九十二条的规定予以处罚。

第二十五条 受公安机关委托提供技术支持的网络安全服务机构及其工作人员，从事非法侵入监督检查对象网络、干扰监督检查对象网络正常功能、窃取网络数据等危害网络安全的活动的，依照《中华人民共和国网络安全法》第六十三条的规定予以处罚；窃取或者以其他非法方式获取、非法出售或者非法向他人提供在工作中获悉的个人信息的，依照《中华人民共和国网络安全法》第六十四条第二款的规定予以处罚，构成犯罪的，依法追究刑事责任。

前款规定的机构及人员侵犯监督检查对象的商业秘密，构成犯罪的，依法追究刑事责任。

第二十六条 公安机关及其工作人员在互联网安全监督检查工作中，玩忽职守、滥用职权、徇私舞弊的，对直接负责的主管人员和其他直接责任人员依法予以处分；构成犯罪的，依法追究刑事责任。

第二十七条 互联网服务提供者和联网使用单位违反本规定，构成违反治安管理行为的，依法予以治安管理处罚；构成犯罪的，依法追究刑事责任。

第五章　附　　则

第二十八条 对互联网上网服务营业场所的监督检查，按照《互联网上网服务营业场所管理条例》的有关规定执行。

第二十九条 本规定自 2018 年 11 月 1 日起施行。

科技部关于发布国家重点研发计划“智能机器人”等重点专项 2018 年度项目申报指南的通知

（国科发资〔2018〕108 号）

各省、自治区、直辖市及计划单列市科技厅（委、局），新疆生产建设兵团科技局，国务院各有关部门科技主管司局，各有关单位：

根据国务院印发的《关于深化中央财政科技计划（专项、基金等）管理改革的方案》（国发〔2014〕64 号）的总体部署，按照国家重点研发计划组织管理的相关要求，现将“智能机器人”等 7 个重点专项 2018 年度项目申报指南予以公布。请根据指南要求组织项目申报工作。有关事项通知如下。

一、项目组织申报要求及评审流程

1. 申报单位根据指南支持方向的研究内容以项目形式组织申报，项目可下设课题。项目应整体申报，须覆盖相应指南方向的全部考核指标。项目申报单位推荐 1 名科研人员作为项目负责人，每个课题设 1 名负责人，项目负责人可担任其中 1 个课题负责人。

2. 项目的组织实施应整合集成全国相关领域的优势创新团队，聚焦研发问题，强化基础研究、共性关键技术研发和典型应用示范各项任务间的统筹衔接，集中力量，联合攻关。

3. 国家重点研发计划项目申报评审采取填写预申报书、正式申报书两步进行，具体工作流程如下：

——项目申报单位根据指南相关申报要求，通过国家科技管理信息系统填写并提交 3000 字左右的项目预申报书，详细说明申报项目的目标和指标，简要说明创新思路、技术路线和研究基础。项目申报单位与所有参与单位签署联合申报协议，并明确协议签署时间；项目申报单位和项目负责人须签署诚信承诺书，项目申报单位要落实《关于进一步加强科研诚信建设的若干意见》要求，加强对申报材料诚信审核把关。从指南发布日到预申报书受理截止日不少于50天。

——各推荐单位加强对所推荐的项目申报材料审核把关，按时将推荐项目通过国家科技管理信息系统统一报送。

——专业机构在受理项目预申报后，组织形式审查，并开展首轮评审工作。首轮评审不需要项目负责人进行答辩。根据专家的评审结果，遴选出3~4倍于拟立项数量的申报项目，进入下一步答辩评审。对于未进入答辩评审的申报项目，及时将评审结果反馈项目申报单位和负责人。

——申报单位在接到专业机构关于进入答辩评审的通知后，通过国家科技管理信息系统填写并提交项目正式申报书。正式申报书受理时间为30天。

——专业机构对进入正式评审的项目申报书进行形式审查，并组织答辩评审。申报项目的负责人通过网络视频进行报告答辩。根据专家评议情况择优立项。对于支持1~2项的指南方向，如申报项目的评审结果前两位评价相近，且技术路线明显不同，可同时立项支持，并建立动态调整机制，结合过程管理开展中期评估，根据评估结果确定后续支持方式。

二、组织申报的推荐单位

1. 国务院有关部门科技主管司局；

2. 各省、自治区、直辖市、计划单列市及新疆生产建设兵团科技主管部门；

3. 原工业部门转制成立的行业协会；

4. 纳入科技部试点范围并评估结果为A类的产业技术创新战略联盟，以及纳入科技部、财政部开展的科技服务业创新发展行业试点联盟。

各推荐单位应在本单位职能和业务范围内推荐，并对所推荐项目的真实性等负责。国务院有关部门推荐与其有业务指导关系的单位，行业协会和产业技术创新战略联盟、科技服务业创新发展行业试点联盟推荐其会员单位，省级科技主管部门推荐其行政区划内的单位。推荐单位名单在国家科技管理信息系统公共服务平台上公开发布。

三、申报资格要求

1. 牵头申报单位和参与单位应为中国大陆境内注册的科研院所、高等学校和企业等，具有独立法人资格，注册时间为2017年6月30日前，有较强的科技研发能力和条件，运行管理规范。政府机关不得作为申报单位进行申报。申报单位同一个项目只能通过单个推荐单位申报，不得多头申报和重复申报。

2. 项目（课题）负责人须具有高级职称或博士学位，1958年1月1日以后出生，每年用于项目的工作时间不得少于6个月。

3. 项目（课题）负责人原则上应为该项目（课题）主体研究思路的提出者和实际主持研究的科技人员。中央和地方各级政府的公务人员（包括行使科技计划管理职能的其他人员）不得申报项目（课题）。

4. 项目（课题）负责人限申报1个项目（课题）；国家重点基础研究发展计划（973计划，含重大科学研究计划）、国家高技术研究发展计划（863计划）、国家科技支撑计划、国家国际科技合作专项、国家重大科学仪器设备开发专项、公益性行业科研专项（以下简称“改革前计划”）以及国家科技重大专项、国家重点研发计划重点专项在研项目（含任务或课题）负责人不得牵头申报项目（课题）。国家重点研发计划重点专项的在研项目负责人（不含任务或课题负责人）也不得参与申报项目（课题）。

项目（课题）负责人、项目骨干的申报项目（课题）和改革前计划、国家科技重大专项、国家重点研发计划在研项目（课题）总数不得超过2个；改革前计划、国家科技重大专项、国家重点研发计划的在研项目（含任务或课题）负责人不得因申报国家重点研发计划重点专项项目（课题）而退出目前承担的项目（含任务或课题）。国家重点研发计划的在研项目（含任务或课题）负责人和项目骨干退出项目研发团队后，在原项目执行期内原则上不得牵头或参与申报新的国家重点研发计划项目。

计划任务书执行期（包括延期后的执行期）到2018年12月31日之前的在研项目（含任务或课题）不在限项范围内。

5. 特邀咨评委委员不能申报项目（课题）；参与重点专项实施方案或本年度项目指南编制的专家，不能申报该重点专项项目（课题）。

6. 受聘于内地单位的外籍科学家及港、澳、台地区科学家可作为重点专项的项目（课题）负责人，全职受聘人员须由内地聘用单位提供全职聘用的有效证明，非全职受聘人员须由内地聘用单位和境外单位同时提供聘用的有效证明，并随纸质项目预申报书一并报送。

7. 申报项目受理后，原则上不能更改申报单位和负责人。

8. 项目的具体申报要求，详见各重点专项的申报指南。

各申报单位在正式提交项目申报书前可利用国家科技管理信息系统公共服务平台查询相关科研人员承担改革前计划和国家科技重大专项、国家重点研发计划重点专项在研项目（含任务或课题）情况，避免重复申报。

四、具体申报方式

1. 网上填报。请各申报单位按要求通过国家科技管理信息系统公共服务平台进行网上填报。项目管理专业机构将以网上填报的申报书作为后续形式审查、项目评审的依据。预申报书格式在国家科技管理信息系统公共服务平台相关专栏下载。

项目申报单位网上填报预申报书的受理时间为：2018 年 8 月 20 日 8：00 至 9 月 25 日 17：00。进入答辩评审环节的申报项目，由申报单位按要求填报正式申报书，并通过国家科技管理信息系统提交，具体时间和有关要求另行通知。

国家科技管理信息系统公共服务平台：

http：//service. most. gov. cn；

技术咨询电话：010-51666288（中继线）；

技术咨询邮箱：program@ istic. ac. cn。

2. 组织推荐。请各推荐单位于 2018 年 9 月 28 日前（以寄出时间为准），将加盖推荐单位公章的推荐函（纸质，一式 2 份）、推荐项目清单（纸质，一式 2 份）寄送中国科学技术信息研究所。推荐项目清单须通过系统直接生成打印。

寄送地址：北京市海淀区复兴路 15 号中信所 170 室，邮编：100038。

联系电话：010-58882171。

3. 材料报送和业务咨询。请各申报单位于 2018 年 9 月 28 日前（以寄出时间为准），将加盖申报单位公章的预申报书（纸质，一式 2 份），寄送至承担项目所属重点专项管理的专业机构。项目预申报书须通过系统直接生成打印。

各重点专项的咨询电话及寄送地址如下：

（1）“智能机器人”重点专项咨询电话：010-68104402、68104423；

（2）“现代服务业共性关键技术研发及应用示范”重点专项咨询电话：010-88377340；

（3）“可再生能源与氢能技术”重点专项咨询电话：010-68104430、68104408；

（4）“综合交通运输与智能交通”重点专项咨询电话：010-68104467；

（5）“网络协同制造和智能工厂”重点专项咨询电话：010-68104423、68104472；

（6）“核安全与先进核能技术”重点专项咨询电话：010-68104430、68104408。

科学技术部高技术研究发展中心计划与监督处，寄送地址：北京市三里河路一号 9 号楼，邮编：100044。

（7）“制造基础技术与关键部件”重点专项咨询电话：010-68207732、68207730。

工业和信息化部产业发展促进中心，寄送地址：北京市海淀区万寿路 27 号院 8 号楼 11 层 1121 室，邮编：100846。

附件：

1. “智能机器人”重点专项 2018 年度项目申报指南（指南编制专家名单、形式审查条件要求）

2. “现代服务业共性关键技术研发及应用示范”重点专项 2018 年度项目申报指南（指南编制专家名单、形式审查条件要求）

3. “可再生能源与氢能技术”重点专项 2018 年度项目申报指南（指南编制专家名单、形式审查条件要求）

4. “综合交通运输与智能交通”重点专项 2018 年度项目申报指南（指南编制专家名单、形式审查条件要求）

5. “网络协同制造和智能工厂”重点专项 2018 年度项目申报指南（指南编制专家名单、形式审查条件要求）

6. “核安全与先进核能技术”重点专项 2018 年度项目申报指南（指南编制专家名单、形式审查条件要求）

7. “制造基础技术与关键部件”重点专项 2018 年度项目申报指南（指南编制专家名单、形式审查条件要求）

工业和信息化部、发展改革委、财政部关于印发《机器人产业发展规划（2016—2020 年）》的通知

（工信部联规〔2016〕109 号）

各省、自治区、直辖市及计划单列市工业和信息化主管部门、发展改革委、财政厅（局）：

现将《机器人产业发展规划（2016—2020 年）》印发你们，请认真贯彻执行。

工业和信息化部

国家发展和改革委员会

财政部

2016 年 3 月 21 日

机器人产业发展规划（2016—2020年）

机器人既是先进制造业的关键支撑装备，也是改善人类生活方式的重要切入点。无论是在制造环境下应用的工业机器人，还是在非制造环境下应用的服务机器人，其研发及产业化应用是衡量一个国家科技创新、高端制造发展水平的重要标志。大力发展机器人产业，对于打造中国制造新优势，推动工业转型升级，加快制造强国建设，改善人民生活水平具有重要意义。

为贯彻落实好《中国制造2025》将机器人作为重点发展领域的总体部署，推进我国机器人产业快速健康可持续发展，特制定本规划，规划期为2016-2020年。

一、现状与形势

自1954年世界上第一台机器人诞生以来，世界工业发达国家已经建立起完善的工业机器人产业体系，核心技术与产品应用领先，并形成了少数几个占据全球主导地位的机器人龙头企业。特别是国际金融危机后，这些国家纷纷将机器人的发展上升为国家战略，力求继续保持领先优势。近五年来，全球工业机器人销量年均增速超过17%，2014年销量达到22.9万台，同比增长29%，全球制造业机器人密度（每万名工人使用工业机器人数量）平均值由5年前的50提高到66，其中工业发达国家机器人密度普遍超过200。与此同时，服务机器人发展迅速，应用范围日趋广泛，以手术机器人为代表的医疗康复机器人形成了较大产业规模，空间机器人、仿生机器人和反恐防暴机器人等特种作业机器人实现了应用。

我国机器人研发起步于20世纪70年代，近年来，在一系列政策支持下及市场需求的拉动下，我国机器人产业快速发展。2014年自主品牌工业机器人销量达到1.7万台，较上年增长78%。服务机器人在科学考察、医疗康复、教育娱乐、家庭服务等领域已经研制出一系列代表性产品并实现应用。自2013年起我国成为全球第一大工业机器人应用市场，2014年销量达到5.7万台，同比增长56%，占全球销量的1/4，机器人密度由5年前的11增加到36。

虽然我国机器人产业已经取得了长足进步，但与工业发达国家相比，还存在较大差距。主要表现在：机器人产业链关键环节缺失，零部件中高精度减速器、伺服电机和控制器等依赖进口；核心技术创新能力薄弱，高端产品质量可靠性低；机器人推广应用难，市场占有率亟待提高；企业“小、散、弱”问题突出，产业竞争力缺乏；机器人标准、检测认证等体系亟待健全。

当前，随着我国劳动力成本快速上涨，人口红利逐渐消失，生产方式向柔性、智能、精细转变，构建以智能制造为根本特征的新型制造体系迫在眉睫，对工业机器人的需求将呈现大幅增长。与此同时，老龄化社会服务、医疗康复、救灾救援、公共安全、教育娱乐、重大科学研究等领域对服务机器人的需求也呈现出快速发展的趋势。“十三五”时期是我国机器人产业发展的关键时期，应把握国际机器人产业发展趋势，整合资源，制定对策，抓住机遇，营造良好发展环境，促进我国机器人产业实现持续健康快速发展。

二、总体要求

（一）指导思想

全面贯彻落实党的十八大和十八届三中、四中、五中全会精神，坚持创新、协调、绿色、开放、共享发展理念，加快实施《中国制造2025》，紧密围绕我国经济转型和社会发展的重大需求，坚持“市场主导、创新驱动、强化基础、质量为先”原则，“十三五”期间聚焦“两突破”、“三提升”，即实现机器人关键零部件和高端产品的重大突破，实现机器人质量可靠性、市场占有率和龙头企业竞争力的大幅提升，以企业为主体，产学研用协同创新，打造机器人全产业链竞争能力，形成具有中国特色的机器人产业体系，为制造强国建设打下坚实基础。

市场主导就是坚持以市场需求为导向，以企业为主体，充分发挥市场对机器人研发方向、路线选择、各类要素配置的决定作用。创新驱动就是加强机器人创新体系建设，加快形成有利于机器人创新发展的新机制，优化商业和服务模式，打造公共创新平台。强化基础就是加强机器人共性关键技术研究，建立完善机器人标准体系及检测认证平台，夯实产业发展基础。质量为先就是提高机器人关键零部件及高端产品的质量可靠性，提升自主品牌核心竞争力。

（二）发展目标

经过五年的努力，形成较为完善的机器人产业体系。技术创新能力和国际竞争能力明显增强，产品性能和质量达到国际同类水平，关键零部件取得重大突破，基本满足市场需求。2020年具体目标如下：

产业规模持续增长。自主品牌工业机器人年产量达到10万台，六轴及以上工业机器人年产量达到5万台以上。服务机器人年销售收入超过300亿元，在助老助残、医疗康复等领域实现小批量生产及应用。培育3家以上具有国际竞争力的龙头企业，打造5个以上机器人配套产业集群。

技术水平显著提升。工业机器人速度、载荷、精度、自重比等主要技术指标达到国外同类产品水平，平均无故障时间（MTBF）达到8万小时；医疗健康、家庭服务、反恐防暴、救灾救援、科学研究等领域的服务机器人技术水平接近国际水平。新一代机器人技术取得突破，智能机器人实现创新应用。

关键零部件取得重大突破。机器人用精密减速器、伺服电机及驱动器、控制器的性能、精度、可靠性达到国外同类产品水平，在六轴及以上工业机器人中实现批量应用，市场占有率达到 50%以上。

集成应用取得显著成效。完成 30 个以上典型领域机器人综合应用解决方案，并形成相应的标准和规范，实现机器人在重点行业的规模化应用，机器人密度达到 150 以上。

三、主要任务

（一）推进重大标志性产品率先突破

推进工业机器人向中高端迈进。面向《中国制造 2025》十大重点领域及其他国民经济重点行业的需求，聚焦智能生产、智能物流，攻克工业机器人关键技术，提升可操作性和可维护性，重点发展弧焊机器人、真空（洁净）机器人、全自主编程智能工业机器人、人机协作机器人、双臂机器人、重载 AGV 等六种标志性工业机器人产品，引导我国工业机器人向中高端发展。

促进服务机器人向更广领域发展。围绕助老助残、家庭服务、医疗康复、救援救灾、能源安全、公共安全、重大科学研究等领域，培育智慧生活、现代服务、特殊作业等方面的需求，重点发展消防救援机器人、手术机器人、智能型公共服务机器人、智能护理机器人等四种标志性产品，推进专业服务机器人实现系列化，个人/家庭服务机器人实现商品化。

专栏一　十大标志性产品

——弧焊机器人。6 自由度多关节机器人，中厚板弧焊机器人额定负载≥10kg，薄板弧焊机器人额定负载 6kg。实现焊缝轨迹电弧跟踪、高压接触感知、焊缝坡口宽度电弧跟踪等关键技术的应用。

——真空（洁净）机器人。真空最大负载 15kg，洁净最大负载 210kg，重复定位精度±0.05~0.1mm，实现真空环境下传动润滑、直驱控制、动态偏差检测与校正及碰撞检测与保护等关键技术的应用。

——全自主编程智能工业机器人。6 自由度以上，适应工件尺寸范围在 1m＊1m＊0.3m 以上，具有智能工艺专家系统，可自动获取信息生成作业程序，全过程非示教，自动编程时间小于 1 秒，满足喷涂、抛光、打磨等复杂的作业要求。

——人机协作机器人。6 自由度以上的多关节机器人，自重负载比小于 4，重复定位精度±0.05mm，力控精度<5N，碰撞安全监测响应时间<0.3s，选配本体感应皮肤的整臂安全感应距离<1cm，防护等级 IP54，适用于柔性、灵活度和精准度要求较高的行业如电子、医药、精密仪器等行业，满足更多工业生产中的操作需要。

——双臂机器人。每个单臂 6 自由度以上，关节转动速度≥±180°/s，双臂平均功耗<500W，带双臂碰撞检测的路径规划功能，集成双目视觉定位误差<1mm，2 指/3 指柔性手爪行程≥50mm，抓取力≥30N，重复定位精度±0.05mm，适用于 3C 电子等行业的零件组装产线。

——重载 AGV。驱动方式：全轮驱动；最大负载能力 40000Kg；最大速度：直线 20m/min；转弯半径：2m；辅助磁导航精度：±10mm；防碰装置：激光防碰；举升装置：车体自举升；举升行程：最大 100mm。

——消防救援机器人。满足自然灾害和恶性事故等现场对灾情侦察和快速处理的需求，在高温高压、有毒有害等特殊环境下，可完成人员搜索、灾情探测定位、定点抛投、排障、灭火和救援等任务。

——手术机器人。冗余机械臂的自由度数目不小于 6 个，最高重复位置精度优于 1mm，选取点上的测量误差不大于 1%，可完成各类相关手术。

——智能型公共服务机器人。导航方式：激光 SLAM，最大移动速度 0.6m/s，定位精度±100mm，定位航向角精度±5°，最大工作时间 3h，手臂数量 2，单臂自由度 2-7，头部自由度 1-2，具备自主行走、人机交互、讲解、导引等功能。

——智能护理机器人。面向老人照护需求，具有智能感知识别、自主移动等能力，与用户进行交流，辅助老人进行家务劳动，提供多样性的护理服务。

（二）大力发展机器人关键零部件

针对 6 自由度及以上工业机器人用关键零部件性能、可靠性差，使用寿命短等问题，从优化设计、材料优选、加工工艺、装配技术、专用制造装备、产业化能力等多方面入手，全面提升高精密减速器、高性能机器人专用伺服电机和驱动器、高速高性能控制器、传感器、末端执行器等五大关键零部件的质量稳定性和批量生产能力，突破技术壁垒，打破长期依赖进口的局面。

专栏二 五大关键零部件

——高精密减速器。通过发展高强度耐磨材料技术、加工工艺优化技术、高速润滑技术、高精度装配技术、可靠性及寿命检测技术以及新型传动机理的探索，发展适合机器人应用的高效率、低重量、长期免维护的系列化减速器。

——高性能机器人专用伺服电机和驱动器。通过高磁性材料优化、一体化优化设计、加工装配工艺优化等技术的研究，提高伺服电机的效率，降低功率损失，实现高功率密度。发展高力矩直接驱动电机、盘式中空电机等机器人专用电机。

——高速高性能控制器。通过高性能关节伺服、振动抑制技术、惯量动态补偿技术、多关节高精度运动解算及规划等技术的发展，提高高速变负载应用过程中的运动精度，改善动态性能。发展并掌握开放式控制器软件开发平台技术，提高机器人控制器可扩展性、可移植性和可靠性。

——传感器。重点开发关节位置、力矩、视觉、触觉等传感器，满足机器人产业的应用需求。

——末端执行器。重点开发抓取与操作功能的多指灵巧手和具有快换功能的夹持器等末端执行器，满足机器人产业的应用需求。

（三）强化产业创新能力

加强共性关键技术研究。针对智能制造和工业转型升级对工业机器人的需求和智慧生活、现代服务和特殊作业对服务机器人的需求，重点突破制约我国机器人发展的共性关键技术。积极跟踪机器人未来发展趋势，提早布局新一代机器人技术的研究。

建立健全机器人创新平台。充分利用和整合现有科技资源和研发力量，组建面向全行业的机器人创新中心，打造政产学研用紧密结合的协同创新载体。重点聚焦前沿技术、共性关键技术研究。

加强机器人标准体系建设。开展机器人标准体系的顶层设计，构建和完善机器人产业标准体系，加快研究制订产业急需的各项技术标准，支持机器人评价标准的研究和验证，积极参与国际标准的制修订。

建立机器人检测认证体系。建立并完善以国家机器人检测与评定中心为代表的机器人检验与认证机构，推动建立机器人第三方评价和认证体系，开展机器人整机及关键功能部件的检测与认证工作。

专栏三 基础能力建设重点

——机器人共性关键技术。1. 工业机器人关键技术：重点突破高性能工业机器人工业设计、运动控制、精确参数辨识补偿、协同作业与调度、示教/编程等关键技术。2. 服务机器人关键技术：重点突破人机协同与安全、产品创意与性能优化设计、模块化/标准化体系结构设计、信息技术融合、影像定位与导航、生肌电感知与融合等关键技术。3. 新一代机器人技术：重点开展人工智能、机器人深度学习等基础前沿技术研究，突破机器人通用控制软件平台、人机共存、安全控制、高集成一体化关节、灵巧手等核心技术。

——机器人创新中心。重点围绕人工智能、感知与识别、机构与驱动、控制与交互等方面开展基础和共性关键技术研究，深入开展在高端制造业、灾难应急处理、医疗康复、助老助残等领域的前沿基础研究和应用基础研究，推进科技成果的转移扩散和商业化应用，为企业提供共性技术支持和服务，强化国际交流与合作，培养机器人专业研发设计人才。

——机器人产业标准。发挥企业参与制修订标准的积极性，按照产业发展的迫切度，研究制订一批机器人国家标准、行业标准和团体标准，主要包括机器人用 RV 减速机通用技术条件等通用技术标准、机器人整机电磁兼容技术要求和试验方法等检测标准、个人护理机器人安全要求等安全标准、工业机器人编程和操作图形用户接口等通信控制标准、设计平台标准和喷涂机器人系统应用规范等应用标准。

——国家机器人检测与评定中心。面向机器人整机及关键功能部件两方面内容开展检测与评定工作，整机性能评价包括：安全、性能、环境适应性、噪音水平、电磁兼容性、可靠性及测控软件评价等；功能部件检测评定包括：零件质量、零部件安全及性能、噪声、环境适应性、材质和接口等。

（四）着力推进应用示范

为满足国家战略和民生重大需求，加强质量品牌建设，积极开展机器人的应用示范。围绕制造业重点领域，实施一批效果突出、带动性强、关联度高的典型行业应用示范工程，重点针对需求量大、环境要求高、劳动强度大的工业领域以及救灾救援、医疗康复等服务领域，分步骤、分层次开展细分行业的推广应用，培育重点领域机器人应用系统集成商及综合解决方案服务商，充分利用外包服务、新型租赁等模式，拓展工业机器人和服务机器人的市场空间。

专栏四 机器人推广应用计划
通过提高企业质量意识，促进企业实施以质量为先的经营管理，完善产品检测认证制度，推广先进质量管理方法，加强制造过程管理等措施，推进质量保障能力建设，提高机器人产品的质量可靠性，提升用户使用机器人的信心。 在工业机器人用量大的汽车、电子、家电、航空航天、轨道交通等行业，在劳动强度大的轻工、纺织、物流、建材等行业，在危险程度高的化工、民爆等行业，在生产环境洁净度要求高的医药、半导体、食品等行业，推进工业机器人的广泛应用。在救灾救援领域，推进专业服务机器人在自然灾害、火灾、核事故、危险品爆炸现场的示范应用等。 开展陪护与康复训练机器人在失能与认知障碍人群中的试点示范，开展智能假肢与外骨骼机器人在行动障碍人群中的试点示范，开展手术机器人在三甲医院智能手术中心的试点示范，大力推进服务机器人在医疗、助老助残、康复等领域的推广应用。

（五）积极培育龙头企业

引导企业围绕细分市场向差异化方向发展，开展产业链横向和纵向整合，支持互联网企业与传统机器人企业的紧密结合，通过联合重组、合资合作及跨界融合，加快培育管理水平先进、创新能力强、效率高、效益好、市场竞争力强的龙头企业，打造知名度高、综合竞争力强、产品附加值高的机器人国际知名品牌。大力推进研究院所、大专院校与机器人产业紧密结合，充分发挥龙头企业带动作用，以龙头企业为引领形成良好的产业生态环境，带动中小企业向“专、精、特、新”方向发展，形成全产业链协同发展的局面。

四、保障措施

（一）加强统筹规划和资源整合

强化顶层设计，统筹协调工业管理、发展改革、科技、财政等各部门的资源和力量，形成合力，支持自主创新，推动我国机器人产业健康发展；加强对区域产业政策的指导，形成国家和地方协调一致的产业政策体系；鼓励有条件的地区、园区发展机器人产业集群，引导机器人产业链及生产要素的集中集聚。

（二）加大财税支持力度

通过工业转型升级、中央基建投资等现有资金渠道支持机器人及其关键零部件产业化和推广应用；利用中央财政科技计划（专项、基金等）支持符合条件的机器人及其关键零部件研发工作；通过首台（套）重大技术装备保险补偿机制，支持纳入《首台（套）重大技术装备推广应用指导目录》的机器人应用推广；根据国内机器人产业发展情况，逐步取消关税减免政策，发挥关税动态保护作用；落实好企业研发费用加计扣除等政策，鼓励企业加大技术研发力度、提升技术水平。

（三）拓宽投融资渠道

鼓励各类银行、基金在业务范围内，支持技术先进、优势明显、带动和支撑作用强的机器人项目；鼓励金融机构与机器人企业成立利益共同体，长期支持产业发展；积极支持符合条件的机器人企业在海内外资本市场直接融资和进行海内外并购；引导金融机构创新符合机器人产业链特点的产品和业务，推广机器人租赁模式。

（四）营造良好的市场环境

制定工业机器人产业规范条件，促进各项资源向优势企业集中，鼓励机器人产业向高端化发展，防止低水平重复建设；研究制订机器人认证采信制度，国家财政资金支持的项目应采购通过认证的机器人，鼓励地方政府建立机器人认证采信制度；加强机器人知识产权保护制度建设；研究建立机器人行业统计制度；充分发挥行业协会、产业联盟和服务机构等行业组织的作用，构建机器人产业服务平台。

（五）加强人才队伍建设

组织实施机器人产业人才培养计划，加强大专院校机器人相关专业学科建设，加大机器人职业培训教育力度，加快培养机器人行业急需的高层次技术研发、管理、操作、维修等各类人才；利用国家千人计划，吸纳海外机器人高端人才创新创业。

（六）扩大国际交流与合作

充分利用政府、行业组织、企业等多渠道、多层次地开展技术、标准、知识产权、检测认证等方面的国际交流与合作，不断拓展合作领域；鼓励企业积极开拓海外市场，加强技术合作，提供系统集成、产品供应、运营维护等全面服务。

五、规划实施

由工业和信息化部、发展改革委牵头负责组织规划实施，建立各部门分工协作、共同推进的工作机制，建立规划实施动态评估机制。地方工业和信息化、发展改革主管部门及相关企业结合本地区和本企业实际情况，制订与本规划相衔接的实施方案。相关行业协会及中介组织要发挥桥梁和纽带作用，及时反映规划实施过程中出现的新情况、新问题，提出政策建议。

工业和信息化部关于加快推进虚拟现实产业发展的指导意见

（工信部电子〔2018〕276号）

各省、自治区、直辖市及计划单列市、新疆生产建设兵团工业和信息化主管部门，有关行业组织，有关单位：

虚拟现实（含增强现实、混合现实，简称VR）融合应用了多媒体、传感器、新型显示、互联网和人工智能等多领域技术，能够拓展人类感知能力，改变产品形态和服务模式，给经济、科技、文化、军事、生活等领域带来深刻影响。全球虚拟现实产业正从起步培育期向快速发展期迈进，我国面临同步参与国际技术产业创新的难得机遇，但也存在关键技术和高端产品供给不足、内容与服务较为匮乏、创新支撑体系不健全、应用生态不完善等问题。为加快我国虚拟现实产业发展，推动虚拟现实应用创新，培育信息产业新增长点和新动能，现提出以下意见：

一、总体要求

（一）指导思想

以习近平新时代中国特色社会主义思想为指导，全面贯彻党的十九大精神，把握虚拟现实等新一代信息技术孕育发展机遇，坚持市场主导、应用牵引、创新驱动、协同发展，以加强技术产品研发、丰富内容服务供给为抓手，以优化发展环境、建立标准规范、强化公共服务为支撑，提升产业创新发展能力，推动新技术、新产品、新业态、新模式在各领域广泛应用，推动我国信息产业高质量发展，为我国经济社会发展提供新动能。

（二）发展目标

到2020年，我国虚拟现实产业链条基本健全，在经济社会重要行业领域的应用得到深化，建设若干个产业技术创新中心，核心关键技术创新取得显著突破，打造一批可复制、可推广、成效显著的典型示范应用和行业应用解决方案，创建一批特色突出的虚拟现实产业创新基地，初步形成技术、产品、服务、应用协同推进的发展格局。

到2025年，我国虚拟现实产业整体实力进入全球前列，掌握虚拟现实关键核心专利和标准，形成若干具有较强国际竞争力的虚拟现实骨干企业，创新能力显著增强，应用服务供给水平大幅提升，产业综合发展实力实现跃升，虚拟现实应用能力显著提升，推动经济社会各领域发展质量和效益显著提高。

二、重点任务

（一）突破关键核心技术

加强产学研用协同合作，推动虚拟现实相关基础理论、共性技术和应用技术研究。坚持整机带动、系统牵引，围绕虚拟现实建模、显示、传感、交互等重点环节，加强动态环境建模、实时三维图形生成、多元数据处理、实时动作捕捉、实时定位跟踪、快速渲染处理等关键技术攻关，加快虚拟现实视觉图形处理器（GPU）、物理运算处理器（PPU）、高性能传感处理器、新型近眼显示器件等的研发和产业化。

——近眼显示技术。实现30PPD（每度像素数）单眼角分辨率、100Hz以上刷新率、毫秒级响应时间的新型显示器件及配套驱动芯片的规模量产。发展适人性光学系统，解决因辐合调节冲突、画面质量过低等引发的眩晕感。加速硅基有机发光二极管（OLEDoS）、微发光二极管（MicroLED）、光场显示等微显示技术的产业化储备，推动近眼显示向高分辨率、低时延、低功耗、广视角、可变景深、轻薄小型化等方向发展。

——感知交互技术。加快六轴及以上GHz惯性传感器、3D摄像头等的研发与产业化。发展鲁棒性强、毫米级精度的自内向外（inside-out）追踪定位设备及动作捕捉设备。加快浸入式声场、语音交互、眼球追踪、触觉反馈、表情识别、脑电交互等技术的创新研发，优化传感融合算法，推动感知交互向高精度、自然化、移动化、多通道、低功耗等方向发展。

——渲染处理技术。发展基于视觉特性、头动交互的渲染优化算法，加快高性能GPU配套时延优化算法的研发与产业化。突破新一代图形接口、渲染专用硬加速芯片、云端渲染、光场渲染、视网膜渲染等关键技术，推动渲染处理技术向高画质、低时延、低功耗方向发展。

——内容制作技术。发展全视角12K分辨率、60帧/秒帧率、高动态范围（HDR）、多摄像机同步与单独曝光、无线实时预览等影像捕捉技术，重点突破高质量全景三维实时拼接算法，实现开发引擎、软件、外设与头显平台间的通用性和一致性。

（二）丰富产品有效供给

面向信息消费升级需求和行业领域应用需求，加快虚拟现实整机设备、感知交互设备、内容采集制作设备、开发工具软件、行业解决方案、分发平台的研发及产业化，丰富虚拟现实产品的有效供给。

——整机设备。发展低成本、高性能、符合人眼生理特性的主机式、手机式、一体机式、车载式、洞穴式、隐形眼镜式等形态的虚拟现实整机设备。研发面向制造、教育、文化、健康、商贸等重点行业领域及特定应用场景的虚拟现实行业终端设备。

——感知交互设备。研发自内向外（inside-out）追踪定位装置、高性能3D摄像头以及高精度交互手柄、数据手套、眼球追踪装置、数据衣、力反馈设备、脑机接口等感知交互设备。

——内容采集制作设备。加快动作捕捉、全景相机、浸入式声场采集设备、三维扫描仪等内容采集制作设备的研发和产业化，满足电影、电视、网络媒体、自媒体等不同应用层级内容制作需求。

——开发工具软件。发展虚拟现实整机操作系统、三维开发引擎、内容制作软件，以及感知交互、渲染处理等开发工具软件，提升虚拟现实软硬件产品系统集成与融合创新能力。

——行业解决方案。发展面向重点行业领域典型应用的虚拟研发设计、虚拟装配制造、虚拟检测维修、虚拟培训、虚拟货品展示等集成解决方案。

——分发平台。发展端云协同的虚拟现实网络分发和应用服务聚合平台（CloudVR），推动建立高效、安全的虚拟现实内容与应用支付平台及分发渠道。

（三）推进重点行业应用

引导和支持“VR+”发展，推动虚拟现实技术产品在制造、教育、文化、健康、商贸等行业领域的应用，创新融合发展路径，培育新模式、新业态，拓展虚拟现实应用空间。

——VR+制造。推进虚拟现实技术在制造业研发设计、检测维护、操作培训、流程管理、营销展示等环节的应用，提升制造企业辅助设计能力和制造服务化水平。推进虚拟现实技术与制造业数据采集与分析系统的融合，实现生产现场数据的可视化管理，提高制造执行、过程控制的精确化程度，推动协同制造、远程协作等新型制造模式发展。构建工业大数据、工业互联网和虚拟现实相结合的智能服务平台，提升制造业融合创新能力。面向汽车、钢铁、高端装备制造等重点行业，推进虚拟现实技术在数字化车间和智能车间的应用。

——VR+教育。推进虚拟现实技术在高等教育、职业教育等领域和物理、化学、生物、地理等实验性、演示性课程中的应用，构建虚拟教室、虚拟实验室等教育教学环境，发展虚拟备课、虚拟授课、虚拟考试等教育教学新方法，促进以学习者为中心的个性化学习，推动教、学模式转型。打造虚拟实训基地，持续丰富培训内容，提高专业技能训练水平，满足各领域专业技术人才培训需求。促进虚拟现实教育资源开发，实现规模化示范应用，推动科普、培训、教学、科研的融合发展。

——VR+文化。在文化、旅游和文物保护等领域，丰富融合虚拟现实体验的内容供应，推动现有数字内容向虚拟现实内容的移植，满足人民群众文化消费升级需求。发展虚拟现实影视作品和直播内容，鼓励视频平台打造虚拟现实专区，提供虚拟现实视频点播、演唱会、体育赛事、新闻事件直播等服务。打造虚拟电影院、虚拟音乐厅，提供多感官体验模式，提升用户体验。建设虚拟现实主题乐园、虚拟现实行业体验馆等，创新文化传播方式。推动虚拟现实在文物古迹复原、文物和艺术品展示、雕塑和立体绘画等文化艺术领域应用，创新艺术创作和表现形式。

——VR+健康。加快虚拟现实技术在医疗教学训练与模拟演练、手术规划与导航等环节的应用，推动提高医疗服务智能化水平。推动虚拟现实技术在心理辅导、康复护理等环节的应用，探索虚拟现实技术对现有诊疗手段的补充完善，发展虚拟现实居家养老、在线诊疗、虚拟探视服务，提高远程医疗水平。

——VR+商贸。顺应电子商务、家装设计、商业展示等领域场景式购物趋势，发展和应用专业化虚拟现实展示系统，提供个性化、定制化的地产、家居、家电、室内装修和服饰等虚拟设计、体验与交易平台，发展虚拟现实购物系统，创新商业推广和购物体验模式。

（四）建设公共服务平台

依托行业龙头企业、行业组织和金融机构等其他第三方机构，面向虚拟现实产业发展需要，建设和运营产业公共服务平台，提供技术攻关、资金支持、成果转化、测试推广、信息交流、创新孵化等服务，推动构建集规模化创新、投资、孵化和经营为一体的虚拟现实生态系统，优化产业发展环境。

——共性技术创新服务。围绕虚拟现实产业技术创新需求，以基础研究和共性关键技术研发支撑为重点，集聚骨干企业、知名高校院所及虚拟现实领域专业实验室、研究院、研发中心、技术中心、工程中心等创新机构资源，共同推进虚拟现实共性技术创新。指导和帮助企业、专业机构申报国内、国际专利，及时形成知识产权。探索建立虚拟现实科技成果转化和激励机制，推动跨行业、跨部门、跨地域的成果转化。

——创新创业孵化服务。整合创新创业要素资源，提供开放式、低成本、便利化的全要素综合服务，推动虚拟现实创新资源共建共享，提供虚拟现实研发资源。支持各类企业孵化器、众创空间等载体面向虚拟现实领域打造专业化、全流程覆盖的创新创业服务体系，为初创企业和创新团队提供创业辅导、创新资金、辅助技术、法律帮扶、教育培训等服务。

——行业交流对接服务。集聚行业组织和第三方机构服务资源，建立虚拟现实产业信息交流与合作对接公共服务体系，提供虚拟现实产业咨询培训、项目对接、应用促进、技术交易、成果转化、知识产权、会展商务、融资租赁、人力资源、行业研究等服务，促进产业信息共享，推动产业生态发展。

（五）构建标准规范体系

发挥标准对产业的引导支撑作用，建立产学研用协同机制，健全虚拟现实标准和评价体系。加强标准体系顶层设计，着力做好基础性、公益性、关键性技术和产品的国家/行业标准制修订工作，有效支撑和服务产业发展。着力推动标准国际化工作，加快我国国际标准化进程。

——建立标准规范体系。研究确定虚拟现实综合标准化顶层设计，构建虚拟现实领域标准化体系，提出标准化路径和时间表。鼓励发展具有引领促进作用的团体标准，完善团体标准转化机制，形成政府主导制定的标准与市场自主制定的标准协同发展、协调配套的新型标准体系机制。积极引导和支持国内企业、科研机构、高等院校参与国际标准制定。

——加快重点标准研制。加大基础类、安全类、应用类等标准制定力度，规范接口数据、程序接口、互联互通等标准，推进不同产品和应用系统间互换互认。制定符合人体视觉、听觉习惯和满足生理、心理健康要求的虚拟现实产品安全和健康等标准，提高虚拟现实产品基本安全保障能力。完善制定根据儿童、青少年、成人、特殊人群等不同受众人群划分的内容分级标准体系。

——开展检测认证工作。研究建立虚拟现实产品检验检测与评估机制，构建涵盖虚拟现实技术、产品、服务等方面的测试评估体系，支持第三方机构开展虚拟现实重点标准宣贯和产品质量评估测试工作。组织开展对市场主流虚拟现实产品的标准符合性测试，发布质量分析报告。

（六）增强安全保障能力

强化虚拟现实系统平台安全防护能力建设。研究针对虚拟现实的攻击监测及防御技术，推动针对虚拟现实重点产品的安全风险监测预警能力建设，加强安全威胁信息共享，及时发布虚拟现实安全漏洞风险和预警信息，推动政府、行业、企业间的虚拟现实安全信息共享和协同联动。

加强虚拟现实领域重要数据和个人信息保护。落实数据安全和用户个人信息保护规定等政策文件要求，针对虚拟现实产业技术及产品特点，指导企业规范对用户个人信息的收集、存储、使用和销毁等行为，提升企业在开展虚拟现实业务过程中对用户个人信息的保护水平。

三、推进措施

（一）加大政策支持力度

紧密结合国家相关产业政策，利用现有渠道，创新支持方式，重点支持虚拟现实技术研发和产业化。加强对产业发展情况的跟踪监测和发展形势研判。鼓励金融机构开展符合虚拟现实产业特点的融资业务和信用保险业务，进一步拓宽产业融资渠道。

（二）发挥地方政府作用

加强对地方工作的指导协调，引导地方结合实际出台配套政策和具体落实措施，支持地方建设产业发展公共服务平台，开展地区间交流合作。各地要加大投入力度，集中力量突破关键核心技术，丰富产品供给，在民生、公益项目中积极选用虚拟现实产品和解决方案。

（三）推进示范应用推广

鼓励重点地区、重点行业企业，瞄准特色应用需求，加快虚拟现实应用技术和行业解决方案应用。支持地方、企业组织实施虚拟现实应用项目，探索形成可推广、可复制的应用模式和商业模式，及时总结优秀案例和发展经验向全国推广。

（四）建设产业发展基地

支持有条件的地方建设虚拟现实产业发展基地，引导虚拟现实企业向基地集聚。组织开展虚拟现实产业特色基地认定工作，引导差异化的建设方向。统筹布局虚拟现实产业载体、创新中心建设，形成网络化、协同化发展促进体系。

（五）加强产业品牌打造

加大对优秀虚拟现实企业、产品、服务、平台、应用案例的总结宣传力度，提高我国虚拟现实品牌的知名度。加强对优秀产业发展基地、行业组织的推广，激发各界推动产业发展的积极性。

（六）加强专业人才培养

依托国家重大人才工程，实施优秀人才引进计划，加快引进一批高端、复合型虚拟现实人才。依照产业发展需求进行课程体系设置改革试点。鼓励高校和企业创新合作模式，共建实训基地，积极开展互动式人才培养。健全虚拟现实人才使用、评价和激励措施，推动完善从研发、转化、生产到管理的人才生态结构。

（七）促进行业组织发展

支持产业联盟、研究机构等行业组织的创新发展，打造产业发展促进平台，在技术攻关、标准制定、人才对接、应用推广、投资促进、品牌宣传和国际合作等方面发挥组织协同作用。支持行业组织开展虚拟现实相关创新促进活动、展示体验活动以及应用推进活动。

（八）推动国际交流合作

加强虚拟现实领域国际交流合作，推进技术、人才、资金等资源互动，提升全球资源聚合能力，加快提升研发创新能力。支持虚拟现实企业加大海外市场拓展力度，建立以专业化、市场化为导向的海外市场服务体系，提高产业国际化发展能力。

工业和信息化部
2018 年 12 月 21 日

教育部关于印发《高等学校人工智能创新行动计划》的通知

各省、自治区、直辖市教育厅（教委），新疆生产建设兵团教育局，有关部门（单位）教育司（局），部属各高等学校：

为落实《国务院关于印发新一代人工智能发展规划的通知》（国发〔2017〕35 号），引导高等学校瞄准世界科技前沿，不断提高人工智能领域科技创新、人才培养和国际合作交流等能力，为我国新一代人工智能发展提供战略支撑，特制定《高等学校人工智能创新行动计划》，现印发给你们，请结合实际认真贯彻执行。

教育部
2018年4月2日

高等学校人工智能创新行动计划

人工智能的迅速发展将深刻改变人类社会生活、改变世界。为贯彻落实《国务院关于印发新一代人工智能发展规划的通知》（国发〔2017〕35号）和2017年全国高校科技工作会议精神，引导高校瞄准世界科技前沿，强化基础研究，实现前瞻性基础研究和引领性原创成果的重大突破，进一步提升高校人工智能领域科技创新、人才培养和服务国家需求的能力，特制定本行动计划。

一、总体要求

（一）基本态势

随着互联网、大数据、云计算和物联网等技术不断发展，人工智能正引发可产生链式反应的科学突破、催生一批颠覆性技术，加速培育经济发展新动能、塑造新型产业体系，引领新一轮科技革命和产业变革。我国正处于全面建成小康社会的决胜阶段，人民对美好生活的需要和经济高质量发展的要求，为我国人工智能发展和应用带来广阔前景。

人工智能具有技术属性和社会属性高度融合的特点，是经济发展新引擎、社会发展加速器。大数据驱动的视觉分析、自然语言理解和语音识别等人工智能能力迅速提高，商业智能对话和推荐、自动驾驶、智能穿戴设备、语言翻译、自动导航、新经济预测等正快速进入实用阶段，人工智能技术正在渗透并重构生产、分配、交换、消费等经济活动环节，形成从宏观到微观各领域的智能化新需求、新产品、新技术、新业态，改变人类生活方式甚至社会结构，实现社会生产力的整体跃升。

同时，加快人工智能在教育领域的创新应用，利用智能技术支撑人才培养模式的创新、教学方法的改革、教育治理能力的提升，构建智能化、网络化、个性化、终身化的教育体系，是推进教育均衡发展、促进教育公平、提高教育质量的重要手段，是实现教育现代化不可或缺的动力和支撑。

高校处于科技第一生产力、人才第一资源、创新第一动力的结合点，在人工智能基础理论和自然语言理解、计算机视觉、多媒体、机器人等关键技术研究及应用方面具有鲜明特色，在人才培养和学科发展等方面具有坚实基础。

面对新一代人工智能发展的机遇，高校要进一步强化基础研究、学科发展和人才培养方面的优势，要进一步加强应用基础研究和共性关键技术突破，要不断推动人工智能与实体经济深度融合、为经济发展培育新动能，不断推动人工智能与人民需求深度融合、为改善民生提供新途径，不断推动人工智能与教育深度融合、为教育变革提供新方式，从而引领我国人工智能领域科技创新、人才培养和技术应用示范，带动我国人工智能总体实力的提升。

（二）指导思想

全面贯彻党的十九大精神，以习近平新时代中国特色社会主义思想为指导，贯彻创新、协调、绿色、开放、共享的新发展理念，围绕科教兴国、人才强国、创新驱动发展、军民融合等战略实施，加快构建高校新一代人工智能领域人才培养体系和科技创新体系，全面提升高校人工智能领域人才培养、科学研究、社会服务、文化传承创新、国际交流合作的能力，推动人工智能学科建设、人才培养、理论创新、技术突破和应用示范全方位发展，为我国构筑人工智能发展先发优势和建设教育强国、科技强国、智能社会提供战略支撑。

（三）基本原则

坚持创新引领。把创新引领摆在高校人工智能发展的核心位置，准确把握全球人工智能发展态势，进一步优化高校人工智能领域科技创新体系，把高校建成全球人工智能科技创新的重要策源地。

坚持科教融合。全面落实立德树人根本任务，牢牢抓住提高人才培养能力这个核心点，推动人才培养、学科建设、科学研究相互融合；发挥科研育人在高等教育内涵式发展和高质量人才培养中的重要作用，并通过创新型人才的培养不断提升国家自主创新水平，构筑持续创新发展的优势。

坚持服务需求。深化体制机制改革，强化高校与地方政府、企业、科研院所之间的合作，加快人工智能领域科技成果在重点行业与区域的转化应用，提升高校服务国家重大战略、服务区域创新发展、服务经济转型升级、服务保障民生的能力。

坚持军民融合。准确把握军民融合深度发展方向、发展规律和发展重点，发挥高校在基础研究、人才培养上的优势和学科综合的特点，主动融入国家军民融合体系，不断推进军民技术双向转移和转化应用。

（四）主要目标

到2020年，基本完成适应新一代人工智能发展的高校科技创新体系和学科体系的优化布局，高校在新一代人工智能基础理论和关键技术研究等方面取得新突破，人才培养和科学研究的优势进一步提升，并推动人工智能技术广泛应用。

到2025年，高校在新一代人工智能领域科技创新能力和人才培养质量显著提升，取得一批具有国际重要影响的原创成果，部分理论研究、创新技术与应用示范达到世界领先水平，有效支撑我国产业升级、经济转型和智能社会建设。

到2030年，高校成为建设世界主要人工智能创新中心的核心力量和引领新一代人工智能发展的人才高地，为我国跻身创新型国家前列提供科技支撑和人才保障。

二、重点任务

（一）优化高校人工智能领域科技创新体系

1. 加强新一代人工智能基础理论研究。聚焦人工智能重大科学前沿问题，促进人工智能、脑科学、认知科学和心理学等领域深度交叉融合，重点推进大数据智能、跨媒体感知计算、混合增强智能、群体智能、自主协同控制与优化决策、高级机器学习、类脑智能计算和量子智能计算等基础理论研究，为人工智能范式变革提供理论支撑，为新一代人工智能重大理论创新打下坚实基础。

2. 推动新一代人工智能核心关键技术创新。围绕新一代人工智能关键算法、硬件和系统等，加快机器学习、计算机视觉、知识计算、深度推理、群智计算、混合智能、无人系统、虚拟现实、自然语言理解、智能芯片等核心关键技术研究，在类脑智能、自主智能、混合智能和群体智能等领域取得重大突破，形成新一代人工智能技术体系；在核心算法和数据、硬件基础上，以提升跨媒体推理能力、群智智能分析能力、混合智能增强能力、自主运动体执行能力、人机交互能力为重点，构建算法和芯片协同、软件和硬件协同、终端和云端协同的人工智能标准化、开源化和成熟化的服务支撑能力。

3. 加快建设人工智能科技创新基地。围绕人工智能领域基础理论、核心关键共性技术和公共支撑平台等方面需求，加快建设教育部前沿科学中心、教育部重点实验室、教育部工程研究中心等创新基地；以交叉前沿突破和国家区域发展等重大需求为导向，促进高校、科研院所和企业等创新主体协同互动，建设协同创新中心；加快国家实验室、国家重点实验室、国家技术创新中心、国家工程研究中心、国家重大科技基础设施等各类国家级创新基地培育；鼓励高校建设新型科研组织机构，开展跨学科研究。

4. 加快建设一流人才队伍和高水平创新团队。支持高校承担国家重大科技任务，培养、造就一批具有国际声誉的战略科技人才、科技领军人才；支持高校组建一批人工智能、脑科学和认知科学等跨学科、综合交叉的创新团队和创新研究群体；支持高校依托国家“千人计划”“万人计划”和“长江学者奖励计划”等大力培养引进优秀青年骨干人才；加强对从事基础性研究、公益性研究的拔尖人才和优秀创新团队的稳定支持。

5. 加强高水平科技智库建设。鼓励、支持高校牵头或参与建设人工智能领域战略研究基地，围绕人工智能发展对教育、经济、就业、法律、国家安全等重大、热点、前瞻性问题开展战略研究与政策研究，形成若干高水平新型科技智库。

6. 加大国际学术交流与合作力度。支持高校新建一批人工智能领域“111引智基地”和国际合作联合实验室，培育国际大科学计划和大科学工程，加快引进国际知名学者参与学科建设和科学研究；支持举办高层次人工智能国际学术会议，推动我国学者担任相关国际学术组织重要职务，提升国际影响力；支持我国学者积极参与人工智能相关国际规则制定，适时提出“中国倡议”和“中国标准”。

专栏1　前沿创新

1. 强化人工智能基础理论研究。在自主学习、直觉认知和综合推理等方面取得重要进展，突破逻辑推导、知识驱动和从经验中学习等人工智能方法的难点问题，建立解释性强、数据依赖灵活、泛化迁移能力强的人工智能理论新模型和方法，形成从数据到知识、从知识到决策的能力。

2. 加强人工智能核心关键技术研究。围绕知识计算、跨媒体分析推理、群体智能、混合增强智能、自主无人系统等核心技术攻关，推进人工智能专用芯片、软件和硬件之间的协同，形成终端和云端之间协同的人工智能服务能力。

3. 促进人工智能的技术体系构建。在类脑智能、自主智能、混合智能和群体智能等核心技术取得突破的基础上，重点提升跨媒体推理能力、群智智能分析能力、混合智能增强能力、自主运动体执行能力、人机交互能力，促进以算法为核心、以数据和硬件为基础的稳定成熟的人工智能技术体系的构建。

4. 加强人工智能协同创新和战略研究。在人工智能基础理论、多元空间安全、知识服务、互联网金融、减灾防灾、社会精细管理、健康保障与疾病防护、科学化脱贫等方面推进协同创新；建设若干高水平人工智能科技智库，支持开展重大科技战略与政策研究，为社会经济发展提供理论支撑和战略指导，回应社会热点关切。

（二）完善人工智能领域人才培养体系

7. 完善学科布局。加强人工智能与计算机、控制、量子、神经和认知科学以及数学、心理学、经济学、法学、社会学等相关学科的交叉融合。支持高校在计算机科学与技术学科设置人工智能学科方向，推进人工智能领域一级学科建设，完善人工智能基础理论、计算机视觉与模式识别、数据分析与机器学习、自然语言处理、知识工程、智能系统等相关方向建设。支持高校在“双一流”建设中，加大对人工智能领域相关学科的投入，促进相关交叉学科发展。

8. 加强专业建设。加快实施“卓越工程师教育培养计划”（2.0版），推进一流专业、一流本科、一流人才建设。根据人工智能理论和技术具有普适性、迁移性和渗透性的特点，主动结合学生的学习兴趣和社会需求，积极开展“新工科”研究与实践，重视人工智能与计算机、控制、数学、统计学、物理学、生物学、心理学、社会学、法学等学科专业教育的交叉融合，探索“人工智能+X”的人才培养模式。鼓励对计算机专业类的智能科学与技术、数据科学与大数据技术等专业进行调整和整合，对照国家和区域产业需求布点人工智能相关专业。

9. 加强教材建设。加快人工智能领域科技成果和资源向教育教学转化，推动人工智能重要方向的教材和在线开放课程建设，特别是人工智能基础、机器学习、神经网络、模式识别、计算机视觉、知识工程、自然语言处理等主干课程的建设，推动编写一批具有国际一流水平的本科生、研究生教材和国家级精品在线开放课程；将人工智能纳入大学计算机基础教学内容。

10. 加强人才培养力度。完善人工智能领域多主体协同育人机制。深化产学合作协同育人，推广实施人工智能领域产学合作协同育人项目，以产业和技术发展的最新成果推动人才培养改革。支持建立人工智能领域“新工科”建设产学研联盟，建设一批集教育、培训及研究于一体的区域共享型人才培养实践平台；积极搭建人工智能领域教师挂职锻炼、产学研合作等工程能力训练平台。

推动高校教师与行业人才双向交流机制。鼓励有条件的高校建立人工智能学院、人工智能研究院或人工智能交叉研究中心，推动科教结合、产教融合协同育人的模式创新，多渠道培养人工智能领域创新创业人才；引导高校通过增量支持和存量调整，稳步增加相关学科专业招生规模、合理确定层次结构，加大人工智能领域人才培养力度。

11. 开展普及教育。鼓励、支持高校相关教学、科研资源对外开放，建立面向青少年和社会公众的人工智能科普公共服务平台，积极参与科普工作；支持高校教师参与中小学人工智能普及教育及相关研究工作；在教师职前培养和在职培训中设置人工智能相关知识和技能课程，培养教师实施智能教育能力；在高校非学历继续教育培训中设置人工智能课程。

12. 支持创新创业。鼓励国家大学科技园、创新创业基地等开展人工智能领域创新创业项目；认定一批高等学校双创示范园，支持高校师生开展人工智能领域创新创业活动；在中国“互联网+”大学生创新创业大赛中设立人工智能方面的赛项，积极推动全国青少年科技创新大赛、挑战杯全国大学生课外学术科技作品竞赛等开展多层次、多类型的人工智能科技竞赛活动。

13. 加强国际交流与合作。在“丝绸之路”中国政府奖学金中支持人工智能领域来华留学人才培养，为沿线国家培养行业领军人才和优秀技能人才；鼓励和支持国内学生赴人工智能领域优势国家留学，加大对人工智能领域留学的支持力度，多方式、多渠道利用国际优质教育资源；依托“联合国教科文组织中国创业教育联盟”，加大和促进人工智能创新创业的国际交流与合作。

专栏2　人才培养

1. 加快人工智能领域学科建设。支持高校在计算机科学与技术学科设置人工智能学科方向，深入论证并确定人工智能学科内涵，完善人工智能的学科体系，推动人工智能领域一级学科建设。

2. 加强人工智能领域专业建设。推进“新工科”建设，形成“人工智能+X”复合专业培养新模式，到2020年建设100个“人工智能+X”复合特色专业；推动重要方向的教材和在线开放课程建设，到2020年编写50本具有国际一流水平的本科生和研究生教材、建设50门人工智能领域国家级精品在线开放课程；在职业院校大数据、信息管理相关专业中增加人工智能相关内容，培养人工智能应用领域技术技能人才。

3. 加强人工智能领域人才培养。加强人才培养与创新研究基地的融合，完善人工智能领域多主体协同育人机制，以多种形式培养多层次的人工智能领域人才；到2020年建立50家人工智能学院、研究院或交叉研究中心，并引导高校通过增量支持和存量调整，加大人工智能领域人才培养力度。

4. 构建人工智能多层次教育体系。在中小学阶段引入人工智能普及教育；不断优化完善专业学科建设，构建人工智能专业教育、职业教育和大学基础教育于一体的高校教育体系；鼓励、支持高校相关教学、科研资源对外开放，建立面向青少年和社会公众的人工智能科普公共服务平台，积极参与科普工作。

（三）推动高校人工智能领域科技成果转化与示范应用

14. 加强重点领域应用。实施“人工智能+”行动。支持高校在智能教育、智能制造、智能医疗、智能城市、智能农业、智能金融、智能司法和国防安全等领域开展技术转移和成果转化，加强应用示范；加强与有关行业部门的合作，推动在教育、文化、医疗、交通、制造、农林、金融、安全、国防等领域形成新产业和新业态，培育一批人工智能技术引领型企业，推动形成若干产业集群和示范区。

15. 推进智能教育发展。推动学校教育教学变革，在数字校园的基础上向智能校园演进，构建技术赋能的教学环境，探索基于人工智能的新教学模式，重构教学流程，并运用人工智能开展教学过程监测、学情分析和学业水平诊断，建立基于大数据的多维度综合性智能评价，精准评估教与学的绩效，实现因材施教；推动学校治理方式变革，支持学校运用人工智能技术变革组织结构和管理体制，优化运行机制和服务模式，实现校园精细化管理、个性化服务，全面提升学校治理水平；推动终身在线学习，鼓励发展以学习者为中心的智能化学习平台，提供丰富的个性化学习资源，创新服务供给模式，实现终身教育定制化。

16. 推动军民深度融合。以信息技术为重点，以人工智能技术为突破口，面向信息高效获取、语义理解、信息运用，以无人系统、人机混合系统为典范，建设军民共享人工智能技术创新基地，加强军民融合人工智能创新研究项目培育，推动高校相关技术创新带动军事优势、信息优势，做到“升级为军，退级为民”。

17. 鼓励创新联盟建设和资源开放共享。鼓励、支持高校联合企业、行业组织、科研机构等建设人工智能产业技术创新联盟，积极参与新一代人工智能重大科技项目的实施和人工智能国家标准体系建设与国际标准制定；支持高校积极参加人工智能开源开放平台建设，鼓励高校对纳入平台的技术作为科研成果予以认定，并作为评价奖励的因素。

18. 支持地方和区域创新发展。根据区域经济及产业发展特点，围绕国家重大部署，加强与京津冀、雄安新区、长三角地区、粤港澳大湾区、东北地区、中西部地区等区域和地方合作，支持高校、政府和企业共建一批人工智能领域协同创新中心、联合实验室等创新平台和新型研发机构，推动高校人工智能领域的基础性、原创性研究与地方、企业需求对接，加速地方转型升级和区域创新发展。

专栏 3　科技成果转化与示范应用

1. 推动智能教育应用示范。加快推进人工智能与教育的深度融合和创新发展，研究智能教育的发展策略、标准规范，探索人工智能技术与教育环境、教学模式、教学内容、教学方法、教育管理、教育评价、教育科研等的融合路径和方法，发展智能化教育云平台，鼓励人工智能支撑下的教育新业态，全面推动教育现代化。

2. 推动智能制造应用示范。实现智能制造中设计、生产、试验、保障、管理和服务于一体的产业链全生命周期智能化，研发新型智能传感器件、突破智能控制装备难点问题、部署智能制造云，建设泛在互联、数据驱动、知识引导、共享服务、自主智慧、万众创新的新生态系统，推进新一代人工智能与智能制造的深度融合。

3. 推动智能医疗应用示范。针对人口老龄化、传染病与慢病、出生缺陷和生育障碍等主要健康问题，突破多模态流式健康大数据的分析与理解的瓶颈问题，促进非完全信息条件下综合推理、人机交互辅助诊断、医学知识图谱构建等技术在医疗领域高效融合，推动医学领域大数据与其他领域大数据的深度融合，搭建具有识别、判别、筛选和推理等功能的智能医疗人工智能辅助系统和创新服务云平台，增强智能医疗供给能力。

4. 推动智能城市应用示范。基于泛在汇聚和智能感知技术，实现对城市生态要素和城市复杂系统的全面分析和深度理解；基于综合推理、知识计算引擎和群体智能等核心技术，构建城市典型智能应用系统，深度推进城市运行管理高水平决策，推动城市大数据平台建设，构建智能城市精细管理、知识发现和辅助决策的支撑体系，在环境、政务、便民等方面构建领域智能产品和系统。

5. 推动智能农业应用示范。推动互联网、大数据、云计算和物联网等信息技术与现代生物技术、营养与健康、智能装备技术等深度融合，突破农业动植物信息感知、解析与智能识别、农业跨媒体数据挖掘分析、农业人机混合智能交互与虚拟现实、农业群体智能决策和农业人机物协同等关键技术，协同构建绿色化、高效化、智能化、多功能化的未来农业模式和示范基地。

6. 推动智能金融应用示范。围绕“互联网+”战略在金融领域实施过程中的新问题和新需求，基于全息金融大数据，构建符合我国国情的宏观金融决策模型，突破金融内在的发展规律与外在社会环境之间的约束；基于银行、证券、网络等金融数据，利用深度学习等核心智能技术进行挖掘与分析，构建基于行业与领域的复杂金融指令模型；基于金融大数据的空间属性、时间属性及个体行为属性，利用知识图谱、推理计算等模型，准确实现金融风险防控、信用评估、态势演化等。

7. 推动智能司法应用示范。促进法学类院校和相关学科与人工智能学科的结合，充分应用文本分析、语音识别、机器学习、知识图谱等技术，基于大规模历史司法数据、互联网数据和其他关联数据，研制智慧检务和智慧法务系统，研发自动案件线索发现、智能定罪和辅助量刑、自动文书生成、自动法律问答、智能庭审等智能辅助工具，在法院和检察院进行应用示范，进而提高办案人员工作效率，提高案件审理的规范性和准确性。

三、政策措施

（一）加强组织实施

教育部成立人工智能科技创新战略专家委员会，指导和协调计划的实施；各有关司局积极研究具体落实措施，确保各项任务落到实处；各省（区、市）教育主管部门和高等学校要以服务国家重大需求为目标，统筹各类资源、加大探索力度，用好增量、盘活存量，支持人工智能领域交叉学科建设、人才培养、科技创新和成果转化应用等工作。

（二）优化资源配置

面向国家重大战略需求适当增加研究生招生指标；探索建立以高校面向国家重大战略部署所承担的国家重大科技任务、国家级创新平台、省部级创新平台等为支撑，强化高层次人才培养的模式，全面提高研究生特别是博士生培养质量，为人工智能创新发展提供所需人才；在“长江学者奖励计划”等国家重大人才工程中，加大向人工智能领域优秀人才的倾斜力度。

（三）加大引导培育

通过教育部科学事业费，重点开展重大创新平台顶层设计与培育、重大科技项目生成、重大科技战略与政策研究等工作，加快建设一批教育部创新平台，加大国家重大科技项目和国家级科技创新平台的培育，引导高校开展跨学科探索性研究，实现前瞻性基础研究、引领性原创成果重大突破。

（四）加强宣传推广

教育部通过中国高校科技成果交易会等方式加强对高校重大科技成果的宣传和推广。省（区、市）教育主管部门、教育部直属高校要及时总结报送本校或本地高校人才培养、服务国家重大项目实施、理论技术新突破和重大科技成果转化等情况。

民用航空安全管理规定

《民用航空安全管理规定》已于 2018 年 2 月 11 日经第 2 次部务会议通过，现予公布，自 2018 年 3 月 16 日起施行。

部长　李小鹏

2018 年 2 月 13 日

第一章　总　　则

第一条　为了实施系统、有效的民用航空安全管理，保证民用航空安全、正常运行，依据《中华人民共和国民用航空法》《中华人民共和国安全生产法》等国家有关法律、行政法规，制定本规定。

第二条　本规定适用于中华人民共和国领域内民用航空生产经营活动的安全管理。

第三条　民用航空安全管理应当坚持安全第一、预防为主、综合治理的工作方针。

第四条　中国民用航空局（以下简称民航局）对全国民用航空安全实施统一监督管理。中国民用航空地区管理局（以下简称民航地区管理局）对辖区内的民用航空安全实施监督管理。

民航局和民航地区管理局，以下统称民航行政机关。

第二章　安全管理要求

第一节　安全管理体系

第五条　民航生产经营单位应当依法建立并运行有效的安全管理体系。相关规定中未明确要求建立安全管理体系的，应当建立等效的安全管理机制。

第六条　安全管理体系应当至少包括以下四个组成部分共计十二项要素：

（一）安全政策和目标，包括：

1. 安全管理承诺与责任；

2. 安全问责制；

3. 任命关键的安全人员；

4. 应急预案的协调；

5. 安全管理体系文件。

（二）安全风险管理，包括：

1. 危险源识别；

2. 安全风险评估与缓解措施。

（三）安全保证，包括：

1. 安全绩效监测与评估；

2. 变更管理；

3. 持续改进。

（四）安全促进，包括：

1. 培训与教育；

2. 安全交流。

第七条　安全管理体系、等效的安全管理机制至少应当具备以下功能：

（一）查明危险源及评估相关风险；

（二）制定并实施必要的预防和纠正措施以保持可接受的安全绩效水平；

（三）持续监测与定期评估安全管理活动的适宜性和有效性。

第八条　民航生产经营单位的安全管理体系应当依法经民航行政机关审定。等效的安全管理机制应当报民航地区管理局或者其授权的机构备案。

第九条　民航生产经营单位应当建立安全管理体系、等效的安全管理机制的持续完善制度，以确保其持续满足相关要求，且工作绩效满足安全管理相关要求。

第十条　民航生产经营单位安全管理体系或者等效的安全管理机制的运行应当接受民航行政机关的持续监督，以确保其有效性。

第二节　安全绩效管理

第十一条　民航生产经营单位应当实施安全绩效管理，并接受民航行政机关的监督。

第十二条　民航生产经营单位应当建立与本单位运行类型、规模和复杂程度相适应的安全绩效指标，以监测生产运行风险。

第十三条　民航生产经营单位应当依据民航局制定的年度行业安全目标制定本单位安全绩效目标。安全绩效目标应当等于或者优于行业安全目标。

第十四条　民航生产经营单位应当根据安全绩效目标制定行动计划，并报所在辖区民航地区管理局备案。

第十五条　民航生产经营单位应当对实际安全绩效实施持续监测，按需要调整行动计划以确保实现安全绩效目标。

第十六条　民航生产经营单位应当在每年 7 月 15 日前及次年 1 月 15 日前分别将半年和全年安全绩效统计分析报告报所在辖区民航地区管理局备案。

第三节　安全管理制度

第十七条　民航生产经营单位应当依法建立安全生产管理机构或者配备安全生产管理人员，满足安全管理的所有岗位要求。

第十八条　民航生产经营单位应当保证本单位安全生产投入的有效实施，以具备国家有关法律、行政法规和规章规定的安全生产条件。安全生产投入至少应当包括以下方面：

（一）制定完备的安全生产规章制度和操作规程；

（二）从业人员安全教育和培训；

（三）安全设施、设备、工艺符合有关安全生产法律、行政法规、标准和规章的要求；

（四）安全生产检查与评价；

（五）重大危险源、重大安全隐患的评估、整改、监控；

（六）安全生产突发事件应急预案、应急组织、应急演练，配备必要的应急器材、设备；

（七）满足法律、行政法规和规章规定的与安全生产直接相关的其他要求。

第十九条　民航生产经营单位应当建立安全检查制度和程序，定期开展安全检查。

第二十条　民航生产经营单位应当建立安全隐患排查治理制度和程序，及时发现、消除安全隐患。

第二十一条　民航生产经营单位应当建立内部审核、内部评估制度和程序，定期对安全管理体系或者等效的安全管理机制的实施情况进行评审。

第二十二条　民航生产经营单位应当建立安全培训和考核制度，培训和考核的内容应当与岗位安全职责相适应。

第二十三条　民航生产经营单位应当建立应急处置机制，制定统一管理、综合协调的安全生产突发事件应急预案。

第四节　人员培训

第二十四条　民航生产经营单位的主要负责人、分管安全生产的负责人和安全管理人员应当按规定完成必需的安全管理培训，并定期参加复训。

第二十五条　民航生产经营单位应当针对生产运行相关岗位人员制定安全培训大纲和年度安全培训计划，其内容和质量应当满足相应的要求。

第二十六条　民航生产经营单位应当组织开展安全培训，建立培训档案，定期组织复训和考核。未经安全教育和培训，或者经教育和培训后考核不合格的人员，不得上岗作业。

第二十七条　民航生产经营单位应当对安全培训质量实行监督，确保培训目的、内容和质量满足相关要求。

第五节　事故和事故征候处理

第二十八条　发生事故或者事故征候的民航生产经营单位应当依法及时报告。

第二十九条　与事故或者事故征候有关的民航生产经营单位，应当依法封存、妥善保管并提供有关资料，保护事发现场，积极配合事故和事故征候调查。

第三十条　发生事故或者事故征候的民航生产经营单位，应当依据调查结果，查找系统缺陷，制定纠正措施，预防事故或者事故征候再次发生。

第三章　安全数据和安全信息的利用

第一节　行业安全数据和安全信息管理

第三十一条　民航局建立安全数据收集和处理系统，并实现安全数据整合或者互访功能。

第三十二条　民航局建立基于安全信息分析的安全项目工作机制，包括但不限于以下内容：

（一）开展行业安全信息分析，确定重点风险领域，提出民用航空安全项目建议；

（二）组建民用航空安全咨询专家组，系统研究并提出风险控制方案；

（三）对风险控制措施的实施及效果进行持续监控。

第三十三条　安全数据和安全信息应当用于调查事故或者事故征候原因，提出安全建议，预防事故或者事故征候发生。

第三十四条　安全数据和安全信息保护的条件和范围另行规定。

第三十五条　民航局建立安全信息交流、发布的机制和程序。

第三十六条　安全信息的发布应当遵循以下原则：

（一）对调整安全管理政策、规章和措施是必要的；

（二）不影响信息报告的积极性；

（三）隐去识别信息，一般采用概述或者综述的形式。

第二节　民航生产经营单位安全数据利用

第三十七条　民航生产经营单位应当根据本单位运行类型、规模和复杂程度，以及相应的安全管理需求，建立适宜的安全数据收集和处理系统。

第三十八条　民航生产经营单位应当充分利用收集的安全数据，开展安全现状分析和趋势预测，不得将安全数据用于除改进航空安全以外的其他任何目的。

第三十九条　安全数据的来源包括但不限于以下渠道：

（一）安全报告，包括强制报告、自愿报告和举报等；

（二）事件调查；

（三）安全检查、审核和评估；

（四）航空器持续适航有关的报告；

（五）飞行品质监控。

第四章　安全监督管理

第一节　中国民航航空安全方案

第四十条　民航局编制和实施中国民航航空安全方案，以使民用航空安全绩效达到可接受的水平。

第四十一条　中国民航航空安全方案包括四个组成部分共计十一项要素：

（一）安全政策与目标，包括：

1. 安全立法框架；

2. 安全责任和问责制；

3. 事故和事故征候调查；

4. 执法政策。

（二）安全风险管理，包括：

1. 对民航生产经营单位安全管理体系的要求；

2. 对民航生产经营单位安全绩效的认可。

（三）安全保证，包括：

1. 安全监督；

2. 安全数据的收集、分析和交换；

3. 基于安全数据确定重点监管领域。

（四）安全促进，包括：

1. 内部培训、交流和发布信息；

2. 外部培训、交流和发布信息。

第四十二条　民航局制定行业可接受的安全绩效水平，包括安全绩效指标及其目标值、预警值，用于衡量并监测行业安全水平。

第四十三条　中国民航航空安全方案应当与民用航空活动规模和复杂性相一致。民航局负责对其适用性、有效性进行定期评估。

第二节　安全监管实施

第四十四条　民航局建立安全监管制度，保证安全监管全面、有效开展。安全监管制度包括：

（一）基本民用航空法律和法规。参与航空立法，以使安全监管活动得到充分的法律保障，实现依法治理。

（二）具体运行规章。依法制定行业运行规章，实现民用航空生产运行标准化、规范化管理，防范安全风险。

（三）安全监管机构、人员及职能。建立与民用航空运行规模和复杂程度相适应的安全监管机构，协调有关部门配备数量足够的合格人员以及必要的财政经费，以保证安全监管职能得到有效履行、安全监管目标得以实现。

（四）监察员资质和培训。规定监察员最低资格要求，建立初始培训、复训以及培训记录制度。

（五）提供技术指导、工具及重要的安全信息。向监察员提供必要的监管工具、技术指导材料、关键安全信息，使其按规定程序有效履行安全监管职能；向行业提供执行相关规章的技术指导。

（六）颁发执照、合格审定、授权或者批准。通过制定并实施特定的程序，以确保从事民用航空活动的人员和单位只有在符合相关规章之后，方可从事执照、许可证、授权或者批准所包含的相关民用航空活动。

（七）监察。通过制定并实施持续的检查、审计和监测计划，对民用航空活动进行监察，确保航空执照、许可证、授权或者批准的持有人持续符合规章要求，其中包括对民航行政机关指定的代其履行安全监督职能的人员进行监察。

（八）解决安全问题。制定并使用规范的程序，用于采取包括强制措施在内的整改行动，以解决查明的安全问题；通过对整改情况的监测和记录，确保查明的安全问题得到及时解决。

第四十五条　民航局制定年度可接受的安全绩效水平，确定重点安全工作任务。民航局各职能部门制定下发行政检查大纲或者行政检查要求。民航地区管理局开展辖区民用航空运行安全监管工作。

第四十六条　民航局对民航生产经营单位安全管理体系或者等效的安全管理机制进行持续监督，以确保其运行的有效性。

第四十七条　民航行政机关依法综合运用多种监管手段强化民航生产经营单位的安全生产主体责任，加强安全隐患监督管理，预防事故发生。

第五章　法律责任

第四十八条　民航生产经营单位有下列行为之一的，由民航行政机关责令其限期改正；逾期未改正的，给予警告，并处一万元以上三万元以下的罚款：

（一）违反本规定第五条，未建立并运行安全管理体系或者等效的安全管理机制的；

（二）违反本规定第八条，建立的安全管理体系未经民航行政机关审定或者建立的等效的安全管理机制未备案的；

（三）违反本规定第九条，未建立安全管理体系或者等效的安全管理机制的持续完善制度的；

（四）违反本规定第十一条至第十三条，未开展安全绩效管理工作、未制定适宜的安全绩效指标或者安全绩效目标劣于行业安全目标的；

（五）违反本规定第十四条、第十五条，未制定行动计划、未按规定向所在辖区民航地区管理局备案行动计划、未实施安全绩效监测或者未按需要调整行动计划的；

（六）违反本规定第十六条，未按规定向所在辖区民航地区管理局备案安全绩效统计分析报告的；

（七）违反本规定第二十一条至第二十三条，未建立相关安全管理制度的；

（八）违反本规定第二十四条，民航生产经营单位主要负责人、分管安全生产的负责人和安全管理人员未按要求完成培训的；

（九）违反本规定第二十五条、第二十七条，未按要求制定安全培训大纲、年度安全培训计划或者未进行培训质量监督的；

（十）违反本规定第三十条，未按要求查找系统缺陷、制定预防与纠正措施的。

第四十九条　民航生产经营单位有下列行为之一的，依照《中华人民共和国安全生产法》第九十四条，由民航行政机关责令其限期改正，可以处五万元以下的罚款；逾期未改正的，责令停产停业整顿，并处五万元以上十万元以下的罚款，对其直接负责的主管人员和其他直接责任人员处一万元以上二万元以下的罚款：

（一）违反本规定第十七条，未依法建立安全生产管理机构或者配备安全生产管理人员的；

（二）违反本规定第二十六条，未按要求组织对相关人员进行安全生产培训的。

第五十条　民航生产经营单位安全生产所必需的资金投入不足，致使其不具备安全生产条件的，依照《中华人民共和国安全生产法》第九十条进行处罚。

第五十一条　民航生产经营单位违反本规定第二十条，未建立安全隐患排查治理制度或者未采取措施消除安全隐患的，由民航行政机关给予警告或者处一万元以上三万元以下的罚款。

第五十二条　民航生产经营单位违反本规定第二十九条，未依法妥善保护资料的，由民航行政机关给予警告或者处一万元以上三万元以下的罚款。

第五十三条　民航行政机关工作人员有滥用职权、玩忽职守行为的，由有关部门依法予以处分。

第五十四条　违反本规定，构成犯罪的，依法追究刑事责任。

第六章　附　　则

第五十五条　对民航生产经营单位的行政处罚等处理措施及其执行情况记入守法信用信息记录，并按照有关规定进行公示。

第五十六条　本规定涉及相关定义如下：

（一）民航生产经营单位，是指在中华人民共和国境内依法设立的民用航空器经营人、飞行训练单位、维修单位、航空产品型号设计或者制造单位、空中交通管理运行单位、民用机场（包括军民合用机场民用部分）以及地面服务保障等单位。

（二）民航航空安全方案，是指旨在提高安全的一套完整的法律、行政法规、规章和活动。

（三）安全管理体系，是指管理安全的系统做法，包括必要的组织机构、问责制、政策和程序。

（四）安全绩效，是指安全管理体系的运行效果，用一套安全绩效指标衡量。

（五）安全绩效指标，是指用于监测和评估安全绩效的以数据为基础的参数。

（六）安全绩效目标，是指安全绩效指标在一个特定时期的计划或者预期目标。

（七）行动计划，是指为了保证安全目标的实现而确定的一系列活动及其实施计划。

（八）安全数据，是指为实现安全管理目的，用于识别危险源和安全缺陷，而从不同来源收集的事实或者数值。通常采取主动或者被动方式进行收集。包括但不限于：事故调查数据、不安全事件强制报告数据、自愿报告数据、持续适航报告数据、运行绩效监测数据、安全风险评估数据、审计结果或者报告数据、安全研究或者检查数据或者安全管理的任何其他监管数据。

（九）安全信息，是指用于安全管理共享、交换或者保存为目的的、经过处理和整理过的安全数据。

（十）可接受的安全绩效水平，是指以安全绩效目标和安全绩效指标表示的，按照中国民航航空安全方案中规定的，或者民航生产经营单位按照其安全管理体系中规定的安全绩效的最低水平。

第五十七条　本规定自 2018 年 3 月 16 日起施行。

城市轨道交通运营管理规定

（中华人民共和国交通运输部令 2018 年第 8 号）

《城市轨道交通运营管理规定》已于 2018 年 5 月 14 日经第 7 次部务会议通过，现予公布。自 2018 年 7 月 1 日起施行。

部长　李小鹏

2018 年 5 月 21 日

城市轨道交通运营管理规定

第一章 总 则

第一条 为规范城市轨道交通运营管理，保障运营安全，提高服务质量，促进城市轨道交通行业健康发展，根据国家有关法律、行政法规和国务院有关文件要求，制定本规定。

第二条 地铁、轻轨等城市轨道交通的运营及相关管理活动，适用本规定。

第三条 城市轨道交通运营管理应当遵循以人民为中心、安全可靠、便捷高效、经济舒适的原则。

第四条 交通运输部负责指导全国城市轨道交通运营管理工作。

省、自治区交通运输主管部门负责指导本行政区域内的城市轨道交通运营管理工作。

城市轨道交通所在地城市交通运输主管部门或者城市人民政府指定的城市轨道交通运营主管部门（以下统称城市轨道交通运营主管部门）在本级人民政府的领导下负责组织实施本行政区域内的城市轨道交通运营监督管理工作。

第二章 运营基础要求

第五条 城市轨道交通运营主管部门在城市轨道交通线网规划及建设规划征求意见阶段，应当综合考虑与城市规划的衔接、城市轨道交通客流需求、运营安全保障等因素，对线网布局和规模、换乘枢纽规划、建设时序、资源共享、线网综合应急指挥系统建设、线路功能定位、线路制式、系统规模、交通接驳等提出意见。

城市轨道交通运营主管部门在城市轨道交通工程项目可行性研究报告和初步设计文件编制审批征求意见阶段，应当对客流预测、系统设计运输能力、行车组织、运营管理、运营服务、运营安全等提出意见。

第六条 城市轨道交通工程项目可行性研究报告和初步设计文件中应当设置运营服务专篇，内容应当至少包括：

（一）车站开通运营的出入口数量、站台面积、通道宽度、换乘条件、站厅容纳能力等设施、设备能力与服务需求和安全要求的符合情况；

（二）车辆、通信、信号、供电、自动售检票等设施设备选型与线网中其他线路设施设备的兼容情况；

（三）安全应急设施规划布局、规模等与运营安全的适应性，与主体工程的同步规划和设计情况；

（四）与城市轨道交通线网运力衔接配套情况；

（五）其他交通方式的配套衔接情况；

（六）无障碍环境建设情况。

第七条 城市轨道交通车辆、通信、信号、供电、机电、自动售检票、站台门等设施设备和综合监控系统应当符合国家规定的运营准入技术条件，并实现系统互联互通、兼容共享，满足网络化运营需要。

第八条 城市轨道交通工程项目原则上应当在可行性研究报告编制前，按照有关规定选择确定运营单位。运营单位应当满足以下条件：

（一）具有企业法人资格，经营范围包括城市轨道交通运营管理；

（二）具有健全的行车管理、客运管理、设施设备管理、人员管理等安全生产管理体系和服务质量保障制度；

（三）具有车辆、通信、信号、供电、机电、轨道、土建结构、运营管理等专业管理人员，以及与运营安全相适应的专业技术人员。

第九条 运营单位应当全程参与城市轨道交通工程项目按照规定开展的不载客试运行，熟悉工程设备和标准，察看系统运行的安全可靠性，发现存在质量问题和安全隐患的，应当督促城市轨道交通建设单位（以下简称建设单位）及时处理。

运营单位应当在运营接管协议中明确相关土建工程、设施设备、系统集成的保修范围、保修期限和保修责任，并督促建设单位将上述内容纳入建设工程质量保修书。

第十条 城市轨道交通工程项目验收合格后，由城市轨道交通运营主管部门组织初期运营前安全评估。通过初期运营前安全评估的，方可依法办理初期运营手续。

初期运营期间，运营单位应当按照设计标准和技术规范，对土建工程、设施设备、系统集成的运行状况和质量进行监控，发现存在问题或者安全隐患的，应当要求相关责任单位按照有关规定或者合同约定及时处理。

第十一条 城市轨道交通线路初期运营期满一年，运营单位应当向城市轨道交通运营主管部门报送初期运营报告，并由城市轨道交通运营主管部门组织正式运营前安全评估。通过安全评估的，方可依法办理正式运营手续。对安全评估中发现的问题，城市轨道交通运营主管部门应当报告城市人民政府，同时通告有关责任单位要求限期整改。

开通初期运营的城市轨道交通线路有甩项工程的，甩项工程完工并验收合格后，应当通过城市轨道交通运营主管部门组织的安全评估，方可投入使用。受客观条件限制难以完成甩项工程的，运营单位应当督促建设单位与设计单位履行设计变更手续。全部甩项工程投入使用或者履行设计变更手续后，城市轨道交通工程项目方可依法办理正式运营手续。

第十二条 运营单位承担运营安全生产主体责任，应当建立安全生产责任制，设置安全生产管理机构，配备专职安全管理人员，保障安全运营所必需的资金投入。

第十三条　运营单位应当配置满足运营需求的从业人员，按相关标准进行安全和技能培训教育，并对城市轨道交通列车驾驶员、行车调度员、行车值班员、信号工、通信工等重点岗位人员进行考核，考核不合格的，不得从事岗位工作。运营单位应当对重点岗位人员进行安全背景审查。

城市轨道交通列车驾驶员应当按照法律法规的规定取得驾驶员职业准入资格。

运营单位应当对列车驾驶员定期开展心理测试，对不符合要求的及时调整工作岗位。

第十四条　运营单位应当按照有关规定，完善风险分级管控和隐患排查治理双重预防制度，建立风险数据库和隐患排查手册，对于可能影响安全运营的风险隐患及时整改，并向城市轨道交通运营主管部门报告。

城市轨道交通运营主管部门应当建立运营重大隐患治理督办制度，督促运营单位采取安全防护措施，尽快消除重大隐患；对非运营单位原因不能及时消除的，应当报告城市人民政府依法处理。

第十五条　运营单位应当建立健全本单位的城市轨道交通运营设施设备定期检查、检测评估、养护维修、更新改造制度和技术管理体系，并报城市轨道交通运营主管部门备案。

运营单位应当对设施设备进行定期检查、检测评估，及时养护维修和更新改造，并保存记录。

第十六条　城市轨道交通运营主管部门和运营单位应当建立城市轨道交通智能管理系统，对所有运营过程、区域和关键设施设备进行监管，具备运行控制、关键设施和关键部位监测、风险管控和隐患排查、应急处置、安全监控等功能，并实现运营单位和各级交通运输主管部门之间的信息共享，提高运营安全管理水平。

运营单位应当建立网络安全管理制度，严格落实网络安全有关规定和等级保护要求，加强列车运行控制等关键系统信息安全保护，提升网络安全水平。

第十七条　城市轨道交通运营主管部门应当对运营单位运营安全管理工作进行监督检查，定期委托第三方机构组织专家开展运营期间安全评估工作。

初期运营前、正式运营前以及运营期间的安全评估工作管理办法由交通运输部另行制定。

第十八条　城市轨道交通运营主管部门和运营单位应当建立城市轨道交通运营信息统计分析制度，并按照有关规定及时报送相关信息。

第三章　运营服务

第十九条　运营单位应当按照有关标准为乘客提供安全、可靠、便捷、高效、经济的服务，保证服务质量。

运营单位应当向社会公布运营服务质量承诺并报城市轨道交通运营主管部门备案，定期报告履行情况。

第二十条　运营单位应当根据城市轨道交通沿线乘客出行规律及网络化运输组织要求，合理编制运行图，并报城市轨道交通运营主管部门备案。

运营单位调整运行图严重影响服务质量的，应当向城市轨道交通运营主管部门说明理由。

第二十一条　运营单位应当通过标识、广播、视频设备、网络等多种方式按照下列要求向乘客提供运营服务和安全应急等信息：

（一）在车站醒目位置公布首末班车时间、城市轨道交通线网示意图、进出站指示、换乘指示和票价信息；

（二）在站厅或者站台提供列车到达、间隔时间、方向提示、周边交通方式换乘、安全提示、无障碍出行等信息；

（三）在车厢提供城市轨道交通线网示意图、列车运行方向、到站、换乘、开关车门提示等信息；

（四）首末班车时间调整、车站出入口封闭、设施设备故障、限流、封站、甩站、暂停运营等非正常运营信息。

第二十二条　城市轨道交通票价制定和调整按照国家有关规定执行。

城市轨道交通运营主管部门应当按照有关标准组织实施交通一卡通在轨道交通的建设与推广应用，推动跨区域、跨交通方式的互联互通。

第二十三条　城市轨道交通运营主管部门应当制定城市轨道交通乘客乘车规范，乘客应当遵守。拒不遵守的，运营单位有权劝阻和制止，制止无效的，报告公安机关依法处理。

第二十四条　城市轨道交通运营主管部门应当通过乘客满意度调查等多种形式，定期对运营单位服务质量进行监督和考评，考评结果向社会公布。

第二十五条　城市轨道交通运营主管部门和运营单位应当分别建立投诉受理制度。接到乘客投诉后，应当及时处理，并将处理结果告知乘客。

第二十六条　乘客应当持有效乘车凭证乘车，不得使用无效、伪造、变造的乘车凭证。运营单位有权查验乘客的乘车凭证。

第二十七条　乘客及其他人员因违法违规行为对城市轨道交通运营造成严重影响的，应当依法追究责任。

第二十八条　鼓励运营单位采用大数据分析、移动互联网等先进技术及有关设施设备，提升服务品质。运营单位应当保证乘客个人信息的采集和使用符合国家网络和信息安全有关规定。

第四章　安全支持保障

第二十九条　城市轨道交通工程项目应当按照规定划定保护区。

开通初期运营前，建设单位应当向运营单位提供保护区平面图，并在具备条件的保护区设置提示或者警示标志。

第三十条 在城市轨道交通保护区内进行下列作业的，作业单位应当按照有关规定制定安全防护方案，经运营单位同意后，依法办理相关手续并对作业影响区域进行动态监测：

（一）新建、改建、扩建或者拆除建（构）筑物；

（二）挖掘、爆破、地基加固、打井、基坑施工、桩基础施工、钻探、灌浆、喷锚、地下顶进作业；

（三）敷设或者搭架管线、吊装等架空作业；

（四）取土、采石、采砂、疏浚河道；

（五）大面积增加或者减少建（构）筑物载荷的活动；

（六）电焊、气焊和使用明火等具有火灾危险作业。

第三十一条 运营单位有权进入作业现场进行巡查，发现危及或者可能危及城市轨道交通运营安全的情形，运营单位有权予以制止，并要求相关责任单位或者个人采取措施消除妨害；逾期未改正的，及时报告有关部门依法处理。

第三十二条 使用高架线路桥下空间不得危害城市轨道交通运营安全，并预留高架线路桥梁设施日常检查、检测和养护维修条件。

地面、高架线路沿线建（构）筑物或者植物不得妨碍行车瞭望，不得侵入城市轨道交通线路的限界。沿线建（构）筑物、植物可能妨碍行车瞭望或者侵入线路限界的，责任单位应当及时采取措施消除影响。责任单位不能消除影响，危及城市轨道交通运营安全、情况紧急的，运营单位可以先行处置，并及时报告有关部门依法处理。

第三十三条 禁止下列危害城市轨道交通运营设施设备安全的行为：

（一）损坏隧道、轨道、路基、高架、车站、通风亭、冷却塔、变电站、管线、护栏护网等设施；

（二）损坏车辆、机电、电缆、自动售检票等设备，干扰通信信号、视频监控设备等系统；

（三）擅自在高架桥梁及附属结构上钻孔打眼，搭设电线或者其他承力绳索，设置附着物；

（四）损坏、移动、遮盖安全标志、监测设施以及安全防护设备。

第三十四条 禁止下列危害或者可能危害城市轨道交通运营安全的行为：

（一）拦截列车；

（二）强行上下车；

（三）擅自进入隧道、轨道或者其他禁入区域；

（四）攀爬或者跨越围栏、护栏、护网、站台门等；

（五）擅自操作有警示标志的按钮和开关装置，在非紧急状态下动用紧急或者安全装置；

（六）在城市轨道交通车站出入口 5 米范围内停放车辆、乱设摊点等，妨碍乘客通行和救援疏散；

（七）在通风口、车站出入口 50 米范围内存放有毒、有害、易燃、易爆、放射性和腐蚀性等物品；

（八）在出入口、通风亭、变电站、冷却塔周边躺卧、留宿、堆放和晾晒物品；

（九）在地面或者高架线路两侧各 100 米范围内升放风筝、气球等低空飘浮物体和无人机等低空飞行器。

第三十五条 在城市轨道交通车站、车厢、隧道、站前广场等范围内设置广告、商业设施的，不得影响正常运营，不得影响导向、提示、警示、运营服务等标识识别、设施设备使用和检修，不得挤占出入口、通道、应急疏散设施空间和防火间距。

城市轨道交通车站站台、站厅层不应设置妨碍安全疏散的非运营设施。

第三十六条 禁止乘客携带有毒、有害、易燃、易爆、放射性、腐蚀性以及其他可能危及人身和财产安全的危险物品进站、乘车。运营单位应当按规定在车站醒目位置公示城市轨道交通禁止、限制携带物品目录。

第三十七条 各级城市轨道交通运营主管部门应当按照职责监督指导运营单位开展反恐防范、安检、治安防范和消防安全管理相关工作。

鼓励推广应用安检新技术、新产品，推动实行安检新模式，提高安检质量和效率。

第三十八条 交通运输部应当建立城市轨道交通重点岗位从业人员不良记录和乘客违法违规行为信息库，并按照规定将有关信用信息及时纳入交通运输和相关统一信用信息共享平台。

第三十九条 鼓励经常乘坐城市轨道交通的乘客担任志愿者，及时报告城市轨道交通运营安全问题和隐患，检举揭发危害城市轨道交通运营安全的违法违规行为。运营单位应当对志愿者开展培训。

第五章　应急处置

第四十条 城市轨道交通所在地城市及以上地方各级人民政府应当建立运营突发事件处置工作机制，明确相关部门和单位的职责分工、工作机制和处置要求，制定完善运营突发事件应急预案。

运营单位应当按照有关法规要求建立运营突发事件应急预案体系，制定综合应急预案、专项应急预案和现场处置方案。运营单位应当组织专家对专项应急预案进行评审。

因地震、洪涝、气象灾害等自然灾害和恐怖袭击、刑事案件等社会安全事件以及其他因素影响或者可能影响城市轨道交通正常运营时，参照运营突发事件应急预案做好监测预警、信息报告、应急响应、后期处置等相关应对工作。

第四十一条 运营单位应当储备必要的应急物资，配备专业应急救援装备，建立应急救援队伍，配齐应急人员，完善应急值守和报告制度，加强应急培训，提高应急救援能力。

第四十二条 城市轨道交通运营主管部门应当按照有

关法规要求，在城市人民政府领导下会同有关部门定期组织开展联动应急演练。

运营单位应当定期组织运营突发事件应急演练，其中综合应急预案演练和专项应急预案演练每半年至少组织一次。现场处置方案演练应当纳入日常工作，开展常态化演练。运营单位应当组织社会公众参与应急演练，引导社会公众正确应对突发事件。

第四十三条　运营单位应当在城市轨道交通车站、车辆、地面和高架线路等区域的醒目位置设置安全警示标志，按照规定在车站、车辆配备灭火器、报警装置和必要的救生器材，并确保能够正常使用。

第四十四条　城市轨道交通运营突发事件发生后，运营单位应当按照有关规定及时启动相应应急预案。运营单位应当充分发挥志愿者在突发事件应急处置中的作用，提高乘客自救互救能力。

现场工作人员应当按照各自岗位职责要求开展现场处置，通过广播系统、乘客信息系统和人工指引等方式，引导乘客快速疏散。

第四十五条　运营单位应当加强城市轨道交通客流监测。可能发生大客流时，应当按照预案要求及时增加运力进行疏导；大客流可能影响运营安全时，运营单位可以采取限流、封站、甩站等措施。

因运营突发事件、自然灾害、社会安全事件以及其他原因危及运营安全时，运营单位可以暂停部分区段或者全线网的运营，根据需要及时启动相应应急保障预案，做好客流疏导和现场秩序维护，并报告城市轨道交通运营主管部门。

运营单位采取限流、甩站、封站、暂停运营措施应当及时告知公众，其中封站、暂停运营措施还应当向城市轨道交通运营主管部门报告。

第四十六条　城市轨道交通运营主管部门和运营单位应当建立城市轨道交通运营安全重大故障和事故报送制度。

城市轨道交通运营主管部门和运营单位应当定期组织对重大故障和事故原因进行分析，不断完善城市轨道交通运营安全管理制度以及安全防范和应急处置措施。

第四十七条　城市轨道交通运营主管部门和运营单位应当加强舆论引导，宣传文明出行、安全乘车理念和突发事件应对知识，培养公众安全防范意识，引导理性应对突发事件。

第六章　法律责任

第四十八条　违反本规定第十条、第十一条，城市轨道交通工程项目（含甩项工程）未经安全评估投入运营的，由城市轨道交通运营主管部门责令限期整改，并对运营单位处以2万元以上3万元以下的罚款，同时对其主要负责人处以1万元以下的罚款；有严重安全隐患的，城市轨道交通运营主管部门应当责令暂停运营。

第四十九条　违反本规定，运营单位有下列行为之一的，由城市轨道交通运营主管部门责令限期改正；逾期未改正的，处以5000元以上3万元以下的罚款，并可对其主要负责人处以1万元以下的罚款：

（一）未全程参与试运行；

（二）未按照相关标准对从业人员进行技能培训教育；

（三）列车驾驶员未按照法律法规的规定取得职业准入资格；

（四）列车驾驶员、行车调度员、行车值班员、信号工、通信工等重点岗位从业人员未经考核上岗；

（五）未按照有关规定完善风险分级管控和隐患排查治理双重预防制度；

（六）未建立风险数据库和隐患排查手册；

（七）未按要求报告运营安全风险隐患整改情况；

（八）未建立设施设备检查、检测评估、养护维修、更新改造制度和技术管理体系；

（九）未对设施设备定期检查、检测评估和及时养护维修、更新改造；

（十）未按照有关规定建立运营突发事件应急预案体系；

（十一）储备的应急物资不满足需要，未配备专业应急救援装备，或者未建立应急救援队伍、配齐应急人员；

（十二）未按时组织运营突发事件应急演练。

第五十条　违反本规定第十八条、第四十六条，运营单位未按照规定上报城市轨道交通运营相关信息或者运营安全重大故障和事故的，由城市轨道交通运营主管部门责令限期改正；逾期未改正的，处以5000元以上3万元以下的罚款。

第五十一条　违反本规定，运营单位有下列行为之一，由城市轨道交通运营主管部门责令限期改正；逾期未改正的，处以1万元以下的罚款：

（一）未向社会公布运营服务质量承诺或者定期报告履行情况；

（二）运行图未报城市轨道交通运营主管部门备案或者调整运行图严重影响服务质量的，未向城市轨道交通运营主管部门说明理由；

（三）未按规定向乘客提供运营服务和安全应急等信息；

（四）未建立投诉受理制度，或者未及时处理乘客投诉并将处理结果告知乘客；

（五）采取的限流、甩站、封站、暂停运营等措施，未及时告知公众或者封站、暂停运营等措施未向城市轨道交通运营主管部门报告。

第五十二条　违反本规定第三十二条，有下列行为之一，由城市轨道交通运营主管部门责令相关责任人和单位限期改正、消除影响；逾期未改正的，可以对个人处以5000元以下的罚款，对单位处以3万元以下的罚款；造成损失的，依法承担赔偿责任；情节严重构成犯罪的，依法追究刑事责任：

（一）高架线路桥下的空间使用可能危害运营安全的；

（二）地面、高架线路沿线建（构）筑物或者植物妨碍行车瞭望、侵入限界的。

第五十三条 违反本规定第三十三条、第三十四条，运营单位有权予以制止，并由城市轨道交通运营主管部门责令改正，可以对个人处以5000元以下的罚款，对单位处以3万元以下的罚款；违反治安管理规定的，由公安机关依法处理；构成犯罪的，依法追究刑事责任。

第五十四条 城市轨道交通运营主管部门不履行本规定职责造成严重后果的，或者有其他滥用职权、玩忽职守、徇私舞弊行为的，对负有责任的领导人员和直接责任人员依法给予处分；构成犯罪的，依法追究刑事责任。

第五十五条 地方性法规、地方政府规章对城市轨道交通运营违法行为需要承担的法律责任与本规定有不同规定的，从其规定。

第七章 附 则

第五十六条 本规定自2018年7月1日起施行。

第二节 地方法规、规章

序号	名称	颁布机构	实施日期
1	浙江省社会治安综合治理条例	浙江省人民代表大会常务委员会	2018年1月1日
2	广东省公安厅关于《广东省安全技术防范管理实施办法》的操作细则	广东省公安厅	2018年4月1日
3	重庆市中小学幼儿园安全防范工作规范（试行）	重庆市人民政府办公厅	2018年11月9日
4	新疆维吾尔自治区民用无人驾驶航空器安全管理规定	新疆维吾尔自治区人民政府	2018年7月1日

浙江省社会治安综合治理条例

（2002年12月20日浙江省第九届人民代表大会常务委员会第四十次会议通过 2007年7月26日浙江省第十届人民代表大会常务委员会第三十三次会议第一次修订 2017年11月30日浙江省第十二届人民代表大会常务委员会第四十五次会议第二次修订）

目录

第一章 总 则

第一条 为了维护社会治安秩序和社会稳定，建设平安浙江和法治浙江，提高社会治理社会化、法治化、智能化、专业化水平，根据有关法律、行政法规，结合本省实际，制定本条例。

第二条 本省行政区域内国家机关、团体、企业事业单位、其他组织和个人，开展或者参与社会治安综合治理工作，适用本条例。

本条例所称的社会治安综合治理，是指动员和组织全社会力量，运用政治、法律、行政、经济、文化、教育、科技等多种手段，打防结合、预防为主、标本兼治，提升社会风险管控能力，化解社会矛盾纠纷，预防和减少违法犯罪，维护公共安全，保障社会和谐稳定。

第三条 社会治安综合治理坚持中国共产党的领导，坚持依法治理、源头治理、系统治理、专项治理，注重联动融合、社会共治，实行谁主管谁负责和属地管理的原则。

第四条 县级以上人民政府应当将社会治安综合治理工作纳入国民经济和社会发展规划，制定社会治安综合治理年度工作计划，建设社会治安防控体系，并将所需经费纳入本级财政预算。

社会治安综合治理实行目标管理责任制和领导责任制，

并定期进行考核评价。国家机关、团体、企业事业单位和其他组织的法定代表人或者主要负责人，为本地区、本系统、本单位的社会治安综合治理第一责任人。

第五条　对社会治安综合治理工作成绩突出的国家机关、团体、企业事业单位、其他组织和个人，以及为维护社会治安秩序制止违法犯罪行为事迹突出的人员，按照国家和省有关规定给予表彰奖励。

第二章　综治组织

第六条　省、设区的市、县（市、区）、乡（镇）、街道社会治安综合治理委员会，负责组织、协调、指导、监督本行政区域内的社会治安综合治理工作。

社会治安综合治理委员会由相关成员单位组成。各成员单位应当根据本系统、本行业的特点，加强社会治安综合治理工作，定期组织开展社会治安综合检查，及时督促整改社会治安隐患，落实社会治安综合治理责任和措施。

第七条　省、设区的市、县（市、区）、乡（镇）、街道社会治安综合治理委员会履行下列具体职责：

（一）宣传、组织实施社会治安综合治理的法律、法规和政策；

（二）执行本级人民政府和上级社会治安综合治理委员会的决定和部署；

（三）组织、协调、指导、监督各部门、各单位落实社会治安综合治理任务；

（四）对社会治安综合治理目标管理责任制和领导责任制的落实情况进行检查、考核；

（五）研究辖区内社会治安综合治理重大问题，提出加强和创新社会治安综合治理的政策建议；

（六）定期分析辖区内社会治安形势，评估辖区内社会治安风险，及时向本级人民政府和上级社会治安综合治理委员会报告；

（七）总结、推广社会治安综合治理工作经验；

（八）完成社会治安综合治理的其他任务。

各级社会治安综合治理委员会办公室负责处理社会治安综合治理委员会的日常工作。

第八条　省、设区的市、县（市、区）、乡（镇）、街道和村（社区）社会治安综合治理中心（综治工作平台），应当整合现有资源、人员、设施，运用信息技术，创新社会治理方式，为提高社会治安综合治理能力提供支撑。

第九条　县（市、区）社会治安综合治理委员会根据地域面积、人口分布、产业布局、社会发展等因素，制定网格划分和管理的具体办法，明确相应标准、程序和管理措施。乡（镇）人民政府、街道办事处应当按照网格划分和管理的具体办法，在村（社区）划分网格、配备网格管理人员。

网格管理人员协助做好网格管理区域内的基础信息收集、社会治安巡防、安全隐患排查、矛盾纠纷化解、有关法律法规和政策宣传等工作。

第十条　国家机关、团体、企业事业单位应当明确责任机构或者专（兼）职人员，负责治安保卫工作。

第三章　体制机制与措施

第十一条　社会治安综合治理实行党委领导、政府负责、综治组织协调、部门共管、社会力量参与的工作体制机制。

县级以上人民政府应当加强社会治安防控体系建设，组织制定相应规划，并将社会治安防控体系建设情况纳入综治工作考核评价指标体系。

第十二条　省人民政府应当依托省电子政务网建立全省统一的综治工作信息化平台。

各级人民政府及有关部门应当按照国家和省有关规定开展社会治安综合治理业务信息采集、交换、共享、加工、研判等工作，保障信息安全，并及时向综治工作信息化平台提供相关信息数据资料。具体办法由省人民政府制定。

各级社会治安综合治理委员会和有关部门应当推进互联网、物联网、大数据、人工智能和社会治安综合治理的深度融合，加强公共安全视频监控系统的建设和联网应用，提高社会治安综合治理智能化水平。

第十三条　有关部门和单位应当加强海上治安综合治理。沿海地区可以根据法律、法规和国家有关规定，整合执法资源，建立海上综合执法机制。

第十四条　各级人民政府及有关部门应当建立健全重大决策社会稳定风险评估制度，对事关经济社会发展、涉及公民重大利益、容易引发社会稳定问题的重大决策，在作出决策前进行社会稳定风险评估，并明确评估操作程序。

第十五条　各级人民政府及有关部门和单位应当加强矛盾纠纷排查调处工作，建立健全协商、调解、仲裁、行政裁决、行政复议、诉讼等衔接协调的矛盾纠纷多元化解机制，完善人民调解、行政调解、司法调解联动工作体系。

司法行政部门应当加强对人民调解委员会的指导与规范，发展行业性、专业性人民调解组织，发挥人民调解组织在化解矛盾纠纷中的作用。

第十六条　司法机关在工作中发现有关单位工作制度不健全、管理不规范，存在重大治安隐患的，应当及时向本级社会治安综合治理委员会报告，并依法向有关单位提出整改建议，被建议单位应当按照规定研究、整改、反馈。

第十七条　司法行政部门应当组织制定、实施普法工作规划。其他部门和单位应当根据谁执法谁普法、谁主管谁负责的原则，加强其服务管理领域法律、法规的宣传和普及工作。开展法治宣传教育应当增强针对性和实效性。

报刊、广播电视、互联网等媒体应当加强法律、法规、政策和维护社会治安秩序先进典型的宣传，营造社会治安综合治理的舆论环境。

第十八条　房屋租赁和民宿入住、邮件和快件寄递、散装汽油和瓶装燃气购买、公路长途客运和水上长途客运购票、机动车租赁以及电话和网络用户，实行实名登记制度。

公安、住房城乡建设等部门应当督促房屋出租人、中介机构实行房屋租赁实名登记，公安、旅游等部门应当督促民宿经营者实行入住实名登记制度。

邮政管理、交通运输、海关、工商行政管理、铁路、民航、公安等部门和单位应当按照各自职责，督促寄递企业实施实名登记、收寄验视和其他安全检查制度。

商务、安全生产监督管理、住房城乡建设、工商行政管理、公安等部门应当按照各自职责，督促成品油、燃气销售者实施散装汽油、瓶装燃气实名购买制度。

交通运输、铁路、民航、海事、公安等部门和单位应当按照各自职责，加强铁路、民航、公路、水路安全监管，督促实行公路长途客运、水上长途客运实名购票制度和机动车实名租赁制度。

网信、公安、通信管理等部门应当建立健全信息网络管理体系，加强网络空间治理，保障公民个人信息安全，督促实行电话和网络用户实名登记制度。

第十九条 各地区、部门和单位应当加强重点区域、重点行业、重点人员、重点公共设施的社会治安综合治理，并对社会治安重点区域和社会治安突出问题开展专项治理。

卫生计生、民政等有关部门应当建立对生活失意、心态失衡、行为失常人群的社会心理预警、疏导机制，加强心理辅导、心理危机干预、跟踪帮扶，防范和降低社会风险。肇事肇祸精神障碍患者，经司法鉴定确认为无刑事责任能力或者限制刑事责任能力的，县级以上人民政府应当采取措施予以救治救助。

第二十条 公安、新闻出版广电、通信管理、金融管理部门应当依法加强对电信企业、金融机构、支付机构、互联网企业等的监管，加强网络平台管理，预防和打击利用电信网络实施诈骗、盗窃、违法销售、非法集资等违法犯罪行为。

第二十一条 工会、共产主义青年团、妇女联合会应当依照法律、法规和章程，做好化解劳动争议、预防和减少青少年犯罪、预防和制止家庭暴力等工作，并协助有关部门做好社会治安综合治理相关工作。

第四章 社会参与

第二十二条 鼓励、支持社会力量参与社会治安综合治理工作，形成共建共治共享的社会治理格局。

第二十三条 村（居）民委员会应当建立自治、法治、德治相结合的社会治安综合治理工作机制，依照法律、法规和省有关规定，协助各级人民政府及有关部门开展社会治安综合治理工作。

村（居）民委员会可以建立群防群治组织，建立日常治安防范制度，采取有效措施，掌握重点人群、流动人口、出租房屋等社情动态，调处化解矛盾纠纷。

村（居）民委员会可以将社会治安综合治理的内容纳入村规民约、居民公约。

第二十四条 企业事业单位和其他组织应当履行社会责任，落实单位主要负责人治安保卫责任制度，完善本单位治安保卫制度，并参与所在地区社会治安综合治理工作。

物业服务企业应当协助公安机关和其他有关部门做好其服务区域内的安全防范工作，并依照物业服务合同履行维护公共秩序的职责。

业主大会、业主委员会应当与居民委员会相互协作，配合公安机关和其他有关部门，维护本居民区的社会治安秩序。

第二十五条 鼓励公民参与社会治安综合治理工作，协助各级人民政府及有关部门和单位维护社会治安秩序。

公民应当遵守国家法律和社会公德，教育未成年子女遵纪守法，保持和谐的家庭和邻里关系，通过接受教育、培训等方式，增强自我防护意识，提高安全防范能力。

第二十六条 鼓励各类志愿服务组织和志愿者参与社会治安综合治理工作。各级社会治安综合治理委员会和有关部门，应当建立志愿服务组织和志愿者参与社会治安综合治理工作的机制和渠道，为志愿服务提供便利。

第五章 责任追究

第二十七条 违反本条例规定的行为，法律、行政法规已有法律责任规定的，从其规定。

第二十八条 有关地区、部门和单位违反本条例规定，未履行或者未正确履行社会治安综合治理职责，有下列情形之一的，由县级以上社会治安综合治理委员会予以通报、约谈、挂牌督办，并责令限期整改：

（一）社会治安综合治理工作措施不落实，基层基础工作薄弱，致使社会治安秩序混乱的；

（二）在较短时间内连续发生较大的危害国家安全事件、群体性事件、刑事犯罪案件、生产安全事故、公共安全事件、网络安全事件的；

（三）发生重大和特别重大的危害国家安全事件、群体性事件、刑事犯罪案件、生产安全事故、公共安全事件、网络安全事件的；

（四）平安建设和社会治安综合治理工作考核评价不合格、不达标的；

（五）对社会治安重点地区和突出公共安全、治安问题等，没有采取有效措施治理的；

（六）各级人民政府及社会治安综合治理委员会认为需要追究的其他事项。

第二十九条 有关地区、部门和单位有下列情形之一的，经县级以上社会治安综合治理委员会决定，在规定期限内取消其评选综合性荣誉称号的资格，其主要负责人、主管负责人、分管负责人和直接责任人不得评优评先和晋职晋级，并按照国家和省有关规定予以处理：

（一）受到挂牌督办的，自挂牌督办之日起六个月内；

（二）受到挂牌督办后未在规定期限内达到整改目标的，自整改期限届满之日起一年内；

（三）有本条例第二十八条所列情形且危害特别严重或者影响特别重大的，自该情形发生之日起一年内。

第三十条　企业事业单位和其他社会组织违反本条例规定，未履行或者未正确履行社会治安综合治理职责，造成影响社会治安秩序不良后果，其他法律、法规没有规定法律责任的，其主管部门或者社会治安综合治理委员会办公室可以予以通报，并责令限期整改。

第三十一条　从事社会治安综合治理工作的国家机关、团体及其工作人员，在社会治安综合治理工作中玩忽职守、滥用职权、徇私舞弊、弄虚作假的，由有权机关对直接负责的主管人员和其他直接责任人员依法给予处分。

第六章　附　　则

第三十二条　本条例所称的重点区域，是指学校、医院、娱乐场所、运动场所、公园、商场、机场、车站、码头等区域及其周边区域。

本条例所称的重点行业，是指危险化学品、旅馆、食品药品、机动车改装、机动车租赁、娱乐服务等行业。

本条例所称的重点人员，是指社区服刑人员、社区戒毒人员、涉邪教人员、肇事肇祸精神障碍患者等人员。

本条例所称的重点公共设施，是指铁路、公路、油气管道、轨道交通、水库、电力、通信、广播电视等公共设施。

第三十三条　本条例自2018年1月1日起施行。

广东省公安厅关于《广东省安全技术防范管理实施办法》的操作细则

第一章　总　　则

第一条　根据《广东省安全技术防范管理实施办法》（以下简称《办法》），制定本细则。

第二条　本细则适用于所有在本省行政区域内从事安全技术防范（以下简称技防）系统的设计、施工、维修单位；技防系统的建设、管理和使用单位；技防系统的检测机构；公安机关技防管理部门和业务主管部门。

第三条　公安机关是技防工作的主管部门，日常工作由其负责技防管理工作的机构承担。

广东省公安厅是全省技防工作的行政主管部门，负责全省技防工作的规划、管理、指导和监督检查。

县级以上人民政府公安机关负责本辖区内技防工作的规划、管理、指导和监督检查。

广州铁路、民航、省森林等公安机关是本辖区、本部门技防工作的主管部门，负责本辖区、本部门技防工作的规划、管理、指导和监督检查。

第二章　资格证行政许可

第一节　申　　请

第四条　省公安厅和地级市公安机关审核发放《广东省安全技术防范系统设计、施工、维修资格证》（以下简称《资格证》）。持一级《资格证》的单位可承接任何技防系统的设计、施工、维修业务，持二级《资格证》的单位可承接1000万元以下的技防系统的设计、施工、维修业务；持三级《资格证》的单位可承接500万元以下技防系统的设计、施工、维修业务；持四级《资格证》的单位可承接100万元以下及三级风险等级技防系统的设计、施工、维修业务。

第五条　《资格证》申请单位应当具备一定的专业人员构成、技术条件、经营业绩和管理水平。

（一）基本条件

1. 具有独立企业法人资格；

2. 有固定的办公及营业地点；

3. 有相应系统管理经验的技术人员和管理人员；

4. 有设计、施工、调试及维修设备；

5. 有完备的技防系统管理规章制度和系统维护服务措施；

6. 有完备的培训资料及培训制度；

7. 无违法、违规经营行为；

8. 有一定的技防系统独立承接业绩（初次申请的除外）。

（二）等级条件

1. 一级资格条件

（1）企业人数不少于30人。其中，具备高级职称的专业技术人员不少于2人，具备中级职称的专业技术人员不少于4人，参加从业人员技防技能培训合格的技术人员不少于20人。

（2）办公及营业场所面积不少于200平方米。

（3）业绩条件是近两年内承接的技防系统施工、维修业务总额1200万元以上（独立承担过单项工程合同额150万元以上的技防工程不少于4项，或者300万元以上的技防工程不少于2项，或者600万元以上的技防工程不少于1项），或承接技防系统设计业务合同总额1200万元以上。

2. 二级资格条件

（1）企业人数不少于 20 人。其中，具备高级职称的专业技术人员不少于 1 人，具备中级职称的专业技术人员不少于 2 人，参加从业人员技防技能培训合格的技术人员不少于 10 人。

（2）办公及营业场所面积不少于 100 平方米。

（3）业绩条件是近两年内承接的技防系统施工、维修业务总额 600 万元以上（独立承担过单项工程合同额 150 万元以上的技防工程不少于 2 项，或者 300 万元以上的技防工程不少于 1 项），或承接技防系统设计业务合同总额 600 万元以上。

3. 三级资格条件

（1）企业人数不少于 10 人。其中，具备中级职称的专业技术人员不少于 2 人，参加从业人员技防技能培训合格的技术人员不少于 5 人。

（2）有固定的办公及营业场所。

（3）业绩条件是近两年内承接的技防系统设计、施工、维修业务合同总额 300 万元以上。

4. 四级资格条件

（1）企业人数不少于 5 人。其中，具备中级职称的专业技术人员不少于 1 人，参加从业人员技防技能培训合格的技术人员不少于 2 人。

（2）有固定的办公及营业场所。

第六条 申请技防系统设计、施工、维修资格的省内单位应当持下列资料向登记地址所在地地级市公安机关提出申请，提交申请材料时，需提供原件，验证后退回：

（一）《广东省安全技术防范系统设计、施工、维修资格证申请表》一式两份。

（二）工商营业执照复印件。

（三）营业场所房产证明复印件，或者租赁合同及出租方的房产证明复印件。

（四）企业人员数量和缴纳近三个月社保的证明复印件。

（五）企业人员的身份证、劳动合同复印件，从业人员技防技能培训合格证书复印件（其中，高、中级职称专业技术人员还需要提供职称证书，高、中级职称专业技术人员的专业类别仅限于与技防技术相关的专业类别）。

（六）包含合同、决算清单、检测报告、验收报告、发票复印件的技防系统业绩报告（其中，省内应当由公安机关负责竣工验收的项目仅需提供合同、检测报告和《广东省安全技术防范系统验收表》复印件；金融机构营业场所、金库安全防范设施建设项目需提供合同、设备清单、决算清单、检测报告和《安全防范设施合格证》复印件；设计项目应包含合同、发票复印件；维护项目应包含合同、维护清单、发票复印件）。

第七条 《广东省安全技术防范系统设计、施工、维修资格备案证》（以下简称《资格备案证》）申请单位的等级资格办理条件、承接范围与省内企业申请《资格证》的等级资格办理条件、承接范围一致，但不受逐级申请的约束。

第八条 省外技防从业单位向省公安厅申请备案时，需提交以下材料，提交申请材料时，需提供原件，验证后退回：

（一）《广东省安全技术防范系统设计、施工、维修资格备案证申请表》一式两份。

（二）工商营业执照复印件和驻广东省分支机构的营业执照复印件。

（三）所在地省（自治区、直辖市）公安厅（局）发放的有效的安全技术防范系统设计、施工、维修资格证书，或者是省级以上安防行业协会颁发的有效的安防工程企业设计施工维护能力证书复印件，以及发放单位出具的证明文件原件。

（四）驻广东省分支机构的房产证明复印件，如果租赁则提供租赁合同及所在地出租方的房产证明复印件。

（五）企业人员数量和缴纳近三个月社保证明复印件。

（六）企业人员的身份证、劳动合同复印件，从业人员技防技能培训合格证书复印件（其中，高、中级职称专业技术人员还需要提供职称证书，高、中级职称专业技术人员的专业类别仅限于与技防技术相关的专业类别）。

（七）技防系统业绩报告（施工业绩应包含合同、决算清单、检测报告、验收报告、发票复印件。其中，按照本《细则》规定省内应当由公安机关负责竣工验收的项目仅需提供合同、检测报告和《广东省安全技术防范系统验收表》复印件；金融机构营业场所、金库安全防范设施建设项目需提供合同、设备清单、决算清单、检测报告和《安全防范设施合格证》复印件；设计业绩应包含合同、发票复印件；维护业绩应包含合同、维护清单、发票复印件）。

第二节 审查、审批

第九条 申请技防系统设计、施工、维修资格单位提交的申请资料不完整的，公安机关应当当场或者在五日内一次告知申请人需要补正的全部内容，逾期不告知的，自收到申请材料之日起即为受理。

地级市公安机关应当在接到完整的《资格证》申请材料后，向企业出具受理凭证，15 日内完成审核。申请材料审核不合格的，退回申请并说明理由；审核合格的，对三、四级《资格证》的申请单位，发放三、四级资格证书，对一、二级《资格证》的申请材料，及时报送省公安厅审核。

第十条 省公安厅应当自接到地级市公安机关报送的《资格证》申请材料之日起 15 日内完成审核。符合条件的，发放相应等级资格证书；不符合条件的，作出不发放资格证书的决定并说明理由。

省公安厅应当自接到完整的《资格备案证》申请材料后，向企业出具受理凭证，15 日内完成审核。符合条件的，发放相应等级的资格备案证书；不符合条件的，作出不发放资格备案证书的决定并说明理由。

第十一条　省内企业去外省投标、承接技防系统设计、施工和维修业务的，如有需要，可以持有效的《资格证》和加盖企业公章的申请书向省公安厅申请办理出省推荐函。

省公安厅自接到完整的出省推荐申请材料后5日内完成审核，向企业开具出省推荐函。

第三节　资格证的换证、变更、降级

第十二条　《资格证》持有单位应于许可证有效期届满前30日内向原发证机关提出换证申请。一、二、三级资质达不到换证条件的，资格等级降一级，四级资质达不到换证条件的，资格证作废。

逾期提交换证申请或者所提交的延期申请未获得批准的，其《资格证》到期自行作废，三级以上资格等级再次申请只能申请四级。

第十三条　《资格证》登记项目发生变更的，持证单位可以持工商营业执照和工商部门核准变更登记证明文件向《资格证》发放部门申请办理证书变更手续。

第十四条　领取换发的证书时须将原证书上交证书发放部门销毁。

第三章　技防系统管理

第十五条　技防系统应当根据被防护对象的使用功能、建设投资及安全防范管理工作的要求进行设计，防护级别应当与防护对象的风险等级相适应。国家标准、行业标准、地方标准规定的高风险等级单位或场所，以及县级以上人民政府确定的防范恐怖袭击重点目标和治安保卫重点单位，技防系统的设计应当满足相应的防范要求。

第十六条　重点公共区域的技防系统，一、二级风险等级或者投资额30万元以上技防重点单位的技防系统，应当按照相关标准由建设单位组织对初步设计进行可行性论证。

严格对技防系统的技术、质量、费用、工期、服务和预期效果等进行评价，技防系统通过论证并根据论证意见整改完善后方可进行正式设计，论证专家宜有50%以上从广东省安防专家库中抽选。

县级以上公安机关应当指导建设单位和设计单位开展技防工程初步设计方案论证工作。

第十七条　重点公共区域和技防重点单位使用的设备必须符合国家法规和现行相关标准的要求，并经检验或认证合格。

主要设备和产品实行工业产品生产许可证制度的，必须具有有效的生产许可证证书；实行国家强制性认证的，必须具有有效的CCC认证证书和标志；进口产品应当出具海关、商检部门或者国家法定机构的合法证明。

其他主要设备和产品需提供GA认证证书或者具有省级以上（含省、自治区、直辖市）质量技术监督部门颁发的计量认证合格证书（CMA）机构出具的检验检测报告。

公安机关因联网共享对技防产品有特殊要求的，应当符合相关标准。

第十八条　重点公共区域的技防系统，一、二级风险等级或者投资额30万元以上技防重点单位的技防系统应当根据《办法》第十七条规定的设计方案审核和组织竣工验收的权限划分，由技防系统的建设单位向公安机关提出设计方案审核申请（本级公安机关暂无审核能力的，向其上级公安机关提出审核申请）并提交以下材料：

（一）《广东省安全技术防范系统申报表》一式三份。

（二）合同书（或协议书）复印件。

（三）选用器材设备的种类、型号、数量。

（四）主要设备、管线器材的质量证明文件复印件（实行工业产品生产许可证制度的产品，需提供生产许可证证书复印件；实行国家强制性认证的产品，需提供CCC认证证书复印件；进口产品需提供海关、商检部门或者国家法定机构的合法证明复印件；其他主要设备和产品需提供GA认证证书或者具有省级以上（含省、自治区、直辖市）质量技术监督部门颁发的计量认证合格证书（CMA）机构出具的检验检测报告）。

（五）初步设计方案的论证材料和根据论证意见整改落实情况材料复印件。

（六）正式设计方案（包含技术设计、施工图设计、操作维修说明、工程费用预算）。

（七）器材设备布置平面图、器材设备管线敷设图、器材设备监控中心布置图、系统各部分联线图等施工图纸复印件。

公安机关接到设计方案审核申请材料后，申请材料齐全、符合条件的，应当场出具书面受理凭证，并在15日内完成审核。方案审核符合条件的，批准施工；不符合条件的，作出不批准决定并说明理由。

第十九条　重点公共区域的技防系统，一、二级风险等级或者投资额30万元以上技防重点单位的技防系统在正式验收前，建设单位应当持公安机关出具的《广东省安全技术防范系统申报表》，委托符合相关资质的检测机构进行检验，检测机构应当按照相关标准开展检验工作，检验合格后出具检测报告。

第二十条　技防系统调试开通后，应至少试运行1个月，经试运行达到设计要求并为建设单位认可，视为竣工。建设或使用单位应当做好系统试运行记录，并对系统进行初验，同时建立系统运行维护相关管理制度。施工单位应当对建设或使用单位有关人员进行技术培训。

第二十一条　重点公共区域的技防系统，一、二级风险等级或者投资额30万元以上技防重点单位的技防系统，应当由建设单位向原批准技防系统设计方案的公安机关提出验收申请并提交以下材料：

（一）《广东省安全技术防范系统竣工验收申请表》一式三份；

（二）已核准的《广东省安全技术防范系统申报表》复印件；

（三）系统试运行报告；

（四）系统竣工报告；

（五）竣工图纸；

（六）系统初验报告（含隐蔽系统随工验收单）；

（七）系统决算报告；

（八）系统检测报告。

公安机关接到完整的验收申请材料后，申请材料齐全、符合条件的，应当场出具书面受理凭证，并在20日内组织完成验收工作。验收程序应当按照相关标准，验收专家应当有50%以上从广东省安防专家库抽选。

技防系统验收合格后，方可投入使用；不合格的，根据整改意见改正，复验合格后，方可投入使用。

第二十二条 技防系统建设所在地跨同一地级市不同行政区域的，由系统所在地级市公安机关负责其设计方案审核及竣工验收；技防系统建设所在地跨不同地级市的，由省公安厅负责其设计方案审核及竣工验收。

第四章 附　　则

第二十三条 本细则规定的审批期限以工作日计算，不含法定节假日。

第二十四条 本细则由广东省公安厅负责解释。

第二十五条 本细则自2018年4月1日起实施，有效期5年。原《广东省安全技术防范管理条例实施办法》自本细则施行之日起废止。

重庆市中小学幼儿园安全防范工作规范（试行）

第一章 总　　则

第一条 为进一步加强全市中小学幼儿园安全管理工作，有效防范各类涉校涉生案（事）件发生，保障师生生命财产安全，根据《中华人民共和国教育法》《中华人民共和国食品安全法》《企业事业单位内部治安保卫条例》和《国务院办公厅关于加强中小学幼儿园安全风险防控体系建设的意见》（国办发〔2017〕35号）《公安部办公厅教育部办公厅关于印发〈中小学幼儿园安全防范工作规范（试行）〉的通知》（公治〔2015〕168号）等规定，制定本规范。

第二条 本规范适用于全市各类中小学幼儿园（以下统称学校）。其他未成年人教育培训机构或者场所参照执行。

第二章 人防建设规范

第三条 中小学校长、幼儿园园长是学校内部安全防范保卫工作第一责任人。学校应当设立安全管理机构，配备专兼职安全保卫人员，聘用专职门卫和保安人员，负责学校安全防范工作。学校安全管理机构设置、专兼职安全保卫人员配备、专职门卫和保安人员的聘用、管理情况应报区县（自治县，以下简称区县）教育行政部门和公安机关备案。

第四条 公安机关、教育行政部门、学校和保安服务公司要根据有关规定和从业条件，认真审查保安人员背景和资质，择优聘用，严把准入关。建立和完善保安人员管理、评聘、考核制度，确保保安人员基本素质及具备相应履职能力。

第五条 学校保安人员应按照《保安服务管理条例》的规定，由派驻的保安服务公司和学校双重管理，日常管理和考核以学校为主。

第六条 学校保安人员应当按照不低于以下标准配备：师生员工总人数少于100人的学校至少配备2名专职保安人员，人数极少的教学点可配备1名专职保安人员和1名兼职保卫人员；100人及以上1000人以下的学校，至少配备4名专职保安人员；1000人及以上的学校，每增加500名学生员工增配1名专职保安人员。寄宿制学校至少配备6名专职保安人员，在上述标准的基础上每增加300名寄宿生增配1名专职保安人员。校园周边治安状况复杂、学校出入口较多、防范任务较重的学校可根据工作需要适当增配保安人数。校园专职保安人员实领工资不得低于当地最低基本工资标准。

第七条 学校应当按照国家有关规定配备专职卫生技术（保健）人员或专（兼）职保健教师，承担学校食品安全和卫生防疫有关工作。

第八条 按照《校车安全管理条例》的要求，配有校车的学校应当聘请经公安交管部门审批合格的专业驾驶人驾驶校车，同时每车配备不少于1名随车照管老师，并报区县教育行政部门备案。校车驾驶人应当每年接受公安交管部门审验。

校车驾驶员资格条件：取得相应准驾车型驾驶证并具有3年以上驾驶经历，年龄在25周岁以上60周岁以下；最近连续3个记分周期内没有被记满分情况；无致人重伤及以上的交通事故责任记录；无饮酒后驾驶机动车记录；最近1年内无驾驶客运车辆超员、超速等严重交通违法行为记录；无犯罪记录；身心健康，无传染性疾病，无癫痫、精神病等可能危及行车安全的疾病病史，无酗酒、吸毒等不良行为记录。

第九条　保安人员、门卫等安全保卫人员应当熟悉学校安全管理、治安保卫相关法律法规、安全标准和规章制度，熟悉掌握学校及周边治安特点及校园安全防范工作重点；值勤时应按照有关规定穿着保安服或佩戴学校保卫人员标识，携带橡胶警棍等相应的安全防卫器械和应急处置装备并能熟练使用。

第十条　学校安全管理机构应当组织门卫和保安人员加强门卫管理，确保校门口24小时有人值守，其他出入口开启时有人值守；做好车辆、人员进出登记和查验工作，防止未经许可人员进入学校；对学校重点部位及周边随时巡查，每日不少于5次。

在学校上学、放学时段，凡是有人员、车辆进出的校门口应当组织门卫和保安人员在岗值守，维护人员、车辆出入秩序，做好安全巡查工作；组织教师和家长志愿者在学校及校门口开展秩序维护工作。发现可疑情况及时报警，对正在发生的侵害师生的违法犯罪行为要迅速处置。

第十一条　寄宿制学校每栋宿舍楼均须设置宿舍管理员，女生宿舍楼宿舍管理员必须为女性。加强住宿学生管理，随时开展夜间巡查，每日不少于2次。寄宿制学校放学后及夜间时段，应有保安人员在岗值勤。

第十二条　教育行政部门按照有关规定，与人民法院、人民检察院和公安、司法行政等部门协商，指导学校选聘优秀公安干警、法律工作者担任学校兼职法治副校长或法治辅导员。兼职法治副校长或者法治辅导员应当协助学校检查落实安全制度，参加安全事故处理，定期对师生进行法治教育，其工作成效纳入派出单位的工作考核内容。

公安机关应完善与维护校园安全相适应的组织机构设置形式和警力配置，加强学校及周边警务室建设，派出经验丰富的民警加强学校日常安全防范工作指导。

第十三条　教育行政部门应当组织负责安全管理的主管人员、学校校长、幼儿园园长和学校负责安全保卫工作的人员，定期接受有关安全管理培训。教育、公安等部门每年应对辖区学校保安人员进行至少1次专题培训。保安人员派出单位要按照保安人员培训教学大纲要求，对保安人员每年开展不少于2次培训。

第十四条　学校应当制定教职工安全教育培训计划，通过多种途径和方法，使教职工熟悉安全规章制度、掌握安全救护常识，学会指导学生预防事故、自救逃生、紧急避险的方法和手段。每月至少组织1次全体教职工学习安全知识，每学期至少组织1次安全知识考核，并将考核结果纳入绩效考核内容。

第十五条　学校要加强教职员工行为管理，对严重违背师德规范、扬言报复社会、精神异常等可能危及学生人身安全的相关人员，要向公安、教育等部门汇报，及时调整岗位或调离学校。

第三章　物防建设规范

第十六条　学生在校期间，学校实行封闭式管理。学校应当设置高度不低于2米的围墙或其他实体屏障。学校出入口设置门卫值班室，配备必要的防卫性器械和报警、通讯设备，并建立使用保管制度。

第十七条　学校门卫值班室应当配备安全钢叉2套，并按执勤人数每人配备防暴头盔、防护盾牌、防刺背心、防割手套、橡胶警棍、强光电筒、自卫喷雾剂等防护器械。校园周边治安状况复杂、防范任务重的学校可根据工作需要适当增配防护器械。

第十八条　加强校门及周边区域安全防范。

（一）按照《中小学与幼儿园校园周边道路交通设施设置规范》（GA/T1215—2014）有关规定，在乡村以上道路学校校门两侧50—200米道路上设置限速和警示标志；在交通流量大的学校门前道路设置减速带、人行横道和交通信号灯。根据需要，有条件的可修建跨街天桥或地下通道。

（二）学校校门及周边50米区域内，根据治安、交通环境实际情况，因地制宜设置家长等候区域，等候区域不允许停放社会车辆，应设置隔离栏、隔离墩、减速带或升降柱等硬质防冲撞设施，确保师生出入安全，秩序井然。

第十九条　加强学校内部物防建设。

（一）学校视频监控室、实验室、财务室、计算机室等贵重物品和设备点，档案室、中考高考试卷保管室等保密资料存放点，及其他重要、特殊物品存放场所的出入口应当安装防盗安全门，窗户应当安装金属防护栏等防护设施。水电气热等设备间应设置消防设施和防护设施，指定专人负责看管。必须按规定妥善保管和使用有毒有害、易燃易爆实验药品器材。除实验教学必需品外，学校校园内不得存放有毒有害、易燃易爆等危险物品。

（二）校门和校内学生经过的主要道路、教学楼和宿舍楼通道等部位、地段应当安装路灯，亮化率达到100%。

（三）学校应当设置医务室，购置必需的急救器材和药品。

（四）教学楼、学生宿舍、食堂等学生集中学习和生活场所应当按照国家有关消防技术规范设置消防设施、配备消防器材，并定期检测更新，保持完好有效。安全出口、疏散通道、消防通道应保持畅通，按规定设置消防疏散指示标志和应急照明装置。学生宿舍未设置火灾自动报警系统设施的，应安装点式火灾报警探测器。加强各类消防设施的日常维护，保证能够有效使用。

（五）学校应当在校内高地、水池、楼梯、电梯、落地玻璃门、在建工地等易发生危险的地方设置警示标志，完善防护设施。

（六）校内应当根据需要设置规范的安全警示牌、交通标志标牌标线、交通信号灯、人行设施、分隔设施、停车设施和减速带等。

第二十条　各地各校新购置校车应满足《机动车运行安全技术条件》（GB7258—2012）、《专用校车安全技术条件》（GB24407—2012）等国家标准和有关技术要求。对经公安、教育等部门审批取得校车标牌的车辆，应当配备统一的校车标志灯和停车指示标志。

校车应当配备逃生锤、灭火器、急救箱等安全设备。安全设备应当放置在便于取用的位置，并确保性能良好、有效适用。校车应当每半年进行1次机动车安全技术检验。

第二十一条 在学校周边200米范围内，禁止新建有环境污染的企业、设施，禁止设立上网服务、娱乐、彩票等营业场所，禁止设立存放易燃易爆物品等存在安全隐患的场所。对已建成的有环境污染的企业、设施及有安全隐患的场所，有关部门要责令限期整改消除隐患，对整改不到位的要强制关闭或搬离。

第二十二条 学校不得将场地出租从事易燃、易爆、有毒、有害等危险品的生产、经营等危害校园安全的活动。学校不得出租校内场地停放校外机动车辆；不得利用学校用地建设对社会开放的停车场。

第四章 技防建设规范

第二十三条 公安、教育等部门要健全学校安全防范的网络管理与服务系统，整合各方力量，积极利用互联网和信息技术，为学校提供便捷、权威的安全防范专业咨询和技术支持服务。学校安全技术防范系统的设计、评审、施工、验收、使用和维护，以及系统中所使用的产品，应当符合国家现行相关法律、法规、国家标准、行业标准、地方标准的规定。

第二十四条 学校技防设施安装要求：

（一）学校大门外50米范围内应由属地公安机关设置视频图像采集装置，采集及回放视频图像应能确保特别是夜间清晰显示监视区域内人员活动和治安秩序情况。有条件的可在学校校门及周边重点区域安装人脸识别等先进技术装备。

（二）学校应在大门口设置视频图像采集装置，采集及回放视频图像应能确保特别是夜间清楚辨别进出人员的体貌特征和进出车辆的车牌号。

（三）学校门卫值班室应设置一键式紧急报警装置，并与属地接警中心联网。

（四）教学楼、学生宿舍楼主要出入口、走廊，食堂储存间、操作间、配餐间、留样间内和储藏室的出入口，操场等人员聚集场所应安装视频图像采集装置。有条件的可安装周界报警装置，做到公共区域监控无死角。

（五）有毒有害、易燃易爆等危险化学品储存室、实验室及财务室等重要场所在安装视频图像采集装置的基础上应安装入侵报警装置。

（六）学校应设置安防监控室，对本单位的视频图像采集、报警、电子巡查及系统信息通过管理软件实现联动管理，视频图像采集系统和报警系统应接入公安机关监控和报警平台，暂不能联网的应预留接口，并符合相关信号采集与传输标准。

（七）学校重点部位和区域可根据需要设置电子巡查装置及其他技术防范措施。

（八）校车应当按照规定配备具有行驶记录功能的卫星定位装置，并保证校车运行期间卫星定位装置正常运行。校车应安装视频监控，在运行期间应不间断进行图像采集。

第二十五条 学校应当规划建设安全技术防范系统，并建立运行维护保障长效机制。

（一）学校应设专人负责系统日常管理工作并制定应急处置预案。

（二）安防监控室应保证有人员值班，安全技术防范岗位工作人员应具备必要的安防与法律专业基础知识，并熟练掌握系统运行维护基本技能。

（三）学校各部位的视频监控应不间断进行图像采集，视频保存时间不少于30天。安全技术防范系统出现故障时，应在24小时内恢复功能，期间应采取有效应急防范措施。

第五章 政府及有关部门履责规范

第二十六条 区县政府要加强对学校安全工作的领导，政府常务会议每年至少听取1次学校安全工作汇报，分析学校安全形势，研究解决学校安全工作的困难和问题。

第二十七条 市级财政每年对区县学校安全防范工作给予适当经费补助。区县政府要加大学校安全投入保障力度，加强学校安全基础能力建设，将学校安全防范经费纳入财政预算并优先保障，重点向安保薄弱学校倾斜。

第二十八条 教育行政部门要将学校安全防范纳入建设规划，加强指导、检查，统筹协调相关部门加强学校安全防范工作。

（一）市级教育行政部门要指导区县和学校建立健全并认真执行校园安全防范管理制度，制定学校安全工作规划，纳入教育督导评估体系，加强工作考核。

（二）区县教育行政部门每学期至少深入学校开展1次全面安全工作督导，每季度至少开展1次风险评估，每月至少开展1次安全抽查，对发现的问题及时督促整改。

（三）指导、监督配有校车的学校贯彻落实《校车安全管理条例》，建立健全校车安全管理制度，落实校车安全管理责任，组织学校开展交通安全教育。

（四）指导、监督学校落实食品安全主体责任，学校食堂、食品小卖部（小超市）应当由学校自主经营，统一管理，严禁对外承包。学校食堂坚持公益非营利性原则，为学生提供安全营养膳食。

（五）指导学校健全完善应对突发事件的应急预案，按照《国务院办公厅关于转发教育部中小学公共安全教育指导纲要的通知》（国办发〔2007〕9号）、《教育部办公厅关于印发〈中小学幼儿园应急疏散演练指南〉的通知》（教基一厅〔2014〕2号）开展安全教育和应急疏散演练，会同有关部门组织学校开展交通、消防、食品等方面安全教育，确保学生每月至少接受1次安全教育，学校每学期至少召开1次以安全为主题的家长会。

（六）加强教师队伍管理，落实《教育部办公厅关于印发〈中小学校岗位安全工作指南〉的通知》（教基一厅〔2013〕4号）精神，将安全工作纳入新进教师入职培训内容。

（七）责任督学要对学校及周边安全情况实施经常性督导，发现危及师生安全的重大隐患，应及时督促学校和有关部门处理。

第二十九条　公安机关要加强学校安全防范工作指导、检查，强化学校周边治安管理和巡逻防控工作，防止和打击涉校涉生违法犯罪行为。

（一）区县公安机关要加强学校安全防范工作指导、检查，健全日常巡逻防控制度，落实公安武警联勤巡逻机制，抓好社会面巡查、巡逻、巡防“三巡”工作，最大限度组织公安民警、辅警和群防群治力量，加强校园周边及学生上学放学时段的巡逻防控。

（二）完善城市学校“护学岗”“高峰勤务”机制，上学放学时段，校门50米内范围应有专门警力开展巡逻，维护校园周边治安秩序、道路交通秩序，确保重点时段校园周边“见警察、见警车、见警灯”。反恐防恐形势严峻、治安复杂地区学校上学放学时段，校门50米内范围内应有携带武器的民警和武警开展重点守护。幼儿园组织学生在未封闭的户外场地开展出操等集体活动时，应当根据周边治安状况安排足够安保力量落实防护措施，并报所在地派出所备案，派出所应安排适当警力巡逻或守护。

（三）将城市学校纳入网格化巡逻巡查，每日每校不少于2次。

（四）组织学校与周边邻近单位干部职工、社区（村）住户、商业摊点经营人员及学生家长、志愿者开展群防群治工作。

（五）定期梳理整治学校周边治安乱点，解决突出治安问题；加强校园周边高危人员排查管控，逐一登记建档，及时掌握其动态轨迹，会同有关部门和基层单位有针对性地做好疏导、稳控工作。

（六）每学期至少对辖区学校安保工作进行1次全面督导检查，每月至少进行1次警情通报。兼职法治辅导员每学期到学校开展1次以上法治安全教育，指导学校结合驻地实际情况，开展1次以上针对校园暴力事件、个人极端事件、地震、火灾等突发事件防范处置或应急疏散演练。

第三十条　应急管理部门要加强学校消防安全工作指导、检查，强化学校火灾防范和应急处置工作。每学期至少对辖区学校消防工作进行1次全面检查，每季度至少进行1次专项检查，指导学校每学期至少开展1次消防安全教育演练。

第三十一条　市场监管部门要加强对学校食品安全工作的指导、检查，对学校食品安全实施严格管理。每学期至少对辖区学校进行1次食品安全检查，每2个月至少进行1次专项检查。指导学校每学期至少开展1次季节性食品安全教育。

第三十二条　公安、城市管理等部门根据各自职责，加强对学校周边200米范围内环境整治工作，每学期至少进行1次集中排查整治，每月至少进行1次专项检查，及时消除影响师生安全的隐患。

第三十三条　住房城乡建设部门要加强对学校工程建设过程的监管。交通部门要加强对学生集体出行用车服务和学校周边运营车辆的监管，合理设置城市公共交通和农村客运线路。卫生健康部门要加强对学校疾病防控、健康教育和卫生保健等工作的指导、监督。其他有关部门要结合职能职责，认真督促落实学校安全防范工作要求，切实保障学校安全。

第六章　责任追究规范

第三十四条　学校不履行安全管理和安全教育职责，对重大安全隐患未及时采取措施的，有关主管部门应当责令限期改正；拒不改正或者发生重大安全责任事故的，应当对学校主要负责人和其他直接责任人员给予行政处分；公安机关按照《企业事业单位内部治安保卫条例》规定，对学校主要负责人和其他责任人予以处罚；构成犯罪的，依法追究刑事责任。

第三十五条　区县政府及市级有关部门相关责任人应当认真履行职责，坚决遏制学校发生学生伤亡及影响恶劣的安全事故、刑事案件；对失职渎职的，依据相关规定给予纪律、组织处理；构成犯罪的，依法追究刑事责任。

对学校安全工作不重视、组织不得力、履职不到位，导致学校发生重大恶性案件和安全事故，造成重大损失和恶劣影响的区县、市级部门和单位，按照有关规定实行社会治安综合治理“一票否决”。

第七章　附　　则

第三十六条　本工作规范自印发之日起施行。

新疆维吾尔自治区民用无人驾驶航空器安全管理规定

第一章　总　　则

第一条　为加强民用无人驾驶航空器安全管理，确保国家安全和公共安全，维护社会稳定，根据《中华人民共和国民用航空法》《通用航空飞行管制条例》等有关法律法规，结合自治区实际，制定本规定。

第二条　在自治区行政区域内从事民用无人驾驶航空器生产、销售、使用及其安全管理活动，适用本规定。

第三条　本规定所称民用无人驾驶航空器（以下简称民用无人机）是指没有机载驾驶员操纵，自备飞行控制系统，最大起飞重量大于0.25千克（含0.25千克），并从事非军事、警察和海关飞行任务的航空器。

第四条　民用无人机管理遵循保障安全、服务发展、综合管理、规范运行的原则。

第五条　自治区人民政府对民用无人机安全管理工作实行统一领导，建立民用无人机安全管理部门协同联动机制，协调解决民用无人机安全管理重大问题。州、市（地）、县（市）人民政府（行政公署）应当建立分级联动机制，督促有关部门落实民用无人机安全管理职责。公安、民用航空、质监、工商、经信等部门依照各自职责，负责民用无人机相关安全管理工作。

第六条　任何单位和个人发现民用无人机生产、销售、使用中的违法行为，有权向当地公安机关、民用航空主管部门举报。收到举报的部门应当及时进行核查；对不属于本部门职责范围的事项，应当移送有关部门予以处理。

第二章　工作职责

第七条　民用航空主管部门（以下简称民航部门）负责对民用无人机及其生产企业、所有人进行实名登记管理，按照国家规定建立登记注册及监督管理平台，配合飞行管制部门查处空中违法飞行活动。

第八条　公安机关负责民用无人机的公共安全管理，组织协调地面防范管控，履行查处违法飞行活动的相关职责。

第九条　质量技术监督部门负责民用无人机生产企业产品质量的监督管理，对生产不符合生产标准规范的民用无人机的行为进行查处。

第十条　工商管理部门负责民用无人机销售监督管理，对销售不符合生产标准规范的民用无人机的行为进行查处。

第十一条　经济和信息化部门负责组织民航、科技、公安等部门制定自治区民用无人机生产标准规范，建立健全民用无人机技术管控体系，并对民用无人机使用的无线电频率、台（站）进行监督管理。

第十二条　体育、气象、农业、林业、安监、邮政等有关部门应当按照各自职责，做好民用无人机相关管理工作。

第十三条　机场所在地的县（市）人民政府应当向社会发布机场净空保护区域公告，公告内容应当包括机场净空保护区域具体范围（四角定位坐标及四至界线）、净空保护法律法规规定以及违法飞行举报电话等。民航部门及机场管理机构，负责做好下列机场净空保护区域的防范处置工作，县（市）人民政府应当给予支持：（一）建设相关地面设施，在机场净空保护区及民用无人机禁飞区边界、路口等重点区域设置警示标识牌；（二）加强机场周边区域巡防巡控，维护航行安全和运行秩序，发现影响机场净空安全的情况，应当立即制止，并报告机场所在地县（市）人民政府及有关部门；（三）建设民用无人机识别防控技术体系，实现对违法飞行民用无人机的技术防控。

第十四条　民用无人机行业组织应当建立健全行业自律机制，提供民用无人机安全信息、技术等服务，宣传、普及安全知识，引导和督促无人机生产者、销售者和使用者遵守有关法律法规和规章，增强国家安全、公共安全意识。

第十五条　公安机关应当加强民用无人机安全管理综合信息服务平台建设，设置侵入报警系统，实行无人机飞行动态管理，并与民航、质监、工商、经信等部门建立无人机相关信息共享机制。

第十六条　公安机关、质监、工商、经信等部门，应当加强对民用无人机生产、销售、使用等环节的监督检查，发现违法行为，依法予以查处，并将民用无人机违法信息纳入自治区社会信用信息共享交换平台；对严重违法行为，实行信用联合惩戒。

第三章　日常管理

第十七条　民用无人机生产企业应当遵守下列规定：

（一）执行民用无人机生产标准规范，保证其产品质量符合相关标准；

（二）在民用无人机上安装飞行控制芯片，设置禁飞区域软件，采取防止改装或者改变设置的技术措施；

（三）在产品外包装明显位置和产品说明书中，提醒所有人进行实名登记，警示未实名登记擅自飞行的危害；

（四）按照国家规定对民用无人机产品的名称、型号、空机重量、最大起飞重量、产品类型等信息进行登记，登记信息至少保存两年。

鼓励民用无人机生产企业建立民用无人机信息化管理平台，对民用无人机使用情况实施动态监测；发现违法行为，及时向公安机关报告。

第十八条　销售民用无人机应当建立销售台账，记录购买单位或者个人身份信息、联系方式以及产品型号、产品序号等相关信息，并告知购买单位或者个人相关使用规定及说明。销售台账至少保存两年。禁止销售不符合生产标准规范的民用无人机。

第十九条　禁止任何单位和个人改装民用无人机的系统、飞行硬件设施或者改变出厂飞行性能设置。

第二十条　物流、寄递企业在收寄民用无人机及发动机、控制芯片等重要零部件时，应当登记交寄物品以及寄件人和收件人的姓名、地址、联系方式等信息，接受有关部门查验。

第二十一条　民用无人机所有人应当按照国家规定，如实登记姓名或者单位名称、有效证件号码、联系方式、产品型号、产品序列号、使用目的。登记完成后，在民用无人机上粘贴登记标志。民用无人机转让、损毁或者丢失的，原所有人应当及时变更或者注销登记信息。

第二十二条　民航部门应当通过民用无人机信息监督管理平台，适时将民用无人机登记信息推送至公安机关；公安机关应当对民用无人机登记信息进行核验。

第二十三条　民用无人机及其遥控站（台）、任务载荷等使用的无线电频率、台（站）应当依法取得无线电频率使用许可和无线电台执照。

第二十四条　鼓励民用无人机所有人投保第三者责任险。法律、行政法规另有规定的，从其规定。

第四章　飞行管理

第二十五条　民用无人机驾驶人员应当依法取得与飞行活动相应的驾驶员资质及证照。

有下列情形之一的，民用无人机驾驶人员无需取得驾驶员证照，但应当具备安全驾驶操作技能：

（一）操控空机重量小于等于 4 千克、起飞重量小于等于 7 千克民用无人机的；

（二）在室内运行民用无人机的；

（三）在拦网内等隔离空间运行民用无人机的。

第二十六条　民用无人机驾驶人员应当对民用无人机飞行安全负责，并遵守下列规定：

（一）执行相关法律法规和飞行规则；

（二）做好飞行前准备并检查民用无人机状态；

（三）随身携带驾驶证照和相关飞行文件；

（四）服从空中管制，按照经批准的飞行计划实施飞行活动。民用无人机驾驶人员受到饮用酒类饮料、服用麻醉剂或者其他药物影响的，不得驾驶民用无人机。

第二十七条　民用无人机飞行区域实行分类管理，划分为管控区域和自飞区域；遇有重大活动或者突发事件的，实行临时禁飞管制。

管控区域、自飞区域和临时禁飞管制区域由自治区人民政府有关部门根据实际情况提出划设需求，经飞行管制部门批复后，向社会公布。

第二十八条　民用无人机在管控区域飞行的，飞行单位、人员应当依法向飞行管制部门申请飞行空域和飞行计划，经批准后实施，飞行全程接受监控。

民用无人机在管控区域从事植保作业的，飞行单位、人员应当提出年度空域申请，由飞行管制部门予以一次性批复；飞行作业前，按照规定向飞行管制部门报告飞行计划。

飞行单位、人员应当向当地公安机关报备飞行空域、飞行计划以及驾驶人员证照等相关材料。

第二十九条　民用无人机在下列管控区域上空飞行的，应当依法经具有管理权限的部门批准：

（一）民用机场沿跑道中心线两侧各 10 公里、跑道端外 20 公里和军用机场（含军民合用机场）沿跑道中心线两侧各 15 公里、跑道端外 20 公里范围内的净空保护区域；

（二）军事禁区、军事管理区域和其他军事设施所在区域；

（三）监狱、看守所及其周边 100 米范围内；

（四）铁路和高速公路、超高压输电线路及其两侧 50 米范围内；

（五）通信、供水、供电、能源供给、危险化学物品生产储存、大型物资储备等重点目标；

（六）大型群众活动场所、车站、学校、医院等人员密集场所；

（七）法律、法规和自治区人民政府规定的其他重点目标、重要区域。

第三十条　民用无人机在自飞区域内飞行，无需飞行空域和飞行计划审批，但不得超出该区域规定的范围，且应当在昼间目视范围内飞行，其飞行半径不得超过 500 米，相对地面高度不得超过 120 米。

第三十一条　任何单位和个人不得利用民用无人机实施下列行为：

（一）偷拍军事设施、党政机关和其他保密场所；

（二）扰乱机关、团体、企业、事业单位的生产工作正常秩序；

（三）投放具有淫秽、色情、赌博、迷信、恐怖、暴力或者宗教极端思想等内容的宣传品；

（四）投放爆炸性、毒害性、放射性、腐蚀性物质或者传染病病原体；

（五）危害他人人身安全和财产安全，破坏公共设施；

（六）偷窥、偷拍个人隐私；

（七）其他违反法律法规规定的行为。

第五章　应急处置

第三十二条　县级以上人民政府应当将民用无人机安全应急管理纳入政府突发公共安全事件应急管理体系，健全信息互通、协同配合的应急处置工作机制。

公安机关应当组织制定民用无人机飞行安全管理应急预案，定期演练，提高应急处置能力。

第三十三条 管控区域内的单位应当根据实际情况，配备无人机防范、反制等技术装备。

第三十四条 使用民用无人机的单位或者个人应当按照民航部门规定，事先制定飞行紧急情况处置预案，检查风险防范措施，消除安全隐患。

第三十五条 驾驶民用无人机飞行，遇有危及人身及财产安全紧急情况的，驾驶人员应当立即采取措施避免人员伤亡和财产损失；出现危及飞行及公共安全情况的，应当迅速向发生地最近的公安、飞行管制、民航等相关部门报告。

第三十六条 公安机关发现民用无人机违法飞行的，应当立即查找其使用者、所有者，责令其停止飞行，依法扣押相关物品；扰乱公共秩序或者危及公共安全的，依法采取紧急处置措施。

第六章 法律责任

第三十七条 负有民用无人机管理职责的部门及其工作人员，在工作中滥用职权、玩忽职守、徇私舞弊的，依法给予处分；构成犯罪的，依法追究刑事责任。

第三十八条 违反本规定第十七条第一款第一项至三项、第十八条第二款、第十九条的，由县级以上人民政府质量技术监督部门、工商部门按照各自职责，依照有关产品质量法律法规予以处罚。

第三十九条 违反本规定，有下列行为之一的，由公安机关责令改正，对公民处 200 元以下罚款，对单位处 1 万元以上 3 万元以下罚款：

（一）民用无人机生产企业未对生产的民用无人机产品信息进行登记的；

（二）民用无人机销售企业未建立销售台账的；

（三）民用无人机所有人未按规定登记、粘贴登记标志，或者未按规定变更、注销登记信息的。

第四十条 违反本规定第二十九条有第一项行为，情节严重的，依照《民用机场管理条例》处 2 万元以上 10 万元以下罚款；有第二项至六项行为的，由公安机关给予警告，并对公民处 200 元以下罚款，对单位处 1 万元以上 3 万元以下罚款。

第四十一条 违反本规定，构成治安管理处罚行为的，依法予以治安管理处罚；构成犯罪的，依法追究刑事责任。

第四十二条 违反本规定，应当承担法律责任的其他行为，依照有关法律法规执行。

第七章 附 则

第四十三条 航空体育运动使用三角翼、滑翔伞、动力伞等飞行器（物），或者升放无人驾驶自由气球、系留气球，以及风筝、孔明灯等空飘物的管理，适用相关法律法规和规章规定；

其安全管理，参照本规定执行。

第四十四条 本规定于 2018 年 7 月 1 日起施行。

第三章　行业管理

第一节　管理机构

公安部技防管理工作

2018年，公安部科技信息化局安全技术防范工作指导处坚持以习近平新时代中国特色社会主义思想为指导，认真贯彻落实党的十九大和十九届二中、三中全会精神，深入学习贯彻习近平总书记系列重要讲话精神，指导各地公安机关推进公共安全视频监控联网建设步伐，创新技防建设应用，主要开展了以下工作：

一、积极推进公共安全视频监控联网建设

汇总、梳理各地区、各部门2017年度建立跨部门协调工作机制、建设视频监控体系、推进视频监控监管等公共安全视频监控建设联网应用工作进展情况，分析存在的问题，提出推动各级协调机制常态化运行、细化落实措施、推动整体发展的工作要求，以公共安全视频监控建设联网应用部际协调工作组办公室名义通报全国和相关部门；组织召开了相关标准培训电视电话会议，就公共安全视频监控建设联网应用标准体系以及相关重点标准进行解读培训；会同中共中央政法委员会、国家发展改革委员会相关部门部署开展国家级和省级公共安全视频图像信息交换共享平台的联网测试工作，并督促推进公共安全视频监控建设联网应用示范及重点支持项目建设，先后开展了对2016年度示范城市（区）的中期检查，完成了2018、2019年度重点支持城市（区）的遴选、建设方案评审、中央补助资金分配，以及对2020年度重点支持城市（区）的遴选及建设方案评审；坚持问题驱动，组织召开全国公安视频建设应用工作推进会，通报各地公安机关视频监控及技防建设应用工作情况，部署了公安视频监控联网建设、智能应用和安全防护等重点任务，并开展了公安视频传输网安全检查，进一步明确了工作方向。

二、加快推进公共安全视频监控立法及技防领域“放管服”改革

一是推动将《公共安全视频图像信息系统管理条例》列入国务院2018年立法工作计划，为加快立法工作提供了有力保障。配合司法部相关部门积极推进条例的审查、修改工作，先后完成向中央国家机关征求意见、提交司法部部务会审议等相关工作，目前正在按照有关审议意见做进一步修改完善。

二是深入贯彻国务院“简政放权、放管结合、优化服务”的有关精神，部署各地公安技防管理部门开展对技防产品生产登记制度取消落实情况的自查评估，并结合自查情况进行了全面评估。同时，针对部分存在的加强监管、引导采信等措施推进力度不足、效果有限等问题，会同局标准处多次与国家认监委相关部门就技防产品自愿性认证涉及的法规政策要求、信息安全检测等问题进行沟通，经广泛调研论证，形成了通过“自愿认证+行业采信”模式保障重点场所、部位技防产品质量的监管思路及工作要求。

三是认真贯彻落实党中央、国务院关于打赢脱贫攻坚战的要求，积极推动技防领域扶贫攻坚工作，推动天津市公安局图侦技防总队与贵州省兴仁县公安局、江苏省常熟市公安局与贵州省普安县公安局，就技防及视频监控领域“结对子”分别形成具体工作措施和时间进度表，并启动了对口帮扶的相关工作。

三、稳步推进安防行业改革，充分发挥安防行业组织、技术机构和重点实验室作用

一是组织召开2018年度安防行业组织、技术机构和重点实验室联席会议。结合公安科技信息化工作需要和联席会议各成员单位的专业优势，研究部署了行业协会动员引导安防企业参与扶贫、安防标委会加快安全技术防范重点标准制修订、相关安防认证机构及检测机构规范开展产品认证和检测、重点实验室加强视频监控网络安全研究等相关工作安排。

二是认真落实《中共中央办公厅　国务院办公厅关于印发〈行业协会商会与行政机关脱钩总体方案〉的通知》

和民政部有关要求，积极加强与民政部社会组织管理局、部人事训练局等部门的沟通协调，共同指导中国安全防范产品行业协会稳妥推进脱钩相关工作任务。

三是指导中国安全防范产品行业协会成功举办2018年中国国际社会公共安全产品博览会，集中展览展示公共安全领域视频监控、防盗报警、出入口控制、防爆安检、实体防护等安防应用技术与产品，以及信息安全、人体生物特征识别、突发事件应急救援、物联网、人工智能等技术及产品在公共安全领域的应用。其间，为突出引领行业发展、服务公安实战特点，公安部科技信息化局专门设置了公安技防创新应用成果展示专区，围绕“创新融合、强警惠民”主题，重点展示了各地公安机关在技防支撑实战、服务群众、行政管理和技术创新等方面取得的新成绩，以及在公共安全视频监控建设联网应用等方面取得的新成果。

四是加强安全技术防范重点标准制修订工作，指导全国安全防范报警系统标准化技术委员会完成了《安全防范工程技术标准》（GB50348-2018）的修订工作，发布了《国家标准GB 28181-2016符合性测试规范》（GA/T 1355-2018），并广泛开展了《公安数据元（视频图像）》等6项行业标准的征求意见工作。推进了重点标准的宣贯执行，举办了视频监控相关标准培训班，对各省区市和省会市、计划单列市公安科信部门分管负责同志和技术骨干进行了视频监控相关标准的宣贯培训，解读了涉及视频深度应用的6项行业标准（GA/T1399、GA/T1400系列标准）。

截至2018年年底，中国安全防范产品行业协会积极动员行业企业赴普安县招商引资，并推动东方网力科技股份有限公司和苏州科达科技股份有限公司无偿援建了370余万元的“东城区布依茶源小镇智能安防系统”，取得了良好的社会效果；全国安全防范报警系统标准化技术委员会制定的安全技术防范国家标准达62项、行业标准达145项，覆盖了前端建设、网络传输、系统搭建、后台应用等各个环节；中国安全技术防范认证中心、公安部第三研究所（认证中心）和公安部安全与警用电子产品质量检测中心、公安部安全防范报警系统产品质量监督检验测试中心正在按照公安部科技信息化局要求，规范开展公共安全视频监控产品自愿性认证及检测工作；安全防范技术与风险评估公安部重点实验室建立了视频监控网络安全监测预警通报制度，定期向各地通报网络安全漏洞、风险，发布相关解决方案，有效支撑了各地视频监控系统网络安全防护能力的提升。

资料提供：公安部科技信息化局安全技术防范工作指导处

地　　址：北京市东城区东长安街14号

电　　话：010-66266548

北京市技防管理工作

2018年，北京市安全技术防范管理工作，以北京市图像信息系统建设管理工作办公室（以下简称“市图办”）为工作载体，全力推动开展公共安全视频监控建设联网应用工作（即“雪亮工程”），严格落实视频监控建设、管理责任，强化社会治安掌控能力，努力提升首都社会治安防控水平，为首都安保维稳提供坚实有力的实战支撑。

一、全面统筹细化部署，推动全市“雪亮工程”建设

（一）加强顶层规划

一是会同首都社会治安综合治理委员会办公室，组织召开“2018年全市‘雪亮工程’建设工作部署推进会”，通报2017年北京市公共安全视频监控建设联网应用工作进展情况，对2018年“雪亮工程”建设重点任务进行了专项部署。二是研究制定2018年全市“雪亮工程”重点工作和任务分工，围绕5方面重点工作细化了32项重点建设任务和阶段目标。三是组织北京市市属各委办局、局属业务单位和分局参加全国公共安全视频监控建设联网应用相关标准培训，宣讲并解读相关国家标准的主要内容。

（二）组织会议部署

一是会同首都社会治安综合治理委员会办公室，分别组织召开市级部门“雪亮工程”建设进展情况汇报会、各区“雪亮工程”建设推进会和市局“雪亮工程”建设推进会。北京市公安局视频警务和安技防通信保障处对全市“雪亮工程”建设的相关数据进行汇总分析，剖析存在的突出问题，有针对性地制定了下一步工作重点，并在3次会议上进行了通报。二是总结2018年上半年全市“雪亮工程”重点任务推进情况，并落实北京市委领导指示要求，会同首都社会治安综合治理委员会办公室，组织召开十六区“雪亮工程”建设情况调度会和市级部门“雪亮工程”建设调度会，会上针对建设中存在的问题进行重点提示，并对下一步工作进行了部署。

（三）开展迎检自查和中期督导

一是会同首都社会治安综合治理委员会办公室和专家组，赴通州区、东城区开展示范区建设迎检自查，对两个区在迎检工作中存在的问题进行提示，并提出合理化建议。二是会同首都社会治安综合治理委员会办公室、北京市发展和改革委员会、北京市经济和信息化委员会、北京市财政局等单位组成联合检查组，围绕“雪亮工程”重点项目建设情况、视频智能化应用推进情况，以及各级共享交换平台、综治应用平台建设对接等工作，对有关委办局、城区落实情况开展专项督查。对排查出来的问题进行全面梳

理、分析，查找原因，逐项研究落实整改措施，明确整改期限，切实解决工作中存在的问题。

（四）组织开展2018年度“平安北京”建设“雪亮工程”考核工作

按照北京市委政法委的统一部署，研究制定《2018年全市“雪亮工程”建设工作考核评分细则》，组织市属相关委办局和各区全力做好年度考核相关工作。

（五）组织开展市级财政重点支持工作

一是组织各区围绕2018年度“雪亮工程”重点工作，编写本区2018年度“雪亮工程”建设方案。二是会同首都社会治安综合治理委员会办公室，组织行业领域专家对十六区建设方案进行集中评审。按照评审意见，组织十六区对《2018年“雪亮工程”建设方案》进行修改完善，作为市级财政补助比例分配的重要依据。

（六）开展火车站及铁路沿线视频资源联网整合

以推进火车站“雪亮工程”视频资源联网整合为牵动，组织开展火车站和铁路沿线视频建设联网工作。会同首都社会治安综合治理委员会办公室，组织召开全市涉铁路“雪亮工程”建设工作协调会，中国铁路北京局集团公司及市政府有关职能部门的领导参加会议，会议研究确定了工作思路。会后，制定编发《火车站及铁路沿线视频资源联网整合工作实施方案》（京图信管字〔2018〕4号），明确了相关部门的职责任务，牵动各部门紧密配合、加强协作，共同推进全市涉铁路“雪亮工程”建设。

（七）与委办局开展工作对接

一是组织研究市级平台与北京市公园管理中心和北京市防汛办的联网平台的对接工作，并出具工作意见，满足委办局对相关视频的调用需求，实现市级平台对重点行业领域视频资源的整合共享。二是和中央国家机关管理局、国家邮政管理总局、北京市交通委员会、北京市安全生产监督管理局、北京市城市管理委员会、北京市商务委员会、北京市水务局、北京市安全局就开展“雪亮工程”建设工作进行对接，明确提出年度“雪亮工程”建设重点工作及要求，在明确职责任务的基础上，指导规范委办局的视频布点建设和平台对接工作。

（八）组织北京市东城区、通州区示范项目验收检查

组织东城区、通州区开展示范项目竣工验收和建设工作总结，会同首都社会治安综合治理委员会办公室、北京市发展和改革委员会，组织专业技术专家和经济管理专家对两个区示范项目竣工验收工作进行实地检查，编写形成检查报告。

二、加强培训，狠抓执法规范化建设，夯实公共安全视频监控监督管理基础

（一）组织全局技防监管实战培训

北京市公安局视频警务和安技防通信保障处在大兴分局组织召开技防监管业务培训会，局属各相关单位和机场分局相关部门领导和责任民警参加培训。培训中，紧密围绕业务工作实战需求，从公共安全图像信息系统备案、安全检查和执法处罚三方面进行培训，确保参训民警正确地掌握公共安全图像信息系统的备案流程和要求，熟悉图像信息系统执法检查和行政处罚的程序、标准。培训后，发挥连续作战精神，组织各单位开展单位内部相关一线民警技防监管技能的二级培训。全局各业务部门和分局一线民警受训率达到70%以上。通过二级培训，基层民警清楚管理内容，掌握工作方法，把握技防政策法规，保证社会面技防监管工作落地见效，为基础业务工作提供重要支撑和保障。

（二）加强公共安全视频监控依法监管工作

督导局属业务部门、各分局加强公共安全视频监控的依法监管工作，重点推进图像备案和监督检查，并将该工作首次纳入“2018年全市‘雪亮工程’重点工作”。一是对2018年公共安全图像备案和执法检查工作按照季度进行阶段小结，通报存在的相关问题，提示下一阶段的重点工作。二是针对重大安保节点，编发安全检查工作方案，组织局属各相关单位对管辖场所和区域内的公共安全技防系统开展拉网式安全大检查和隐患问题监督整改，切实保障技防系统在反恐防恐、维稳处置、防范打击违法犯罪活动中发挥重要作用。

三、政策引导运行规范，全面加强安防协会监管工作

（一）有序开展脱钩相关工作

按照有关工作要求，积极组织北京安全防范行业协会围绕机构分离，规范综合监管关系。一是北京安全防范行业协会按照有关文件要求，到北京市民政局社会团体管理办公室办理换取新的《社会团体法人登记证书》（正副本）。二是召开了北京安全防范行业协会脱钩后资产管理工作会，北京市公安局警保部、通达资产管理公司以及北京安全防范行业协会的相关领导及负责同志参加了会议。会上，就北京安全防范行业协会脱钩后的资产管理工作进行了充分的交流研究，并达成一致意见。三是召开了第三届会员代表大会，选举产生了新一届领导班子。在北京市公安局视频警务和安技防通信保障处的指导下，新一届协会领导班子进行了内部组织架构调整，增加了日常办公管理、劳动纪律管理、人事档案管理、考勤管理等十项协会管理制度，实现了北京安全防范行业协会规范化运营管理模式。

（二）积极推进协会业务工作

一是委托5家北京安全防范行业协会会员企业开展社区安防解决方案座谈交流，为进一步了解当前安防企业对社区安防的解决方案和先进技术提供了重要参考，也为安防企业更好地了解政府部门需求提供了渠道。二是开展企业能力评价评审和年审工作。2018年，北京安全防范行业

协会正式提交能力评价企业 192 家，合规性审查资料 392 份，受理合格 197 份，退回 195 份，发证 211 家；能力年审提交企业 465 家，合规性审查资料 774 份，受理合格 388 份，退回 386 份，年审通过 384 家。三是指导北京安全防范行业协会完成北京市卫生健康委员会所属医院技防效能评估工作。

（三）开展业务合作

一是会同北京安全防范行业协会，协助中国安全防范产品行业协会成功举办了“2018 年中国国际社会公共安全产品博览会”，并共同携手打造了“全面促进安防企业发展系列高端论坛——宏观经济未来走向及安防行业发展趋势分析”主题论坛。二是为配合业务工作顺利开展，报经北京市公安局指挥部和北京安全防范行业协会领导批准，组织会员单位，切实保障各类活动期间北京市各安防系统能够稳定、不间断运行。

四、其他工作

配合北京市公安局人口管理总队推进智能门禁数据汇聚试点工作。一是组织多家专业公司研讨以智能门禁系统为基础的“智慧社区”试点建设。二是就智能门禁建设和人口数据信息汇聚等内容，和首都社会治安综合治理委员会办公室、北京市公安局人口管理总队进行交流。三是会同北京市公安局人口管理总队基础工作大队，对丰台区太平桥西里社区智能门禁建设应用情况开展实地调研，并根据调研情况编写调研报告。四是在北京市城市规划委员会的组织下，参与《北京市住宅区及住宅安全防范设计标准》的修订工作。五是参加全市科技创安大会，与北京市公安局人口管理总队合力推进智能门禁系统建设应用，并与北京市公安局人口管理总队就智能门禁信息汇聚工作进行交流。

经过一年的努力，北京市技防管理工作取得了显著成绩。随着各项重大安保任务圆满完成，全社会技防管理体系进一步完善，尤其是固化了公共安全图像信息系统“建、维、管、用”工作长效机制，实现了视频资源“建设情况、应用状态、管理水平、防范效能”的整体掌握，有力保障了视频巡控工作全覆盖、无盲区和高效运行。同时，以落实国家九部委文件要求为工作指引，健全北京市各城区视频建设联网工作领导体系，建立视频建设联网工作部门协调工作制度，强化视频建设联网保障，全力推动北京市视频工作科学有序发展。在此基础上，通过深入一线、贴近基层，广泛开展技防管理实战调研，针对公安工作实际问题和实战需求，努力探索高新技术的创新应用，深度挖掘社会单位技防设施的实战效能，不断总结提炼技防管理的成功经验，形成了独具首都特色、具有推广价值的技防管理北京模式，为人民群众安居乐业、社会经济快速发展提供了坚实的科技支撑和保障。

资料提供：北京市公安局指挥部视频警务和安技防通信保障处

地　　址：北京市东城区前门东大街 9 号

电　　话：010-85222166

天津市技防管理工作

2018 年，天津市公安局安全防范技术管理办公室在公安部科技信息化局和天津市公安局党委的正确领导下，积极发挥职能作用，依托市视频监控网建设指挥部，继续完善全市视频监控网各项建设，推动视频监控网向立体化、智能化发展，现已初步完成了规模化基础建设和实战化共享应用的阶段性任务。同时，围绕技防精细化管理、社会视频资源整合等工作，不断创新工作思路，完善工作机制，并积极推进落实，进一步提升了全市社会治安防控能力和水平。

一、继续推进视频监控网补“点”扩“面”建设，加强视频监控点位覆盖建设

一是强力推进缓建点位建设，继续织密点位布局。针对前期因棚户区改造、道路施工、地铁建设、区域规划等原因而缓建的视频监控点位，组织推动相关区积极与施工单位进行对接，对具备施工条件的点位第一时间组织建设；针对短时期内无法完成建设的点位，研究制定迁移方案，规划勘测迁移位置。

二是积极推进联网整合，提升共享应用水平。积极与相关重点部门、行业协调对接，相继联网接入天津海关监控点位、银行门前高清点位。同时，组织各区对辖区内的大型商超、中小学校等重点单位开展联网整合。此外，依托政务外网接入北京市生态环境局“蓝天卫士监控平台”点位、市应急管理局“危化企业视频平台”点位，对农村地区和危化场所的视频监控实现了资源共享。

三是优化视频监控网架构，最大限度地下放视频终端应用权限。按照“平时全部授权、战时科学管理”的原则，为满足全市监控终端同时访问共享平台需求，优化了网络数据交换架构，升级完善了共享平台技术支撑功能，达到了全市多路视频跨网跨域调取的并发能力，大幅提升了平台运行负载水平，增强了可靠性和稳定性。截至目前，已对天津市应急管理局、天津市城市管理委、天津市安全局等职能部门，以及全市公安派出所 100%授权。

四是搭建互联网汇聚平台，提升社会视频资源利用效率。积极探索联网整合新方式，搭建了社会视频资源互联网汇聚平台。通过互联网对一般企事业单位、临街店铺等

三类视频监控系统中涉及公共区域的点位进行联网，丰富了视频监控联网方式，降低了视频联网整合资金压力。自该平台建成后，已接入网吧和部分小超市、餐饮等临街店铺，以及网约车移动视频图像5100余个。

二、推动制高点建设，初步形成立体化、智能化应用格局

为切实增强对“立交桥、广场、商业街区、公园、公交场站、市场”等6类反恐重点部位和人员密集区域的整体防控水平，提升应急处突支撑能力，组织各区开展整体规划和现场踏勘，推动建设完成视频监控制高点。

三、以重点项目、民生工程为抓手，进一步提升整体防范能力

推进住宅小区视频监控建设维护升级工作，提升人民群众的安全感。推动各区按照2017—2019年全市老旧小区及远年住房安全整治工作的统一部署，累计在市内六区及东丽、西青、北辰等九个区的老旧小区进行技防系统建设；针对2012—2015年旧楼区改造项目的976个小区，推动落实产权责任，开展技防设施维修、维护工作。

四、不断完善工作机制，深化技防精细化管理

一是完善在用技防系统现场核查机制，推动监督检查工作的落实。对各类在用技防系统的完好使用情况、单位纳管情况和每月一次监督检查落实情况等内容，每周进行现场检查，每月汇总检查情况反馈各分局技防管理部门，每季度形成专项通报发各分局，并对检查中发现违反《天津市安全技术防范管理条例》的情况，下发《关于办理指定行政案件的通知》，督促相关分局开展技防执法工作，确保了社会视频依法依规建设，全市各类视频点位完好使用率达到95%以上。

二是落实市政府关于深化“放管服”和“一制三化”改革的相关要求，进一步减少了技防系统开工、竣工行政审批申报材料，将办理时限缩短为5个自然日，并开通“网上办理”，切实做到让群众“最多跑一次”。2018年，累计受理、审批技防系统开工审核和竣工审验行政许可审批事项113件。同时，严格对天津市及进津企业备案登记进行管理。2018年，累计受理本市安防企业备案登记493件、外省市企业项目备案527件。

三是根据“放管服”改革和行政审批制度改革工作要求，经2018年12月14日天津市第十七届人民代表大会常务委员会第七次会议决定，对《天津市安全技术防范管理条例》进行了修改，取消了技防系统开工审核和竣工审验行政许可审批事项，增加了技防系统工程备案和安防企业备案两项公共服务事项以及相关事中事后监管措施的条款。

五、助力“雪亮工程”示范区依法依规建设

2018年4月，按照天津市政法委相关要求，组织相关技术专家和审计专家，会同天津市政法委社会治安综合治理委员会办公室、天津市发展和改革委员会对全国2016年“雪亮工程”示范区——津南区的建设现状、进展情况、目标完成情况、重点工作推进情况、补助资金使用情况、保障措施执行情况等方面进行了中期检查，并正在配合市政法委开展津南区“雪亮工程”项目验收工作。

经过一年的努力，天津市技防管理工作取得了长足的进步，特别是全市视频监控网建设得到了进一步完善，立体化建设、智能化应用格局初步形成，在夏季达沃斯论坛、第十三届全运会、中俄首脑会晤、全国“两会”等重大安保工作，反恐维稳、治安防控、打击犯罪等公安实战以及相关单位、部门的社会管理工作中发挥了重要支撑作用。

资料提供：天津市公安局安全技术防范管理办公室
地　　址：天津市西青区新科道2号
电　　话：022-27204660

河北省技防管理工作

2018年，河北公安技防工作在河北省公安厅党委的正确领导下，紧紧围绕公安改革重点工作，克服任务重、工作多、人员少的困难，积极主动，圆满完成了各项工作。河北省公安厅大力推进公共安全视频监控建设，依托“雪亮工程”建设，大幅提升了全省视频监控覆盖率。视频监控在河北省安保维稳、应急处突、治安防控、打击犯罪、社会管理、服务民生等方面发挥了重要作用，成为维护国家安全和社会稳定的重要手段、提升社会治理能力的重要载体、建设平安河北的重要支撑。

一、积极推进视频监控系统建设

河北省依托“雪亮工程”建设，持续大力开展视频监控系统建设。2018年，河北省11个市全部被确定为国家公共安全视频监控建设联网应用重点支持城市，通过国家支持资金，带动各市投入大量资金，开展了大规模的公共安全视频监控系统建设，使河北省的视频监控资源储量得到大幅度提升。

二、推进安防服务管理工作

根据河北省政府《河北省公共安全技术防范管理规定

修正案》（河北省人民政府令〔2010〕第 10 号）要求，认真做好对全省安防企业的服务工作。按照河北省公安厅要求，进一步对办理的服务业务进行了梳理，简化了工作办理流程，精简了申报材料，方便了企业的申报工作。将技防管理工作纳入省政府的“双随机一公开”工作，对各地的技防设施建设工作进行抽查，有效推进了社会重要区域、部位的技防设施建设。

三、开展全省公安科技活动周活动

按照科技部、公安部和河北省政府的统一部署，河北省公安厅在 2018 年 5 月中下旬开展了公安科技活动周活动。制定了《河北省公安机关 2018 年公安科技活动周活动方案》，全省各级公安机关精心组织、周密安排，以“科技创新、兴警惠民”为主题举办了公安科技活动周活动，采取多种形式开展了内容广泛的贴近实际、贴近生活、贴近群众的科技宣传活动。通过邀请知名专家进行专题讲座、公安宣传进社区、警营开放日等活动，利用车辆设备、宣传展板、展图、散发宣传资料等形式，向广大市民群众宣传公安机关科技强警的成果，并开展现场互动，邀请部分群众登上武警巡逻车进行体验，充分显示了公安机关的新形象和战斗力，有效地帮助群众提高科技强警、科技惠民的认知力，取得了良好的宣传效果。

四、组织河北社会公共安全产品博览会

2018 年 3 月 23 日–25 日，河北省组织的“2018 第十七届河北社会公共安全产品博览会”在石家庄国际博览中心举办。本次博览会汇集了全国各地 600 多家安防行业知名企业和品牌，展示了当今国内外先进的视频监控、防盗报警、智能门禁、巡更巡检、警用装备、生物识别、防伪技术、智能交通、消防产品等一系列科技技术和设备产品，并举办了安防专业论坛，邀请国内知名专家和企业人士发表主题演讲，使广大群众增加了对新产品、新技术的了解，取得了良好的社会效果。

2018 年，河北省公安厅技防办在省公安厅党委的正确领导下，牢牢坚持以社会平安为中心、以技防设施建设为重点、以人民满意为标准，全力以赴地推进各类社会技防工程建设，提高技防管理部门服务质量，创新社会治安管理模式，为全省人民的安居乐业提供了有力的技术保障。今后，河北省公安厅安全技术防范管理办公室将进一步加强技防管理工作，理顺工作流程，提高服务质量，为实现创新型社会管理而不懈努力。

资料提供：河北省公安厅安全技术防范管理办公室
地　　址：石家庄市桥西区槐安西路 276 号
电　　话：0311–66991973

山西省技防管理工作

2018 年，山西省公安厅治安管理总队安全技术防范支队在山西省公安厅党委的统一安排部署下，按照年初制定的工作计划，圆满完成了各项工作任务。山西省安全技术防范管理工作尤其是视频监控系统建设联网应用工作扎实推进，取得了明显成效。

一、进一步转变职能，优化服务，强化安全技术防范行业服务、监督、管理工作

1. 实行技防业务全部审批流程网上办理。在网上公布办事指南（包括审核依据、受理部门、所需材料、审批环节和时限等）、申请表格（包括网上下载、在线填报）等办理所需材料，申请人网上申请，省、市两级公安机关网上审核，每个环节短信告知，随时查询办理进度，全流程网上办理，极大地方便了企业。2018 年，共受理审核新申办企业 73 家，受理证书登记事项变更企业 78 家。截至 2018 年年底，全省从事安全技术防范设计、安装、监理、运营并取得《山西省安全技术防范从业单位资质证》的企业共有 1000 余家。

2. 按照公安部、省公安厅深化“放管服”改革和便民利企有关工作要求，对技防业务的办理时间进一步缩减，办理时限从 15 个工作日缩减为 10 个工作日；对审核环节进一步优化，将企业向市级公安机关递交原件审核的环节取消，优化为企业办理结束领取证件时向市级公安机关递交承诺书，为企业节省了时间，减轻了企业负担。

3. 按照市场主体信用信息公示的有关要求，从业单位获得资质情况全部在山西省市场主体信用信息公示网上公示。

二、重点开展全省公共安全视频监控建设联网应用工作

2018 年以来，山西省各级公安机关在当地党委政府的领导下，按照公安部、山西省委省政府的整体部署，深入贯彻落实《关于加强公共安全视频监控建设联网应用工作的若干意见》等文件要求，按照《山西省公共安全视频监控建设联网应用工作实施方案》的总体规划，将公共安全视频监控建设联网应用工作作为构建社会治安防控体系的重要举措，作为预防打击犯罪、维护治安稳定、强化社会管理和服务人民群众的重要手段大力推进。

（一）进一步加大建设投入力度

近年来，各级公安机关积极争取当地党委政府的支持，沟通协调政府各有关部门，将公共安全视频监控建设联网应用工作作为“一把手”工程予以推动，公共区域视频监控建设的资金投入也争取纳入当地政府财政预算。全省公共区域的视频监控已基本完成了主要城镇道路交叉口无死

角、主要道路关键节点无盲区、人员密集区域无遗漏，以及要害部位、案件高发区域、治安复杂场所主要出入口全覆盖。

（二）积极推进联网整合

截至目前，省、市、县三级基于视频专网的公共安全视频监控综合管理服务平台已基本建成。全省十个市级平台实现了与省级平台的联网对接，并实现了部门间资源共享。2018 年 7 月，完成了与国家共享平台的联网对接。

（三）不断提升应用效能

经过几年的建设，山西省已初步形成了覆盖全省公共区域、交通要道、治安复杂场所及涉及国计民生的公共安全视频监控网络，视频图像信息在反恐维稳、指挥处置、治安防控、侦查破案、公共安全管理、执法监督、内部管理、部门共享、服务民生等工作中发挥了重要作用。2018 年，全省运用公共安全视频监控图像信息直接破获刑事案件占全省破获刑事案件总数的 37.6%；抓获犯罪嫌疑人 1.8 万余人。运用公共安全视频监控图像信息直接查处治安案件占全省查处治安案件总数的 41.38%；处罚违法人员 16 万余人。服务群众和相关部门 35 万余人次。山西省公安厅测试上线运行的全省动态人脸识别系统在太原市小店区大马村的布控试点中成功识别、报警并指引民警抓获了因诈骗在逃 4 年的嫌疑人姚××和故意伤害在逃 6 年的嫌疑人郎××，实战应用效果初显。

2019 年，山西省公安厅治安管理总队安全技术防范支队要聚焦公安大数据发展大局，紧密围绕“二青会”和 70 周年大庆安保等重点工作任务，按照全省治安工作的整体安排，继续全面推进山西省以视频监控系统建设联网应用为重点的各项安全技术防范管理工作。

资料提供：山西省公安厅治安管理总队安全技术防范支队
地　　址：山西省太原市桃园南路 59 号
电　　话：0351-3659690

内蒙古自治区技防管理工作

2018 年，内蒙古自治区技防管理部门在公安部和内蒙古自治区公安厅党委的正确领导下，以党的十九大精神为指引，依据《内蒙古自治区公共安全技术防范管理条例》、《内蒙古自治区公共安全视频监控图像信息系统管理办法》，大力开展公共安全技术防范执法监督工作，并积极推进内蒙古自治区社会治安防控体系建设和公共安全视频监控体系联网建设工作，取得了明显成效。

一、公共安全技术防范执法监督工作

（一）开展《内蒙古自治区公共安全技术防范管理条例实施细则》制修订工作

为了有效贯彻落实《内蒙古自治区公共安全技术防范管理条例》（2017 年 7 月 22 日，内蒙古自治区第十二届人民代表大会常务委员会第三十四次会议修订），进一步加强公共安全技术防范监督管理工作，根据内蒙古自治区的实际情况，内蒙古自治区公安厅科技信息化总队起草了《内蒙古自治区公共安全技术防范管理条例实施细则（征求意见稿）》。按照《内蒙古自治区公安厅重大行政决策程序规定实施细则》的程序要求，广泛征集专家、各盟市公安局科技信息化部门、行业企业以及社会各方面意见，并组织业内专家按规定对《内蒙古自治区公共安全技术防范管理条例实施细则》进行了修订完善。

（二）开展公共安全技术防范管理便民、利民工作

一是为了进一步做好便民、利民工作，在内蒙古自治区公安厅门户网站政务公开栏目中刊登《内蒙古自治区公共安全技术防范管理条例》、《内蒙古自治区公共安全技术防范管理条例实施细则》、《内蒙古自治区公共安全视频监控图像信息系统管理办法》等相关法律法规、标准。

二是为了使公共安全技术防范系统设计、施工、维修单位备案工作更加便民、利民，依据《内蒙古自治区公共安全技术防范管理条例》及自治区公安厅“放管服”改革工作要求，制定并向全区盟市公安机关下发《关于进一步改进公共安全技术防范系统设计、施工、监理和维修单位备案工作的通知》。对现行的备案工作进一步进行了改进，取消了不必要的备案材料。同时，要求全区盟市公安局依法加强事中事后监管。对因工作不力、不到位、滥用职权等造成后果的，依法依规追究相关人员责任。

三是完成了动态调整互联网+政务服务有关公共安全技术防范设计、施工和维修单位备案相关事项的补充和完善工作，同时根据目前存在的问题，向相关部门提出了工作建议。

（三）开展《内蒙古自治区公共安全技术防范管理条例》宣贯及公共安全视频监控（技防）系统建设专项执法监督检查工作

为了进一步宣传、贯彻《内蒙古自治区公共安全技术防范管理条例》，加强公共安全技术防范执法监督管理工作，2018 年在全自治区范围内开展了条例宣贯及公共安全视频监控（技防）系统建设专项执法监督检查工作。经过动员部署和摸底、检查和监督整改、总结和巩固提高三个阶段，采取传统手段和现代手段相结合，运用发放传单、微信、微博等丰富多样的方式大力开展了条例宣贯工作。各盟市公安局科技信息化部门同时依法开展了对条例规定的应当安装符合标准的技防产品或者技防系统的场所和部

位，以及公安部在公共安全视频监控管理工作中确定的重点行业、领域涉及公共安全的重点部位的检查，摸清了公共安全视频监控（技防）系统建设的种类、架构、功能、数量等相关底数，对违反条例的行为依法下达责令限期整改通知书督促整改。

二、公共安全视频监控建设联网应用工作

（一）聚力补点扩面，强化资源整合，实现了视频监控及技防基础建设的提档升级

在新形势新需求的变化驱动下，视频监控及技防建设质态不断发展优化，点位布局更加科学严密，联网整合更加规范高效，智能化趋势和规模化效益日益凸显。一是前端点位持续高质快速增长。各盟市公安机关均建成了视频图像信息共享平台和联网平台，为在全自治区范围内实现视频图像跨地区、跨部门共享调用奠定了基础。二是视频监控智能建设不断深入。在机场、车站等重要部位，人像卡口不断普及，基本全面覆盖人员密集区域和治安复杂场所。目前，厅级视频图像综合应用平台建设初见成效，并已完成与部级视图库的对接。三是基础建设水平提升明显。随着视频专网覆盖范围的不断扩大，绝大多数政府部门间的视频共享已经实现，全自治区“全网共享”的目标指日可待。四是公安机关内部视频监控资源整合初见成效。按照公安部《关于进一步加强公安机关内部视频图像信息资源整合与共享工作的通知》精神，公安机关内部视频图像监控已完成联网整合。

（二）坚持需求导向，强化实战应用，提升了视频监控及技防对公安工作和社会治理的服务支撑能力

随着视频监控覆盖率、联网率和智能化程度的不断提升，视频图像在公安工作中的应用更加广泛丰富，切实提升了公安机关履职能力。一是提升了应对风险的预警处置能力。通过人脸识别、车辆布控、视频接力等方法手段的使用，将公安机关维稳安保、指挥处置等工作中的视频应用，从事中控制、事后调查向事前预警的方向推进了一大步。二是提升了违法犯罪的精准打击能力。高度联网共享和智能分析应用推动视频图像在侦查破案中的贡献率不断提升。三是提升了对社会面的动态管控能力。四是提升了惠民便民的主动服务能力。各地积极打造服务群众的视频监控应用模式，取得了很好的效果。

（三）加强政策引领，强化顶层设计，推动公共安全视频监控建设联网应用工作再上新台阶

一是强力推进示范城市建设工作。在公共安全视频监控建设联网应用厅局协调工作组的总体督导推进下，2016 年确定的 2 个“雪亮工程”示范城市（呼和浩特市和乌海市）将示范项目建设纳入本地经济发展和城乡规划统筹实施，产生了规模示范效应。在此基础上，2018—2019 年两批共 4 个重点支持城市（区）也已经确定。同时，未被纳入示范或重点支持的地区也在积极推进建设，“雪亮工程”的影响辐射范围不断扩大。二是推进自治区本级公共安全视频监控第一期项目落地实施。按照项目推进计划安排，目前项目硬件已经全部部署到位，视频共享平台、视频解析系统、智能运维系统等系统正在稳步运行，各类数据不断增加，实现了和国家电子政务外网平台的对接。全自治区在视频图像资源运行维护、深度应用及跨部门共享等方面的能力和水平得到极大提升。

2019 年，内蒙古自治区公安厅科技信息化总队将紧紧围绕全年重点工作及公安厅重点工作任务，努力认真开展各项工作，使内蒙古自治区技防工作步入一个新阶段、上升一个新高度。

资料提供：内蒙古自治区公安厅公共安全技术防范管理办公室

地　　址：内蒙古呼和浩特市海拉尔大街 15 号

电　　话：0471-6550392

辽宁省技防管理工作

2018 年，辽宁省公安厅技术防范办公室在辽宁省公安厅党委的统一安排部署下，按照年初制定的工作计划，圆满完成了各项工作任务并取得了明显成效。

一、建章立制定规范

2018 年上半年，辽宁省公安厅科技信息化总队组织全省科信战线对技防执法执勤标准进行重新征求意见并修改完善，形成了《全省公安技防执法工作规范（2018 版）》，新规范的出台标志着辽宁省坚持以法治化为引领、以实战化为导向、以制度建设为依托的公共安全技术防范工作开启了新的征程。同时，为了明确辽宁省商业营业场所（大中型商场和超市）安全技术防范系统标准，提高安全技术防范标准化执法程度，提升安全防范效能，总队已经完成了《辽宁省大中型商场和超市安全技术防范系统要求》地方标准项目框架、初稿的起草、调研征求意见、修改论证、送审审定等全流程工作，预计该标准于 2019 年年初由省市场监督部门向社会颁布施行。

二、专项引领保校园

为了进一步加强中小学安全防范工作，严密防范发生涉及校园安全的案（事）件，提升守护校园安全的科技含量，辽宁省公安厅科技信息化总队经报请常务副厅长同意，在全省范围内组织开展为期 7 个月的“科技守护校园”专项执法行动。

自专项工作开展以来，沈阳市公安局、葫芦岛市公安局作为全省试点城市，深刻认识“守护校园安全，确保学生平安”的目标要求，全面提高政治站位，提升组织领导，提速推进落实各项工作措施。沈阳市公安局对全市581所中小学校进行了900余次的走访和检查，采集技防信息7000余条，下发581份技防检查通知书，生成923份检查记录，下达178份整改通知书，约谈整改216次，排查技防隐患线索788条；葫芦岛市公安局专门成立了“科技守护校园”专项办，通过传帮带授课、现场示范讲解、回头看督导、现场会推进等方式对全市专项工作进行了全面推进。在完成好信息采集、执法检查等规定动作基础上，积极研发建设“科技守护校园”落地平台“校园哨兵平台”，力求通过科技手段打造守护学校师生的铜墙铁壁。其他城市紧紧围绕省厅执法方案的总要求，全力开展中小学技术防范系统建设检查，全力实施中小学技术防范隐患排查整改，全力提升了中小学技术防范效能。

专项执法行动期间，全省累计投入警力12953人次，成立执法检查组1257个，检查各类学校5603所，排查技防隐患线索3426条，整改完成2553处。

三、注重培训抓实效

为了加强新执法规范在实战办案中的应用，辽宁省公安厅科技信息化总队于2018年10月30日至11月1日在省交警培训中心举办了“全省公安技防执法工作规范培训班”，各市科技信息化部门分管领导、业务骨干及部分县区局民警共计40人参加培训。此次培训，辽宁省公安厅科技信息化总队精心设置课程，专门邀请全省公安战线知名法学专家、技术能手以及实战经验丰富的一线民警，围绕技防执法工作规范、技防行政案件程序规定、视频网络安全技术、技防标准体系和执法办案实务等方面进行讲解和研讨。通过培训，进一步明确了法条的适用范围、规范了执法的程序、开拓了执法标准化的视野，提升了民警执法办案的能力和水平，为做深、做精、做强技防执法工作夯实了基础。

一年来，辽宁省公安技防管理工作取得了一定的成绩，下一步，辽宁省公安厅技术防范办公室将按照公安部和省委省政府的部署要求，在省厅党委的坚强领导下，全力以赴推进全省技防各项工作的新发展，取得技防工作新业绩，实现辽宁技防工作的新跨越。

资料提供：辽宁省公安厅技术防范办公室
地　　址：辽宁省沈阳市岐山中路2号
电　　话：024-86992121

吉林省技防管理工作

2018年，吉林省公安厅视频监控处紧紧围绕创建全国最安全省份的总目标，立足做强视频监控技术手段，着力攻难题、补短板、强长项、促发展。创新视频监控建设运营模式，成功搭建警企合作平台，共建共享视频监控与通信网络基础设施，建成监控摄像机“一机一档”系统，建档率、信息采集率达到100%，点位标注准确率达到98%，联网共享率达到96%；建成通行车辆库、动态人像库、涉案视频库，率先与公安部数据库实现对接；率先启动视频监控纵深安全防护体系建设，初步解决了视频传输网数据“裸奔”问题；视频监控实战平台广泛授权，赋能实战警种和一线所队更快地破大案、更多地破小案、更好地控发案，运用视侦手段破获刑事案件数达到破案总数的83.2%。公安部召开现场会推广省视频监控工作经验，吉林省公安厅视频监控处在全国视频监控建设应用工作推进会上介绍经验。

资料提供：吉林省公安厅视频监控处
地　　址：长春市新发路806号
电　　话：0461-82098382

黑龙江省技防管理工作

2018年，黑龙江省安全技术防范管理部门在公安部和黑龙江省公安厅党委的正确领导下，按照全省公安科技信息化工作要点，有序地开展了全省技防管理工作，紧紧围绕“数据警务”和“社会治安防控体系”工程建设任务，加大工作力度，狠抓工作落实，强化了视频监控系统建设，巩固了技防执法规范化工作，有效强化了技防管理对公安中心工作的服务和支撑。

一、推进“六大工程”建设任务

一是完成全省人证票系统建设。顶层设计、明确分工、标准先行。与黑龙江省交通厅、哈尔滨铁路局分别签署了全省《人证票信息采集核验系统合作建设工作意见》，逐级成立项目联合推进组，明确职责分工，制定施工方案，建立微信群，公布具体对接责任人、联系方式和实施计划。先后协调黑龙江省交通厅运管局、哈尔滨铁路局各站段起草并印发了《关于开展全省长途客运站人证票信息采集核验系统建设有关事项的通知》、《关于人证票系统视频图像信息接入视频监控平台的通知》等文件，进一步明确建设规模、标准及进度安排，有力指导各级项目落实单位推进项目实施。多方配合、多措并举、共同推进。指导各级项目推进组，带领各级公安机关铁路、科信部门，协助中标公司等多家参与项目建设公司，连续作战、攻坚克难，先后组织召开协调会11次，电话沟通协调210余次，解决施工过程中遇到的问题130余个，有力保障了项目在跨行业、跨部门、跨警种、多方参与模式下的顺利实施。

二、推进视频监控资源联网共享

黑龙江省公安厅及全省13个市地公安机关视频联网共享平台全部建设完成，全省127个县（区）公安视频监控图像接入省级公安视频联网平台。

三、推进“雪亮工程”建设

积极配合黑龙江省社会治安综合治理委员会办公室推进“雪亮工程”建设，督导佳木斯、大兴安岭、鹤岗、伊春等四个重点支持城市加快建设进度，联合下发了《关于对鹤岗市“雪亮工程”示范项目建设督导的通知》。按照《公共安全视频监控建设联网应用工程示范和重点支持项目管理办法》和中期检查的通知要求，黑龙江省社会治安综合治理委员会办公室、黑龙江省发展和改革委员会、黑龙江省公安厅联合下发了《关于开展公共安全视频监控建设联网应用示范项目中期检查工作的通知》。同时，黑龙江省社会治安综合治理委员会办公室牵头，组织发改、审计、公安、财政等部门联合对重点示范城市佳木斯进行了现场督查审计。11月底，黑龙江省社会治安综合治理委员会办公室、黑龙江省发展和改革委员会、黑龙江省公安厅联合对重点示范城市佳木斯进行了验收督导。

四、加强视频运维管理

加强视频运维管理工作，建立定期巡检、通报制度，制定了《视频运维管理规范》、《视频监控点基础信息采集规范》，联合黑龙江省公安厅督察总队下发了《关于完善公安内部视频点位“一机一档”数据工作的通知》，同时下发了《关于全省公安视频监控摄像机“一机一档”采集录入工作的通报》，按照“谁建设、谁管理、谁维护”的原则，督导各地加强视频运维管理和“一机一档”数据采集录入工作，不断提升视频监控摄像机的在线率、完好率、采集率。目前，全省视频监控点平均在线率为83%，“一机一档”建档匹配率为87%，坐标采集标注率为96.43%。

五、加强合作，开拓视野

一是组织与海康公司签署了战略合作协议，以“整合资源、互补优势、服务实战、服务民生”为原则，着眼于人工智能、视频智能分析、大数据、交通实时仿真、智慧资源管理等前沿科技领域，开展深度合作。二是组织参加2018年北京安防展。积极组织大庆市、伊春市、佳木斯市、牡丹江市上报参展内容，参加2018年北京安防展，同时，组织全省有关警种参观安防展。

资料提供：黑龙江省公安厅安全技术防范管理办公室
地　　址：哈尔滨市南岗区中山路145号
电　　话：0451-82696966

上海市技防管理工作

2018年，在上海市委、市政府的支持下，在上海市公安局的领导下，上海市公安局安全技术防范办公室紧紧围绕中心工作，以“智慧公安”建设总要求为引领，稳步推进全市安全技术防范工作，取得了显著成效。

一、按计划完成安防标准及技术规范的制修订工作，指导全市社会面智能安防建设有序开展

上海市公安局技术防范办公室积极履职，不断完善上海市地方标准《重点单位重要部安全技术防范系统要求》系列标准体系建设，与上海市质量技术监督局密切合作，组织本市相关重点单位和部分技防专家积极开展调研、讨论，对零售商业、电力系统等重点单位和部位制修订技防标准。在此基础上，上海市公安局技术防范办公室在“智慧公安”建设的大背景下，牵头组织编制了《住宅小区智能安全技术防范系统要求》（DB31/T 294-2018）、《单位（楼宇）智能安全技术防范系统要求》（DB31/T 1099-2018）以及《智能技防产品检测技术要求（试行）》，为全市社会面智能安防建设提供指引，有效推动了本市安全防范工作规范化、法制化，化解了重点单位重要部位技防管理建设先天不足、运维薄弱等问题，有力服务公安实战，减少了各类案（事）件的发生。

二、对接“一网通办”，进一步完善技防监管和应用平台，实现技防管理全面网络化

在上海市公安局“一网通办”的总要求下，上海市公安局技术防范办公室积极响应，将原有的技防管理平台与“一网通办”平台对接，秉持“让信息多跑路，让群众少跑腿”的宗旨，不断完善网络平台。同时，为进一步发挥技防主管部门的服务职能，切实提高工作效率，根据从业单位反馈的建议，上海市公安局技术防范办公室联合行业协会进一步完善技防服务平台，开放“技防信息公开查询”窗口，实现技防管理全面网络化。一方面，为企业节约了人力和经济成本；另一方面，确保技防民警的工作重心，从事前监督向事中和事后监管转移。

三、加强本市技防行业业务培训工作，切实做好技防管理日常性工作

一是指导行业协会分批组织本市技防从业单位工程设计施工人员参加业务知识培训，及时宣贯行业最新技防标准和技术规范，同时对“上海市安全技术防范工程监督管理应用平台”的操作与应用展开培训。二是为切实提高本市技防管理水平，联合行业协会组织开展本市技防专家的换届改选工作。三是完成安全技术防范工程、产品和上海市公共安全技术防范工程设计施工单位核准证书日常管理和年审工作。四是协助行业协会圆满举办第十八届上海公共安全产品国际博览会。

资料提供：上海市公安局安全技术防范办公室
地　　址：上海市黄浦区福州路 185 号
电　　话：021-22023461

江苏省技防管理工作

2018 年，江苏省公安机关紧紧围绕江苏省公安厅党委关于“智慧警务”战略的部署要求，以创新升级立体化信息化社会治安防控体系为目标，以升级版技防城和“智慧技防”建设为抓手，大力推进技防监控系统建设和实战应用工作，圆满完成了各项既定任务。针对省技防工作取得的成效，公安部科技信息化局在江苏省组织召开江苏“技防城”建设部级理论软科学项目研讨会暨技防工作座谈会，并编发 2018 年第一期简报，专题介绍江苏省技防城建设情况，推广江苏省技防工作经验。同时，江苏省公安厅党委对技防城建设取得的成绩给予了高度肯定，组织开展了全省技防城先进集体和先进个人评选工作，共表彰了 14 个集体二等功、6 个集体三等功、14 个个人二等功、33 个个人三等功、33 个个人嘉奖。

一、围绕江苏省委、省政府重点工作，全面开展全省升级版技防城建设

2018 年年初，江苏省委、省政府将升级版技防城建设纳入“十大主要任务百项重点工作”。围绕江苏省委、省政府和省厅党委的新部署、新要求，2018 年，主要抓了以下几件事：一是召开全省升级版技防城验收考评工作暨“智慧技防”建设推进会。经江苏省副省长、省公安厅厅长刘旸批准，10 月 22 日下午，江苏省公安厅在淮安洪泽区召开全省升级版技防城验收考评工作暨“智慧技防”建设推进会，江苏省公安厅党委委员、副厅长程建东出席会议，点评通报 2018 年以来全省智慧警务建设应用情况，对深入推进智慧警务及“智慧技防”建设应用工作进行再强调、再部署；江苏省社会治安综合治理委员会办公室、江苏省科技厅有关部门负责同志，各设区市公安局和县级 110 接警区公安机关分管领导，指挥中心、科信、技防部门负责同志，江苏省公安厅有关警种部门负责同志参加会议。二是全面完成第一批升级版技防城单位验收考评工作。为科学评估全省升级版技防城建设水平，确保高质量完成江苏省委、省政府确定的建设任务，江苏省公安厅会同江苏省委政法委、江苏省科技厅在广泛征求意见的基础上，研究制定了验收考评工作方案，明确了验收考评对象、验收考评依据、验收考评程序、人员组成和考评时间、工作要求。验收工作结束后，根据各地验收考评情况，会同江苏省委政法委、江苏省科技厅共同印发了《关于评定全省第一批升级版技防城建设“示范单位”和“先进单位”的决定》和有关通报，按照时间节点，全面完成了全省第一批升级版技防城建设工作。三是组织开展第二批升级版技防城建设单位申报工作。下发《关于组织开展第二批升级版技防城建设单位申报工作的通知》，要求各地按照要求进行申报，各地公安机关科信、技防部门对各申报单位上报的申报表、建设方案及评审表等材料进行严格审查和把关后报省公安厅进行备案。

二、围绕“智慧警务”工作要求，全面开展“智慧技防”建设

为认真贯彻落实全省公安机关“智慧警务”攻坚战动员部署会精神，经程建东副厅长批准，5 月 30 日上午，江苏省公安厅科技信息化处在无锡召开全省建设智慧技防工作座谈会。南京、无锡、常州、苏州、淮安、盐城、扬州市局围绕“智慧警务”工作要求，就如何运用云计算、物联网、人工智能、大数据等新技术开展“智慧技防”建设工作进行交流发言。江苏省公安厅科技信息化处在广泛征求厅机关相关部门、各市科信部门、基层业务警种意见的基础上，研究起草并正式印发了工作指导意见，要求各地公安机关重点围绕“三大体系”和“十一个方面”，加快推进建设应用工作，确保对人、车、电子轨迹等社会治安要素的全程掌握和立体防控，全面提升智能化水平。

三、围绕社会治安防控体系创新升级，全面深化技防建设应用工作

一是开展技防工作实战化转型专题调研。赴常州、连云港等地开展专题调研，推动技防工作实战化转型，起草了《关于推动技防工作实战化转型的意见》、《关于连云港市局视频监控建设应用工作情况的调研报告》，进一步提升强化对全省技防建设应用工作高端统筹、规划指导的能力，提升强化支撑服务社会治理和公安一线实战的能力，提升强化对全省面上工作组织指导、推进落实的能力。二是推进网格化社会治理创新发展。积极利用警务大数据建设成果，承担网格化社会治理创新信息化建设等相关任务，推动各部门网格及数据资源互联互通、协同共享，实现政法综治专业数据、政府部门管理数据、公共服务机构业务数据、互联网数据的集成应用。利用上述采集数据，大力推进“滴灌式”精准服务，实现风险隐患的预测预警预防，为基层提供精准的“滴灌式”服务。

四、围绕国家九部委有关文件精神，推进省“雪亮工程”建设应用工作

中央社会治安综合治理委员会办公室、公安部等九部委下发了《关于加强公共安全视频监控建设联网应用工作的若干意见》。2015 年 5 月，中央社会治安综合治理委员会办公室、国家发展改革委、公安部联合组织开展全国公共安全视频监控建设联网应用工程示范城市（区）建设（“雪亮工程”），江苏省无锡市被列为国家首批示范建设城市。2016 年，江苏省南京市被列为全国“雪亮工程”重点支持城市。2017 年，江苏省连云港市申报成为全国“雪亮工程”重点支持城市。江苏省公安厅科技信息化处会同江苏省社会治安综合治理委员会办公室、江苏省发展和改革委员会对无锡“雪亮工程”进行中期检查，起草了中期检查报告，按照时间节点，报送给中共中央政法委、公安部有关部门。5 月 9 日—12 日，陪同中央检查组对无锡“雪亮工程”建设进行中期检查，全面完成了各项工作任务。

五、围绕安防行业管理，扎实推进行业改革

按照国务院和公安部文件精神，切实转变安全技术防范产品监督管理模式，依法加强事中、事后监管工作，提高管理服务水平。根据公安部有关要求，认真做好安防工程第三方委托检测工作，共完成安防工程检测备案工作 22 项。按照《关于尽快对安全技术防范产品生产登记制度取消落实情况进行自查评估的通知》（公科信传发〔2018〕394 号）要求，江苏省公安厅科技信息化处认真组织全省科信技防部门进行排查，按照时间节点，向公安部科技信息化局报送江苏省安全技术防范产品生产登记制度取消落实自查评估的情况。

资料提供：江苏省公安厅科技信息化处
地　　址：南京市扬州路 1 号
电　　话：025-83525932

浙江省技防管理工作

2018 年，浙江省公安厅安全防范技术管理办公室（以下简称“浙江省技防办”）在公安部的有力指导和浙江省公安厅党委的正确领导下，按照全省公安工作会议精神和全省科技信息化工作部署要求，紧紧围绕科技信息化重点工作，以智慧社区和技防标准建设为重点任务，积极开展全省安全技术防控管理工作。

一、完成“智安小区”典型经验做法梳理总结工作

在各地推荐和实地走访调研的基础上，浙江省技防办梳理总结出嘉善县“智安小区”及杭州市拱墅区善贤人家小区、杭州市萧山区相墅花园小区等“智安小区”建设的典型经验做法，以通报形式下发各市、县（区）公安局信息办，供各地学习借鉴。

二、全面推进全省“雪亮工程”建设

浙江省技防办加强顶层设计，认真谋划 2018 年工作推进计划，围绕深化视频大数据智能应用，狠抓各项工作的落实，建设应用工作取得显著成效。在 10 月召开的全国公安视频建设应用工作推进会上，浙江省做了经验介绍。

三、组织完成《社会治安动态视频监控系统技术规范（DB33/T 502-2014）》修订工作

按照浙江省质监局标准办要求，浙江省技防办通过征集整理各市公安局和安防企业意见、组织召开专家评审会等一系列工作，对《社会治安动态视频监控系统技术规范（DB33/T 502-2004）》进行修订完善，并由浙江省质监局于 2018 年 1 月 18 日正式发布，自 2018 年 2 月 18 日起实施。

四、落实部局工作任务

一是落实公安部科技信息化局《关于开展安全技术防范管理工作排查及问题整改“回头看”的通知》（公科信传发〔2017〕518 号）所要求的工作任务。二是落实 2018 年中国国际社会公共安全产品博览会公安技防创新应用成果展示专区浙江省参展材料报送工作。三是开展安全技术防范产品生产登记制度取消落实情况自查工作。

资料提供：浙江省公安厅安全防范技术管理办公室
地　　址：浙江省杭州市民生路 66 号
电　　话：0571-87286567

安徽省技防管理工作

2018年，安徽省公安厅科技信息化处（以下简称“安徽省科信处”）深入学习贯彻党的十九大精神和习近平总书记重要讲话精神，按照省公安厅党委的工作部署和公安部科技信息化局的要求，坚持“四实”导向、“四用”标准，推动了全省公安技防工作的科学发展，完成了各项工作任务。

一、坚定信念，深度学习，狠抓思想政治建设

安徽省科信处认真学习贯彻党的十九大精神和习近平总书记重要讲话精神，强化法律法规学习。注重科室廉政建设，积极参加“讲、严、立”专题教育活动、“身边案教育身边人、以案促改”专题教育活动，科学梳理工作廉政风险点，制定相关工作制度、措施，并针对查摆出来的问题，积极整改。

二、精心规划，加强协作，推进“雪亮工程”建设

安徽省科信处积极与安徽省发展与改革委员会沟通，推动“雪亮工程”建设纳入“数字江淮”建设总体规划，作为省委、省政府重点工程；编制“雪亮工程”省级平台建设方案，推进跨部门、跨地域、跨行业视频数据整合；建设、升级、完善省公安厅、16个省辖市及61个县公安视频图像信息共享平台，全省共建设一类视频资源点，绝大部分实现联网共享；完成安徽省“雪亮工程”省级平台与国家总平台的对接测试工作；组织申报“雪亮工程”建设重点支持城市，指导安庆市、宿州市成功申报2019年全国“雪亮工程”建设重点支持城市，同时加强对示范城市、重点支持城市建设的指导和监督，开展《关于加强公共安全视频监控建设联网应用工作的若干意见》（发改高技〔2015〕996号）和“十三五”规划方案的宣贯工作，指导并协助黄山市、池州市、淮北市、宿州市制定“雪亮工程”建设方案；统计全省“雪亮工程”建设应用成果，并报送公安部科技信息化局；协助公安部科技信息化局在淮南市举办全国公安机关视频监控系列标准培训班；组织开展“城市公共安全视频监控评估指标体系关键技术研究与示范”课题研究。

三、广泛宣传，创新思路，推动城乡技防建设

安徽省科信处积极指导蚌埠市、黄山市、合肥市、芜湖市、铜陵市开展以视频监控、物联网技术为主要内容的城乡技防建设，并在2018年中国国际社会公共安全产品博览会上进行专题展示，蚌埠市公安局在全国公安视频监控与技防工作交流会上做了城乡技防建设主题交流发言；在安徽省科技厅“科技强警”专项中申报“智慧社区安全防范综合应用平台研究与示范”课题，会同安防企业、科研单位开展多次城乡技防建设技术交流；开展全省城乡技防建设统计工作；配合公安部科信局在蚌埠市开展城乡技防建设工作调研。

四、强化监督，拓展延伸，规范安全技术防范管理

安徽省科信处认真组织制定安徽省地方标准《公共安全视频图像信息系统管理规范》；开展广德县广教寺双塔、宣城市旌德县文庙、黄山中国徽文化博物馆、安徽博物院等社会面技防项目方案论证和工程验收；派员参加公安部人事训练局举办的全国公安院校安全防范工程专业师资培训班；在《警察技术》、《中国公共安全》、《中国安防》杂志上发表论文、通讯共3篇。

五、依法依规，“亲清”关系，指导安全技术防范行业协会管理工作

安徽省科信处指导安徽省安全技术防范行业协会换届工作；配合安徽省民间社会组织管理局开展对安徽省安全技术防范行业协会的抽查审计工作；编制报送《中国安全防范行业年鉴》（2017版）省安防协会相关材料；圆满完成省安全技术防范行业协会与省公安厅的脱钩工作。

资料提供：安徽省公安厅科技信息化处
地　　址：安徽省合肥市安庆路270号
电　　话：0551-62801347

福建省技防管理工作

2018年，根据《加强公共安全视频监控建设联网应用工作方案（2015—2020年）》总体规划，福建省公安厅安全防范技术管理办公室（以下简称“福建省技防办”）按照中央统一部署和要求，强力推动《福建省公共安全视频监控建设联网应用工作实施方案》各项任务落实，通过积极协调将该项工作纳入福建省实施乡村振兴战略规划（2018—2022年）、2018年省社会治理体制改革工作要点、福建省城市规划建设管理工作任务、加快新一代人工智能发展若干措施等省委省政府重点工作，全面推进福建省公共安全视频监控建设联网应用工作，按计划圆满完成了本

年度建设联网的各项任务指标。

一、多措并举，强力督促指导

一是部署推动。2018 年 8 月 21 日，福建省公安厅科技通信处在宁德召开全省公安智能感知天网建设应用现场会，总结了全省公安智能感知天网建设现状，分析了存在的短板和不足，对下一步相关工作提出了工作要求并部署推动。

二是考核督导。为进一步推动全省公共安全视频监控建设联网应用工作，福建省公安厅协调福建省委政法委将该项工作列入 2018 年度省级综治工作（平安建设）考核项目予以强力推进。三是规范指导。2018 年 3 月 17 日，福建省公安厅和住建厅联合下发了《关于开展停车场（库）管理系统联网建设工作的指导意见》（闽公综〔2018〕44 号），在全国率先在省级层面部署开展全省公共停车场停车数据联网接入公安机关车辆卡口管理系统，实现共享应用。

二、补点扩面，确保重点全覆盖

2018 年，福建省全省各级公安机关共投入建设资金 10 余亿元，圆满完成了本年度各项建设指标。积极推进农村地区和库区移民村的公共安全视频监控联网整合，进一步织密了全省公安智能物联感知网。

三、推广应用，切实发挥成效

2018 年，全省公安机关利用视频监控协助查破刑事案件 4 万余件，协助查处治安案件近 10 万件，服务其他政府职能部门 4000 余次，服务群众 9 万多人次，取得了很好的应用成效。2018 年，省级公共安全视频监控共享平台为省委政法委等单位提供公共安全视频监控图像共享应用服务超过 3000 次，为重大安保工作提供了强有力的公共安全视频图像信息应用保障。

四、普法培训，加强技防备案监督管理

福建省技防办积极组织推广宣贯《福建省公共安全技术防范管理办法》（福建省人民政府令第 163 号），进一步加强福建省公共安全技术防范管理工作。

一是组织普法系列培训。2018 年，福建省技防办联合福建省安防行业协会对全省各市、县公安技防管理执法民警及技防行业从业人员开展公共安全技术防范监督管理普法系列培训。9 个设区市、平潭综合实验区市公安局、各县（市、区）公安局技防办领导及执法民警，省安防协会专家，省安防协会 411 家会员单位代表，共计 765 人参加了本年度普法培训，实现了全省技防执法民警和行业从业企业普法培训基本全覆盖，取得了很好的效果。

二是开展技防监督检查。福建省技防办指导推动全省公共安全技术防范系统备案、监督检查工作。年度系统备案 7723 项，监督检查 2343 项，出具检查意见 2260 份。莆田佛教论坛安保期间，及时下发有关通知，联合莆田市公安局技防办对安保重要场馆技防系统建设进行跟踪指导和监督管理，督促问题整改落实，有力服务了公安中心工作。

经过一年的努力，福建省技防管理工作取得了一定的成绩，但仍存在一些不足和问题。新的一年，福建省技防办将按照公安部、省委省政府和省公安厅的部署要求，全力推进全省各项技防工作的发展，推动全省公安技防管理工作再上新台阶。

资料提供：福建省公安厅安全防范技术管理办公室
地　　址：福州市鼓楼区华林路 12 号
电　　话：0591-87094507

江西省技防管理工作

2018 年，江西省公安厅安全防范技术管理办公室（以下简称“江西省技防办”）在公安部和江西省公安厅党委的正确领导下，按照公安部科技信息化局年度工作部署，积极开展全省技防管理工作，强力推进公共安全视频监控系统建设、视频资源整合和图像信息综合应用，有效强化技防管理对公安工作的服务和支撑。

一、推进公共安全视频监控建设联网应用暨“雪亮工程”建设

（一）全面完成省级公共安全视频监控共享平台建设

根据示范省的建设任务要求，江西省公安厅按照“建设平台、汇聚资源、共享应用”的总体思路，参照国家层面“雪亮工程”建设“一总两分”的总体架构，结合江西省目前公共安全视频监控系统建设现状，采用“一总一分一汇聚”的建设模式，依托视频专网构建省级公共安全视频监控共享总平台，建设省级综治分平台，对接综治视联网和综治信息系统；依托电子政务外网构建省级视频汇聚平台，整合汇聚电子政务外网已有的视频资源。省级公共安全视频监控共享平台总平台、综治分平台、视频汇聚平台，用于分级有效地整合各类视频监控资源，形成公共安全视频监控图像资源池。

（二）协调省直有关单位推进行业“雪亮工程”建设联网应用

江西省政法委、省公安厅组织召开九个试点省直单位推进会，推进“雪亮工程”建设联网应用。与省旅发委、水利厅、交通厅、林业厅等相关单位点对点地商议景区、大中型水库、公路、森林防火等视频资源的接入和各单位应用分平台的建设。

江西省政法委、省公安厅、省卫计委、南昌市公安局联合召开省直医院二类视频监控点对接工作会，专题推进省管医院视频资源对接工作。与省教育厅多次专题商议教育行业“雪亮工程”推进有关事宜，并明确全省教育行业“雪亮工程”联网共享方式，指导省教育厅下发《关于切实做好全省学校、幼儿园“雪亮工程”建设联网应用工作的通知》，推进全省教育行业“雪亮工程”工作。

江西省政法委、省公安厅、省民政厅经多次商议人像比对服务支撑民政救助站确认救助人员身份相关事宜后，由省委政法委办公室、省公安厅办公室、省民政厅办公室联合下发《关于做好“雪亮工程”服务生活无着流浪乞讨人员寻亲工作的通知》，推进“雪亮工程”服务民生工作。

（三）指导各设区市开展“雪亮工程”建设联网应用

江西省技防办与省政法委、省发展与改革委员会按照中央对示范城市中期督导的工作要求，赴南昌市开展“雪亮工程”示范城市中期督导，督导情况上报中央政法委。与省政法委分别赴九江、宜春、抚州三地，调研指导“雪亮工程”建设情况。指导九江、吉安、宜春、抚州四地做好2018—2020年重点支持城市方案上报工作，2018—2020年三年的重点支持城市均获得中央批准。

江西省技防办配合省公安厅改革办对9个设区市公安局“雪亮工程”建设情况开展工作督察。

（四）制定顶层设计文件，指导“雪亮工程”建设

为确保全省“雪亮工程”建设联网应用工作统一规范、统筹推进，江西省技防办拟定《江西省公共安全视频监控建设联网应用暨“雪亮工程”指导意见》，指导全省各地、各行业、各部门“雪亮工程”建设联网应用，经征求省政法委、省发展与改革委员会和全省公安机关意见后，以通知名义由省政法委、发展与改革委员会、省公安厅联合下发，并在全省信息化建设与应用培训班上专题对指导意见进行解读、宣贯。

（五）整合汇聚各类视频监控和视频卡口资源

江西省公安厅升级视频图像信息联网平台和共享平台，建成省厅视频图像信息解析中心，与省电信公司签订“智慧云眼”数据共享合作协议，全力开展视频监控和视频卡口资源的接入工作。

（六）强化视频专网安全管理

江西省技防办全面开展视频专网安全情况调研，摸清安全现状，对全省视频专网开展全面安全检查，针对各地违规外联、弱口令、安全漏洞等情况下发通报，全面整改。

（七）积极开展“雪亮工程”宣传引导

江西省技防办在中国国际社会公共安全产品博览会上的公安技防创新应用成果专区展示江西省“雪亮工程”成果。与省委政法委共同完成江西省互联网大会“雪亮工程服务民生”内容的参展工作。

二、技防管理工作

江西省技防办对各地的技防执法、技防入户、技防管理等方面工作进行指导，提升各地依法管理水平。

三、标准化建设工作

江西省技防办宣贯、转发公安部有关标准，对相关标准的征求意见及时收集并回复，确保各类标准的推广和应用；及时转发省标准化工作领导小组各类文件和征求意见函并及时回复。

资料提供：江西省公安厅安全防范技术管理办公室
地　　址：江西省南昌市赣江南路1366号
电　　话：0791-87288389

山东省技防管理工作

2018年，山东省公安厅科技处认真贯彻中央和省委、省政府、公安部有关决策部署，按照视频监控建设联网应用工作要求，以服务实战为着眼点，以常态长效机制为关键点，以规划建设和共享应用为抓手，结合实际，统筹谋划，稳步推进，取得了初步成效。

一、着力强化机制建设

为贯彻落实视频监控建设联网应用一系列文件、会议精神和工作部署要求，研究部署下一步工作目标和具体措施，7月11日至12日，山东省公安厅在临沂召开了全省公安机关“天网”+“技防村”建设现场推进会，进一步传达学习、贯彻落实中央和公安部有关视频监控建设的部署要求，总结交流工作经验，针对工作中存在的短板和不足，进一步深化和明确下一步工作任务和措施。这是近年来山东省公安机关就该项工作召开的一次规模较大的会议，收到了良好效果。

5月22日至23日，山东省公安厅配合省委政法委召开了全省“雪亮工程”建设推进会，进一步明确任务、落实责任，提出目标要求。工作中，会同省社会治安综合治理委员会办公室、省发展与改革委员会等部门，积极争取国家政策和资金支持，继中央社会治安综合治理委员会办公室、国家发展与改革委员会、公安部将临沂市列为全国示范城市、将山东省列为全国示范省份、菏泽市被确定为重点支持城市之后，2018年又确定德州市为2018年度全国重点支持城市。

山东省“雪亮工程”建设被写入2018年省政府工作报

告、《中共山东省委、山东省人民政府关于加强和完善城乡社会治理的实施意见》和《中共山东省委、山东省人民政府关于贯彻落实中央决策部署实施乡村振兴战略的意见》等重要文件，并列入省委、省政府重点工作督查内容和综治（平安）综合考评体系，纳入全省公安机关基层基础建设重要攻坚考核项目。各地党委、政府领导经常听取汇报，纳入党委、政府重要议事日程，定期召开专门会议，研究解决重大问题和跨部门协调事项。在出台本地创新社会治理、打造智慧城市、建设美丽乡村和立体化社会治安防控体系建设的意见中，都普遍把公共安全视频监控建设和应用放到突出位置，作为平安建设、民心工程和智慧城市、乡村振兴战略的组成部分，在组织领导、政策支持、经费保障等方面予以重点保障，从机制层面确保了工作持续推进、健康稳步发展。

二、建设应用成效不断增强

山东省公安机关认真贯彻《全省公安机关基层基础建设三年攻坚战2018—2019年重点任务》，召开了不同形式的经验交流会、现场推进会，按照工作要求、目标任务、部门职责和时间进度，压实工作责任，狠抓落实，较好完成了本年度的各项工作任务。工作中，坚持以服务实战为着眼点，以常态长效机制为关键点，以规划建设和共享应用为抓手，在覆盖范围、联网规模、实战效果等方面取得显著成效。借助“雪亮工程”建设的有利时机，各地公安机关普遍加大视频资源整合、联网力度，多数市在市级层面实现了综治中心与同级公安机关的视频监控资源互联互通。随着视频监控覆盖率、联网率和智能化程度的不断提升，视频图像在公安工作中的应用更加丰富，在侦查破案中的贡献率不断提高，切实提升了公安机关的攻坚能力和履职能力。

5月27日，人民公安报头版头条、大众日报第二版显著位置分别以《山东以基层基础改革创新打造“立体动态数字”社会面防控新格局，护佑百姓共享平安祥和美好生活》、《4125个“技防村”织密乡村安全网》为题，对山东省视频监控建设应用以及在全省开展以视频监控为主体、以其他安防报警设施为辅助的“技防村”建设经验、做法进行了集中宣传报道。中国政府网、中国日报网、中国警察网、人民网、山东政府网、大众网、齐鲁网等政府网站也从不同侧面介绍了山东省建设应用成效，引起较好反响。

三、进一步突出反恐防范重要目标视频监控建设应用工作

针对年内重大安保任务多的实际情况，3月8日，山东省公安厅科技处专门下发了通知。全面落实省公安厅要求，把反恐防范重要目标视频监控建设放在更加重要的位置，在原有工作的基础上，以“城镇道路交叉口无死角、主要道路关键点无盲区、人员密集区域无遗漏，以及要害部位、重要涉外场所、案件高发区域、治安复杂场所主要出入口全覆盖”为标准，进一步实地摸排，优化点位布局，搞好补点扩面和升级改造。

四、专业队伍建设不断加强

在“雪亮工程”和“天网工程”建设中，全省各级公安机关充分发挥主责作用，不断推进视频监控队伍专业化、正规化建设，有的组建了视频监控综合管理办公室或成立了“天网工程”建设攻坚组；有的抽调业务、技术骨干集中办公，作为常设单位和领导小组办事机构，具体承担当地视频监控规划、建设、资源整合以及视侦应用的顶层设计；有的集中开展视频信息深度加工、数据挖掘、疑难图像处理等高端智能应用，有针对性地做好日常工作的统筹管理、情况调度、组织协调、督导考核等。同时，各地通过定期培训、总结推广技战法等形式，带动了基层一线民警实战技能的提升。

五、“技防村”建设持续推进，形成了规模化

山东省公安厅科技处指导各市不断总结完善创建经验和模式，提炼硬件建设、机制创新、应用成效等方面的特色亮点，打造了一批可复制、可推广的全省“技防村”创建典型，在全省予以推广宣传。同时，充分发挥“技防村”的示范引领、辐射带动作用，提升了全省城乡技术防范工作水平，为美丽乡村和智慧城市建设创造了良好社会治安环境。

资料提供：山东省公安厅科技处
地　　址：济南市市中区经二路185号
电　　话：0531-85123230

河南省技防管理工作

2018年，在公安部和河南省公安厅党委的领导下，河南省将视频监控建设作为推动技防管理工作提档升级的重要抓手，以“公共安全视频大数据建设应用年”活动为载体，全面推进视频大数据建设，不断提升公共安全视频监控智能化应用水平，取得了明显成效，有效服务社会治安防控体系建设。

一、科学统筹，部署开展“公共安全视频大数据建设应用年”活动

为进一步提升全省公共安全视频监控应用水平，巩固

"视频监控联网应用年"活动成果，按照《"十三五"平安中国建设规划》和《河南公共安全视频监控建设联网应用"十三五"规划方案》等文件相关要求，在对全省公共安全视频监控建设联网应用实际情况深入分析调研的基础上，河南省社会治安综合治理委员会办公室、省发展和改革委、省公安厅共同制定下发了《河南省"公共安全视频大数据建设应用年"活动实施方案（2018—2019 年）》，部署在全省范围内开展为期两年的"公共安全视频大数据建设应用年"活动。围绕"加强视频智能前端建设"、"深化视频监控建设联网"、"提升视频图像解析能力"、"强化视频数据资源共享"等七个主要方面，对涉及视频大数据建设应用的视频前端、支撑平台、数据汇聚、运维管理、安全防护、经费保障等各方面工作进行安排部署，统筹推进全省公共安全视频大数据建设应用。

二、补点扩面，逐步提升视频监控智能前端覆盖率

紧盯实战需求，在补点扩面、提升覆盖率的同时，推进智能前端建设。以构建"全域覆盖、全网共享、全时可用、全程可控"的公共安全视频监控体系为总目标，按照重点区域全覆盖的要求，进一步对道路交叉口、重要道路节点、治安复杂场所、案件高发区域进行补点扩面，特别是加大对车站、广场、重点单位周边视频监控系统建设力度，提升反恐维稳、打击防范犯罪的支撑能力。

三、联网整合，全面构建河南公共安全视频大数据

为有效整合各类视频图像资源，河南省以实现视频监控前端联网整合为导向，坚持标准先行，在《公共安全视频监控联网技术规范》的基础上，制定了《视频监控系统前端建设规范》、《卡口联网技术标准》，在视频监控系统互联、统一设备接入、系统运维、系统安全性等方面，提出了统一的技术规范。按照规范要求，全省公共安全视频监控建设联网应用工作有序推进。

四、完善系统，深入推进视频监控应用体系建设

为全面提升视频大数据实战应用能力，河南省以视频监控应用云平台建设为重点，进一步完善公共安全视频监控体系。一是推进视频监控应用云平台建设。按照《"十三五"平安中国建设规划》公安视频监控应用云平台建设要求，经过多次征求意见、修改完善，完成全省视频监控云平台建设方案制定工作，对 8 类系统/平台进行全面规划，加快整合各类视频图像资源并进行智能化解析处理，安全有效利用社会面视频资源，实现视频图像汇聚与共享、解析与应用、安全与运维能力的大幅提升，形成资源共享一体化、信息应用智能化、服务实战常态化、安全运维规范化的视频监控联网应用新格局。二是开展省级政务视频云建设。积极与省发展和改革委员会及联通公司等单位沟通，完成网络切割、省市平台对接等视频监控共享平台迁云工作，强力推进政务视频云硬件追加工作，依托政务视频云，实现视频专网内视频监控平台升级改造。

五、强化保障，持续推进视频监控专业人才队伍建设

人才是视频监控发展的关键驱动力，也是首要的战略资源。2018 年以来，河南省公安厅安全防范技术管理办公室持续推动市、县公安机关成立专门的视频专业队伍，加强视频监控建设应用工作。按照摄像机数量，合理配备专职监控队伍，开展视频巡查、主动防控，不断总结推广视频监控技战法。强化视频监控业务骨干知识培训，建立常态化的培训机制，提高业务素质。建立健全公安机关视频图像传输网络、视频图像联网平台、共享平台运行维护管理机制，按照"权责一致、属地管理"的原则，制定常态化运维制度，建立网上动态运维管理系统，实现故障自动诊断、及时告警、快速修复。加强视频监控安全管理，定期对保密要害部门、重要涉密活动场所、敏感区域的内部和周边监控设备部署情况开展安全保密风险评估，全面排查风险隐患。将视频监控系统网络与办公网络隔离，对视频监控系统进行技术加固，避免由于网络视频监控设备安全问题导致办公网络信息外泄。进一步加强对机关单位周围和保密要害部门部位视频监控设备的保密管理，定期对监控设备进行巡查，防止物理破坏和网络入侵。建立视频监控网络管理制度，定期评估，定期巡查，定期对相关人员开展保密培训，形成长效机制，严防泄密事件发生，确保视频监控网络安全。

六、服务实战，视频图像在公安工作中发挥重要作用

经过长期不懈的建设，河南公共安全视频监控建设联网应用取得了明显成效。如今，视频监控特别是视频大数据已成为每位民警每案必用的利器，在公安实战中发挥着基础性支撑作用。在治安防控方面，依托视频监控，建立街面巡逻与视频巡逻有效互补、线下巡逻和线上巡逻相互配合的立体化防控新模式，打防管控能力全面提升；在侦查破案方面，以视频图像为基础的图侦逐步成为继刑侦、技侦、网侦之后的第四大侦查手段，"发案先调监控"成为办案民警的第一反应，极大地提升了民警的办案效率；在指挥处置方面，为开展扁平化、跨层级的指挥处置工作提供全天、全程、全方位的视频图像支撑；在服务群众方面，视频监控成为公安机关为民服务的新平台，老人小孩走失找民警看监控已经成为群众的"基本诉求"。

资料提供：河南省公安厅安全防范技术管理办公室
地　　址：河南省郑州市金水路 9 号
电　　话：0371-65881850

湖北省技防管理工作

2018 年，湖北省公安厅在公安部的正确领导下，认真贯彻中央九部委关于“雪亮工程”建设的一系列工作部署，坚持把“雪亮工程”建设作为深化平安湖北建设的重大任务，作为加快推进立体化信息化社会治安防控体系建设的重要内容，积极采取有效举措，进一步推进公共安全视频监控建设联网应用工作，加强视频图像信息智能应用技术体系与相关工作机制建设，提升视频图像支撑、服务公安业务的能力和水平，取得了明显成效。

一、推进补点扩面，视频监控全域覆盖

2018 年，湖北省积极推进视频监控补点扩面建设，着力实现视频监控“六个全覆盖”，即重要场所、路段全覆盖，高铁沿线全覆盖，“一场三站”全覆盖，全省行政村全覆盖，城市公共交通全覆盖，城市住宅小区全覆盖。

二、开展资源整合，视频监控全网共享

凡是一类视频监控点和公安机关自建的其他视频监控系统，原则上要全部联网整合并通过授权实现共享；二类视频监控点和确有必要联网接入的三类视频监控点要在确保安全的条件下接入共享；其他三类视频监控点，鼓励以社会化、市场化方式进行整合。同时，按照省公安视频图像总平台、省电子政务中心分平台和省综治中心分平台“一总两分”的思路，全力建设示范省省级平台。鼓励有条件的市、县，按照省级共享平台“一总两分”的架构，建设综治分平台，负责联网整合农村地区视频监控；建设政务中心分平台，负责联网整合政府部门和企事业单位视频监控，再通过安全边界平台，与公安机关共享平台联网对接。按此方式，目前，全省行政村视频监控建成率和联网率均达到 80%，省级共享平台完成与国家信息中心平台联网对接。

三、加强网络建设，完成视频专网升级

完成联通省、市、县三级视频专网升级改造；省、市、县统一建成联通视频专网和公安信息网的安全边界接入平台视频传输链路，同时，省级建成与电子政务外网、综治视联网对接的安全边界接入平台视频传输链路，市、县根据实际联网情况，建设其他网络与视频专网对接的安全边界接入平台视频传输链路。武汉、襄阳、宜昌等市州建成了城区视频传输环网，全省视频传输主干网和接入网核心传输交换设备以及流量信息统一纳入安全运维管理平台进行适时监控预警。

四、完善基础平台，视频监控全时可用

建成省、市、县三级统一平台软件的国标化共享平台（符合 GB/T 28181-2016）、联网平台（符合 GB/T 28181-2016）、车辆卡口联网平台和安全运维管理平台，部分市、县完成视频监控存储上云管理。同时，部分市、县建成农村网格化视频监控共享平台、社会视频监控资源整合共享平台。根据《湖北省公安视频传输专网安全技术指导意见》和公安部科信局“一机一档”建设要求，建成省、市、县三级视频监控安全运维管理平台，对在线设备、网络传输、平台软件、图像质量、用户行为等进行了全面监测和定期通报等。全省视频监控系统总体运行安全稳定、建设使用健康有序。

五、紧贴服务实战，深化视频图像应用

湖北省视频图像信息系统建设始终坚持“规范、高效、智能、安全、解耦、实战”的原则，按照从“看得见、看得清”向“看得懂、能落地”发展的工作思路，扎实推进全省智能感知平台建设。建成全省统一平台软件的视频侦查作战平台、人脸识别系统、车联网大数据平台、可视化指挥平台等应用平台，供全警应用，效果明显，受到各级公安机关的广泛好评，成为侦查破案、治安管理、交通管理的重要视频图像信息应用平台。

资料提供：湖北省公安厅安全技术防范管理办公室
地　　址：武汉市武昌区雄楚大街 181 号
电　　话：027-67122205

湖南省技防管理工作

2018 年，湖南省公安厅科技信息化总队视频图像与技术防范支队（以下简称“湖南省技防支队”）在公安部和湖南省公安厅党委的正确领导下，按照年度工作部署，积极开展全省技防管理工作，强力推进全省公共安全视频监控建设联网应用、视频图像大数据智能应用等工作，有效强化技防管理对公安工作的服务和支撑。

一、部署指导全省公共安全视频监控建设联网应用（即“雪亮工程”）工作

为落实湖南省《政府工作报告》重点工作，统一推进全省“雪亮工程”建设，2018 年年初，由湖南省社会治安综合治理委员会办公室、省发展和改革委员会、省公安厅

联合印发了《湖南省2018年公共安全视频监控建设联网应用工作方案》，确定了2018年全省“雪亮工程”建设的主要目标任务，并将湖南省“雪亮工程”工作纳入了综治工作（平安建设）及公安机关绩效评估等考核体系。湖南省技防支队加强了对各市州“雪亮工程”建设的督导、检查。根据中央部署安排，完成了对长沙市2016年“雪亮工程”示范城市建设项目的中期检查，并顺利通过了中央组织的重点抽查；论证评审了湘潭、永州、张家界三市2019—2020年“雪亮工程”重点支持城市建设方案，并报中央审批。

2018年，全省建设和接入重点行业、部门视频监控摄像机32657台，目前接入省级平台摄像机共计达20万台以上。

二、大力推进省级“雪亮工程”共享平台建设

湖南省级视频监控共享平台建设纳入了全国重点省（区、市）平台建设试点，并由中央社会治安综合治理委员会办公室与湖南省社会治安综合治理委员会办公室签订了项目建设委托协议书。项目建设内容为“一总两分”三平台，以实现政府部门间的视频图像信息共享应用。根据部署安排，项目建设由省综治办牵头，委托省公安厅负责具体建设工作，目前项目已完成招投标程序，进入了实施阶段。

三、积极推动视频图像大数据智能应用

湖南省公安人像比对系统设计适应公安大数据战略的要求，按照“分级建设、按需汇聚、智能应用”的总体思路，湖南省公安厅全面规划了省、市两级建设，公安信息网、公安视频专网两网部署，数据分级级联汇聚，部、省、市三级联动应用的体系架构。

四、全力加强视频图像运维管理和保障支撑

湖南省技防支队紧紧围绕重大活动安保及省公安厅“百日会战”工作要求，按照省公安厅党委关于全面开展大巡防、大管控、大整治的工作部署，加强视频监控“补点扩面”和运维管理，做好保障支撑。一是督促全省重点部位视频监控补点扩面，对重点治安防控区域视频监控资源进行全面梳理排查，按照“无死角、零盲区、全覆盖”的要求，及时对接并要求市州启动补点建设。二是做好视频图像运维管理。加强视频图像标注及坐标等信息的采集建档，确保联网共享平台稳定，重点部位视频图像在线率、完好率均保持在95%以上；加强对重点部位视频图像的日常巡检，发现问题及时修复解决。三是做优视频图像保障支撑。建立各地重点巡逻防控区域的固定视频点位及4G巡逻车视频图像目录，根据每天视频巡查调度工作安排，提前开展试线工作，并协助省公安厅及本级指挥情报等部门开展巡逻防控、实战演练等视频图像调度工作。

五、完成与国家交换共享平台（测试平台）的联网对接测试工作

按照工作要求和时间节点，湖南省公共安全视频图像信息交换共享平台已完成与国家交换共享平台的联网对接测试工作。

资料提供：湖南省公安厅科技信息化总队视频图像与技术防范支队

地　　址：湖南省长沙市芙蓉区八一路110号
电　　话：0731-84597723

广东省技防管理工作

2018年，广东省公安厅安全技术防范管理办公室（以下简称“广东省技防办”）依据广东省地方性法规《广东省安全技术防范管理条例》和广东省政府规章《广东省公共安全视频图像信息系统管理办法》、《广东省安全技术防范管理实施办法》开展技防管理，积极推进技防行政审批标准化，落实“数字政府”改革建设工作任务，并且努力推进广东省社会治安防控体系建设和广东省公共安全视频监控系统建设联网应用工作，取得了良好成效。

一、制修订技防管理配套规章文件

1. 广东省技防办修订省政府规章《广东省公共安全视频图像信息系统管理办法》（省政府132号令）。

2. 广东省技防办制定省公安厅规范性文件《广东省公安厅关于〈广东省安全技术防范管理实施办法〉的操作细则》。

二、严格落实“数字政府”改革建设工作任务

（一）完成政务服务“十统一”梳理工作

根据《广东省人民政府办公厅关于做好全省政务服务事项实施清单“十统一”标准化梳理工作的通知》要求，广东省技防办完成了《广东省公安机关技防管理行政权力通用目录》和《广东省公安机关行政许可事项通用目录（2018年版）》的梳理工作。

（二）积极推进技防服务事项“粤省事”上线

根据广东省公安厅智慧新民生及“双百项”服务上线的统一部署，广东省技防办将“省内技防资格证结果查

询”、“省外资格备案证结果查询”、“工程检测结果查询”、“广东省安全技术防范系统设计、施工、维修企业出省推荐函”、“省外单位安全技术防范系统设计、施工、维修资格备案证变更”、“省内单位一级、二级安全技术防范系统设计、施工、维修资格证变更”、“广东省安全技术防范系统设计、施工、维修资格证办理事项进度查询”7 个民生服务事项上线“粤省事”，实现手机“指尖”办理。

（三）不断优化网上政务服务能力

广东省技防办推动审批事项跨地区、跨层级协同办理，实现“一窗办事，一次办成”；完成“广东公安技防管理平台”与省网办事大厅统一认证平台的对接；完成“地级以上市人民政府公安机关建设的公共区域安全技术防范系统竣工验收”行政审批事项中介服务录入工作；完成技防业务常见问题解答知识库的录入工作。

三、技防行政审批工作

（一）落实“放管服”压缩审批时限，缩减申请材料

一是广东省省内单位一级、二级安全技术防范系统设计、施工、维修资格证核发事项，实现了办理时限从 30 日缩减为 20 日。二是省外单位安全技术防范系统设计、施工、维修资格备案证属于单层级办理事项，实现了办理时限从 15 日缩减为 7 日。三是地级以上市人民政府公安机关建设的公共区域安全技术防范系统设计方案核准属于单层级办理事项，办理时限从 15 日缩减为 7 日。四是地级以上市人民政府公安机关建设的公共区域安全技术防范系统竣工验收审批属于单层级办理事项，办理时限从 20 日缩减为 10 日。同时，将《广东省安全技术防范系统省内单位设计、施工、维修资格证》、《广东省安全技术防范系统省外单位设计、施工、维修资格备案证》两项行政审批事项申请材料由原来的 10 项缩减为工商营业执照、营业场所房产证明、管理人员和技术人员相关资料、技防系统业绩报告 4 项。

截至 2018 年 12 月，“广东省公安技防管理”平台共受理各类网上申办事项 2221 条，全省共批出资格证 1621 个、备案证 58 个，提供出省推荐函 68 个，发出技防系统检测委托号 763 个。

（二）开展全省审批工作绩效考核

结合《广东省安全技术防范管理实施办法》、《广东省公安厅关于〈广东省安全技术防范管理实施办法〉的操作细则》的实施，组织开展全省资格证审批绩效考核工作，推进资格证审批规范化。

四、组织专项执法和检查

广东省技防办开展查处违法技防企业专项工作，全省共查处违法申办技防资格证行政许可的企业 90 家。

为加强城乡视频监控设施用电安全管理，严防涉水触电事件发生，广东省技防办组织对全省公共安全视频监控用电设施开展全面排查，并对发现的 6211 处存在安全隐患点进行整改。

五、开展技防行业管理，加强协会指导工作

广东省技防办指导广东省公共安全技术防范协会紧抓服务政府的工作重点，做好政府的帮手，发挥企业与政府间的桥梁纽带作用，协助引导企业和行业健康发展。省安防协会开展了多项重要工作：召开了第三届会员代表大会换届大会暨第四届会员代表大会第一次会议，选举了新一届理事会；成功举办了“2018 年广州国际智能安全科技应用博览会”；结合《广东省公安厅关于〈广东省安全技术防范管理实施办法〉的操作细则》的实施，在全省举办多场安防从业人员继续教育培训；组织制定《金银珠宝营业场建设技术规范》等地方标准。

经过一年的努力，广东省技防管理工作取得了一定的成绩，服务一线实战的能力进一步增强，技防管理工作机制进一步完善。

资料提供：广东省公安厅安全技术防范管理办公室
地　　址：广州市越秀区黄华路 97 号
电　　话：020-83110128

广西壮族自治区技防管理工作

2018 年，广西壮族自治区公安厅安全技术防范管理办公室（以下简称“广西技防办”）在自治区公安厅的领导下，积极推进公共安全视频监控建设联网应用、人像比对系统应用、“智慧小区”试点建设等工作，并取得了良好的成效。

一、依法履行安防行业管理职责

自取消“安全技术防范产品生产登记批准书核发”后，广西壮族自治区公安机关严格执行《中华人民共和国行政许可法》，停止安全技术防范产品生产登记受理及审批、抽样，严格依法行政，不再实施行政许可审批项目，不存在以任何借口实施审批或变相审批的行为。

作为行业管理部门，广西技防办继续对广西安全技术防范行业协会进行政策和业务指导，并履行相关监管责任。

广西技防办组织全区公安机关参加在北京市举办的“2018 年中国国际社会公共安全产品博览会”。

二、推进公共安全视频监控建设联网应用

2018 年 6 月 14 日，为不断提升全国各地公安视频图像

信息资源的规范化、精细化管理水平，作为对广西“一机一档”建设工作的肯定，公安部选择广西作为先进典型省份，由公安部科技信息化局组织公安部一所和上海、江苏、广西等11个省区市，在南宁市召开“全国视频监控摄像机基础信息采集建档工作推进会”。2018年10月24日，在北京召开的“全国公安视频建设应用工作推进会”上，作为全国视频监控建设应用先进省份，广西等12个省区市做了视频监控建设应用工作典型发言。

为加快推进广西壮族自治区公共安全视频监控建设联网应用工作，自治区发展和改革委员会、社会治安综合治理委员会办公室和公安厅共同研究制定了《广西公共安全视频监控建设联网应用项目技术方案》，明确了广西壮族自治区公共安全视频监控平台建设的总体架构和各部门职责。按照“一总两分”的总体建设思路，自治区发展和改革委员会依托电子政务外网建设总平台，自治区综治办和自治区公安厅分别建设分平台。目前，广西技防办正在积极推进分平台建设。

三、推进“智慧小区”试点建设

广西技防办积极开展“智慧小区”试点建设，根据实际情况，广西壮族自治区制定了《2018年智慧社区试点考核标准》并纳入2018年对各市公安局重点业务绩效考核中，要求每个市至少完成1个以上“智慧小区”的试点建设。

资料提供：广西壮族自治区公安厅安全技术防范管理办公室

地　　址：广西壮族自治区南宁市佛子岭路1号

电　　话：0771-2892302

海南省技防管理工作

2018年，海南省公安厅安全技术防范管理办公室（以下简称“海南省技防办”）在海南省公安厅的领导下，主要完成了以下工作：

一、积极做好科技活动宣贯工作

积极组织参加海南省科技委举办的“第十四届科技活动月”和公安部科技信息化局开展的“科技活动周”等活动。2018年5月1日至31日，海南省举办以“科技创新、强国富民”为主题的“第十四届科技活动月”活动。2018年5月19日至26日，海南省公安机关开展以“科技创新、兴警惠民”为主题的“公安科技活动周”活动。制作安全防范宣传栏19块，并结合实际，策划组织特色鲜明的互动型、体验式科普活动，吸引广大公众参与。开展形式多样的各种公安科技活动，组织公安科技工作者进校园、进社区、下基层。开展内容丰富、趣味性高的群众性公安科普活动，宣传贴近百姓生活的应急避险、交通安全、防火防灾防盗抢等安全防范生活常识，通过此次宣传活动，让广大群众更好地掌握安全防范知识，提高安全防范能力，增强了群众对公安工作的了解，促进了警民关系的进一步和谐。

二、积极做好技防项目验收工作

组织专家对保亭县公安局监管所视频监控项目进行初验和检测工作；参与海南省公安厅科信办组织的各项技防项目报审及验收工作；与政法委共同组织对“雪亮工程”重点支持城市开展项目中期督导及验收测评工作。

三、推进全省“雪亮工程”建设工作

结合海南自由贸易岛建设，省委、省政府牵头部署建设“海南社会管理信息化平台”，将视频联网共享应用纳入平台建设规划，省公安厅按照省委政法委的部署，全面推进全省“雪亮工程”建设工作，积极整合二、三类视频资源补点扩面，指导各单位、各市县规划点位部署建设，宣贯相关国家标准并落实执行，取得了有效的进展。

资料提供：海南省公安厅安全技术防范管理办公室

地　　址：海南省海口市龙华区滨涯路9号

电　　话：0898-68836218

重庆市技防管理工作

2018 年，随着重庆社会经济的快速发展和平安城市建设的稳步推进，全市安防行业得到了平稳有序的发展。重庆市公安局社会公共安全行业管理办公室（以下简称“重庆市行管办”）作为全市安防行业主管部门，在重庆市公安局党委的领导下，按照其职能定位，增强服务意识，提升服务理念，指导重庆市公共安全技术防范协会（以下简称“重庆安防协会”）贯彻执行国家、地方安防相关法规政策和技术标准，加强行业管理，倡导行业自律，积极支持安防企业参与场所监控系统和道路安防设施建设，推动安防行业内部交流、合作共赢和健康发展。同时，按照相关要求，指导督促重庆安防协会加强自身规范化建设，使其成为广大会员单位团结、交流、合作的平台，更好地为全市安防行业服务。

一、加强重庆安防协会建设

一是加强党建工作。按照“特设党组织”要求，2018 年 3 月，根据重庆安防协会党员实际情况，提出了党建工作意见，并指导成立了党支部，要求按照党建工作要求开展党建工作。

二是加强组织领导。通过对会员单位调查走访，召开副理事长单位座谈会，听取下一步工作意见和建议。鉴于重庆安防协会第二届理事会将于 2019 年 4 月届满，经对推荐人选的考察和面试，提出了第三届领导人选。2018 年 12 月，根据换届请示和实施方案，同意按期换届。

三是完善规章制度。参照国家有关法律法规，在重庆安防协会原有 6 项工作职责的基础上，新制定了 5 项管理办法。

截至 2018 年 12 月 31 日，重庆安防协会共有会员单位 748 家，其中副理事长单位 9 家、常务理事单位 66 家、理事单位 112 家、一般会员单位 561 家。全行业企业入会率近 100%，基本实现了行业管理与服务企业全覆盖。

二、强化资质管理

为顺应服务民营经济发展新要求，2018 年 4 月，指导重庆安防协会组织相关专家对原安防资质评审标准进行了修订，主要内容包括工程业绩、技术人员、设备仪器、经营场所等。对市外安防从业企业实行自愿备案登记制度，期限由一年延长至两年。

安防工程资质管理是行业自律管理的重要手段。2018 年，指导重庆安防协会继续抓好资质评定工作，坚持按照新的标准和原则开展安防资质评审和年审，增加评审透明度，公示获证信息，完成证书核发。严格按照评审程序和条件，全年共组织了 18 次资质评审和年审会。目前，有安防工程资质的会员单位共有 712 家，其中一级资质有 118 家、二级资质有 125 家、三级资质有 469 家。

三、提高办事效率

一是组织重庆安防协会工作人员学习重庆市公安局服务民营经济发展 30 条和服务民营经济发展新 10 条，进一步强化服务意识，提高办事效率。二是完善重庆安防协会宣传平台，注册了重庆安防协会微信公众号，对协会官网信息进行及时更新。三是在安防企业的入会申请、资质评审、证书变更、政策法规咨询等日常工作中，要求重庆安防协会工作人员做到热情接待、高效快捷办理相关事项。

四、走访安防企业

为加强服务民营企业，了解安防企业生产经营情况和发展现状，2018 年，对 37 家安防企业进行了调研走访，为向全国安防行业推荐本地优秀安防企业技术与产品打下了基础，同时支持协助外地优秀安防企业在重庆开展业务。

五、组织学习培训

一是指导支持重庆安防协会以公益培训活动形式，与全国城市安防协会合作互助联盟、深圳市安全防范行业协会合作，举办了“2018 年第七届智慧安防技术交流培训会（百城会）”。以 2018 年度安防行业发展概况和智能技术发展趋势为主题，对本地安防企业和行业用户进行了技术培训和技术交流。

二是指导支持重庆安防协会与重庆安防联盟共同举办了“重庆智慧安防行业技术交流会”，介绍“雪亮工程”应用情况及相关要求，同时邀请行业内优秀企业为协会会员单位和公安机关相关人员分享它们的技术应用方案及经典案例。

三是指导支持重庆安防协会主办了“2018 中国重庆公共安全信息化建设暨大数据创新发展论坛”。

六、搭建交流平台

一是指导重庆安防协会与重庆建筑业协会智能化工程分会共同举办“2018 中国重庆智慧城市暨社会公共安全、警用装备产品技术展览会”。组织全市公安科信民警和协会会员单位到展会现场参观学习，促进交流。此次展会为重庆及西部地区安防行业工程商、集成商、采购商展示了行业新技术、新产品及解决方案。

二是指导重庆安防协会参加由全国城市安防协会合作互助联盟、西藏自治区安防协会、西藏自治区公安厅组织的“西藏智慧安防首届研讨会”，并在会上做了交流发言。同时，还指导重庆安防协会参加由八省、市（自治区）发起的“全国安防行业省际合作协会领导人座谈会”，并在会上签订了《全国安防行业省际合作机制倡议书》。

三是指导重庆安防协会加强同行交流，分别与重庆市信息安全协会、重庆市安全生产事故研究会负责人及相关人员进行交流座谈，就行业协会、研究会的组织建设、内部管理、学习培训、发展方向以及协会间的相互合作等进行了交流。

七、工作成效明显

2018年10月，重庆安防协会获得中国安全防范产品行业协会“2017年度中国安防行业统计工作优秀组织奖”表彰。

资料提供：重庆市公安局社会公共安全行业管理办公室

地　　址：重庆市渝北区黄龙路555号

电　　话：023-63962613

四川省技防管理工作

2018年，四川省公安厅安全技术防范管理办公室以习近平新时代中国特色社会主义思想为指导，在公安部科技信息化局和四川省公安厅党委的正确领导下，按照国务院行政审批改革工作的要求，紧紧围绕公安工作大局，以创建“平安四川”、加强和创新社会治理的战略部署为指引，继续贯彻“放管服”改革工作要求，进一步规范安全技术防范管理工作，改进管理服务模式，更好地服务社会。指导全省技防管理部门立足本职，积极配合有关部门、警种，利用自身资源，优势互补，提高技防管理工作效能，形成技防工作整体合力。

按照《关于开展安全技术防范管理工作排查及问题整改“回头看”的通知》（公科信传发〔2017〕518号）精神，四川省在贯彻落实《关于开展安全技术防范管理工作排查及问题整改的通知》（公科信传发〔2017〕169号）要求的基础上，及时下发了《关于开展安全技术防范管理工作排查及问题整改“回头看”的通知》（川公传发〔2017〕3558号），经过全省范围的排查及问题整改“回头看”，达到要求，实现了目标。

按照《关于尽快对安全技术防范产品生产登记制度取消落实情况进行自查评估的通知》（公科信传发〔2018〕394号）要求，对照国务院《关于第二批取消152项中央指定地方实施行政审批事项的决定》（国发〔2016〕9号）和《关于进一步加强安全技术防范产品事中事后监管工作的通知》（公科信传发〔2016〕43号）的相关要求，认真学习，逐项对照自查评估安全技术防范产品生产登记制度取消落实情况。

按照《关于做好第二批全省性行业协会商会与行政机关脱钩试点工作的通知》（川联组办〔2017〕2号）和《关于公布2017年全省性行业协会商会脱钩试点名单（第二批）的通知》（川联组办〔2017〕3号）文件精神，完成了省级协会“四川省社会公共安全行业协会”的注销登记工作。

一年来，四川省安全技术防范管理部门深入贯彻国务院深化“放管服”改革工作要求，转变观念，转变职能，为促进行业持续健康发展做出了应有的努力。

资料提供：四川省公安厅安全技术防范管理办公室

地　　址：成都市青羊区文翁路159号

电　　话：028-86301658P

贵州省技防管理工作

2018年，贵州省公安厅安全技术防范管理办公室在贵州省公安厅党委的领导和公安部科技信息化局的指导下，以习近平新时代中国特色社会主义思想为指导，认真贯彻党的十九大精神，立足社会管理创新和平安创建活动，紧紧围绕服务公安中心工作、服务基层、服务大局，努力推动全省公共视频监控建设联网应用“雪亮工程”建设，全面推进贵州省安全技术防范管理工作。

一、积极推进全省视频监控图像联网建设

（一）积极开展公共安全视频监控建设的技术指导工作

一是为加快推进全省公共视频监控建设联网应用“雪亮工程”建设，配合贵州省社会治安综合治理委员会办公室制定了有关工作方案。二是组织专家对《黔西南州“雪亮工程”可行性研究报告编制方案》及《贵州省黔西南州普安县东城区茶园小镇智能安防视频系统项目建设方案》进行了评审。三是为加快推进全省公安机关执法视音频应用体系建设，下发了《贵州省公安机关执法视音频应用体系建设总体技术方案（试行）》的通知。

（二）全力开展公共安全视频监控图像联网共享工作

为认真贯彻落实公安部有关要求，全力推进公共安全视频监控图像和车辆卡口数据资源联网整合工作。一是加大运维考核力度，提高了贵州省视频监控联网平台在线

率、完好率、联网率。二是积极开展社会单位视频监控图像整合工作。三是认真开展“春晚贵州分会场”、“生态文明会议”、“东盟教育交流周”、“酒博会”等省级安保视频监控系统保障工作。

二、稳步推进安全技术防范行政管理工作

（一）依法行政、警务公开

严格按照党中央、公安部及省政府关于行政许可及行政服务相关规定，稳步开展贵州省安全技术防范行政管理工作。一是组织编写了《中国安全防范行业年鉴》（2017 版）“贵州省技防管理工作”部分。二是认真开展了贵州省安全技术防范行业协会脱钩试点相关工作。

（二）履行技防行政服务职责

一是高效、公正开展技防相关证件的办理工作。2018 年，共完成了 212 家企业的技防工程资格备案。二是根据 2017 年 11 月 30 日，贵州省第十二届人民代表大会常务委员会第三十二次会议审议通过，对《贵州省安全技术防范管理条例》进行修正，删除了该条例第 22 条“从事技防系统设计、施工、维修的单位和个人应当到县级以上公安机关备案，并接受公安机关按照国家有关规定进行的监督管理”情况，向全省各地下发了《关于进一步加强安全技术防范系统工程事中事后监管工作的通知》及《关于停办贵州省安全技术防范系统工程资格备案证书的公告》。

资料提供：贵州省公安厅安全技术防范管理办公室
地　　址：贵州省贵阳市宝山北路 82 号
电　　话：0851-85904884、85904834

云南省技防管理工作

2018 年，是全面贯彻党的十九大精神的开局之年，云南省公安厅科信处在公安部科技信息化局和公安厅党委的指导和关心下，按照公安部和省公安厅的统一部署，在云南省公安技防建设、管理工作以及在指导云南省安全技术防范协会工作中取得了一定的成绩。主要工作如下：

一、公共安全视频监控建设联网应用工作取得新成效

（一）继续大力推进视频监控建设

紧紧围绕“雪亮工程”建设目标，建成了云南省公共安全视频监控省综治分平台，并实现了与国家交换共享平台的对接。同时，进一步加强全省公共安全视频监控建设，继续在城市人员聚集区、商业区、街道、路、巷，城郊结合部以及重点乡镇集镇、省内交通要道、车站、码头等重点要害部位加大点位布建力度。

（二）推进“雪亮工程”建设

以“雪亮工程”建设为契机，大力推动大单位、大行业、大领域视频监控资源的整合、入网、共享工作，各地根据部委间建立的共享机制推动整合共享。目前，全省 7 个“雪亮工程”建设示范和重点支持城市项目稳步推进。

二、安全技术防范产品事中事后监管工作进一步得到加强

按照国务院《关于第二批取消 152 项中央指定地方实施行政审批事项的决定》（国发〔2016〕9 号）和公安部《关于进一步加强安全技术防范产品事中事后监管工作的通知》（公科信传发〔2016〕43 号）要求，对已取消行政事项落实情况开展了评估工作，经评估，云南省生产登记制度的取消已落实到位，不存在“明放暗不放”、变相审批等问题。

经过一年的努力，云南省公安技防工作取得了一定的成绩，下一步，将继续按照公安部及云南省公安厅的要求和部署，进一步开展好公安技防管理工作，同时加强对云南省安全技术防范协会的工作指导，把协会建成“会员之家”，为广大会员提供更多、更好的服务。

资料提供：云南省公安厅科技信息化处
地　　址：云南省昆明市西山区广福路 656 号
电　　话：0871-63052792

西藏自治区技防管理工作

2018 年，西藏自治区公安厅科技信息化总队在公安部科技信息化局的指导和自治区公安厅党委的领导下，以检查站信息化建设、“雪亮工程”建设推进、视频监控运维保障和“一机一档”管理为重点开展工作。通过充分发挥技防管理工作职能，加强重点区域、敏感部位技防工作，强化社会治安管控能力，加大科技创新与应用力度，全面提升信息化及智能化水平，进一步提高了全区技防能力。

一、进一步推动“雪亮工程”建设

以“加强公共安全视频监控系统建设联网应用工作”为抓手，指导和督促各地、市公安处、局紧紧围绕“雪亮

工程”建设目标，积极推动各级视频专网和联网共享平台的建设工作。

二、进一步提升视频监控运维保障水平

目前，全区部署在重点场所、重点部门的公共安全视频监控一类点位，主要由公安部门负责日常巡检维护。针对部分地区存在的视频监控点位离线问题，西藏自治区公安厅向各地市公安机关科信部门下发了《西藏自治区公安机关视频监控系统建设和日常管理暂行规定》，在保证点位在线率的前提下，实现快速响应、快速处理，确保自治区维稳指挥部对全区公共安全视频监控一类点位日常调度、可视化指挥和实时查看的工作需要。

三、深入开展视频监控“一机一档”统计报备工作

根据公安部对公共安全视频监控建档工作的要求，进一步完善全区视频监控摄像机基础信息采集建档工作，在多地开展了现场统计调研。2018年2月，对全区视频监控点位基本信息进行了摸底；2018年4月，赴林芝市工布江达县进行了“一机一档”规范化采集调研；2018年10月，组织召开了全区视频监控“一机一档”规范化采集培训会，并以电视电话会议形式传达到全区74个区县级科信民警；2018年11月，对全区“一机一档”工作推进情况进行了第一次通报。今后，自治区一方面将严格按照综合匹配率达到90%以上的要求完成建档工作，另一方面将进一步按照公安部建档率100%的要求开展后续工作。

四、视频监控对接

随着视频监控在各领域发挥的作用越来越显著，多部门提出视频监控资源共享的需求，目前已完成与交管局等部门的视频监控资源对接工作，实现了将拉林高速视频监控资源接入省级联网平台。

经过一年的努力，西藏自治区技防工作取得了一定的成绩。一是提高了公安一级检查站信息化水平，提升技防能力水平保障安全的同时，优化了民众体验。二是深入推进视频整合共享和覆盖。按照“雪亮工程”建设目标，积极推动各级视频监控分平台建设、监控点位建设和联网接入；制定规范视频监控共享体制，建立健全共享机制；推动视频监控前端设备升级改造和视频监控点位整合，合理规划布局，避免重复建设。三是加大运维保障力度，在保证点位在线率的前提下，实现快速响应、快速处理，确保建设成果不成为“摆设”。西藏技防工作成果将在今后的重大活动安保、预防和打击违法犯罪活动中起到更为重要的作用，有效提高社会治理智能化水平。

资料提供：西藏自治区公安厅科技信息化总队
地　　址：拉萨市林廓东路26号
电　　话：0891-6311272

陕西省技防管理工作

2018年，在公安部科技信息化局和陕西省公安厅的正确领导下，陕西省公安厅安全技术防范管理办公室（以下简称“陕西省技防办”）认真贯彻党的十九大精神和国家的方针、政策、标准及规范，以全面贯彻落实中央社会治安综合治理委员会办公室、国家发展和改革委员会、公安部等九部委《关于加强公共安全视频监控建设联网应用工作的若干意见》（发改高技〔2015〕996号）为主线，以举办全省技防管理干部培训为核心，全力推进以全省公共安全视频监控联网系统工程为重点的技防建设和应用，提升了全省公安技防建设的水平。

一、思想理论建设工作扎实

加强公共安全视频监控建设联网应用工作，是创新立体化社会治安防控体系、依法严密防范和惩治各类违法犯罪活动、有效应对影响社会安全稳定的突出问题、全面推进平安中国建设的重大举措和迫切要求。陕西省各级公安机关技防管理部门高度重视，切实把思想认识统一到中央、省委省政府、公安部的决策部署上来，认真把公共安全工作放到经济社会发展大局中谋划，坚持把公共安全作为重要民生工作抓紧抓好，加快构建全方位、立体化的公共安全网，切实承担起促一方发展、保一方平安的政治责任，突出抓好公共安全视频监控建设联网应用工作理论技术知识学习和培训。

同时，认真学习贯彻落实党的十九大精神、陕西省第十三次党代会等重要会议精神，坚持阅读《习近平谈治国理政（第二卷）》、《习近平的七年知青岁月》、《梁家河》等书籍，充分发挥党员的先进性，每位民警端正态度、严格要求，认真树立良好形象，坚决做合格党员，为陕西省技防建设奠定了牢固的政治思想基础。

二、技防业务工作开展顺利

（一）完成了《陕西省“雪亮工程”规划设计方案》、《陕西省“雪亮工程”省级建设方案》和《陕西省“雪亮工程”省本级分级建设方案和预算》编制上报工作

根据省政府和省公安厅党委指示，《陕西省“雪亮工程”规划设计方案》、《陕西省“雪亮工程”省级建设方案》和《陕西省“雪亮工程”省本级分级建设方案和预算》编制工作均由公安部第三研究所牵头，陕西省技防办负责33个成员单位、厅机关警种间的协调工作，配合技术

团队做好需求调研，保质保量地完成了建设方案的编制工作。

（二）编制了《陕西省公共安全视频监控联网系统工程技术规范》

根据国家三部委《加强公共安全视频监控建设联网应用工作方案（2015—2020年）》（发改办高技〔2015〕2056号）文件精神，结合陕西省实际，省公安厅党委研究决定，由陕西省技防办牵头编制《陕西省公共安全视频监控联网系统工程技术规范》。技术规范编制组经过调研、起草、论证等环节，形成了报审稿，经省质量技术监督局组织专家评审会审核通过，为全省“雪亮工程”规范化、标准化、高质优效提供了技术支撑。

（三）召开了陕西省《公共安全视频监控联网系统工程技术规范》新闻发布会

2018年5月11日，陕西省技防办与陕西省质监局标准化处联合召开了《公共安全视频监控联网系统工程技术规范》新闻发布会。省、市公安机关技防管理部门主要领导，省质监局、省安防协会、有关科研院所、高校企业、新闻媒体等单位的相关人员，共计80余人参加了会议。《公共安全视频监控联网系统工程技术规范》的发布，对陕西省公共安全视频监控联网系统实现平级接入、纵向贯通、信息共享等功能提供了更加规范化的技术支撑与保障，有力推进了全省“雪亮工程”建设。

（四）编制了《陕西省“雪亮工程”建设技术指南》

依据《陕西省公共安全视频监控建设联网应用工作总体方案（2015—2020年）》，省委办公厅、省政府办公厅《关于加快“雪亮工程”建设的实施意见》，《陕西省公共安全视频监控联网系统工程技术规范》等相关文件，结合陕西省地方现状，以公共安全视频监控建设联网应用为主要建设任务，以综治群防群治应用平台建设为综合治理的重要抓手，依托公安视频专网、公安信息网、综治信息网建设，运用大数据、云计算、人工智能等前沿技术，省厅技防办与公安部三所共同编写完成了《陕西省“雪亮工程”建设技术指南》。

（五）召开了全省公安机关“雪亮工程”建设现场推进会

为进一步贯彻落实全国“雪亮工程”建设工作视频会议和全省社会治安防控体系建设会议精神，2018年9月11日，陕西省“雪亮工程”建设现场推进会在陕西省渭南市合阳县组织召开。省、市、区（县）的综治、发改、工信、公安、财政等部门领导及负责人共计150余人参加了会议。推进会介绍了合阳县的工作经验，并布置了全省“雪亮工程”建设任务，会议取得了圆满成功。

（六）成功举办了“2018·中国（西安）国际社会公共安全技术防范暨‘雪亮工程’建设产品装备博览会”

2018年5月23日-25日，经陕西省社会治安综合治理委员会办公室和陕西省公安厅批准同意，“2018·中国（西安）国际社会公共安全技术防范暨‘雪亮工程’建设产品装备博览会”在西安曲江国际会展中心顺利举办，全省“雪亮工程”各级成员单位、省安防协会、有关科研院校和企业参会，会期3天，参观人数达10万余人，展厅3万平方米1200个标准展位，分为“雪亮工程”、公安科技成果、人工智能、智慧城市、物联网生态应用、西部工程商、应急救援等展区，分别对云计算、大数据存储、数字集群通信系统、安全防范等技术产品进行了演示。此次博览会的举办对加快全省安防行业发展和“雪亮工程”建设具有重要意义。一是普及安防知识，为加强社会治安防控营造氛围；二是展示先进装备，为“雪亮工程”建设提供技术支撑和借鉴；三是利于招商引资，通过合作共赢促进全省安防事业的发展。

（七）举办了陕西省视频监控应用技术培训班

2018年5月22日-23日，陕西省技防办举办了全省公安机关视频监控建设联网应用技术培训班，省、市、区（县）公安机关负责技防工作的同志及技术骨干共180余人参加了培训。培训的主要内容是学习视频监控建设联网应用及新一代公安无线通信技术，参加“雪亮工程”西部发展论坛，观摩“安防博览会”新产品、新技术、新装备。其目的是进一步更新理念，拓展知识，推广新技术，提高全省公安机关技防管理干部的综合素质，为推进全省公安机关科技信息化建设应用工作夯实基础。

（八）完成了《关于“雪亮工程”建设购买服务经费列入财政预算的请示》上报工作

根据省委《中共陕西省委常委会议纪要》、《“雪亮工程”省级协调工作领导小组办公室会议纪要》和省政府办公厅要求，陕西省技防办起草了《关于“雪亮工程”建设购买服务经费列入财政预算的请示》，于2018年1月30日上报省政府办公厅。

（九）完成了《关于全省“雪亮工程”建设情况的报告》上报工作

2018年1月初，根据省公安厅党委的要求，陕西省技防办结合全省实际，撰写了《关于全省“雪亮工程”建设情况的报告》并上报省政府办公厅。

（十）完成了《关于渭南市合阳县“雪亮工程”建设情况的报告》上报工作

按照“雪亮工程”省级协调工作领导小组办公室的安排，陕西省技防办与渭南市公安局就“雪亮工程”建设联合起草了《关于渭南市合阳县“雪亮工程”建设情况的报告》并上报省政府办公厅。

（十一）参加了“雪亮工程”调研活动，制定了考察方案

2018年1月，陕西省技防办主要领导参加了省政府办公厅组织赴渭南市富平县、合阳县实地考察两地“雪亮工程”建设情况的调研活动。2018年5月中旬，陕西省技防办主要领导参加了中央社会治安综合治理委员会

办公室对西安市公共安全视频监控建设联网应用示范项目的中期检查工作。通过听取情况介绍、检查项目台账、现场测试、座谈交流等形式，较好地完成了对项目的实地核查工作，西安市公共安全视频监控建设联网应用工作受到了中央社会治安综合治理委员会办公室的肯定。根据省政府办公厅工作要求，陕西省技防办负责制定了赴外省调研“雪亮工程”建设的考察方案，确保了考察任务的圆满完成。

（十二）开展了全省视频监控建设数量摸底统计工作

按照“雪亮工程”省级协调工作领导小组办公室的工作安排，2018 年 3 月 21 日，陕西省技防办向各市公安局、杨凌示范区公安局科技信息化管理部门下发了《关于开展全省视频监控建设数量摸底统计工作的通知》。2018 年 4 月，陕西省技防办对全省各市（区）、所辖县（区）视频监控系统情况开展了一次较为全面的摸底统计工作。

（十三）开展了公共安全视频监控建设技术方案论证及竣工验收工作

2018 年以来，陕西省技防办组织对咸阳市秦都区、礼泉、旬邑等地的建设方案予以评审，对乾县平安城市视频监控系统二期工程进行验收；向榆林市公安局技防办下发《陕西省公安厅安全技术防范管理办公室关于榆林市绥德县城市联网与报警服务系统项目的验收结论》（陕公技防办〔2018〕4 号）；对延安市延长县公共安全视频监控建设方案予以评审；对咸阳市秦都区视频防控综合应用系统建设方案进行批复。

（十四）向中央政法委上报“雪亮工程”年度重点支持城市

2018 年 5 月，陕西省技防办与省社会治安综合治理委员会办公室、省发展改革委联合向中央政法委上报《陕西省 2019 年、2020 年公共安全视频监控建设联网应用重点支持城市申报的审核意见》，同意铜川市、宝鸡市为全省申报 2019 年公共安全视频监控建设联网应用重点支持城市的地区，汉中市、商洛市为全省申报 2020 年公共安全视频监控建设联网应用重点支持城市的地区。

（十五）开展了技防办事权改革

根据陕政发〔2017〕43 号通知要求，按照国家财税体制改革总体部署，起草并向厅事权与支出责任划分改革领导小组办公室上报技防办事权改革实施方案。该方案中的改革内容主要有以下四项：陕西省技防办负责省本级方案评审、竣工验收工作，原则上不再开展市级方案评审、竣工验收工作；市局技防办负责市本级和县（区）级方案评审、竣工验收工作；各地公安机关技防办需严格按照 GB/T 28181-2016、DB61/T 524-2011 等国家和地方标准开展相关工作；各地邀请视频监控专家可从省公安厅科信办专家库中抽取。

资料提供：陕西省公安厅安全技术防范管理办公室
地　　址：陕西省西安市凤城二路 19 号
电　　话：029-86165300

甘肃省技防管理工作

2018 年，甘肃省公安厅安全技术防范管理办公室（以下简称“甘肃省技防办”）紧密围绕全面深化公安改革任务和全省公安中心工作，依据技防管理工作职责，认真贯彻落实全面深化公安工作改革重点任务和公共安全视频监控建设联网应用实施意见的有关精神，主要组织开展了以下工作：

一、落实重点改革任务

一年来，甘肃省以“雪亮工程”建设为契机，按照九部委联合印发的《关于加强公共安全视频监控建设联网应用工作的若干意见》（发改高技〔2015〕996 号）要求，一是召开联席会议。由甘肃省社会治安综合治理委员会办公室牵头，省发展和改革委员会、省公安厅、省财政厅等部门参与，共召开部门联席会议 13 余次，研究解决省综治平台建设方案、10 个市州“雪亮工程”设计招标方案、重点支持城市督导考核等重大问题。二是制定下发指导性文件。为确保甘肃省公共安全视频监控建设联网应用工作统一规划、有章可循，2018 年 4 月，省委办公厅、省政府办公厅制定印发《甘肃省加快推进“雪亮工程”建设的指导意见》，确定了甘肃省“雪亮工程”建设的指导思想、基本原则、工作目标、重点措施、组织领导、经费保障等，明确了全省公共安全视频监控建设联网应用工作的总体架构、技术要求、运行模式、项目管理等内容，确保按期实现“全域覆盖、全网共享、全时可用、全程可控”的任务目标。

二、加快视频资源整合联网共享

2018 年，按照《甘肃省加快推进“雪亮工程”建设的指导意见》，甘肃省加大视频监控点位的覆盖范围。同时，视频监控平台通过国标对接市大数据服务管理局视频共享平台向全市政府机关提供共享服务，对接市社会治安综合治理委员会办公室视频共享平台向全市 118 个乡镇街道提供共享服务，实现了部门、基层的“全网共享”要求。

三、加强联网应用培训

2018 年，甘肃省公安厅举办了一期公安视频监控联网应用培训班，由视频岗民警和公司专家进行授课，全省 120 余名科信民警参加了培训。同时，省公安厅还派员赴各市州开展全省视频联网、共享平台的巡检和实地培训工作，对公安视频监控联网应用中存在的问题进行汇总和处理，并面对面向基层科信民警讲解公共安全视频监控建设联网应用云平台、视频对接及推送等方面的知识。

四、打造运维安全管理体系

2018 年，甘肃省按照公安部《关于加强公安视频监控安全管理工作的通知》（公科信转发〔2017〕222 号）要求，进一步加强组织领导，要求各地市成立视频监控安全管理工作领导小组，明确小组成员工作职责，定期开展网络安全检查、教育以及培训工作。同时，甘肃省积极建立健全管理制度，细化公安视频监控网络安全管理，制定《视频监控网络安全运维管理制度》、《视频监控网络安全管理制度》等规范实施文件，明确管理责任以及建设安全、使用安全、运维安全等具体要求。

随着《公共安全视频监控联网信息安全技术要求》（GB35114）的颁布实施，甘肃省迅速贯彻落实，在视频监控应用体系中要求构建视频的 PKI/PMI 系统，针对前端设备实现 A、B、C 三类不同保护强弱的需求，基于数字证书实现前端设备的安全认证、数字签名、传输加密等安全功能，着手构建贯穿前端摄像机、传输网络、核心设备、管理平台、使用终端等视频监控应用全流程的安全防护技术体系。

2018 年 8 月，省公安厅开展了一次公安网络安全大检查，采取自查自评、远程检查、现场抽查等方式，全面摸清公安信息网及公安视频专网安全保护状况，检测排查并督促整改网络安全重大漏洞隐患、风险和突出问题，切实提高公安信息安全意识，防止重大网络安全事件发生。2018 年 12 月，省公安厅完成了甘肃公共安全视频信息承载网运维安全管理系统的招标采购工作，该系统主要加强全省公安视频专网骨干网络设备性能监控管理，采用终端安全管理模块实现对公安视频专网内 PC 终端的身份认证、行为规范等安全管理功能，保证接入网络的 PC 终端设备安全可控，实现对公安视频专网内 PC 终端视频数据的安全防护，防止视频数据泄露，对拍照、录像、视频外发等行为造成的信息泄露事件能够进行快速溯源和追踪等。兰州市采用市、区（县）级平行部署安全接入平台的模式，建设视频边界安全平台，隔离公安内网、视频专网和政务专网，实现了社会视频监控资源的本地化安全接入，并建成了视频数字证书安全认证系统，提供统一的认证和管理平台，对全部监控资源进行授权访问，追踪到人，确保视频信息安全。

五、开展公共安全产品质量监督

转发了《公安部关于 2017 年度社会公共安全产品质量行业监督抽查结果的通报》（公通字〔2018〕14 号），将公安部 2017 年年底至 2018 年 6 月对部分社会公共安全产品质量行业监督抽查的结果转发给各地公安机关，并抄送省委、省政府和省工商局、省质检局、武警总队以及有关行业协会，明确各级公安机关在装备采购中，不得装备使用抽查结果不合格的产品。同时，转发公安部《关于征集 2018 年度社会公共安全产品质量行业监督抽查计划项目建议的通知》（公科信传发〔2018〕9 号）给各地公安机关，并抄送甘肃省产品质量监督检验研究院，按要求征集监督抽查计划项目建议并上报公安部。

根据工作职责，审核安防工程检测申请资料，并向安防工程检测机构——甘肃省产品质量监督检验中心开具安防工程检测委托书 55 份，委托检测工程总造价 31793 万元。

经过一年的努力，甘肃省技防管理工作取得了一定的成效，制定并下发了一系列指导性文件，加快推进视频资源整合联网共享，提高了视频监控覆盖范围，指导各地公安视频监控联网应用工作，进一步强化了视频图像资源联网整合，切实提升了视频图像的规范化管理水平。虽然取得了一定的成绩，但对照新形势、新要求，仍存在对市、县公安机关的技术防范管理、视频图像建设联网应用等工作指导力度不够等问题。在新的一年里，将进一步抓好视频图像联网整合规范管理，扎实推进视频图像应用，按计划组织实施好甘肃公安视频图像结构化智能分析系统和甘肃公安承载网安全管理维护系统建设，为全省视频监控建设联网应用和技术防范等工作做出更大的贡献。

资料提供：甘肃省公安厅安全技术防范管理办公室
地　　址：甘肃省兰州市城关区庆阳路 98 号
电　　话：0931-5156601

青海省技防管理工作

2018 年，青海省公安厅安全技术防范管理办公室在省公安厅和公安部业务主管部门的坚强领导下，在青海省公共安全技术防范协会的大力协助和安防工作人员的共同努力下，开展了以下具体工作：

一、进一步加强公安科技管理工作

一是根据公安部科技信息化局《关于组织申报 2018 年度公安部科技计划项目的通知》要求，为落实《公安发展“十三五”规划》，大力推进深化公安改革和公安机关“四项建设”，充分发挥科技引领支撑和服务实战的作用，根据公安部统一安排，下发文件，组织全省公安机关开展2018年度公安部科技计划项目申报工作。

二是根据部科技信息化局《关于举办2018年公安科技活动周的通知》要求，组织全省公安机关开展2018年公安科技活动周活动。同时，2018年5月25日，由省公安厅科信总队、西宁市公安局科信处、青海省安防协会共同举办的“2018年青海省公安科技活动周”在省科技馆启动，向群众展示了改革开放40年，特别是党的十八大以来青海公安科技创新发展的突出成就，科学技术在提升公安机关实战效能、推进社会管理创新、惠及民生工程等方面的成果，使广大群众了解了现代安全防范、交通安全、消防安全等生活安全常识。青海省安防协会围绕惠民主题组织30余家技防企业，共展出监控摄像机类、智能报警类、智能家居类等50余种新技术、新产品。活动周期间，通过丰富多彩的方式，对百姓关注的治安、防护防盗、交通安全、禁毒、公安便民服务、科技安全防范等方面开展广泛的互动宣传，提高了百姓的安全防范意识，助推社会和谐平安。青海广播电视台、西宁电视台、青海法制报、西海都市报等新闻媒体对此次科技活动进行了宣传报道。

二、努力做好协会管理及技防管理工作

一是根据公安部科技信息化局《关于报送〈中国安全防范行业年鉴〉（2017版）相关资料的通知》要求，对2017年的安防工作和青海省企业信息进行整理，起草文件上报。二是组织青海安防协会开展2018年度企业资质年检工作。三是组织青海安防协会召开第四届理事会议，讨论2018年重点工作；研究进一步改进和规范安防企业资质年审等有关问题；组织完成青海省安防协会脱钩工作。四是结合当前社会治安和藏区维稳斗争的形势需要，切实维护社会稳定，充分发挥安全技术防范设施系统在预防、打击违法犯罪活动中的特殊作用，在全省开展安全技术防范设施、系统安全检查工作。

三、配合省政法委做好“雪亮工程”项目推进工作

根据国家六部委《关于加强公共安全视频监控建设联网应用工作的若干意见》和国家三部委《加强公共安全视频监控建设联网应用工作的方案》，按照省政法委要求，积极开展青海省公共视频资源联网应用工作，配合相关部门做好全省治安防控体系建设工作。

2018年，青海省公安厅技防办紧紧围绕年初制定的重点工作及省公安厅重点工作任务，努力认真开展各项工作，使得青海省技防工作步入一个新阶段、上升到一个新高度。

资料提供：青海省公安厅安全技术防范管理办公室
地　　址：青海省西宁市八一中路50号
电　　话：0971-8293164

宁夏回族自治区技防管理工作

2018年，在宁夏回族自治区政府及自治区公安厅党委的高度重视和正确领导下，为提高技防水平，服务技防工作，按照《关于加强公共安全视频监控建设联网应用工作的若干意见》文件要求，宁夏回族自治区紧紧围绕“全域覆盖、全网共享、全时可用、全程可控”的总体目标，推动重点公共区域、重点行业公共安全视频监控建设，联网整合各类视频数据资源，大力开展公共安全视频监控在治安防控、城乡社会治理、智能交通、服务民生、生态建设与保护等领域的应用工作，成效显著。

一、夯实基础，推动技防重点项目建设

（一）平台建设

按照“雪亮工程”省级平台“一总两分”的架构，宁夏回族自治区公安厅完成了省级总平台和公安分平台建设任务，横向整合社会各行业、单位视频图像资源，纵向对接五市公共安全视频共享服务交换平台及公安分平台，融会贯通全区视频资源，基本实现了区、市、县三级视频资源的无缝对接。

（二）综治中心建设

按照实体、实战、时效的要求，以视频监控建设联网应用为核心，以现有人员、设施等为基础，充分整合资源，有效利用现有的办公场所，在各市、县（区）、乡镇、村（居）建设四级综治中心。

（三）数据整合

一是卡口资源整合。依托宁夏回族自治区公安厅视频图像解析中心，高标准建成全区卡口数据库，先后完成省、市、县三级及高速公路全部卡口数据整合，实现了全区卡口大联网、大整合的建设目标，100%完成全部卡口整合任务。二是社会视频资源整合。按照“先重点、后一般”的原则，基于自治区电子政务外网，在自治区公共视频共享服务平台上，完成智慧城市、水利、信访、机场公安、交通厅、旅发委及部分居民社区等社会视频图像资源整合工作，同时为自治区信建办、武警总队、水利厅、宁夏人民会堂等单位提供视频图像服务，提高了全区社会治安防控水平，增强了群众安全感和满意度。

二、服务实战，提升应用效能

（一）加快推进“雪亮工程”建设，主动开展视频巡逻、预警防范、目标追踪等实战应用，进一步提高社会治安防控能力

吴忠市结合“雪亮工程”实施了平安细胞工程创建活

动，整合基层综治信息访维稳工作资源，建设规模可管理、层级清晰、功能定位明确的综治中心，推进“矛盾联调、治安联防、问题联治、工作联动、平安联创、实事联办”。目前，全市已经有26个乡镇（街道）完成整合任务。针对“两抢一盗”等侵财性案件易发多发问题，转变打击方式，完善情报、侦查、技术一体化作战机制，以专业、灵活、即时、迅猛的攻势应对犯罪智能化、职业化。针对非法吸收公众存款、集资诈骗等涉众型经济案件骤增问题，推动建立灵敏高效的监测预警体系，维护好人民群众合法权益和金融秩序稳定。依托完善的视频监控应用，统筹推进乡镇村居、城市社区、企事业单位、行业性专业性人民调解四张网络建设。开展无上访村（社区）、乡镇（街道）创建活动，做到矛盾纠纷“小事不出村、大事不出乡、难事不出县”。加强新型媒体宣传，注册“吴忠政法”微信公众号，不定期发布政法工作动态；在吴忠市电视台公共频道、综合频道共六个时段滚动播放平安建设宣传视频；在《宁夏法治报》、《吴忠日报》分别开设“平安吴忠建设”宣传栏目。市、区两级在开源广场组织开展以“公共安全防范警示教育”为主题的政法综治宣传月集中宣传活动，全市群众安全感进一步提升。全市街面“两抢”案件同比下降42.3%，盗窃“两车”案件同比下降17.1%。交通、校园、金融、医院、能源等重点行业和领域公共安全监控视频100%全覆盖。全市公安机关通过视频直接破获案件占比达到53.77%。全市连续5年实现现发命案全破、交通肇事逃逸案件全破。

中卫市按照“边建边用，服务实战”的原则，深入推进全市视频监控联网应用项目在实战中发挥作用，市社会治安综合治理委员会办公室结合“雪亮工程”应用平台建设工作，对具体软件应用不断修改和完善，发掘和弘扬“本土基因”的平安建设文化，推进市级“指挥调度平台”、县级“枢纽平台”、乡级“实战平台”、村级“基础平台”的四级综治平台建设。沙坡头区积极开展前端采集，做好试建试点工作，与广电网络公司合作利用“六盘云”平台，在迎水桥镇河滩村、市区恒祥国际小区试点建成了视频入户监控，为下一步视频全覆盖和“全民网格员”探索了经验。中宁县以余丁乡、石空镇为乡级“实战平台”的“排头兵”和以宁安镇朱营社区西花园小区为村级“基础平台”的“领头羊”进行实践应用，目前正在加快实施。

（二）主动服务决策指挥

强化视频监控与指挥调度系统关联对接，健全常态化运行可视指挥体系，对于大型活动及公共安全突发事件，建立科信与指挥协作机制，按照“数据同步、预案先行”的原则，先期开展视频指挥调度，提升了全区公安机关应急处突能力和现场稳控能力。对于服务群众工作，积极探索新方法、新思路，充分发挥视频监控作用，与警综平台实时对接，对走失人员、失踪人员进行动态比对，实现了为民办好事、办实事的目标，进一步提升了群众满意度。石嘴山市公安局利用视频监控服务群众6800余次，为群众找回遗失财物价值480万元，处置维稳事件138起。此外，为寻找失踪人员、调解矛盾纠纷、解决民众难题等提供了直接的技术支持。吴忠市公安局通过视频监控帮助群众成功找回遗失物、走失老人456次，受到群众广泛赞誉。

三、加大规范管理力度，积极制定相关法规

为进一步提升自治区技防管理水平，规范技防工作，结合宁夏区情及视频图像信息整合与应用工作现状，与自治区人大常委会法工委、自治区司法厅沟通，草拟完成《宁夏回族自治区公共安全视频图像信息系统管理条例》。2018年8月，由自治区人大、政府法制办、公安厅组成的调研组，赴新疆、西藏进行调研，切实深入了解其在技防法规方面的经验和做法，听取意见与建议，为《宁夏回族自治区公共安全视频图像信息系统管理条例》的修改完善拓展了思路。

资料提供：宁夏回族自治区公安厅安全技术防范管理办公室

地　　址：银川市北京中路86号

电　　话：0951-6136291

第二节　行业组织

中国安全防范产品行业协会

中国安全防范产品行业协会于1992年12月8日在北京成立，是由从事安全防范产品等相关行业的企事业单位、社会团体及个人自愿组成的全国性、行业性、非营利性的社会组织。

地　　址：北京市海淀区西三环北路87号国际财经中心C座1401

邮　　编：100089

负 责 人：王彦吉

联 系 人：张雅慧
电　　话：010-68730786
传　　真：010-68730788
网　　址：www.21csp.com.cn
电子邮箱：cspia@sohu.com

2018年，是全面贯彻党的十九大精神的开局之年，中国安全防范产品行业协会（以下简称“中安协”）在公安部科技信息化局的正确领导下，在会员企业和地方安防协会的大力支持下，依据协会章程，以服务国家、服务社会、服务行业、服务群众为宗旨，紧跟行业发展需求，不断加强行业基础建设，努力完善行业自律机制，全面提升协会服务能力，较好地完成了全年的各项工作任务。

一、全面加强协会党组织建设，充分发挥党支部战斗堡垒作用

在公安部科技信息化局党委的领导下，中安协党支部把学习宣传贯彻党的十九大精神作为首要任务，积极开展“不忘初心、牢记使命”主题教育活动，进一步加强党支部的政治建设、思想建设、作风建设、纪律建设，加强党员管理，充分发挥党支部的战斗堡垒作用和党员的先锋模范作用，努力做好党支部的各项工作。

一是认真学习宣传贯彻党的十九大精神。中安协党支部以学懂弄通做实为标准，把学习宣传贯彻习近平新时代中国特色社会主义思想和党的十九大精神作为党支部“三会一课”的核心内容，组织党员认真开展学习，切实领会党的十九大报告的深刻内涵和精神实质，树牢“四个意识”，增强“四个自信”，坚定“两个维护”。同时，通过制作板报宣传栏、组织全体工作人员观看《榜样3》、开展“宪法宣传周”活动等多种形式，营造学习氛围，使广大党员群众提高思想认识，奋发有为，扎实工作。二是开展“不忘初心、牢记使命”主题教育活动。组织全体党员召开“不忘初心、重温入党志愿书”专题组织生活会；通过书记讲党课、板报宣传栏等形式，向全体党员群众宣传中国共产党人的初心和使命，教育大家要牢固树立以人民为中心的思想。三是认真落实“三会一课”制度。每月至少组织两次集体学习，每季度至少召开一次全体党员大会，每月至少召开一次支委会。四是全面加强党风廉政建设。平时注意对党员的党风廉政建设教育，凡遇重大节假日都要召开廉政建设警示教育会，同时组织党员参观公安部警示教育基地，做到警钟长鸣。组织开展“四严”活动，即严思想、严纪律、严制度、严队伍，发挥党员特别是党员领导干部的带头作用，努力打造一支具有强大凝聚力和战斗力的队伍。五是做好党员发展工作。2018年，有一名预备党员按期转正，成为一名合格的中国共产党党员。同时，加快入党积极分子吸收工作，对符合条件的同志进行重点培养。

党支部还结合主题党日活动、重要节日等，加强对全体党员的爱国主义教育。三八妇女节组织观看《红海行动》，激发全体员工的爱国主义热情；五四青年节组织开展“迎五四多读书读好书——青年朗读会”；参加部科信局第四联合党支部开展的“践行总要求 改革再出发”参观北京航天城的活动，增强民族自豪感；参观“真理的力量——纪念马克思诞辰200周年主题展览”，增强对党性知识的培养；参观“伟大的变革——庆祝改革开放40周年大型展览”，感受改革开放40年的沧桑巨变。此外，党支部还组织参加“恒爱行动——百万家庭亲情一线牵”公益活动，为偏远地区儿童奉献爱心。通过上述举措，协会全体员工在党支部的坚强领导下，凝聚力显著增强。

二、全面加强行业基础建设，努力提升行业服务水平

过去一年，中安协主要从基础性工作入手，加强行业调研，开展行业统计，制定相关标准，编制行业年鉴，引领行业持续快速发展。

（一）顺利完成2017年度行业统计工作

为了更加全面有效地掌握行业发展状况，2018年，中安协就2017年度行业统计工作进行了新的改革调整。一是改变统计模式，变行业抽查为行业普查，全面有效地扩大行业统计范围。二是改进统计方式，建立了适用于全国各地安防协会的“统计工作网络填报平台”，简化了数据填报流程，减轻了企业和各地协会的工作负担。三是建立统计工作微信群——“全国安防协会联络群”，便于各单位间的相互交流和沟通。

2018年，中安协共计收到全国28个地区的4000余份统计数据，进一步摸清了行业发展现状，为政府决策、企业发展提供了较为可靠的参考依据。该项统计工作得到了全国各地安防协会的大力支持与广泛参与，为了鼓励在统计工作中成绩突出的地方协会，中安协首次设立行业统计工作优秀组织奖，并向获得“2017年度中国安防行业统计工作优秀组织奖”的内蒙古、辽宁、安徽、福建、湖北、广东、广西、重庆、云南、新疆、石家庄、济南、郑州、成都等14个省、市、自治区安防协会颁发奖杯。

（二）及时启动协会团体标准制定工作

为深入贯彻国务院《深化标准化工作改革方案》（国发〔2015〕13号）文件精神，进一步推动团体标准在支撑和引领行业发展中的作用，适应我国标准化体系的改革需要，积极落实新标准化法要求，2018年，中安协颁布了《中国安全防范产品行业协会标准管理办法（试行）》，明确了组织保障、工作原则、工作程序以及立项、编制、审查、批准、发布等规定。正式启动中安协团体标准制定工作，并批准《视频监控室外电子设备箱通用技术要求》团体标准立项计划，于10月11日在浙江诸暨组织召开了《视频监控室外电子设备箱通用技术要求》团体标准启动会，对该标准的基本框架等内容进行了审议和征求意见。11 月 28 日，召开《视频监控室外电子设备箱通用技术要求》团体标准专家审查会，对该标准初审稿进行逐条逐项审查。会后，起草组根据专家意见，修改形成《视频监控室外电子设备箱通用技术要求》团体标准征求意见稿，在公开征求意见的基础上，形成《视频监控室外电子设备箱通用技术要求》团体标准送审稿，按程序审查和批准后发布。

（三）编制《中国安全防范行业年鉴》(2017 版)

为全面客观记载 2017 年度行业发展变化，为读者提供更加便捷实用的查阅资料。中安协坚持“面向行业，面向读者，以史为鉴”的编制原则，要求年鉴框架体例科学合理、条目清晰、功能完整、信息资料全面准确，行文表述规范精炼。据此，在篇章结构方面，进行了新的改变和调整，整体结构更加简练明晰。在资料收集方面，除了相关企业、各地协会外，涵盖了所有相关行业技术机构，力求反映行业发展现状。在内容编辑方面，继续加大行业热点内容的比例，同时介绍了 2017 年行业内热议的话题，如“雪亮工程”、人工智能、大数据、视频监控联网应用建设等。在法律法规收录方面，力求反映行业热点，同时在技术和产品应用方面紧跟行业发展趋势，重点关注人脸识别、智慧物流、出入口控制等领域。

（四）积极开展“中美贸易摩擦对安防行业影响”专题调研

自 2018 年 3 月始，由美方挑起的中美贸易摩擦，对中美双方企业都造成了不同程度的影响，安防行业也受到了一定的冲击。为了进一步摸清贸易摩擦给行业带来的影响，从而采取有效措施帮助企业积极应对，中安协组织了“中美贸易摩擦对安防行业影响”的专题调研。一方面，通过组织对全国部分重点安防企业进行书面调研，及时了解相关情况；另一方面，通过联合部分地方协会实地走访、召开座谈会等多种形式收集相关信息，分别在深圳、广州、杭州召开安防企业座谈会，充分听取企业遇到的困难和工作建议，梳理安防行业在中美贸易摩擦期间面临的问题以及可能采取的对策等。

三、全面强化行业自律机制，不断提升行业服务公信力

2018 年，中安协通过开展工程企业设计施工维护能力评价，通过“评新推优”等工作，进一步监督规范企业经营行为，激发企业自主创新热情，提升企业自我约束能力，促进行业健康发展。

（一）全面推进安防工程企业设计施工维护能力评价工作

2018 年是中安协开展安防工程企业能力评价工作的第三年。为了进一步提高能评工作的科学性、规范性，通过召开安防工程企业能力评价工作座谈会，全面总结能评工作启动以来工作开展情况，总结成绩，推广经验，查找不足，加强改进。根据工作实际，进一步研究修订能评工作体系文件，进一步加强对能评分中心进行的监督指导，进一步强化对评审员的培训，积极推进能评工作规范健康发展。

截至 2018 年 12 月，全国共有 2768 家企业获得中安协颁发的安防工程企业能力证书。其中，2018 年获证的企业数量为 831 家，获证企业分布在全国 26 个省、市、自治区。同时，2282 家企业已通过网上注册，还有 110 家企业正在接受评审中。中安协能评工作开展以来，得到了广大安防工程企业的积极响应和广泛参与，参评企业数量大幅增加，评价结果得到了社会的广泛认可与采信。尤其是政府采购部门、招投标代理机构、工程建设方更为关注和认可。一年来，一些省、市的安防协会积极要求参与和开展中安协组织的能评工作，为确保评价质量，中安协将严格按照文件要求尽快开展对申请协会的考核和人员培训工作，待条件成熟后给予批准授权。

（二）积极开展“评新推优”工作

为激发企业自主创新活力，提升企业自主创新能力，帮助企业塑造品牌形象和拓展市场，同时为用户选择新产品提供参考依据，中安协组织开展了“第七届优秀创新产品评奖”、“‘平安建设’优秀行业解决方案推荐”等活动，确定评选推荐方案，明确评推条件，公开评推方法。这些活动得到了广大安防企业的大力支持和踊跃参与，在企业自愿申报的基础上，通过组织专家初评、复评、现场答疑、网上公示等评审环节，共评选出 79 款产品为“优秀创新产品”、20 款产品为“优秀创新产品特等奖”、5 款产品为“重大行业创新贡献奖”。推选出 2018 年“‘平安建设’优秀行业解决方案”，共 13 大类 86 家企业、129 个优秀行业解决方案。

四、全面加强行业交流推广，不断增强行业发展引领力

（一）成功举办“2018 年中国国际社会公共安全产品博览会”

10 月 23-26 日，中安协主办的“2018 年中国国际社会公共安全产品博览会”在北京举行。安博会以“构建平安中国、服务‘一带一路’、创新智能安防”为主题，集产品展示、行业论坛、商贸洽谈、科技普及、技术推广等活动于一体，全面展示智能化安防技术与产品在平安中国、智慧城市建设中的创新发展与综合应用。共有参展企业 900 多家，其中，海外参展企业近 100 家，主要来自美国、加拿大等 20 多个国家和地区。参观观众突破 17 万人次，国外观众首次突破 2 万人次。安博会在新技术新产品的展示、成果推广、行业宣传、国际交流、观众组织、展会服务等方面都取得了圆满成功，获得了社会各界的一致好评和行业的广泛认同。

安博会的主要特点：一是视频监控技术持续发展，视

频监控参展企业占比达 38.%左右；二是人工智能蓬勃发展，人工智能全面“入侵”整个安防产业，参展厂商纷纷打出“AI+”的参展主题；三是芯片技术正在崛起，有近 20 家芯片供应商参展并带来最新的研发成果；四是人脸识别日趋成熟；五是无人机、机器人行业成长迅速；六是警务应用不断深入，与“雪亮工程”、“智慧城市”和“平安社区”相关的联网产品和解决方案成为最重要的展示内容。

（二）成功举办各类行业发展技术论坛

在“2018 年中国国际社会公共安全产品博览会”同期举办了四场论坛，围绕产业政策、前沿技术、市场开拓等问题进行了深入研讨，为促进行业进步、引领行业发展发挥了重要作用。主要内容如下：

“中国安防高峰论坛”，以“智慧创新，平安中国”为主题，围绕当前我国安防行业的发展变化、政策环境、应用成果、发展趋势，以及人工智能、大数据、物联网等新一代信息技术在智慧警务、雪亮工程等重点工作中的应用进行了全面分析和解读。

“中国安防国际高峰论坛”，以“迎接新挑战，引领新航向”为主题，以加强国际及行业内的信息交流，共同探讨中国及全球安防发展态势及市场需求，促进中国安防行业的健康、快速发展，为开展国际合作与扩大国际贸易搭建平台为目的。邀请俄罗斯、英国、巴基斯坦、以色列、新加坡等国家安防行业的专家就国际安防行业发展趋势、贸易新变化、市场新需求，以及人工智能等新技术在警务活动、反恐处突等领域的应用进行了深入探讨。

“中国安防技术创新峰会暨 IVAA2018 国际论坛”，以“人工智能：开启视频图像分析应用新时代”为主题，重点围绕当前安防人工智能技术市场发展的前沿问题、最新研发成果、重点行业领域应用解决方案等进行了研讨，共同促进人工智能技术在各领域的广泛应用。

“视频监控网络安全高端论坛”，以“视频网路，安全可信”为主题，围绕视频监控网络安全面临的新形势、新问题、新技术、新标准、市场新需求和物联网时代视频监控呈现的新态势以及在各场景中的实践应用进行了深刻探讨。

（三）进一步加强中安协专家委员会建设

2018 年，重点完成了对入库专家的考核登记，开启《中国安全防范产品行业协会专家委员会管理办法》、《中国安全防范产品行业协会专家委员会专家管理办法》的修订工作，积极筹备中安协专家委员会第三届一次会议等工作。一是专家的考核登记。制定入库专家考核登记方案，发布中安协“关于对入库专家进行考核登记的通知”，组织对现有专家的考核登记，颁发新的专家聘用证书，清理完善新的专家库，截至 9 月底，共有 203 位专家通过考核登记。二是专家委员会委员的考核选举。根据工作需要，对专家委员会委员进行了重新考核调整，对各专业组组长、副组长进行了新的遴选。同时，根据当前行业发展新趋势新要求，新设立了人工智能专业技术组，中安协专家委技术专业组由 8 个增加到 9 个。三是进一步修订完善相关规定。及时开展《中国安全防范产品行业协会专家委员会管理办法》、《中国安全防范产品行业协会专家委员会专家管理办法》的修订工作，广泛听取各方面意见，修订完善各项条款，确保专家委员会工作规范健康发展。

（四）大力加强行业资讯服务平台建设

一是牢牢把握《中国安防》的办刊方向，正确认识办刊宗旨，努力提升杂志的影响力和读者关注度。

2018 年，《中国安防》杂志紧密结合行业发展重点、热点问题，密切关注行业动态，组织对安防人工智能、AI 芯片发展、安防产业信息安全等进行深入探讨，围绕行业标准发布、“雪亮工程”建设推进、智能门锁安全事件、近年安博会回顾、视频监控产品 GA 认证、2018 年北京安博会等重大事件进行及时跟踪了解，组织专项采访，给予政策解读引导。同时，利用各大栏目对行业发展、技术创新、智慧城市、国际安防等方面内容组织了 50 多个专题探讨。

随着国家“一带一路”战略的深入推进，中国企业“走出去”的步伐不断加快，杂志应时在 8 月开设了《专栏》，对我国海外安保问题、“一带一路”安保法律分析，以及有关国家恐怖袭击威胁和应对策略进行介绍和报道。

二是充分利用和发挥新媒体的特点，进一步加强中安协微信平台建设，努力提升宣传服务效能。

目前，中国安全防范行业协会微信平台常设板块为“行业快报”、“中安协”、“领军企业”，下设多个栏目，每天推送 6-8 条新闻信息及各类研究文章等。2018 年，嵌入了“观展通”模块，为观众推送各类展会信息，提供查询、咨询、登记等多种服务，在优化报名方式的同时，为观众了解展会、展商等提供了便捷服务，增加了用户黏性。在“2018 年中国国际社会公共安全产品博览会”期间，为加大宣传力度，将包括头条在内的前几个资源位全部调整为安博会新闻专属位置，每天实时更新推送，内容包括安博会展望、安博会参展商、安博会各种活动组织发布等。

五、全面强化协会自身建设，进一步提升协会凝聚力

为全面规范和加强协会内部管理，强化自身建设，中安协以规范化建设为抓手，进一步完善内部机构设置，建立健全各项规章制度，强化队伍建设，不断提高服务能力和水平。

（一）强化会员服务管理工作

一是严格入会程序和日常服务管理工作。严格按照协会章程认真审核会员入会条件，严格会员入会手续，及时进行会员会费收缴、会员资格年审、换证等工作及各项数据维护清理等。截至 12 月 20 日，共有会员 1603 家，其中 291 家企业为新入会会员。清理 2 年以上未缴费会员 92 家。二是根据不同需求为会员企业提供更多支持与服务。中安协严格遵守协会宗旨，坚持服务国家、服务社会、服

务会员，坚持实事求是、公平公正的原则，为企业发展提供更多更好的服务，为7家企业开具有关地方名优产品、知名品牌申报行业推荐、市场应用等相关证明，助力企业发展。

（二）建立健全协会内部管理规章制度

根据国家有关政策，结合协会工作实际，及时修订完善、补充调整协会内部管理各项规章制度，先后修订了《人事管理制度》、《财务管理制度》、《差旅费管理办法》、《员工考勤制度》等多个内部管理规定。

（三）全面加强协会规范化建设

从日常办公秩序抓起，严要求、重养成、促规范、强素质。从日常考勤严起，从规范请销假做起，从办公环境改起，从办公秩序抓起，营造优美的办公环境、良好的办公秩序、健康的工作氛围。

六、积极开展对口扶贫工作，认真履行社会责任

在公安部科信局的统一领导下，中安协积极组织动员行业企业开展与贵州省普安县的对口扶贫活动。11月19日至21日，中安协受科信局委托，组织5家安防企业赴普安县进行科技帮扶调研考察。在调研考察期间，通过现场走访、洽谈咨询及座谈交流等方式了解了当地脱贫情况，找准了帮扶点。通过考察调研，一是各个企业积极参与贫困地区居民小区的“平安小区”建设、提供技术方案设计与论证和帮扶工作。二是积极帮助当地土特产等农产品的定向定量销售，解决农土产品销售难题。在调研考察的基础上，为确保扶贫工作取得实效，中安协还将继续跟进和督促有关工作的落实。为了进一步推动行业扶贫工作，经公安部科信局同意，中安协对在贵州对口扶贫工作中做出突出贡献的东方网力、苏州科达等行业企业首次给予了表彰，并由科信局领导向受表彰企业颁发了“扶贫工作突出贡献奖”证书和奖杯。

总结回顾2018年的工作，协会虽然取得了一些成绩，但与行业管理部门的要求、会员的期待还有不少的差距。2019年，协会将在行业管理部门的坚强领导下，以习近平新时代中国特色社会主义思想为指导，认真贯彻落实党的十九大和十九届二中、三中全会精神，以服务国家、服务社会、服务行业、服务群众为宗旨，改革创新，锐意进取，以优异成绩庆祝新中国成立七十周年。

北京安全防范行业协会

北京安全防范行业协会成立于2005年8月，是经北京市民政局核准登记的非营利性社会团体组织，是行业智库型、学习型组织。协会立足行业，在政府部门的指导下，在会员企业的支持下，发挥桥梁纽带作用，提供高效优质服务，持续引领行业规范健康发展。

地　　址：北京市西城区德胜门外东滨河路3号白孔雀艺术世界A座4层407室
负 责 人：张　莹
电　　话：010-62072458
联 系 人：李　艳
电　　话：010-65518865
网　　址：www. bspia. com

2018年，北京安全防范行业协会（以下简称“北京安防协会”）按照政府文件要求，在主管单位（北京市民政局）和业务监管单位（北京市公安局）的指导帮助下，在全体会员单位的大力支持配合下，顺利完成了换届和脱钩后续工作。在理事长和秘书长的带领下，着手建立协会党组织，重组了协会的组织架构，完善了各项管理制度，完成了全员竞聘上岗等一系列协会内部管理改革举措，得到了主管单位、监管单位和会员企业的一致认可。在完善协会内部管理的基础上，开展了各项重点业务工作。

一、协会换届和脱钩后续工作

（一）换届工作

2018年7月10日，北京安防协会在业务指导单位和全体会员的支持帮助下，在北京城建北苑大酒店三楼报告厅顺利召开了第三届会员代表大会。此次换届大会的成功举办对协会的意义重大，新一届领导班子肩负起了协会脱钩后由行政监管转变为独立运行发展的重任，开启了协会发展的新征程。

（二）脱钩后续工作

2017年年底，脱钩工作完成。2018年3月27日，按照业务监管单位市局指挥部转发市局政治部《关于指导行业协会脱钩后办理相关手续的通知》要求，到北京市民政局进行了社团法人登记证书的更换工作。按照脱钩后办理相关手续的通知，北京安防协会于8月将工体市局小白楼一层全部清空，与负责人办理了交接手续，正式归还办公用房。通达资产管理集团于12月18日和12月25日分两次与协会进行了财务交接手续，将2013年11月至2018年11月协会的财务账簿、凭证、报表交还协会，由市局指挥部派人进行了监督交接工作，至此协会脱钩后续工作全部完成。

二、加强完善内部管理建设

（一）内部管理建设

2018年7月10日，北京安防协会换届大会召开，新一届领导班子首先进行了内部组织架构调整，秘书处由原来的五个业务部门调整为企业评价、综合运营、会员服务、人才发展四个中心和一个智库；协会员工采取对外招聘和老员工重新竞聘上岗；在对协会原有的九项制度进行梳理、修订的基础上，补充增加了日常办公管理、劳动纪律管理、人事档案管理、考勤管理等十项协会管理制度。经过从组织架构到管理制度的调整、修订，协会内部管理建设得以不断完善，实现了规范化运营管理模式。

（二）党建工作情况

按照理事长换届大会上的工作报告要求，北京安防协会向北京市民政局综合党委提出组建党支部的申请，北京市民政局党委按照北京市政府相关要求开始组建社会事业行业协会联合党委，10月批准社会事业行业协会联合党委成立，协会的党建工作归到第三联合党委负责，联合党委将派指导员到所属协会指导开展党建工作。

（三）工会工作

2018年9月6日下午，北京安防协会按照《中华人民共和国工会章程》的相关规定，召开了第二届工会换届选举大会，完成了换届选举工作。按照选举办法，无记名投票产生了协会工会委员会、工会经费审查委员会、女职工委员会。换届选举结果经德胜工会上报西城区总工会批准，更换了协会工会法人登记证书，并开展前期调研，为成立行业工会做准备。

（四）法人变更工作

2018年7月12日，北京安防协会将换届大会完成材料报送北京市民政局社团管理办公室，并提出法人变更申请，由于换届前法人离任审计报告做到2017年8月份，按照民政局要求又补做了法人财务离任审计报告，进行了法人变更受理审批程序。2018年11月14日，完成了法人变更工作，同时更换了协会社团法人登记证书。

（五）微信公众号、网站、内刊建设

北京安防协会微信公众号于2018年7月正式运行，每周都有内容更新，关注人数达1500多人；网站重新改版，新网站建设基本完成，现已在试运行中；内刊改版升级，编辑部召开了两次内刊研讨会，争取尽快出刊。

三、配合行业管理部门工作

（一）组织解决方案座谈会

2018年4月23日，北京安防协会受北京市公安局指挥部委托，邀请5家会员企业就社区安防解决方案进行座谈、交流。此次座谈会为政府部门进一步了解当前安防企业对社区安防的领先解决方案和先进技术，在制定社区居民安防问题解决方案时提供了参考作用，也为安防企业和政府部门拉近了距离，为企业能更好地了解政府部门需求提供了渠道。

（二）配合“中非论坛”安全保卫工作

为迎接“中非论坛”的召开，落实北京市公安局安全保卫工作要求，配合“中非论坛”安全保卫工作顺利进行，报经协会领导和北京市公安局指挥部领导批准，2018年8月27日在协会网站和微信公众号对会员单位分别发布了《关于加强“中非论坛”期间安防系统维护工作的通知》确保“中非论坛”期间北京市各安防系统能够稳定、不间断运行，保证人民群众的安全。

（三）邀请主管部门参加工作研讨会

2018年9月12日，北京安防协会邀请上级业务监管单位北京市公安局指挥部领导参加了协会工作汇报暨为公安安技防系统工程建设服务工作研讨会。此次北京市公安局指挥部领导莅临协会指导工作，不仅对协会新一届领导班子的工作给予了肯定，同时还提出建立监管单位与协会的长效沟通机制，更好地利用协会平台为公安业务及安全技术防范系统建设服务。

四、主要业务工作继续推进

（一）会员服务工作不断推进

2018年7月中旬，北京安防协会对会员证书进行重新改版设计，9月1日开始换证，至12月底共计换证144家；为了更好地为会员企业提供服务，9月3日开始向会员企业开展调研工作，现共有517家反馈，已完成党建、工会、诚信企业评价等数据分析工作。2018年，新入会团体会员140家，年审520家。现会员总数809家，其中副理事长单位51家、常务理事单位25家、理事单位45家、团体会员单位688家。

（二）继续开展企业能力评价评审和年审工作

2018年7月27日，按照中国安全防范产品行业协会能力评价管理中心对各能力评价分中心实施常规监督检查的要求，北京安防协会分中心完成了对评审员、专家评议工作，将《安防工程企业能力评价分中心调查表》和能力评价工作总结报送到中国安全防范产品行业协会能力评价管理中心。

2018年，北京安防协会能评分中心正式提交能力评价企业192家，合规性审查资料392份，受理合格197份，退回195份，发证211家；能力年审提交企业465家，合规性审查资料774份，受理合格388份，退回386份，年审通过384家。现全国有北京、江苏、福建、广西、海南、内蒙古等26个省、市、自治区的安防工程企业参加了能力评价，北京目前的评价总数占比达到30%。

（三）发挥专家咨询作用

北京安防协会开展了7月份中国银行总行门禁系统门禁设备升级改造项目可行性咨询，请专家提供了建议；东城区文化委员会文物安全防范技术系统效能评估项目咨询；8月份北京住宅建筑设计研究院智慧园区项目、公安OA管理系统项目系统集成商推荐；观湖家园视频监控系统监理项目咨询。专家委对北京市卫生和计划生育委员会开展的“2018 年卫生计生综合监督政府购买服务项目”中医疗机构保卫技防进行了评审工作，已完成 25 家医院的评审工作并出具了评审报告。

（四）举办“雪亮工程”专题讲座

2018 年 11 月 27 日，北京安防协会主办、北京安全防范职业技能培训学校承办的为首都安全建设服务——“雪亮工程”专题讲座举办，会议现场座无虚席。参会企业通过此次专题讲座，更加深入了解了“雪亮工程”的宏观政策、建设体系、验收标准及技术应用等，有助于企业结合自身技术特点找到参与“雪亮工程”建设的切入点，在未来参与“雪亮工程”建设的方向更加清晰。

石家庄市安全技术防范协会

石家庄市安全技术防范协会成立于2001 年10 月31 日，是从事安全技术防范产品的研制、开发、生产、销售、维修、服务和技防工程设计、咨询、施工及使用的企事业单位自愿参加的全市非营利性民间社会组织，受石家庄市公安局、石家庄市民政局的业务指导和监督管理。

地　　址：石家庄市桥西区站前街 12 号

负 责 人：孙燕涛

电　　话：15931180680

联 系 人：李雅玲

电　　话：0311-85983832

网　　址：www. sjzafw. com

2018 年，石家庄市安全技术防范协会（以下简称“石家庄安防协会”）在石家庄市公安局和民政局的领导下，在全体会员单位的大力支持下，严格遵守协会章程，紧密围绕服务安防行业发展、服务社会治安防控体系建设的工作方向，不断加强自身建设，不断提升服务能力，整体工作取得了新的发展。

一、继续深入抓好党建工作，发挥党员先锋带头作用

2018 年，石家庄安防协会以党的十九大精神为指引，在强化内部规范化管理、做好会员服务等工作的基础上，继续抓好党建工作。在市公安局、市民政局、社会组织党委的领导和帮助下，正式成立了石家庄市安全技术防范协会党支部。目前，已陆续有会员企业的党员关系转入协会党支部，协会党员力量正在逐步壮大，党员在协会工作中的模范带头作用逐步凸显。

党支部将会在以后的日子里更加紧密地团结广大会员单位，发挥战斗堡垒作用，共同促进协会工作健康发展和石家庄市安防事业的腾飞。

二、加强协会自身建设，提升服务能力

2018 年，石家庄安防协会持续加强自身建设，从软、硬两个方面不断提升服务企业、服务政府、服务社会的各项能力。

一方面，改善办公环境，不再借用主管部门办公室，正式拥有自己独立的办公场所，并且设置了专家室，提供更多的机会让会员企业与专家进行交流。另一方面，不断加强队伍建设，进一步明确专职工作人员的职责分工，专职工作人员不再兼任技防办其他工作，有效保障了专职工作人员的工作时间和工作效率，从而为广大会员提供更好的服务。

三、规范备案管理，引导行业自律

2018 年安防工程企业备案工作继续取得显著进展，截至目前已有 500 余家企业获得备案证，其中有 10%的企业进行了备案登记。如今，《河北省安全技术防范设计、施工、维修备案证》已经成为企业进入安防市场的有效通行证。目前，在全省及石家庄市经济下行压力不断加大的情况下，2018 年全市安防企业所承揽安防工程的合同额达到了 5. 3 亿元之多。

在行业自律方面，石家庄安防协会研究制定了《行业自律公约》、《诚实守信单位评选活动实施方案》，通过诚实守信单位评选活动的开展进一步完善了相关规章制度，增强了自我约束、相互监督意识，为加强规范化建设奠定了基础，逐步形成了一个让失信违约者没有市场、寸步难行的惩戒格局。

四、举办安防盛会，搭建交流平台

2018 年 3 月 23 日至 25 日，由石家庄安防协会协办的“2018 第十七届河北社会公共安全防范产品博览会”在石家庄国际博览中心隆重举行。来自全国 470 多家的安防厂商带来最先进的安防技术、产品和解决方案，京、津、冀、晋、豫、鲁、蒙多个省、市、自治区的安防行业组织、政府部门，特别是智慧城市建设主要涉及的公安、交通运输、电力、教育、医疗、文博、消防等部门，以及行业内专业人士 2 万多人次应邀到场进行参观、交流、洽谈与采购。本届展会上，与大数据、物联网、生物识别、人

工智能等技术相结合的智慧安防产品、技术与解决方案成为热点和亮点。经过多年培育，河北社会公共安全防范产品博览会被评为河北省重点展会，成为各主管部门服务行业的一个窗口，成为全省安防企业与国内外同行交流合作的重要平台，成为宣传安防产品走进千家万户、共享智慧生活的阵地。

五、组织行业培训，提升会员企业管理能力和技术水平

为促进石家庄市安防行业健康发展，进一步提升新形势下安防从业人员的管理能力和技术能力，加强安防厂商、代理商、工程商、系统集成商以及会员企业之间的交流合作，推进各类安防解决方案在细分市场的应用，石家庄安防协会于2018年11月28日举办了首届“安防企业管理人员技能提升培训交流会”。会议邀请了市公安局治安支队技防大队、基础大队的主管领导，就安防行业法律法规、标准规范进行了深入解读，就石家庄市智慧平安社区建设情况与会员企业进行了面对面的深入交流；同时，聘请了河北省安防行业的知名专家为参会人员进行了以安防技术防范概论、技术防范系统简介、安防行业最新发展动态为主题的专题讲座。本次培训参会人数达到330人，参加培训的人员对本次培训内容的满意度达到98%，对培训形式的满意度达到98.6%，取得了较好的培训效果。

六、发挥桥梁纽带作用，支持会员企业参与政府智慧平安社区建设

在2018年启动的石家庄市智慧平安社会建设当中，石家庄安防协会主动发挥政府的参谋助手作用，一方面为主管部门出谋划策，派出专家参与智慧平安社会建设的研讨、规划工作；另一方面鼓励、支持企业积极参与智慧平安社区的试点建设工作，石家庄市乃至河北省多个智慧平安社区试点建设项目均由会员企业主导或参与。其中，“石家庄百岛绿城智慧平安社区建设应用方案”在中国法制日报社举办的“全国政法综治智能化建设创新案例”评选活动中，获得了“雪亮工程”优秀解决方案奖，面向全国展示了石家庄市安防企业的实力，以及石家庄市在智慧平安社区建设方面取得的成绩，取得了较好的社会效果。

2018年，石家庄安防协会在政府的宏观指导下，在主管部门的坚强领导下，始终坚持以服务为宗旨，维护会员单位的合法权益，在企业与政府之间发挥桥梁纽带作用，为会员提供高效优质服务，引导企业步入良性发展的市场经济轨道。2019年，协会将积极做好行业自律、依法维权、服务会员、促进国内外技术交流等工作，为促进石家庄市安防行业繁荣健康发展发挥重要作用。

邯郸市安全防范产品行业协会

邯郸市安全防范行业协会成立于1998年9月，是经邯郸市民政局核准登记的行业性组织，是非营利性社会团体、社会法人。其主要职责是：在政府有关部门的指导下，依靠本行业集体的力量加速全市乃至全国安全防范产品的发展，为会员单位的共同利益服务，维护全行业与会员单位的合法权益。发挥政府部门实施行业管理的助手作用；促进全行业经济技术管理水平和经济效益的不断提高；推进全市安全防范产品的快速发展；为维护全市稳定、社会安定和公共安全事业做出最大贡献。

地　　址：邯郸市黎明街12号
负 责 人：王洪波
电　　话：13903100115
联 系 人：孙　杰
电　　话：18931050607
网　　址：www.hdafxh.com

内蒙古自治区公共安全技术防范行业协会

内蒙古自治区公共安全技术防范行业协会成立于2006年，是在“自愿发起，自筹经费，自聘人员，自主会务”的原则基础上，经内蒙古自治区民政厅登记，由内蒙古自治区公安厅业务指导的社团组织。

地　　址：内蒙古呼和浩特市赛罕区大学东路95号金固大厦A座3层
负 责 人：李文林
电　　话：0471-4960332
联 系 人：张　晶
电　　话：0471-4915331
网　　址：www.nmgafxh.com

2018年，内蒙古自治区公共安全技术防范行业协会（以下简称“内蒙古安防协会”）在内蒙古自治区公安厅和内蒙古自治区民政厅的监督指导下，在广大会员单位的积极支持和共同努力下，始终遵循服务会员、服务行业的办会宗旨，紧跟国家政策引领，密切关注行业发展需求，不断创新工作方式，为会员和行业健康发展发挥了积极的作用。

一、主动接受监督管理，加强基础建设

内蒙古安防协会成立多年来，始终致力于规范经营，主动接受内蒙古自治区公安厅和民政厅的双重监督与管理，严格遵守国家有关法律法规和政策规定，切实加强基础建设工作，各项工作稳步推进，权威性和影响力逐步提高。

二、加强党建工作，提高政治觉悟

内蒙古安防协会党支部把学习贯彻党的十九大精神作为首要政治任务，积极开展党支部以及秘书处对党的十九大精神的学习，坚持以习近平新时代中国特色社会主义思想武装头脑、指导实践、推动工作。同时，为进一步加强党组织建设，内蒙古安防协会党支部正在积极培养吸纳秘书处优秀的专职工作人员入党，真正发挥党支部的模范带头作用和核心导向作用。

三、认真听取会员诉求，提供多样化服务

（一）举办技术论坛，为企业提供技术支持

内蒙古安防协会抓住工作优势，积极融合多方资源、搭建交流平台，促进行业企业实现资源互补、共同发展。3 月、8 月、9 月分别在呼和浩特市、鄂尔多斯市举办了三场大型技术论坛，邀请华为、海康威视等多家知名企业为行业企业分享最前沿的技术方案，受到参会单位的好评。

（二）举办专业讲座，为企业提供多方位服务

随着国家税收体系的改革，“营改增”政策的深入进行，企业的发展日益受到财税的直接影响，为解决企业需求，内蒙古安防协会举办财税辅导班，围绕解读国家出台的最新税法、企业负责人在制定发展规划时需要关注的问题以及各单位在工商年检时需要自查和解决的问题等方面进行深入解读，受到广大会员的一致好评。

（三）做好统计工作，为行业提供数据支持

为摸清国家和地区安防行业的基础数据，形成对安防行业和区内外安防企业都具有极大参考价值的行业白皮书，内蒙古安防协会通过中国安全防范产品行业协会安防行业统计平台完成了内蒙古自治区行业企业信息填报和统计工作。

四、加强内功建设，提升协会秘书处综合水平

按照内蒙古自治区公安厅科信总队的总体部署和《内蒙古自治区公共安全技术防范行业协会秘书处关于开展“大学习、大讨论、大提升”专项活动实施方案》的具体要求，秘书处于 2018 年 6 月开展了为期一个月的集中学习。学习活动以党的十九大精神和习近平新时代中国特色社会主义思想为指导，围绕“学思想、学精神、学法纪、学本领”的要求和工作实际，保证各阶段的学习优质、高效完成。

学习期间，对各项管理制度进行了逐条修订和完善，并将制度作为各项工作的纲领性文件，严格抓落实，真正做到用制度管人、管事，使协会工作更加专业化、高效化。制度中新增了联席工作会议制度，明确了内蒙古安防协会要结合内蒙古安防行业的特点和发展方向，与业务主管部门密切配合，更好地形成工作合力，大力提升管理与服务能力，促进行业发展。

五、加强对外交流，促进地区间优势互补

内蒙古自治区安防企业普遍为工程商和系统集成商，类型比较单一，因此加强对外交流、实现优势互补仍是协会服务会员的一项重要举措。

（一）组织会员单位参加技术交流活动

内蒙古安防协会组团参加了“2018 中国（乌镇）立体安防技术应用大会”、“2018 年中国国际社会公共安全产品博览会”等大型技术交流活动，让会员单位亲身感受到了一场场全方位的行业视听盛宴。

（二）组织会员单位赴知名厂家参观考察

内蒙古安防协会组织会员到浙江大华技术股份有限公司、浙江开元光电照明科技有限公司进行考察，学习同行前沿技术，感受企业文化，建立合作意向。

（三）积极参加行业会议、交流活动

内蒙古安防协会负责人积极参加行业内的交流活动，以及“第五届中国—亚欧安防博览会”、“全国安防行业省际合作协会领导人座谈会”、“苏州市安防协会三届一次会员大会、无人机分会成立大会暨‘平安苏州’圆桌会议”等重要的行业会议，与全国多个省市安防协会建立了友好关系。

六、增补专家，充分发挥行业专家库作用

为切实提升内蒙古安防行业专家库整体水平，依据《内蒙古自治区公共安全技术防范行业专家库管理办法》（2017 年修订），全面展开专家增补工作。在专家增补过程中，不仅吸纳了行业企业专业高级职称人才，还吸纳了科研院所以及全区盟市公安系统的高素质人才，使得专家构成更加全面，专家整体水平有了大幅提升，为协会下一步在工作中发挥作用奠定了重要的人才基础。

七、确保会员权益，系统清理整顿非会员

按照《内蒙古自治区公共安全技术防范行业协会章程》和《内蒙古自治区公共安全技术防范行业协会会员管理办法》的相关规定，从入会企业是否符合章程规定的条件、是否履行诚信公约、提交资料与缴纳会费是否同步、参加协会活动是否积极等方面进行梳理，全面清理整顿非会员，

旨在发挥行业自律作用，切实保障会员权益，明确服务对象和服务方向，优化服务质量，全面推进会员单位管理工作改革。

2019 年，内蒙古安防协会将继续坚持以习近平新时代中国特色社会主义思想为指导，进一步发挥政府与企业之间的桥梁纽带作用，加强协会组织机构建设，以推广诚信为核心，以人才培养、科技创新为手段，促进安防行业全面协调可持续发展。

辽宁省社会公共安全产品行业协会

辽宁省社会公共安全产品行业协会是经辽宁省民政厅核准登记，自主管理、自主办会、服务为本、治理规范、行为自律的非营利性社会团体组织，于 1999 年 5 月成立。

地　　址：辽宁省沈阳市沈河区文艺路 18 号 17-1-502 室
负 责 人：张立群
电　　话：024-86849171
联 系 人：赵　宇
电　　话：024-86849171
网　　址：www. lnafxh. cn

2018 年，辽宁省社会公共安全产品行业协会（以下简称“辽宁安防协会”）在辽宁省公安厅和辽宁省民政厅的正确领导下，在理事会成员集体领导和全体会员单位的大力支持配合下，严格遵守协会章程，履职尽责，主动作为，遵照“服务会员、服务企业、服务政府、服务社会”的宗旨，充分发挥了协会在政府与企业间的桥梁纽带作用。2018 年，各项预定工作顺利完成，为推动辽宁安防行业的发展、促进辽宁地区的社会稳定做出了积极的贡献。

一、积极推动协会党建工作

根据中共辽宁省民政厅社会组织委员会和辽宁省民间组织管理局加强社会组织党建工作的指示精神，辽宁安防协会于 2017 年 10 月开始进行党组织的筹建工作，并于 2018 年 5 月正式成立了党支部。

2018 年 7 月，协会党支部和春河社区共同组织 20 多人，参观了辽宁省反腐倡廉展览馆，接受反腐倡廉教育。本次参观学习，为党员干部上了一堂深刻、生动的反腐教育课，协会的工作人员也都受到了深刻的警示教育。

协会主要负责人多次参加了区委党校举办的学习班。

二、加强行业自律，完善企业能力评价工作

2018 年，为保证资信证书的质量、提高安防工程企业的整体素质，辽宁安防协会加大了对企业资信的审核和评定力度。截至 2018 年 12 月 31 日，经审核评定，有 1673 家企业获得资信证书，其中一级企业 168 家、二级企业 246 家、三级企业 1248 家、专门从事防弹防爆玻璃安装的企业 11 家。在审核和评定工作中，依据资信管理办法的规定，对一些不符合条件的企业，年检不予通过或予以降级处理，共对三家一级企业、四家二级企业进行了降级处理。

如今，《辽宁省安全技术防范设施设计、施工资信证》，已经成为企业进入安防市场的有效通行证，对提高安防工程企业的整体素质、市场竞争能力以及安防行业的发展壮大起到了积极的推进作用。

三、完善协会自身建设，不断加强服务会员的能力

2018 年 5 月，根据《社会组织评估管理办法》，经辽宁省社会组织评估委员会全体会议终评，辽宁安防协会获评“4A 级社会组织”。辽宁省社会组织评估委员会对辽宁安防协会的基础条件、内部治理、工作绩效和社会评价等各项工作给予了充分的肯定。在参与评估的过程中，辽宁安防协会规范了各项规章制度，加强了自身建设，大幅提高了为会员和社会服务的能力。辽宁安防协会将以此为起点，推动各项工作再上新台阶，向 5A 级的目标努力。

2018 年，相继有十余家会员单位分别递交了晋升理事单位的申请书，并报送了有关材料。辽宁安防协会秘书处对各会员单位申报的材料进行了认真审核，决定将其中符合条件的单位提交给各会员代表单位审议并投票表决。投票结果符合相关规定，增补 13 家单位为理事单位。

2018 年上半年，辽宁安防协会发起了对企业的调查问卷活动，对人才需求、技术培训、企业资金、融资方式、拖欠工程款、工程验收等方面进行了调查，掌握了会员单位亟待解决的问题，为有针对性地开展工作提供了依据。

根据《辽宁省安全技术防范设施设计、施工资信证书管理办法》等相关文件规定，辽宁安防协会鼓励会员单位积极参与社会及协会组织的活动。2018 年，共有 600 多家会员单位参加了协会组织的优秀会员企业评选、数据统计、参观东北安博会、参与企业调查、法律培训及政府部门信用监管“红名单”等活动。参与上述活动的企业均获得了协会认定的加分，企业获得的加分可计入 2019 年度资信证书年检总评分。

四、举办东北安防展，搭建沟通交流平台

2018 年 4 月 19 日至 21 日，由辽宁安防协会、辽宁长城会展广告有限公司共同主办的“2018 第二十届东北国际公共安全防范产品博览会暨辽宁消防产品与应急救援展览会”在沈阳新世界博览馆举行。“新智能、新生态、大安全”安防创新论坛暨“沈阳奥普泰”第十二届东北安防工程商大会同期召开。本届展会参展企业达 600 余家，展览面积达 2 万多平方米，展位数量近 1000 个，专业观众流量达 40000 人，展出国内外前沿的安防技术产品 21 类 2000 余款。本届展会参展产品的最大亮点是基于“互联网+”与“大数据”相结合的智能技术的应用，主要体现在远程红外监控、智能视频识别、智能家居、智能交通管理、无人机应用等技术方面。第二十届“东北安博会”的成功举办，为本地区社会治安综合防控体系建设及安防产业的发展做出了突出的贡献，为安防企业搭建了开拓市场、沟通信息、技术交流合作的平台。

2018 年东北安博会期间，辽宁安防协会邀请中国安防协会及黑龙江、吉林、内蒙古、新疆、湖北、浙江、福建、广东、广西及深圳、苏州等省、市、自治区安防协会负责人出席了本届博览会。

为提高会员企业的知名度，展示企业优质工程，推广企业品牌建设，2018 年年初，辽宁安防协会开展了优秀会员企业评选活动，获得了广大会员企业的积极响应。经秘书处初审、专家评审组评选，共有 22 家会员企业获得优秀会员企业称号，并在安博会期间设有专门展区，对上述企业进行了宣传展示。

五、提升企业“法商”，维护会员权益

辽宁安防协会与北京律伞科技有限公司、辽宁瀛沈律师事务所已进行了三年的合作，几年来，与律所共举办了 20 多场法律培训。2018 年 8 月，举办了一场大型的法律培训，共有 120 多人参加了这次活动。本次培训由三位瀛沈律所的资深律师为大家讲解合同及劳动人事方面的法律知识、企业应规避的法律风险以及企业应收账款的解决方案。通过不同的角度向协会会员企业讲解了企业经营过程中的各项法律防范知识。通过法律培训，企业意识到规避经营风险、完善用工制度、排解劳资纠纷的重要性，为企业的良性发展起到了积极的作用。

2018 年 6 月，会员单位向协会反映某安防项目投标人资格条件设置得不合理，希望协会介入帮助解决。协会通过各个渠道向有关部门反映了情况。经过多次协商沟通，沈阳市政府采购监督管理处邀请该项目采购单位和协会领导进行了调解。经各方协商，企业的诉求基本上得到了满足，切实维护了会员单位的合法权益。

六、积极参与制定行业规范和团体标准

辽宁安防协会已在国家标准委“全国团体标准信息平台”申请注册了“辽宁安防协会团体标准委员会”并组织会员单位起草协会团体标准。在此过程中，协会组织部分专家对几个标准进行了初步论证，对起草团体标准的方向、标准质量有了新的认识。目前，协会正在和省信用协会等单位合作，共同起草相关的团体标准。

七、升级协会网站，提高服务质量

为了提高办事效率，降低成本，改进协会工作，方便会员单位，2018 年 7 月，辽宁安防协会网站开始对新入会会员及办理资信升级的企业试行线上申报。经过近半年的试运行，针对网站运行中出现的一些问题，2018 年 11 月，对网站进行了二次升级改版。本次改版简化了入会流程，调整了入会、年检、升级板块所需的材料内容，对前后台功能进行了优化升级，细化了“会员中心”、“法律服务”、“培训报名”等栏目，增加了培训证书查询、变更和管理功能，增加了“声明”板块。本次改版降低了会员企业的操作难度，理顺了材料提交流程，提供了更加人性化的用户体验，今后将不断完善协会的网站建设，开发适合移动端的办事场景。

八、举办技术培训班，培养优秀的工程技术人员

按照《辽宁省安防条例》和协会章程规定，技术培训是协会一项常态的工作。2018 年 9 月，辽宁安防协会常务理事会审议了关于开展技术培训的方案。2018 年 12 月 27 日至 28 日，为期两天的《安全防范工程技术标准》（GB50348-2018）培训班在大连市举办，共有 400 余人参加了培训。培训结束后，组织学员参加了考试，对两天的培训结果进行检验。培训期间，辽宁省公安厅技术防范办公室的同志做了安防行业相关法律法规的专题报告，这对安防企业从业人员提升法律观念和加强保密意识具有十分重要的意义。

吉林省社会公共安全产品行业协会

吉林省社会公共安全产品行业协会是由全省从事消防、道路交通管理、刑事技术、警用装具、防伪技术、安全防范及其系统工程等领域中有关产品研制、开发、生产、维修、经营、技术咨询以及承接系统工程设计、施工的企业单位，自愿参加的全省性行业组织。

地　　址：长春市人民大街 7457 号金士百大厦四层
负 责 人：刘　敏
电　　话：0431-85829538
联 系 人：李　翠
电　　话：0431-85829531
网　　址：www. jlafw. com

2018 年，吉林省社会公共安全产品行业协会（以下简称“吉林安防协会”）在上级协会的精心指导和主管部门的坚强领导下，以“围绕中心、服务大局”为主线，以“强化行业自律、提高自身素质、打造精品企业”为目标，以“增强创新意识、责任意识、大局意识”为抓手，以“抓铁有痕、踏石留印”的工作作风，开拓进取，勇攀高峰，取得了令人欣喜的成就与业绩。

一、强化协会自身建设，增强团队领导能力

2018 年，吉林安防协会围绕“强化协会自身建设，增强团队领导能力”的要求，主要抓了两项工作：一是定期召开理事会，决策全省安防事业发展的途径与战略，既凝聚了集体力量，又发挥了民主智慧；二是吐故纳新，加强协会的组织领导，增强了团队领导力量，依据法定程序新增设副秘书长 1 人，常务理事单位 3 个、副理事长单位 2 个、理事单位 4 个，截至 2018 年年底，协会共有会员单位 849 家，其中副理事长单位 15 家、常务理事单位 17 家、理事单位 10 家，为全省安防事业的长足发展提供了坚实的组织保障。

二、转变工作机制，夯实安防基础建设

2018 年，吉林安防协会理事会成员本着“立足本职谋发展，倾心基层做调研”的工作策略，为强化安防基础建设、摸清会员单位底数、查明安防企业现状和技术能力，走访了 27 家企业，采取明察暗访、基层调研及座谈会、网络、电话访问等多种形式，在理事长的带领下，行程数百公里，通过走访，不断采集积累信息，为全省安防事业的发展和进步夯实了数据信息基础，为研判、决策全省今后的安防工作提供了翔实的基础资料。

三、严格资信等级管理，确保资信实至名归

安防资信等级评审、发证工作，是党和政府对协会的信任和重托，是维护社会公平、正义的重要体现，是确保吉林省安防事业有序发展进步的重要保障。

2018 年，吉林安防协会在安防资信等级评审、发证工作中，严格执行国家准入门槛，精准审查申报条件。一年内，共审查申报安防初级资质 167 份，发证 118 份，发证数占申报数的 71%，与 2017 年相比上升了 21%；审查申报晋升三级资质 51 份，发证 34 份，发证数占申报数的 67%，与 2017 年相比上升了 64%；审查申报晋升二级资质 35 份，发证 21 份，发证数占申报数的 60%，与 2017 年相比上升了 6%；审查申报晋升一级资质 24 份，发证 14 份，发证数占申报数的 58%，与 2017 年相比上升了 3. 6%。通过严格安防资信等级评审、发证工作，有力地维护了社会的公平正义、行业秩序和资信诚实，得到了上级主管部门和会员单位的充分肯定与好评。

黑龙江省安全防范产品行业协会

黑龙江省安全防范产品行业协会是经黑龙江省公安厅按照中华人民共和国国务院 250 号令规定的程序申请注册的社会法人，是以安全技术防范行业为主要内容的自律性组织，是具有独立承担民事责任的社会团体。

地　　址：黑龙江省哈尔滨市南岗区文庙街 8 号 A2 栋 2 单元 7 层
负 责 人：张学富
电　　话：15046112222
联 系 人：杨雪倩
电　　话：13845113131
网　　址：www. hljps. com

2018 年，黑龙江省安全防范产品行业协会（以下简称“黑龙江安防协会”）坚持以习近平新时代中国特色社会主义思想为指导，在黑龙江省公安厅和黑龙江省民政厅的关怀指导下，在会员单位的大力支持下，紧紧围绕协会章程，以服务会员单位、引领行业健康发展、促进行业诚信自律为主线，求真务实、开拓进取，各项工作都取得了显著成效。协会现有会员单位 700 余家，其中副理事长单位 40 余家、常务理事单位 40 余家、理事单位 80 余家。

一、推进行业自律，开展能力评价工作

为进一步推进行业自律，规范从业行为，营造公平、有序的黑龙江安防市场环境，黑龙江安防协会于 2018 年成功完成了从资质认证工作到能力评价工作的平稳过渡，为企业开展安防工程设计、施工、维护工作提供了有力的保障，同时也为社会及第三方提供了企业施工能力的参考。2018 年，共有 600 余家安防企业申请并取得了能力评价证书。

二、巩固行业建设，召开理事会议

2018 年 1 月 20 日，黑龙江安防协会召开了 2018 年第一次理事（扩大）会议，副理事长单位、常务理事单位、理事单位、会员单位代表共计 300 余人出席了会议。

会议共有三项议程：一是协会理事长做了 2017 年度工作报告，汇报协会 2017 年主要工作及 2018 年工作计划；二是表决通过副理事长、常务理事、理事单位名单，经大家举手表决，全部通过；三是宣布 2017 年专家委员会名单。

三、加强行业宣传，推广《龙江安防》年刊

《龙江安防》自 2017 年 1 月创刊以来，累计出版印刷 3000 余册。其内容涵盖协会简介、协会动态、技术知识、行业发展、企业宣传等，设有“协会动态”、“会员名录”、“技术导航”、“视点聚焦”等板块。

黑龙江安防协会推广《龙江安防》年刊旨在传播安防前沿技术、助推行业长足发展，为黑龙江省安防行业宣传推广提供了“窗口”，为会员单位交流学习搭建了“平台”，同时也使社会各界更直观地了解到龙江安防行业发展现状，为龙江安防事业的蓬勃发展添砖加瓦。

四、发挥桥梁纽带作用，配合省公安厅开展公安科技周活动

为充分发挥政企之间的桥梁纽带作用，黑龙江安防协会于 2018 年 5 月配合省公安厅开展了 2018 年公安科技活动周“科技创新，兴警惠民”主题宣传日活动。通过产品展示、展板宣传等形式，向社会群众宣传展示了“互联网+便民服务”、防诈骗知识与止付方法、“智慧交通”管理、“四零”承诺服务等内容。同时，组织邀请了 16 家知名安防企业参展，展示了监控摄像机类、智能报警类、防盗门类、智能家居类以及平安龙江云视频服务五类安防产品。

本次活动为百姓与公安机关和安防企业之间搭建了一个“零距离”的交流平台，为平安龙江的建设夯实了深厚的群众基础。

五、强化协会组织机构建设，切实发挥委员会职能作用

（一）专家委员会

黑龙江安防协会于 2018 年 12 月 23 日召开了 2018 年专家委员会工作会议，总结了一年来专家的工作情况，此外还增补了新专家，对协会第三届书画摄影大赛作品进行评选，聆听佟为明教授“怎样做一名合格的专家”的讲座。本次会议参会专家共计 50 人，其中新增补专家 10 人，协会理事长张学富及资深专家孙光伟为新增专家发放了专家证及聘书。

（二）文体委员会

2018 年 5 月 12 日，黑龙江安防协会组织开展了“大华杯”徒步大赛，300 余名健将竞逐。本次徒步大赛由哈尔滨大剧院广场出发至滨北桥东，全程 10 公里。活动的开展，为企业搭建了一个良好的沟通平台，进一步加强了企业之间的交流与合作。

2018 年 8 月 8 日，黑龙江安防协会组织副理事长单位、常务理事单位、理事单位和部分会员单位代表近 40 人进行了为期两天的伊春朗乡户外活动，使大家在紧张的工作之余放松身心，享受大自然的片刻宁静，进一步加强了协会会员单位之间的沟通和交流。

2018 年 9 月，黑龙江安防协会举办了第三届“黑龙江省安防之家”书画摄影大赛，大赛历时三个月，共征集到摄影作品 70 张、书画作品 5 幅，充分展现出了龙江安防行业的风采。经过专家们公平、公正、公开的评选，最终评选出一等奖 1 名、二等奖 2 名、三等奖 3 名，获奖作品已在 2018 年《龙江安防》年刊上刊登。

（三）爱心捐助委员会

2018 年春节前夕，爱心捐助委员会在主任张学富和副主任陆飞、皮晓宁的带领下，组织会员单位代表一行 10 余人先后深入南岗区残联、文庙社区慰问因病因残致贫群众，为他们送去了大米、豆油、黑猪肉等慰问品及新春的祝福。慰问者们不但详细询问群众的生活情况、了解他们的贫困原因，还帮助其出谋划策，寻找脱贫致富的道路，鼓励他们要增强信心，积极面对生活，使贫困群众深切感受到龙江安防企业对他们的关怀和帮助。

六、增进交流学习，助力企业蓬勃发展

黑龙江安防协会组织会员单位参观了沈阳“2018 第二十届东北国际公共安全防范产品博览会”和北京“2018 年中国国际社会公共安全产品博览会”。两次参观，协会观展团成员都佩戴着协会胸章，有秩序地参观展位，尽显龙江安防风采。观看新产品、学习新技术，使大家拓宽了视野，了解了新时期安防行业的发展趋势，为龙江安防的发展起到了积极的推动作用。

黑龙江安防协会组织会员单位先后对“哈尔滨易安信科技开发有限公司”、“黑龙江中健特种玻璃有限公司”和“杭州海康威视哈尔滨分公司”进行了走访调研。大家对受访企业的生产制造、产品研发、质量控制等方面进行了细致的了解，看到了很多先进的安防产品和技术，协会的桥梁纽带作用得到了充分的发挥。

2018 年 3 月 13 日，黑龙江安防协会与黑龙江美电贝尔科技有限公司签署战略合作协议，双方本着平等互利、优势互补、合作共赢的发展目标，针对黑龙江省“雪亮工程”项目事宜，经诚恳、友好协商，达成战略合作。协会将与美电贝尔共同开拓黑龙江省“雪亮工程”行业市场，共同助力龙江安防企业健康蓬勃发展，共同为照亮“平安龙江”

保驾护航。

2018年6月14日，黑龙江安防协会组织会员单位参加了由永泰传媒主办的“2018中国安防工程商（系统集成商）大会暨第十七届中国安防新产品、新技术成果展示会”。本次大会为大家搭建了一个相互展示、相互交流、相互学习的平台，增进了彼此的了解，坚定了合作的信心，为黑龙江省安防行业的发展起到了关键性的作用。

回顾过去，黑龙江安防协会勇于创新、攻坚克难，工作上取得了一定的成果，但在服务政府、引领行业发展、加强行业自律等方面仍有前进的空间；展望未来，协会将继续秉承“为会员单位服务”的宗旨，以“大事小事，做精做细，认真负责”的态度积极开展工作，谱写新时代龙江安防行业的新篇章。

上海安全防范报警协会

上海安全防范报警协会成立于1992年，是经上海市民政管理局核准登记的专业社会团体。其业务主管部门是上海市公安局治安总队。协会主要从事行业统计、调查、协调、决策论证听证、标准制定、考察、会展、交流、合作、四技服务等。

地　　址：上海市闵行区古北路1799号B栋103室
负 责 人：赵渊明
电　　话：021-54732803
联 系 人：施赛琴
电　　话：021-54732803
网　　址：www. sh-anfang. org

2018年，上海安全防范报警协会（以下简称“上海安防协会”）以习近平总书记系列重要讲话精神为指引，在上海市公安局、上海市社会团体管理局的领导下，坚持“服务企业、规范行业、发展产业”的办会宗旨，努力提升安防行业整体竞争力，确保上海安防市场规范、有序、健康发展，全面完成了理事会制定的各项任务。

一、加强协会自身建设

（一）提高办会服务意识

一是根据工作情况和发展需求，上海安防协会秘书处逐步制定和完善各项办公室管理制度，规范工作流程，提升了秘书处科学管理水平。

二是对上海安防网进行改版升级，加强协会的信息化建设，注重行业内企业数据统计和动态数据的采集、整理、分析，不断完善和健全数据库。

三是组织协会员工参加再教育和专业科目的培训，进一步加强协会员工队伍建设，提高协会员工的行业管理能力和专业化水平。

（二）提高协会服务质量

一是开展中高级技术职称评审工作。上海安防协会员工从事先通知的发放、要求和程序的告知到申报材料的审核，都耐心细致、服务周到，最后有26人通过评审。

二是开展会员沙龙活动。随着住宅小区智能安防地方新标准的发布实施，很多会员单位表示对条款不理解，协会了解情况后，随即组织行业资深专家对条款进行深入讲解和探讨，共计100余家会员单位参加。

三是组织会员企业进行国内外学习和交流。2018年，由秘书处领导带队，组织部分会员单位负责人赴俄罗斯、德国、奥地利、捷克等地参观展会和实地考察，为会员单位与国外先进安防企业的交流搭建了平台。

（三）加强从业人员培训

为更好地协助上海市公安局技防办做好行业管理工作，帮助技防从业单位和从业人员进一步适应本市技防管理工作的新要求，有效解决技防从业单位技术人员短缺问题并不断提高现有技防从业人员的业务能力水平，2018年，上海安防协会从行业实际现状出发，汇总各方需求制定培训目标和方向，根据制定的培训目标与方向制定培训计划、拟定培训内容，安排授课老师，并且组织专人负责培训前报名工作、培训中服务工作以及培训后的意见反馈收集工作，使技防业务培训实现与时俱进。

2018年，上海安防协会组织超过5个科目共139场各类业务培训，超过2800人次参与了培训，经考试，85%以上的技防从业人员取得了合格证。

二、加强协会行业监管作用

（一）完善网上平台各项功能

上海市安全技术防范工程监督管理应用平台与技防产品服务平台上线以来，产品企业注册总共782家，入库产品一共有6926款，共受理了2万余个项目，存储了上万路图像。另外，实时监管了3277余台银行ATM机。随着平台相关功能的日趋完善，一方面加强了社会单位技防设施特别是视频监控设施维护、使用情况的监督和管理；另一方面为响应国家简政放权的号召，协会监管平台优化审批流程，重心由原先的事前审批转为强化事中事后监管，同时更加注重技防施工项目设计施工的质量。2018年9月，对西郊宾馆在建安装中选用的不符合现行国家行业标准及本市技防管理规定的防爆升降式阻车路障，及时进行了通报并要求限期整改。

（二）优化技防专家队伍

2018 年年初，本市技防专家团队完成了换届工作，共选聘了 206 位热爱技防行业、技术业务精湛、职业操守优良的行业从业人员担任协会第三届上海市技防专家。其中，71 位担任咨询专家，36 位担任工程见习专家，26 位担任工程助理专家，36 位担任工程专家，37 位担任综合专家（组长）。2018 年，技防专家共参与技防工程评审项目 11690 个，验收项目 10438 个。在 2018 年的专家工作中，协会更加注重以人为本，开展多次专家培训，统一了对法规标准的解读，规范了专家职业纪律和操守。技防专家团队在本市重大项目安全技术防范系统建设中发挥了重要作用，为提高本市重点单位安全技术防范水平作出了重要贡献。

（三）建立完善标准体系

上海安防协会在主管部门的指导下，通过调研走访、考察学习国内外先进技术，紧密结合本市智慧城市、智慧公安建设要求，积极组织相关单位、专家参与上海市地方标准的制定、修订和本市安防行业技术规范起草工作，先后对上海市地方系列标准 DB31/294-2010《住宅小区安全技术防范系统要求》进行修订，起草推出了 DB31/T 294-2018《住宅小区智能安全技术防范系统要求》、DB31/T 1099-2018《单位（楼宇）智能安全技术防范系统要求》等多项智能化技术规范。同时，开展《重点单位重要部位安全技术防范系统要求》的制修订工作，为提升上海技防水平、全面做好本市安全技术防范工作提供了充分的技术保障。

（四）召开六届二次常务理事会

2018 年 12 月 28 日，在保卫干部培训中心召开六届二次常务理事会，会上投票选举产生了新一届协会秘书长、监事会，一致同意法定代表人选的提议，并顺利通过了修改章程的决议。

三、加强协会宣传平台建设

（一）充分发挥“一刊两号三网”信息交流作用，全方位、多样化、多层次传递行业最新资讯

“一刊”是《上海保安与技防》杂志，其面向本市一、二、三级工程商及注册备案保安服务企业、重点企事业单位发放，内容涵盖了行业最新资讯、技防及保安动态，大幅扩大了杂志的受众面，有效促进了技术防范与人力防范的结合，成为上海社会面治安防控体系重要内部刊物之一。

“两号”是协会为适应移动互联网时代，筹备并推出的上海安防协会微信公众号与保安协会微信公众号，每周定期更新相关内容，方便从业人员随时接收行业咨询与在线提问。

“三网”是上海安防网、上海安博会官网以及上海保安网，成为广大会员及从业人员了解政策标准、行业信息的重要平台。截至 2018 年 10 月底，网站访问人数突破 65 万人次，文章阅读数累计达到 86 万余篇。

（二）深入开展行业统计工作

2018 年，为掌握上海安防行业整体发展现状及行业发展趋势，为政府主管部门领导决策和行业发展提供参考和服务，上海安防协会结合本市安防市场实际情况，通过走访、调研业内主要产品企业及工程从业单位，下发行业统计报表等手段及途径，探索、建立起适合本市安防行业发展的统计工作标准与制度化管理体系，使安防行业统计工作管理制度和组织实施进入常规化轨道。

（三）成功举办上海安博会，搭建安防行业交流平台

第十八届上海安博会引入了无人机系统展区和警用装备展示区，面积从 25000 平方米增加到 35000 平方米，展商数量从 250 多家增加到 320 余家，参观观众达 10 余万人次，参展企业由单一的视频监控、防盗报警企业扩展到网络安全、警用装备、智能交通、应急减灾、无人机、人工智能六大类产品商。展会同期还举办了第一届上海 3A 论坛，以“畅想人工智能安防新时代”为主题，科大讯飞、商汤科技、依图科技等人工智能企业的领军人物作为主讲嘉宾，共同探讨了“人工智能+安防行业”的未来发展趋势。

南京安全技术防范行业协会

南京安全技术防范行业协会是由从事安全技术防范产品的研制、开发、生产、销售，安全技术防范工程设计、安装、维修、监理，报警运营服务，安全技术防范领域的科学研究、政策研究、教育培训、技术服务、信息服务、咨询服务，安全技术防范系统的使用和管理的企事业单位，自愿联合发起成立的全市性、行业性和非营利性社会团体法人。

地　　址：南京市秦淮区白下路 175 号辅楼 611 室
负 责 人：张亚忠
电　　话：18913838735
联 系 人：项　康
电　　话：13951787902
网　　址：www. njafxh. com

2018 年是深入贯彻党的十九大精神的开局之年，也是实施“十三五”规划承上启下的一年，南京安全技术防范行业协会（以下简称“南京安防协会”）在南京市公安局主管部门的具体指导下，在广大会员单位和行业专家的积

极支持下，坚持以习近平总书记新时代中国特色社会主义思想为指导，不忘初心，牢记使命，坚持创新理念，积极作为，成果显著，得到了主管部门及会员单位的充分肯定。

一、充分发挥专家职能作用，为各项评审、评优工作提供支撑

2018年，南京安防协会依照《南京安全技术防范行业协会专家管理办法》的规定，组织专家团队参与了“中国安防百强工程商”评选初审、安防工程企业诚信等级评审、公安部和中安协组织的智慧警务、“雪亮工程”等重大项目论证及新标准宣贯、为会员单位提供技术咨询服务等工作，充分发挥了专家职能作用，为各项工作的顺利实施提供了有力支撑。

二、完善安防工程企业能力评价工作，切实为会员单位经营发展提供支持

2018年，南京安防协会加强了对能力评价工作的监督和指导，完善了各项制度和服务举措，使能力评价工作健康有序发展。能力评价中心全年办理持证企业年审220家，其中一级企业134家、二级企业31家、三级企业55家；全年办理新证申请139家，其中一级企业59家、二级企业20家、三级企业59家。截至2019年1月9日，江苏全省持有工程企业能力评价证书的企业共计395家，其中一级企业215家、二级企业54家、三级企业126家；南京持证企业共计147家，其中一级企业83家、二级企业21家、三级企业43家。在做好能力评价工作的基础上，全年为会员单位在外省市经营备案开具证明118次，为会员单位的经营发展提供了有力支持。

三、积极探索，启动企业信用等级评定工作

为更好地提高会员单位的市场竞争力，营造诚实守信、公平有序、健康发展的市场环境，2018年，南京安防协会组织专家委员会、会员单位代表及第三方评定机构江苏鑫思泰信用服务有限公司开展了多轮座谈，结合安防行业特点起草评定工作管理办法及评价指标，并于年内完成了首次安防工程企业诚信等级评价工作。通过对申报的12家会员单位细致审核，评定南京泽利建设工程有限公司、南京第五十五所技术开发有限公司、江苏巨楷科技发展有限公司、江苏金陵科技集团有限公司、江苏南工科技集团有限公司、南京南大四维科技发展有限公司、江苏有线邦联新媒体科技有限公司、南京理工科技园股份有限公司、江苏东大金智信息系统有限公司、南京欣网通信科技股份有限公司、南京市保安服务总公司荣获3A级资质，江苏星湖科技有限公司荣获1A级资质，并分别向获评企业发放了证书。

四、不断扩大对外交流，提升南京安防品牌形象

2018年，南京安防协会充分发挥在全国安防届的影响力，分别与新疆、广西、安徽、福建、贵州、辽宁、陕西、上海、深圳、西安、杭州、泉州、常州、扬州、南通、连云港等省、市、自治区安防协会开展相互学习交流，分批组织会员单位参加在北京、深圳、贵州、西安、太原、新疆、西藏、杭州、厦门等地举办的各类行业交流活动。同时，积极推荐会员企业参与各类全国性行业评选，在“第二届中国安放百强工程商暨中国安防年度人物”评选活动中，推荐的江苏东大金智信息系统有限公司、南京科安电子有限公司、江苏巨楷科技发展有限公司、南京聚立科技股份有限公司、朗高工程有限公司等五家会员单位被评定为中国安防百强工程商。

五、不断创新发展，承办“2018中国·南京智慧公共安全高峰论坛暨智能安防博览会”

在主管部门的大力支持下及协会副理事长单位南京汇展展览服务有限公司的全力协助下，2018年10月，南京安防协会成功承办了“2018中国·南京智慧公共安全高峰论坛暨智能安防博览会”，江苏省委常委、南京市委书记张敬华出席活动并会见与会嘉宾代表。中国工程院、中国电子科技集团，南京市委市政府、公安部、江苏省经信委、江苏省科技厅相关领导及江苏省公安厅党委副书记、南京市副市长、市公安局党委书记、局长孙建友，江苏省公安厅副厅长程建东等领导应邀出席。全国各省市公安机关相关负责人，来自广东、深圳、武汉、南昌、常州、连云港等地的安防协会负责人，以及来自俄罗斯、乌克兰、泰国等国家（地区）的外宾代表，南京大学、中国科学院南京分院等高校院所代表，作为嘉宾参加活动。本次博览会吸引了中电科、公安部三所、海康威视、大华、华为等业内众多知名企业和单位参展，展出面积10000平方米，集中展示了视频监控、防盗报警、智能楼宇、智能家居等智能安防领域的最新产品、最前沿技术和相关解决方案。博览会共接待观众6万人次，现场人潮涌动。南京及其他省内各市警保、科信等部门公安民警，均陆续到场参观。各地安防工程商、系统集成商等终端用户及南京各社区百姓也络绎不绝。博览会期间，协会还组织了多场针对技防管理干部、安防集成企业、开发商的标准宣贯会和企业对接洽谈活动，80余家南京地区安防集成企业、20余家知名开发商以及各分局技防管理干部参加了宣贯对接活动。本次活动的举办，为业内安防企业提供了最优质的展示、宣传、交流、贸易的平台，让广大人民群众充分体会到了智慧警务建设和安防技术应用带来的安全感和满意度。

六、不忘初心，积极投身公益事业

2018年6月，南京安防协会与南京市公安局关工委、科信处、六合分局关工委以及海康威视等多家会员单位联合举办了六合区马鞍中心小学公益助学活动。活动以“炫彩童年与爱同行”为主题，在协会的统一组织下，海康威视江苏业务中心等多家会员单位向马鞍中心小学品学兼优的贫困学生捐赠了助学金并为留守学生家庭免费安装了智能监控设备，秘书长张亚忠代表协会与马鞍中心小学签订了为期三年的爱心帮扶协议书，原市局副局长、市局关工委负责人皇海澄出席活动并致辞，对协会不忘初心、积极投身公益事业的行为给予了高度肯定。

苏州市安全技术防范行业协会

苏州市安全技术防范行业协会成立于2010年，目前共有会员单位267家。

地　　址：苏州市相城区御窑社区花南花园社区办公楼5幢304室
负 责 人：王坤泉
电　　话：0512-65211111，13906206304
联 系 人：徐晓雯
电　　话：0512-65211111，15962181593
网　　址：www. szafxh. cn

2018年，苏州市安全技术防范行业协会（以下简称“苏州安防协会”）在苏州市公安局行业指导部门的具体指导下，在广大会员单位的积极支持下，不断丰富工作内涵，嵌入新内容，注入新活力，勇于率先开展新实践，成果明显，为建设“平安苏州”发挥了重要作用，得到了指导部门、相关部门以及会员单位的充分肯定。

一、坚持以“四个委员会”为抓手，创新引领增活力

苏州安防协会积极构建以诚信建设为基本、以技术专家为支撑、以技术创新为引擎、以建团体标准为重要目标的工作体系，更具前瞻性、专业性和规范性地发挥职能作用，引领行业发展。

（一）诚信建设工作进入规范化、常态化轨道

苏州安防协会以开展会员星级诚信单位评定活动为诚信建设切入点，不断完善评定标准、规范评定流程，积极取得政府部门及相关机构的支持与合作，成效明显。作为信用产品的社会化应用和推动信用管理与政务服务业务融合的自行研发创新项目，“星级诚信单位评定系统”获得苏州市财政专项资金项目奖励，并已纳入苏州市信用建设，即将成为市人大常委会调研课题之一。

一是明确2018年度诚信委员会常值委员、轮值委员的分工，为2019年星级单位评定工作做好准备；明确星级诚信单位每年申请，每年评定。2018年，共评出星级诚信单位74家，其中厂商、经销商类19家，设计、施工类52家，检测、培训机构3家。发动更多的会员单位积极参与星级单位评定工作，鼓励已经取得星级诚信企业称号的会员单位进一步加强诚信体系建设，保持或向更高星级迈进。

二是突出问题导向，设立监督“探头”。苏州安防协会积极响应技防指导部门的倡议，督促会员单位签订廉政建设的诚信保证书，制定违规处罚办法。

三是利用苏州安防协会杂志、公众微信号、网站以及看苏州APP新闻客户端平台等多种渠道，继续大力宣传星级以上诚信单位，明确规定星级以上诚信单位是各类优秀安防企业评选的必要条件。

（二）作为协会工作显著特色的团体标准化建设取得较大进展

协会在2017年团标工作初见成效的基础上，加大工作力度。一是进一步提高大家对团体标准化建设必要性的认识。协会认真学习习近平总书记“标准助推创新发展，标准引领时代进步”重要指示精神，积极开展国家团体标准化文件的宣贯和省市标准化工作有关政策的介绍，使大家明确开展团体标准化工作是新形势下国家赋予协会的新的重要职能，责无旁贷。同时，协会还先后在全国范围内邀请团标专家来苏州做“发展团体标准的必要性”、“团体标准的制定与实施”以及“公共安全标准体系的建立与发展”的专题讲座，从“国家战略”、“经济效益”、“产品提升”、“市场规范”四个方面认识加快团标建设进程的重要性，并列出“2018年团体标准制定工作应着力解决哪些方面的缺失问题”、“为引领行业技术发展，建议协会从哪些方面系统地构建团体标准体系”、“希望协会针对团体标准制修订工作开展哪些交流活动”等问题，征求全体会员意见。二是积极开展团标建设的探索与实践。协会在苏州市公安局、苏州市质监局的大力支持下，组织专门力量、专业人才制定团标，目前已立项的有《安全防范视频监控数据安全防护系统技术要求》、《警用无人驾驶航空器系统联网管理平台》、《小间距显示屏》三个团体标准。2018年3月，协会专门邀请公安部科信局标准化处、全国警用装备标委会、全国安防标委会、全国实体防护标委会等领导来苏，围绕已经立项和拟立项的团体标准展开座谈。特别是在《警用无人驾驶航空器系统联网管理平台》团标的起草过程中，还邀请了公安系统无人机的一线专家参与团标的制定，他们给出了很多实质性建议，大大减少了标准制定的盲目性，提高了标准的实用性。前不久，该项目在中国人民公安大学召开的评审会上，得到相关领导与专家的好评，认为其在研发警用无人驾驶航空器系统联网管理平台技术中具有引领规范的作用。同时，协会还积极配合公安部科信局标准处，参与《公安标准化发

展规划》等团标的讨论工作。三是为在苏州搭建一个科学高效的安防标准化工作平台做准备。协会准备面向全国聘请专家，联合杭州、南京和南通兄弟协会，加强各协会之间有特色的共建合作工作，精准把握团体标准制定航向，增加标准有效供给，打造更高标准的产业链。

二、坚持与时俱进建设“一网一刊一号”三个平台，持续努力再优化

《苏州安防》杂志、苏州安防网、苏州安防微信公众号是苏州安防行业聚智发声的重要载体，在全国已经具有一定的影响力，业内外关注度较高。在持续再优化方面，苏州安防协会做了如下努力：

（一）树立“大安防”的理念

现代各种技术的迅猛发展，使得传统安防的概念被不断地打破边界、重构，苏州安防协会顺势而为、乘势而上，坚持“大安防”的宣传导向，注意选用对安防企业有启发、实用性强的文章进行宣传；增添可对老百姓直接指导的“家庭安防”栏目；开辟“技术驱动”专栏，刊登以技术创新为主旋律、以优秀企业为引领的技术类文章；扩大征稿范围，特别是向技术创新委员会、团标委员会专家征稿；增加安防前沿技术的内容，增加安防工程商的典型案例等，达到了既起点高又接地气的效果，深受会员单位的欢迎。

（二）坚持“深、细、实、优、活”的做法

苏州安防协会始终秉承宣传和服务行业发展的宗旨，努力为广大安防从业者打造精品刊物、提供优质交流平台。在选题策划、采写编辑、排版设计等方面，不断创新，充满活力，特别是安防杂志的栏目设置既相对固定，又不断改革，新增的技术驱动、书画板块、会员新递等栏目，受到大家的一致好评。坚持“出版前讨论审核、出版后总结评议”制度，严格把控，精益求精，不断改进及完善。来自政府部门、新闻媒体、安防企业、高等学校、科研院所、相关协会等多个领域47人组成的多样多元成分的编辑队伍，为宣传内容的丰富性提供了有力的保证；实施执行主编“轮值”、“两人一轮，一人两轮”的工作模式，充分发挥了每个编辑的特长，展示不同的特色。2018年，《苏州安防》杂志、苏州安防网、苏州安防微信公众号推出由协会通讯员、编辑、专家撰写的原创性文章135篇，近150万字；苏州安防网发布新闻资讯84篇，苏州安防微信公众号实时播报行业新闻动态、发布微博100篇。

三、坚持真心实意服务会员单位，多措并举再提高

努力为会员单位办实事、做好事、解难事，是苏州安防协会一切工作的出发点和落脚点，也是协会工作的一个重要考量。

（一）以新思想、新技术、新实践的推介，引领安防业的新发展

苏州安防协会分别邀请中国技术创业协会会长、众创空间协会会长等为全体会员做创新专题讲座，组织参观金鸡湖创业长廊，了解“孵化器”的新模式、新理念。积极配合技防指导部门，联合百度云，联手各企业与行业专家，召开智能光纤安防系统技术讨论、“人脸识别进新建小区，安防产品进孤老家庭”等专题座谈会，探索企业与科技之间的融合创新，探索安防业如何以更好的实践方式惠及社会，服务助力会员企业将商业利益与社会价值有机结合，为企业和社会创造多维价值。上半年，协会还分别协助海康威视、南京冠之林、爱普华顿、天地伟业、奇顿等会员单位进行新技术新产品推介、展示和论坛等活动；协办第十四届中国安防工程商（系统集成商）大会、中国智能建筑&智慧城市行业交流暨高峰论坛等；组织150家会员单位和200多人次参加北京、上海、南京、杭州、东北的安防展。

（二）以新姿态加强对外学习交流，扩大苏州安防业的影响力

苏州安防协会努力创造机会，组织多种形式的学习交流活动，分别与新疆、安徽、内蒙古、西安、甘肃等省、市、自治区安防协会开展相互学习交流，组团参观7次。协会积极响应中安协、全国联盟、江苏省联盟的倡议，积极参加中安协、全国联盟、江苏省联盟的各项活动，得到了大家的广泛赞誉。

（三）以新形式积极助推安防从业人员提高整体技能水平

2018年5月，苏州安防协会在技防指导部门的支持下，会同苏州市光明职业培训中心，开展苏州市安全防范设计安装维护的技术培训，培训内容包括安全防范工程各系统基础技术知识以及最新规范标准。这是一次探索创新的“三证合一”培训，即培训考核合格者，可获得苏州市就业培训合格证、苏州市安防技术人员培训合格证和中安协企业技术人员综合能力验证；也是首次采用政府补贴形式的培训，经培训考核合格者，免收培训费用，培训费用分别由协会承担或申请财政补贴。首次培训考核通过82人，受到安防企业及从业者的欢迎。

（四）以新思路努力拓展多种合作共建形式

苏州安防协会坚持“开放成为必由之路、共享成为根本目的”新发展理念，加大跨区域、跨行业的交流合作力度，在分别与苏州大学等3所高校、青海省等5个兄弟省市安防协会、苏州网信工商等2个信用机构签订共建合作协议书，与建筑智能化协会、建筑装修机电协会、光电缆协会、众创空间协会、北斗导航协会等多个相关协会建立友好关系的基础上，积极响应国家东西部地区加强交流合作精准扶贫的精神，开展对贫困地区安防技术、人才和就业等方面的精准有效帮扶。协会与苏州市职业大学共建安防学院，开展政行企校协同育人的深度实验，探索有效的合作共建方法与途径，实施新内容、有特点的共建模式，实行定制式、灵活性的安防人才培养机制。安防学院准备逐步与协会会员单位形成“一企一方案”的具体合作形式，成立相

关的工作室、中心，推动双方产学研实际化运作，加快科研成果转化步伐，在更深更广的维度实现合作共赢。

四、坚持行业规范化建设，加强行业自律

（一）修订检测标准，严把评审、验收安防项目关

苏州安防协会积极配合技防指导部门，严格依据国家标准，同时结合苏州地方实际，重新修订苏州市技防工程检测标准。围绕苏州市安全技术防范系统测试规范、苏州市安防协会专家管理及考核办法以及安防检测收费标准等方面多次展开讨论，征集各方意见，特别是为避免单靠专家个人经验验收的缺陷，技防项目验收引入第三方权威机构检测；为提倡诚信，针对诚信守信单位优惠检测费和专家费等内容，拟将新标准讨论稿报请常务理事会讨论试行。协会将进一步配合技防指导部门贯彻执行安防工程设计评审和竣工验收新要求。

（二）加强专家管理，规范专家的履职行为

为了更好地发挥专家在苏州安防业“智库”中的支撑作用，苏州安防协会积极配合指导部门，加强对专家的培训、考核和管理，秉承专家管理公开化、透明化的原则，明确劳动量与劳动报酬，实行淘汰机制，及时更新队伍，保证专家团队的活力。

（三）开展专题培训，规范行业行为

为了进一步提高苏州安防业的科技含量、工程质量，苏州安防协会积极开展国家标准和行业规范等相关要求的专题培训。为贯彻执行《中小企业促进法》，伴随着《中华人民共和国招标投标法》的强力推进，协会联合相关部门，组织100 家单位 150 多位人员参加“企业招投标、中标”技能提升专题讲座，帮助各企业分析当下的政策，了解新招投标法的变更，总结招投标失败的原因，指出招投标中的不当行为以及招投标的注意事项，从而促使安防企业依法治企、降低经营风险，为发展谋求更高的平台和更多的可能性。

五、坚持发挥桥梁纽带作用，提升管理水平

新形势下的协会建设，要求不同以往，为此，苏州安防协会做出了积极的努力。

（一）不断完善内部监督制约机制

苏州安防协会经市民政部门社会组织的评估，圆满通过 4A 等级的复查考核。同时，为了进一步规范各项管理，达到社会组织 5A 等级要求，认真修改协会章程，加入相关内容，成立协会监事会，制定监事会工作条例，于二届四次会员大会通过。根据监事会工作条例，监事履行职责，发挥监督作用。

（二）不断强化政府有关部门在工作中的指导作用

苏州安防协会秉承与公安业务主导部门脱钩不脱管的原则，主动争取公安技防部门的业务指导，积极宣传政府相关部门的政策和要求，及时汇报工作动态，继续保持每次常务理事会的主要内容通过协会的三个宣传平台传送到指导部门和每个会员单位，让指导部门和会员单位及时了解行业的动态、意见、建议等，有利于接受指导部门的指导，有利于会议决定的贯彻落实和检查督促，得到了指导部门的高度肯定和会员单位的欢迎。协会每次召开常务理事会、诚信委会等重要会议，都会专门邀请指导部门和相关政府部门领导参加，听取政府部门对协会的要求，不断强化政府部门的指导作用。

（三）不断畅通各种联系渠道，加强会员单位管理工作

苏州安防协会现有理事长、理事、会员、安防专家、编辑部、编辑、通讯员、诚信委员、创新专家、团标专家、指导部门等多个微信群，协会严格加强对这些微信群的管理，使它们在交流沟通、学习讨论、宣传教育、会议通知、工作指导等方面充分发挥重要作用。同时，协会理事长、秘书长经常走访会员单位，主动听取大家对协会工作的意见和建议，及时改进工作中的问题，强化服务意识，倡导普惠服务和精准服务，努力为会员单位解决困难，不断增强协会在行业中的凝聚力和影响力。对要求入会的安防企业，继续由 1 家理事单位实地或网上考察，以便今后加强点对点之间的联系。协会常务理事会、理事会、编辑会分别在会员单位召开。截至目前，协会共有会员单位 266 家，其中理事单位 37 家、副理事长单位 18 家、理事长单位 1 家。

常州市安全技术防范行业协会

常州市安全技术防范行业协会成立于 2003 年 11 月，是经常州市民政局核准登记的非营利性社会团体组织，具备独立法人资格，接受常州市公安局的指导、监督和管理。

地　　址：常州市新北区府翰苑 7 幢 408 室

负 责 人：王清寒

电　　话：13906110007

联 系 人：刘　军

电　　话：13809070936

网　　址：www. czspia. com

2018 年，常州市安全技术防范行业协会（以下简称“常州安防协会”）在常州市公安局、民政局的监督管理下，在

行业主管部门的具体指导下，在广大会员单位的积极参与和支持下，本着自律、规范、创新、发展的理念，以促进行业发展为己任，以服务会员企业为宗旨，积极倾听会员需求，不断丰富工作内涵，充分发挥企业与政府之间、企业与企业之间的桥梁纽带作用和展示常州安防行业的窗口作用，勇于开拓创新，更具前瞻性、专业性和规范性地履行职能，积极作为，为“平安常州”建设发挥了重要作用，得到了指导部门、相关部门及会员单位的充分肯定。

一、真心实意规划服务

常州安防协会为进一步推动2018年度各项工作的顺利开展，召开三届二次理事会暨“新时代服务企业”座谈会，就如何更好地发挥协会作用，增强凝聚力和向心力，征求与会人员的意见和建议，集思广益，有思路、有目标地制定年度工作计划，为会员企业创建更广阔的舞台。

二、持续推进能力评价工作

为加强行业自律，规范企业行为，倡导公平公正，体现社会诚信，确保工程质量，促进安防企业从业能力建设，为社会及第三方提供能力参考，常州安防协会专门制定《常州市安防工程企业设计施工维护能力评价管理暂行规定》，组织开展安防工程企业能力评价工作，并颁发《常州市安全技术防范行业工程企业设计施工维护能力证书》。截至目前，共有100家安防工程企业申领能力证书，其中一级证书22家、二级证书26家、三级证书52家，不断提高全市安防工程建设质量。

三、搭建技术宣讲平台

常州安防协会充分发挥中介服务作用，为企业搭建新技术、新产品宣传推广平台，为会员单位站台助威、摇旗呐喊。

四、提升会员知识层次

AI时代是个无与伦比的时代，常州安防协会期待着会员单位在这一轮变革中找准位置，开拓思路，寻找机遇，勇敢尝试，在产业细分领域中精准耕耘，以取得市场竞争的主动权。常州安防协会既注重当前热点，又关注广泛受众，精心选择“人工智能”主题，于2018年6月27日举办“安防大讲堂”第4期讲座，以进一步拓展常州市安防企业的眼界，了解前沿发展技术，促进行业解放思想、转型出关、持续发展。

五、拓展会员行业视野

常州安防协会积极组织会员单位参加各类安防行业活动，了解行业新技术、新亮点和新趋势，聆听工程院院士精彩演讲，听取领军企业论坛报告，学习行业政策专家解读，了解行业商务模式、技术趋势，为企业拓展视野、发展创新、转型升级创造了良好的学习交流机会。

六、广泛开展协会交流

积极参加联盟活动，参与技术专家交流，与省内外安防协会建立合作共建模式，扩大协会的影响力。

昆山市安全防范行业协会

昆山市安全防范行业协会成立于2008年6月25日，在昆山市公安局与昆山市民政局的业务指导和监督下开展工作。协会是由从事安全防范产品的研制、开发、生产、销售，安全防范工程设计、安装、维修、监理，报警运营服务，安全防范领域的科学研究、政策研究、技术服务、信息服务、咨询服务，安全防范系统的使用和管理等单位及自然人，自愿联合发起成立，经昆山市民政局核准登记的非营利性社会团体组织。

地　　址：昆山市城北路707号

负 责 人：潘成华

电　　话：0512-55116002

联 系 人：郑新炬

电　　话：0512-55116002

网　　址：www. kssec. com

南通安全防范协会

南通安全防范协会成立于2016年8月12日，是经南通市民政局核准登记的非营利性社会团体组织，由南通市公安局主管，现有会员单位130余家。

地　　址：江苏省南通市崇川区青年中路105号江苏工程职业技术学院强毅楼106室

负 责 人：王通生

电　　话：0513-81183539

联 系 人：樊丽娟

电　　话：0513-81183539

网　　址：www. jsntspa. com

南通安全防范协会（以下简称“南通安防协会”）根据首届三次全体代表大会工作报告和 2018 年第一次常务理事会决议，结合南通“雪亮工程”、“智慧城市”建设，紧密围绕协会的“五服务三提升”宗旨，有目标、有计划地开展 2018 年度务实工作，取得了令人满意的成绩。

一、服务全体会员，提升从业人员业务技能与素质，提升企业风险控制与管理能力

南通安防协会每年召开一次全体代表大会，每季度召开一次常务理事会，视工作情况需要随时召集召开理事会，对协会重要事务进行商讨与决策。秘书处将每月工作计划和上月工作完成情况如实在协会常务理事群中进行公示，接受意见与监督。通过以上方式及时了解会员需求，调整和修正工作方法，高效地为会员服务。

在走基层访实情中，发现会员单位设计能力差，专业人才匮乏，大多设计人员是通信网络专业或其他专业的，缺乏电子技术基础和电子工程专业知识；设计部、采购部、业务部、项目管理部有关人员对产品的特性、适用场所等也都不是十分清楚。综合以上情况后，协会免费为会员单位以及邻近地区的兄弟协会举办安防产品在安防工程中正确应用的技术基础能力提升培训班，自 7 月开始，共举办了五期。通过培训，不仅让受训人员进一步了解了安防行业的最新技术，而且为会员单位技术人员提供了实质性的指导，切实为会员单位解决了实际技术工作中的困难。

为满足各会员单位对安防工程能力证书的申报要求，南通安防协会分别于 2018 年 4 月、12 月协同江苏省能评分中心在南通举行了“江苏省安防工程企业技术人员”考试，昆山、常熟等周边地区的安防协会会员单位也参加了这次考试，平均通过率达 90%。

对本地区安防从业单位的能力进行初评与核实，凡符合条件的会员单位，及时帮助它们进行申报，参加中国安全防范产品行业协会组织的“安防工程企业设计施工维护能力评价”审评。2018 年，南通安防协会共初审 6 家企业申报资料，其中一级 2 家、二级 2 家、三级 2 家，申报通过年审单位共 23 家。

2018 年 6 月 2 日，南通安防协会首届三次全体会员代表大会暨“优秀安防工程项目经理”表彰大会在江苏工程职业技术学院圆满召开。通过此次会议，促进行业学习交流，从而更好地服务企业、服务政府、服务社会，不断提升安防从业人员的整体素质，提升安防工程质量，提升安防企业的管理能力、创新能力和核心竞争力，帮助安防企业进一步提档升级。

二、服务公安政法、各级政府、和谐社会，为南通“雪亮工程”、“智慧城市”建设出谋划策

随着南通“雪亮工程”、“智慧城市”、“慧眼工程”建设的持续推进，南通安防协会一直予以配合，出谋划策。

2018 年 8 月 23 日，参加南通市公安局召集的“南通市全市社会面视频管理工作座谈会”，就《南通市公安局关于规范全市公共公安机关视频图像管理运行体系的意见》、《南通市公安机关视频图像建设项目管理工作规范》、《南通市公安机关“慧眼工程”技术支撑体系建设指导意见（试行）》以及全市公安视频图像考核制度进行了解读和宣贯。

2018 年，南通安防协会对南通市崇川区公安分局“社会面公共部位视频监控拓展工程”从前期的勘察、设计、方案论证，到工程的实施进行了全方位的跟踪、监督，为标准规范执行情况检查等提供了全方位服务。为南通市崇川区公安分局在视频监控系统传输方面做了统一规划设计，采取长期规划、顶层设计。帮助南通市崇川区公安分局对视频监控系统前端供配电系统采取新的措施，即安生低压集合供电。对南通市经济开发区公安分局“苏通高科技产业园视频监控工程”从前期的勘察、设计、方案制定、方案论证，到工程实施进行了全面的跟踪，为标准规范执行情况检查与监督提供了全方位的支持与服务，解决了工程实施中的困难。为南通市公安局下属崇川分局、开发区分局、港闸区分局、如东县公安局等市县公安局安防工程的实施出谋划策。

2018 年 10 月，参与“如东高新区雪亮工程”项目的前期方案证论、评审、评标等工作，为如东政法委当好参谋。

2018 年，南通安防协会在南通市公安局下属崇川分局、开发区分局、港闸区分局实施公共场所人脸图像抓拍系统建设中，密切配合公安技防部门，积极参与项目的建设与验收工作。

服务是南通安防协会始终秉承的工作理念。南通安防协会认真热情地接待了本地区各市县政法委、公安局、教育局等部门领导及有关人员，详细解答他们提出的安防建设中所遇到的实际问题，为全市各单位的安防系统建设出谋划策。同时，协会专家组还全力做好南通市公安安防工程技术咨询、方案论证等多项服务工作。

以上所做的工作是协会秉承“服务公安政法、服务各级政府、服务和谐社会”理念为南通“雪亮工程”、“智慧城市”建设服务的具体行为，也是为实现“平安南通”应尽的职责。

三、服务国家安全为社会公共安全尽责，贯彻《标准化法》推进标准建设工作

认真贯彻《标准化法》，加速推进安防地方标准和团体标准建设工作是南通安防协会义不容辞的责任。

2018 年 10 月 26 日，南通市地方标准《安防视频与图像系统维保规范》正式获得南通市质监局立项批准，并纳入 2018 年度第二批南通市地方标准项目计划。该工作由南通市公安局大数据指挥中心指导、南通市安全防范协会牵头共同完成，协会组织专家组成员按照标准编制要求，认真抓好此项工作，加强与有关方面的协调，广泛征求和收集社会意见，保证标准的科学性、规范性、实效性，确保标准的质量和水平。

四、扩大对外宣传，进行交流与互动，以创新为动力共同提升行业核心竞争力

《南通安防》季刊、南通安防协会网站、南通安防协会微信公众号是南通安防协会对外宣传的重要载体，发挥了应有的推动力和导向力。《南通安防》季刊定期接受南通市文广新闻出版局的专项检查与工作指导，2018 年按规定出版了 4 期。《南通安防》季刊、南通安防协会站网，得到上级部门、各安防行业单位的广泛好评和肯定。南通安防协会网站及微信公众号及时、同步为各会员单位推送本协会及行业内的最新动态信息。南通安防网站与兄弟协会做了链接，便于互联互通。南通安防协会充分利用以上平台扩大对外宣传，增强协会的影响力，拓展互相交流的信息通道。

2018 年，南通安防协会参加了 2018 中国安防工程商（系统集成商）大会（华东七省）、2018 第九届（杭州）国际社会公共安全产品与技术博览会、全国安防行业协会会长秘书长工作座谈会、2018 中国（乌镇）立体安防技术应用大会、第三届（2018）中国智能建筑节（西安）、2018 山西公安科技信息化暨大数据建设应用发展论坛暨全国城市安防协会合作互助联盟一届六次会议、第五届中国—亚欧安防博览会暨第十四届新疆警用反恐技术装备博览会、全国安防协会合作互助联盟连云港会议、2018 年中国国际社会公共安全产品博览会、北京安全技术防范行业协会全国安防协会联谊会、苏州市安防协会三届一次会员大会、无人机分会成立大会暨“平安苏州”圆桌论坛等行业盛会，同时还参与了苏州市安防协会二届十七次常务理事会暨团体标准化工作会、苏州市安全技术防范行业协会二届八次理事会、昆山安防协会十周年庆典等兄弟协会的重要会议，进一步加强了行业内的交流与互动。

经过一年的努力，南通安防协会取得了一定的成绩，在以后的工作中，将始终牢记“五服务三提升”协会宗旨，“服务全体会员、服务公安政法、服务各级政府、服务和谐社会、服务国家安全为社会公共安全尽责；整体提升安防从业人员业务技能与素质、全面提升安防企业风险控制与管理能力、共同提升行业内创新动力与核心竞争力”。积极组织全体会员单位参加行业内的多元素交流活动，进一步扩大对外交往，掌握国内外同行业发展动态，及时了解安防行业最新技术及其发展趋势，及时吸收行业内优秀管理经验，组织会员单位向同行学习先进的技术与先进的管理经验，做好协会工作。进一步加大工作力度，全面提升服务质量和服务水平，坚持务实的工作作风，不断创新，与全体会员单位共同努力，为建设“平安南通”做出积极的奉献。

浙江省安全技术防范行业协会

浙江省安全技术防范行业协会成立于 2003 年 2 月 28 日，是由从事安全技术防范行业的企事业单位、社会团体以及个人自愿参加的地方性、行业性、非营利性社会组织。登记管理部门是浙江省民政厅，业务指导部门是浙江省公安厅。

地　　址：杭州市西湖区西溪路小龙驹坞 79 号
负 责 人：赵永华
联 系 人：后学娟
电　　话：0571-56078188
网　　址：www. zjaf. net

2018 年，是浙江省安全技术防范行业协会（以下简称“浙江安防协会”）发展的关键一年，是承上启下、继往开来的一年。根据浙江安防协会第四届理事会第五次（扩大）会议和第五届会员代表大会的统一部署，在主管部门的指导下，浙江安防协会秘书处统筹安排、精心组织、协调推进，各项任务取得积极进展。

一、隆重召开第五次会员代表大会

4 月，浙江安防协会召开了第四届理事会第五次扩大会议，审议批准了《换届选举办法》、《监事会工作规则》、《理事长轮值制度》、《秘书处工作规则》等 4 项新的管理制度，修订了《专家委员会管理办法》，为第五届理事会顺利开展工作提供了制度保障。会议还表决通过了协会 2017 年预算执行情况和 2018 年预算草案的报告，审议批准了会费标准调整方案，以及第五届理事会、监事会候选人名单等第五次会员代表大会筹备文件。

5 月 16 日，浙江安防协会第五次会员代表大会在乌镇隆重召开，800 多名会员企业代表参加了此次大会。这是协会与政府主管部门完成脱钩后的首次会员代表大会，对于协会发展具有极其重要的意义。大会讨论批准了第四届理事会工作报告，明确了协会未来五年的工作重点，继续加强行业基础建设，全面打造由“会员服务平台”、“产融引导基金”、“安防技术大会”、“智慧安防小镇”、“立体安防

研究院”构成的“五位一体”浙江安防产业创新服务综合平台。会议审议通过了协会章程修正案，进一步健全了协会法人治理结构和运行机制，完善了会员代表大会、理事会、监事会制度，落实了民主选举、民主决策和民主管理，为协会成为权责明确、运转协调、制衡有效的法人主体奠定了法律基础。大会选举产生了新一届理事会和监事会，其中理事 177 名、监事 7 名。

浙江安防协会随即召开了五届一次理事会和监事会，选举海康威视胡扬忠总裁为第五届理事会首任轮值理事长，大华股份傅利泉董事长、浙通服沈利泉副总经理、宇视科技林凯副总裁等 29 人为副理事长，54 家单位为常务理事；华创电子陈维华董事长当选为监事长，西湖保安张杭兴总经理、森井信息沈宏良董事长当选为副监事长。经理事长提名、理事会选举，京安电子赵永华董事长当选为秘书长。经秘书长提名、理事会批准，吴云龙、陈继国、沈利泉、王玉辛、方良、吴志培、陆东辉、范绍富等 8 人当选为副秘书长，为协会各项工作的有序开展提供了组织保障。相关备案文件已经省民政主管部门审批通过，并进行了公告。

二、成功举办中国（乌镇）立体安防技术应用大会

在第五次会员代表大会召开期间，浙江安防协会同期成功举办了首届中国（乌镇）立体安防技术应用大会。本次大会以“建设立体安防，共筑平安中国”为主题，举办多场专题活动，邀请政府主管部门、领军企业负责人，以及专家学者交流观点，分享见解。“立体安防高峰论坛”围绕行业政策、技术与应用、非传统安全等方面问题提出观点；“人工智能与安防大数据论坛”、“凤凰行动在安防——智慧安防产业与投融资峰会”和“安防职业教育论坛”在技术创新、产业对接和人才培养等三个层面上，深入探讨了行业发展过程中存在的问题并提出了解决方案；“安防智库专家大会”讨论部署了智库专家的下一阶段重点工作，并探讨了行业焦点问题，提出了对策建议；“智慧安防新产品、新技术、新方案发布会”推出了最前沿的安防产品、技术和解决方案；“立体安防新技术新应用解决方案体验展”采用项目屋、场景化互动体验等形式，以应用系统和解决方案为核心，进行了新技术与新产品的现场演示，分享了科技创新成果。

本次大会的成功召开，对于促进安防基础技术、产品应用技术、系统与平台应用技术和行业应用技术的发展，构建“大组网、大融合、大应用”的安防体系，推动建立和完善立体化社会治安防控体系，服务平安中国建设发挥了积极作用。

三、积极开展庆祝协会成立十五周年相关活动

2018 年是浙江安防协会成立 15 周年。在广大会员单位的支持和帮助下，协会组织了庆祝活动。为聚焦浙江安防关注热点，记录浙江安防创业、发展、壮大的历史节点，感恩浙江安防事业的奋斗者和贡献者，更好地集聚能量，薪火相传，指引未来，协会决定设立“平安中国　匠心铸盾”奖。本次活动历时半年多，经会员企业自荐、各地办事处推荐、秘书处初审及评审委员会终评等环节，石旭刚、刘伟、邹鹤海、张鹏国、陆东辉、陈维华、胡扬忠、姜孝田、曹俊甫、傅利泉等 10 位企业家荣膺“杰出成就奖”，丁春风、方良、刘文龙、吴云龙、余征然、林凯、赵问道、俞永方、姜正荣、蒲世亮等 10 位专家荣获“突出贡献奖”，来自会员企业的 30 名一线工程技术人员和 20 家单位分别荣获“金牌项目经理”和“杰出建设奖”等奖项。协会还编纂了十五周年纪念画册并拍摄宣传片，全面展现浙江安防行业的发展历程，记录所取得的辉煌业绩。

四、协助组织警用无人驾驶航空器实战演练活动

5 月，浙江安防协会协助省公安厅举办了浙江省公安机关警用无人驾驶航空器实战演练活动。本次演练活动由省公安厅警航办主办，是浙江省首届警用无人驾驶航空器实战演练，也是全国范围内首次省级规模的警用无人驾驶航空器实战演练，对构建全省立体化安全防控体系、深入推进浙江省警用无人驾驶航空器实战应用具有重要意义，对浙江省乃至全国无人机行业深入应用具有重大的借鉴和学习意义。协会带领相关企业从谋划、提交建议方案，到批准立项历时近 5 个月，精细组织、密切配合，取得了圆满成功。活动获得了省公安厅领导的肯定，也得到了主办方、参演队、观摩单位以及各参与支持的会员单位的高度认可。演练活动为会员单位创造了展示机会和市场机遇，取得了预期的效果，引起了各方高度重视和强烈反响。演练活动同期，还举办了“无人驾驶航空器行业应用论坛”，重点围绕无人机应用现状、技术发展趋势等问题进行了研讨交流。

五、积极参与联合国世界地理信息大会相关活动

联合国世界地理信息大会于 11 月 19 日在德清召开。大会由联合国主办、自然资源部和浙江省人民政府承办，以“同绘空间蓝图，共建美好世界”主题，来自联合国成员国政府、地理信息相关领域国际组织、学术界、产业界的 100 多个国家和地区的 1000 余位代表参加大会，200 余家地理信息相关企业参加大会技术与应用展览。

浙江省无人机产业技术联盟应大会筹备工作领导小组邀请，策划组织、统筹协调了地理信息智能体验园无人机展览展示活动。本次无人机展览展示，联盟共组织了 20 家无人机企业，静态展览展示了 30 多种机型设备，范围涵盖了地理测绘、电力巡检、环境监测、警用安防、应急救助、应急通信、教学训练等诸多行业应用。浙江省无人机产业技术联盟持续为联盟会员创造机会，为联合国世界地理信息大会添彩。

六、积极打造智慧安防沙龙品牌活动

智慧安防沙龙活动是协会致力于提升服务会员水平，

完善会员服务平台，给会员创造深层次技术交流、项目分享和战略合作机会的重要举措，更是协会继乌镇立体安防技术应用大会后构建长效共享机制、持续引领技术创新的重要延续。现已举办两期“智慧安防沙龙活动”，先后有100余家企业参加活动，取得了良好的效果。协会还将联手业内明星企业相继组织一系列活动，持续为会员打造交流分享平台，推动行业快速发展，为会员服务，为行业发展服务。

七、组建新一届专家委员会

根据新修订的专家委管理办法，浙江安防协会组建了新一届专家委员会，其中，主任委员1名，执行副主任委员1名，副主任委员5名，专家办主任1名，委员31名。专家委员会根据行业和专业需求进行了分工，形成了课题标准组、视频技术组、综合应用组、培训咨询组4个专业组。

根据新修订的安防智库专家管理办法的相关规定，历经申报征集、专家办资格审查、专家委员会评议讨论、主任委员审核、名单公示等程序，对来自浙江省11个地市以及北京、上海、南京等地申报人员的申报材料进行了资格审查，形成了设计单位、产品制造、集成公司、科研院校、安防运营、检测评估监理、政府行业管理及特邀行业专家八大类别共计251名的安防专家智库。

八、继续完善行业自律管理

截至11月底，浙江安防协会会员队伍继续壮大，新增会员企业130家。目前，协会实有会员单位1469家。同时，协会加强为会员服务工作，半年来共为会员企业法人、企业名称资料变更118家、培训证书人员变更162人，办理副本申请89家。

浙江安防协会于2017年组织修订了《资信等级评定管理办法》，在资信等级申领条件、专业技术人员要求、项目管理体系建设、第三方服务机构、安防设计资信等级、退出机制等方面进行了补充或修改。协会秘书处根据新修订的管理办法的有关规定，有序开展资信等级证书年审换证和资信等级评定工作，并向资信等级通过的企业直接发放四年有效期的证书。

截至5月底，有1100家企业通过年审并换发了新的资信等级证书，其中一级资信等级企业126家、二级资信等级企业149家、三级资信等级企业821家、专项设计甲级企业2家、专项设计乙级企业2家；有79家企业未通过审核，取消其资信等级证书。截至7月底，共有62家企业申报资信等级证书，其中申报一级资信等级证书的有7家、申报二级资信等级证书的有9家、申报三级资信等级证书的有46家。经初评和终评，共有6家企业获得一级资信等级证书、6家企业获得二级资信等级证书、39家企业获得三级资信等级证书，总体通过率同比增长了14%。

鉴于浙江省安防企业中、小企业居多，企业工程技术人员职称评定存在实际困难，浙江安防协会进一步完善了对资信等级申报或者复审换证中技术人员的要求，明确规定，由浙江省住房和城乡建设厅核发的中华人民共和国一级建造师注册证书，可以视同高级工程师职称在企业资信等级证书申请中使用；由浙江省住房和城乡建设厅核发的中华人民共和国二级建造师注册证书，可以视同工程师职称在企业资信等级证书申请中使用。

九、不断提高专业技术人员的培训质量

为进一步提高安防行业技术人员的培训质量，增强培训效果，浙江安防协会组织相关单位和专家编写了《浙江省安全技术防范行业培训教材》（试用版），并在3月开始投放使用。根据使用效果情况，协会将组织专家对该教材进行进一步修订。

截至10月31日，浙江安防协会共举办17期培训班，培训学员共3500余人。其中，举办常规培训6期，有1700多人参加培训。为配合资信等级证书的复审换证工作，浙江安防协会于3月启动继续教育培训工作，已举办8期，共计培训1400多人。从培训效果来看，全体参训学员能够认真参训，专心听讲，培训考核通过率为99%，整体情况良好。8月以来，浙江安防协会还根据企业的实际情况，分别在宁海、德清、乐清组织开展了3期安防企业高管人员标准宣贯培训班，共计培训300多人。

十、主动申请职称评价试点

浙江安防协会响应浙江省深化职称制度改革工作、职称社会化评价改革工作精神，积极筹备向政府主管部门提出申请承接浙江省工程领域安全技术防范专业高级职称评审组织工作，以求优化专业设置，开展针对性评审，实现业内评价。此项工作对建立浙江省安防专业技术职称评价体系、科学客观评定安防从业工程技术人员的技术能力和水平、促进安防从业技术人员整体水平的提高具有重要意义。目前，对于职称承接工作在全体会员大会上做了报告，在理事长会议、秘书长会议和专家委大会上做了具体安排，协会组建了职称承接工作专班，组织行业资深专家召开了多次专题研讨会议，在深入结合安防行业专业特点的基础上形成了相关文档。

十一、全面启动标准化工作

鼓励社会团体制定标准，是我国深化标准化改革的重要举措。据统计，自全国团体标准平台上线以来，共有1900多家社会团体在平台上进行注册，共公布团体标准4600多项。浙江安防协会已于7月在该平台完成注册程序，具备了在该平台发布团体标准的资格。

目前，浙江安防协会秘书处已成立标准化工作部，全面推进标准化工作。一是进一步完善了协会开展团体标准制修订工作所急需的基础性管理制度，组织起草了《协会标准管

理办法》及其实施细则、《经费管理办法》等管理文件，为下一步开展工作提供了制度保障；二是启动了团体标准项目征集工作，目前团体标准《智慧社区信息综合服务平台技术规范》经专家评审已立项，正在面向会员企业召集起草单位，预计 2019 年完成标准制定工作；三是积极配合行业主管部门开展的浙江省地方标准的制修订工作，《出租房出入口控制系统技术规范》、《智安小区安全技术防范系统建设技术规范》等地方标准的申请立项工作正在进行中。

十二、深化协会间省际交流合作

随着我国安防行业的快速发展，各地方安防协会在加强行业基础建设、完善行业自律、搭建交流平台、维护会员利益等方面取得了突出成绩。同时，各协会之间的合作也不断拓展，通过互结友好协会、召开区域性安防行业协作交流座谈会或安防协会工作协调会等举措，为会员企业跨地域开展经营活动提供了极大的便利。但是，这些措施还具有一定的局限性，且缺乏制度性保障，亟待继续巩固与深化。

为更好地服务广大会员企业，浙江安防协会联合福建、广东、广西、贵州、湖北、青海、新疆等省、市、自治区安防协会共同发出倡议，将现有合作机制和方式制度化、规范化，进一步深化协会间的务实合作，切实提升服务会员能力，并于 12 月 2 日在德清举办了全国安防行业省际合作协会领导人座谈会，来自全国 17 个省、自治区、直辖市和省会城市的安防协会的会长、秘书长，以及公安部检测中心负责人到会，探讨合作事宜，签署了以“深化务实合作，提升服务能力”为主题的安防“莫干山共识”，全面推进了省际间的行业合作与产业发展。

2018 年，浙江安防协会圆满完成了既定工作任务。在回顾成绩的同时也清醒地看到，协会在内部规范化建设、工作人员业务水平、服务会员能力等方面仍然存在差距，还有提高的空间。

杭州市安全技术防范行业协会

杭州市安全技术防范行业协会（原杭州市社会公共安全产品行业协会）于 1995 年 11 月 18 日在杭州市成立，是经杭州市民政局登记注册的地方性行业组织，是非营利性社会团体、社会法人。

地　　址：杭州市江干区凯旋路 170 号 H 楼 121 室　　电　　话：0571-87289229，18005711716
负 责 人：刘　伟　　网　　址：www. hzaf. net

2018 年，杭州市安全技术防范行业协会（以下简称“杭州安防协会”）在主管部门的指导管理下，在全体会员单位的积极配合和协会工作人员的积极努力下，承前启后、与时俱进，开创协会工作的新局面，在协会建设、考核培训、行业交流等方面开展了一系列工作并取得了一定的成绩。

一、协会建设：召开理事、理事长、监事长等会议

3 月 9 日，杭州安防协会第七届第四次理事会议召开，全体理事代表、全国城市安防协会合作互助联盟专家等 93 人到场参会。会议邀请到了全国城市安防协会合作互助联盟常务副秘书长、深圳安防协会副会长樊超分享经验，并为互助联盟杭州区的 5 位新晋专家颁发了专家证书和聘书。本次会议中，进行了协会 2017 年工作报告、财务报告及协会与行业主管单位脱钩总结报告，同时汇报了 2018 年的工作计划、2018 年中国（杭州）安博会筹备进程，审议新修订章程（征求意见稿）和 2018 年协会财务预算报告。最后，全体参会人员到中威电子的展示厅参观交流学习。

4 月 9 日，杭州安防协会组织召开七届四次理事长会议，参会的有 11 家副理事长单位、协会秘书处工作人员，上海浩信（杭州）律师事务所代表应邀列席。首先，会议对申报上来的安防专家名单进行了讨论和审议，一致同意通过；根据议程，对自荐（推荐）担任本协会监事成员的六家单位（个人）进行无记名投票，最终推选出五家单位（个人）作为协会下一届监事会成员；对协会 2018 年财务预算和相关优秀安防奖项、十佳安防企业联络员和优秀贡献奖分别进行讨论和审议。最后大家对协会新章程进行了解读和讨论，对负责人选举、法人代表的担任和秘书长聘任制进行了确定。

5 月 14 日，杭州安防协会七届一次监事会会议召开。参会的有协会监事会成员，秘书长对协会的基本情况及近期的完成工作内容及协会在以后的延伸发展方向等方面做了详细的汇报，通过协会网站、微信公众号等对外宣传平台，安防资信等级证书的评审发放，杭州安博会的举行，开展对内服务、对外沟通等多种方式服务会员，促进协会良好发展。在本次会议中，五位监事一致推选出监事会监事长、副监事长。五位监事一致认为在监事长的带领下会尽好自己的责任，服务支持协会安防事务，履行协会章程的规定，做好监事的本职工作。

9 月 21 日，杭州安防协会七届五次理事 & 三次常务理事会召开。会议由协会理事长主持。会上对 2018 中国（杭州）安博会有贡献的企业单位进行了颁奖。杭州市检察院

技术处处长为杭州安防协会授感谢信，以感谢协会在第八届、第九届中国（杭州）国际社会公共安全产品与技术博览会上举办的“检查大数据技术应用”高峰论坛和“智慧检务在检查工作中的应用”论坛，以及6月在杭州市检察院举办的“全市检察机关智慧检务技术培训会”上为检察院与企业对接优质的解决方案、安排交流最新的科技产品做出的贡献。会上，全体理事举手表决通过了换届筹备小组人员组成。对网上申报的13家理事、2名会员进行无记名投票，最终确定了4名理事，1名会员人选，表决还通过了监事长为协会换届筹备小组组长。

3月29日，杭州安防协会“2017年度杭州优秀安防工程、优秀安防项目经理”专家评审会召开。秉承着公平、公正、客观的评审原则，协会邀请了六位经验丰富的安防专家组成了评审团。评审专家根据《杭州市优秀安防工程和优秀项目经理评选办法》对企业递送的纸质材料进行了审核，共审核了优秀安防工程项目28个，未通过的6个；优秀安防项目经理26人，未通过的7人。

二、展会交流：举办2018中国（杭州）国际社会公共安全产品与技术博览会

4月19日，由杭州市公安局和杭州市经信委指导，公安部检测中心和滨江区人民政府支持，杭州安防协会和市物联网协会主办的2018中国（杭州）国际社会公共安全产品与技术博览会开幕。各协会领导、相关部门领导、媒体人等近500人出席开幕式。安博会展出面积达12000平方米，122余家安防企业就新产品、新技术、新解决方案进行展示，安博会以“创建平安中国服务一带一路”为主题，重点展示集成化、智能化的安防技术应用和系统解决方案，以及国际、国内最前沿的安防产品和警用装备，能够提供全警种广泛的应用需求，提供跨部门、跨警种技术交流，提升大数据、人工智能在公检法司、医院、高校等中的应用。

三、资信管理：组织资信等级证书新申证及晋级企业培训

5月31日，杭州安防协会“2018年上半年安防资信等级证书新申证及晋级企业培训”开班，39家企业共50余人参加了培训。培训班邀请专家针对《浙江省安全技术防范行业资信等级评定管理办法》（2017年修订版）进行解读，结合修订版的新内容，将企业容易踩到的“雷区”一一分析，划分重点，给出具体可行的解决方法，获得企业一致好评，企业代表们表示对于安防资信证书的新申证和晋级有了清晰明确的认识。

6月20日，杭州安防协会组织专家对申报的28家企业材料进行了初评，并在6月21日至6月26日邀请专家赴实地核实了申报材料的真实性。

四、走访交流：加强企业之间的沟通与交流

4月18日，杭州安防协会秘书长参加了杭州市民政局主办的市级行业协会能力建设培训班。本次培训涉及社会组织登记管理、行业协会脱钩政策和部分产业发展新信息，内容新、实用性强。相关的内容有：行业协会有关政策法规解读，有关行业主管部门或机构解读行业宏观政策信息，行业协会负责人专业知识培训，行业协会负责人工作经验交流等。此次培训对杭州安防协会更新发展理念、找准自身定位、促进科学有序发展起到了很大的帮助作用。

5月24日，杭州市经济和信息化委员会中小企业服务中心副主任一行莅临杭州安防协会，洽谈联盟合作服务企业事宜，双方就各自的机构情况及优势互补展开讨论，进行了初步的沟通交流。

5月25日，由杭州安防协会协办的“2018智能建筑&智慧城市行业交流暨高峰论坛神州行（杭州站）”举办，众多业界专家学者、系统集成商、产品供应商汇聚一堂，共同探讨智能建筑智慧城市的发展。会议立足于智能建筑智慧城市领域，为行业内人士提供了一个展示最新技术产品、提高品牌知名度、寻找潜在客户、行业资源收集、促成合作共赢的交流机会。

6月28日，杭州安防协会邀请监事长和副监事长赴副理事长单位杭州海康威视数字技术股份有限公司参观、交流，并听取了海康威视关于公司发展情况以及安防发展对于整个社会的重要性的介绍。同时，双方就协会发展、换届选举、杭州安博会、会员服务等进行了深入交流与探讨，以利于监事会可以更多地了解行业、协会和会员单位，做好调查、监督和引导工作，促进协会的发展。

6月29日，杭州安防协会受邀参与在中国人民公安大学高级警官培训楼召开的《公安标准化（2018—2022年）发展规划》评审会，并对苏州市安全技术防范行业协会团体标准《警用无人驾驶航空器系统联网管理平台》送审讨论稿进行了讨论。《警用无人驾驶航空器系统联网管理平台》由苏州安防协会报送、杭州安防协会会员单位苏州科达科技股份有限公司牵头、杭州安防协会副理事长单位杭州海康威视数字技术股份有限公司等8家单位共同参与编制。协会秘书长作为苏州安防协会团体标准专家一起出席会议并参与讨论。

7月5日，杭州安防协会邀请监事长和副监事长赴副理事长单位浙江大华技术股份有限公司、理事单位浙江开元光电照明科技有限公司参观、交流。大华股份国内营销中心副总经理、浙江区域总经理等人讲述了公司发展情况，并希望协会可以提供更多的服务。随后，杭州安防协会监事会一行参观大华展厅，了解大华的产品以及最新研发动态。浙江开元光电照明科技有限公司董事长等人重点介绍了LTTS（莱特司）无极灯，该企业光源产品为公安部推荐产品，有多个优秀案例。

7 月 9 日，杭州安防协会秘书长、副监事长、监事一行走进华数集团，参观了国家广电总局数字电视开放实验室。华数传媒网络有限公司政要客户部总经理负责接待和讲解，向杭州安防协会监事、秘书长等领导讲述了整个公司的发展情况和发展目标。

7 月 18 日，杭州安防协会召开协会与企业座谈交流会。此次座谈会邀请到了监事长、副监事长、监事出席，杭州海康威视数字技术股份有限公司、浙江大华技术股份有限公司、浙江邮电工程建设有限公司、浙江力石科技股份有限公司、浙江腾翊信息科技有限公司 5 家副理事长单位应邀出席，会议由秘书长主持，杭州骏鹏科技有限公司等 11 家会员企业、5 家非会员企业近 30 人参加会议。本次座谈交流会以“聆听中小型企业的需求和心声”为主题，各家中小型企业负责人踊跃发言，结合自身企业的发展现状和未来安防行业的发展趋势以及市场需求各抒己见。海康威视、浙江大华等分享经验，介绍了其公司运营模式，并为中小型企业转型等问题提供了思路与看法。另外三家副理事长单位提到，安防企业将来会面临稀缺人才引进难的问题。针对安防行业的发展，提议开展“校企联合”，企业走进校园，提供安防就业技术指导，从而将直接获得技术性可用人才。同时提出了投融资相结合的理念，呼吁各企业深入学习，不要浅尝辄止，从而发展企业内涵，学习先进的理念和运营模式并运用到企业自身建设中。

7 月 23 日，杭州安防协会召开理事长例会。例会由秘书长主持。会议共同探讨了安防行业的现状，对协会的部分工作进行了深入交流，并对安防资信等级证书以及相关政府政策对安防行业的影响做了交流探讨。

7 月 24 日，杭州安防协会邀请监事长、副监事长赴市协理事单位浙江宇视科技有限公司参观、交流。一行人观看了人工智能宣传片，宇视科技浙江区域产品总监介绍了人脸识别技术，讲解了 AI 加速了安防 IT 化 3.0 转型以及行业的发展和覆盖 500 个平安城市的“雪亮工程”案例。介绍了人脸速通门、视频内容保护、物联网设备及智慧化平台等一系列产品。

8 月 1 日，杭州安防协会赴江干区凯旋街道社会组织服务中心考察学习。考察结束后，召开了社会组织党建工作推进会，江干区凯旋街道“凯益荟”党委副书记介绍了“四双”的党建工作、“三社三微五联动”的方针，并对凯益荟 2.0 打造的思路及设计方案进行了逐一介绍。杭州滴水公益中心党支部书记对其支部党建工作和特色进行了介绍。杭州市社会组织管理局副局长对党建工作中社会组织的管理进行了介绍，希望通过此次交流会促进与各个社会组织的交流，传达党建工作的精神。杭州市民政局党委副书记、副局长对社会组织党建工作的成果给予了充分肯定，并对社会组织党建工作进行了指导，提出了要求和建议。杭州安防协会将继续加强党建工作，围绕此次考察凯益荟和推进会的学习，借鉴先进的党建思路，响应民政局关于党建工作的要求，深化协会组织内部党建工作的落实。

8 月 3 日，由杭州安防协会协办的 2018 年智慧安防整体解决方案全国公益培训举行。会议由深圳安防协会和全国城市安防协会合作互助联盟主办。协会希望通过此次培训活动，发挥行业组织的力量，让杭州及其周边地区的安防朋友们能够与智能安防厂商面对面地交流技术与经验，从而在日益激烈的市场竞争中了解更多的专业知识，为自身进一步的发展打下良好的基础。

8 月 15 日，浙江省质量技术监督局批准发布了 DB33/T 2135-2018《司法行政强制隔离戒毒所安全防范信息系统建设规范》省级地方标准。这是全国司法行政戒毒系统首个安全防范信息系统建设地方标准，于 2018 年 9 月 3 日正式实施。杭州安防协会及市协会副理事长单位杭州海康威视数字技术股份有限公司、华为技术有限公司、浙江大华股份有限公司共同参与了标准的制定。《司法行政强制隔离戒毒所安全防范信息系统建设规范》的发布实施，是浙江省司法行政戒毒系统落实国家标准化委员会《浙江省“四四五”戒毒模式管理标准化试点》项目的重要举措，将为“智慧戒毒、智能安防”的现代化戒毒所建设提供强有力的支撑，全面提升戒毒场所安全防范水平。

8 月 17 日，由杭州安防协会会员单位苏州科达科技股份有限公司主办的“科达 2018 全国巡回体验周”论坛召开。协会邀请了协会部分专家、会员企业出席论坛。此次论坛针对当前视讯与安防处于转型期，以“知至深”求“行至远”的理念，探讨如何为视界创造价值。

9 月 14 日，阳泉安防协会会长、副会长、秘书长，南昌安防协会书记一行莅临杭州安防协会，参观并进行了交流座谈会。在座谈交流会上，秘书长介绍了杭州安防协会的组织机构、服务内容等，包括协会的日常工作、资信等级证书、培训咨询、检测服务以及杭州安博会等协会工作。理事长单位杭州青鸟电子有限公司、副理事长单位浙江省邮电工程建设有限公司、e 井在线、会员单位厦门科华恒盛股份有限公司的负责人向阳泉安防协会一行介绍了企业的基本情况和相关特色安防产品及解决方案。

9 月 17 日，杭州安防协会承办的公共安全视频监控产品 GA 认证（杭州）宣讲会召开。本次宣讲会是公安部科技信息化局给中国安全技术防范认证中心发文《关于同意开展“社会公共安全产品自愿性认证公共安全视频监控产品”认证工作的批复》后，首次面向公众举办的宣讲会。来自杭州市公安局、杭州安防协会、浙江安防协会的领导和视频监控、锁具领域的产品商、集成商代表等共 150 余人参加了宣讲会。

宁波大榭开发区保险箱（柜）行业协会

宁波大榭开发区保险箱（柜）行业协会正式成立于2006年6月18日，是由宁波大榭开发区及周边保险箱（柜）生产企业和行业相关企业、人士组成，依法成立的具有社团法人地位的非营利性社会团体。协会宗旨是：坚持四项基本原则，坚持改革开放，贯彻党和政府关于发展经济的有关方针和政策，为会员提供服务，维护会员合法权益，维护行业公平竞争，加强会员与会员、会员与政府之间、协会与政府、协会与社会之间的联系，促进行业经济发展。协会业务范围是：宣传党和国家有关法律、法规和政策；根据会员需求，在不违反法律法规的情况下，开展市场专项分析，创办内部刊物，建立专业网站，提供咨询等服务；开展行业调研，向政府提出制定行业标准的建设，提出行业发展规划；制定本行业行规行约；代表本行业向有关的政府职能部门反映涉及行业利益的事项，提出制定经济政策和立法方面的意见和建议；按协会章程规定，对违反协会章程或行规行约、损害行业整体形象的会员采取相应的行业自律措施；协同政府有关部门开展行业技术引进、质量认证、企业评定等工作；组织会员参与社会公益事业等。

地　　址：宁波大榭开发区滨海南路101号市场监管局203室
负 责 人：陈军彪
电　　话：0574-86748028
联 系 人：余　彬
电　　话：0574-86748028
网　　址：www. safes. org. cn

东阳市保安技术防范行业协会

东阳市保安技术防范行业协会成立于2014年3月28日，是经浙江省东阳市民政局注册登记的社团法人单位，业务上受市公安局指导，行政上受东阳市民政局监督管理；是由从事安全技术防范产品生产、销售，承接安全技术防范系统工程设计施工，从事安防技术服务，以及相关的企事业单位自愿参加的地方非营利性行业组织。

地　　址：浙江省东阳市广福东街1号
负 责 人：马　强
联 系 人：江金兰
电　　话：0579-86091902P

安徽省安全技术防范行业协会

安徽省安全技术防范行业协会于2002年6月26日经省民政厅批准正式登记成立，是由安徽省内从事安全技术防范产品研制、开发、生产经营和承接安全技术防范工程的企事业单位，以及安全技术防范工程使用、管理单位等自愿组成的全省性非营利性社会组织。

地　　址：合肥市望江路69号西湖国际广场C座1426室
负 责 人：王慧莉
电　　话：0551-64280445
联 系 人：于利莉
电　　话：0551-62818875
网　　址：www. aspia. cn

2018年，安徽省安全技术防范行业协会（以下简称“安徽安防协会”）在行业管理部门和登记管理部门的关心及指导下，以党的十九大精神为指引，围绕协会的中心工作，立足服务广大会员单位的宗旨，开拓进取，充分发挥了联系会员、服务会员的作用，大力开展了安全防范的业务交流和咨询服务活动，以点带面，紧抓落实，全面规范、稳定有序地推进各项工作的开展。

一、规范开展会员资质审核工作

2018年，新申请入会企业194家，其中团体会员193家、副理事长单位1家；评定安防资质1118家，办理资质申报477件，办理资质年审458件，办理安防企业备案（包括介绍省内安防企业到外省备案）17件，办理信息变更145件，办理证书补办21件。安徽安防协会严格执行《安徽省安全技术防范行业资质等级评价管理办法》，在办理资质评定、年审和备案工作中，否定资质申请企业 12 家，要求整改企业 33 家。

二、召开会员代表大会，完成换届工作

2018 年 5 月，安徽安防协会召开第五次会员代表大会。大会批准了第四届理事会工作报告和第四届理事会财务收支报告；审议通过了《安徽省安全技术防范行业协会章程（修订案）》和《安徽省安全技术防范行业协会会费管理办法及标准（草案）》；选举产生了新一届理事会和监事会，其中理事长 1 名、副理事长 3 名、监事 5 名，采取轮值监事长制度。会议进一步健全了协会法人治理结构和运行机制，完善了会员代表大会、理事会、监事会制度，落实了民主选举、民主决策和民主管理，为协会成为权责明确、运转协调、制衡有效的法人主体奠定了法律基础。

三、加强协会机构建设，建立相关制度体系

落实协会固定办公场所，开展协会各项工作。先后组织召开了 5 次理事长办公会议，为协会各项工作开展群策群力。同时，规范协会 QQ 群和微信群建设，并制定《群公约》，利用协会网站、QQ 群、微信群加强协会各项活动的宣传，增进会员企业与协会的交流互动。

四、修订安防相关体系办法，促进行业健康发展

对《安徽省安全技术防范行业资质等级评价管理办法》进行修订，拟采取免费办证、一级审核、专家委负责制原则，减少评审环节，减轻企业负担。同时，配套制定了《安徽省安全技术防范技能人员能力评价考核体系（草案）》，并通过专家论证，目前已修改完善。

五、开展 2017 年度安防企业行业统计工作

完成中国安全防范产品行业协会开展的 2017 年度安防企行业统计工作，安徽省共上报安防企业行业统计数据样本 182 份，均审核通过。在会员企业的积极配合下，获得中国安全防范产品行业协会颁发的 2017 年度中国安防行业统计工作“优秀组织奖”。

六、加强协会文化建设，丰富会员业余生活

2018 年 9 月 27-28 日，安徽安防协会组织开展 2018“超清杯”安徽省安全技术防范行业第三届乒乓球比赛。比赛共有 18 家安防行业会员单位及企业逾 100 人参赛，最终 9 名选手分别获男子单打、女子单打一、二、三等奖，3 家企业获男子团体一、二、三等奖，4 家企业获优秀组织奖，4 家企业获公平竞赛奖，4 家企业获道德风尚奖。

七、加强行业交流，积极参加协会间行业活动

2018 年，安徽安防协会协办第七届智慧安防技术交流培训会（合肥站），近 400 名安防工程商、集成商和行业用户参与；积极参加新疆第五届中国—亚欧安防博览会、中国安防大数据发展高峰论坛暨安防颁奖盛典、2018 广州国际智能安全科技应用博览会、2018 年西藏智慧安防首届研讨会暨全国安协联盟西藏会议、广州市安全防范行业协会第二届二次会员大会、全国安防行业省际合作协会领导人座谈会、2018 海南国际公共安全产品暨警用装备博览会、安徽省民政厅民管局组织扶贫“皖北行”活动，并组织安徽省行业领军企业代表四创电子、超清科技、创世科技、清新互联、睿极智能等参加 2018 年中国国际社会公共安全产品博览会，同时推荐安徽省企业参加优秀产品和优秀解决方案评选活动。

经过一年的努力，安徽安防协会各方面工作都有了新进展，服务意识明显增强，协会上下团结一致，克服了任务重的困难，做到了各项工作有计划、有安排、有落实，较好地完成了全年的工作任务，并且在行业服务方面积累了重要的经验，但与行业管理部门和会员单位的期望还有一定的差距，下一步将继续认真贯彻党的十九大精神，坚持以习近平新时代中国特色社会主义思想为指导，结合协会实际及行业发展特点，紧紧围绕协会宗旨，不断拓展工作广度和深度，促进协会工作再上新台阶。

芜湖市安全技术防范协会

芜湖市安全技术防范协会于 2012 年 5 月 4 日成立，属于非营利性社会团体，是经芜湖市民政局批准并注册的社团组织，主管单位为芜湖市公安局。

地　　址：安徽省芜湖市联盛广场 1 号楼 2219 室
负 责 人：杨倚智
电　　话：0553-5883110
联 系 人：徐雅轩
电　　话：0553-5883110
网　　址：www. whafxh. cn

2018 年，芜湖市安全技术防范协会（以下简称“芜湖安防协会”）在业务主管单位芜湖市公安局的大力支持下，在芜湖市民政局社管科的指导下，在协会会长和秘书处的共同努力下，在会员单位的积极配合下，以推动全市安防

行业健康发展为宗旨，以服务会员为理念，取得了一定的成绩。

一、积极开展日常工作，加强咨询和培训服务

组织专家团队，为会员单位遇到的技术问题答疑解惑，解决安防设计方案中的难点。

要求会员单位安防施工人员参加安防培训学校的学习，持证上岗，规范安防企业，推动芜湖市安防行业健康稳定发展。

为安防相关单位提供新产品、新技术培训，开展行业比武竞赛等，提高芜湖市安防施工人员的技术水平和素质。

针对会员单位以及安防相关企业方案设计、安防资质、安防检测、安防管理办法等相关问题提供咨询服务。

二、反映会员单位需求，发挥桥梁纽带作用

2018 年，芜湖市工商联开展全市非公有制经济生产发展基本情况调研期间，芜湖安防协会会长、副会长以及会员代表向相关领导反映了芜湖市安防行业目前存在的主要问题，主要包括：安防企业存在回款难、融资难等问题；需要加强全市安防企业的凝聚力，减少外地安防企业对本地市场的冲击，避免本地企业发展陷入“瓶颈”；建筑施工单位应在招投标期间设置准入门槛，选择有资质的优秀安防施工企业，更有利于安防监控设备长期维护和使用，减少资源浪费和重复建设的现象。

2018 年，经过对会员单位的调研，汇总会员单位提出的问题，芜湖安防协会秘书处将会员单位的意见进行总结，并提出解决方案，行文向相关部门进行上报，以此促进本地企业长期健康稳定发展：将“智慧城市”、“平安校园”等大的安防项目拆成几个小的项目进行，使得芜湖市的安防企业可以参与招投标，获得一定的机会；安防系统需要长期的售后服务和技术支持等，本地企业更具有优势，业主单位在招投标时增加对此项的分值；政府提供有利于本地企业的政策，增加外地企业准入门槛，保护本地企业的发展，降低人才流失率。

三、加强协会组织建设，提升服务水平，完善服务职能

开展一年一度的协会年检工作，针对内部制度建设情况、接受监督情况、财务情况、内设机构基本情况、业务活动情况、党建工作情况、对外开展活动情况等几个方面展开全部的自检和接受主管单位的审查。

参加由芜湖市民政部门举办的社会组织负责人学习党的十九大精神暨能力培训班，与芜湖市优秀的社会组织负责人交流心得和经验。

提升协会的社会影响力，承接政府职能转移。

2018 年 11 月 22 日，协会派出以会长杨倚智、秘书长王荣为代表参加学习讨论贯彻落实习近平总书记在民营企业家座谈会上的重要讲话精神活动。

协会派员参加芜湖市社会组织管理系统培训，学习新的管理方法、新的服务理念。

四、开展行业技术交流，加强交流与合作

芜湖安防协会与华为公司共同举办“华为中国生态伙伴大会”，协会众多会员单位参与，华为公司传达了全新的生态合作理念，释放 ICT 产业的生产力及创新潜力，开启数字化转型新时代。

芜湖安防协会与海康威视共同举办“智慧建筑，畅享智慧未来”新产品学习交流会，领略行业的新品，全方位提升综合安防及可视化管理水平。

芜湖安防协会与宇视科技共同举办“无宇伦比，智视未来”巡展活动。

邀请资深财税专家刘锦丽女士为会员单位培训当前的税改知识。

组织会员单位参观 2018 年 4 月 20 日–22 日在芜湖会展中心举办的第八届中国（芜湖）科普产品博览交易会。

组织会员单位参观 2018 年 10 月 23 日–26 日在北京中国国际展览中心举办的第十四届安博会中国国际社会公共安全产品博览会。

参加民政系统举办的社会组织迎新联欢会。

五、参与公益活动，提升社会影响力

芜湖安防协会参与“一家衣善”公益活动，将家中闲置的旧衣物进行捐赠。呼吁会员单位随手公益、微公益，共同捐献爱心，实现物资循环，共同创建环保文明的家园，增加会员的社会责任感，弘扬主旋律，传播正能量。

向南陵县困难读书家庭学生捐赠书包、课外读物、生活用品等物资，资助困难读书家庭。

组织会员单位代表 20 余人参与由芜湖市统战系统组织的同心运动会，运动会激发了各会员单位的积极性，赛出风格，赛出水平。

六、重视组织党建工作，提升服务社会能力

芜湖安防协会发展入党积极分子，开展党支部活动，提升服务社会能力，加强党组织的自身建设，积极参与社区志愿者活动；严格落实“三会一课”制度，助推“两学一做”常态化制度化，找准党建工作与社会组织中心工作的结合点，拓展党组织发挥实质性作用的途径，增强服务社会的能力。参加民政局每月 20 日举办的党员活动日活动。

福建省安全技术防范行业协会

福建省安全技术防范行业协会成立于2007年12月，是由从事公共安全防范产品研发、生产、销售，公共安全防范工程、电子智能化工程的设计、施工、维护、监理、检测，报警运营服务，公共安全领域的相关管理、科学研究、政策研究、技术服务、信息服务、咨询服务等单位依据《社会团体管理条例》自愿组成，经福建省社会团体登记管理机关核准登记的非营利、自律性的专业性社会组织。

地　　址：福建省福州市鼓楼区西二环北路56号
负 责 人：陈旭黎
电　　话：0591-87516678
联 系 人：林小娇
电　　话：0591-87881123
网　　址：www. hxaf. org

2018年，福建省安全技术防范行业协会（以下简称“福建安防协会”）在福建省公安厅技防办、福建省民政厅的指导和监督下，在广大会员单位的积极支持下，紧紧围绕年度工作目标，较好地完成了各项任务。

一、学习贯彻党的十九大精神，积极深入开展党建工作

福建安防协会带领全体会员认真学习领会党的十九大精神，在思想上提高认识，不忘初心，牢记使命，党支部严格执行党建工作“六有”标准，努力实现党建工作“六个一”目标。

2018年8月，福建安防协会与青海安防协会举行党建工作交流座谈会，通过向兄弟协会学习，提升了党建工作的能力和水平。11月，党支部书记参加了山东省民政厅社会组织综合党委组织的党建工作恳谈会，认真听取上级领导关于社会组织党支部建设的指示。12月，北京市和新疆维吾尔自治区两地安防协会相继到福建安防协会交流党建工作。2018年年底，上级党组织到福建安防协会调研指导党建工作，并给予了充分肯定。

协会自有刊物《福建安防》已开辟“党建工作”专栏，旨在向大家传递中央精神，展示协会和会员单位的党建工作成果，共同培养政治大局意识，坚定信仰，明确发展方向。

二、扎实履行协会职责，深化服务管理职能

（一）配合行业管理部门，开展法规标准宣贯和行业数据调查工作

福建安防协会与福建省公安厅技防办、科通处联合举办五期福建省163号政府令宣贯学习班，参加学习的人员有公安执法民警、安防行业从业人员。通过此次活动，进一步提高了全省公安技防执法民警的监督管理能力，也使安防工程企业深入了解了技防系统（工程）监督检查与备案、方案论证与验收等内容，得到了会员单位的一致好评。

福建安防协会积极配合公安部、福建省公安厅技防办、中国安全防范产品行业协会完成历年年鉴的信息采集工作、企业调查统计和上报工作。2018年，福建省公安厅技防办科通处领导来调研时高度肯定了协会的工作与表现，并对协会提出了更高的要求，协会“脱钩不脱管”，要充分发挥协会在政府部门与行业、会员单位之间的桥梁纽带作用，进一步推动福建省安防事业健康发展。

（二）充分发挥专家委员会作用，积极参与、推动行业相关标准规范制定

福建安防协会联合福建省民宿协会编制的《民宿安全管理服务规范》团体标准已进入专家评审阶段，计划于2019年年初发布。

（三）不断发展壮大会员队伍

2018年，福建安防协会新增会员单位73家，从事通信、智能化、系统集成等行业的企业纷纷加入，协会的号召力和凝聚力不断提升。

（四）坚持服务宗旨，提升会员服务

福建安防协会全体工作人员坚持服务社会、服务政府、服务行业、服务会员的宗旨，在日常管理工作中，端正服务态度，提高服务质量和效率。为会员单位参与招投标、工程备案、企业推荐、能力评价等业务出具各类证明材料200多份；为会员企业寄送各类证明材料、证书700多份。协会还积极走访会员单位、接待来访企业近百家，认真听取意见和建议，努力帮助会员单位解决实际困难和问题。

（五）与七省（自治区）安防协会结成省际友好合作协会

为促进各省级协会更好地建设和发展，更好地为会员单位服务，提升会员单位的竞争力，按照“自愿、共享、共建、共赢”的原则，福建安防协会与广东、贵州、湖北、新疆、浙江、青海、广西安防协会共同签订省际友好协会合作协议。

三、树立协会文化形象，多渠道开展行业宣传

2018年，在上级领导的关心指导和会员单位的支持下，福建安防协会成功创办《福建安防》刊物，开辟专栏宣传

行业政策法规、普及标准规范、传达行业动态、展现会员风采、展示行业成果。目前，刊物已经出版两期，每期印刷千册，向全国有关单位及安防行业协会寄送交流，反馈热烈。同时，协会积极运营微信公众号、官方网站与QQ工作平台，及时推送重要信息、新标准、新规范、新动态，利用公众媒体传播优势扩大协会的行业影响力。

四、开展多种形式的活动提升影响力，新一届协会领导班子工作计划实施

福建安防协会成功举办两期“新产品、新技术”交流会，多次开展与行业相关的主题讲座、座谈会等会员活动。2018年9月，在厦门举行了“大数据时代安防行业建设与发展智慧公共安全高峰论坛”；10月举办了“2018年福建省智慧公共安全项目接洽会”；12月成功举办了第三届全体会员代表大会，选举出了新一届协会领导班子，提出了协会今后的重点工作和发展方向。

在协会领导班子的带领下，不忘初心、牢记使命、砥砺前行，踏实工作、放眼未来、不惧挑战、迎难而上，从而以崭新的面貌迎接协会美好的明天。

三明市安全技术防范行业协会

三明市安全技术防范行业协会成立于2014年4月26日，是三明市工商部门登记注册的法人社团单位，是三明市境内跨部门、跨地区的地方性行业组织。协会在业务上受三明市公安局指导。

地　　址：三明市梅列区乾隆新村201幢8楼
负 责 人：余丽莲
电　　话：13906089779
联 系 人：吴高扬
电　　话：18950988533
网　　址：www. smafxh. com

2018年，三明市安全防范市场快速发展，市场需求明显加大，同时也出现了安防企业不能匹配市场需求的问题。根据行业发展较快的现状，三明市安全技术防范行业协会（以下简称“三明安防协会”）多次走访了解企业的要求和意见、建议，分析运行状况及今后工作重点。为了使企业加速走出困境，协会加大宣传力度，鼓励科技创新，充分利用协会微信公众号介绍新产品、新技术，引导企业走新产品开发、自主创新的道路。6月下旬，三明安防协会召开理事会，主题是开拓创新、促进行业发展。

一、围绕三明安防协会的中心工作开展活动

（一）根据安防行业快速发展的形势，进行行业运行分析

2018年是三明市安防行业的又一个高峰年，但也出现了一些新的问题，品类不能满足市场需求，技术跟不上客户要求。通过分析，提出行业的发展建议：

一是科技发展与规划。根据市场需求，经过调研和征求专家意见，三明安防协会编制了安防技术的发展规划，努力从技术提高、质量提高、品种增多、功能增强等方面提出了工作设想，提出了行业在今后五年的发展重点和发展措施。

二是评选科技型、创新型企业和优秀代表。为推动行业的技术进步、鼓励创新，三明安防协会积极评选科技型企业和创新型优秀代表，努力推动企业向科技型、创新型目标迈进。

三是开展咨询工作。2018年，三明安防协会组建安防技术专家组，为行业内的企业和组织提供有关的咨询和帮助。

（二）扩大交流和市场开发

一是推动产品在“雪亮工程”建设中的应用，二是拓展安防市场，三是加强与兄弟安防行业协会的交流合作。

二、组织召开年会及换届大会

2018年6月26日，三明安防协会召开2018年年会及换届大会，三明市公安局科学技术处领导及兄弟安防行业协会代表到会祝贺，65家会员单位代表出席了此次年会。年会总结了2018年协会工作、公布了财务情况，并提出了2019年协会工作规划，同时选举产生了新一届协会理事会。新一届理事长在会议上提出，在各级政府主管部门和监管部门的指导下，协会一定能顺应时代潮流，在变革中谋求发展，在发展中不断创新，在创新中再造辉煌。

江西省安全技术防范行业协会

江西省安全技术防范行业协会成立于1994年，是在江西省公安厅安全技术防范领导小组的领导下、经省民政厅注册登

记的省级社团法人单位，党建领导机关是省工商局行业党委。

地　　址：南昌市东湖区沿江北大道证券街179号紫金城镇7栋3单元601室
负 责 人：李　军
电　　话：0791-86809351
联 系 人：梅小艳
电　　话：0791-86809351
网　　址：www.jxafw.org

2018年，江西省安全技术防范行业协会（以下简称“江西安防协会”）在江西省民政厅、江西省工商局、江西省公安厅有关部门的管理指导下，在协会领导的关心帮助下，在全体理事和会员单位的积极支持配合下，坚持以习近平新时代中国特色社会主义思想为指导，遵循“服务会员、服务企业、服务政府、服务社会”的宗旨，有效履行职责，推进自身建设，在丰富服务内容、提升服务能力和水平等方面扎实工作，各项工作取得了较好的成绩。

一、积极筹划准备，做好换届工作

为了做好江西安防协会换届工作，从2018年年初开始，就积极筹划，充分准备，克服时间紧、人手少、工作量大的困难，各司其责，多次召开会议，准备了工作报告、协会章程、选举办法、选票等所需材料，对会议议程、工作报告、协会章程修改说明等材料听取了多方面的意见和建议。4月16日，在南昌顺利召开了第五届一次会员代表大会和理事会，大会审议通过了“上一届工作报告”、“财务报告”、“协会章程”，选举产生了第五届理事会，并选举了新一届理事长、副理事长、监事长、常务理事，会上新老理事长进行了顺利交接。新一届理事会的产生，促进了协会职业化、专业化能力水平的提高。

二、深入企业走访，开展行业调研

为了了解江西省安防企业的发展现状、特点和趋势，进一步加强江西安防协会与企业的联系，掌握第一手资料，有针对性地做好服务工作，协会理事长和工作人员先后走访了杭州海康威视数字技术股份有限公司南昌分公司、江西憶源多媒体科技有限公司、赣州银盛电子有限公司、江西天眼科技有限公司、赣州中宏贸易有限公司、江西众安科技安防有限公司等单位。分别与公司主要负责人及有关人员进行了座谈，认真听取了他们对当前生产经营、科技创新、发展目标等情况的介绍，询问了企业发展中遇到的难题和问题，并征求了他们对协会工作的意见、建议。他们一致表示对协会工作的认可，并将一如既往地支持协会工作。对企业反映的问题，江西安防协会认真梳理，尽力为企业排忧解难。

三、加强行业间学习交流，了解安防行业新动向

江西安防协会积极参与一些全国性和区域性的行业合作交流，进一步了解国内外安防技术发展新动态。同时，加强与中安协和兄弟省市协会及安防企业间的了解与学习交流，应邀派员先后参观了“2018中国（西安）国际社会公共安全技术防范暨雪亮工程建设产品装备博览会”、“2018广州国际智能安全科技应用博览会”、“2018中国（太原）第五届社会公共安全技术产品暨警用装备、消防科技博览会”、“2018第十届新疆警用反恐技术装备博览会”、“第四届连云港警用装备和公共安全产品博览会”、“2018年国国际社会公共安全产品博览会”；参加了全国城市安防协会合作互助联盟一届六次会议、全国城市安防协会合作互助联盟连云港会议、全国安防联盟工作研讨会和安防创新技术论坛，聆听了高层次专家的演讲，分享了智能科技发展成果，开阔了视野，更新了观念，为今后江西安防协会开展好安防行业工作奠定了基础。

四、积极参与安防企业活动，加强与会员单位的密切联系

江西安防协会利用参与企业活动的互动平台，更好地服务企业，宣传国家有关安防行业发展的政策法规以及产业动向和市场走向。5月15日，协会理事长出席了全国城市安防协会互助联盟主办的“2018年智慧安防技术交流培训会”（简称“百城会”）并致辞。6月20日，协会理事长出席了由东莞小耳朵电源、江西雄盛科技、南昌航天广播、江西腾泽科技、南昌英迈网、南昌北顺安防、南昌来吉智能、深圳艾礼安、江西华影视、江西巨汇地板、南昌闽通科技、江西金恒生信息产业有限公司等联合举办的“2018（利亚德）江西安防联盟PK巡展赛·南昌站”并致辞。8月16日，协会理事长出席了由苏州科达科技股份有限公司举办的“知至深、行至远”——2018南昌巡回体验周并致辞。8月23日，协会理事长出席了由浙江大华技术股份有限公司主办的“云生态、智未来”2018大华股份渠道新品发布会并致辞。10月30日，协会理事长出席了由深圳捷顺科技实业股份有限公司和江西捷顺停车管理有限公司主办的“聚变、共赢”2018捷顺智慧生态伙伴大会·南昌站并致辞。通过参加学习交流活动，进一步密切了江西安防协会与会员单位的联系，为全省安防行业整体技术水平上台阶起到了积极的推动作用。

五、组织开展安防从业人员技术培训，提升安防工程人员专业技能和管理水平

为了更好地利用职业培训学校的专业特点，在江西安

防协会和学校合作互信的基础上，联系了由南昌市英才职业培训学校负责安防工程人员的培训和管理工作，聘请了大学专业教师、企业专家、工程师为学员授课，他们各有独特的授课风格，既讲理论知识，又讲实际操作，通俗易懂。2018 年，先后举办了三期全省安防工程技术人员培训班，共有 100 余家安防企业 500 余人参加了培训。通过专业技术培训，提高了培训人员的业务素质和质量意识，为江西省安防企业的发展提供了技术支撑。

六、积极筹办展会，为企业搭建推荐平台

为了推广应用中外名优安防产品及先进的技术方案，推进国内外同行技术交流与合作，促进政府、企业、科研单位与社会对接，展示和宣传优质产品，拓展江西省安防市场，在江西省公安厅科信总队的指导下，江西安防协会决定举办“2019 中国（江西）社会公共安全产品暨警用装备展览会”，并同期举办高峰论坛。从 2018 年 7 月开始，江西安防协会与南昌世鑫展览服务有限公司就启动了招展筹备工作，现已定于 2019 年 4 月 18 日–20 日在南昌国际展览中心举行，为了做好前期筹备工作，通过网络平台进行了宣传，并印制了上万份宣传资料，为 2019 年举办安防展览会打下良好的基础。经过与会员单位沟通协调，到目前为止，预计有 60 多家企业参展，展位超过 230 个，展区面积达 10000 平方米。在这里，希望广大理事单位和会员单位大力支持并积极参展，保证安防展会取得圆满成功。

七、继续完善信息传递机制，增强信息服务能力

为方便会员单位相互交流，江西安防协会利用江西安防网站，不断充实内容，增强各项功能，继续利用微信公众号、微信交流群、电子邮箱、电话等服务平台，拓展协会与会员单位间的联系与沟通渠道，广泛及时地宣传，发布行业发展动态，了解安防行业的新技术、新政策法规等信息，使大家信息沟通更加方便快捷，互动效果更好，增强了网络和微信的影响力和辐射力。江西安防协会还编印了《江西安防简讯》，免费发送到兄弟省市安防协会及相关管理部门，为安防行业搭建了相互学习与交流的平台。

八、开展安防企业能力评价工作

江西安防协会参照中国安全防范产品行业协会《关于开展安防工程企业能力评价的有关要求》，协助企业拓展业务渠道，针对全省所有安防工程企业设计、施工、维护能力网上申报评价，按照程序，企业申报材料后，经过初审，报专家委员会评定。一年来，完成全省安防企业能力证书的审核、年检、升级与发放工作，现共发放（换领）安防能力证书 150 余份，体现了公平公正和社会诚信，规范了企业行为，促进了企业从业能力建设，为社会及第三方提供安防企业能力参考。

九、筹建协会基层党组织，尽快开展党的活动

为贯彻落实中共江西省委办公厅、江西省民政厅《关于加强社会组织党的建设工作意见（试行）》精神，根据省工商局《关于做好江西省工商行政管理局行业协会脱钩后党建工作的实施方案》等文件规定，江西安防协会在省工商局行业综合党委的高度重视和正确指导下，为成立协会党支部做了准备工作，对协会会员单位的党员进行了调查摸底；为尽快实现党建工作和组织工作全覆盖，开展党的活动，制定了《拟成立中共江西省安全技术防范行业协会党支部的实施方案（草案）》和《江西省安防协会党支部委员选举办法（试行）》等文件，使党的工作在行业协会中得到贯彻落实，扩大党的工作影响力和渗透力，推进省安防协会工作健康发展。

十、心系贫困群众，弘扬社会责任

2018 年 10 月 18 日–19 日，江西省工商局行业综合党委开展了“回望峥嵘牢记初心，走进群众践行使命”主题党性教育活动，走进于都、瑞金开展扶贫帮困，江西安防协会派出党员代表一同前往于都罗江乡西岗村扶贫，协会理事长以协会名誉个人捐款 5000 余元，传递了协会正能量，为贫困群众奉献爱心，为社会做善事、做好事。

十一、为企业提供高新技术认定服务平台，争取政府扶持

为了更好地服务会员，帮助会员企业获得相应的政府扶持政策，江西安防协会与金轩知识产权集团达成战略合作，协助会员企业获得国家高企技术认证，重点新产品、省市级企业技术中心、省市级工程技术研究中心、科技支撑计划、知识产权及商标申报，以及知识产权转让、知识产权贯标认证等相关服务。现已有会员单位参与了申报。

十二、联系金融机构，为企业搭建共赢互利平台

为了向会员单位提供系列化的优质服务及更多支持，经过与招商银行南昌分行多次协商达成共识，2018 年 11 月 20 日，江西安防协会与招商银行南昌分行在分行总部举行了战略合作签约仪式，双方领导现场进行了深入交流，在银行各部门领导和协会同志的见证下，李军理事长代表协会和南昌分行行长助理罗敏签署了战略合作协议，根据协议，招商银行南昌分行将给予江西省安防协会会员单位 10 亿元以内的意向性综合授信额度，用于满足省安防协会企业的融资需求。江西安防协会这一服务举措，为全省安防企业搭建了一个共赢互利的平台，为会员单位创造了一个良好的发展环境。

十三、利用网络平台，开展十大品牌评选活动

2018 年 12 月，为了融合互联网思维助推行业品牌发

展，江西安防协会举办了首届网络评选 2018 江西安防行业十大品牌活动。经过企业报名、网络平台投票、专家团队投票，评选出江西安防行业十大品牌 10 家企业及江西安防行业优质品牌 11 家企业，从而提高安防行业的知名度，推进安防企业品牌建设。

十四、加强协会自身建设，为会员单位提供更好的服务

一年来，江西安防协会为推动服务工作开好局、起好步，按照章程规定积极开展各项工作。一是坚持执行每周内部例会制度，组织学习政治和业务知识，提升自身综合素质，提高团队执行能力。二是定时召开理事会、常务理事会、会员代表大会。三是按照章程规定，于 11 月 26 日召开了第五届一次常务理事会，总结了半年来的工作，布置了今后一段时间的工作任务，会上还审议通过了其他事项，对大家提出的意见建议认真梳理，进一步完善服务举措，提高协会民主化和科学化管理水平。四是严格遵守财务管理制度，执行“一支笔”审批制度，在经费使用管理中力求做到勤俭办事，严禁超支，确保协会工作正常运转。五是在常务理事会上审议通过了《江西省安防协会专家有关费用支出标准管理暂行办法》，规范了聘请专家费用支出标准，做到有章可循。六是热情接待了大量的业务咨询，做到了件件有落实、事事有答复，为解决会员单位提出的职称评定问题，与江西省人社厅职称办积极联系，推进工作。七是发挥协会在政府和企业之间的桥梁纽带作用，经常与江西省民政厅、江西省工商局和江西省公安厅主管部门取得联系，主动向上级部门领导请示汇报工作，争取上级部门的关心支持。

南昌市安全技术防范协会

南昌市安全技术防范协会是 2007 年 8 月经南昌市公安局党委会研究决定，同意由南昌市安防行业企业自主成立，经南昌市民政局依法登记注册的社会团体法人组织。主管部门是南昌市公安局安全技术防范管理办公室。

地　　址：江西省南昌市庐山南大道保利高尔夫花园英格兰堡 302 栋
负 责 人：邱晓健
电　　话：13803509998
联 系 人：刘一林
电　　话：13807097007
网　　址：www. jnafw. com

2018 年，南昌市安全技术防范协会（以下简称“南昌安防协会”）本着“立足安防，服务为先”的宗旨，在南昌市公安局技防办的指导帮助下，做好事、做实事，取得了一定的成绩，得到了行业及社会的一致肯定和好评。

一、关心、走访、宣传安防企业

南昌安防协会经常关心和走访南昌的工程和产品企业，并利用全国的各种会议和出差机会走访一些外地企业，了解企业的生产经营状况，采取引进来、走出去的方式，做好“红娘”，为企业牵线搭桥，并尽力帮助协调解决公司提出的问题、要求和困难。

2018 年，南昌安防协会走访的南昌及全国各地的公司共有 60 余家，如南昌的百胜智能、福太楼宇、思创数码、金恒生等公司以及全国部分公司在南昌的办事处，外地的海康、大华、开元光电、集光、杨格锁业、金神宝防护等公司。最多一天走访了 7 家公司。

大家对协会都有信任感，公司有什么困难或问题时都会找到协会。例如，江西新华护卫公司主要是做人防、物防业务的，但经常有技防业务，2018 年就有几项技防业务要协会帮助联系安防公司来合作运行。各公司间出现什么问题和矛盾，协会也会尽量帮助调解解决。

许多外地公司到南昌发展业务，首先会找到协会，全国兄弟协会也会推荐企业前来。有不少外地优秀公司与南昌本地企业在协会的撮合下成为了合作伙伴。

江西的经济发展相对落后，南昌安防公司主要以工程商、经销代理商为主。有几家产品公司做得不错，如百胜智能、阿兰德、福太楼宇、航天广电等公司。协会为它们极力宣传、推广联系，同时与各地安防协会联系沟通，推动本地企业和产品公司走出去，并推荐它们参加各种展会、评优等活动。泰国安防协会会长来南昌时，与其共同参观考察了百胜智能、航天广电、福泰、阿兰德等公司。

南昌安防协会还陪同南昌市公安局技防办走访考察了南昌的部分安防企业、兄弟协会、联盟和有关政府单位。

二、积极参加各企业、联盟和各兄弟协会的活动

2018 年，南昌安防协会积极参加各公司在南昌举办的活动，如 2018 南昌“百城会”、2018 中国安防万里行南昌站以及小鸟科技照彰实业等公司的南昌发布会、推介会、招商会。

南昌安防协会与中国安防展览网、江西省计算机用户协会联合组织举办了“2018 南昌安防项目管理和工程造价培训会”，与北京永泰传媒举办了“2018 永泰传媒（南昌）

推介会”。

参加了江西第八届海外华侨华人专业协会会长联席会、江西省人工智能（AI）产业联盟会议、江西安防协会四届九次会议，以及江西公共安全产业联盟“第三届江西公共安全创新创业大赛”、江西安防联盟“南昌收官之站”等活动。

带领20余家公司参加了杭州安博会，带领10余家公司参加了贵州第二届中国安防百强企业颁奖活动，带领20余家公司参加了武汉“2018第三届中国智慧城市互联网大会”。

参加了北京、南京、乌鲁木齐、连云港、太原等地的安博会。

参加了南通安防协会首届三次会议、西藏研讨会、广州安防协会二届二次会议、苏州安防协会年会及团体标准化会议。

三、开展多种评优活动

南昌安防协会与江西省计算机用户协会首次联合举办了“江西省优秀信息安全产品及服务评选”活动。44家公司被评为优秀企业。

高创保安服务技术有限公司荣获两项全国城市安防协会合作互助联盟和CPS中安网主办的“荣耀安防优秀跨界融合企业”奖。

12家公司获中国安防展览网主办的“第二届中国安防百强工程评选百强工程（集成）商”奖。

2家公司获全国城市安防协会合作互助联盟联合CPS中安网举办的“致敬改革开放40年·中国安防卓越企业”奖。

四、南昌安防协会的换届工作

依照协会章程，南昌安防协会于7月26日召开了“2018南昌安防协会常务理事工作会议”，大家对候选人进行了认真的审查并一致同意，同时报市民政局和市公安局技防办备案。

一年来，虽然南昌安防协会为行业和社会做了一些有益的事情，但由于主客观原因，仍存在许多不足。新一届协会领导班子的成立为协会注入了新鲜血液，相信在今后的工作中会取得新的更大成绩。

济南市社会公共安全防范协会

济南市社会公共安全防范协会成立于2007年12月5日，是由从事安全防范产品研制、开发、生产、销售，安全防范工程设计、安装、维修、监理，报警运营服务，安全防范领域的科学研究、政策研究、技术服务、信息服务、咨询服务，安全防范系统的使用和管理等单位自愿联合发起成立，经济南市民政局社会团体登记管理机关核准登记的非营利性社会团体组织。

地　　址：济南市高新区龙奥北路909号海信龙奥9号4-410室
负 责 人：杨中海
电　　话：13156105678
联 系 人：魏　朋
电　　话：0531-82926283
网　　址：www.jnafxh.cn

2018年，济南市社会公共安全防范协会（以下简称“济南安防协会”）在济南市公安局、济南市民政局的业务指导和监督管理下，在全体会员单位的共同努力下，本着自律、规范、创新、发展的精神，坚持以促进行业发展为取向、以平安城市建设为目标、以服务企业为宗旨，贴近会员单位需求，完善服务举措，充分发挥协会的社会公益性、中介协调性、联系广泛性和专业权威性的作用。协会通过开展安防知识普及，加强会员企业之间的联系合作和技术交流，提升济南市安防企业整体技术水平，为“平安济南”建设和社会治安稳定做出了积极贡献。

一、协会发展及内部制度建设

（一）协会发展

2018年，济南安防协会新发展会员30家，办理资质升级企业8家。截至2018年12月31日，协会共有会员单位253家，其中理事单位63家、常务理事单位16家。为了提高协会的学术和技术水平，更好地服务会员和社会，协会设立了专家委员会，对培训、咨询等技术工作给予支持与帮助。2018年8月，按照相关管理部门的要求，顺利完成了协会与政府机关的脱钩工作。新一届协会领导班子根据民政局的相关要求积极开展工作，顺利完成了协会的年审工作，完成了与上届协会的各项交接工作及新旧财务账户的变更工作，解决了遗留的人事和财务问题。完成了协会的网站改版和微信公众号的建设工作。

（二）协会内部制度建设

济南安防协会在换届工作结束后，对各项规章制度进行了认真梳理，根据协会章程和相关法律法规的要求，结合工作特点和民主集中制的要求，对各项规章制度进行了修订和完善并通过了常务理事会和理事会的审议。2018年，共完成了2项规章制度的修订，并制定了10项管理办法和制度，即档案管理制度、对外信息发布制度、会费收缴和使用制度、会员管理制度、考核制度、人事管理制度、日常费用报销管理制度、财务管理制度、议事规则、印章管理制度。协会的各项工作严格按照协会章程、制度的规定进行。

二、对外交流及服务工作

（一）对外交流

2018年5月8日，济南安防协会作为协办单位协助相关单位组织举办了第十七届中国（济南）公共安全防范产品博览会，并组织相关会员企业参展观展，将优秀的安防产品与济南市的优秀工程企业有机地结合起来，使得更多的优秀产品在全省更广泛的范围内得以使用，不断提升山东省安防技术的总体应用水平。

2018年9月13日，全国城市安防协会合作互助联盟会议在连云港召开，济南安防协会组织相关会员单位同与会专家进行了广泛的交流。

2018年10月19日，济南安防协会参加“筑慧宝2018智能建筑＆智慧城市行业交流暨展览会”，与众多知名品牌厂商、行业专家精英、设计单位，互相探讨，积极交流。

2018年10月23日，济南安防协会应邀参观北京千方公司，详细参观及了解了该公司的各项产品，并进行了充分的交流讨论学习。

2018年10月26日，济南安防协会组织会员参加2018年中国北京安博会，促进了与各安防企业间的交流与沟通。

2018年11月15日，济南安防协会参加“2018年西藏智慧安防首届研讨会暨全国城市安防协会合作互助联盟西藏会议”，加强了与行业各单位之间的深度合作。

2018年12月28日，济南安防协会受邀参加“平安苏州圆桌论坛会议”，增强了与苏州安防行业的沟通，拓展了安防边界。此外，作为中国安防协会的常务理事会员，济南安防协会及时组织相关人员参加中国安防协会的各次理事会与常务理事会议，积极参加中国安防协会组织的各类活动。

本年度，济南安防协会荣获“2017年度中国安防行业统计工作优秀组织奖”，由中国安防协会理事长王延吉亲自颁发奖杯及证书。

2018年，济南安防协会为了加强与企业的联系、了解会员企业运营发展中的需求和困难、推广先进的经营理念和管理模式，组织了“走进企业”系列活动，携手会员单位先后“走进众海”、“走进中安”、“走进华埠特克”、“走进众安”，对企业的生产和经营情况、运行模式进行调研和学习。今后还要把这一活动长期化和扩大化，充分了解会员企业的情况，为更好地服务企业打下坚实基础。

作为政府与企业的桥梁与纽带，济南安防协会根据平安济南建设的需要和安防企业的需求，及时与政府有关部门沟通，向会员单位通报和宣传相关的法律法规，极大规范和促进了济南市安防行业的有序发展。同时，依托安防专家及时对政府、企业的安防工程进行评审和验收。利用协会网站为企业和建设单位提供行业动态、政策法规、产品展示、技术交流、应用案例、防范宣传服务，极大地拓展了协会在全省和全市的影响力。

（二）服务工作

为强化服务意识，济南安防协会积极搭建会员交流合作的平台，维护会员及行业的合法权益。组织全国知名安防专家举办“安防工程师”职业技能培训班，对济南市500余名技术人员进行了工程设计、施工、计算机网络技术、行业法规和标准等丰富内容的培训，通过考试，参训人员获得了“安防工程师”资格证书，对会员单位技术人员的能力提升和行业从业人员整体素质的提高起到了重要作用。

组织聘请专家和全市40余家安防企业负责人到北京参观国际安防博览会，为协会会员单位与参展的设备厂商牵线搭桥，为优质低价的安防产品进入山东市场提供了助力，进一步提升了安防企业的社会责任感和实现中国梦的使命感，对于会员单位加强企业文化建设、提升凝聚力发挥了一定的作用。依据《济南市安全技术防范工程设计施工等级确认管理办法》，经协会组织专家进行认真评审，为自愿申报济南市安全技术防范工程设计施工等级确认登记证书的会员单位免费换发证书248份，为会员单位开具各种证明材料122份。为了更好地服务于会员企业的发展，对《济南市安全技术防范工程设计施工等级确认管理办法》进行了修订，在保证等级确认的严肃性和高质量的前提下，进一步简化办事流程，缩减不必要的材料，减轻了企业负担。

2018年的工作，虽然取得了一定的成效，但与行业发展的需求、会员单位的期盼还有一定的差距，需要进一步提升协会的服务能力，提高服务质量，拓展服务内容，全方位地为会员单位提供服务。希望在大家的共同努力下，实现协会与行业、协会与会员之间共同提高、共同发展，为服务地方经济发展和社会安定增砖添瓦、贡献力量。

青岛市社会公共安全防范协会

青岛市社会公共安全防范协会成立于2006年2月5日，是经青岛市民政局核准登记的行业性组织、非营利性社会团体、社会法人。

地 址：山东省青岛市崂山区银川东路3号国信体育中心“公共安全+智慧城市”创新空间青岛安防协会办公室
负 责 人：刘雪莉
电 话：0532-80992324
联 系 人：孙 建
电 话：18954272826
网 址：www. qdcps. com

2018年，青岛市社会公共安全防范协会（以下简称“青岛安防协会”）在上级指导部门和监管部门的正确指导下，在协会领导的科学指引和会员单位的积极支持下，始终坚持以“服务行业”为宗旨，积极发挥行业协会与政府管理部门之间的桥梁纽带作用，结合青岛本地实际，稳步落实年度工作计划，围绕青岛安防行业规范化建设与管理、企业交流与合作和中小企业服务等主题开展工作，积极参加对外交流与合作，较好地完成了2018年的各项工作目标。在山东省积极推动新旧动能转换，全面推进省市社会经济持续健康发展的大浪潮下，青岛安防协会为青岛市的安防行业发展、产业升级和社会经济发展做出了应有的贡献。

一、加强组织建设，不断扩大规模，提升凝聚力

（一）规范组织建设，增强协会凝聚力

依照协会章程规定，青岛安防协会第四届会员代表大会于2018年4月20日如期召开，确定了最新一届领导班子，优化调整了协会组织架构，并及时向各级成员单位沟通情况、了解诉求，掌握行业发展动向，为会员企业交流合作与业务开展提供服务和支持；同时，协会定期组织召开理事长联席会、专家组工作交流会和资质评审会等，并于每年年初例行举办年度总结大会，梳理和总结上一年度的工作成果，部署下一年度的重点工作计划，为会员单位搭建平台、抱团发展提供组织保障，确保协会各项工作的科学决策和稳步落实。

（二）积极发展新会员，扩大协会规模

一年来，对内不断加强管理，规范制度；对外主动与优秀协会和组织开展交流合作，新会员发展速度明显加快，同时会员单位也不断推荐新的企业入会，协会规模和辐射面进一步扩大。截至2018年12月31日，协会新增会员单位47家，会员单位数量已达206家。同时，山东省内青岛市以外各地级市安防相关企业开始逐步向青岛安防协会靠拢，青岛市以外区域会员企业在协会会员中的占比呈现逐步上升的趋势。会员单位的稳步增加和会员企业来源的扩大，充分展现了青岛安防协会良好的发展势头，也为协会发展增添了活力和动力，越来越多优秀安防企业的汇聚和抱团发展将为青岛安防行业变革和产业优化升级带来巨大的能量。

（三）进一步完善协会规范化管理和运行

依照青岛市民政局社会组织管理部门的相关要求，青岛安防协会不断规范各项工作运行制度，全面落实在民政部门的备案和登记工作，按时完成年度检查和综合评估。积极参加青岛市民政局于11月28日-30日举办的“2018年青岛市社会组织负责人培训暨助力民营经济发展交流会”，深入学习社会组织最新的政策和法规，为协会规范化管理和科学运行提供了有效保障，并通过开展行业调查、组织行业培训、提供政策咨询等方式为会员企业提供实实在在的“落地式”服务。

二、进一步开展行业交流，搭建合作与服务平台，发挥协会的桥梁纽带作用

（一）认真履行作为中国安全防范产品行业协会常务理事单位的责任和义务

按时完成年鉴和行业信息统计等常规工作，积极参加中国安全防范产品行业协会组织的全国安防协会负责人工作会议及能力评价座谈会，与全国各地安防协会组织一道为安防行业发展建言献策；同时，应邀参加中国安全防范产品行业协会主办的2018年中国国际社会公共安全产品博览会，与各地协会共同观摩优秀安防企业科技创新产品及成果，掌握企业技术革新和行业最新发展动态。

（二）认真履行作为全国安防协会合作互助联盟常务理事单位的责任和义务

应邀出席全国安防协会合作互助联盟主办的一届六次理事大会太原会议、连云港安防展及联盟工作会议、西藏智慧安防·联盟工作会议和改革开放40年安防卓越人物及企业颁奖大会暨联盟一届七次理事大会深圳会议等大型展会及工作会议，并与全国各地安防协会代表交流安防行业发展趋势，寻求地区间协会与企业建立合作、协同发展的机会。

（三）组织会员企业完成行业信息统计工作

在积极参加全国安防企业信息统计工作负责人会议、认真接受和学习行业信息统计措施后，向会员企业传达开展行业统计工作的重要性，同时针对本项工作对企业提出了明确的要求，要求企业责任到人，确保统计工作、统计数据的延续和完整。督促企业加强对统计数据质量的审核和评估，对上报的数据质量负责。最终顺利完成青岛市企业信息统计工作，并获中国安全防范产品行业协会颁发的优秀组织奖。

（四）鼓励和支持行业技术交流活动

大力支持全国安防技术培训交流会“百城会·青岛站”、筑慧宝安防技术宣讲会、安居宝科技产品宣讲会等活动，充分利用协会平台为会员企业提供支持，通过与其他各地安防协会的良好关系，为会员企业“走出去”牵线搭桥，为会员企业在外地业务开展过程中遇到“水土不服”等问题提供支援、帮助协调，实实在在地解决企业遇

到的难题。

（五）打造协会组织间友好合作关系

与青岛市应急管理协会等签订友好合作协议，确立友好合作关系，优势互补。同时，在全国范围内积极与各地安防协会建立互助合作的良好关系。青岛安防协会通过与其他协会或组织之间友好关系的建立，旨在为企业交流铺平道路，为会员企业业务拓展和合作提供更多的机遇，创造更为广阔的行业交流和发展空间。

三、立足会员企业服务，扩大服务范围，提升服务能力和水平

（一）进一步做好安防设计施工等级确认登记证书的评审工作

广泛接受参评单位咨询，进一步规范参评企业资料提报格式和程序，为各企业安防资质的资料准备、信息反馈和申报整改等提供便捷的引导，同时制定详细的初审反馈表供企业参考并修改资料，优化审批流程，在坚持公平公正、多重审核的原则下，严格依照文件要求，为会员企业提供高效便捷的服务，促进了安防市场的有序发展。

（二）成立中国安全防范产品行业协会企业能力评价青岛分中心

为支持山东省安防企业“走出去”发展，在全国各地安防工程投标、项目竞争与合作等活动中拥有更完善的资质储备，秉承着为企业服务的理念，青岛安防协会与中国安全防范产品行业协会展开合作，于2018年6月1日正式获批由青岛安防协会成立“安防工程企业设计施工维护能力评价青岛分中心”，作为中安协企业能力评价中心在山东省内设定的唯一分支机构，承担山东省全部安防企业的安防能力评审、认证和发证工作。2018年9月至2019年1月，青岛分中心已组织和完成了6期山东省安防工程企业技术人员考试，通过考试人数179人；完成了9家企业的年度审核或评审发证工作，获得了中安协和山东省各地安防工程企业的认可与支持。

（三）开展中小企业服务宣讲系列活动

联合青岛市中小企业公共服务中心、光大银行、海信创新空间和青岛中天智诚科技服务平台有限公司共同举办了中小企业服务对接宣讲会，围绕“知识产权规划、政府补贴项目申报和政府采购合同信用融资”等中小企业普遍关注的热点问题举办了系列讲座，为企业工作人员提供了一个学习提升和交流分享的机会。

（四）打造会员服务和宣传推广平台

结合不断发展进步的现实需求，以及为会员企业提供中安协能力评价官方渠道、资质查询和宣传推广等需要，对官方网站进行了全面改版和升级，结合微信公众号的持续运行，多渠道联合打造会员企业综合服务推广平台，为会员企业和安防行业各相关方面提供发布通知、公示查询、宣传推广等多方面的服务，努力实现为会员企业服务的核心宗旨。

（五）开展体育运动活动，以运动促健康和交流

举办青岛安防协会“安防杯”乒乓球和羽毛球比赛，通过活动促进了各会员单位间的和谐交流，丰富了广大会员单位员工的业余生活，营造了青岛安防协会积极向上、锐意进取的文化氛围。

郑州市公共安全防范行业协会

郑州市公共安全防范行业协会成立于1995年8月2日，是经由郑州市民政局核准登记的非营利性社会团体，具有独立法人资格，业务上接受郑州市公安局的指导和监督管理。

地　　址：郑州市金水区南阳里岗杜北街交叉楼汇商大厦608室
负 责 人：程　华
电　　话：13673630203
联 系 人：孟丹凤
电　　话：18538188662
网　　址：www. zzaf. com. cn

2018年，郑州市公共安全防范行业协会（以下简称“郑州安防协会”）在业务指导单位和主管单位的监督指导下，在全体会员单位的大力支持配合下，认真贯彻党的十九大精神，深入学习习近平总书记系列重要讲话精神，紧紧围绕全市安防行业发展、服务社会治安防控体系建设，秉持为会员企业服务的办会宗旨，按照年初确定的工作目标和工作措施，狠抓任务落实，较好地完成了各项工作任务，取得了一定的成绩。

一、全面加强党建工作，充分发挥党支部战斗堡垒作用

根据郑州市民政局民间组织管理办公室的工作部署，郑州安防协会在2018年年初就将党建工作放在十分突出的位置来抓，积极推进协会建设和党的建设“同规划、同落实”。其中，按照主管单位务必要在2018年上半年完成基层党组织组建工作的指示要求，专门由理事长程华同志牵

头负责成立了党支部筹建工作机构，按照党内有关制度及时推动向上级党委提报组建申请、动员并协助协会现有党员转接组织关系、酝酿支部党建干部人选等各项工作，取得积极进展。

10月11日，协会组建党支部申请获得中共郑州市金水区南阳路街道工作委员会批复同意。经筹备组再次请示，定于10月16日在协会本部召开中共郑州市公共安全防范行业协会支部委员会成立暨选举大会。选举产生了以理事长程华同志为党支部书记的第一届支部委员会。

郑州安防协会党支部的成立，标志着郑州安防协会有了自己的党组织。为了更好地开展行业党建工作，郑州安防协会专门设计了党建文化墙，布置了党员活动室，购买了大量书籍、笔记本等材料，定期举办各类党务学习及党建会议。

二、坚守办会宗旨，积极发挥桥梁纽带作用

2017年，郑州安防协会切实履行“服务会员、服务政府”的办会宗旨，以“促进企业发展，维护企业权益”为工作目标，不断拓展服务领域，在会员管理、媒体宣传、开展对外交流合作等方面做了大量工作，服务意识、服务水平有了明显提高。

（一）畅通各种联系渠道，提高服务水平

郑州安防协会在加强自身建设、规范协会管理的同时，进一步加强与业务指导单位的密切联系，积极努力配合各项业务工作的开展，及时做好各类文件的处理，确保落实无误。协会秘书处根据工作需要，创建了不同功能的微信群，并按照信息发布原则严格管理，使其在会员与协会之间交流沟通、学习讨论、宣传教育、会议通知、工作指导等方面发挥了重要作用。同时，协会理事长、秘书长不定期走访会员单位，主动听取企业对协会工作的意见和建议，及时改进工作中存在的问题，强化服务意识。认真贯彻理事会议事制度，定期召开理事会议，总结上一阶段工作情况，研究部署下一阶段工作。1月26日，郑州安防协会召开会员大会，协会理事长在大会上做了2017年度工作报告，向会员单位汇报协会2017年度主要工作及2018年工作计划。2018年，共召开各类工作例会20余次。

（二）不断提高自身建设，激发协会活力

2018年7月，协会理事长程华带领秘书长孙建刚、副秘书长孟丹凤参加了由郑州市民政局民间组织管理办公室开展的行业协会商会工作培训会。会议由河南省民间组织管理局副局长王明远为参会人员授课。在授课过程中，王明远副局长从协会与政府的紧密关系、党建工作在社会组织中的重要作用等方面进行了详细分析，并指出作为行业协会商会，是社会组织队伍中的重要力量，是沟通政府与企业的桥梁和纽带，担负着服务会员、服务企业、服务政府、服务社会的责任，要紧抓良好机遇想方设法强能力、促发展，为推动郑州国家中心城市建设和经济社会发展做出积极贡献。一年来，协会在不断加强自身建设上取得了明显成效，并广泛吸纳行业优秀会员加入协会，充实会员队伍，会员数量和质量稳步提高。

（三）组织行业规范和标准培训，切实提高从业人员素质

2018年，郑州安防协会邀请行业内资深专家分别在上半年和下半年针对本市从业单位开展了安防技术、招投标法律知识培训，包括最新标准、技术规范、技术业务实际操作以及招投标法律知识等内容，旨在提高安防从业人员专业水平的基础上，切实保障安防工程质量。

三、加强行业自律，稳步推进企业能力评价工作

按照业务指导单位关于“依照政策稳步推进”的指示要求，根据中国安全防范产品行业协会相关能力评价体系文件精神，郑州安防协会多次组织评审人员对能力评价体系文件的标准、要求及程序进行了深入的研究和讨论。按照业务指导单位要求，在与中国安全防范产品行业协会有效沟通的基础上，根据河南地区的实际情况，开展了建章立制工作，制定了相应的制度规范。先后研究制定了《安防工程企业设计施工维护能力评价实施细则》、《安防工程企业能力评价操作流程图》，对外公开评价操作程序。多次召开会议，明确能力评价过程中受理员、评审员、评审专家各岗位的工作职责、工作权限、工作要求等。在此基础上，狠抓制度落实。不间断召开评审员会议，传达中国安全防范产品行业协会和业务指导单位有关指示精神，对各项制度规范进行宣贯，对评审员进行纪律和廉洁教育。

郑州安防协会按照各项规范和要求，认真抓好安防工程企业申报受理、合规性审查、评审员评审、技术专家审定、分中心负责人审核、协会负责人批准、证书制作和颁发、换证、评价材料建档等每一个环节，建立了有效的运行机制。工作中，严格恪守能力评价管理“五统一”和“客观独立、公开公正、诚实信用”的原则，严格按照能力评价体系文件的规定，与中国安全防范产品行业协会能力评价中心分工合作、密切配合，确保了能力评价工作服务质量。能力评价相关人员秉持敬业、公正、廉洁原则，严格遵守能力评价的规范、标准和程序开展工作，同时在协会办公室设立监督部门，公开投诉监督电话，切实保证能力评价工作的客观公正。截至12月30日，郑州安防协会能力评价中心对正式提交能力评价申报的企业办理合规性审查110家，通过合规性审查正式受理6家，通过评审批准发证50家，不符合条件未通过评审15家，其余正在评审过程中。评定结果得到了政府采购部门、建设单位和招标代理机构的广泛认可与采信。在遏制安防工程市场无序竞争、维护消费者合法权益、支持国家重大项目建设等方面都起到了积极作用。2018年，郑州安防协会根据企业需求，共开办安防工程企业技术人员综合能力验证考试3场，共计有608人通过了考试，为企业参加安防工程设计施工维护能力

评价提供了及时的技术支持。

四、认真参与行业调查，助推安防行业健康发展

为掌握我国安防行业的整体发展现状，配合全国安防行业的统计调查工作，郑州安防协会工作人员通过电话、三大媒体宣传平台和书面通知等多种形式动员省内安防企业参与“2017年度安防行业网上统计调查”工作，并对调查后台数据及时审核、维护，为《中国安防行业2017年度统计报告》提供了详细的样本数据。

五、坚持开拓创新，积极推进咨询服务平台建设

2018年，郑州安防协会不断完善协会媒体宣传平台和办公信息化平台建设。切合社会发展需要，协会官方网站“郑州安防网”经历了多次改版调整，增加了“能力评价”专栏，调整了通知通报、页面飘窗等。新网站的栏目设置更加清晰、内容更加丰富、更新更加及时、功能更加强大，现已成为省内最大、浏览量最高的安防行业网，是省内安防从业人员学习国家及地方标准，了解省内安防资讯、协会公告等不可或缺的平台。

在运营好官方网站的同时，加大了协会微信公众号及公共服务平台的建设力度，与各会员企业、政府部门、行业相关单位保持密切的资讯传播和交流态势，以强有力的资讯传播频率宣传协会服务内容、企业技术及产品服务，不断提升郑州安防的影响力。

为了适应快速发展的行业需求，更好地发挥促进、引领和服务行业发展的作用，协会筹备并发行了河南安防行业首本杂志季刊《郑州安防》。《郑州安防》内容涵盖协会动态、会员动态、技术知识、行业发展、企业宣传等，设有“协会工作”、“政策法规”、“安防技术”、“解决方案”、“行业资讯”、“人物访谈”、“企业风采”等栏目。《郑州安防》季刊旨在传播安防行业知识、助推行业发展建设，是郑州安防协会宣传推广的第三大窗口，定期出版并面向行业主管部门、全省市技防管理部门和全省安防企业免费发放，方便企业交流的同时更是对郑州安防协会发展历程的重要记载。

六、加强对外交流活动，搭建广阔交流平台

为适应安防行业的快速发展，进一步了解安防行业的发展现状，郑州安防协会努力创造机会，带领会员参加多种形式的学习交流活动。2018年，由郑州安防协会领导带队，组织会员企业共赴北京、新疆、杭州、山西等地参观安全防范产品博览会。积极响应中安协、全国安协联盟的倡议，组织会员参加“百城会”、“中原安防工程商大会”等活动。引导会员企业了解新产品、学习新技术、交流行业经验，对安防行业的发展现状有了更深层次的认识。郑州安防协会将会不断夯实垒台，积厚成势，凝聚强大合力，推动郑州安防行业的发展跃升到更高水平。

一年来，郑州安防协会在业务指导单位和全省安防企业的支持下，取得了一定的成绩，得到了各界的高度肯定。协会将本着为会员企业服务的宗旨，继续积极履行协会职责，推动河南安防事业的发展；加强行业自律管理，夯实协会工作基础；用心办会、依法办会，充分发挥协会在企业与政府之间的桥梁纽带作用，提升服务水平，开创工作新局面。

湖北省安全技术防范行业协会

湖北省安全技术防范行业协会经湖北省公安厅批准、由湖北省民政厅登记注册，于2003年12月6日在武汉成立。协会具有独立法人资格，是由安防工程企业、安防工程使用单位、安防产品生产销售厂商及其他热爱安防事业的企事业单位自愿组成的非营利性社会团体。

地　　址：湖北省武汉市武昌区积玉桥前进路四清村51号
负 责 人：郭志刚
电　　话：027-87324910
联 系 人：李　燕
电　　话：027-87324910
网　　址：www. hbafxh. org.cn

2018年，湖北省安全技术防范行业协会（以下简称“湖北安防协会”）以党的十九大精神和习近平总书记系列重要讲话精神为指引，在湖北省民政厅和行业主管部门的指导和支持下，在全体会员单位的大力支持和帮助下，秉承“服务、保护、协调、进步”的办会宗旨，按照“按章办会、规范运作、务实服务”的要求，围绕服务会员、服务行业、服务政府、服务社会等方面积极开展工作。

一、提升自身素质，促进协会规范化建设

（一）加强思想建设，提升党建工作水平

2018年，湖北安防协会党支部坚持用习近平新时代中国特色社会主义思想武装头脑，指导实践，在各项例会、活动、工作中，常态化组织学习党的十九大精神、习近平总书记视察湖北重要讲话精神、习近平总书记在民营企业座谈会上的重要讲话精神，参与学习1000余人次。参加湖北省社会组织负责人培训班，专题学习《社会组织党组织的作用和职责》。积极参与精准扶贫工作，发布“会员单位参与脱贫攻坚倡议书”。组织开展谈心交流会，着力提高协会工作人员素质，牢固树立为会员服务的思想。坚持把党建工作与协会日常工作相互融合、相互促进，党建工作水平得到有力提升。

（二）加强组织建设，发展壮大队伍

2018年，湖北安防协会坚持以制度管人管事，积极推进协会规范化、制度化建设，确保各项工作有序、有效、有力开展。认真落实协会章程的各项规定，同时，积极做好会员服务和发展工作，通过开展丰富多样的会员活动，采取线上线下多渠道工作方式，逐步提高湖北安防协会的知名度和影响力。截至2018年12月28日，已发展会员729家。

二、丰富服务内涵，提升会员获得感

（一）扩大服务范围，做好能评工作

2018年，安防工程企业能力评价工作继续稳步推进。为方便会员企业申报办理，湖北安防协会在已设立了武汉、宜昌、孝感、十堰、咸宁等初审机构之后，增设了荆门、恩施两个初审机构，为所在地安防企业提供能力评价服务。截至12月28日，全省共有824家企业进行申报，506家企业获得安防工程企业能力评价证书。

（二）加强会员走访，倾听会员心声

为把协会真正建成“企业之家、企业家之家、安防人之家”，2018年，湖北安防协会通过实地走访、座谈、沙龙、来访、电话联系、网上咨询等多种方式与500余家会员单位进行交流沟通。其中，深入武汉、宜昌、十堰、孝感、恩施、黄冈等地，实地走访会员近百家。通过广泛的联系与走访，收集意见和建议，分享心得和成果，在交流中碰撞出火花，加强了会员间的横向交流，同时大大促进了会员间的合作共赢。

（三）加强省级交流，拓宽发展思路

2018年，湖北安防协会共计组织了12批次、近100家会员、200余人次跨地区的省级交流学习。应邀参加了中国安全防范产品行业协会以及广东省、福建省、陕西省、浙江省、新疆维吾尔自治区、青海省、海南省、深圳市、杭州市、苏州市、郑州市、南通市等省、市、自治区安防协会组织的会议、展会、论坛等行业活动，为会员提供跨省域服务搭建了对接平台。还与广东省、福建省、浙江省、贵州省、青海省、广西壮族自治区、新疆维吾尔自治区省级协会合作共建友好协会。通过建立省级交流平台，对拓宽工作思路、更好地为会员服务起到了积极作用。

（四）加强跨行业合作交流，促进共同发展

2018年，为加强跨行业合作交流，促进共同发展，湖北安防协会先后与湖北省保安行业协会、省招标投标协会、省光电显示行业协会、省软件行业协会、省智能交通协会、省物业管理和服务协会、省安全生产技术协会等相关协会建立联系和交流，旨在打造安防行业交流沟通、资源共享平台，为加强行业跨界融合发展做出了有益尝试和探索。

（五）加强学习培训，提升职业技能

为促进全省安防专业人才培养和专业技能提升，2018年，湖北安防协会以会员需求为核心，先后举办技术人员能力验证考试9次，参加考试人员3020人；举办两期智能楼宇管理员国家职业技能鉴定培训班，共计200名人员参加；在武汉、恩施、十堰、孝感、宜昌等地举办行业标准宣贯会，共计1684名安防企业负责人、项目经理参加学习培训；举办湖北智能楼宇机电控制能耗培训，全省30家会员企业、55名学员参加学习并获得合格证书；推荐6家会员企业负责人参加世界华商论坛；组织数十名会员企业负责人分批参加资本运营总裁班、青年创业实训班、创业武汉公益论坛等活动。

（六）加强线上服务，提升服务质量

2018年，为全面提高协会办事效能，优化会员服务体验，湖北安防协会深入推进“互联网+协会服务”，完成官方网站全新改版上线。优化、打造了“联动服务”栏目，增设多项网上服务内容，进一步增强了网上服务的多样性和全面性。同时，依托官方网站、微信公众号、工作简报、QQ工作群、微信交流群、短信平台等有效的信息化渠道，让会员企业第一时间知晓协会通知及公告、工作动态、行业资讯等。截至2018年12月，微信公众号共计4000余人关注订阅。

三、打造特色品牌，着力提升协会影响力

（一）湖北安博会，引领中部地区行业发展

3月21日-23日，湖北安防协会主办的“2018年第十八届湖北国际公共安全技术及产品博览会”在武汉国际博览中心成功举办。本届博览会以“平安荆楚”建设为核心，全面展示了AI安防应用、物联网、大数据可视化分析、视频监控防盗报警、智慧城市、智能交通产品、无人机、无人汽车等各类型最新的产品和技术。

（二）标准宣贯会，构建智慧安防生态圈

7月3日-7日，湖北安防协会先后在武汉、恩施、十堰、孝感、宜昌5个地市举办了“2018湖北省安防行业第一期标准宣贯会暨智慧安防生态圈交流会”，活动历时一个多月，参与企业831家，得到了省市技防部门领导的广泛关注和大力支持，为全省安防企业、从业人员搭建了学习、交流、互动的平台，同时，为整合更多优势资源，打造安防产业生态体系，进一步实现产业升级，促进新经济发展提供了更多可能。

（三）最美安防人，展现安防行业最美风采

11月19日至12月26日，湖北安防协会成功举办2018年度湖北省安防行业“最美安防人”评选活动。本次活动

通过个人自荐、会员单位推荐、资格审查共计47名候选人参与评选。最终通过网络投票、专家评审等环节，30名从业人员获得湖北省“最美安防人”称号。本次活动受到社会各界的广泛关注，吸引了近6万人投票点赞，为培育行业“最美”，充分发挥先进典型的示范引领作用，展现新时代湖北安防人爱岗敬业、勇于拼搏、积极向上的精神风貌奠定了基础，大大提升了行业影响力和美誉度。

（四）行业嘉年华，打造湖北安防交流盛会

1月26日，湖北安防协会举办了“湖北省首届安防行业嘉年华”。来自省、市行业主管部门、各地市安防协会及全省安防行业企业代表共计500余人参加了本次活动。活动中，行业知名专家分享了新技术、新思路，知名安防企业展示了新产品。全省安防人共聚一堂，共谋发展。此次活动的成功举办，为全省安防行业的发展开启了新的篇章。

武汉市安全技术防范行业协会

武汉市安全技术防范行业协会成立于2015年，是在武汉市公安局、武汉市民政局审批同意下，由武汉安防行业多家从业单位自愿参加成立的具有独立法人资格的、非营利性社团组织。

地　　址：武汉市武昌区积玉桥前进路四清村51号
负 责 人：陈　虎
电　　话：13807161662
联 系 人：江　波
电　　话：13808633190
网　　址：www. whafxh. org

2018年，武汉市安全技术防范行业协会（以下简称“武汉安防协会”）在武汉市公安局、武汉市民政局的业务指导和监督管理下，在各界朋友和全体会员单位的关心支持下，依照协会章程，本着服务会员的宗旨，积极开展工作，取得了一些成绩，获得了会员单位的肯定。

一、积极发展会员，加强组织建设

（一）积极发展会员，会员类型趋于多样化

随着各项活动的开展，武汉安防协会的影响力和凝聚力不断增强，加入的会员企业不断增加。截至目前，入会单位316家，新入会单位85家。在发展会员的同时，协会通过各项服务和活动，积极与会员互动，提升协会凝聚力。

会员类型趋于多样化，如与行业相关的一些教育咨询公司、财务咨询公司等企业加入协会，为协会其他会员提供专业咨询服务，促进会员企业间的资源对接。

（二）加强自身建设，规范管理

在组织规模不断扩大的同时，武汉安防协会加强自身建设，规范管理。对已有规章制度，结合协会发展实际，进行进一步优化。

2018年，共召开五次会长办公会议，对协会各项管理制度进行规范化，严格遵守社会组织要求。根据民政部门要求，按时进行财务审计和社会组织年审并一次性通过年审。在加强内部规范管理的同时，积极参加相关学习培训，提升协会办会能力。

2018年10月22日至10月26日，武汉市民间组织管理局举办2018年全市性社会组织业务培训班。协会秘书处工作人员积极参加培训，进行业务学习。同时，协会积极主动对会员单位党员基本信息进行收集统计，为协会做好党建工作奠定基础。

二、以会员需求为导向，为会员提供全方位服务

（一）开展培训和讲座

武汉安防协会收集会员心声，根据政策动态和会员需求来定制各类培训和讲座。依次举办“政府采购政策及投标技巧专题讲座”、“高新技术企业研发费用加计扣除会计处理及纳税申报实务专题讲座”、“个税与社保新政下企业税费的有效规划和应对及新报税系统实务操作解析专题讲座”、“建造师人才培养讲座”，讲座和培训形式灵活，内容切合会员需求，受到会员的一致好评。

（二）多举措为行业引进人才

为解决会员单位招聘难的问题，帮助会员企业引进合适人才，搭建会员单位和安防行业人才双向交流的良好平台。

2018年6月12日上午，武汉安防协会组织会员企业赴武汉警官职业学院举行安全防范技术专业学生校园招聘会。在协会秘书长的带领下，十余家会员企业与学生展开了应聘交流，招聘会圆满成功。

2018年11月，武汉安防协会与武汉唯才教育达成合作意向，即利用唯才教育专业的师资力量，开展相关培训，帮助会员企业进行建造师培养，同时利用唯才教育与多所高校合作为相关专业学生进行执业资格培训的优势，将高校与会员企业对接，为行业引进优秀毕业生，帮助企业解决招聘难的问题。

（三）支持和配合会员单位自办活动

武汉安防协会积极支持会员单位开展技术交流活动。

2018年以来，协会为13家会员单位举办的各类产品推广会、技术方案发布会、合作论坛等活动提供支持，大力宣传，协助会员单位活动顺利开展，受到会员单位的一致

认可。

（四）为会员企业走出武汉、走出湖北提供帮助

在学习交流各兄弟单位办会经验、带回最新行业资讯的同时，武汉安防协会积极对外宣传优秀会员企业，为会员企业在外省市开展业务提供了指导和有力支持。

2018 年 12 月海南安防展，武汉安防协会经过沟通和协调，为会员企业争取到免费展位，组织 6 家会员企业参展，为会员企业开拓外地市场提供助力。

三、积极发挥桥梁作用

（一）充分发挥协会在企业与政府管理部门之间的桥梁作用

武汉安防协会及时根据技防管理部门通知，向全市安防从业人员公布技防管理相关信息和政策。同时，收集会员单位反映的问题并及时向技防管理部门反馈。

2018 年 9 月，会员单位向协会表达了想进行智慧平安小区现场观摩学习的需求，协会收集会员需求后与武汉市公安局行管办沟通，在武汉市公安局行管办的支持下，协会组织一批会员单位一起参观了武汉市智慧平安小区典型项目——常青花园第十一小区，进行了现场观摩学习，并邀请了常青花园第四社区警务室民警对小区的智慧平安项目进行了介绍和演示，让会员单位得到不少收获。

（二）为会员企业间的合作搭建桥梁

自 2018 年起，武汉安防协会每月对会员企业进行走访，除邀请技防管理部门领导、轮值会长、秘书长参加外，根据走访单位性质，还会邀请相对应的会员单位代表一同前往。通过走访，加深了会员间的相互了解，为会员单位间的供需对接、深度合作创造了机会，碰撞出了新的火花。

武汉安防协会利用信息资源优势，为会员提供个性化信息服务，为会员企业间的合作提供信息资源。利用微信会员群、QQ 会员群等交流平台，帮助会员之间供需对接。多次帮助会员企业达成项目合作，为行业用户单位、会员单位推荐合适的合作伙伴单位，促成合作。

四、树立行业典范，积极开展、参加创优评先活动

为促进武汉安防工程设计施工质量和技术水平的不断提高，加快安防行业的技术创新，规范工程质量的管理，从而提升武汉安防工程建设的整体水平，2018 年 10 月底，武汉安防协会正式启动武汉安防典型示范工程评选工作，自活动通知发布以来得到了会员单位的广泛关注，活动也到了武汉市公安局行管办的大力支持。评选结果于 2019 年 1 月进行了公布。

为鼓励和调动各会员单位积极参与协会活动，表彰在协会活动中做出突出贡献的个人会员和单位会员，更好地为行业、企业的发展服务，武汉安防协会对会员单位进行了年度评估，根据履行会员义务、积极参加协会活动、按时缴纳会费和支持协会发展等项要求，评选出 10 家优秀会员单位。获奖结果在 2019 年 1 月举行的总结大会上进行了公布并颁奖。

五、充分发挥专家智库作用

专家委员会成立后，专家智库作用得到积极发挥。2018 年以来，武汉安防协会受相关单位和部门委托，依次组织了光谷科技会展中心反恐工程专项验收专家评审会、武汉光谷中心城综合管廊工程 PPP 项目公安网监控及弱电管线迁改工程专家评审会以及光谷大道南延（三环线-外环线）工程（高新六路-光谷二路段）公安监控管线、消防专网迁改施工工程、凌家山北路（关山大道-明玉路）道路排水工程公安视频监控迁移保护工程的技术方案专家评审会，得到专家委员会专家的积极配合。几次评审会，专家充分发挥专业优势，为相关单位提供合理性建议，其专业性得到一致认可，扩大了协会的影响力。

六、与同业协会、兄弟单位加强交流，整合资源合办活动

（一）加强对外交流，扩大协会朋友圈

2018 年，武汉安防协会依次受邀赴杭州、西安、南通、太原、深圳、新疆、连云港、西藏、南京、广州、海南等地，参加各省、市、自治区安防协会举办的各类展会、会议等，与各兄弟单位进行了交流，加深了联系。

经过多次友好交流，10 月 26 日，常州安防协会及市公安局技防办领导来到武汉安防协会进行座谈，两个协会达成共建友好协会共识并签订了“共建友好协会协议书”，结成友好协会，未来将加强两地协会会员企业之间的交流合作，资源共享。

（二）整合资源，积极合作

在加强对外交流的基础上，武汉安防协会积极与兄弟单位合作，共同举办活动。

5 月 18 日下午，由全国城市安防协会合作互助联盟和深圳市安全防范行业协会主办、武汉安防协会协办、CPS 中安网承办的第七届“百城会”武汉站，在武汉和瑞华美达酒店成功举办，200 余家武汉及周边集成商、工程商参加了会议。活动加强了安防厂商和代理商、工程商以及系统集成商之间的交流合作。

7 月 3 日，在湖北省公安厅科信处、技防办的指导下，在武汉市公安局技防办的支持下，武汉安防协会和湖北省安全技术防范行业协会联合主办“2018 湖北省安防行业（武汉站）第一期标准规范宣贯会暨智慧安防生态圈交流会”，近 500 名学员参加了宣贯会。宣贯会帮助会员企业及时学习了解了相关政策、法规、标准，搭建了协会与安防企业、行业专家、厂商和政府相关部门之间的交流平台。

七、组织文娱活动，增进会员友谊，展示安防人风采

（一）积极开展各类文娱活动

3 月 7 日，武汉安防协会成功举办庆三八妇女节花艺沙龙活动，20 多位女性会员参加了本次活动，大家欢聚一堂，通过插花沙龙的形式庆祝节日。

3 月 31 日，由武汉安防协会主办、景网技术有限公司承办的 2018“景网杯”武汉安防协会迎春马拉松，在藏龙岛湿地公园成功举办，近百位选手沿湖快乐开跑，用脚步丈量春天。

4 月 21 日，武汉安防协会举行第三届会员集体春游活动，60 多家会员单位共 130 余人一起同游新洲凤娃古寨，踏青赏春，体验民俗文化。

8 月 1 日下午，武汉安防协会举办复转军人保龄球友谊赛，来自 20 余家会员企业的复转军人齐聚球场，喜迎八一建军节。

武汉安防协会举办的各项文娱活动让会员们放松身心，相互间积极交流，增进了友谊，也拉近了会员与协会的距离，活动受到会员们的积极响应和欢迎。

（二）组建协会球队，提升协会凝聚力

为丰富会员单位文体生活，加强协会文化建设，促进协会与社会各界的沟通交流，10 月底，经过前期的报名征集和摸底筹备，武汉安防协会正式成立武汉市安全技术防范行业协会足球队和篮球队。最终确定了第一批足球队员 29 人、篮球队员 17 人，分别来自 24 家会员单位。成立后不久，与会员单位景网技术有限公司进行了首场篮球友谊赛。协会球队的成立和友谊赛事的举办促进了协会会员间的团结友谊，展现了武汉市安防人的运动风采和精神面貌。

2018 年，经过一年的努力，武汉安防协会组织规模进一步扩大，凝聚力得到加强，为会员间信息互通、资源共享提供了更多、更好的机会，促进了会员单位之间的友好合作与共同发展。在加强行业融合、引进资源的同时，帮助协会会员单位“走出去”，让武汉安防人的身影出现在全国性舞台上。2019 年，武汉安防协会将进一步发挥桥梁纽带作用，协调会员间的关系，真正使协会成为武汉安防企业的团结之家、服务之家、温暖之家，成为有凝聚力、有影响力的品牌协会，获得会员和行业的认可。

湖南省安全技术防范协会

湖南省安全技术防范协会于 1996 年 9 月 26 日经湖南省民政厅批准成立，属于不营利的纯社会团体，业务范围包括研究、交流、咨询等，注册资金 6 万元，行政主管单位是湖南省民政厅。

地　　址：湖南省长沙市芙蓉区五一大道 158 号人瑞潇湘国际 14 楼 1427
负 责 人：谢　琼
电　　话：13908476542
联 系 人：刘　靓
电　　话：0731-84597470
网　　址：www. hnafxh. com

2018 年，湖南省安全技术防范协会（以下简称“湖南安防协会”）在湖南省民政厅的监督指导下，在广大会员单位的积极支持、共同努力下，按照“坚持走科学发展道路，促进安防行业全面、协调、可持续发展”的思路，进一步加强协会自身建设，规范行业管理，努力服务企业、服务政府、服务社会，较好地完成了既定的目标任务。一年来，湖南安防协会主要开展了以下工作：

举办了“2018 第十八届湖南智慧安防产品与技术博览会”，博览会的规模和影响均超过往年。

继续开展安防从业人员技术培训工作，促进湖南省安防行业的规范化和专业化发展。

协助深圳市安全防范行业协会举办 2018 年第七届智慧安防整体解决方案全国公益培训（简称“百城会”）·长沙站的活动。该活动是针对安防行业的最新市场分析、热点技术及方案和产品展示的公益培训活动，是培训免费、考核免费、颁发证书免费的全程公益活动。

广东省公共安全技术防范协会

广东省公共安全技术防范协会于 2006 年 9 月 26 日正式成立，是在“自愿发起，自选会长，自筹经费，自聘人员，自主会务”的原则基础上，实行无行政级别、无行政事业编制，并在广东省公安厅的业务指导下，真正实现民间化和自治化的非营利性行业组织、省一级社团法人组织。

地　　址：广州市天河区天河软件园智慧城核心区软件路 11 号孵化二期 D 栋 4 楼

负 责 人：简　洁
电　　话：020-87322101 转 222
联 系 人：简　洁
电　　话：020-87322488
网　　址：www. gdafxh. org. cn

2018 年，广东省公共安全技术防范协会（以下简称“广东安防协会”）在广东省民政厅社会组织管理局的监督下，在广东省公安厅科技信息化处的指导下，在广大会员单位的共同努力下，在安防行业同人的大力支持下，围绕党和国家公共安全事业以及公安工作的中心任务，坚持服务政府、服务行业、服务会员的办会宗旨，按计划开展各项工作。

一、继续深化落实国家相关政策，加强党建工作

广东安防协会党支部积极贯彻落实党中央及党委关于“两学一做”学习教育部署和“三会一课”党组织生活基本制度，开展了七一建党、八一党日等主题党日活动及民主生活会，时刻关注党的发展动向，进行政策与时事主题学习，组织党员进行学习工作思想汇报，开展批评与自我批评；组织支部全体党员深入学习贯彻党的十九大精神和习近平总书记视察广东重要讲话精神。完善基本制度建设，落实民主评议机制，按规定进行年度党员党性定期分析、民主评议与书记述职、评议、考核工作，对照党章中社会组织党组织任务作用内容逐条梳理，重点检查，开展支部自查自纠活动。同时，党支部严格执行广东省社会组织党委关于贯彻落实《广东省加强党的基层组织建设三年行动（2018—2020 年）》的实施方案，落实在无业务主管单位的全省性社会组织中开展党建工作“牵手帮扶”专项行动。

二、继续紧贴服务政府的工作重点，做好政府的帮手，协助引导企业和行业健康发展

（一）配合主管部门的管理，为会员提供贴心服务

2018 年，广东安防协会配合主管部门的管理，积极为会员提供服务，内容包括：针对办理《广东省安全技术防范系统设计、施工、维修资格证》业务的咨询、答疑服务；到期换证提醒；在政策允许范围内，提供“绿色通道”服务；省外企业在广东省开展相关业务的咨询服务；为会员企业赴省外开展安防系统业务出具推荐函。

为配合广东省公安厅主管部门更好地贯彻执行《广东省公安厅关于〈广东省安全技术防范管理实施办法〉的操作细则》，协会举办广州市技防行政审批业务辅导班，就《广东省安全技术防范系统设计、施工、维修资格证》办证审批流程、需提供的相关材料，以及技防工程方案核准与验收所需注意的验收范围、时限、注意事项、审批权限等多方面，为企业进行详细讲解与分析，并针对企业在申办资质过程中所遇到的问题进行耐心解答。

（二）广东省公安科技协同创新中心通过广东省科技厅2018 年省科技创新战略专项资金的立项申请

为深入贯彻创新驱动发展和科技强警战略，发挥科技对公安工作的引领支撑作用，推动公安改革和公安机关“四项建设”的深入实施，通过官产学研相结合的模式共同搭建集科技创新、成果转化、产业规划、人才培养、科技服务于一体的综合性创新平台。广东安防协会在广东省公安厅的指导下，向广东省科技厅申报的“广东省公安科技协同创新中心”项目顺利通过省科技创新战略专项资金的立项申请，未来将对推动广东省公安科技的开放合作与协同创新、实现基于技术融合的规模化业务应用、提升科技创新对广东省公安实战的支撑水平起到积极作用。

（三）“守合同重信用”公示活动的初审工作

广东安防协会自获得了广东省、广州市工商局“守合同重信用”公示活动的初审权以来，一直积极、严谨地推进相关工作，得到了省市各级工商局的高度肯定。

2018 年，协会协助企业共向省市各级工商管理机关推荐了 138 家会员单位。其中，向广东省工商行政管理局推荐 21 家会员单位，向广州市工商行政管理局推荐 44 家会员单位，向深圳市市场监督管理机构推荐 46 家会员单位，向东莞、珠海和韶关等市工商行政管理局推荐 27 家会员单位。

（四）安防行业知识产权保护工作

广东安防协会自启动安防行业知识产权保护工作以来，积极开展相关服务，不断开拓新的服务形式。

一是成功申请了广州市知识产权局“2018 广州市知识产权专利工作专项”（行业协会知识产权示范项目）。

二是编撰印发了第四期《广东省安防自主知识产权产品企业名录》，并以推荐目录的形式，面向政府、安防工程商、系统集成商、运营商及甲方单位进行发放。积极响应广东省创新驱动发展战略，鼓励和支持企业运用知识产权参与市场竞争，加大宣传拥有自主知识产权竞争力的企业。

三是举办了以企业知识产权管理为主题的培训活动，让企业更好地了解和重视参与贯彻《企业知识产权管理规范》国家标准，系统规范地建立企业的知识产权管理体系，加强企业对知识产权工作的运用、管理与保护，增强自主创新能力。

三、完善从业人员技能培训体系，提升行业整体素质

（一）开展广东省安防从业人员继续教育培训

2018 年，广东安防协会秉着“为政府分忧、为企业服务”的宗旨，顺应行业发展及企业对人才进步的需求，成功举办了 26 期广东省安防从业人员继续教育培训，由协会邀请行业专家、政府主管单位对新的技术、政府政策、标

准进行讲解，累计学员人数达1万多人。同期共开展了26次广东安防从业人员继续教育培训考试，共有10196位学员通过了考试并获得继续教育培训合格证。这不仅有利于安防从业人员技术水平、综合素质的提升，也是企业招聘人才、从业者证明自身价值的有效依据。同时，为了减少企业成本，与珠海、深圳、东莞、湛江、韶关安防协会合作，在各地市举办了专场培训活动。

（二）完成“安全防范系统装调维修专项能力”开发工作，顺利通过广东省人社厅的验收

自2017年11月“安全防范系统装调维修专项能力”开发项目得到广东省人社厅职业技能鉴定指导中心的开发授权以来，广东安防协会组织专家在课程设计、实训平台的开发、考核鉴定等方面做了大量工作。2018年11月，该项目通过整体验收，计划在2019年年初正式开始考核鉴定工作。作为目前全国安防行业唯一一个得到国家人社部门认可的省级技术水平鉴定项目，填补了行业人才评价工作的空白，为企业招聘、从业人员自身价值的认定提供了依据。

四、持续创新会员服务模式，优化协会品牌活动

（一）开展2017年度广东安防行业评优工作

为提高广东省安防产业的行业知名度和市场竞争力，选拔、培育、推广一批优秀的安防企业和品牌，树立行业典范，为企业宣传、行业采购、城市重点技防工程项目的招投标、选型提供依据，进一步推动广东省安防企业的质量管理和服务体系建设，推动广东省安防行业整体水平的提升，广东安防协会于2018年年初启动了2017年度行业评优工作，最终评出广州市高科通信技术股份有限公司等24家“广东省优秀安防企业（工程类）”，广州广电银通安保投资有限公司等18家“广东优秀安防企业（生产销售类）”，广东南方通信建设有限公司等9家“广东省‘平安城市’建设突出贡献奖企业”，深圳市威富视界有限公司“威富视界人证识别一体机”等15个“AI+安防创新应用产品”，华为技术有限公司等10家“十大最具影响力广东企业”，并举办“2017年度广东安防行业评优颁奖典礼”，对获奖企业现场颁奖。

（二）举办“2018广州国际智能安全科技应用博览会”

为了向各界展示具有自主知识产权和科技创新水平的智能安全新技术、新产品、新方案，由广东省公安厅指导、广东省公共安全技术防范协会主办、广州光亚法兰克福展览有限公司承办的“2018广州国际智能安全科技应用博览会”于2018年6月12日在广州琶洲展馆圆满落幕。

本届安博会与广州国际建筑电气技术展览会同期举行，展出面积达15000平方米，近百家企业参展，共吸引220多个行业领先的制造商和解决方案供应商，到场参展的国内外观众达到2万多人次。其中，在广东省公安厅的大力支持下，邀请各地级以上市公安局及顺德区公安局的治安、经侦、刑侦、交管、监管、科信、内保等部门警种共计300多人参观展会并参加相应的行业研讨会。

同时，展会通过举办亚洲安防论坛、标准宣贯会及对话安防大咖直播等配套活动，全面呈现人工智能、智慧安防、智能安全、物联网、大数据应用等前沿科技，构建跨产业交流和合作，为国内外各政府管理单位、产品商、工程商、系统集成商及应用业主单位打造全新的技术与产品交流展示平台。

（三）举办主题多样的“安防企业家增值服务培训与跨界资源对接会”

2018年，广东安防协会先后举办了8场资源对接会，400多家企业共600多人参与，内容涉及金融、财税、法律、营销、人力资源管理、知识产权管理与保护，实现供需有效对接，获得会员的一致认可。

（四）开办“智慧城市讲堂”

“智慧城市讲堂”是广东安防协会2018年策划实施的定制化服务产品，目的在于为政府、企事业单位安全防范业务相关人员及时传递行业最新动态信息和智能化场景解决方案。11-12月，“智慧城市讲堂”分别在电信广东分公司和广州分公司开讲，为电信各行业总监、项目负责人、行业客户进行定制化培训赋能，得到参与者的一致好评。

（五）策划并举办首期“安·视界”技术沙龙

“安·视界”技术沙龙是广东安防协会组织实施的行业技术交流活动，每期邀请行业专家分享特定领域的技术成果和实践经验，剖析行业技术痛点和应用难点。通过独立演讲、Q&A、开放讨论的形式，进行业界深入交流和互动学习，逐步打造成一个行业发声、自由研讨的平台。

首期“安·视界”技术沙龙围绕“破解AI安防工程化落地难点”展开讨论。邀请到广东省公安厅科信处冯松青副处长，国家特聘专家、鹏城实验室人工智能研究中心主任、深圳龙岗智能视听研究院副院长李革，以及广电智能安全研究院、上海依图网络科技有限公司、华为技术有限公司、佛山市新东方电子技术工程有限公司等单位嘉宾，分享业内新技术，共同探讨破解人工智能在安防行业工程化落地难点的解决方案；吸引了华为、海康、大华、依图、东方网力、宇视等行业巨头，包括厂商代表、运营商、工程商、系统集成商、研究院及设计院、检测机构等单位高层参会。

五、利用广东省视频监控标准化技术委员会平台，全面推进安防标准化建设

（一）召开2018年度标委会年会

2018年8月13日，广东省视频监控标准化技术委员会（以下简称“标委会”）在佳都智慧大厦召开了第一届第三次全体会议。会议就2017—2018年度标委会工作总结、

2018—2019年度标委会工作计划、2017年标委会财务收支情况进行通报和审议，获得与会委员一致通过。会上，向新任观察员颁发了证书。与会人员还就标委会标准化工作、队伍建设、工作方式等方面给出了许多宝贵意见。各委员、观察员指出，标委会工作应加强与行业主管部门、TC100沟通，加强与企业之间的沟通，了解行业主管部门、企业的需求，立足实际，扎实开展标准化工作。

（二）完成2018年度标委会观察员征集工作

为让更多单位和人员参与标委会的标准制修订和其他标准化等工作，同时，为广东省视频监控标准化技术委员会引进更多行业人才，于2018年完成新增观察员（第二批）征集工作，共吸纳14位观察员。

（三）完成广东省地方标准复审工作

为进一步优化完善广东省地方标准体系，提高地方标准质量和标准化全过程管理水平，贯彻《中华人民共和国标准化法》，根据《国家标准委关于做好地方标准管理有关工作的通知》（国标委地方〔2018〕9号）和《广东省质量技术监督局关于开展地方标准自查清理工作的通知》有关要求，2018年，广东省视频监控标准化技术委员会组织相关专家，共完成《电动转向视频检测仪》、《视频监控系统前端图像采集设备宽动态能力评价方法》、《视频安防监控系统彩色摄像机通用技术要求》、《公共安全视频图像信息系统采集摘要比对器》、《互联网视频门禁建设技术规范》、《互联网停车场（库）建设技术规范》、《高等院校安全防范工程技术规范》、《中小学校和幼儿园安全防范工程技术规范》、《医院安全防范工程技术规范》、《加油加气站安全防范工程技术规范》10项标准的复审工作。

（四）开展行业标准宣贯工作

2018年，结合继续教育培训，广东省视频监控标准化技术委员会共开展9期标准宣贯会议，参会人员达4511人次，涉及GB50348-2004《安全防范工程技术规范》、GA27《文物系统博物馆风险等级和安全防护级别的规定》，GA38-2015《银行营业场所安全防范要求》等14项标准。

（五）完成2018年度标准立项工作

由广东安防协会组织开展的《高等院校安全防范工程技术规范》、《中小学和幼儿园安全防范工程技术规范》标准修订工作，已顺利通过省质监局立项。目前，已完成标准参编单位征集，并于2018年10月成功召开第一次参编小组会议，形成标准草案。

（六）完成团体标准备案工作

近年来，国家深入推进标准化工作改革，大力倡导培育和发展团体标准，鼓励社会团体参与标准化工作，为满足安防市场需求，增强广东省安防企业创新能力，广东安防协会已于2018年11月完成国家标准化技术委员会团体标准备案工作，下一步将有计划地开展协会团体标准制修订工作。

六、参与公益慈善活动，积极履行协会社会责任

（一）参与广东省民政厅“牵手行动”走进汕尾，关爱留守和困境儿童活动

为深入贯彻党的十九大精神，落实国务院和广东省委、广东省政府关于加强农村留守儿童关爱保护和困境儿童保障工作以及广泛引导和动员社会组织参与脱贫攻坚的决策部署，充分整合社会力量和社会资源，发挥社会组织在打赢脱贫攻坚战中的重要作用，广东省民政厅开展了百家社会组织走近留守和困境儿童“牵手行动”。广东安防协会积极响应该计划，并于2018年7月20日-21日与11个社团组织机构共35人组成“牵手行动”——走进汕尾行动小组。截至2018年11月底，“牵手行动”共开展44场关爱帮扶活动，投入帮扶资金156万元，直接惠及6122名留守和困境儿童。

（二）为“2018广东省社会组织‘公益同行’慈善拍卖会”捐赠拍品

2018年11月23日，由共青团广东省委指导、广东省社会组织总会主办、广东省青少年发展基金会协办的“2018广东省社会组织‘公益同行’慈善拍卖会”在广州东方宾馆举行。近40家社会组织及各界爱心人士共300余人参加活动。广东安防协会作为支持单位出席本次慈善活动，并提供拍品参与慈善竞拍。活动所拍善款将全部用于资助“希望乡村教师计划”、广东省社会组织专职工作人员困难公益帮扶项目。

七、与时俱进，重点推进协会自身建设，建设规范化协会

（一）完成协会第四届理事会领导班子的换届工作

2018年4月23日，广东安防协会第三届会员代表大会换届大会暨第四届会员代表大会第一次会议召开，选举华为技术有限公司政府和公共事业部总裁范思勇为会长，华为技术有限公司智能安防解决方案部总经理鞠德刚为执行会长，侯玉清、顾友良、张少林、钟红梅、黄伟宁为常务副会长，廖孝彪为监事，简洁为第四届理事会秘书长。第四届理事会领导班子的成立，充分彰显了协会企业家治会的管理原则，体现了“民主决策，服务全行业”的协会治理宗旨。

（二）加强协会员工素质培养和制度建设

在上级主管部门的指导下，广东安防协会坚持不断完善内部各项管理制度，结合协会实际情况，修订了《协会制度汇编》、《财务管理制度》，编制了《秘书处工作人员手册》。同时，积极组织员工参加财务、业务培训，秘书处整体素质和工作能力得到有效提高。

（三）加强协会信息化建设，完善媒体宣传平台

2018年以来，广东安防协会对网站平台“安防世界网”

进行了全面改版，2019 年 1 月底正式投入使用。新的网站在功能和版面上进行了更新，主要为了实现会员浏览重点资讯的直观性和与协会进行业务对接的便利性，力争早日实现会员入会、服务项目申请的“无纸化”。

另外，新网站也将结合《广东安防简讯》以及微信服务平台，开设“企业专访”、“行业热点透析”等新栏目，为会员企业、政府部门、行业相关单位提供优质的资讯传播和交流渠道。

广州市安全防范行业协会

广州市安全防范行业协会成立于 2012 年 10 月 18 日，是经广州市民政局核准登记的行业性、非营利性社会团体，接受广州市民政局、广州市公安局的监督管理和业务指导。

地　　址：广州市萝岗区揽月路 105 号保利中科广场 B 座 201 室
负 责 人：李子岩
电　　话：020-66312615
联 系 人：杨　勇
电　　话：020-66312615
网　　址：www. gzspia. org. cn

广州市安全防范行业协会（以下简称“广州安防协会”）依据《广州市社会组织管理法》设立和运作，在广州市民政局的监督管理和广州市公安局的业务指导下，按照《广州市安全防范行业协会章程》规定不断加强自身建设，积极发挥协会行业服务、行业自律、行业代表和行业协调的功能。2018 年，协会主要工作亮点是：成功举办首届广州安防优秀工程奖、创新产品奖评选活动；评选出专家委员会先进专家并进行表彰；成功召开第二届一次理事会暨专家委员会大会；完成协会会址变更和秘书处人员变动工作，推进协会过渡期相关工作；组织会员企业积极参与国内多个安防行业展览会，开展行业互动。

一、强化法人治理结构

广州安防协会严格依据市民政局批复的《广州市安全防范行业协会章程》规定，选举产生理事会，有效落实会员大会制度，定期召开理事会议、常务理事会议等，做到重大事项均由民主程序决策。

1 月 26 日，召开第五次会长办公会议，审议召开“广州市安全防范行业协会第二届一次理事会暨专家委员会大会”的相关事宜，审定“2017 年广州安防优秀工程奖、创新产品奖”入选名单，审定 2017 年度专家委员会先进个人候选名单，推举第二届会员大会副会长，审议协会 2018 年工作计划。

2 月 2 日，召开第二届一次理事会暨专家委员会大会，审议通过了 2017 年度工作报告、2017 年度财务情况报告、2018 年度工作计划及 2017 年下半年新入会会员名单，表决并通过选举产生第二届会员大会理事会及监事会，制定并执行《广州市安全防范行业协会四年发展规划（2017—2020 年）》和《广州市安全防范行业协会会长办公会议制度》，成功举办“首届广州安防突出贡献奖”评选会及“2017 年广州安防优秀工程奖、创新产品奖”评选活动并进行表彰。大会还对专家委员会先进个人进行了表彰。

3 月 23 日，召开第六次会长办公会议，讨论商定协会会长办公会议制度执行细节，协商协会 2018 年工作安排及分工并听取秘书处组织工作设想汇报。

7 月 12 日，召开第七次会长办公会议，商定协会办公地点搬迁事宜和协会秘书处人员工作安排及分工。

9 月 26 日，召开第八次会长办公会议，通报协会会址变更和秘书处人员变动情况，围绕讨论商定协会法人代表变更及过渡期工作的安排，讨论并通过了协会法人代表变更和过渡期工作事项表决审定的相关规定，对 2018 年工作计划进行了沟通商榷。

11 月 23 日，召开第二届二次会员大会，就新一任协会会长和秘书长人选进行了会员现场投票选举，根据选票统计的结果，冯金成宣布由佳都新太科技股份有限公司董事副总裁、智慧城市业务群总裁顾友良当选协会会长，同时由原联华顾问公司总监、《安防经理》和《安全管理》杂志总编杨勇当选协会秘书长。来自各省市安防协会的领导参加了大会。

二、发挥桥梁纽带作用

（一）专家委员会工作

2018 年，广州安防协会组织专家开展“广州安防企业百强行走进广州市番禺区保安服务公司”活动，通过有计划地实地考察，了解各公司在研发、生产销售及集成实施等方面的情况，开展专家技术咨询和对接，为企业答疑及提供更权威的技术支持。

根据《广州市安全防范行业协会四年发展规划（2017—2020 年）》和《广州安防企业专家行项目管理规定》，协会共组织“广州安防企业专家行”活动 5 期，活动充分体现了协会第二个四年发展规划中“着重建设以‘会员服务’为核心的三大业务平台”的主要思路，坚持以提升安防企业竞争力和创新能力为着力点，进一步加强对中小安防企业的扶持和呵护。

2018年，协会专家委员会严格执行行业相关标准，为广州市公安局，海珠、天河、从化、增城等各区分局提供了专家评审服务。

（二）会员服务工作

2018年1月25日，召开2017年广州安防优秀工程奖、创新产品奖评审会。自2017年12月4日启动该评选活动以来，获得各会员单位的大力支持及认可。本次评选活动由广州安防协会专家委员会常委组成评审团，评审团通过认真审阅候选项目及产品的申报材料，推荐产生"2017年广州安防优秀工程奖、创新产品奖"入选名单，并提交会长办公会议审定。本次广州安防优秀工程奖、创新产品奖评选活动秉承公平、公开、公正的原则，表彰了一批能促进广州安防工程设计施工质量和产品技术水平不断提高的优秀工程项目、创新产品，对于加快安防行业的技术创新，推动广州地区安全防范行业的健康全面发展，更好地推广安防企业品牌及优秀产品，全力提升广州地区安防企业的凝聚力、辐射力和竞争力具有积极意义。

此外，广州安防协会一直注重与全国安防联盟各会员单位之间的交流和合作，组织会员企业积极参与了国内多个安防行业展览会，还积极配合中国安全防范产品行业协会，承担了行业年度统计工作，并获得了优秀组织奖。

深圳市安全防范行业协会

深圳市安全防范行业协会成立于1995年，是经深圳市民政局核准登记的行业性组织，是非营利性社会团体、社会法人。2018年获评为5A级社会组织。

地　　址：深圳市福田区深南大道6025号英龙大厦4层
负 责 人：杨金才
电　　话：0755-88309001
联 系 人：张　霞
电　　话：0755-88309116
网　　址：www. szspia. org

2018年，深圳市安全防范行业协会（以下简称"深圳安防协会"）在深圳市和福田区两级政府的正确领导下，在全体会员的大力支持下，本着为会员企业服务的宗旨，充分发挥了桥梁纽带作用，围绕行业发展和会员企业的需求，积极探索、努力拓展，圆满完成全年工作。

一、积极发展新会员，提升服务会员的水平

深圳安防协会自成立以来，目前已拥有来自全国26个省市的会员2000余家，2018年，新增会员95家。

为了更好地服务会员企业，了解会员的实际需求，深圳安防协会秘书处工作人员坚持每周走访5-6家企业，接待8-10家企业来访，通过面对面的交流与沟通，把协会为企业的服务落到实处。据不完全统计，2018年，共走访企业300余家，接待会员企业来访500余次，接待各地政府、商协会来访50余次。

二、组织行业交流活动，推动行业发展

2018年，深圳安防协会大力开展国内外安防前沿技术交流活动，成功举办了多场国际化的高端交流会、研讨会、主题沙龙等，内容丰富，形式多样，获得了企业的一致好评。

2018年1月7日，举办了全国安防界迎春团拜会，汇聚了全国各地的公安机关领导、专家、安防企业代表1000余人。

2018年3月15日，举办了安防产业发展峰会暨荣耀安防颁奖盛典，表彰了一批2017年在安防创新变革中表现突出、成绩显著的优秀品牌企业。

2018年4月20日，组织深圳本地的会员单位，赴杭州海康、大华、宇视等企业参观学习，与三家行业巨头的董事长进行面对面的交流，为会员企业打造交流的平台、奠定合作的基石。

2018年6月-9月，组织多次会员沙龙、主题论坛，为会员企业打造交流的平台，促进相互之间的合作与交流，同时也为后期的合作与共同发展奠定了基础。

2018年10月18日-20日，组织举办了首届全球生物识别大会，邀请中国科学院院士、美国国家工程院院士以及30多个国家和地区生物识别行业组织的专业人士约800余人出席了大会。会议在全球生物识别领域产生了巨大的反响，为推动行业发展做出了应有贡献。

三、多层面开展行业评比和表彰活动

为了推进安防产业的发展、彰显业界蓬勃向上的正能量，2018年，深圳安防协会先后组织开展了多个有特色的行业评选表彰活动，包括"致敬改革开放40年卓越人物、卓越企业奖"、"第七届中国智慧城市建设推荐品牌"、"2018年度中国安防十大新锐产品"、"中国警用装备十大品牌"等多个奖项。同时，举办了"荣耀安防——2018安防行业年度评选"活动，表彰了一批在2018年全国经济下行的情况下，仍然脱颖而出、表现突出、创新发展、推动行业进步的企业。

四、发挥桥梁纽带作用，开展多方合作

为充分发挥协会的桥梁纽带作用，2018年，深圳安防协会积极开展对外交流，组织行业企业“走出去、请进来”，不断加强与全国各地政府部门、行业组织和行业企业的合作，推动行业发展。

深圳安防协会先后与河北、江苏、湖北、湖南、广西、甘肃、陕西、内蒙古等地方政府，与建设银行、中国银行、花旗银行、招商银行等金融机构，与泰国安防协会、亚洲保安协会、巴西安防协会、美国洛杉矶等国外组织机构建立友好合作关系，同时还与美国、俄罗斯、德国、哈萨克斯坦等国开展交流互访，分别建立了长期友好合作互利共赢关系。

五、加强自律建设，推进企业能力评价工作

为了加强行业自律，规范企业行业，倡导公平公正，体现社会诚信，参照中国安全防范行业协会关于开展安防工程企业能力评价的通知的有关要求，从2017年7月起开展安防工程设计施工维护能力网上申报评价工作，完成了广东省内安防企业能力证书的审核、年检、升级与发放工作，加强和促进企业从业能力建设，为社会及第三方提供安防企业能力参考。2017—2018年度，广东省内共有100余家企业申请并获得了安防能力证书。

同时，为方便企业进行安防产品检测，自2017年8月起，深圳安防协会与公安部安全与警用电子产品质量检测中心签署了“产品检测、法规宣贯、工程验收”合作协议，受理深圳市和华南地区企业办理技防产品在公安部一所和三所的检测事项，开展技防工程验收等服务。

六、全面打造安防人才体系，开展行业公益培训

2018年，深圳安防协会与CPS中安网、全国城市安防协会合作互联联盟联合举办了第七届“智慧安防整体解决方案全国公益培训”（简称“百城会”）。第七届“百城会”分为东、中、西、南四条线路，途径20个城市，辐射周边100余个城市，得到了全国57家行业协会和当地技防办的大力支持，对5000余人进行了公益培训，为2500余位安防从业人员颁发了培训证书。

“百城会”作为安防行业的公益活动，采取免费培训、免费考核和颁发证书的模式。迄今为止，已经成功举办了七届，每一届的培训活动都带给各地工程商和系统集成商最专业的技术知识、最直接的技术沟通交流、最生动的演示讲解，受到各地安防人士的欢迎和赞许。

同时，为了帮助安防工程企业培养技术人员，建立完善的人才体系，2018年，深圳安防协会先后组织技术人员培训8次，增强技术人员的基础知识储备，通过现场授课、实操培训等方式，共培训人员1000余名，向企业输送了1000余名技术人员。

七、全国城市安防协会合作互助联盟工作遍地开花

为维护全国各地安防协会组织的合法权益，促进协会组织间充分合作、交流，经过协商，深圳、北京、杭州、广州、东莞、武汉、南京、厦门、新疆、成都等全国20多个安防行业协会组织于2015年共同发起成立了全国城市合作互助联盟。

联盟成立至今已有三年，经过三年的努力，现有联盟成员53家。全国大部分城市的安防行业协会已加入联盟，成为联盟成员。

八、加强信息服务，完善信息传递渠道

为了让广大会员和安防行业同人及时了解协会和安防行业的最新资讯，深圳安防协会每年定期出版《深圳安防》，及时传递协会、安防行业和会员的相关资讯。

在不断完善协会网站功能的同时，深圳安防协会充分利用微信公众号、微信工作交流群，视频直播等新媒体，及时向会员宣传安防行业政策法规，发布安防行业新技术、新产品、新活动等一系列动态信息，大大增加了协会的影响力和号召力。

九、进一步加强协会党组织建设

2018年，深圳安防协会进一步加强安防行业党建工作，在上级党委的领导下，协会党委组织党员深入学习领会习近平新时代中国特色社会主义思想和党的十九大精神。通过举办培训班、研讨会、“走进名企”等方式，用好新媒体手段，推动习近平新时代中国特色社会主义思想和党的十九大精神进企业。

为了进一步加强党建工作，深圳安防协会党委积极鼓励会员单位成立党支部，2018年，新增党支部1个，目前共有2个党总支、21个党支部。同时，协会党委还加强了党员管理工作，理顺了党员的组织关系，将多年未联系的党员划入失联党员名单，积极帮助老党员调转关系，党委新发展预备党员12名，并按期给预备党员转正10名。目前，提交入党申请书的共有48人，确定为入党积极分子的有26人，培养党员发展对象18人，在册党员206名。

十、加强自身建设，提升服务能力

2018年，在全体工作人员的努力协作下，深圳安防协会按照规章制度和工作计划积极地开展各项工作。

1月，经过深圳市民政局、社会组织总会评估委员会评估，深圳安防协会被评为5A级社会组织，这既是深圳市民政局对协会近年来工作成果的充分肯定，也是协会发展的一个里程碑。

12月，深圳市工商联按照“班子建设好、团结教育好、服务发展好、自律规范好”的标准评选“四好”商会，深圳安防协会在一批参评的社会组织中脱颖而出，荣获“四好”商会的殊荣。

深圳市智慧安防行业协会

深圳市智慧安防行业协会是2012年12月27日经深圳市公安局和政府相关职能部门的指导在深圳市民政局注册登记，具有法人资格的社会团体。2017年，获得深圳市民政局授予的“深圳5A级社会组织”称号，也是第一批具有承接政府职能转移资格的行业协会。

地　　址：深圳市福田区天安数码城天吉大厦CD座4层C01
负 责 人：张　毅
电　　话：18666222555
联 系 人：吴金平
电　　话：18923758457
网　　址：www. vasia. org. cn

2018年，深圳市智慧安防行业协会（以下简称“深圳智安协”）在深圳市公安局及相关职能部门的正确领导和大力支持下，通过全体理事和会员单位的共同努力，围绕协会的章程和宗旨，以服务会员单位、引导行业健康发展、加强会员单位联络、促进行业诚信自律为主线，求真务实，勇于承担，各项工作取得了明显成效。

一、推动安防行业标准化工作有序开展

以标准为支撑点，主导标准制定，促进安防行业健康发展。深圳智安协被国家标准化委员会批准为团体标准试点单位。

由深圳市安防产业标准联盟发起并推进的标准项目共有30余项。深圳智安协大力开展标准的宣贯和培训工作，在专家委员会的推动下，共召开10余场标准宣贯培训会，开展标准活动20余场，为整个行业标准化发展起到了桥梁纽带作用。

（一）建立健全标准化服务机制

为加强标准化服务工作制度化和规范化，深圳智安协研究起草了《标准化工作管理办法》，规定了标准化工作的主要内容、工作原则，机构、人员与信息管理、标准化成果奖励，标准化服务内容等。

为适应安防行业的发展需求，更好地发挥市场作用，增加标准有效供给，以高标准引领安防行业高质量发展，提升安防行业整体竞争力，加强协会团体标准的规范化管理，深圳智安协制定了《团体标准管理办法》和《团体标准管理工作细则》。

（二）标准体系建设

为响应《深圳市停车设施建设专项规划（2018—2020年）》和《深圳市人民政府打造深圳标准构建质量发展新优势行动计划（2015—2020年）》的号召，适应深圳市智慧停车场发展的新形势，满足新形势下智慧停车场对标准化发展的新需求，制定了《深圳市智慧停车场标准体系》，建立标准体系框架，为行业的健康发展提供技术参考。

（三）国内外标准化工作交流

深圳智安协在9月承办了ONVIF（全球开放型标准网络接口开发论坛）技术交流会，使深圳安防企业了解ONIVF视频和门禁相关标准的发展趋势，助力国内产品进军国际市场。秘书处在11月参加了在厦门举办的全国通信标准化技术委员会会议。

二、深入企业第一线开展专题调研活动

（一）会员企业走访

2018年，理事会批准加入新会员企业133家，深圳智安协会员队伍进一步得到了壮大。充分发挥协会在政府与企业之间的桥梁纽带作用，为会员企业搭建交流合作平台，产生了良好的效益。走访企业近600家，深入企业第一线，既了解了企业经营现状和行业发展方向，又征求了会员企业对协会工作的意见和建议，为今后秘书处工作更好地开展指明了方向、奠定了基础。

另外，在2018年福田辖区商协会活力评估中，深圳智安协在200多家入围商协会中以优秀的成绩名列第四。

（二）协会活动

2018年，开展各种政府部门座谈会、国内外考察、兄弟协会交流会等活动30余场，促进了政府与政府、政府与企业之间的沟通交流，增强了协会凝聚力。

配合公安部科信局组织召开了DB31T 294-2018《住宅小区智能安全技术防范系统要求》标准宣贯会，配合市公安局组织召开了《深圳经济特区公共安全视频图像信息系统管理条例》征集意见会、《智慧城市建设与社会治理》调研座谈会、《广东省安全技术防范管理实施办法》的操作细则宣贯培训会，配合省公安厅组织了广东省安防从业人员继续教育培训活动，联合华为共同举办了“2018平安城市深圳峰会”，组织了湛江市公安局、珠海市公安局及北京安防协会、东莞协会、珠海协会、湛江协会等单位交流座谈会。

（三）搭乘“一带一路”国家战略东风助力会员企业“走出去”

2018年，深圳智安协的各展会组团工作得到了政府部门及企业的一致好评。分别参加“第24届南非国际安全科

技专业大展”、北京举办的“第九届中国国际警用装备博览会”、“第 22 届俄罗斯（莫斯科）国际安防与军警设备展”和“第 12 届印度国际安全科技专业大展”等展会。展会的参团企业近 200 家，出团人数达 500 人次。

4 月，由深圳市公平贸易促进署主办、深圳智安协承办的“2018 中国（深圳）—俄罗斯（莫斯科）经贸交流推介会”在莫斯科红宝石展览中心举办。深圳市经济贸易和信息化委员会副主任、公平贸易促进署署长高瞻以及俄方代表等 120 人出席。

10 月，在深圳智安协的组织协调下，深圳市经济贸易和信息化委员会胡晓清副主任一行参观了会员企业“震有科技”在印度的分公司，了解企业发展情况并作出高度评价。同期，组织与印度信息技术制造协会、印度电子产业协会进行了对接交流，促进当地与深圳的经贸合作，为两地企业搭建更好的合作平台。

在组织“第 22 届俄罗斯（莫斯科）国际安防与军警设备展”工作中，得到俄罗斯展会主办方的高度认可，并获俄罗斯联邦内务部、俄罗斯联邦安全局、俄罗斯国民警卫队联合授予的荣誉证书。

（四）专家委积极配合政府部门提供技术和项目管理服务

努力响应政府号召，推动政府购买服务项目。大力配合公安和其他政府部门，完成项目设计方案评审、竣工验收、设备选型测试、项目监督管理服务近 70 项。积极为各级政府部门提供技术支撑服务。

专家委主任安鹤男教授组织专家委员会走进“华为”、“瑞为技术”、“雄帝科技”、“中国移动”等企业进行交流座谈，针对企业前沿技术进行深入的交流和探讨。

（五）积极对接企业，灵活协作模式，推进产业人才建设

在帮助企业“人才选育用留”方面提供了大量的服务。与省内多家本科优质院校进行人才培育沟通交流。为促进企业人才引进，组织近百家企业参与十余场高校人才对接招聘会，为数十家企业提供中高端人才引进服务，为近百家企业提供“如何有效培养管理干部”培训辅导，为推动行业发展提供全方位的人力资源服务。

同时，为了提升行业从业人员的技能，由深圳市公安局、深圳市鉴定办支持，深圳智安协联合华为主办了“2018 年深圳技能大赛——智能视频监控技术应用职业技能竞赛”。由人社局对优秀选手进行表彰。通过 2018 年深圳技能大赛的举办，涌现出一大批杰出的技能人才，不断给深圳安防行业注入新鲜的血液，进一步推动了深圳安防技能人才队伍建设。

（六）构建大宣传格局，打造全媒体平台

深圳智安协的媒体平台既有杂志、网站，也有微信公众号、头条、微博等新媒体。会员单位的支持、帮助是协会媒体平台蓬勃发展、欣欣向荣的活力源泉和不竭动力。

2018 年，《智慧安防》杂志做了 40 多家企业专访，并对近百家企业进行了专题报道。智慧安防网时刻关注社会、行业、政府部门、企业动态，2018 年累计发表 800 多篇文章，粉丝平均每个月保持“500+”的速度增长。协会网站月更新稿件保持在 40 篇以上；今日头条、新浪微博及近 300 个微信群，通过发布最新的信息，提升社会各界对协会的关注，宣传协会的优秀成员单位，提高企业知名度。

（七）加强组织建设，增强协会总体实力

1. 继续加强协会队伍建设。积极开展党建工作，培养一支爱党敬业、具有高度责任感和使命感的队伍。

2018 年，深圳智安协党支部开展了“体验艰苦生活缅怀革命先烈”、“迎七一：跟党迈进新时代，同心共筑中国梦”党员座谈会、“参观东纵北撤纪念亭”等各项党建活动，增强了党支部的凝聚力和党员先进性意识；发展入党积极分子和预备党员 5 名。

2. 推动协会健康持续发展。加强内部学习，提升秘书处综合素质。2018 年，秘书处参加了福田企业发展服务中心组织的走进北京大学学习、社会组织总会组织的优秀秘书长实战训练营、统战部组织的社会阶层代表人士培训班，秘书处组织高层管理人员参加了“高绩效管理”和“有效执行力”的培训。同时，组织会员企业举办了“绿色出行，你我同行”绿道行活动；组织会员企业及社会各界人士捐赠善款近 300 万元，积极参与“健康快车 2018 光明行”等慈善活动。

经过一年的努力，深圳智安协在广大会员的支持下，各项工作活动取得丰硕的成果，取得了长足的发展和进步，在行业标准、地方标准的制定、宣贯以及协会自身建设等方面，取得了累累硕果。

未来，在深圳市公安局、深圳市民政局、深圳市市场监管委的带领下，深圳智安协将围绕协会章程，以标准为核心、以搭建政企桥梁为服务宗旨，结合人才平台、市场开拓、金融服务“三位一体”的全面性服务，在深化建设中强基固本。

东莞市公共安全技术防范协会

东莞市公共安全技术防范协会成立于 2013 年 8 月 13 日，是经东莞市民政局核准登记，由业内相关单位自愿结成的专业性、非营利性的社会组织。

地　　址：广东省东莞市东城区东城中路南 163 号 360 新基地互联网产业园 C 栋 605
负 责 人：吴志国
电　　话：13826908788
联 系 人：黄倩欣
电　　话：13713441223
网　　址：www. dgafxh. com

2018 年，东莞市公共安全技术防范协会（以下简称“东莞安防协会”）认真贯彻落实党的十九大精神，在东莞市社管局和主管部门东莞市公安局技防办的正确指导和监督下，在常务领导班子和全体会员单位的共同努力下，充分发挥平台作用，做好会员服务，开展形式多样的会员互动活动，为会员提供良好的沟通机会和合作平台，发挥协会的重点作用，以服务会员为宗旨，为会员争取更多的福利，主要开展了以下工作：

一、举办第二届二次会员大会暨表彰优秀安防企业

在第二届二次会员大会上，由协会领导做了工作总结和工作计划的报告，颁发了“名誉会长”、“优秀安防企业”、“协会突出贡献”等荣誉奖项。同时，东莞市安防职业培训学校举行揭牌仪式及正式聘任校长，为东莞市乃至全省输送安防行业人才做好充分的准备。

二、与东莞市高训中心签署合作框架协议

2018 年 4 月 19 日，东莞安防协会、东莞市安防职业培训学校与东莞市高技能公共实训中心签订合作框架协议。由协会代表与东莞市高技能实训中心副主任签署合约并进行了简单而隆重的人才实训基地挂牌及合作框架签署仪式。该合作项目，主要围绕东莞市安防从业人员就业、技能提升等方面需求，缓解东莞市安防行业人才缺失现象，同时为提升从业人员的专业技能和水平、加大力度推进安防人才培养工作、促进东莞市安防行业的蓬勃发展做出更多的努力。

三、组织会员参观安防名企，促进合作

2018 年，东莞安防协会分别组织会员前往安防产品生产企业惠州市秋叶原实业有限公司、易事特集团股份有限公司以及中控智慧科技股份有限公司参观走访。通过组织参观交流活动，寻找与会员企业洽谈、合作的机会，与各安防名企搭建良好的沟通平台，为会员提供更多的学习和借鉴机会，增加会员对行业发展的信心，同时借助学习名企的经营理念及模式，了解行业最新产品技术信息，有利于中小型企业的发展，让更多会员接触大企业，扩大自身影响力。通过与企业洽谈对接，为会员争取内部优惠等合作条件，切实为会员谋取福利，为会员创造更多的效益。

四、加快会员队伍建设，提升服务质量

为加强会员凝聚力，切实为会员提供更多优质的服务，东莞安防协会开展了形式多样的会员活动项目，包括会员春茗茶话会、组织会员参加“2018 广州国际智能安全科技应用博览会”、与东莞市人力资源局共同举办“2018 年东莞市第三届智能楼宇管理员职业技能竞赛”、组织参加会员企业的产品推广会、前往香港地区参加环球资源电子产品展、组织参观“2018 粤港澳安博会”等活动，获得了众多会员及行业界的一致认可和高度关注。

为加快会员队伍建设，东莞安防协会开展了会员走访系列活动，深入了解会员的需求，收集会员建议和意见，为会员排忧解难。同时，为充分发挥理事会成员的重要作用，支持协会事业发展，参与协会的各项工作，监督协会的工作落实情况，分配各理事分片区完成会员走访任务，该系列活动是协会的年度重点工作之一。通过走访，增强了各会员单位的凝聚力，也为会员之间的交流合作创造了条件和机会。目前，通过开展活动及广大会员的共同努力，共吸纳了 56 家新会员加入协会，其中包括理事单位、副会长单位，为协会的进一步发展注入了新的能量。

五、开展广东省安防从业人员继续教育培训，输送人才

2018 年，东莞安防协会与广东安防协会共同开办了广东省安防从业人员继续教育培训第 22 期、第 30 期、第 38 期、第 45 期，培训活动得到东莞市公安局技防办的高度重视和大力支持，来自会员单位及全市安防企业从业人员 1200 多人次参加了培训及考试，并成功获得该从业人员合格证书，为东莞市乃至全省输送了更多的专业人才。

六、加强与兄弟协会的交流，开拓合作渠道

为加强协会内部建设，与兄弟协会交流学习管理与服务经验。东莞安防协会分别接待了珠海安防协会、深圳安防协会交流团；分别与广州安防协会、珠海安防协会、深圳智安协等兄弟协会进行了座谈，交流协会近期发展动态、会员发展情况、协会服务项目及经验。与深圳安防协会交流洽谈关于协会会员办理《安防工程企业设计施工维护能力证书》的相关事宜，该证书由中国安全防范产品行业协会颁发，将企业能力按企业规模、工程业绩、管理水平、诚信表现等进行评级，设为一级、二级、三级共三个等级，三级为最低级别。

通过聚集各地兄弟协会交流团，形成定向交流目的和周期，促进协会之间的友谊。通过多方互动交流，积极探讨行业发展趋势，挖掘行业合作项目，多渠道拓展行业协会合作模式，实现协会之间抱团取暖、合作共赢的新局面。

七、成立专家委员会，引领行业发展

为规范东莞安防协会专家库管理，充分发挥安全技术防范专家的作用，协助政府管理部门加强监督和管理，提高政府决策水平，促进东莞市安全技术防范行业的健康发展，本年度向会员单位征集符合相关条件的专家加入协会专家库，目前前期工作已完成，征集第一批专家库专家 45 名，聘任证书于二届三次会员大会上颁发。

八、开展公益爱心活动，体现社会责任

2018 年 8 月 9 日，协会领导带领会员一行 12 人，在茶山镇茶山圩居委会主任、工作人员的指领下，来到茶山镇的 10 户贫困家庭进行慰问。本次慰问结束后，随行人员积累了更多的慈善活动经验与心得，未来东莞安防协会会继续开展形式多样的回馈社会的活动，体现东莞安防人应有的社会责任。

2018 年 10 月 30 日，东莞安防协会会长带领会员前往黄江敬老院进行“爱心助残”赠书活动，受到了黄江镇人民政府社会事务局副局长的热情接待。参加本次活动的代表有：黄江镇残联办公室全体同事、各社区残疾人协会专职委员、康就中心全部工作人员及学员、各社区残疾人朋友代表。本次活动体现了东莞市安防企业对社会的贡献，希望本次捐赠的 287 本图书可以鼓励残疾人朋友们对美好生活的信心。赠书仪式结束后，东莞安防协会一行参观了康复中心，并且购买了残疾人朋友种植的花草盆栽、手工制作的精油香皂、各种小工艺品等。

九、与东莞市安全生产协会联合主办粤港澳安博会

为贯彻落实《东莞市安全生产“十三五”规划》（东府办〔2017〕64 号），结合东莞是国际制造业名城，安防领域产品与技术需求较广，在东莞市政府应急管理办公室、东莞市公安局技防办、东莞市地震局、东莞市气象局（减灾中心）、东莞市住建局（安监站）等政府单位的支持下，由东莞市安全生产协会、东莞安防协会联合主办的“粤港澳公共安全技术专题展”于 2018 年 12 月 6 日-8 日在广东现代国际展览中心举办。

十、成立党组织，健全党建工作

经过统计及调研，确定 3 位流动党员可以迁移党组织关系转入协会，目前已经提交资料，待审核后成立党组织，健全完善党建工作。

通过以上工作和活动的开展，积极发挥协会的平台作用，使协会走向更加正规化发展轨道。2019 年，东莞安防协会将以更加扎实务实的工作作风、开拓进取的精神状态，以服务会员为宗旨，以推动行业发展为目的，与会员一起齐心协力共创安防行业的美好未来。

珠海市公共安全技术防范协会

珠海市公共安全技术防范协会于 2010 年 4 月 21 日经珠海市公安局珠公复〔2010〕2 号文件批准筹备成立，于 2010 年 11 月 1 日经珠海市民政局珠民民〔2010〕142 号文件批准正式成立，是由珠海市公共安全技术防范从业单位、团体自愿组成的非营利性、自律性的社会组织。

地　　址：珠海市香洲区洲山路 4 号中侨兴商业大厦 1 号楼 603
负 责 人：朱建勇
电　　话：13622960803
联 系 人：赵洁欣
电　　话：0756-2663718
网　　址：www. zhafxh. cn

2018 年，珠海市公共安全技术防范协会（以下简称“珠海安防协会”）在珠海市社会组织管理局和业务主管部门珠海市公安局科信支队的正确领导和大力支持下，通过全体理事和会员单位的共同努力，以“服务会员、服务政府、服务社会”为宗旨，以促进行业自律为主线，充分发挥协会平台作用，求真务实，勇于担当，各项工作均取得了明显的成效。

一、积极拓展新会员，壮大队伍

为加强沟通交流，促进行业合作，整合企业资源，实现资源共享，2018 年，珠海安防协会加大拓展力度，积极吸纳更多高素质安防企业加入；同时，开展更多增值服务，巩固会员服务质量，批准新加入会员 24 家，有意向加入准会员 8 家。目前，协会共有会员企业 140 家，会员队伍进一步壮大。

二、组织会员开展活动，促进沟通与合作

为拓宽会员企业视野，为会员搭建交流合作平台，珠海安防协会分别组织了“珠海市安防协会会员沙龙——走进美的”、“走进珠海知名企业——珠海太川云社区技术股份有限公司”、参观“第十六届中国安防博览会”、“走进珠海港——系列学习考察交流”第五期会员沙龙活动、参观

"2018年广州国际智能安全科技应用博览会"等活动。通过开展多种形式的活动，整合行业多方资源，传播安防行业最新产品和技术信息，增加会员凝聚力，促进行业合作与发展。

三、组织安防从业人员继续教育培训，提高专业素质水平

为加快行业人才培养，提高珠海市安防从业人员的整体业务素质和技术能力，珠海安防协会分别组织了"第二十五期和第四十六期广东省安防从业人员继续教育培训"、"广东省安全技术防范管理政策宣贯会暨2018广东省公共安全系统建设巡回技术交流会——珠海站"、"第三届珠海安防协会专家库培训"等活动。通过组织技术人员培训，对外宣传了技防管理条例和相关规定，提升了珠海市从事安防技术人员的整体专业素养，让企业更加深入了解技防执法和相关业务办理程序，促进企业守法经营。

四、扩建安防专家库，开展技防设计方案评审和技防验收

2018年，珠海安防协会扩建了第三届珠海安防专家库，目前共有专家98名，专家库涵盖了全市相关行业优秀人才、大专院校老师、公安局技防专业骨干等，专家库的扩建提升了安防项目评审的科学性和专业性。2018年珠海安防协会累计组织专家519人次参与技防设计方案评审项目95个，验收技防项目78个，为承接政府职能转移做出贡献。

五、服务社会奉献社会，组织开展义工活动

2018年，珠海安防协会先后组织参加了"珠海110守护新时代美好生活"主题宣传日活动，狮山街道办"迎新春佳节、送温暖入户"捐赠活动，慈善总会"一张纸一件衣服献爱心行动"，洪鹤大桥建设工地项目现场"送清凉，暖人心"慰问活动，工友大家乐"职工大手拉小手欢乐嘉年华"志愿者活动，前山社会福利中心"视频监控系统改造捐赠活动"，组织总会"珠海报业大厦慈善拍卖会"活动，同时积极参加了珠海市组织总会开展的专业知识培训活动10余次，为珠海社会慈善事业做出了应有的贡献。

六、加强党建工作，发挥党团组织的模范带头作用

为加强基层党组织建设，充分发挥党支部的战斗堡垒作用和党员的先锋模范作用，珠海安防协会于3月9日成立了团支部，8月6日成立了党支部。通过开展党建工作，切实增强协会党支部的活力，提升协会党支部的凝聚力、创造力和战斗力，使协会党支部让主管部门放心、让党员群众信任、让会员单位满意。

七、加强与外地协会的交流沟通，寻求合作

为加强与外地行业协会、商会的交流，学习会员服务经验，2018年，珠海安防协会领导及秘书处人员分别走访了上海市公共安全技术防范协会、南通市公共安全技术防范协会、广东省公共安全技术防范协会等11家安防协会；参加了"全国城市协会合作互助联盟一届五次理事会议"和"全国安防行业协会会长秘书长座谈会"，同时接待了来自深圳市智慧安防协会、湛江公共安全技术防范协会、珠海市信息协会、珠海软件协会等业界同行。

2018年，珠海安防协会秘书处走访了会员企业22家。通过走访交流，借鉴各行业协会的立会之道，了解各地安防市场的发展趋势，进一步拓展合作渠道，整合业务资源，为会员企业谋求更多的发展空间，提升珠海整个安防行业的效益和发展空间。

八、组织开展企业评优评先活动，树立行业权威

为提高会员企业在行业中的影响力，规范企业在经营中的市场自律，珠海安防协会开展"2018年度珠海安防企业"评优评先活动。组建了评选小组，制定了评选规则和评选条件，并邀请珠海市公安局技防办提供企业经营信用信息参考。通过对参评企业进行逐项考核评审打分，并参考技防办提供的黑名单企业，目前已评选出12名优秀安防专家、35家优秀安防企业，进一步树立行业权威、振奋士气。

广西安全技术防范行业协会

广西安全技术防范行业协会成立于2013年，是由广西民政厅指导的非营利性社会组织，也是广西民政厅授予的具有承接政府职能转移、接受政府购买服务资质的行业协会，2018年被广西民政厅评为AAAA级协会。

地　　址：南宁市青秀区古城路4号大板一区金色年华综合楼5楼
负 责 人：曾　淳
电　　话：13307868883
联 系 人：温金兰
电　　话：13627881434
网　　址：www. gxafr. com

2018 年是全面贯彻党的十九大精神的开局之年、改革开放 40 周年，也是广西安全技术防范行业协会（以下简称“广西安防协会”）发展进程中不平凡的一年。一年来，完成了理事会安排的工作，并获得了广西自治区民政厅的 4A 级社会组织授牌和中国安全防范产品行业协会的“中国安防行业统计工作优秀组织奖”等荣誉。

一、成立广西安防协会党支部

2018 年 7 月 9 日，经上级党组织工作委员会审核决定，向广西安防协会颁发了《关于同意成立中共广西安全技术防范行业协会党支部委员会选举结果报告的批复》，广西安防协会党支部正式成立。

二、举办“智慧安防·警用装备新技术新产品展”

2018 年 9 月 12 日－15 日，广西安防协会和深圳安防协会在“第十五届中国—东盟博览会”期间组织举办了“智慧安防·警用装备新技术新产品展”，共有来自国内 22 家安防领军企业参展。广西壮族自治区人民政府胡焯副主席率公安厅领导一行 30 多人视察智慧安防警用装备展示区，胡副主席非常关注广西安防行业的发展，亲临每一个展位询问了解企业情况。广西安防协会理事长曾淳和副秘书长温金兰全程陪同。

三、参加首届中国—东盟智慧安防发展论坛

2018 年中国—东盟博览会期间，第一届中国—东盟智慧安防发展论坛于 9 月 13 日在南宁国际会展中心胜利召开。论坛围绕智慧安防、警用装备、智慧城市背景下先进技术和产品如何互惠互利、合作共赢进行了深入交流。公安部、广西自治区公安厅和 13 个省市公安科技领导及来自新加坡、泰国、印尼及国内嘉宾 300 余人参加了会议。

四、获得广西自治区民政厅的 4A 级社会组织授牌

2018 年 9 月 20 日，广西自治区民政厅委托的第三方评估机构广西资产评估协会评估工作小组到广西安防协会对已提交的社会组织评估资料进行实地考察，并顺利通过。2018 年 12 月 18 日，获得广西自治区民政厅的 4A 级社会组织授牌。

五、组织广西安防行业“科达杯”篮球联赛

广西安防协会主办的首届“科达杯”篮球比赛于 2018 年 5 月 27 日正式开幕，这是安防行业的一件盛事，也是协会会员单位篮球运动爱好者盼望已久的一件喜事。本次比赛集结了行业内 10 支精英代表队参赛，参赛运动员达 200 多人。

六、举办前三季度安防技术员考核统计

截至 2018 年 10 月 1 日，本年度广西安防协会共举办五期技术员考核，参加考核人数共计 984 人，通过考核人数共计 777 人。

七、召开常务理事会议、理事会议、监事会议、会员大会

2018 年，广西安防协会召开常务理事会议 2 次、监事会议 2 次、理事会议 1 次、会员大会 1 次。

2018 年，广西安防协会辛勤耕耘，根据广西实际情况，做了大量的工作，努力提升协会影响力，顺应时代发展趋势，不断创新变革，为企业与企业之间、企业与政府之间搭建沟通桥梁。

海南省智慧城市安防技术行业协会

海南省智慧城市安防技术行业协会于 2018 年 1 月 12 日由海南省民政厅批复同意成立，是由从事安全防范产品等相关行业的企事业单位、社会团体及个人自愿组成的地方性、行业性、非营利性的社会组织，是具有法人资格的全省性社会团体。协会接受社团登记管理机关海南省民政厅的业务指导、监督管理，同时接受中国安全防范产品行业协会的指导。

地　　址：海南省海口市海秀中路 111 号 604 室、605 室
负 责 人：张若娴
电　　话：0898-66732975

成都安全防范协会

成都安全防范协会于 2006 年 11 月 19 日在成都成立，是经成都市民政局核准登记注册的社团法人。业务上受成都市公安局指导和监督管理。

地　　址：成都市顺城街 379 号
电　　话：028-86407039
负 责 人：李海燕
联 系 人：严雅琴

电　话：15902884676　　网　址：www.21cdaf.com

2018年，成都安全防范协会（以下简称“成都安防协会”）在成都市公安局的领导下，在成都市民政局的大力指导下，以党的十九大精神为指引，通过全体会员的共同努力，在协会自身建设、服务会员、促进行业交流、强化行业自律、发挥桥梁纽带作用和服务经济社会发展各个方面，圆满完成了各项工作任务，取得了可喜的成绩。

一、加强组织建设，壮大协会队伍

在成都安防协会全体人员坚持不懈的努力下，协会重新焕发了生机，拥有了更强大的生命力。

2016年，因《四川省公共安全技术防范管理条例》的废止，四川省公共安全技术防范系统设计、安装、维护、运营资质证停止办理，协会会员单位流失严重，仅余53家。2017年，在中国安全防范产品行业协会的支持下，安防工程企业设计、施工、维护能力评价成都分中心得以成立，协会积极推广能评工作，2018年会员得以回流，从之前的不断流失到今天新生力量的不断涌入，协会的前景更加广阔。

2018年，成都安防协会重点加强了以安防企业能评工作为抓手的各项服务工作，协会规模进一步扩大，组织建设进一步加强，在成都安防行业中的影响力、凝聚力不断扩大，代表性进一步提升。2018年，新增副理事长单位16家，新增理事单位13家，新增单位会员64家。

目前，成都安防协会共有会员单位145家，其中副理事长单位30家、理事单位26家、单位会员89家。

2018年10月，成都安防协会召开了第三届会员代表大会，会议表决通过了新协会章程，选举了新一届理事会领导班子，汇聚多方力量，加强宣传，扩大影响，通过自身不断的努力，提高服务水平，更加广泛地吸引会员加入。

二、强化行业管理，规范行业发展

（一）积极贯彻落实安防行业“十三五”发展规划

2016年9月，中国安全防范产品行业协会正式发布了《中国安防行业“十三五”（2016—2020年）发展规划》，提出了行业发展指导思想、总体目标、实现既定目标的服务措施及相关工作建议。

2018年，成都安防协会通过创新管理体制和运行机制，不断提升自身专业化水平和能力，全力服务政府、服务行业、服务企业和服务社会；通过推进行业自律工作，建立自律性管理制度，开展安防工程企业能力评价，规范市场主体行为，进一步提高了协会的服务能力。

（二）积极开展资质评定和年审工作

截至2018年年底，四川省内已有49家企业获得了中国安全防范产品行业协会能评证书，其中一级11家、二级9家、三级29家。按照中国安全防范产品行业协会相关要求和标准，针对企业办理安防工程企业设计施工维护能力评价证书的需要，经中国安全防范产品行业协会能评成都分中心上报中国安全防范产品行业协会能评中心审批，协会共组织了5期安防工程企业设计施工维护能力验证考试，参加人数达到800余人。

三、创新工作思路，推进协会工作

（一）开展安防技术相关考试

为进一步提高四川省（市）从事安全技术防范工程设计、施工企业的从业人员的业务能力和技术水平，帮助会员单位取得能评证书，成都安防协会于2018年共举行了四期安防工程企业设计施工维护能力验证考试，通过考试人员约800人，对协会自身建设起到了积极的推进作用，协会的工作也得到了良性发展。

（二）积极参与安防工程建设

2018年年初，成都安防协会积极参与四川省内重大安防建设项目，为保证成都市博物馆六标段符合文物安防相关规范和实际需求，并通过检测和验收，成都市博物馆聘请协会副会长龚庆鹏和专家尹治本作为顾问专家对成都市博物馆安防体系的设计、实施以及应用提供为期一年的技术指导，对规范重大场所的安防建设起到了积极作用。

（三）协助筹办“中国报警服务业新发展高峰论坛”

为了更好地助推会员单位的宣传推广活动，成都安防协会作为协办单位全力筹备了由中国安全防范产品行业协会主办会员单位成都理想科技开发有限公司承办的“中国报警运营服务新发展高峰论坛”工作。

（四）助推会员单位的宣传推广活动

2018年，成都安防协会作为支持单位，分别在9月的“聚焦智慧　赋能安防”——2018中国西南智能化安防应用创新高峰论坛、10月的“2018筑慧宝中国智能建筑 & 智慧城市行业交流暨高峰论坛”、11月的“2018大家来采购网城市合伙人招募大会——成都站”等活动中，组织会员积极参与，在会员单位中大力推广宣传，对协会会员单位给予了大力支持。

（五）成功举办第十八届中国成都国际社会公共安全产品与技术展览会

2018年，成都安防协会作为支持单位成功举办了第十八届中国成都国际社会公共安全产品与技术展览会。成都安博会是一个全方位、多角度展现安防行业发展成就，充分展示安防领域新产品、新技术的科技型产业博览会。2018年展会期间，政府相关部门领导、业内专家学者和全国各省市安防协会负责人莅临观展指导，日均参观人数超3万人次。展会的成功举办，为企业搭建了广阔的交流平台，见证了现代安防技术飞速发展的历程，推动了成都安防行业的健康有序发展，提高了全市人民的安全防范意识，为提升成都智慧城市建设的科技水平做出了积极的贡献。

（六）积极开展专家委员会建设相关工作

新一届协会领导班子成立以来，积极向主管部门汇报，并就相关政策法规和专家的组成、作用等问题广泛听取各方面的意见，积极开展成都安防协会专委会的建设准备工作。

经过一年的努力，成都安防协会在 2018 年各项工作中都取得了一定的成绩，得到了中国安全防范产品行业协会、成都市公安局和成都市民政局等各级领导部门的高度肯定，为推动成都经济发展做出了应有的贡献。

重庆市公共安全技术防范协会

重庆市公共安全技术防范协会于 2009 年 3 月经重庆市民政局批准正式成立，业务主管单位是重庆市公安局。

地　　址：重庆市渝北区紫园路 116 号鼎泰公寓 4-5-2
负 责 人：敬　涌
电　　话：13908331916
联 系 人：何　宇
电　　话：023-67081572，13883277114
网　　址：www. cqafxh. org

2018 年，重庆市公共安全技术防范协会（以下简称“重庆安防协会”）在登记管理机关重庆市民政局和业务主管单位重庆市公安局的监督、指导和支持下，在工作人员严重不足的情况下，在较短时间内恢复了协会部分管理和服务职能，并在服务行业、规范管理、促进发展、扩大影响力方面做了大量工作，获得社会和行业的肯定与好评。

截至 2018 年 12 月 31 日，协会会员单位总计 748 家，其中副理事长单位 9 家、常务理事单位 66 家、理事单位 112 家、一般会员单位 561 家，全行业企业入会率近 100%，基本实现了行业管理与服务企业全覆盖。

一、加强党建工作，完善组织领导

（一）结合实际情况加强党建工作

2017 年 9 月，协会业务主管单位重庆市公安局对协会原有工作人员清理后，协会党建工作一度处于停滞状态。2018 年 3 月，根据协会实有党员情况提出了党建工作意见，加强了党建工作。

（二）完善组织领导，启动换届工作

通过对会员单位调查走访并召开副理事长单位座谈会，听取下一步工作意见和加强组织领导的建议，经对各方面推荐人选广泛考察和专业面试，提出了新一届领导人选并报市公安局政治部同意。11 月初，协会拟任秘书长到位。鉴于协会第二届理事会将于 2019 年 4 月届满，12 月上旬，协会换届请示以及实施方案上报业务主管部门；12 月下旬，主管部门批复同意按期换届。

按照主管部门按期换届要求，2018 年年底，协会召开理事长工作会议，立即着手按期换届准备工作。

二、服务安防企业，促进行业发展

（一）恢复行业入会申请受理和资质评审工作

2018 年 3 月，重庆安防协会恢复了行业入会申请受理和资质评审工作，安防行业企业积极入会，全年共组织资质评审会 5 次、年审会 13 次。

（二）增强服务意识，提高办事效率

一是组织协会工作人员学习重庆市公安服务民营“30+10”条，进一步强化服务意识，提高办事效率，受到上级单位和协会会员的肯定与好评。

二是完善协会宣传平台，注册了重庆安防协会微信公众号，并对协会官网信息进行及时更新。

三是在企业入会申请咨询、资质评审、证书变更、政策法规咨询等日常工作中，换位思考，做到热情接待、高效快捷办理各项工作。

（三）适应形势发展，修订资质标准

为响应服务民营经济发展新要求，重庆安防协会于 3 月及时组织专家对原从业资质评审标准进行了修订，主要内容包括工程业绩、技术人员、设备仪器、经营场所等。对市外安防从业企业实行自愿备案登记，期限由原来 1 年延长至 2 年。

（四）深入行业调研走访安防企业

12 月 13 日，协会负责人敬涌带领协会工作人员考察了重庆知名安防企业重庆中科云从科技有限公司。此次考察，拉开了协会走访调研本地安防企业生产经营情况和了解行业发展现状的序幕，也为重庆安防协会向全国安防行业推荐本地优秀安防企业技术与产品打下了基础。

2018 年，重庆安防协会协助业务主管部门重庆市公安局走访调研重庆安防行业企业，向市公安局推选优秀会员单位 37 家。

重庆安防协会负责人应邀出席依图科技“新安防真智能”安防产品推介会——重庆专场，并代表协会讲话祝贺，支持协助外地优秀安防企业在重庆开展业务。

（五）组织学习培训，提升行业水平

5 月 22 日，重庆安防协会作为协办单位，与主办方全国城市安防协会合作互助联盟、深圳市安全防范行业协会共同举办了“2018 年第七届智慧安防技术交流培训会”。本次公益培训活动以2018年度安防行业的发展概况和智能技术发展趋势为主题，对本地安防工程商、集成商和行业用户进行了技术培训和技术交流。

9月，与重庆安防联盟共同举办“重庆智慧安防行业技术交流会”，介绍“雪亮工程”建设应用情况及相关要求，同时邀请行业领域内的资深企业为会员单位和公安同行分享它们的技术应用方案以及经典案例。

3月30日，重庆安防协会参与主办“2018中国重庆公共安全信息化建设暨大数据创新发展论坛”。

三、主办展览展会，扩大协会影响力

（一）恢复主办安防展会，搭建行业交流平台

3月30日，与重庆建筑业协会智能化工程分会共同举办了“2018中国重庆智慧城市暨社会公共安全、警用装备产品技术展览会”。作为本次展会主办方之一，重庆安防协会积极组织会员单位参观交流学习，大力邀请重庆公安科信民警参观参会。此次展会为重庆及西部安防行业公安等部门、广大工程商（系统集成商）、采购商提供了当前安防行业最新技术、产品及解决方案。

提前介入并主办“2019中国（重庆）智慧城市、公共安全暨警用装备产品技术展览会”。同时，重庆安防协会还成功邀请到重庆市信息安全协会、重庆市建筑业协会智能化工程分会作为本次展会的共同主办方。目前，承办单位招展工作正有序推进。

（二）参加全国安防活动，推介重庆安防协会

11月，重庆安防协会派员参加了由全国城市安防协会合作互助联盟、西藏安防协会、西藏自治区公安厅组织的“西藏智慧安防首届研讨会”，并在会上做了交流发言。

12月3日，重庆安防协会派员参加了由八省（自治区）发起的“全国安防行业省际合作协会领导人座谈会”，并在会上签订了《全国安防行业省际合作机制倡议书——莫干山共识》。

积极推荐本市安防行业企业或公安专家参加由公安部科信局、装财局、第一研究所、第三研究所以及全国安防联盟、《中国公共安全》杂志社主持主办的相关安防新技术产品、警用装备新产品的鉴定或评审，评审水平得到认可。

四、完善规章制度，加强同行交流

（一）完善规章制度

参照有关法律法规，在重庆安防协会原有6个管理办法的基础上，新制定了《协会秘书长工作职责》、《协会办公室工作职责》、《协会办公室主任工作职责》、《办公用品及设备暂行管理办法》、《重庆市公共安全技术防范协会薪酬福利办法》。目前，协会共制定了工作职责或办法等规章制度11项。

（二）加强同行交流

10月和11月，重庆安防协会分别与重庆市信息安全协会（市公安局主管）、重庆市安全生产事故研究会（市应急管理局主管）负责人及相关人员进行交流座谈，就行业协会、研究会的组织建设、内部管理、学习培训、发展方向以及协会间的相互合作等进行了交流。

五、工作成效明显，入选全国先进

10月，获得中国安全防范产品行业协会“2017年度中国安防行业统计工作优秀组织奖”表彰。

12月，协会负责人敬涌和会员单位重庆蓝盾电子技术服务公司分别入选全国城市安防协会合作互助联盟、CPS中安网、《中国公共安全》杂志社共同主办的“致敬改革开放40年中国安防卓越人物”和“致敬改革开放40年中国安防卓越企业”大奖榜单。

2018年，重庆安防协会克服诸多不利因素，积极作为，取得了可喜成绩。在社会各界的关心支持下，加强党建工作，逐步完善组织领导，通过主办安防展览、论坛和技术培训会，提升了重庆安防行业水平，促进了重庆安防事业的发展。同时，重庆安防协会通过调整安防从业资质评审标准、完善规章制度、提高工作效率、走访安防企业，获得了业务主管部门和会员单位的认可。此外，积极参加全国安防行业有关活动，加强同行交流，努力扩大协会的影响力。

贵州省安全技术防范行业协会

贵州省安全技术防范行业协会于2007年3月15日成立，是经贵州省民政厅登记注册的省一级社团法人，是贵州省境内跨部门、跨地区的地方性行业组织。

地　　址：贵阳市蟠桃大厦20楼1号　　联 系 人：齐　媛
负 责 人：王茂海　　电　　话：13765132831
电　　话：13511926703　　网　　址：www. gzsaf. com

2018年，贵州省安全技术防范行业协会（以下简称“贵州安防协会”）在贵州省公安厅业务主管部门的指导

下，始终坚持遵循为行业服务的宗旨，积极发挥行业协会与政府管理部门之间的桥梁纽带作用，在广大会员企业的共同努力和积极支持下，以科学发展观为指导，坚持“服务、保护、协调、进步”的办会宗旨，以加强贵州安防协会组织建设为基础，着重在服务、自律、对外交流等方面不断开拓、创新发展，取得了显著成效。

一、加强自身建设，规范内部管理，壮大行业队伍

（一）完善各项规章制度，培养和提高协会服务质量

2018 年，贵州安防协会召开了第二次会员代表大会暨第二届第一次理事会，审议并通过了协会《第二届换届选举办法》、《关于监票组成员的建议》、贵州安防协会章程、贵州安防协会《会费缴纳标准与收费办法》、《关于修改会费的说明》。同时，第二届第一次理事会审议并通过了《关于聘任第二届秘书长的建议》及《关于推荐第二届秘书处轮值副秘书长的建议》。

不断健全贵州安防协会办公室管理制度、财务管理制度、固定资产管理制度、员工薪酬管理制度等各项规章制度，严格规范内部管理，实现日常工作制度化、工作流程规范化，增强工作人员的主人翁意识，使贵州安防协会成为真正的“会员之家”。

实行副会长办公制度。贵州安防协会第二次会员大会以无记名投票方式选出了十名副会长，截至 2018 年 12 月底，共召开了五次副会长工作会议，将各项工作及时向副会长汇报，完善了工作机制。

（二）积极引导会员发展，壮大行业队伍

严格按照协会章程规定，每年通过召开理事会和常务理事会的方式，认真总结工作经验，研究贵州安防协会的发展方向，部署下一步工作计划，并适时增补协会会员。通过努力发展，截至 2018 年年底，共有团体会员 204 家。

（三）坚持规范化管理，主动接受相关部门监督

2018 年，根据《贵州省行业协会商会与行政机关脱钩联合工作组办公室关于印发〈贵州省第三批全省性行业协会商会脱钩试点工作方案〉的通知》，贵州安防协会作为全省第三批脱钩单位，在接到省公安厅脱钩工作督办的通知后，依法依规，积极配合省公安厅有序开展脱钩工作。认真贯彻“脱钩不脱管”的原则，充分发挥行业协会在经济发展中的独特优势和应有作用，促进整个行业的健康发展。

（四）将网络安全工作纳入 2018 年工作重点

在市公安局网络监察部门的监督指导下，贵州安防协会成立了信息安全工作组，制定《网络信息安全制度》；成立了网络安全应急专家组，对接专业信息等级保护公司，对贵州安防协会网络安全等保工作进行测评与指导，并成功取得二级信息系统安全等级保护备案证。

二、强化行业规范化管理，持续推进行业自律机制

（一）推进安防工程企业设计施工维护能力评价工作

为营造公平、有序、诚信的安防市场环境，引导安防工程企业规范经营，贵州安防协会始终将安防工程企业能力评价工作列为工作重心，积极参加中国安防协会召开的各项工作会议，及时与全国安防协会交流经验的同时，要求协会工作人员对能力评价工作的讲解要耐心细致，做到有问必答。截至 2018 年 12 月 31 日，贵州省共有 134 家企业通过能力评价获得证书，其中一级 22 家、二级 41 家、三级 71 家。

（二）推进行业职业资格教育工作，促进行业人才建设健康有序发展

贵州省第 174 国家职业技能鉴定所自 2015 年 5 月在省人社厅贵州省职业技能鉴定中心的指导下成立后，共完成 6 期“安全防范系统安装维护员”鉴定工作，为行业输送专业技能人才共计 1400 余人。随着市场需求和行业需求的增加，2018 年，贵州省第 174 所特向贵州省职业技能鉴定中心申请增设“智能楼宇管理师”（五、四、三级）的鉴定，获批后，开展了一期智能楼宇管理师（五级）鉴定工作，鉴定考核了 200 余人，为贵州省安防企业能力评价工作保障了专业技术人员的输送。

（三）推进行业团体标准建设工作，促进行业规范化发展

上半年，贵州安防协会共组织团体标准编制会议 2 次、审定会议 1 次，目前团体标准《安全防范工程技术资料要求》已于 2018 年 8 月 1 日正式发布。该标准对规范和提高安防企业工程资料的质量、帮助企业提升工程管理水平将产生积极作用。

（四）加强专家队伍建设，发挥智库参谋作用

贵州安防协会始终坚持依托协会专家队伍，在企业工程建设质量控制、协会会员市场竞争力及企业实力的提升、贵州省安防工程流程规范和质量把控等方面提供有效的技术支持。2018 年，贵州安防协会向贵州省各相关单位推荐专家参与项目方案论证、评估、验收等工作，累计 21 项，推荐专家累计 51 人次，为贵州省各相关单位安防项目建设的顺利实施起到了关键作用。

三、振兴行业精神，弘扬行业文化，促进行业交流，增强行业凝聚力

（一）建立行业交流平台，组建团结友爱大家庭

从年会到各项献爱心活动，协会不仅是交流平台，更是一个团结友爱的大家庭。

贵州安防协会 2018 新春联谊会暨年度表彰大会围绕“不忘初心、砥砺前行”这一主题，将贵州安防行业团结奋进、努力拼搏、积极向上的精神风貌充分展现，同时，还向在 2017 年度评优活动中获得优秀的企业及个人颁发了奖

杯及证书，对行业企业及个人一年的奋斗及努力给予了充分肯定。

2018 年，贵州安防协会组织了一次爱心献血活动及一次扶贫慰问活动，同时在宣传平台上及时报道会员单位的献爱心活动。安防行业虽然是新兴产业，但贵州安防协会及贵州的安防企业却有着不一般的社会担当。

（二）创新行业交流模式，搭建安防企业获益平台

从“引进来”到“走出去”不断创新行业交流模式，使贵州安防协会成为让企业获益的平台。

2018 年，贵州安防协会指导协办了“2018 中国安防大数据发展高峰论坛暨安防行业颁奖盛典”、两场人工智能和智慧城市建设方面的技术交流会及一场网络信息安全方面的培训班；组织会员及专家参观了中国国际社会公共安全产品博览会；组织企业负责人学习了“公司控制权与股权激励”相关课程；以非公企业党建工作及改革开放 40 年为主题组织了两场深入企业的考察活动。可以说，从学习了解新技术、新产品到强化企业管理，再到展示贵州省安防行业的社会担当，开展主题鲜明、意义非凡的各种交流活动，在促进企业自身积极进步的同时，加强了整个行业的凝聚力。

（三）加强宣传平台建设，展企业风采，树行业文化

从“贵州安防网”、《贵州安防》到贵州安防协会微信公众号，大力加强宣传平台建设，展示贵州省安防企业风采，树立积极向上的行业文化。

2018 年，“贵州安防网”继续保持日均 1000 余次的访问量，截至 12 月底，网站访问量突破 240 万。《贵州安防》共出刊 3 期，向贵州省 30 多个市县级公安局、40 多个公共资源交易中心、100 多家省政府采购代理机构及全国各省市安防协会累计赠阅 2000 余册。其中为“2018 中国安防大数据发展高峰论坛”特别策划的论文集，还获得了中国科学技术信息研究所（国家工程技术图书馆）的收藏。贵州安防协会微信公众号共发文 27 篇，收获阅读 7000 余次，粉丝量较 2017 年增长了 36.2%。

贵州安防协会始终坚持加强行业宣传平台建设，不断优化改造宣传平台，更新宣传模式，及时普及行业法律法规、宣传行业政策、收集行业最新资讯、发布行业动态等，以提升协会在行业文化建设中的感召力和凝聚力，促进整个行业健康、有序、可持续发展。

云南省安全技术防范协会

云南省安全技术防范协会于 2005 年 7 月 28 日经云南省民政厅批准正式成立，协会的上级行政主管机关为云南省民政厅，上级业务主管单位为云南省公安厅，具体由云南省公安厅科技处实施业务主管。

地　　址：云南省昆明市五华区五一路 151 号五号楼三单元三楼

电　　话：0871-63052793，18987052059

网　　址：www.ynaf.net.cn

联 系 人：常林云

2018 年，云南省安全技术防范协会（以下简称“云南安防协会”）在云南省公安厅的正确领导下，在云南省公安厅科信处的大力支持、帮助下，遵循党的十九大精神，按照“实干兴邦，空谈误国”的精神，求真务实，从不断规范日常工作入手，紧紧抓好资信证年检、资信等级晋升和网站调度两项工作，同时加强技术培训和产品宣传，各项工作取得了明显成效。

一、开展资信证年检工作

资信证年检既是协会的日常工作，也是协会凝聚会员、巩固协会组织的重要工作。云南安防协会秘书处及时发出《关于办理年审和缴纳会费的通知》，要求会员单位在指定的时间前携带会员证和资信证到协会办理资信证年审和缴纳会费的手续。同时，将云南省民政厅核准的会费缴纳标准告知会员单位。为了做好这一工作，针对一些会员单位没有按时前来缴纳会费和办理年检手续的情况，协会秘书处根据实际情况发出“年审和缴纳会费的再通知”，对逾期不办理年审手续的会员单位，不予纳入当年资信等级升级的范围。同时，还对会员单位的名称、地址、联系电话、传真、法人代表、联系人等内容发生变化的，会员单位一年以上没有缴纳会费和办理年检手续的，外省安防企业因在云南省地域内开展工程施工需要备案的等情况，都一一做了明确的说明。针对少数会员单位长期不缴纳会费和办理资信证年检手续；缺乏在会意识，对资信证年检和缴纳会费缺乏主动性；未按时办理资信证年检、缴纳会费的情况，协会秘书处还适时发出情况通报。

二、做好网站运营和服务工作

网站是协会工作正常运转的重要枢纽，也是促进协会健康发展的重要抓手。2018 年，云南安防协会继续运用网站做好日常工作的调度和运行，让会员单位及时得知协会的工作部署，有效地落实日常工作。例如，为客观反映云南省安防行业发展现状，全面分析行业发展趋势，为行业管理、企业决策提供参考依据。根据中国安全防范产品行

业协会《关于开展 2017 年度安防行业统计工作的通知》（中安协〔2018〕18 号），正式启动云南省 2017 年度安防行业统计工作。协会在网站上发出通知，对于“统计范围、统计时间、统计要求”等予以了明确，使统计工作顺利完成，被评为统计工作先进单位，得到了中国安全防范产品行业协会的表彰。与此同时，还利用网站把一些新技术、新产品、安防展会等信息发布给会员单位，让会员单位及时了解和掌握，有利于做好自身建设工作。

三、组织资信等级晋升工作

资信等级晋升既关系到云南安防企业的切身利益，也与云南安防事业发展密切相关，是协会做好服务、团结安防企业的一项重要工作。对此，云南安防协会在坚持标准、坚持质量的同时，始终把资信等级晋升工作作为一项主要工作抓好抓实。根据云南省安防协会常务理事会议精神，协会始终本着严格标准、严格质量的原则，对持有二级、三级资信等级的安防企业进行了资信等级晋升。专门发出“通知”，明确了申报时间、资信等级晋升的条件、资信等级晋升需报送的材料、专家评审程序、不得申报资信等级晋升的条件等内容。

在办理资信等级晋升工作中，由云南安防协会秘书处在会员单位中随机抽取 6 个会员单位，对申请晋升资信等级的单位开展评审工作。评审组本着公开审议、公平对待、民主表决的原则，对申报单位做到了高度负责的评审，能够通过评审的单位就通过评审，需补报材料的单位暂缓通过，暂不具备条件的单位不予通过。实践证明，采取民主化方法审核高等级资信等级资格，有利于加强协会在会员中的威信。

四、完成协会自身的年检工作

协会的年检是协会自觉服从行业行政管理的体现，也是协会得以合法存在、发展的重要途径。云南安防协会秘书处按照云南省民政厅民间组织管理局的相关要求，在昆明高新正信会计师事务所的帮助下，对协会的年度财务情况进行了认真的审计，出具了审计报告，并按时报送云南省民政厅，依法完成了协会自身的年检工作。

五、继续做好会员单位培训工作

基本技术业务培训不仅是协会的工作职责，也是加强协会与广大会员联系的纽带，有利于提高协会在广大会员中的地位和作用。2018 年，云南安防协会在昆明市组织了为期三天的以“安全技术防范工作情况介绍”、“安全技术防范施工知识”、“安全技术防范设计知识”、“安全技术防范检测验收知识”为主要内容的“全省安防工程企业技术人员专业培训班”，共有来自全省安防行业的安防工程企业技术人员 381 人参加培训。云南省公安厅对培训活动高度重视，科技信息化处有关科室的科领导、协会副秘书长还到培训班做专题讲座，所聘的高级工程师分别对安全技术防范的不同专题做了教学和习题演练。

六、做好外省安防企业的备案和协会会员单位的服务工作

做好外省安防企业的备案工作，不仅可以有效地掌握安防行业在云南省发展的动向，也能体现出协会的服务职能，有利于协会及时掌握安防市场信息，有益于做好本省安防市场的导向。随着安防工程技术的不断发展，外省安防企业不断进入云南省安防市场，为了做好这一工作，云南安防协会专门明确了备案的条件和应提交的材料。2018 年，先后为 40 家外省安防企业办理了备案。与此同时，协会本着服务第一的精神，为会员单位做好服务。本省的一些会员单位到外省施工或经营以及需要申请加入中安协申办资信证等，协会都帮助开具证明和推荐。

2018 年，云南安防协会坚决贯彻党的十九大精神，以服务会员单位为己任，在广大会员的支持、关心和帮助下，工作得以完善和发展。今后，将继续遵循“协会是广大会员的协会，离开广大会员的支持、关心、帮助，协会也就不是协会”的指导思想，把云南安防协会建成“会员之家”，为广大会员提供更多、更好的服务。

陕西省安全防范产品行业协会

陕西省安全防范产品行业协会于 2003 年 11 月 3 日在西安成立，是经陕西省民政厅登记注册的省一级社团法人，在业务上受省相关部门指导和监督管理，是跨部门、跨地区的全省性行业组织。

地　　址：陕西省西安市莲湖区未央路 1-3 号（北关）宫园美寓 16 层 11617 室
负 责 人：乔晓光
电　　话：029-86337517
联 系 人：朱少娟
电　　话：029-68811561
网　　址：www. sxafwz. cn

2018 年，陕西省安全防范产品行业协会（以下简称“陕西安防协会”）在陕西省民政厅、陕西省公安厅的关怀

指导下，在各副理事长、理事、会员单位的大力支持下，在全体工作人员的辛勤努力下，坚持认真学习贯彻党的十九大精神，紧紧围绕社会管理体制创新，坚持全心全意为政府决策服务、为会员企业服务的宗旨，充分发挥协会在政府与企业之间的桥梁纽带作用，顺利地完成了本年度各项工作任务，推动了陕西省安防行业的健康有序发展。

一、加强行业自律，规范内部管理

为了促进协会工作科学有序开展，陕西安防协会以抓好自身建设为突破口，认真建章立制，严格贯彻落实，锻炼出过硬的管理队伍。

一是通过建立健全各项内部管理制度，规范工作秩序，严格办事流程，明确了责任义务和权利，细化了规则要求，提高了内部管理制度的规范化建设水平。

二是组织开展学习党章、学习党的十九大文件等各项活动。上级监管部门党支部指派了党建工作指导员，按照党建工作的要求，开展协会的党建工作和学习教育，进一步提高全体人员的思想认识水平、政策理论水平、业务工作水平，增强协会组织的凝聚力、感召力。

三是加强了廉政建设。开展了廉政教育，认真遵守廉政规定，尤其在经费使用上坚持原则，严格自律，广泛接受监督，坚决做到阳光运行、公开透明。

二、加强协会自身建设，提高服务水平

在加强自身建设的同时，以推动陕西省安防行业健康有序发展为中心，坚持全心全意为政府决策服务、为会员企业服务的宗旨，创新工作方法，推行便企利企政策。

一是简化了办事程序。为全面提高陕西省安防系统建设质量，促进安全技术防范行业健康有序发展，按照“转变职能、简政放权”的有关规定和要求，出台了《关于进一步规范和加强安全技术防范证书办理及专业培训工作的通知》，对安防从业单位办理证书及年检工作做出了全面的调整，简化了办事程序，进一步把为企业服务引向了深入。

二是组织了业务培训。2018年，主要以国标GB50348、《陕西省安全技术防范条例》、《陕西省公共安全图像信息系统管理办法》、6部陕西省安全技术防范地方标准为内容，举办了5期安全技术防范从业技术人员上岗培训班，聘请了具有丰富教学经验的专家教授进行授课，使从事安全技术防范工程设计、施工、监理、检测以及安防产品销售的1200余名从业人员得到了系统的培训。

三是加强了网站建设。经过调研分析，着手从网站页面设计、板块功能、内容时效等方面对协会网站进行了调整和补充，将其建成了具有事务管理、信息发布、培训教育、咨询交流、安防宣传等功能的新平台，增强了网站的服务功能，满足了企业的业务办理需求。

三、履行社会责任，积极开展扶贫工作

开展精准扶贫工作，以党的十九大精神为行动指南。深入落实科学发展观，认真贯彻落实党中央扶贫工作会议精神，推进2018年度扶贫攻坚工作。5月9日，陕西安防协会组织全体人员深入汉中市洋县岩丰村走访慰问扶贫对象，就2018年的帮扶工作计划和措施进行交流沟通。

陕西安防协会进一步加强政治思想工作，严明组织纪律，改进工作作风，增强做好本职工作的积极性和主动性，努力打造出一支想干事、能干事、会干事、干成事的扶贫队伍，为扶贫开发工作实现跨越式发展和圆满完成扶贫攻坚任务提供更有力支撑。

四、坚持科技进步，顺应时代潮流

为顺应互联网时代发展，陕西安防协会充分借助微信这一新兴媒体平台，多途径开展与企业的互动式交流，更加快捷高效服务企业。5月3日，完成微信公众号注册，经过前期试运行，协会微信公众平台正式开通，方便会员查询协会动态、通知及业务办理程序。

五、举办“2018中国（西安）国际社会公共安全技术防范暨‘雪亮工程’建设产品装备博览会”

5月23日至25日，“2018中国（西安）国际社会公共安全技术防范暨‘雪亮工程’建设产品装备博览会”在西安曲江国际会展中心召开。安博会期间，还举办了“雪亮工程”建设创新发展论坛及多场技术交流活动。此次博览会本着“厉行节约、务求实效”的原则，力求为企业搭建交流合作平台，实现互利共赢。

六、协会第四届第五次理事会议顺利召开

根据协会章程要求，为全面贯彻落实协会7月20日理事会议要求及《2018年下半年工作计划实施方案》报告批示精神，并经报省民政厅、省公安厅批准同意，陕西安防协会第四届第五次理事会议于2018年9月26日顺利召开。会议选举通过乔晓光同志为副理事长兼秘书长，刘燚同志为办公室主任。由张琪理事长提名，选举通过聘请彭功民同志为协会名誉理事长、总顾问；由张琪理事长提名，选举通过马应宽同志担任协会专家委员会主任；由协会专家委员会主任马应宽同志提名，选举通过李天銮同志、王晓玲同志担任协会专家委员会副主任。

七、办公场所搬迁，方便会员

为加强与企业的互动交流，有效地为办事人员、来访人员提供方便，陕西安防协会于10月19日正式搬迁至西安市莲湖区未央路1-3号（北关）宫园美寓16层办公。

八、组织企业参与陕西省公安厅英烈基金会募捐工作

为积极响应省公安厅向陕西省公安民警英烈基金会捐款的号召，奉献陕西安防人爱心，2018年10月30日，陕

西安防协会组织爱心企业举行公安民警英烈基金募捐仪式。省厅领导、协会领导、安防专家及 40 多家爱心企业代表共 60 余人参加。本次募捐仪式共有 43 家单位捐款，共募集到爱心款 803500 元。

九、学习外省先进经验，推进协会发展进程

通过参加 2018 年第十八届湖北国际公共安全技术产品博览会，全国安防行业会长、秘书长座谈会议，2018 年第七届智慧安防技术交流培训会，全国城市安防协会合作互助联盟召开的联盟一届六次会议，第四届“连云港论坛”警用装备和公共安全产品博览会，青海省公共安全技术防范协会无人机分会成立大会暨第一次会员代表大会，2018 年中国国际社会公共安全产品博览会，2018 年西藏智慧安防首届研讨会，2018 中国（海南）国际社会公共安全产品暨警用装备博览会等活动，积极配合中国安全防范产品行业协会、外省协会开展各项活动，虚心学习先进的管理方式、服务理念，促进协会管理工作再上新台阶，实现安防行业大发展。

十、充分发挥专家委员会职能作用，为安防建设提供技术支撑，提高协会影响力和公信力

为全面贯彻落实省安防协会 9 月 26 日理事会议要求及《2018 年下半年工作计划实施方案》报告批示精神，协会第二届第一次专家委员会会议于 11 月 16 日在西安唐安酒店五楼大会议室顺利召开。会上，汇报了协会专家委员会组织架构、章程、管理办法，并宣读了协会新一届专家委员会专家名单。

随着新一届专家委员会的成立，协会组织专家学习相关文件，统一思想，遵守管理制度和管理条例，明确了专家委员会的工作职责和组织纪律，以更好的技术服务为陕西省“雪亮工程”建设提供强有力的支撑。协会专家委员会通过“请进来、走出去”的方式，开展技术交流、学习研讨活动，以提高协会专家队伍的技术水平。协会于 12 月 13 日邀请国家和公安部标准委专家来陕给协会专家讲解“雪亮工程”相关标准，随后专家委组织了五场小范围的技术研讨会，充分调动了专家学习相关标准和技术的积极性。在陕西省“雪亮工程”建设项目评审和技术指导工作中，协会专家积极参与，得到了公安系统、省广电网络运营商和集成商的一致好评，为陕西省公共安全防范事业发展提供了有力的技术保障。

2018 年以来，协会虽然做了不少工作，取得了很大的进步，但是与广大企业的发展需求、与平安陕西建设的目标任务以及新一届理事会领导的期望还有相当差距。下一步，将正视差距、迎头赶上，百尺竿头、更进一步，不断适应经济社会发展的新要求，不断提高服务政府决策、引领行业发展的能力，以新姿态迎接新挑战，以新状态踏上新征程，为推动陕西安防事业再创佳绩做出新的更大的贡献。

甘肃省安全技术防范协会

甘肃省安全技术防范协会于 2011 年 3 月 30 日在兰州成立，是经甘肃省民政厅批准登记注册、受甘肃省公安厅业务指导，从事安全技术防范产品的开发、生产、销售和承接安全技术防范系统工程设计、施工的企业单位以及相关的管理、教育等服务单位自愿组成的非营利性、自律性的社会组织。

地　　址：甘肃省城关区庆阳路 98 号
负 责 人：魏发田
电　　话：13909310759
联 系 人：王志鹏
电　　话：13919166191
网　　址：www. gssafxh. com

2018 年，甘肃省安全技术防范协会（以下简称“甘肃安防协会”）在上级主管部门的正确领导下，以服务会员为中心，积极开展了各项工作。

一、积极履职，充分发挥社会组织的作用

（一）主动接受业务主管部门的指导，定期向主管部门汇报工作

2018 年，按照《社会团体组织管理条例》的规定，甘肃安防协会严格遵守国家有关法律、法规和政策规定，充分发挥桥梁纽带作用，及时将国家对安防行业管理的政策、法规传达到会员单位，提高会员单位的学习和守法水平。通过了甘肃省民政厅社团组织管理局对协会的年审，通过了甘肃省财政厅对协会票据的年审，通过了兰州方正立信会计事务所对协会财务审计和博大会计事务所对协会所得税汇算清缴年度审计，达到财务收支，会计核算规范完整的目标。

（二）认真开展社会组织评估工作

为进一步提高社会组织公信力，提升社会组织自身建设能力，促进社会组织健康有序发展，甘肃省民政厅下发了《关于开展 2018 年社会组织等级评估工作的通知》，甘肃安防协会领导高度重视，秘书处认真组织，积极准备，严格按照要求报送相关材料。根据《社会组织评估管理办

法》，经全省性社会组织评估委员会全体会议终评，协会获得了5A级社会组织荣誉，甘肃省民政厅向协会颁发奖牌和荣誉证书。这既是对协会工作成果的充分肯定，也为协会今后的发展注入了动力。协会将以此为契机，再接再厉，向更高的目标迈进。

（三）积极征求意见和建议，探讨安防行业发展的新思路

为了充分发挥桥梁纽带作用，反映企业诉求，传达政府政策，协会积极组织副理事长单位和部分专家，以发放调查问卷和座谈会的形式，征求对协会工作的意见和建议，探讨安防行业发展的新思路。

二、加强技能培训，提高整体素质

为提高技术业务水平，确保安防工程设计、施工质量，甘肃安防协会共举办了四期全省安防工程人员培训班，对186家企业的工程技术人员进行了培训。通过培训，大大提高了培训人员的业务素质和质量意识，为省内安防行业的发展提供了技术支撑。

提高培训的含金量是甘肃安防协会的当务之急。为此，协会领导专程赴苏州安防协会学习考察，在借鉴苏州安防协会培训要注重接地气，内容要有时效性和实用性，要提高培训的社会和市场认可度，培训机构深入合作、发挥各自的优势、共同发力几个方面的经验的基础上，认真制定培训计划，科学设置培训内容，协调相关部门共同发力，规范地开展职业技能培训和行业技术培训。

三、加强同行交流，积极参加行业活动

为适应甘肃省安防行业发展的需要，了解安防行业新动向，更好地为安防企业科技创新服务，甘肃安防协会主要负责人积极参加全国性和区域性的行业交流活动。2018年，应邀参加了中国（乌镇）立体安防技术应用大会和中国（杭州）国际社会公共安全产品与技术博览会，参加了中国（西安）国际社会公共安全技术防范暨“雪亮工程”建设产品装备博览会，参加了山西公安科技信息化暨大数据建设应用发展论坛，参加了新疆安全技术防范协会行业第二届第三次理事会和第二届中国（青海）人工智能、大数据与“雪亮工程”应用创新发展论坛，特别是组织部分会员单位参加了2018年中国国际社会公共安全产品博览会。通过参加各种展会和聆听专家讲座、论坛，协会开拓了行业视野，了解了国内外安防技术发展的新动态，加强了与中国安全防范产品行业协会和兄弟省市协会及国内一些安防企业间的交流，增进了友谊，为今后更好地开展甘肃安防工作奠定了基础。

为切实维护社会稳定，推进公安信息化建设及技术装备的更新，甘肃安防协会举办了2018年第七届西部（甘肃）国际安防暨智慧城市警用反恐与消防应急救援装备博览会。展览规模达5000平方米，展会设置了反恐应急、警务保障、消防救援、物联网技术与应用、智慧城市五大专业展区，全方位涵盖安防行业产品，有150余家安防企业参展，参观人数达3000余人，展会期间，以“科技强警、平安陇原、智慧甘肃”为主题，举办了四场交流活动，进行了广泛而深入的讨论，以多种交流形式，创造多元化的产业互动和交流平台。甘肃省公安厅主要领导参加了展会开幕式，并做了重要讲话。

四、建立友好协会，实现优势互补

为加强东西部合作，按照工作共商、资源共享、取长补短、互惠共赢的原则，甘肃安防协会与青海、陕西、苏州安防协会在兰州举办了安防人才、技术和就业精准扶贫专题座谈会，并与苏州安防协会进行了共建友好协会的签约。双方将从整合双方市场、技术、人才资源，相互借力，合作创新；积极推动会员企业交流；共同加强行业诚信建设、团体标准化和行业培训；加强协会间的联系合作，定期互访会晤；联合开展党建共建和公益活动五个方面开展合作，努力打造资源共享、合作共赢新格局，为促进安防行业新发展、扩展协会工作思路奠定坚实的基础。

为响应国家精准扶贫的号召，扶贫先扶智，通过职业教育提高贫困地区人员的劳动技能来脱贫，甘肃安防协会、青海安防协会、陕西安防协会、新疆安防协会、苏州安防协会和苏州市职业大学一起商定，拟资助西北地区一定数量的学生进入苏州市职业大学学习，毕业后学习成绩优秀者推荐到苏州市、青海省、新疆维吾尔自治区、甘肃省和陕西省安防协会会员企业中就业，以此来帮助贫困学生家庭脱贫，得到了甘肃省民政厅、甘肃省政协相关部门的大力支持。

五、发展会员，规范资质管理

2018年，甘肃安防协会按照工作部署，积极组织会员单位学习掌握国家安防行业技术标准的规定，依据协会章程，开展行业自律性管理，引导协会会员遵守法规，倡导诚实守信的社会风尚，促进了行业规范发展。协会始终把发展会员列为重点工作之一。一是不断在协会官方网站、微信公众平台等网络平台进行宣传；及时公布换证及资质变更情况，积极关注行业发展动态，通过电话、电子邮箱等方式全面答疑，受理企业的各类咨询。二是积极与外省协会联系，通过参观走访、座谈协商、合作交流等多种形式为协会做宣传。三是协会领导班子成员采取各负其责、划片管理的办法，深入基层调查研究，全面了解省内安防行业的现状、困难和需求。先后到庆阳、天水、张掖、临夏等地的9家企业进行走访调研。通过不懈的努力，2018年，协会的会员数量得以增长，协会的影响力的不断提升。根据统计数据，协会会员单位由2015年年底的730家发展到2018年年底的1281家，其中副理事长单位14家、常务理事单位25家、理事单位46家、一般会员单位1196家。这也从侧面反映出了协会的公信力和号召力。

2018 年，甘肃安防协会加强全省安防行业资质等级证书的管理工作。根据国家安全防范行业法规和技术标准的要求，引导从业单位合法经营、规范发展，协会制定了《甘肃省安全技术防范协会设计施工资质管理办法》，明确规定该办法只适用于参会单位，是本协会的一种自律性措施，并非普遍适用。该办法对初次申请的条件，本协会会员单位原持有资质证书的年度审核、升级条件等都做了详细说明。其目的是为了强化安防工程质量，要求升级的会员单位必须提交设计、施工业绩以及第三方质量检测报告或者竣工验收报告。该办法明确了对会员单位资质证实行动态性审核的管理原则。这些管理措施对促进会员单位合法经营、提高技术实力起到了积极作用。由协会审核颁发的《甘肃省安全技术防范设计施工资质证》已得到政府采购部门、招投标运营公司和甘肃安防行业的广泛认可，已成为甘肃省安防企业进行商务活动的竞争软实力，几年的工作实践证明此举对会员规范运行和发展壮大起到了强有力的推动作用。

六、履行社会责任，心系贫困地区

多年来，甘肃安防协会在团结带领广大会员规范行业发展、加强内部管理、助力全省经济建设的同时，积极履行社会责任，心系贫困地区，参与脱贫攻坚，慰问困难群众，认真贯彻落实甘肃省民政厅《关于动员各级各方面帮扶力量做好困难群众温暖安全过冬工作的通知》精神。

春节前夕，协会全体成员、部分副理事长单位、常务理事单位、理事单位和部分企业代表共计 30 余人在会长的带领下，配合甘肃省民政厅在庄浪县磐安镇、郑和乡、万泉镇十个贫困村开展了扶贫送温暖活动，为 2800 余户贫困村民发放了“春节”慰问物品。庄浪县委、县政府、甘肃省民政厅对协会此次活动表示了感谢并赠送了锦旗。协会将通过帮扶工作建立长效机制，利用甘肃安防协会同苏州安防协会共建友好协会的签约，加强东西部合作，按照工作共商、资源共享、取长补短、互惠共赢的原则，扶贫先扶智，通过职业教育提高贫困地区的劳动技能，达到实现脱贫的目的。

经过一年的努力，甘肃安防协会较好地完成了各项工作任务，但与新形势、新任务、新要求相比，与行业企业的期盼相比，还存在很大差距。协会将总结经验、锐意改革、勇于创新，为甘肃安防行业发展做出积极贡献。

青海省公共安全技术防范协会

青海省公共安全技术防范协会成立于 2009 年 6 月 16 日，是经青海省民政厅登记注册的省级社团法人和青海省境内跨部门、跨地区的地方性行业组织，受青海省公安厅的业务指导和青海省民政厅的监督管理。

地　　址：青海省西宁市城西区香格里拉路 2 号
负 责 人：鞠洪海
电　　话：13709786169
联 系 人：蔡　静
电　　话：18897059961
网　　址：www. qhsafxh. com

2018 年，青海省公共安全技术防范协会（以下简称“青海安防协会”）在各级党委、政府和主管、监管部门的正确领导下，深入学习贯彻党的十九大精神和习近平新时代中国特色社会主义思想，紧紧围绕“提供服务、反映诉求、规范行为”的协会宗旨，主动融入经济社会和安防行业发展大局，紧跟新时代，开启新征程，展现新作为，勇于担当，务实工作，协会建设和各项工作取得了显著成效，为青海的经济发展和社会稳定做出了新的贡献。

一、组织建设工作稳步发展

青海安防协会始终坚持以政策引领为导向，注重用良好的政治生态营造良好的发展环境，持续组织理事和会员单位深入学习贯彻党的十九大精神、习近平新时代中国特色社会主义思想和青海省委省政府“五四战略”、“一优两高”发展战略，努力践行“两个绝对”要求。先后五次召开理事会、业内企业负责人座谈会、安防行业党的十九大和省委十三届四次全体会议精神宣讲会。注意把学习成果融入协会建设和工作实践，引导广大非公经济人士坚决听党话、跟党走，进一步构建安防行业新型的政商关系。对协会收费信息公示情况进行全面自查，编建了西区民兵应急分队和兵员储备组织，依据省民政厅、省发改委的通知，如期完成了协会与省公安厅脱钩试点工作，实现了机构、职能、人事、财产、党建“五分离、五规范”，强化了依法自主运营和行业自律意识，确保了省内安防行业的稳步协调发展。

二、服务管理工作扎实到位

按照各级党委、政府关于加强社会组织规范管理的指示要求，青海安防协会积极适应和认真把握协会工作的新常态，在发展会员队伍、优化组织结构的基础上，进一步调整充实了理事会、常务理事会和副理事长人选，制定了《安全技术防范工程设计施工资质等级评定管理办法》，签订了“财税”、“法律”服务协议，分批实施职业技能和专家培训，规范了服务管理工作程序。始终把务实服务作为协会中心工作来抓，认真走访和听取会员的诉求，积极为会员企业排忧解难，扎实做好省内安防工程企业设计、资质管理和各项服务工作，全面调查统计了2017年省内安防行业情况，对协会资产和收费情况进行自查自纠，完成了安防资质的申办、年审、变更、注销及升级备案工作，满足了青海安防行业的发展需求。截至2018年年底，共有会员单位365家，省内安防从业人员超过1万人，全年省内安防工程竣工量实现8亿多元。

三、行业发展水平不断提升

认真秉承和持续践行协会宗旨，积极搭建行业发展交流平台和开展信息咨询，着力推进安防行业和青海经济社会融合发展。成立了协会无人机分会并签署了战略合作协议，举办了“科技创新·兴警惠民”2018年青海省公安科技活动周、“2018中国（青海）人工智能、大数据与‘雪亮工程’应用创新发展论坛”，参加了湟中县公安局某项目竣工等安防工程评审验收。积极开展安防行业优质工程商和诚信企业创建活动，西宁田竹、青海中大、西宁创奇必佳和青海百安、青海伟安、西宁物联、青海广宁等企业分别被评为“中国安防百强工程（集成）商”和“中国安防地区优质工程（集成）商”，西宁雄瑞、青海思迈、青海清云、西宁惠灵、青海倍德等企业被表彰为“青海安防行业诚信企业”。

四、宣传工作得到加强

青海安防协会注意把行业宣传纳入重要议事日程，进一步建立和完善服务宣传平台，拓展和整合了协会工作群和微信群，采取多种形式宣贯行业政策、法规和会员企业品牌技术，不断扩大协会和安防行业的影响力和知名度。

青海安防协会领导先后参加了“两新”工委社会组织工作座谈会、西宁市委推进“两个绝对”具体化工作座谈会、青海省公安厅巡察科技信息化总队工作动员会和城西区政府迎接“2018年国务院大督查”工作巡查暗访等重要活动。积极参与安防新产品发布、安防产品展览、社会治安防控体系建设和国际社会公共安全产品博览会，先后五次组织协会领导和行业专家赴贵州、浙江、陕西、广东、新疆等省（区）安防协会学习考察。按期出版《青海安防》杂志，全年共编发《青海安防协会简讯》27期，青海电视台、《西海都市报》等新闻媒体多次对协会建设和工作情况进行了专题宣传报道。

五、党建引领效绩突出

充分发挥党建对协会和安防行业的引领作用，青海安防协会积极创新和落实“党建+”的工作思路，认真执行党员管理教育和“三会一课”制度，完成了党支部换届选举工作，与福建安防协会党支部座谈交流党建工作经验，组织开展“缅怀革命先烈，坚定理想信念，重温入党誓词，践行‘两个绝对’”主题党日活动，使党建与协会建设“目标相融”、“过程相融”、“结果相融”，充分发挥了党支部的战斗堡垒作用和党员的先锋模范作用。注重加强与省内外安防行业协会的联系合作，着力打造共建、共享、共赢的行业发展新格局，签订了《省际友好协会合作协议》，与浙江兴旺宝明通公司达成了《自媒体平台（网站和微信公众号）委托建设和运营服务合作协议》，并同甘肃、新疆、陕西、苏州安防协会结成友好协会，联合实施扶贫办学工程，协会建设和安防行业的发展空间有了进一步拓展。

六、社会公益作为明显

青海安防协会把参与抗震救灾、扶贫帮困和其他社会公益事业纳入重要议事日程，通过提升协会及会员企业的影响力、知名度，带动和促进地区安防行业整体发展。依据“雪亮工程”建设总体部署，联合保安、开锁、流浪动物保护行业协会，组织开展了“治安防控走进社区，建设智慧平安家园”等安防系列活动，为协会和安防业务拓展提供了机遇和支持。注意把协会工作与社会公益事业对接，在化隆县沙连堡乡其后昂村开展了定点帮扶活动，与玉树市上拉秀乡日玛村达成长期对口援建意向，为西宁市救助站、福利院、贾小庄小学、昆东社区，大通县青山乡沙岱村等贫困地区和群众，先后捐献价值十多万元的多功能机械床、交通安全书包、爱心门锁、体育器材和慰问品。协会副理事长、青海百安电子科技有限公司总经理纳建存为化隆县沙连堡乡其后昂村党员活动室和贫困学生投资捐助1万多元。

2018年，协会建设得到稳步发展，各项工作取得了显著成绩，但工作中还存在很多问题和薄弱环节，特别是资质管理升级、沟通交流学习、走访调研总结以及发挥专家队伍作用等方面，还需要在规范化、标准化、系统化、制度化上加大力度并做好相应的工作。要直面这些问题，在新的一年里勇于担当、主动作为，积极采取有效措施不断取得新进展、新成效。

新疆维吾尔自治区安全技术防范行业协会

新疆维吾尔自治区安全技术防范行业协会于2011年9月26日在乌鲁木齐市成立，是经新疆维吾尔自治区民政厅登记注册的社团法人，业务主管单位是新疆维吾尔自治区公安厅。

地　　址：乌鲁木齐市黄河路 396 号七一酱园高层 B 座 1303 室
负 责 人：程兴方
电　　话：0991-5848928
联 系 人：吕远彩
电　　话：0991-5821076-8003
网　　址：www. xjafxh. org

2018 年是贯彻党的十九大精神的开局之年，是改革开放 40 周年，是决胜全面建成小康社会、实施“十三五”规划承上启下的关键一年。新疆维吾尔自治区安全技术防范行业协会（以下简称“新疆安防协会”）在新疆维吾尔自治区公安厅、自治区民政厅的监管指导下，在第二届理事会的正确领导下，紧紧围绕协会宗旨，紧密结合行业需求，坚持“四个服务”，不忘初心，砥砺前行，牢固树立创新理念，较好地完成了各项既定工作。在组织党建活动、壮大会员队伍、发挥专家作用、开展会员活动、加大人员培训力度、推动无人机行业发展、参加国内外行业交流、成功举办亚欧安防博览会、加强协会自身建设、引导组织企业承担社会责任、积极参与公益事业和精准扶贫等方面稳步推进，取得了丰硕的成果。

一、创先争优，谋划党建工作新思路

社会组织是我国社会主义现代化建设的重要力量，是党的工作和群众工作的重要阵地，是党的基层组织建设的重要领域。党的十九大报告中，将社会组织纳入中国特色社会主义事业“五位一体”总体布局，被视为新时代治理体系的重要主体和各项建设事业的重要力量。全面推进新时期党在非公经济领域中的重要作用，发挥党的政治优势、组织优势和密切联系群众的优势，坚持落实科学发展观，坚持党要管党、从严治党的方针，圆满完成了协会制定的学习任务，发挥了党组织在社会组织中的战斗堡垒作用，为协会更好地履行职能提供坚强思想和组织保证。

1. 加强秘书处人员的党性建设，进一步提高政治思想素质和理论水平。组织全体人员学习党章以及党的十八大以来中央治国理政新理念、新思想、新战略，学习《中国共产党支部工作条例（试行）》，学习习近平总书记在庆祝改革开放 40 周年大会上的重要讲话精神，观看《厉害了，我的国》等爱国影片、参观毛泽民故居等，并根据所看所想，写心得体会、观后感。

2. 定期召开民主生活会，秘书处人员认真查找个人工作中的不足与存在的问题，认真开展批评与自我批评，并针对协会征求到的意见建议制定了整改措施。

3. 做好党建活动。积极组织会员单位赴革命圣地延安开展红色教育培训，聆听专题讲座“中共中央在延安十三年”、“党的十九大精神解读”，参观延安革命纪念馆、杨家岭等革命旧址，接受现场主题教学“延安时期水乳交融的党群干群关系”。参观了习近平总书记当年下乡插队的梁家河村，接受现场主题教学“习近平在梁家河的知青岁月与时代担当”。会员代表在延安宝塔下重温了入党誓词，体验了一次有意义的组织生活，会员代表普遍表示教育至深、收获良多。

高度重视发展非公党建工作，引导企业以党建为抓手，形成“党建+经营+业绩提升”一体化的发展理念，将党建工作与协会文化有机结合，让党建工作和党员的先锋模范作用真正成为企业聚人心、促发展的助推剂。牢记使命，永远跟党走，继续践行以维护新疆社会稳定和长治久安为总目标的工作方针，坚持党的领导，坚定理想信念，加强作风建设，夯实党的执政基础，履行社会责任，甘于奉献，勇于担当。

二、凝心聚力，提升服务水平

新疆安防协会的主要职能是服务行业、服务会员、服务政府、服务社会。新疆安防协会不断提升服务能力，积极做好宣传工作，进一步增强社会影响力，得到了行业的广泛认可，安防企业积极踊跃加入协会。在第二届理事会的努力下，现有会员单位 992 家，其中副理事长单位 47 家、常务理事单位 25 家、理事单位 39 家。

自二届一次常务理事会审议通过《安防工程企业资质等级评定管理办法》以来，新疆安防协会认真开展安防企业资质评审工作，全力确保安防系统建设在反恐维稳工作中的重要作用，本着公平、公正、公开的原则，2018 年共评审一级资质企业 102 家、二级资质企业 123 家、三级资质企业 631 家。

为进一步提高全区安防工程设计施工质量和技术水平，先后抽调专家委员会专家参与党政机关、政法系统、文博系统、金融系统、石油系统、轨道交通系统等领域的技术咨询、职业培训、安全技术防范工程的技术评标、方案论证和工程验收等。

开通安防工程技术员网上培训、集中考试模式，得到广大会员单位的充分肯定，2018 年共组织七次集中考试，4061 人通过考试并取得培训合格证书。与此同时，工程技术员继续教育也由分批派出考试工作组赴全疆各地州组织自学考试转变为网络在线学习考试，考生可自行选择符合条件的地点进行网上考试，为企业提供了极大的便利，截至目前，已有 2706 人通过考试。

为进一步增强会员单位社会主义意识形态的凝聚力和引领力，促进行业的交流发展，聚焦新疆社会稳定和长治久安总目标的工作思路及目标定位，开展了“芬芳女人，铸就新疆安防靓丽风采——庆国际劳动妇女节”、2018 首届“安防杯”篮球赛等丰富多彩的会员活动。通过举办这些活动，切实丰富会员的业余文化生活，扩大协会影响力，全面提升协会服务水平。

为进一步了解安防企业发展现状，秘书处对会员单位进行了走访调研，听取企业在发展过程中遇到的问题，并对新疆安防协会今后工作提出意见和建议。在肯定企业为新疆安防事业做出贡献的同时，鼓励企业要做大做强，为新疆维稳工作、经济发展贡献力量。

为深入推进新疆安防行业发展，加强宣传党的政策方针，普及安防规范标准，树立安防企业品牌，加强协会QQ群管理，增加微信公众平台的使用频率，做好网站的消息发布。通过向公安基层单位、会员单位及相关行业协会赠阅《新疆公共安全》杂志，带动行业人士不断学习、不断创新，传递正能量，让更多基层公安民警及用户单位及时了解安防行业发展动态。

按照工作计划，针对决议事项分别召开新疆安防协会第二届理事会第八次、第九次、第十次理事长办公会议。

10 月 13 日，在库尔勒市召开新疆安防协会第二届三次理事会会议。会议期间，特邀中国人民公安大学治安学院副教授孙永生以“无人机管理”为主题向大会解析了无人机的发展。会议上，参会代表就“如何配合公安机关打好反恐维稳组合拳”，以及响应自治区党委决策部署，勇于承担社会责任，开展热心公益、精准扶贫等议题展开讨论。同期为表彰第五届中国—亚欧安防博览会做出贡献的 12 家企业，特颁发杰出贡献奖；为表彰近年来在爱心奉献、热心公益方面有贡献的 17 家企业，由协会颁发爱心企业奖。

三、“机”不可失，开启无人机发展新篇章

新疆安防协会无人机分会于第四届中国—亚欧安防博览会期间成立。随着行业的快速发展，国内无人机研制领域原有的竞争格局渐被打破，市场格局正处于巨变和重塑的过程中。新疆安防协会无人机分会依靠政府和行业的集体力量，以实现行业管理社会化、强化行业管理和服务为己任，在政府有关部门的指导下，充分发挥桥梁纽带作用，更好地为行业服务，多次组织召开无人机企业交流座谈会并前往无人机企业进行实地走访。

为深化无人机安全监管方面的研究，推动完善相关法律法规，构建主动防御和被动防御的综合性防控体系，本着优势互补、合作共赢的原则，充分发挥合作单位在各自领域的专业优势，共同致力于开发低空安全防范技术、科研成果转化推广、交流研讨、专业人才培育等研究和实践，完善日常交流合作机制，共同应对危机和挑战，新疆安防协会与中国人民公安大学中国低空安全研究中心签订了合作框架协议。

2018 年 6 月，邀请了主管领导和无人机企业代表共同学习《新疆维吾尔自治区民用无人驾驶航空器安全管理规定》。

2018 年 8 月 16 日，举办新疆无人机应用发展高峰论坛，论坛期间，新疆安防协会无人机分会与深圳无人机行业协会、新疆质监院共同签订了三方合作协议。

四、交流协作，扩大社会影响力

新疆安防协会主办的第五届中国—亚欧安防博览会于 2018 年 8 月 16 日在新疆国际会展中心召开。本届展会以“科技创新安防、服务平安新疆”为主题，集中展示了视频监控、防盗报警、智能交通、智能家居、警用装备等最新产品及前沿技术。展会期间，为表彰在维护新疆安定团结、和谐稳定的局面中做出贡献的 51 名优秀公安干警，特颁发“新疆安防行业杰出贡献奖”，同期还举办了“2018 中国立体化社会治安防控体系建设与应用高峰论坛”、“让世界更安全，让生活更美好”ICT 智能安防驱动智慧城市融合发展高峰论坛、2018 新疆安防工程商大会暨百强工程商颁奖典礼等会议活动，旨在全面提高自治区社会公共安全产品现代化水平，全面展示智能化安防技术与产品在平安中国、智慧城市建设中的创新发展与综合应用，推动自治区安防行业健康快速发展，使协会成为促进国内外交流合作的平台和纽带。

当前新疆维稳形势依然严峻，行业对高新前沿技术需求迫切，新疆安防协会积极组织企业与各地协会及全国安防同人进行沟通交流，学习先进经验，与全国多省市安防协会合作，为会员单位创造更多的交流机会。先后与苏州安防协会签订共建友好协会协议书，会同贵州、湖北、福建、广东、浙江、青海、广西等 8 个省（自治区）协会经友好协商，签约成为友好协会；参加国内外行业技术交流 20 多次，通过参加这些会议，进一步增进了行业之间的交流，推动了海上丝绸之路沿线国家及地区间的安防产业合作，从而更好地把全国先进的产品、技术引入新疆，把新疆安防企业推介出去，为新疆企业“走出去”搭建友好的桥梁。

五、汇聚爱心，共建和谐社会

新疆安防协会长期致力于组织、倡议会员单位尽社会责任，在履行工作职责的同时，不忘初心，回馈社会，帮扶弱势群体，用博爱的心传递温暖。一年来，新疆安防协会共组织爱心公益活动 10 余次，针对喀什地区深度贫困村——莎车县阔什艾日克乡巴扎村开展了爱心扶贫捐赠活动，将生活用品及物资送到大家手中；向乌鲁木齐市部分生活困难群众送上了米面油等慰问品，并为芙蓉社区的五位小朋友进行了捐赠艺术课程及学习用品等活动。在今后的工作中，要广泛动员协会各阶层力量，提倡奉献爱心、收获希望、把党和政府的温暖关怀送到群众手中的社会公益事业，回馈社会，为新疆的繁荣稳定贡献力量。

六、任重道远，更须戮力同心

一年来，在广大会员单位的共同努力下，新疆安防协

会获得了一定的成绩，程兴方理事长荣获首届中国安防年度人物、中国智慧城市创新人物，成功取得了中石油管道有限责任公司西部分公司备案准入证，这些成绩的取得是社会大众和安防同人的肯定，是对协会工作最好的激励。

在肯定成绩的同时，还要清楚地看到，协会工作与理事会及监管部门的要求还存在差距，因此，在推进行业诚信体系建设、加强资质评定管理、规范企业经营行为、维护市场环境等方面，还有大量工作要做。

“雄关漫道真如铁，而今迈步从头越。”新疆安防协会将继续践行以维护新疆社会稳定和长治久安为战略目标的工作方针，始终坚持党的绝对领导，强化队伍作风建设，不断增强服务意识，坚定理想信念，加强与各协会的务实合作，蹄疾步稳推进各项工作的落实，为新疆的繁荣稳定、经济发展做出新的更大贡献。

第三节　技术服务工作

全国安全防范报警系统标准化技术委员会

全国安全防范报警系统标准化技术委员会（简称“全国安防标委会”，代号为 SAC/TC100）成立于 1987 年，归口工作范围为安全防范报警系统和产品，涉及入侵和紧急报警、视频监控、出入口控制、防爆安检、安防工程、实体防护和人体生物特征识别应用等多个专业技术领域。SAC/TC100 的主要工作任务是：向国家标准化管理委员会和公安部科技信息化局提出安全防范报警系统技术领域标准化工作的方针、政策和技术措施的建议；按照国家标准化工作的方针、政策，制定安全防范报警系统技术领域的标准体系和标准制修订规划、计划草案；按照国家和行业下达的标准制修订年度计划组织制定和审查国家标准草案和行业标准草案；对经批准、发布的国家标准、行业标准，组织宣贯、培训和定期复审、修订；为企业标准化工作提供咨询和服务；对口国际电工委员会/报警与电子安防系统技术委员会（IEC/TC79）的工作，参加 IEC/TC79 国际标准草案的制定、审查和投票表决。

地　　址：北京市海淀区首体南路 1 号公安部第一研究所新科研楼 19 层 1916B
联 系 人：施巨岭
电　　话：010-68773938
联 系 人：王　新
电　　话：010-68773908
邮　　编：100048
网　　址：www. tc100. org. cn

2018 年，SAC/TC100 在国家标准化管理委员会和公安部科技信息化局的领导下，在秘书处承担单位公安部第一研究所的大力支持下，在全体委员、通讯委员和专家的共同努力下，委员会工作的各个方面都取得了比较突出的成绩，为满足公安业务应用和促进安防产业发展做出了应有的贡献。

一、积极开展重要领域标准项目研究及制定

（一）积极推进公共安全视频图像信息联网共享应用标准编制工作

为贯彻落实中央综治办、国家发展改革委、国家标准委、公安部等九部委联合发布的《关于加强公共安全视频监控建设联网应用工作的若干意见》（发改高技〔2015〕996 号），SAC/TC100 组织编制了《公共安全视频图像信息联网共享应用标准体系（2017 版）》，并于 2017 年 9 月 1 日由中央综治办秘书室、国家发展改革委办公厅、公安部办公厅和国家标准委办公室联合印发。

2018 年，SAC/TC100 积极推进相关国家标准的立项申报工作，组织完成了标准体系中 11 项高优先级国家标准草案，于 2018 年 10 月通过了国家标准技术审评中心的专家评审；12 月 25 日，国家标准委下达了 2018 年第四批推荐性国家标准项目计划，其中包括了这 11 项国家标准，具体如下：

1. GB/T《公共安全视频图像数据项》。

2. GB/T《公共安全视频图像信息联网共享应用总体要求》。

3. GB/T《公共安全视频图像信息综合应用系统技术要求》。

4. GB/T《公共安全视频图像信息综合应用服务接口协议要求》。

5. GB/T《公共安全视频图像分析系统　第 1 部分：通用技术要求》。

6. GB/T《公共安全视频图像分析系统　第 2 部分：视频图像内容分析及描述技术要求》。

7. GB/T《公共安全视频图像分析系统　第 3 部分：视

频图像增强技术要求》。

8. GB/T《公共安全视频监控边界安全交互技术要求》。

9. GB/T《公共安全视频监控联网技术测试规范》。

10. GB/T《公共安全视频监控数字视音频编解码技术测试规范》。

11. GB/T《公共安全视频监控联网信息安全测试规范》。

（二）配合社会治安防控和反恐工作，积极申报国家重要专项，探索联合制定治安反恐防范标准的工作机制

1. 为贯彻落实《反恐怖主义法》，做好防范恐怖袭击重点目标的安全防范工作，SAC/TC100 积极参加国家重点专项的研究工作，由公安部第一研究所牵头，组织有关委员单位申报并承担了相关课题。

2. 为处理好治安防范标准和反恐防范标准的协调问题，SAC/TC100 积极会同公安部科技信息化局、治安局、反恐局等有关部门，多次开会研究解决措施，最后达成一致意见，由 SAC/TC100 制定统一的治安反恐防范标准。2018 年，SAC/TC100 组织部分 TC100 委员单位以及中石油、中石化、中海油等保卫部门启动了石油石化领域的 5 项治安反恐防范行业标准的编制工作，并已完成征求意见稿。具体标准如下：

（1）GA《石油石化企业治安反恐防范要求　第 1 部分：油气田企业》；

（2）GA《石油石化企业治安反恐防范要求　第 2 部分：炼油和化工企业》；

（3）GA《石油石化企业治安反恐防范要求　第 3 部分：成品油和天然气销售企业》；

（4）GA《石油石化企业治安反恐防范要求　第 4 部分：工程技术服务企业》；

（5）GA《石油石化企业治安反恐防范要求　第 5 部分：运输企业》。

二、标准制修订成果丰硕，经批准发布和完成报批稿的标准数量创历史纪录

截至 2018 年 12 月，TC100 现行标准已经达到 208 项，其中国家标准 57 项、行业标准 146 项。2018 年以来，经批准发布和完成报批稿的标准数量创历史纪录。

1. 完成并经批准发布的标准共 35 项，其中国家标准 14 项、行业标准 21 项。具体如下：

序号	标准编号	名　称
1	GB 12899-2018	手持式金属探测器通用技术规范
2	GB 15208. 1-2018	微剂量 X 射线安全检查设备　第 1 部分：通用技术要求
3	GB 15208. 2-2018	微剂量 X 射线安全检查设备　第 2 部分：透射式行包安全检查设备
4	GB 15208. 3-2018	微剂量 X 射线安全检查设备　第 3 部分：透射式货物安全检查设备
5	GB 15208. 4-2018	微剂量 X 射线安全检查设备　第 4 部分：人体安全检查设备
6	GB 15208. 5-2018	微剂量 X 射线安全检查设备　第 5 部分：背散射物品安全检查设备
7	GB 15210-2018	通过式金属探测门通用技术规范
8	GB/T 31070. 2-2018	楼寓对讲系统　第 2 部分：全数字系统技术要求
9	GB/T 31070. 4-2018	楼寓对讲系统　第 4 部分：应用指南
10	GB/T 36546-2018	入侵和紧急报警系统　告警装置技术要求
11	GB/T 37078-2018	出入口控制系统技术要求
12	GB/T 37128-2018	X 射线计算机断层成像安全检查系统技术要求
13	GB 37300-2018	公共安全重点区域视频图像信息采集规范
14	GB 50348-2018	安全防范工程技术标准
15	GA 164-2018	专用运钞车防护技术要求
16	GA 576-2018	防尾随联动互锁安全门通用技术条件
17	GA 844-2018	防砸透明材料
18	GA/T 1351-2018	安防线缆接插件
19	GA/T 1352-2018	视频监控镜头
20	GA/T 1353-2018	视频监控摄像机防护罩通用技术要求
21	GA/T 1354-2018	安防视频监控车载数字录像设备技术要求
22	GA/T 1355-2018	国家标准 GB/T 28181-2016 符合性测试规范

续表

序号	标准编号	名　称
23	GA/T 1356-2018	国家标准 GB/T 25724-2017 符合性测试规范
24	GA/T 1357-2018	公共安全视频监控硬盘分类及试验方法
25	GA 1467-2018	城市轨道交通安全防范要求
26	GA/ 1468-2018	寄递企业安全防范要求
27	GA/T 1469-2018	光纤振动入侵探测系统工程技术规范
28	GA/T 1470-2018	安全防范　人脸识别应用　分类
29	GA/T 1486-2018	安全防范　虹膜识别应用　程序接口规范
30	GA/T 1499-2018	卷帘门安全性要求
31	GA 1511-2018	易制爆危险化学品储存场所治安防范要求
32	GA 1517-2018	金银珠宝营业场所安全防范要求
33	GA 1524-2018	射钉器公共安全要求
34	GA 1525-2018	射钉弹公共安全要求
35	GA 1531-2018	工业电子雷管信息管理通则

这些标准的发布实施，为全国公安机关开展视频图像信息联网应用、加强社会治安防控、打击违法犯罪发挥了重要的技术保障作用。

以上标准中，GB 50348-2018《安全防范工程技术标准》是对 GB 50348-2004《安全防范工程技术规范》的修订。该标准于 2015 年在住建部立项，SAC/TC100 组织国内 22 个单位的 32 位专家和技术人员共同编制完成。该标准认真总结了十几年来我国安全防范工程建设和系统运行维护的实践经验以及安全防范技术、应用的最新成果，在原标准的基础上增加了风险防范规划、系统架构规划、人力防范规划、实体防护设计以及工程建设程序、监理、运行、维护、咨询服务等内容；删除了原标准中高风险对象和普通风险对象的安全防范工程设计内容，将标准内容定位在安全防范工程建设和系统运行维护的通用要求，内容更加系统和全面。

GB 50348-2018《安全防范工程技术标准》的发布实施，对于全面提升安全防范工程建设质量和系统运行维护水平、保护人身安全和财产安全、维护社会安全稳定、保障人民群众安居乐业具有重要意义和不可替代的作用。

2. 完成标准报批稿共 23 项，其中国家标准 5 项、行业标准 18 项。具体如下：

（1）GB《入侵和紧急报警系统　控制指示设备》；

（2）GB/T《居家安防智能管理系统技术要求》；

（3）GB《防盗保险柜（箱）》；

（4）GB《金库门通用技术条件》；

（5）GB/T《公共安全　指纹识别应用　算法评测方法》；

（6）GA/T《公安视频图像信息联网应用运维管理规范》；

（7）GA/T《公安视频图像信息联网应用运维管理平台技术要求》；

（8）GA/T《安全防范视频监控　红外热成像仪》；

（9）GA《广播电视重点单位重要部位安全防范要求》；

（10）GA/T《入侵和紧急报警系统　紧急报警装置》；

（11）GA/T《展示物品防盗装置技术要求》；

（12）GA/T《安防拾音器通用技术要求》；

（13）GA/T《鞋内安全检查仪技术要求》；

（14）GA《电子防盗锁》；

（15）GA/T《出入口控制系统　控制器》；

（16）GA/T《出入口控制系统　编码识读设备》；

（17）GA/T《安全防范系统　电磁环境控制限值和测量方法》；

（18）GA/T《安防人脸识别应用　视频人脸图像提取技术要求》；

（19）GA/T《安全防范　人脸识别应用　算法性能评测方法》；

（20）GA/T《安防指纹识别应用　识别设备通用技术要求》；

（21）GA/T《安防虹膜识别应用　采集设备通用技术要求》；

（22）GA/T《安防掌静脉识别应用　图像技术要求》；

（23）GA/T《安全防范　手部静脉识别应用　图像数据交换格式》。

三、国际标准化工作继续取得新突破，制定国际标准的话语权进一步增强

（一）圆满完成我国牵头制定的 5 项楼寓对讲国际标准

由我国牵头制定的 IEC62820《楼寓对讲系统》系列国

际标准下设5项分标准，分别为：

IEC62820-1-1《楼寓对讲系统 第1-1部分：通用要求》；

IEC62820-1-2《楼寓对讲系统 第1-2部分：数字型系统要求》；

IEC62820-2《楼寓对讲系统 第2部分：先进型系统要求》；

IEC62820-3-1《楼寓对讲系统 第3-1部分：通用系统应用指南》；

IEC62820-3-2《楼寓对讲系统 第3-2部分：先进型系统应用指南》。

截至2018年，IEC62820《楼寓对讲系统》系列国际标准已全部完成并作为正式国际标准发布。

该5项国际标准自申报立项至正式发布历时6年，参加编制工作的有公安部第一研究所、公安部第三研究所、国家安全防范报警系统产品质量监督检验中心（北京、上海）等TC100委员单位，共选派专家14人。该工作组召开国内外全体技术专家面对面国际会议11次、电话会议7次，圆满完成了国际标准制定任务。6年来，全体参编单位和专家为该5项国际标准的制定工作付出了巨大的艰辛和努力，为TC100乃至我国的国际标准化工作做出了突出贡献。

（二）实践“中国标准走出去战略”，积极推动我国安防标准走向国际

为积极响应和贯彻落实“中国标准走出去战略”，2018年，SAC/TC100组织公安部第一研究所及北京文安、海康、大华、华为等单位的专家，经过认真研究和梳理，并经我国国家标准委审核备案，向IEC/TC79正式申报了国际标准新工作项目提案IEC 62676-2-4《报警与电子安防系统-安防视频监控系统-视频传输协议-跨区域跨平台视频监控系统互联互通协议技术要求》。该提案是在我国国家标准GB/T 28181-2016《公共安全视频监控联网系统信息传输、交换、控制技术要求》的基础上提出的，目的是把在我国广泛应用的视频监控联网标准推向国际。经过我国专家与各国专家的反复沟通和交流，该提案于2018年9月28日在IEC/TC79各成员国中流通投票。截至12月21日，投票结果为：赞成率达到立项要求，但参加起草的国家不足5个，因此，未能通过立项。

（三）积极参与国际标准的制定工作

除牵头制定5项国际标准、申报1项国际标准提案外，2018年，SAC/TC100选派公安部第一研究所和国家安全防范报警系统产品质量监督检验中心（北京）等单位有关专家参加了三项国际标准的制定工作，分别为：

1. IEC 62676-5 安防应用中的视频监控系统 第5部分：摄像机数据规范和图像质量性能。该国际标准已于2018年6月5日作为正式国际标准发布。

2. IEC 62676-6 安防应用中的视频监控系统 第6部分：视频内容分析 性能测试和分级。该国际标准目前处于CD文件形成阶段。

3. IEC 62692 数字门锁系统 要求和试验方法。该国际标准目前处于CDV2阶段，即形成第二版CDV文件后，在IEC/TC79各成员国中进行二次投票。

（四）认真组织开展国际标准化相关工作

1. 派员参加国际标准化工作会议。

2018年10月21日-26日，2018年IEC/TC79年会及各工作组专家会议在韩国釜山召开。SAC/TC100选派了4名国际标准化技术专家参会。各位专家分别参加了2018年IEC/TC79年会、IEC/TC79主席顾问组会议和视频监控系统工作组（WG12）会议。

2018年10月22日-24日，IEC青年专家会议在韩国釜山召开。SAC/TC100秘书处解桂秋参会。

2. 参加IEC/TC79/WG12及IEC/TC79/WG13电话会议。

2018年，SAC/TC100派出10余名技术专家参加IEC/TC79/WG12和WG13的国际标准制定工作。为了保证我国的技术意见更多地获得认可，同时保证上述国际标准在我国的适用性，我国专家参加了以上两个工作组共计20余次电话会议。在每次参会之前，我国专家均先期召开中国专家会议，形成一致意见提交工作组会议讨论。

3. 完成IEC/TC79各项投票工作。

2018年，IEC/TC79共下发新工作项目提案2项、最终国际标准草案1项、评论用草案文件1项。针对各项文件的下发，SAC/TC100秘书处及时组织中国国内专家进行研究讨论，形成正式的中英文意见，通过国家标准委反馈至IEC/TC79秘书处。截至2018年12月25日，SAC/TC100已完成全部12项IEC/TC79流通文件的投票工作，投票率为100%。

四、加强标准的宣贯培训，加大标准的实施力度

（一）紧密配合中央政法委和公安部的工作，积极开展公共安全视频监控建设联网应用标准的宣贯培训

1. 为确保公共安全视频图像信息跨地区、跨部门、跨层级联网共享和综合应用，2018年3月27日，TC100配合公共安全视频监控建设联网应用部际协调工作组（以下简称“部际协调工作组”）举办了“公共安全视频监控建设联网应用相关标准培训会议”。中央综治办综治三室李炜副主任、公安部科技信息化局厉剑局长和国家标准委工业标准二部王莉副主任出席会议并讲话。国家发展改革委、住建部、交通部等部际协调工作组26家成员单位有关负责同志共50余人在公安部机关主会场参加会议，各省（区、市）综治、公安、发改等有关部门负责同志在本地公安机关分会场参加视频会议。会议对《公共安全视频图像信息联网共享应用标准体系（2017版）》和GB/T 28181-2016《公共安全视频监控联网系统信息传输、交换、控制技术要求》、GB/T 25724-2017《公共安全视频监控数字视音频编解码技术要求》、GB 35114-2017《公共安全视频监控联网信息安全技术要求》三项国家标准进行了解读和宣贯。通

过此次标准宣贯会议，使各有关部门和单位对标准体系及相关标准加深了理解，对公共安全视频监控建设联网应用中“统一标准”的原则加深了认识。

2. 为进一步提升公安科技信息化水平，指导各地公安科信部门依据标准规范开展公共安全视频监控建设联网应用工作，2018 年，TC100 配合公安部科技信息化局举办了“全国公安科信部门视频监控系列标准培训班”和“全国藏区及重点贫困县公安技防和视频监控新技术培训班”，培训各省、自治区、直辖市公安厅（局），新疆生产建设兵团公安局以及重点贫困县科信/技防管理干部 300 余人。培训班邀请相关标准起草专家对 GB/T 28181-2016《公共安全视频监控联网系统信息传输、交换、控制技术要求》、GB/T 25724-2017《公共安全视频监控数字视音频编解码技术要求》、GB 35114-2017《公共安全视频监控联网信息安全技术要求》等国家标准和 GA/T 1399-2017《安视频图像分析系统》、GA/T 1400-2017《公安视频图像信息应用系统》等行业标准进行了宣贯。培训班的举办，对于全国公安机关视频监控建设联应用工作的顺利开展具有重要的指导作用。

（二）成功举办“视频监控安全应用标准宣贯及技术论坛”

2018 年 10 月 12 日，在第 49 届世界标准日即将来临之际，SAC/TC100 在“枫桥经验”的发源地——浙江省诸暨市成功举办了“视频监控安全应用标准宣贯及技术论坛”。论坛由 TC100 主办，诸暨市人民政府承办，视频图像信息智能分析与共享应用技术国家工程实验室、国家安全防范报警系统产品质量监督检验中心（北京）、中国安全技术防范认证中心、中国安全防范产品行业协会等单位协办。来自全国安防业界和公安科信部门的领导、专家、同人共 200 余人齐聚一堂，回顾我国视频监控建设取得的成果，总结视频监控建设联网应用的经验，研讨视频监控安全解决方案，共商视频监控安全产业发展大计。诸暨市人民政府副市长俞越、TC100 副主任委员赵源出席论坛并致辞，10 位业内专家围绕视频监控标准及安全应用发表了演讲。此次论坛的举办，对于加强公共安全视频监控网络安全建设、推动公共安全视频监控相关国家标准和行业标准贯彻实施，促进安全防范和信息安全产业资源优势互补、带动安全防范和信息安全产业创新发展具有重要意义。

（三）加强对重点行业的安防标准宣贯与培训

为了进一步加强银行业金融机构的安全技术防范工作，帮助银行机构正确理解和准确执行相关国家标准和行业标准，2018 年，SAC/TC100 共举办了 5 期银行机构安防标准培训班，来自中国工商银行、中国农业银行、中国银行、中国建设银行、交通银行、农业发展银行等银行业金融机构的保卫干部近千人参加了培训。培训班上，授课老师对 GB 50348-2018《安全防范工程技术标准》等标准进行了宣贯，得到了参会人员的一致好评，培训取得良好效果。

五、与行业协会合作，积极推动团体标准的制定

2018 年 1 月 1 日，新修订的《中华人民共和国标准化法》（以下简称《标准化法》）正式实施。《标准化法》第二条规定“标准包括国家标准、行业标准、地方标准和团体标准、企业标准”；第十八条规定“国家鼓励学会、协会、商会、联合会、产业技术联盟等社会团体协调相关市场主体共同制定满足市场和创新需要的团体标准，由本团体成员约定采用或者按照本团体的规定供社会自愿采用”，从而赋予了团体标准的法律地位。

按照公安部科技信息化局的相关要求，SAC/TC100 与中国安全防范产品行业协会（以下简称“中安协”）合作，积极推动和开展团体标准的制定工作。2018 年 12 月，中安协的首个团体标准《视频监控室外电子设备箱通用技术要求》（征求意见稿）已经完成公开征求意见。2019 年 1 月 17 日，SAC/TC100 配合中安协组织召开了《视频监控室外电子设备箱通用技术要求》（送审稿）专家审查会，审议通过了该标准送审稿。

六、存在的问题与改进措施

从 2018 年 TC100 标准制修订总体情况来看，完成的标准数量创了历史新高，但标准项目的按时完成率较低。其原因在于：一是支撑公安工作的重要标准制修订任务较重，如公共安全视频监控建设联网应用标准、治安反恐防范标准，需要优先完成的项目较多；二是历年申报的标准项目过多，而且很多标准起草人比较年轻，缺乏标准化工作经验，标准草案质量较低，需要不断修改和完善，也是造成项目延期的原因之一。

在今后的工作中，SAC/TC100 将积极采取措施，争取各项标准保质保量地按期完成。一是严把标准立项质量关，不成熟的标准不予立项；二是加强标准制修订过程的组织协调，提高标准制修订效率；三是充分发挥委员和专家对标准的跟踪指导作用，确保标准的编制质量。

全国警用装备标准化技术委员会

全国警用装备标准化技术委员会（SAC/TC561）是经国家标准化管理委员会批准成立的全国警用装备专业标准化技术工作组织，主要负责警用装备领域国家标准和行业标准的制修订工作，负责武器警械、警用车辆、警用防护装备、警服和警用装具专业技术领域的警用装备标准化归口工作和本专业国家标准、行业标准的制修订工作。

地　　址：北京市海淀区首都体育馆南路1号65分箱
电　　话：010-68773422、68773412
传　　真：010-68773422
网　　址：www.gbjbw.org.cn

2018年，在“科技强警”总体战略思想的带动下，在维稳、反恐、防控需求日益迫切的背景下，我国警用装备行业获得了快速的发展。全国警用装备标准化技术委员会（以下简称“警标委”）在国家标准化管理委员会、公安部科技信息化局、公安部装备财务局、最高人民检察院计划财务装备局、最高人民法院司法行政装备管理局、司法部计财装备司以及秘书处承担单位公安部第一研究所等单位的关心、支持和指导下，在全体委员和专家的共同努力下，围绕中心、服务大局，全面贯彻落实“科技强警”战略，着力推进警用装备技术标准体系进一步健全完善，较好地完成了标准制修订和上级下达的各项任务。当前，经过各级和各有关方面的不懈努力，我国警用装备的品种和数量大幅增加，装备保有量逐年递增，科技含量显著提高，有效改善了公安机关的执法条件，增强了公安队伍的战斗力。

截至2018年12月31日，警标委完成的现行有效的行业标准共213项，其中强制性标准187项、推荐性标准26项。

2018年，警标委紧密配合警用装备建设规范化工作，着力推动标准宣贯和实施工作，参与业务主管部门安排的2018年公安应急储备装备质量抽检及多项警用装备的立项、验收评审会议，以及警服生产企业目录资格招标所需材料标样及相关资料的制作工作，得到了多方领导的充分肯定。

一、围绕实战，完成重点标准制修订任务

2018年，警标委以完善装备技术标准体系、“公安单警装备改进系列标准制定”、“99式警服改进系列标准制定”等为重点，围绕实战急需，有力推进工作，较好地完成警用武器警械、警用防护、警用被装、警用车辆和警用装具等警用装备技术标准制修订工作，已发布实施和上报的标准项目8项；完成审查拟上报审批的标准项目6项；完成送稿审拟提交审查的标准项目11项；完成征求意见稿的标准项目30项。已发布实施的6项标准如下：

（一）GA 237-2018《金属脚镣》

本标准由公安部监所管理局提出，由全国警用装备标准化技术委员会归口，由公安部监所管理局、公安部特种警用装备质量监督检验中心、公安部第一研究所、烟台旭天警用器材有限公司、成都锦安器材有限责任公司、无畏警用装备有限公司起草，2018年8月24日发布，2018年9月1日实施。本标准所代替标准的历次版本发布情况为：GA/T 237-2000，GA/T 237-2005。本标准规定了金属脚镣的术语和定义、分类和代号、技术要求、试验方法、检验规则、包装、运输和贮存。本标准的修订对于规范产品生产、销售、使用和管理，从而提高执法效力维护国家长治久安具有十分重要的意义，其技术水平属国内先进水平。

（二）GA 883-2018《公安单警装备　强光手电》

本标准由公安部装备财务局提出，由全国警用装备标准化技术委员会归口，由公安部装备财务局、全国警用装备标准化技术委员会、公安部第一研究所、公安部特种警用装备质量监督检验中心、广州卫富科技开发有限公司、保定市公安头盔厂、中国兵器装备集团兵器装备研究所、河南威达威警用设备有限公司、深圳市威铠特种装备有限公司、北京臣业天鹰警械技术开发有限公司、无畏警用装备有限公司起草，2018年8月24日发布，2018年9月1日实施。本标准所代替标准的历次版本发布情况为：GA 883-2010。本标准规定了公安单警装备强光手电的术语和定义、分类和编号、技术要求、试验方法、检验规则及包装、标志、运输与贮存。本标准的修订对于规范产品生产、销售、使用和管理，从而提高执法效力维护国家长治久安具有十分重要的意义，其技术水平属国内先进水平。

（三）GA 884-2018《公安单警装备　催泪喷射器》

本标准由公安部装备财务局提出，由全国警用装备标准化技术委员会归口，由公安部装备财务局、全国警用装备标准化技术委员会、公安部第一研究所、公安部特种警用装备质量监督检验中心、北京臣业天鹰警械技术开发有限公司、成都恒安警用装备制造有限公司、湖北贵族真空科技股份有限公司、广州市景士安全技术防范产品开发有限公司起草，2018年8月23日发布，2018年9月1日实施。本标准所代替标准的历次版本发布情况为：GA 884-2010。本标准规定了公安单警装备催泪喷射器产品的术语和定义、分类和编号、技术要求、试验方法、检验规则、包装、标志、运输与贮存。本标准的修订对于规范产品生产、销售、使用和管理，从而提高执法效力维护国家长治久安具有十分重要的意义，其技术水平属国内先进水平。

（四）GA 886-2018《公安单警装备　伸缩警棍》

本标准由公安部装备财务局提出，由全国警用装备标准化技术委员会（TC561）归口，由公安部装备财务局、全国警用装备标准化技术委员会、公安部第一研究所、公安部特种警用装备质量监督检验中心、北京安泊美联警用装备有限责任公司、上海联博安防器材有限公司、广州市景士安全技术防范产品开发有限公司、温州金牛警安器材有限公司、广州卫富科技开发有限公司起草，2018年8月10日发布，2018年9月1日实施。本标准所代替标准的历次版本发布情况为：GA 886-2010。本标准规定了公安单警装备伸缩警棍的术语和定义、分类和编号、技术要求、试验方法、检验规则、包装、标志、运输与贮存。本标准的修订对于规范产品生产、销售、使用和管理，从而提高执法效力维护国家长治久安具有十分重要的意义，其技术水平属国内先进水平。

（五）GA 890-2018《公安单警装备 多功能腰带》

本标准由公安部装备财务局提出，由全国警用装备标准化技术委员会归口，由公安部装备财务局、全国警用装备标准化技术委员会、公安部第一研究所、公安部特种警用装备质量监督检验中心、石狮市日久军警装备有限公司、武汉雄鹰特种装具有限责任公司、浙江华安安全设备有限公司、星际控股集团有限公司、天津雅杰兴旅游用品有限公司、广东恒骏工贸发展有限公司起草，2018 年 8 月 10 日发布，2018 年 9 月 1 日实施。本标准所代替标准的历次版本发布情况为：GA 890－2010。本标准规定了公安单警装备 多功能腰带的术语和定义、分类和编号、技术要求、试验方法、检验规则、包装、标志、运输与贮存。本标准的修订对于规范产品生产、销售、使用和管理，从而提高执法效力维护国家长治久安具有十分重要的意义，其技术水平属国内先进水平。

（六）GA 1512-2018《公安单警装备 金属手铐》

本标准由公安部装备财务局提出，由全国警用装备标准化技术委员会（TC561）归口，由公安部装备财务局、全国警用装备标准化技术委员会、公安部第一研究所、公安部特种警用装备质量监督检验中心、北京臣业天鹰警械技术开发有限公司、成都锦安器材有限责任公司、温州市金牛警安器材有限公司、烟台远大安全设备有限公司、重庆帅能科技有限公司起草，2018 年 8 月 10 日发布，2018 年 9 月 1 日实施。本标准规定了公安单警装备金属手铐的术语和定义、编号、技术要求、试验方法、检验规则、包装、标志、运输与贮存。本标准的修订对于规范产品生产、销售、使用和管理，从而提高执法效力维护国家长治久安具有十分重要的意义，其技术水平属国内先进水平。

二、编写教材，组织标准宣贯与培训

标准的宣传贯彻是标准化工作的重要任务之一。标准只有通过贯彻实施才能在生产和管理工作中发挥预期的作用，否则就会流于形式。警标委于 2018 年 12 月在北京市召开了《警鞋 2018 款男单皮鞋》、《警鞋 2018 款女单皮鞋》、《警鞋 2018 款男皮凉鞋》、《警鞋 2018 款女皮凉鞋》、《警鞋 2018 款男棉皮鞋》、《警鞋 2018 款女棉皮鞋》、《警鞋 2018 款男毛皮鞋》、《警鞋 2018 款女毛皮鞋》8 项技术标准培训会，来自全国警用皮鞋目录生产企业的 100 余名代表参加了培训。

会前，警标委组织业内专家精心编写了培训教材，制作了产品样鞋、样楦、样板、主辅材料标样，会上对参会企业进行了发放，培训会取得了很好效果，为主管部门进行规范化管理、保障警鞋质量提供了有力的技术支撑。

三、紧密配合，推进单警装备改进标准制修订

为了深入贯彻公安部领导要求，扎实推进公安单警装备改进所需技术标准制修订工作建设，警标委在公安部装备财务局的指导下，按照公安单警装备改进工作需要，紧密配合开展技术标准制修订工作。全年共组织了几十次标准制修订工作专项会议，同时，组织项目组赴公安部特种警用装备质检中心现场进行试验和数据分析，对标准草案进行了充分讨论，吸收各方面意见，确保标准科学可行、贴近实战。警标委严格按照工作方案的要求，细化任务分工和时间节点，强化督导和保障到位。目前，《公安单警装备伸缩警棍》、《公安单警装备金属手铐》、《公安单警装备强光手电》、《公安单警装备催泪喷射器》、《公安单警装备多功能腰带》5 项技术标准已经公安部批准发布实施。同时，受公安部装备财务局委托，组织产品项目组、业内专家完成了产品图纸审查和产品实物标样的制作工作，并积极配合公安部装备财务局开展生产企业入围涉及的技术标准监督实施等相关服务工作。

四、完成了 2018 年度国家标准、公共安全行业标准申报工作

按照国家标准委和公安部科技信息化局 2018 年度国家标准、公共安全行业标准申报立项工作要求，警标委组织完成了本委员会归口范围内的国家标准、行业标准制修订申报工作。

完成了国家标准委《人民警察警徽》、《警车车徽》、《警用防弹衣》、《特种警用装备术语》、《警用武器与弹药命名及代号编制规则》、《警用车辆产品分类及型号编制规则》、《防弹材料及产品 V50 试验方法》、《警戒带》8 项国家标准的申报工作。

按照公安部科技信息化局标准立项要求，组织主管领导、业内专家对 2018 年申报项目进行预评审，经过评审，筛选出 17 项装备业务急需、行业应用需求大的标准申报项目上报科技信息化局评审，并已经批准立项。

五、召开了一届二次全体会议

4 月 23 日，警标委一届二次全体会议在北京召开。来自警标委的委员、通讯委员、专家及有关方面领导共 270 余人出席了会议。

公安部党委委员、部长助理王俭同志，公安部第一研究所所长仇保利同志，公安部科技信息化局副局长朱抚刚同志出席会议并做重要讲话。中国警察协会警务保障分会、公安部警用装备采购中心、公安部装备财务局警用装备研发论证中心、公安部科技信息化局标准规范工作处、公安部特种警用装备质检中心等相关单位的领导和嘉宾出席了会议。

六、积极推进无人机反制装备科研项目及标准制定工作

近年来，无人机的泛用、滥用和有效反制手段不足，使得重点政治军事部门、重要工程工业基地、大型活动现场直接面临着误入、偷窥和恐怖袭击的现实威胁，低空安

保问题凸显。公安机关等相关部门对无人机反制装备的需求日益明确和增多，为了应对形势需要，“警用‘低慢小’飞行器拦截指挥控制系统关键技术研究”科研项目在公安部第一研究所获批立项，由警标委孙非秘书长任项目组组长，项目组成立后，抓紧时间开展科研工作，依据项目目标生产的实际装备，分别参加了由装备财务局组织的全国公安机关反恐装备发展阶段性成果展以及在连云港进行的实战演示，为公安部领导以及各级公安机关进行了多场次实战演示，得到了公安部领导及公安部装备财务局领导的肯定和鼓励。目前，项目已进入结题验收阶段，科研成果也已进入推广阶段（全国公安机关对产品需求很大，已交由研究所相关经营单位开展商务运作）。

按照公安部装备财务局对“低慢小”飞行器装备工作的统一部署，警标委本着提前介入的原则，与国内相关单位联系和沟通，深入把握了相关工作要求，积累了大量试验数据，并向公安部科技信息化局申报了《无人机反制装备》技术标准制定任务，已获批准立项。目前，已完成标准资料调研、收集，并召开了标准启动会。

七、紧密围绕标准的制定和实施，配合主管业务部门做好技术服务工作

2018年，根据公安装备规范化建设要求，应公安部装备财务局要求，同时为了检验标准实施后的可执行性、可操作性及制定的科学性，秘书处参与装备财务局组织的警用装备产品交货验收工作。

参加行业内主管部门组织的警用装备的立项、验收等评审会议。

参与警用被装产品的改进研发、产品样品的设计、试用和评审工作，为下一进制修订标准做好技术储备。

组织并参与编写无人机系列标准宣贯材料。

为了更好地宣传贯彻无人机系列标准的实施，2018年上半年，警标委与《警察技术》编辑部合作，组织并参与编写了无人机系列宣贯教材和无人机专业文章，以《警察技术》专刊的形式编辑出版。

公安部社会公共安全应用基础标准化技术委员会

经公安部领导批准，公安部社会公共安全应用基础标准化技术委员会（以下简称“基础标委会”）于2008年1月23日在北京正式成立。基础标委会由公安部机关业务局、部属研究所、院校、标准化技术委员会、质量检验机构、质量认证机构、行业协会以及生产、使用、经销等方面的企业代表组成。公安部科技信息化局局长厉剑任主任委员，公安部第一研究所副所长于锐任秘书长，副主任委员由公安部各相关业务局、部属研究所领导担任。基础标委会接受公安部科技信息化局的领导，秘书处挂靠单位为公安部第一研究所。

地　　址：北京市海淀区首都体育馆南路1号
邮　　编：100048
负 责 人：于　锐
电　　话：010-68773879
联 系 人：王　菁
电　　话：010-68773878

2018年，基础标委会主要完成了以下几项工作：

一、完成5项国家标准计划的编制

1.《爆炸物安全检查与处置　通用术语》（国标计划编号：20151648-T-312）。

2.《爆炸物现场处置规范》（国标计划编号：20151645-T-312）。

3.《重点场所防爆炸安全检查　第1部分：基础条件》（国标计划编号：20151644-T-312）。

4.《重点场所防爆炸安全检查　第2部分：能力评估》（国标计划编号：20151643-T-312）。

5.《重点场所防爆炸安全检查　第3部分：规程》（国标计划编号：20151646-T-312）。

二、完成《保安服务岗位装备配备要求》立项报批稿

由基础标委会承担的国家质检公益性行业科研专项项目——《保安服务岗位装备配备要求》完成立项报批稿。

三、发布实施4项行业标准

以下4项行业标准的实施，体现了基础标委会在新产品、新技术，以及跨警种、跨业务领域标准化工作的综合实力，同时，为公安一线工作提供了强有力的标准化技术支撑。

（一）《警用电子装备通用技术要求》（GA 1461-2018）

在当前国内外反恐严峻形势和社会面维稳压力下，警用电子装备迎来快速发展时期，社会企业投资和科研投入热情高涨，新产品、新技术层出不穷，产品应用范围不断扩大。在公安主管机关、基础标委会的指导和社会各界的努力下，发布和实施了许多警用电子装备国家标准或行业标准，为保障产品质量提供了重要技术依据。与此同时，警用电子装备标准化方面还存在许多问题。一方面，当前仍有相当数量的警用电子装备无国家标准或行业标准可依，特别是一些实用的创新产品，没有可参考的技术文件，对公安招标、检测及使用带来诸多不便。另一方面，由于很多警用电子装备归属不同的标委会管理，在业已发布的产品标准中，环境适应性、电磁兼容性及电气安全性等通用要求也不尽相同。我国地域辽阔，各地的气候条件差异较大，各地各时警情复杂，越恶劣、越危险的地方往往会发生警情，紧急条件下老百姓可以撤离，警察不能退缩，警用装备不能出问题。因此，需要制定《警用电子装备通用技术要求》标准，力求系统、简练地描述和模拟警用电子装备的各类使用条件，以促进行业发展、提高产品的质量水平。该标准起草单位包括：公安部第一研究所、公安部特种警用装备质量监督检验中心、深圳市华德安科技有限公司、TCL新技术（惠州）有限公司、深圳警圣技术股份有限公司、中国兵器工业第208研究所、浙江大华技术股份有限公司等。

警用电子装备主要用于信息通信、刑事技术、侦查技术、反恐救援等领域中的音视频、信息技术、通信技术、指挥调度和测量控制仪器等装备，如单警执法视音频记录仪、移动警务终端、警用中央控制系统警用数字集群对讲系统、警用夜视侦察仪、警用活体指纹采集设备、警灯警报器以及各类警用车辆等。警用电子装备是“向科技要警力”的重要保障，是“科技强警”的重要体现方式，在公安实战中发挥着不可替代的重要作用。

该标准的制定填补了警用电子装备通用技术要求标准的空白，为警用电子装备质量监管提供了重要技术依据。

（二）《大型群众性活动安全检查规范》（GA/T 1459-2018）

随着中国经济的快速发展、国家综合国力的增强、人民生活水平的不断提高，一些大型群众性活动也越来越多，如北京奥运会、上海世博会、广州亚运会等，据统计，中国近五年来平均每年举办大型群众性活动1.4万余场。另外，我国大型活动的举办地呈现日益广泛的特点，举办地区逐步覆盖了全国大中小城市。而这些大型活动的举行给我国城市安全也带来了一定的风险和压力，大型活动的安全问题已经成为政府和社会关注的焦点之一。大型群众性活动规模大、参加人员多、危险系数高，安全问题尤为突出，安全事故、治安案件多有发生，给人民群众的生命、财产安全以及社会治安秩序和公共安全带来较为严重的危害。然而，我国在大型群众性活动的安全检查领域还存在标准不健全的问题，除了个别省市出台了地方标准外，如北京市地方标准《大型群众性活动安全检查规范》，还没有一个针对大型群众性活动的国家标准或行业标准，远不能满足全国大型群众性活动安全保障的需要。为了有效贯彻落实2007年实施的中华人民共和国国务院令第505号《大型群众性活动安全管理条例》和2016年1月1日起施行的中华人民共和国主席令第36号《中华人民共和国反恐怖主义法》，制定行业标准《大型群众性活动安全检查规范》是十分必要的，也是非常迫切的。

按照科信局《关于下达2012年度公共安全行业标准制修订项目计划的通知》（公科信标准〔2012〕45号），第183号计划《大型群众性活动安全检查规范》由治安管理局牵头，北京市公安局、北京声迅电子股份有限公司等单位参与了起草。

该标准的制定填补了大型群众性活动安全检查标准的空白，为进一步提升大型群众性活动安全防范水平奠定了技术基础。

（三）《居民身份证制作中心（所）建设规范》（GA/T 1471-2018）

为促进我国居民身份证制作中心规范化建设，确保居民身份证制作质量和生产安全，治安管理局委托公安部户政管理研究中心起草公共安全行业标准——《居民身份证制作中心（所）建设规范》。在经过大量调研及查阅相关资料的基础上，项目承担单位公安部户政管理研究中心组织公安部第一研究所，天津、辽宁、浙江、贵州、新疆等省（市、区）公安厅（局）居民身份证制作中心，广东省深圳市公安局居民身份证制作所和数据通信科学技术研究所等单位开展了项目研究工作。在研究的基础上，组织编写《居民身份证制作中心（所）建设规范》。

该标准为公安部2015年度公共安全行业标准制修订项目计划第181号。

该标准规定了居民身份证制作中心（所）的基本要求、建设要求（包括基础设施、主要设备及系统与网络建设要求、运行要求）及验收要求，适用于居民身份证制作中心（所）的建设，填补了本领域标准的空白。

（四）《视频图像分析仪　第4部分：人脸分析技术要求》（GA/T 1154.4—2018）

伴随着中国社会经济文化的高速发展，信息技术、物联网、云计算等高科技的发展，中国的平安城市、智慧城市建设达到了一个新的高度，中国城镇大街小巷成千上万的摄像头记录着社会点滴。如何从这些海量视频中获取有用的信息，真正起到平安城市安防的作用，是目前社会急需解决的难题。

视频图像人脸分析设备主要用于对视频中的关注目标进行人脸检测，分析人脸属性，进行人脸比对、人脸检索以及人脸布控，实现对视频图像的人脸分析功能。随着视频监控系统的规模化应用、网络化发展，视频图像数据呈现爆炸式的增长。视频图像人脸分析设备，作为辅助海量视频数据高效管理的技术工具，发挥着越来越重要的作用。由于市场上已出现了多种视频图像人脸分析设备，但这些产品分别由不同的厂家生产，缺少统一的规范和接口，导致其应用受到了限制。为规范视频图像人脸分析设备，特制定该标准。

该标准为2014年度公共安全行业标准制修订计划第

152 号。

该标准起草单位包括：公安部第一研究所、新智认知数据服务有限公司、杭州海康威视数字技术股份有限公司、深圳市华德安科技有限公司、东方网力科技股份有限公司、北京中盾安全技术开发公司、视频图像智能分析与应用技术公安部重点实验室、公安部第三研究所、高新兴科技集团股份有限公司、苏州科达科技股份有限公司、广东迅通科技股份有限公司、浙江大华技术股份有限公司、佳都新太科技股份有限公司。

四、完成 4 项行业标准报批稿

目前，已完成 4 项行业标准报批稿，标准名称为：《光幕靶测速仪校准规范》，《公安监所网上检查督导系统　第 1 部分：技术要求》，《公安监所网上检查督导系统　第 2 部分：维护要求》，《公安监所网上检查督导系统　第 3 部分：评价要求》。

五、开展 2018 年度公共安全行业标准复审工作

按照科信局《关于开展 2018 年度公共安全行业标准复审工作的通知》（公科信标准〔2018〕77 号），基础标委会秘书处组织业务局、起草单位和相关专家对 12 项行业标准进行了审查、论证和复审。复审意见如下：

（一）继续有效行业标准 8 项

《标准汉译英要求　第 1 部分：术语》；

《标准汉译英要求　第 2 部分：标准名称》；

《IC 卡光标测试系统校准规范》；

《感应加热设备校准规范》；

《X 射线源老化测试仪校准规范》；

《微剂量 X 射线安全检查设备测试体校准规范》；

《居民身份证阅读器校准规范》；

《公安机关图像信息要素结构化描述要求》。

（二）修订行业标准 3 项

《大型活动用液晶彩色监视器通用规范》；

《社会治安预警等级评估规范》；

《人员基础信息采集设备通用技术规范》。

（三）废止行业标准 1 项

《公安监管场所装备建设和保障规范》。

国家安全防范报警系统产品质量监督检验中心（北京）

公安部安全与警用电子产品质量检测中心成立于 1986 年，在此基础上先后成立了公安部特种警用装备质量监督检验中心、国家安全防范报警系统产品质量监督检验中心（北京）及神盾计量校准中心。

国家安全防范报警系统产品质量监督检验中心（北京）是经公安部政治部批准，通过中国国家认证认可监督管理委员会授权、资质认定合格、中国合格评定国家认可委员会认可的多学科、多专业具有第三方公正地位的技术服务机构，是集检验、检测、校准于一体的综合型国家级实验室。

地　　址：北京市海淀区首都体育馆南路 1 号

邮　　编：100048

负 责 人：胡志昂

电　　话：010-68773301

网　　址：www. tcspbj. com

微 信 号：gabjczx

传　　真：010-68773380

电子信箱：mpstc_2016@ 163. com

2018 年，国家安全防范报警系统产品质量监督检验中心（北京）（以下简称“北京检测中心”）坚持以习近平新时代中国特色社会主义思想为指导，认真贯彻落实习近平总书记关于公安工作和科技创新工作的系列重要指示精神，践行“对党忠诚、服务人民、执法公正、纪律严明”总要求，始终坚持“科学、公正、准确”的质量方针。一年来，在公安部科技信息化局、装备财务局、治安管理局等相关业务局的关怀指导下，在公安部第一研究所党委的坚强领导下，北京检测中心全体员工不忘初心、牢记使命，在拓展检测业务、完善资质能力、增强科研实力、推进机构改革、建设廉洁质检队伍等方面取得了显著成绩。

一、立足根本，开展检测业务工作

（一）产品类别情况

检验涉及产品大类主要包括服装服饰类、安防电子类、实体防护/警用装备类、软件类、安防工程类、道路交通类、计量校准类、信息安全类、防化类、测速仪型式评价类，出具报告 19757 份，涉及企业数量 3520 家。具体统计结果见表 1 和图 1。

表1　2018年产品类别统计表

序号	产品类别	企业数量（家）	报告数量（份）
1	服装服饰类	356	7813
2	安防电子类	1373	6643
3	实体防护/警用装备类	977	3311
4	计量校准类	44	237
5	软件类	217	420
6	安防工程类	238	409
7	道路交通类	122	533
8	信息安全类	179	254
9	防化类	14	137
10	测速仪型式评价类	12	25
	合计	3520	19757

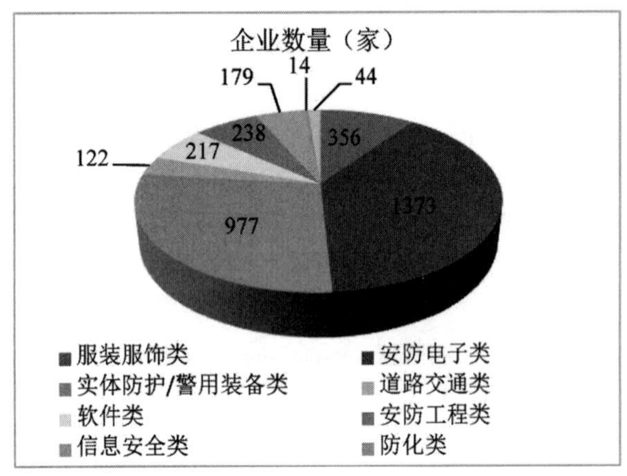

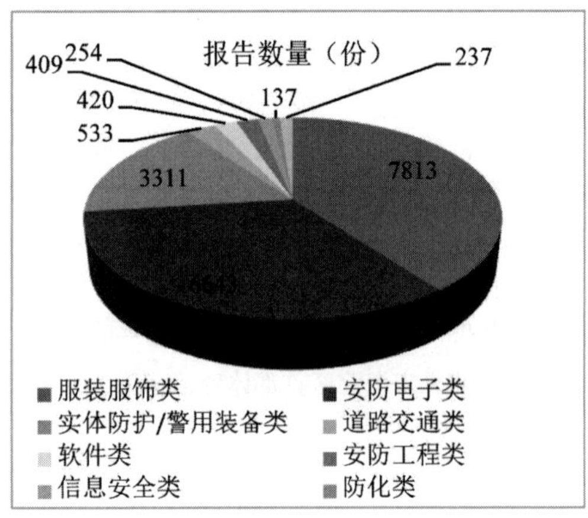

图1　2018年产品类别分布图

（二）检验类别情况

检验类别包括委托检验、型式检验、交收检验、计量校准、行业监督抽查、认证检验和型式评价七类，其中委托检验企业数量和报告数量均最多，分别为2718家和16825份，所占比重分别为77%和85%。具体统计结果见表2、图2和图3。

表2　2018年检验类别统计表

序号	检验类别	企业数量（家）	报告数量（份）
1	委托检验	2718	16825
2	型式检验	364	1491
3	计量校准	42	233
4	认证检验	345	1019

续表

序号	检验类别	企业数量（家）	报告数量（份）
5	交收检验	33	153
6	行业监督抽查	31	36
	合计	3533	19757

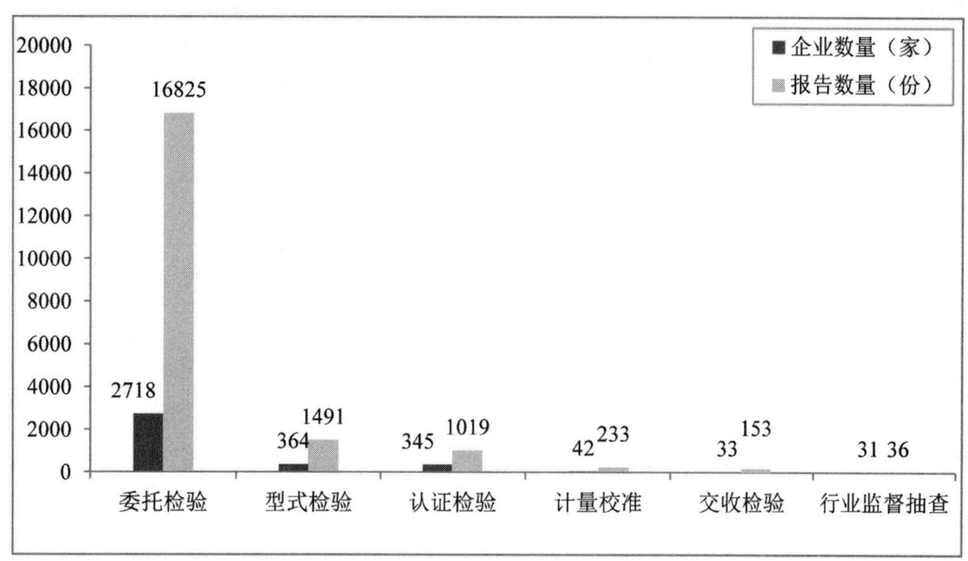

图 2　2018 年检验类别统计图

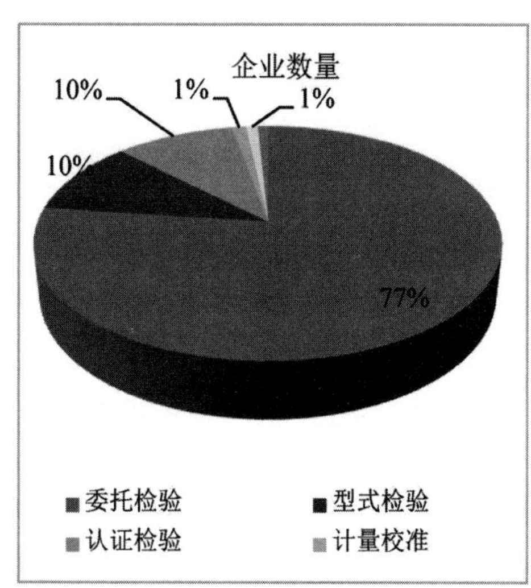

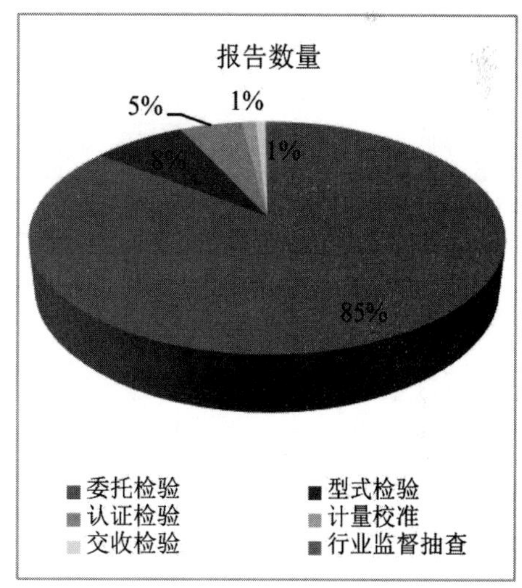

图 3　2018 年检验类别分布图

（三）重点产品生产企业地域分布情况

从具体产品上来看，出入口控制、摄像机、服装、门、面料、玻璃、安检、无人机和鞋九类重点产品，涉及生产企业共 1629 家，出入口控制产品生产企业最多，为 379 家；摄像机产品生产企业 364 家；服装产品生产企业 188 家。具体统计结果见表 3、图 4 和图 5。

表 3 重点产品生产企业地域统计表

序号	省/区/市	企业数量（家）									
		出入口控制	摄像机	服装	门	面料	玻璃	安检	无人机	鞋	合计
1	广东	165	114	7	23	7	11	27	22	9	385
2	北京	66	109	8	25	12	10	42	26	8	306
3	江苏	16	16	21	9	40	14	4	5	11	136
4	浙江	45	16	14	12	7	3	5	5	9	116
5	山东	13	17	20	9	13	6	4	2	7	91
6	四川	15	13	10	3	4	6	3	4	2	60
7	河北	6	4	6	22	6	8	2	2	2	58
8	上海	11	11	10	2	5	3	4	5	5	56
9	河南	6	4	6	9	1	9	3	7	5	50
10	湖北	3	3	12	7	2	4	—	2	5	38
11	福建	3	15	8	—	2	—	2	3	3	36
12	湖南	5	7	5	4	2	—	—	2	4	29
13	吉林	3	2	9	3	6	2	—	—	2	27
14	安徽	4	6	3	4	1	3	1	3	—	25
15	陕西	2	5	5	—	1	1	3	6	1	24
16	黑龙江	1	3	1	10	1	4	—	—	1	21
17	天津	5	5	1	2	—	4	2	1	1	21
18	江西	2	1	7	2	2	1	1	1	2	19
19	山西	1	3	6	3	3	2	—	—	1	19
20	重庆	4	1	3	3	—	2	1	1	3	18
21	辽宁	1	2	3	2	1	3	3	—	2	17
22	新疆	1	2	6	—	1	2	—	—	4	16
23	云南	—	2	2	5	2	3	—	1	1	16
24	内蒙古	—	—	5	2	2	—	—	—	2	11
25	广西	—	1	3	2	—	1	—	1	1	9
26	甘肃	1	—	2	—	1	2	—	—	1	7
27	贵州	—	2	1	—	—	2	—	—	1	6
28	海南	—	—	1	—	1	—	—	—	1	3
29	宁夏	—	—	1	—	—	1	—	—	1	3
30	青海	—	—	2	—	—	—	—	—	1	3
31	西藏	—	—	—	—	1	1	—	—	1	3
合计	379	364	188	163	124	108	107	99	97	1629	

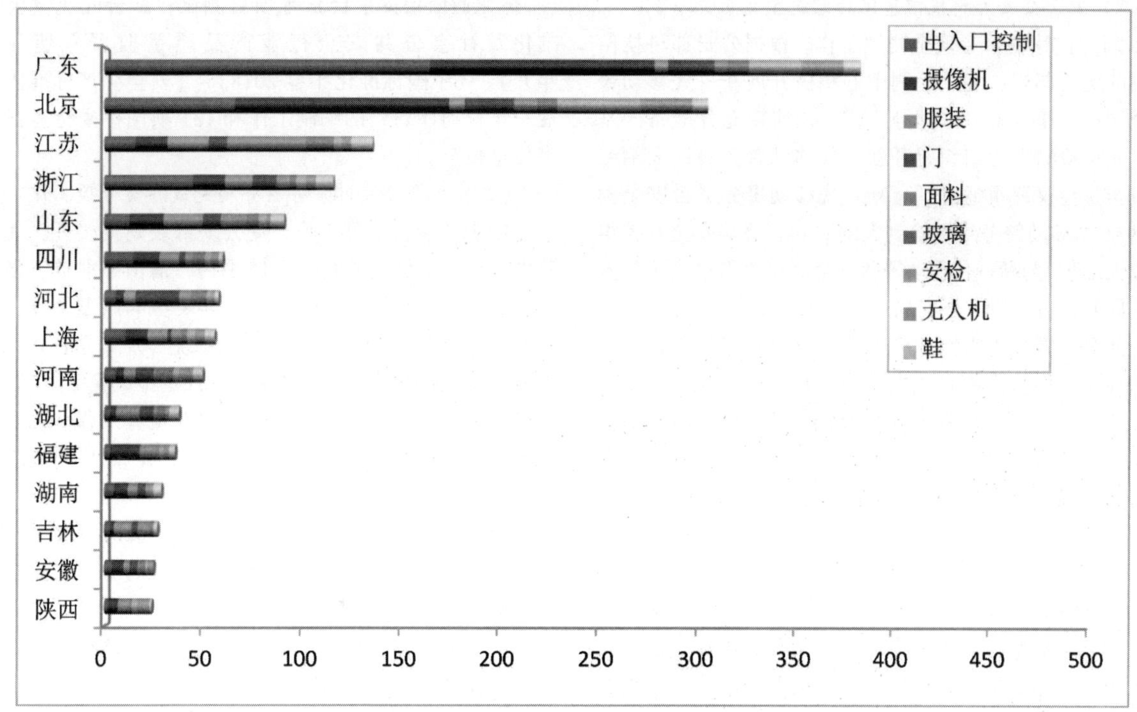

图 4　重点产品生产企业地域分布图

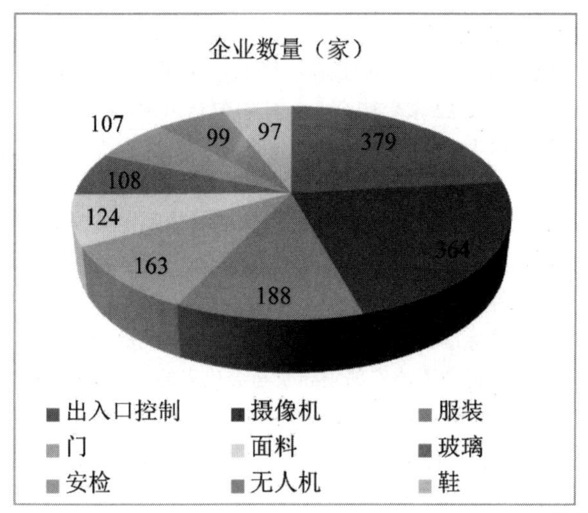

图 5　重点产品生产企业统计图

二、服务实战，为相关单位提供有力技术支撑

作为公安行业国家级权威检测机构，北京检测中心以应用需求为导向，积极服务公安实战，承担重大安保任务，并受公安部相关业务局委托开展各类专项检测、检查、调研等工作，为公安机关和相关行业管理部门提供了强有力的技术支撑。

（一）完成相关单位委托的重要场所安保技术支持

1. 中央网信办网络安全检查抽查工作。受中央网信办委托，开展水利部关键信息基础设施网络安全抽查评估工作。该项工作支撑中央网信办指导督促水利部落实检查要求、摸清关键信息基础设施底数，确保中央要求落实落细；通过风险评估，为中央全面掌握关键信息基础设施网络安全风险提供了依据。

2. 我国驻外使领馆安防工程合作项目。北京检测中心充分发挥行业特点和技术优势，自 2017 年起承担了外交部办公厅的技术服务工作。2018 年，北京检测中心承担了我国驻外使领馆安全防范工程的检验/验收、主要设备选型技术服务和勘察设计方案评审和招投标技术论证等工作，得到了外交部办公厅和我国驻外使领馆的充分肯定。

（二）配合公安部科技信息化局完成各类专项工作

1. 新一代移动警务安全测评工作。根据公安部科技信息化局的统一部署，北京检测中心积极开展新一代移动警务安全测评工作筹备、试测等工作。在前期充分准备的基础上，北京检测中心组织召开新一代移动警务测评大纲专家评审会，会议评审通过了《新一代移动警务平台安全测评大纲》、《移动警务终端检测大纲》和《终端安全管控组件检测大纲》，为新一代移动警务安全测评工作提供了技术支撑。同时，对天津市公安局新一代移动警务平台进行了试测，并对大纲的适用性进行了验证，为公安部科技信息化局指导全国移动警务工作提供了技术支撑。

2. 智能手机型移动警务终端及安全监控组件的第三方检测工作。根据公安部科技信息化局关于开展智能手机型移动警务终端及安全监控组件第三方检测工作的部署，北京检测中心开展了智能手机型移动警务终端及安全监控组件的第三方检测工作。按照GA/T 1466.1-2018《智能手机型移动警务终端　第1部分：技术要求》和GA/T 1466.2-2018《智能手机型移动警务终端　第2部分：安全监控组件技术规范》相关标准对送检智能手机型移动警务终端及安全监控组件进行检测。

3. 跨域安全交换平台和边界接入平台测评工作。根据公安部《公安信息通信网边界接入平台安全规范（试行）》、《公安信息通信网边界接入平台安全规范（试行）——视频接入安全部分》、《跨域安全交换平台安全测评技术要求》和《公安信息通信网边界接入平台安全规范——公网信息采集部分》的要求，北京检测中心完成多地跨域安全交换平台测评和公网信息采集系统检测等相关现场测评任务。

4. 2017年度社会公共安全产品质量行业监督抽查工作。行业监督抽查及产品质量评定工作对提升企业形象、提高产品质量、维护市场秩序具有重要的影响。按照公安部科技信息化局的要求，北京检测中心承担并完成了防刺服和台式X射线安检设备产品的2018年度行业监督抽查工作。通过抽查宣贯标准，了解行业动态，为进一步规范及提高装备质量、修订装备标准提供技术参考。北京检测中心还积极履行行业质量监督使命，入围国家质量监督专项抽查承检机构工作，为引导行业规范健康发展做出了积极贡献。

5. 援建智能安防系统项目检验工作。北京检测中心充分发挥技术专长，无偿承担由公安部扶贫办、科信局负责援建的贵州省黔西南州普安县“东城区布依茶园小镇智能安防系统项目”验收前的检验工作，公安部科技信息化局发来感谢信，对中心在该项目中的检验工作给予了高度赞扬。

6. 其他任务。根据公安部科技信息化局的工作要求，北京检测中心开展了国家人口基础信息库建设项目公安前置安全接入系统、公安部警务实战化通信指挥系统V1.0（一体化通信指挥平台）等项目测试；配合完成《公安标准化及社会公共安全行业产品质量监督年鉴（2017年）》、《中国标准化年鉴2018》、《安全生产标准体系发展三年行动计划》的编制工作和131项国标委行业标准备案信息核查。

（三）配合公安部装备财务局完成各类专项工作

1. 警用装备定型工作。受公安部装财局委托，北京检测中心承担了伸缩警棍、金属手铐、催泪喷射器、强光手电、催泪强光手电及多功能腰带等装备的改型工作，以及“便携式无人驾驶航空器定向干扰系统”及“手持式无人驾驶航空器定向干扰仪”等装备的设计定型试验工作。

2. 警服类产品招标、交收及验收检验工作。北京检测中心作为公安部警用服装服饰检验机构，先后完成公安部装财局物资调运处及湖南、湖北、陕西、广西、河南、北京、河南、江西、福建、四川、河北、重庆等地省厅、市局各类成服、面料、服饰、警鞋等产品的验收、交收检验和招标检验工作。

3. 枪套、弹匣套等产品抽检工作。北京检测中心配合公安部装财局开展了枪套、弹匣套等近1500个产品的抽样、记录和检测工作。

4. 对公安部生产资质招标工作的企业进行实地考察及评定。北京检测中心派员参加公安部装财局组织的考察组，赴浙江、江苏和上海对公安部生产资质招标工作的企业进行实地考察，并对企业实地考察的结果进行了综合评定。此次考察涉及22家生产企业，其中包括风雨衣、反光背心和雨衣面料生产企业，为产品生产资质的审定提供了可靠保证。

5. 单警装备新标准培训工作。根据公安部装财局的工作部署，北京检测中心派员参加全国警用装备培训班，承担金属手铐、伸缩警棍、强光手电、多功能腰带及催泪喷射器等产品标准的培训工作，并对装备的质量管理做了全面的介绍，得到了公安部领导及与会代表的一致好评。

（四）配合公安部治安管理局完成相关工作

受公安部治安局委托，北京检测中心承担了GA38-2015《银行营业场所安全防范要求》、GA745-2017《银行自助设备、自助银行安全防范要求》、GA858-2010《银行业务库安全防范的要求》、GA1003-2012《银行自助服务亭技术要求》、GA1280-2015《自动柜员机安全性要求》五个标准的整合及GA746-2007《提款箱》转为推荐性标准两项工作，并配合公安部治安局开展金融机构营业场所、业务库检验/验收模式创新等工作，不断深化“放管服”改革。

（五）完成公安部其他业务局指定工作

受公安部监所管理局委托，北京检测中心开展了公共安全行业标准《出所就医防逃脱系统》检测细则制定及相关检测工作，并派员参加全国监管部门培训，现场讲解监管装备产品质量工作；受公安部全国公安大数据工作领导小组委托，派员参加全国公安大数据建设项目工作小组，为全国公安大数据安全工作提供支持；受公安部户政管理中心委托，筹备开展身份证阅读机具升级后的检测工作。

（六）完成各地公安及其他单位委托任务

1. 各地公安信息化项目相关测试任务。受当地公安机关委托，北京检测中心先后完成了北京、海南、泉州等多地公安信息化系统项目和产品的测试工作，为推动全国公安信息化建设工作发挥了重要保障作用。

2. 北京市公安局枪弹库安全防范系统检验服务。受北京市公安局警务保障部委托，北京检测中心参与编制了《北京市公安局枪弹库（室）安全防范系统检测大纲》，提供枪弹库（室）项目改造施工现场技术指导，并且依据各个分局要求，对枪弹库（室）建设情况进行前期摸底检测。此项工作得到了各个分局管理部门的好评，扩大了中心在公安治安系统中的影响力。

3. 军队装备部门招标检测任务。2018 年以来，北京检测中心承接了军队装备部门多款装备的招标检测任务，开始参与军队、武警大型招投标项目检测工作。

4. 山东全省监狱周界高压电网检验。受山东省监狱管理局委托，北京检测中心对山东省各地市监狱安装的周界高压电网进行现场检验。该项目是中心首次与省监狱管理部门合作开展全省检验的项目，中心高效准确的工作得到了山东省监狱管理局的高度认可。

5. 中国工商银行等单位采购产品入围检测工作。受相关单位委托，北京检测中心承接了中国工商银行集中采购多款产品和中国铁路系统客运摄录仪的招标检测业务，进一步提升了中心在相关领域内的影响力。

6. 各地“天网工程”及文博、高校等安防工程检验任务。北京检测中心与各地技防、治安、轨道交通、文博、金融、卫生、教育等行业管理部门紧密沟通，建立长期合作关系，检验业务逐步扩展。北京检测中心先后完成了多地“天网工程”、“雪亮工程”、警用数字集群通信系统项目、枪支弹药库安防工程、古墓葬工程、博物馆项目、古建筑工程、高校监控系统、X 光安检设备的检验任务。北京检测中心高水平、高质量的技术服务得到了各地管理部门及用户的一致认可。

（七）配合中国安全技术防范认证中心开展工作

2018 年，北京检测中心有序开展强制性认证及自愿性认证产品检测等工作。北京检测中心参与起草了《视频监控产品自愿性认证实施规则》，为在年内启动视频监控产品 GA 自愿性认证奠定了有力基础，并会同中国安全技术防范认证中心先后举办了首批安防线缆 GA 认证证书颁证仪式、首批视频监控产品 GA 认证证书颁证仪式、“防盗安全门”检测认证推荐会等，为回应相关企业的诉求、引导专业市场规范有序发展做出了积极贡献。

三、夯实根基，不断加强实验室能力建设

北京检测中心积极承担国家级、公安部级实验室建设任务，大力拓展实验室资质能力范围，不断提升实验室核心竞争力和综合实力，为公安信息化和警用装备领域高水平建设提供了坚实的技术保障。

（一）通过检验/检测/校准的扩项及复评审

2018 年，北京检测中心顺利通过国家认监委和国家认可委实施的 CNAS、CMA、CAL“三合一”扩项及复评审。截至 12 月底，检验检测能力范围覆盖安防电子、软件、实体防护、警用装备、服装服饰、信息安全、防化等领域 594 项，计量校准能力 39 项。全年共参加能力验证 8 项，满足了国家认监委、认可委的领域及频次要求，为检验检测结果的可靠性提供了技术支持。

（二）国家及公安部实验室建设工作进展顺利

1. 高机动防暴车辆技术国家工程实验室。“高机动防暴车辆技术国家工程实验室”由兵器工业 201 所与公安部第一研究所联合申报，2016 年获国家发改委批复，建设期 3 年。2018 年 2 月，实验室正式挂牌，各项建设工作平稳推进。年内，实验室组织召开 2018 年度实验室理事单位全体大会、首次技术专家组会议及 2018 年度警用装备现状与发展研讨会等多次会议。实验室以研究成果为依托，向公安部科技信息化局申请《警用车辆车外灭火系统》行业标准制定立项并获批，在军民融合深度发展战略的指引下，积极发挥警用车辆领域首家国家级工程实验室的行业引领作用。

2. 国家测速仪型式评价实验室（公安）。国家测速仪型式评价实验室（公安）是国家质检总局授权的首家测速仪型式评价实验室，填补了国内测速仪型式评价实验室的空白。2018 年，实验室积极向雷达测速仪生产企业宣传型式评价工作，受理并完成多个型号的雷达测速仪型式评价任务，为机动车测速仪生产质量的有效监管提供了重要技术支撑。

3. 警用装备技术公安部重点实验室。北京检测中心筹建的“警用装备产品质量监督与检测专业实验室”是“警用装备技术公安部重点实验室”旗下的分实验室，涉及警用特种车辆、无人机、机器人、软件评测、警服服饰等众多领域，可开展检测的产品性能包括防弹性能、抗暴性能、防爆性能、耐久性、电性能、电磁兼容等。该实验室自建成以来，大胆创新，不断拓展业务能力，为新产品的发展与定型、公安装备的质量管理政策做了大量工作，同时在科研及标准化方面积极开展了卓有成效的工作，为警用装备的健康发展提供了技术保障。

4. 证件防伪公安部重点实验室。北京检测中心自 2010 年启动防伪产品检测能力建设以来，协同证件防伪公安部重点实验室不断进行技术交流与探讨，目前已形成以防伪标识为主导、以防伪材料为补充的较全面的检测能力。2018 年，北京检测中心成功立项公安部科技强警基础工作专项项目“基于自学习的中小尺寸指纹模块检验方法研究”，主要分析基于自学习的中小尺寸指纹识别产品现状和相关技

术标准，规范基于自学习的中小尺寸指纹比对测试方法，形成评测软件工具，项目完成后实验室将具备检测基于自学习的中小尺寸指纹比对性能的能力。

5. 各专业实验室。北京检测中心建有电性能、安全性能、防护性能、电磁兼容（EMC）5 米法电波暗室、微波暗室、防弹性能、锁具测试、环境试验、警用通信、警用装备、警用车辆、警用无人机、警用机器人、警用服装服饰、信息安全、软件测评、视频智能分析、消音室、声学、光学、长度、力学、无线电、视频图像（暗室）、通信屏蔽、电池检测、步行、防伪、技侦、UL 目击测试、CE 认证检测、校准检定等 40 余个专业实验室，并在北京秦城设有大型综合试验基地，建有专业靶场和环境实验室。2018 年，北京检测中心不断加强实验室能力建设，取得了较大进步。

（1）信息系统安全检测实验室。公安部根据《中华人民共和国计算机信息系统安全保护条例》（1994 年国务院令第 147 号）制定实施了《计算机信息系统安全专用产品检测和销售许可证管理办法》（公安部令第 32 号），设立了计算机信息系统安全专用产品销售许可制度。因工作需要，2018 年 1 月，公安部网络安全保卫局批准增加北京检测中心成为计算机信息系统安全专用产品销售许可检测机构，承担数据备份与恢复、网络综合审计、网络漏洞扫描产品的检测任务。

（2）防化实验室。防化实验室主要开展人防工程过滤吸收器生产现场检测、产品质量验收及其重要原材料、关键元器件实验室检测等工作。2018 年，受国家人防办委托，北京检测中心参与了《人防过滤吸收器制造与验收标准》的起草修订、人防产品认证管理系统研究测试，依法对城市和重要经济目标的人民防空建设进行监督检查，重点参与全国人防产品质量复查工作，有效促进了人防过滤吸收器生产质量的提高。与防化研究院、人防协会共同研究制定了假冒伪劣产品的监督办法，并对企业生产厂房、设备、控制和企业自检等环节进行定期检查。配合公安部反恐局调研论证机场安检工作，推动机场安检手段建设进一步配套完善。目前，北京检测中心正在抓紧推进防化实验室建设，力求进一步完善防化检测能力。

（3）警用无人机实验室。北京检测中心具备 CNAS 认可的警用多旋翼无人机、固定翼无人机和无人直升机三类机型及专用性能的检测能力，另外，还具备警用无人机探测拦截设备专业检测能力。北京检测中心不断加大无人机检测业务的推广力度，同时结合公安实战需求，着力开展无人机反制设备检测技术研究，倾力打造具有无人机及其反制系统检测资质的国家级权威检测中心。受公安部装财局委托，2018 年，北京检测中心派员参加了公安部警用装备定型委员会关于“手持式无人驾驶航空器定向干扰仪”和“便携式无人驾驶航空器定向干扰系统”两款产品的定型审查会，参与了无人机反制系统的设计定型试验。

（4）警用智能机器人检测实验室。2018 年，警用智能机器人检测实验室依托国家重点研发项目和研究所基础性研究项目，建立起警用智能机器人测试平台，承担了多项排爆机器人、侦查机器人、救生机器人的检验任务，并首次完成了水下机器人检验，填补了北京检测中心在水下智能机动装备检验领域的空白。

（5）安防线缆实验室。安防线缆实验室具备开展安防线缆公共安全行业 GA 自愿性认证的能力。2018 年，北京检测中心会同中国安全技术防范认证中心推进安防线缆产品 GA 自愿性认证业务，举办首批安防线缆 GA 认证证书颁证仪式。为充分发挥标准化在安防线缆产品质量提升中的示范引领作用，北京检测中心积极参与公共安全行业标准 GA/T 1297-2016《安防线缆》的修订工作，在宁波组织召开公共安全行业标准《安防线缆》修订启动会暨安防线缆 GA 认证宣贯会，力求逐步完善安防线缆检测认证工作，进一步提升我国安防线缆行业的整体质量水平。

此外，北京检测中心还在筹备建立智能警用装备实验室，通过与珠海市金湾区政府合作，加强在智能技术、无人机技术和大数据技术等领域的资源共享，共同促进行业有序发展。

四、攻坚克难，稳步提升科研水平

北京检测中心坚持科技兴检战略，紧密围绕公安科技战略发展大局，在众多新兴领域开展关键技术研究。通过积极探索检测技术与方法创新，并将科研成果转化到中心日常检测业务中，提高了北京检测中心作为第三方检验检测机构的科学性、准确性和权威性。

（一）科研项目

2018 年，北京检测中心参与申请国家级、省部级等各类科研项目 13 项，其中省部级项目 3 项、其他项目 10 项；承担及参与立项国家级、省部级等各类科研项目 11 项，其中国家级项目 5 项、省部级项目 2 项、其他项目 4 项；完成科研项目 7 项，其中省部级项目 3 项、所级项目 4 项；完成待验收科研项目 1 项；承担及参与在研科研项目 10 项，其中国家级项目 6 项、省部级项目 2 项、其他项目 2 项。

（二）标准化工作

2018 年，北京检测中心牵头及参与完成国际标准、国家标准及行业标准 48 项。其中参与起草的 1 项国际标准已发布实施，具体信息如下表所示：

序号	标准号	标准名称
1	IEC 62676-5：2018	Video surveillance systems for use in security applications -Part 5：Data specifications and image quality performance for camera devices

经国家标准化管理委员会批准发布的国家标准 21 项，具体信息如下表所示：

序号	标准号	标准名称
1	GB/T 37076-2018	信息安全技术　指纹识别系统技术要求
2	GB/T 33767.4-2018	信息技术　生物特征样本质量　第 4 部分：指纹图像数据
3	GB/T 36094-2018	信息技术　生物特征识别　嵌入式 BioAPI
4	GB/T 36546-2018	入侵和紧急报警系统　告警装置技术要求
5	GB/T 36630.1-2018	信息安全技术　信息技术产品安全可控评价指标　第 1 部分：总则
6	GB/T 36630.2-2018	信息安全技术　信息技术产品安全可控评价指标　第 2 部分：中央处理器
7	GB/T 36630.3-2018	信息安全技术　信息技术产品安全可控评价指标　第 3 部分：操作系统
8	GB/T 36630.4-2018	信息安全技术　信息技术产品安全可控评价指标　第 4 部分：办公套件
9	GB/T 36630.5-2018	信息安全技术　信息技术产品安全可控评价指标　第 5 部分：通用计算机
10	GB/T 31070.2-2018	楼寓对讲系统　第 2 部分：全数字系统技术要求
11	GB/T 31070.4-2018	楼寓对讲系统　第 4 部分：应用指南
12	GB/T 37078-2018	出入口控制系统技术要求
13	GB 15208.1-2018	微剂量 X 射线安全检查设备　第 1 部分：通用技术要求
14	GB 15208.2-2018	微剂量 X 射线安全检查设备　第 2 部分：透射式行包安全检查设备
15	GB 15208.3-2018	微剂量 X 射线安全检查设备　第 3 部分：透射式货物安全检查设备
16	GB 15208.4-2018	微剂量 X 射线安全检查设备　第 4 部分：人体安全检查设备
17	GB 15208.5-2018	微剂量 X 射线安全检查设备　第 5 部分：背散射物品安全检查设备
18	GB 12899-2018	手持式金属探测器通用技术规范
19	GB 15210-2018	通过式金属探测门通用技术规范
20	GB 50348-2018	安全防范工程技术标准
21	GB 37300-2018	公共安全重点区域视频图像信息采集规范

经公安部技术监督委员会批准发布的行业标准 25 项，具体信息如下表所示：

序号	标准号	项目名称
1	GA/T 1154.4-2018	视频图像分析仪　第 4 部分：人脸分析技术要求
2	GA/T 1351-2018	安防线缆接插件
3	GA/T 1352-2018	视频监控镜头
4	GA/T 1353-2018	视频监控摄像机防护罩通用技术要求
5	GA/T 1499-2018	卷帘门安全性要求

续表

序号	标准号	项目名称
6	GA 1461-2018	警用电子装备通用技术要求
7	GA 576-2018	防尾随联动互锁安全门通用技术条件
8	GA 844-2018	防砸透明材料
9	GA/T 1354-2018	安防视频监控车载数字录像设备技术要求
10	GA/T 1355-2018	国家标准 GB/T 28181-2016 符合性测试规范
11	GA/T 1356-2018	国家标准 GB/T 25724-2017 符合性测试规范
12	GA/T 1357-2018	公共安全视频监控硬盘分类及试验方法
13	GA/T 1466.1-2018	智能手机型移动警务终端　第 1 部分：技术要求
14	GA/T 1469-2018	光纤振动入侵探测系统工程技术规范
15	GA/T 1481.2-2018	北斗全球卫星导航系统公安应用　第 2 部分：终端定位技术要求
16	GA/T 1481.5-2018	北斗全球卫星导航系统公安应用　第 5 部分：车载定位终端
17	GA/T 1481.6-2018	北斗全球卫星导航系统公安应用　第 6 部分：定位信息通讯协议及数据格式
18	GA 164-2018	专用运钞车防护技术条件
19	GA/T 237-2018	金属脚镣
20	GA 890-2018	公安单警装备　多功能腰带
21	GA 883-2018	公安单警装备　强光手电
22	GA 884-2018	公安单警装备　催泪喷射器
23	GA 886-2018	公安单警装备　伸缩警棍
24	GA 1512-2018	公安单警装备　金属手铐
25	GA 1517-2018	金银珠宝营业场所安全防范要求

2018 年，北京检测中心承担及主要参与的标准进入报批阶段的共 35 项，其中国家标准 10 项、行业标准 22 项、地方标准 3 项，具体信息如下表所示：

序号	标准类别	标准名称
1	国家标准	公共安全指纹识别应用　采集设备通用技术要求
2	国家标准	防盗保险柜
3	国家标准	楼寓对讲系统　第 2 部分：全数字系统技术要求
4	国家标准	金库门通用技术要求
5	国家标准	公安物联网示范工程软件平台与应用系统检测规范
6	国家标准	公安物联网感知层传输安全性评测要求
7	国家标准	居家安防智能管理设备技术要求
8	国家标准	入侵和紧急报警系统　控制指示设备
9	国家标准	安全防范报警设备安全要求和试验方法

续表

序号	标准类别	标准名称
10	国家标准	防护服装 热防护性能测试方法
11	行业标准	公安视频图像信息联网应用运维管理平台软件测试规范
12	行业标准	公安视频图像信息应用平台软件测试规范
13	行业标准	公安视频图像信息数据库测试规范
14	行业标准	公安视频图像信息应用系统接口协议测试规范
15	行业标准	公安视频图像信息联网应用系统检验规范
16	行业标准	公安视频图像信息联网应用系统验收规范
17	行业标准	保安防卫棍
18	行业标准	实体防护产品防弹性能通用技术条件
19	行业标准	出入口控制器技术要求
20	行业标准	出入口控制系统编码识别识读设备技术要求
21	行业标准	旅游景区安全防范要求 第 1 部分：山岳型
22	行业标准	鞋内安全检查仪技术要求
23	行业标准	安防监控摄像机防护罩通用技术要求
24	行业标准	电子防盗锁
25	行业标准	防爆安全门
26	行业标准	防爆炸复合玻璃
27	行业标准	安全防范视频监控红外热成像设备
28	行业标准	安防监控中心 环境电磁辐射限值和测量方法
29	行业标准	公安物联网工程建设导则
30	行业标准	安防人脸识别应用 视频人脸图像采集要求
31	行业标准	光幕靶弹道测速系统校准规范
32	行业标准	封闭式停车场安全防范要求
33	地方标准	图像信息管理系统技术规范 第 5 部分：图像质量要求与评价方法
34	地方标准	图像信息管理系统技术规范 第 7 部分：工程要求与验收
35	地方标准	图像信息管理系统技术规范 第 15 部分：软件质量评价方法

2018 年，北京检测中心牵头及参与立项行业标准 21 项，具体信息如下表所示：

序号	标准类别	项目名称
1	行业标准	太赫兹人体安全检查设备通用技术要求
2	行业标准	乘用车 X 射线安全检查系统技术要求
3	行业标准	出入口控制系统电子凭证安全技术要求
4	行业标准	安防线缆

续表

序号	标准类别	项目名称
5	行业标准	安全防范指纹识别应用小尺寸指纹识别模块性能测试方法
6	行业标准	警鞋　男单皮鞋
7	行业标准	警鞋　女单皮鞋
8	行业标准	警鞋　男皮凉鞋
9	行业标准	警鞋　女皮凉鞋
10	行业标准	警鞋　作训鞋
11	行业标准	警服材料　粘扣带
12	行业标准	警服　绒背心
13	行业标准	警用夜视仪通用技术要求
14	行业标准	警用穿墙雷达探测仪
15	行业标准	便携式催泪驱散器
16	行业标准	防暴车辆车外灭火系统设计要求和试验方法
17	行业标准	监室门
18	行业标准	警用无人驾驶航空器侦测与反制装备通用技术要求
19	行业标准	警用无人驾驶航空器视频图像采集要求
20	行业标准	便携式警用装备锂电池及充电器通用技术要求
21	行业标准	居民身份证自助取证机

2018 年，北京检测中心在研牵头标准项目 10 项，其中国家标准 2 项、行业标准 8 项。国家标准具体信息如下表所示：

序号	标准类别	项目名称
1	国家标准	信息安全技术　人脸识别认证系统安全技术要求
2	国家标准	防盗安全门通用技术条件

北京检测中心参与标准项目 100 余项，其中国际标准 3 项、国家标准 4 项。国际标准和国家标准具体信息如下表所示：

序号	标准类别	项目名称
1	国际标准	IEC 62676-6 alarm systems-CCTV surveillance systems for use in security applications-Video Content Analytics-Testing and Grading
2	国际标准	IEC 62692《数字门锁系统标准》
3	国际标准	UL 3802 The Performance standard for tactical operation video cameras
4	国家标准	安全防范视频监控联网信息安全技术要求
5	国家标准	音频、视频、信息技术和通信技术设备　第 1 部分：安全要求
6	国家标准	安全防范视频监控系统技术要求
7	国家标准	楼寓对讲系统　第 3 部分：扩展应用系统技术要求

北京检测中心积极参与国际标准化工作，作为工作组专家参与IEC/TC79WG12工作组《Alarm systems CCTV surveillance systems for use in security applications-Video content analytics-Testing and grading》标准制定工作。

（三）论文发布和专利申请

2018年，北京检测中心在《中国安全防范技术与应用》等全国专业期刊发表科技论文20余篇。

2018年，北京检测中心申请专利10项，具体信息如下表所示：

序号	专利名称	专利号
1	一种腰带钎子开合寿命测试设备	ZL 2018 2 0073527. 0
2	一种警棍甩出疲劳性能测试设备	ZL 2018 2 0544462. 3
3	一种执法数据采集设备专用多通道负载性能检测仪	ZL 2018 2 0316958. 5
4	一种执法记录仪主要部件耐久性检测仪	ZL 2018 2 0694029. 8
5	一种执法记录仪视频性能检测仪	ZL 2018 2 0693134. X
6	一种执法数据采集设备专用多通道数据采集速率检测仪	ZL 2018 2 0316930. 1
7	警棍伸缩疲劳性能测试设备	Zl 2018 2 0089492. X
8	一种警棍耐打击性能测试设备	ZL 2018 2 0089495. 3
9	一种基于目标定位的视频内容分析结果自动评测方法	ZL 2018 1 0979859. X
10	一种用于摄像机透雾成像功能测试的系统和方法	ZL 2018 1 1299543. 2

2018年，北京检测中心获得计算机软件著作权登记证书12项，具体信息如下表所示：

序号	软件著作权名称	登记号
1	基于视频分析技术的帧率自动测试软件 V1. 0. 0	2018SR211427
2	基于 SSIM 算法的全参考视频评价软件 V1. 0. 0	2018SR211471
3	多通道数据采集速率检测软件	2018SR239574
4	视频图像信息智能分析应用评测工具软件 V1. 0	2018SR767752
5	视频图像智能分析应用测试及评估系统 V1. 0	2018SR767739
6	公安视频图像信息数据库测试软件 V1. 0	2018SR767735
7	水下探测系统集成网关软件 V1. 0	2018SR847998
8	出入控制系统集成网关软件 V1. 0	2018SR847922
9	防暴安检集成网关软件 V1. 0	2018SR847910
10	视频系统集成网关软件 V1. 0	2018SR847925
11	入侵报警系统集成网关软件 V1. 0	2018SR848045
12	低慢小探测系统集成网关软件 V1. 0	2018SR847914

五、创新引领，大力开拓检验检测新业务

在国家“一带一路”倡议的推动下，国际认证检测需求持续上升。北京检测中心积极把握时代特色，放眼全球市场，通过与国内外知名机构的深入合作与交流，开拓了关联业务领域，不断寻求业务增长点，占领国内公共安全行业检测事业制高点。

（一）多渠道、多层次开展国内合作

1. 开拓电商平台业务。北京检测中心不断拓展与电商平台的多领域合作，与阿里巴巴、京东商城等平台开展了

多项务实合作。中心为京东商城提供指纹锁电商推优标准的编制和检测服务，完成了在京东商城检测服务市场的入驻，在锁具合作的基础上，不断扩大业务范围，提供日用刀具的标准和相关知识培训、检测以及技术交流服务，取得了满意效果。

针对天猫/淘宝平台对锁具质量的管理要求，结合智能锁具行业对信息安全的需求，为阿里巴巴电商平台治理部制定了智能锁信息安全要求，针对阿里智慧社区等物联网行业应用推广业务的发展，就基于物联网技术的“全域安全”理念与示范应用项目等方面展开洽谈和合作意愿沟通。同时，中心作为高级会员积极参与由阿里巴巴集团发起成立的 ICA 联盟（IoT 合作伙伴计划联盟）活动，授权成为首家“智能门锁信息安全授权测试机构”，为 ICA 联盟提供标准化及检测服务。

2. 永康工作站正式挂牌。北京检测中心与永康市质量技术监督检验中心达成合作，永康工作站正式挂牌，标志着北京检测中心在永康市门业的技术服务工作正式落地。通过设立工作站，北京检测中心将在永康市门业开展更深入的检测、认证服务，并为当地企业提供技术指导。

3. 中关村开放实验室。通过挂牌中关村开放实验室，北京检测中心进一步加强与中关村相关机构的合作。2018 年，中关村开放实验室主管机构中关村民营科技企业家协会副秘书长一行到访北京检测中心，双方就智能家居（智能锁）、软件与信息安全等方面共议合作。

4. 开展国际文化领域安防标准化工作。2018 年，北京检测中心与上海自贸区国际文化投资发展有限公司、美国 UL 公司、上海通邑能源科技有限公司共同签署了《关于建立“艺术品及贵重物品存储安全防范技术规范”以及执行的合作协议》。四方将以支持文化贸易发展为前提，结合上海自贸区实践工作，探索在艺术品及贵重物品存储领域的安全防范要求，有效填补艺术品及贵重物品存储领域行业标准/技术规范的不足，助推行业发展。

5. 参与北京市海淀区启动百城千业万企对标达标提升专项行动。北京市海淀区质量技术监督局召开了海淀区实施百城千业万企对标达标提升专项行动部署会，北京检测中心作为第三方检测评价机构参与活动，根据参与对标企业的业态和中心的业务方向，在生物特征方面向北京市海淀区质量技术监督局提交了对标的标准和关键对标指标项。

6. 与多地政府部门、行业协会、联盟等组织机构开展战略合作。2018 年，北京检测中心与珠海、杭州等多地政府部门、福建、北京等地安防行业协会、技术联盟等组织机构进行深入交流，为互益互补、合作共赢奠定了重要基础。

（二）拓展国际检测业务，加强与国际机构的沟通交流

北京检测中心继续加强与国外相关机构、组织的沟通交流，与美国 UL、德国莱茵 TUV、德国 VdS 等国际机构建立了紧密联系。

1. 与美国 UL 实验室开展线缆认证检测等多项技术合作。在前期产品检测合作的基础上，北京检测中心通过合作机制为企业完成了 UL608 金库门、UL1037 保险柜的代理协作及检测服务。2018 年，UL 全球副总裁、建筑与生命安全科技事业部总经理 Chris 一行到访中心，双方就智能锁 UL-GA 双标认证、授权代理等内容展开讨论，为推动相关业务务实落地奠定了基础。

2. 与 TUV 莱茵集团合作开展“一站式”服务。2018 年，北京检测中心继续保持信息技术和音视频两类产品的 CE 认证 TUV 莱茵授权实验室资质，并不断调整深化合作模式。通过为 TUV 莱茵提供分包服务（服务于 POLYCOM 和京东电源 EMC 测试），北京检测中心与 TUV 莱茵集团的合作取得新成效。

3. 与德国 VdS 深入交流。德国 VdS 是消防、安防领域专业认证机构。2018 年，北京检测中心与德国威迪艾斯灾损预防有限公司（VdS）就进一步加强标准认证、检测等多方面业务联系进行交流。

4. 与多国安防协会建立联系。北京检测中心与新加坡、泰国、马来西亚、越南、印度尼西亚等多国安防协会建立了联系，积极与东盟开展检测认证结果在区域互认方面的尝试，推动区域标准化、认证、检测的全方位合作。

六、深化改革，打造廉洁高效检测队伍

（一）加强党建工作和廉政建设

2018 年，在公安部第一研究所党委的团结带领下，在认证检测党总支的工作要求下，北京检测中心严格遵守“抓好党建是最大政绩”的理念以及“政治建所”的思路，加强党员队伍建设和积极分子培养，推进党建工作与业务工作和队伍建设融合发展。作为公安行业第三方技术监督机构，北京检测中心始终高度重视党员干部队伍的廉政建设，牢固树立“四个意识”，坚定政治方向，通过开设党建宣传栏、组织党纪条规专题讲座、开展“重温入党誓词，不忘初心，牢记使命”党员宣誓活动等方式，强化廉政风险防控，同时定期排查梳理廉政风险点，有针对性地健全完善制度规范，加大日常监管力度，把党风廉政建设与具体业务工作有机融合、相互促进、抓出成效，以忠诚的政治品格、强烈的责任担当在行业中树立起风清气正的品牌形象。

（二）检测认证标准化机构整合工作

2018 年是北京检测中心全面深化改革的关键之年。北京检测中心按照公安部第一研究所的整体部署，在前期资源共享、队伍融合的基础上，创新工作模式，以技术基础好、综合实力强的检测业务为核心，通过聚焦主业、结构优化等改革措施，加快推进资源优化组合、业务深度融合；试行《检测认证事业部试运行管理办法》，逐步归纳梳理新组织框架下各项业务开展的经验和办法；并以实践作为检验工作的唯一标准，有效实现了业务工作的科学持

续发展，全力打造公安系统资质最全、能力最强的第三方技术机构。

（三）部门管理体系有效运行

根据国家认监委的相关准则以及中心管理体系实际运行需要，北京检测中心组织开展管理体系换版工作，形成2018版《质量手册》、《程序文件》及相关作业指导书并组织宣贯。为进一步调动科技人员进行科研工作的积极性和创造性，鼓励科技创新，加强科研（标准）项目管理，北京检测中心制定了《检测中心科研（标准）项目考核办法》。2018年，北京检测中心通过开展内审及日常监督改进不足，保持管理体系运行的适宜性、充分性和有效性，并努力做到按制度办事、靠制度管人，为业务工作的推进提供了坚强的机制保障。

北京检测中心高度重视保密管理工作。2018年，根据所保密委《关于组织开展保密检查工作的通知》要求，北京检测中心全面梳理评估保密工作开展情况，从保密管理体系建设运行情况、保密工作领导责任制落实情况、涉密人员管理情况、涉密载体管理情况、保密要害部门部位管理情况、信息系统和信息设备保密管理情况等方面进行统一排查和整改工作，确保保密工作取得实效。

（四）人才队伍建设与培养工作

2018年，北京检测中心积极引进各类人才，并组织了软件、警用数字集群（PDT）通信系统、自备电源等多项技术培训，使员工开拓了视野，对相关行业的发展有了清晰的认识，为日后开展相关产品标准编制和检测工作奠定了有力的基础。

北京检测中心将进一步健全完善新架构下的管理制度和运行机制，坚持以优质服务为主线，积极开拓检测业务，规范检测行为，不断推动新时代检测认证标准一体化工作发展进步，为公安科技事业保驾护航。

国家安全防范报警系统产品质量监督检验中心（上海）

国家安全防范报警系统产品质量监督检验中心（上海）成立于2005年3月，是依托公安部第三研究所建立的第三方检验检测机构，业务上受国家质量监督检疫总局和公安部科技信息化局的领导，是经过国家认证认可监督管理委员会授权的、资质认定合格的、通过中国合格评定国家认可委员会认可的、具有第三方公证地位的、面向社会的开放性检验机构。

地　　址：上海市岳阳路76号

负 责 人：鲍逸明

电　　话：021-64336810转1201

联 系 人：陆曙蓉

电　　话：021-64336810转1707

网　　址：http：//202.127.0.100

2018年，国家安全防范报警系统产品质量监督检验中心（上海）（以下简称“上海检测中心”）在公安部第三研究所的正确领导和关怀指导下，在公安部科技信息化局、十一局等相关业务局的帮助下，在所兄弟部门的支持下，在全体工作人员的共同努力下，按照公安部第三研究所党委提出的“公安第一、国内领先、国际知名”的目标要求，立足服务公安实战，在国内经济增速延缓、行政审批制度弱化取消、传统业务受到制约的情况下，坚持“苦干”，着力“巧干”，积极拓展检测新领域、申报国家实验室资质，争获科研标准立项，夯实实验室基础建设，创品牌、树权威，占领国内检测行业新高地，圆满完成了全年工作任务。

一、机构业务开展情况

（一）立足公安，加强技术服务支持

1. 配合公安部科技信息化局工作。根据公安部科技信息化局推进安防产品行政审批制度改革暨部署认证实施规则制定工作会议精神和安防产品认证实施规则制定工作组的工作部署，制定防盗报警产品、出入口控制产品的自愿性认证实施规则，为安防产品行政审批制度的取消和全面实施自愿性认证做好准备工作。

2. 配合上海市公安局工作。

（1）开展上海市进博会安保工作。上海检测中心连续多年保持业务高速增长，业务压力巨大、加班频繁，但中心全体工作人员以高度的政治责任感和历史使命感，勇挑进博会网络安保的重担，对进博会给予了全方位、全阶段的技术支撑，在规划设计、专家支持、现场检查、驻点值守等方面发挥了关键作用，获得了上海市公安局领导的赞赏和肯定。

在2018年11月10日下午举行的颁奖仪式上，计算机中心和评估中心双双荣获上海市公安局颁发的网络安保突出贡献奖。主要工作如下：

①夯实基础，做好安全规划设计。中心调集了6位业务骨干，成功牵头实施了进博会网络安全规划、设计、分工、汇报、验收等各项工作，全周期地支撑了近一年网络安全建设、安防服务等工作，为进博会的网络安保工作奠定了良好的基础。

②技术支援，发挥领军人才作用。由专家团队对网络安保工作的全程实施策划、咨询和监督，是安保工作的重要保障。中心两位专家入选上海市公安局网络安保专家组。经过半年的艰苦工作，进博会召开前夕，由中心专家担任

验收组组长的进博会网络安全建设项目专家验收会顺利召开，为专家组的工作画上了圆满句号。

③事前排摸，消除各项安全隐患。为配合进博会开幕前的安全大检查工作，技术骨干们放弃国庆假期，对相关单位进行了安全检查，发现个别单位存在缺少防御 DDOS 攻击措施等重大安全隐患，并及时提供了整改建议。中心技术专家们过硬的专业素养，得到了上海市公安局领导的赞赏。

④日夜值守，切实保障进博会网络安全。中心特地组建了 17 位同志组成的值守应急团队，分别在国展中心、东方网机房和接待酒店进行了长达 20 天的 24 小时驻点值守工作。抽调骨干持续连夜进行“智能监控及图像识别系统建设项目”等进博会重大安保系统工程的现场检测，日以继夜地开展 5 个区 19 个检查站的“市域卡口（陆路）监测系统”工程现场检测。同志们日以继夜的驻守工作是进博会顺利举行的最后保障。

（2）主导上海市公安局“智慧公安”标准组工作。参与关于“雪亮工程”、“识别系统”、“图像监控系统”等技术文件的编制工作，参加《上海公安警务微信应用接入规范》、《上海公安人脸识别系统联网应用技术规范》等 15 项上海“智慧公安”标准规范和技术文件的评审工作，参与“‘一标六实’警用地理信息应用系统项目组”、“一中心、一平台建设项目组”、“警用无人机项目组”等 10 个项目组的标准化对接工作，为上海市公安局智慧公安建设项目组提供 130 余项标准资源支撑。完成《人脸算法评测方案》和《视频结构化及行为分析算法评测》技术方案制定。与上海市公安局治安总队技防办联合制定 DB31/T294-2018《住宅小区智能安全技术防范系统要求》、DB31-2018《单位（楼寓）智能安全技术防范系统要求》等地方标准，为上海地标系列产品检测提供技术依据。配合公安物联网及移动警务等方面的相关标准规范的制定和推进，对《公安物联网工程建设导则》、《上海公安警务微信应用接入规范》、《上海市公安局互联网警务应用建设管理规范》中的相关内容开展了充分的研讨，为公安物联网工程及移动警务应用的建设提供技术支持。受上海“智慧 GA”大数据治理组委托，上海检测中心牵头组织多家单位在公安博物馆封闭奋战整整 1 个月，圆满完成了 17 个“智慧 GA”数据治理系列标准的制定工作，得到了上海市“智慧 GA”建设领导小组办公室的通报表扬。

3. 配合上海市质量技术监督局工作。

（1）开展防盗安全门、防盗保险柜（箱）产品抽查工作。受上海市质量技术监督局委托，上海检测中心承担了 2018 年第一季度防盗安全门和保险箱（柜）产品的上海市产品质量监督抽查工作。通过在市场和生产厂家历时几个多月的抽样与检测工作，防盗安全门和防盗保险柜（箱）产品监督抽查工作于 5 月中旬顺利完成，共抽查 15 批次，合格 15 批次，不合格 0 批次，抽样合格率为 100%；防盗保险柜（箱）共抽查 15 批次，合格 15 批次，不合格 0 批次，抽样合格率为 100%。所抽查品牌约占上海销售产品品牌的 50%。

（2）修订上海市防盗安全门产品抽查技术规范。为市技监局提供技术支撑，于 2018 年 8 月完成了 SHCCJSGF315.1-2013《上海市防盗安全门产品质量监督抽查技术规范》的修订工作。

（二）夯实实验室建设，提升综合实力

为不断扩大业务领域，更好地发挥国家级检验机构的实力和水平，上海检测中心不断夯实实验室建设，努力拓展业务资质能力，切实提升综合实力。

1. 顺利完成实验室、检验机构、资质认定“三合一”CNAS 扩项变更评审。经过 2018 年的实验室、检查机构和资质认定“三合一”CNAS 扩项变更评审，上海检测中心目前拥有了涵盖安全防范、信息安全、等级保护系统测评三大领域共 325 项检验检测能力。

2. 顺利通过 2018 年上海市产品质量检验机构分类监管及资质认定监督“二合一”检查工作。2018 年 8 月 15 日，上海市技术监督局委派检查组专家对上海检测中心进行 2018 年上海市产品质量检验机构分类监管及资质认定“二合一”检查工作。检查组分别从基本情况、抽样与样品管理、检验过程、检验报告、科技创新能力等各方面进行了全面考查，中心获得了 102.2 分（总分 105 分）的好成绩，获得上海市质监局分类监管 I 类机构称号。中心将再接再厉，加快建设科技质检，继续优化质量管理体系，不断提升检验检测能力和服务水平。

3. 按计划开展实验室体系文件改版工作。为满足中国合格评定国家认可委员和国家认证认可监督管理委员会的新要求，上海检测中心上半年启动体系文件的换版工作，4 月成立了换版工作小组，召开了第一次工作会议，历时四个月的时间，通过对体系文件进行改版、评审、审核，最终新版体系文件 8.0 于 2018 年 9 月正式发布实施，并由质量负责人进行了体系宣贯和考核。

4. 开展 2018 年管理体系内审工作。2018 年 10 月，上海检测中心召开了内审启动会，布置 2018 年内审工作安排。此次内审是管理体系改版后的第一次内审，覆盖了体系全要素、所有部门，对内审表单也进行了相应的变更。内审分 9 个小组，上海 7 个小组，北京 2 个小组，评审要素覆盖新版 17025、17020、检验检测机构资质认定评审准则的全部要素及涉及的电气、电磁兼容、软件、信息安全 4 个领域的新版应用说明等，还涉及第一、二、四检验部的现场试验安排等。在内审末次会议上，汇总了相关问题，共开具了 7 个不符合项；对于此次内审发现的问题，于 12 月底全部完成整改。

5. 参加各类能力验证比对活动。2018 年 5 月，参加由 CNAS 组织、上海电器设备检测所有限公司筹办的 STIEE2018-PT07 电压暂降抗扰度测试能力验证活动，组织方于2018年10月公布试验结果为满意，在与其他参与活动的实验室横向对比中，上海检测中心的结果与指定值差距非常小，在同类实验室中名列前茅。

参加由上海市质量监督检验技术研究院组织和发起的锁具3家实验室能力比对工作，比对结果为满意。

（三）拓展服务领域，创新服务模式，提升服务质量

在努力维护传统检测业务的同时，积极开拓创新，用科学发展的眼光分析市场，探索新的检验业务领域和地域，创建新的服务模式，提升服务质量，寻求新的业务增长点和突破口，取得明显的成效。

1. 拓展服务领域。

（1）拓展非传统领域检测业务。积极拓展非传统领域（包括动态情绪识别系统、毛发毒品痕量快速分析仪、非线性节点及电子听音综合探测门等）全新检验业务，深入开展专题研究，探讨测试方法，研发测试工具，有效拓展检测收入新的增长点。

（2）拓展无人机、单警执法音视频记录系统等检测业务。关注行业发展最新动向，探究无人机检验技术，开展无人机及反制拦截装置、单警执法音视频记录系统、公安视频图像信息应用系统及分析系统等新产品、新技术的测试工作，深入研究测试方法，研发测试工具。

（3）拓展防暴升降柱等警用装备检测业务。积极跟进新发布的GA1343-2016《防暴升降柱阻车路障》行业标准，与国家轿车质量监督检验中心（天津）碰撞实验室协作，共同开展检测，目前已有部分产品通过了相关的检测，取得了一定的社会效益和经济效益。

2. 创新服务模式。依托上海智慧公安项目，全面开拓不同警种检测业务。作为牵头单位承担“上海公安深化科技信息工作五年行动规划（2018—2022年）”中《上海“智慧公安”标准体系建设》项目，主导上海市公安局“智慧公安”标准工作组工作，为上海“智慧公安”建设提供标准化技术支撑，得到了上海市智慧公安建设领导小组办公室的认可，提升了公安部三所的行业影响力。同时，还带来智能安防视频监控、智能微卡口、交警总队、奉贤/青浦“雪亮工程”、人证核验、邮递业等产品检测、工程验收等保测评业务的增长，铸牢了中心的行业领先地位。

3. 提升服务质量。

（1）全面采用电子签章，加快报告出具进程。不断完善中心内部管理，完成检验检测报告个人电子签章规范使用。为规范个人电子签章的使用管理，提高工作效率，经个人内部申请审核批准，于1月15日正式实施。此举大大提升了报告出具的效率，避免因出差而延误报告签批。

（2）加强信息化建设，启用网上受理。上海检测中心从服务客户、简化流程的角度出发，以及经济与环保的综合考量，对网上受理系统不断地进行优化，将重要按钮放大，标注在更显著的位置。这样的流程大大缩减了新客户的申请时间，提高了工作效率。

二、机构科研水平情况

随着安防和信息安全技术的飞速发展，上海检测中心领导认识到只有以科研标准为先导，不断扎实检验人员的科研能力，才能切实提高中心的技术竞争力。为响应公安部领导、公安部三所党委打造研究型检验机构的号召，上海检测中心不断加大科研力度，围绕检测业务，积极争取检测方法、检测工具、检测标准有关研究项目。

（一）科研项目

2018年，上海检测中心有7项已结题，4项课题准备结题，在研项目13项；此外，成功立项国家级项目3项、省部级项目4项、所级项目3项。

近期，上海检测中心申报的××测评平台建设项目，得到国家发改委的批复（批复经费1885万元），标志着上海检测中心在AK测评能力建设的重点发展方向上又迈出了扎实的一步。

（二）标准化工作

已发布标准22项，其中国际标准1项、国家标准4项、行业标准17项；已报批标准51项，其中国家标准10项。

（三）论文、专利

共发表论文28篇，其中SCI、EI检索论文10篇，核心论文5篇；共获得5项发明专利、3项实用新型专利、1项软件著作权授权；新申请5项国家发明专利、1项实用新型专利。

三、机构人员队伍建设情况

（一）人员基本情况

上海检测中心现有工作人员172名，90%为专业技术人员，其中博士17名，50%的技术人员具有中、高级职称；现有实验室评审员3名，3C工厂检查员46名。

（二）人员培训情况

为提升中心人员的业务水平，上海检测中心安排人员参加了实验室认可、检验检测机构资质认定内审员、实验室设备管理员、抽样员、PNA系列高性能网络分析仪使用、化学实验室安全防护知识、移液器的正确操作等外部技术培训，并积极组织内部的各类技术培训。共参加外部培训13批次，92人次；内部培训3批次，360人次。

（三）参加各类文体公益活动，提高队伍的凝聚力

响应公安部三所号召，积极报名参加无偿献血、各类健康讲座及扶贫捐赠等活动，以高度的社会责任感和无私奉献的精神为思想引领，展示了上海检测中心工作人员良好的精神风貌，增强了团队凝聚力，推进了中心的文化建设。

（四）荣获“上海市市级机关先进基层党组织”和“上海市三八红旗集体”称号

2018年，在公安部三所党委、团委、工会和政治处的关怀帮助下，在全体党员干部的共同努力下，上海检测中心党支部荣获“上海市市级机关先进基层党组织”称号，

认证中心荣获“上海市三八红旗集体”光荣称号。

在国家行政审批制度改革和检验市场放开的不利形势下，传统的检测业务进一步萎缩，面对激烈的市场竞争，上海检测中心不得不通过压缩利润和人员高负荷工作维持检测业务的增长，虽然 2018 年总体业务有所增长，但产值和利润增幅下降。如何调和业务增长和利润增长之间的矛盾是领导层需要长期关注的问题。下一步，上海检测中心将围绕发展过程中的困难和矛盾，综合考虑外部环境的影响和内部资源、能力，谋划科学、合理的战略战术，进一步提高管理水平，提升服务质量。

中国安全技术防范认证中心

中国安全技术防范认证中心（CSP）是依据《中华人民共和国认证认可条例》等相关法律、法规，由中国国家认证认可监督管理委员会和中华人民共和国公安部于 2001 年 7 月批准成立，实施合格评定的认证机构，隶属公安部第一研究所。中国安全技术防范认证中心在公安部领导和国家认监委的指导下，依据国际通行导则和产品认证机构规范要求建立了完整的认证质量管理体系，紧紧围绕服务社会公共安全和公安工作宗旨，规范运营，开展安全技术防范产品、道路交通安全产品、刑事技术产品等社会公共安全产品认证工作。

地　　址：北京市海淀首体南路 1 号
负 责 人：胡志昂
电　　话：010-88513151
联 系 人：郭　立
电　　话：010-88513158
网　　址：www. csp. gov. cn

2018 年，中国安全技术防范认证中心（以下简称“认证中心”）在公安部科技信息化局的指导和支持下，在公安部第一研究所党委、所领导的领导下，齐心合力，迎接挑战，保持了机构规范运行，在国家缩减强制性认证产品范围和市场竞争激烈等形势下，认证业务实现了基本平稳，为社会公共安全工作做出了贡献。

一、基本情况

（一）确保认证中心合法、合规运行

2018 年，认证中心完成了内审和管理评审工作，加强了检查员管理，接受并通过了国家认可委年度监督评审和国家认监委 CCC 认证年度专项监督；调整了部门设置，现设认证部、评审部、研发部、监督部及编辑部，优化了流程，提高了工作效率；积极配合国家和公安部第一研究所“检测标准认证机构整合”改革重点工作，着力与公安部安全与警用电子产品质量检测中心在认证受理、检测、工厂检查、认证评定等环节的有效对接，共享资源，简化了流程；针对认证、检测与标准机构整合和认证中心部门调整，对原质量手册进行了修订，形成新版次 D/1《质量手册》并正式实施。

（二）实现认证业务基本平稳

2018 年，认证中心在国家各种政策和市场形势的压力下，通过努力，认证业务基本保持平稳。截至 12 月底，保持有效 CCC 证书 613 张，保持有效 GA 证书 338 张，持有机构 CSP 证书 413 张，获证的境内外企业 467 家。

二、安防产品认证情况

（一）安防强制性产品认证企业和证书数量

截至 2018 年 12 月底，认证中心保持有效的安防产品 CCC 证书 302 张，获证的境内外企业 214 家。

（二）安防自愿性产品认证（GA）企业和证书数量

截至 2018 年 12 月底，认证中心保持有效的安防产品 GA 证书 167 张，获证的境内外企业 54 家；增加了公共安全视频监控产品的认证。

（三）安防机构 CSP 自愿性产品认证企业和证书数量

汽车防盗报警系统、安防实体防护（柜箱）产品由强制性产品认证转为 CSP 自愿性认证。截至 2018 年 12 月底，共计持有机构 CSP 证书 413 张，获证的境内外企业 129 家。

三、积极推进认证服务社会公共安全和品牌建设工作

（一）积极推动公共安全视频监控产品 GA 认证工作

2018 年，在公安部科技信息化局技防处的组织下，由认证中心牵头、相关单位参加，经过多次研讨分析，结合公共安全视频监控联网建设应用和管理的实际情况，对已起草的公共安全视频监控产品 GA 认证实施规则进行了完善，增加了通过认证的产品应符合国家标准 GB/T28181-2016《安全防范视频监控联网系统信息传输、交换、控制技术要求》和 GB35114-2017《公共安全视频监控联网信息安全技术要求》，经报公安部科技信息化局批准实施。2018 年 9 月 1 日，认证中心正式启动公共安全视频监控产品 GA 认证，并于 10 月 23 日在中国国际社会公共安全产品博览会期间成功举办了“首批公共安全视频监控产品 GA 认证证书发布会”。目前，已完成 39 张公共安全视频监控产品 GA 认证证书的发放工作。

（二）推进公共安全 LED 显示系统认证工作

针对公共安全视频监控联网建设应用中监控中心指挥显示的需要，认证中心通过调研，启动了公共安全 LED 显示系统自愿性认证研究工作。经征求国家认监委意见，组织公安部安全

与警用电子产品质量检测中心、企业等相关单位制定了《公共安全 LED 大屏显示系统技术规范》并报国家认监委备案。在此基础上，组织制定了相应的产品认证实施规则。

（三）积极回应社会“热点”问题，宣传“智能门锁”产品认证

针对 2018 年 5 月以来诸多媒体以文字和视频形式报道用网上购买的“小黑盒”打开“智能门锁”，引起用户对“智能门锁”能否提供安全保护的疑虑问题，认证中心联合公安部安全与警用电子产品质量检测中心找原因、查真相，积极回应，通过北京电视台、《中国安防》等媒体介绍认证、宣传认证，向社会宣传严格执行国家和公安部标准并通过认证的“智能门锁”可以为用户提供安全保护，在一定程度上解除了用户疑虑，得到了社会的好评和肯定。对于“智能门锁”发展中出现的其他“热点”问题，认证中心也及时跟踪和分析，积极与国家市场监管总局产品质量安全司联系，在相关场合进行正面引导和宣传。

（四）针对多个安防产品调出 CCC 认证目录范围的形势，积极提出应对措施

一是启动汽车防盗报警系统产品由 CCC 认证转为机构自愿性认证（CSP）工作；二是针对防盗保险柜箱调出 CCC 认证目录情况，研究实体防护产品认证模式创新方式，推动机构自愿性认证（CSP）；三是召开汽车行驶记录仪技术发展与行车安全研讨会，就进一步扩展汽车行驶记录仪及汽车安全电子产品认证业务范畴提出积极建议。

（五）认证科研工作取得重要突破

一是成功申报 NQI 国家重点研发计划项目。在公安部科技信息化局的领导和具体指导下，由公安部推荐，认证中心代表公安部第一研究所组织团队，牵头申报国家重点研发计划“国家质量基础的共性技术研究与应用”重点专项 2018 年度“智慧城市信息应用和体验感知关键技术研究”项目，通过了科技部评审，成功立项。

二是承担了“一体化汽车安全电子产品认证技术要求研究”短平快研究项目。

三是认证中心参与申报的国家重点研发计划“支撑‘一带一路’贸易便利化的认证认可关键技术研究与应用（二期）”和牵头的公安部科研项目“公共安全产品认证可追溯管理平台”获得立项。

公安部第三研究所认证中心

公安部第三研究所认证中心成立于 2015 年 5 月，是依据《中华人民共和国产品质量法》、《中华人民共和国认证认可条例》等相关法律、法规，由中国国家认证认可监督管理委员会（CNCA）和中华人民共和国公安部批准成立，由公安部科技信息化局直接领导，开展防盗报警产品、实体防护产品、道路交通安全产品等社会公共安全产品认证的专业机构，是依法成立并独立承担法律责任实施合格评定的认证运作实体。

公安部第三研究所认证中心由 20 余名基础理论知识扎实、实践经验丰富、长期从事社会公共安全产品质量、标准、检验等工作的专职工作人员组成，拥有注册工厂检查员 60 余名，办公场地约 400 平方米，综合受理大厅约 700 平方米。

公安部第三研究所认证中心主要依托于公安部第三研究所，下属有七个国家级和省部级检测中心，拥有自有实验室——国家安全防范报警系统产品质量监督检验中心（上海）、国家网络与信息系统安全产品质量监督检验中心，为客户提供高效、优质、全面的检测认证“一站式”服务。

产品认证业务范围涵盖了如下产品：

强制性产品认证业务范围——防盗报警产品、汽车行驶记录仪、车身反光标识。

社会公共安全产品认证（GA 认证）、自愿性产品认证业务范围——防盗锁、防盗安全门产品、居民身份证阅读机具产品、公安无线通信设备、公共安全视频监控产品等。

机构自有认证业务范围——汽车防盗报警系统、智能联网产品（网络安全）、安防实体防护产品等。

公安部第三研究所认证中心将遵守国家法律、法规，遵循国际惯例，坚持客观公正、规范准确、优质高效、服务安全的质量方针，努力维护相关方的合法权益，不以营利为目的，独立核算，自负盈亏，竭诚为国内外客户提供认证服务。

地　　址：上海市岳阳路 76 号
负 责 人：陆曙蓉
电　　话：021-64336810 转 1707
联 系 人：宗　筠
电　　话：021-64318599
网　　址：www. cspsh. org. cn

2018 年，作为强制性产品认证的认证机构，公安部第三研究所认证中心（以下简称“三所认证中心”）坚决贯彻落实国家认监委和公安部科技信息化局的各项要求，出台了一系列“放管服”减轻企业负担的措施，日常管理中严格按照中心的规章制度开展各项工作，大力倡导服务意识和廉政意识，结合业务开展情况进一步规范了认证流程，努力提高了认证服务水平，获得了企业、客户的一致好评。顺利通过了各主管部门组织的专项监督检查，在技术能力、

公正性保持、人员结构、队伍管理、信息化建设等方面取得了优异成绩。

一、认证业务和工厂检查

截至 2018 年 12 月底，三所认证中心保持有效强制性认证证书 775 张（包括防盗保险箱柜 246 张），获证的境内外企业 255 家（包括防盗保险箱柜企业 102 家）。有效自愿性认证证书 134 张，获证的境内外企业 39 家。

2018 年，安排对境内外企业工厂检查 207 次。其中，境内初始工厂检查 25 家企业，监督工厂检查 174 家企业。在公安部科技信息化局、国际合作局的大力支持下，2018 年完成了 4 个境外工厂检查团的组团工作，对 4 个国家的 8 个认证企业进行工厂检查，全部按期返回，未发生任何违纪行为。

二、自愿性产品认证业务

国家认监委发布了《国家认监委关于加快发展自愿性产品认证工作的指导意见》（国认证〔2015〕76 号），明确了加快发展自愿性产品认证工作，是促进认证认可高技术服务产业跨越式发展的战略选择，是提升认证认可工作整体服务能力的要求，是促进产品创新、产业升级、推动结构调整、绿色发展、引导消费，进而助力“中国制造 2025”的必要举措。在 2017 年各项工作的基础上，上半年召开多次会议修订了智能联网产品技术规范和认证实施规则，经公安部同意及国家认监委备案，三所认证中心目前已开展智能联网产品网络信息安全自愿性认证工作。

同时，为加强公共安全视频监控联网建设的标准化、规范化、专业化水平，保证产品的质量，依据公安部科技信息化局《关于同意开展“社会公共安全产品自愿性认证公共安全视频监控产品”认证工作的批复》（公科信标准〔2018〕75 号）的要求，三所认证中心已全面开启公共安全视频监控产品 GA 认证工作。

基于以上两项自愿性产品认证充分的准备工作，2018 年 9 月 19 日，三所认证中心于上海召开社会公共安全领域智能联网产品（网络安全）自愿性认证和公共安全视频监控产品自愿性认证联合发布会，邀请了公安部科技信息化局、国家认监委相关领导及 190 多家企业参会，与会人数达到近 300 人。会议就两类自愿性产品认证实施规则、技术规范做了宣贯及解读，并介绍了业务申请流程，三所认证中心自愿性产品认证的推广工作又向前迈开了一大步。

三、机构自身建设

2018 年 1 月 8 日，中国合格评定国家认可委员会发布了总第 573 号公告，三所认证中心经过评定，满足了《合格评定产品、过程和服务认证机构要求》（CNAS-CC02），予以认可，准予在获准认可的产品认证范围内宣传认可状态和使用 CNAS 认可标识。

四、有效、规范实施认证制度

按照国家认监委对认证机构专项监督检查工作的统一部署，2018 年 8 月，三所认证中心接受了国家认监委提出的行驶记录仪产品的 3C 专项监督检查，各部门积极配合专项检查组的现场检查工作，顺利通过了监督检查。

2018 年 11 月 26 日-28 日，中国合格评定国家认可委员会（CNAS）对三所认证中心进行了 2018 年度监督评审，顺利通过了办公室评审和现场见证评审。

五、认证课题研究

三所认证中心积极开展认证课题研究，参与了国家认监委研究院牵头的“国家质量基础共性技术研究和应用”2018 年度重点专项课题研究，子课题名称为“智能联网产品互认评价关键技术研究与示范”。该课题于 2018 年 7 月 1 日立项，项目实施周期三年，项目主要内容为分析研究东盟、澜沧江-湄公河区域、上合组织等区域合作贸易畅通需求，建立区域互认评价指标体系；通过遴选中国-东盟、澜沧江-湄公河区域、上合组织区域国家重要贸易产品（如智能联网产品）等，开展合格评定要求、技术标准、认证规则和检测方法等方面的差异性研究，突破典型产品互认关键指标选取、影响因子确定、认证等效性评价数学模型构建等关键技术，形成不同类型产品认证结果互认实施方案和技术准则，并在试点区域国家示范应用。这将为三所认证中心中心国际认证业务的顺利开展发挥积极的引导作用。

六、人才队伍建设

2018 年，三所认证中心持续加大人才队伍建设力度，新增 8 名工厂检查员，为下一步工厂检查工作的顺利开展奠定了基础。中心自成立之初就充分认识到机构的建立和发展的重中之重是人员的综合素质和专业技能，工厂检查员专业能力的持续提升是认证机构不断发展的关键。2018 年，三所认证中心在中心管理层的领导下，先后组织了多次人员持续培训。其中，专门针对智能联网产品自愿性认证的相关人员，介绍了认证中心的工作流程和相关认证知识。此外，认证业务管理平台经多次修改完善，已逐渐投入正式运行，中心组织全体工厂检查员进行了培训，详细讲解了业务平台的操作方式。通过培训，工厂检查员总结问题，交流经验，提升了认证人员的专业技术能力，从而为中心的人才队伍建设起到了积极作用。

七、积极落实 3C 标志购买发放新政策

2018 年，国家认监委发布了第 10 号公告，规定 3C 标志发放由认证机构负责，三所认证中心积极响应，于 2018 年 4 月 28 日与国家认监委指定单位签订了供货协议，并于 5 月 1 日起正式开展标志发放管理工作，指派专人负责 3C 标志的购买发放工作。同时，利用中心官网进行宣传，将

3C 标志管理改革真正落到了实处。

八、积极落实信息化管理要求

三所认证中心“产品认证管理平台”正式上线运行，已实现了业务受理、工厂检查任务分配、检查员任务的文件下载、工厂检查后资料上传、技术评定、人员评价、证书自动生成等覆盖认证业务整个流程的全部平台操作，实现了无纸化办公，极大地提高了工作效率。

视频图像信息智能分析与共享应用技术国家工程实验室

视频图像信息智能分析与共享应用技术国家工程实验室于 2016 年 11 月获得国家发展改革委批复立项，项目法人单位为北京中盾安全技术开发公司，共建单位包括公安部第一研究所、视频图像智能分析与应用技术公安部重点实验室、中科院自动化研究所、北京中星微电子有限公司、华为技术有限公司、杭州海康威视数字技术股份有限公司、中山大学。

实验室理事会选举公安部第一研究所仇保利所长为理事长，聘请中国科学院谭铁牛院士为实验室技术委员会主任、中国工程院邓中翰院士为技术委员会名誉主任、北京中盾安全技术开发公司陈朝武董事长为实验室主任。实验室将针对我国视频分析处理能力与爆炸式增长的视频数据量不匹配、视频图像信息综合应用效能不足等问题，围绕提升海量视频数据智能快速分析与深度应用能力的迫切需求，开展前端分布式智能分析编码、复杂网络联网共享、实时视频目标检测识别及内容理解、视频大数据存储检索、业务融合视频综合应用、视频安全感知防护等技术装备的研发和工程化，为推动视频图像信息智能分析与共享应用领域的技术进步和产业发展提供技术支撑。

地　　址：北京市海淀区首体南路一号
负 责 人：陈朝武
电　　话：010-68773860
联 系 人：栗红梅
电　　话：010-68773147
网　　址：www. neliva. com. cn

视频图像信息智能分析与共享应用技术国家工程实验室（以下简称“实验室”）根据 2018 年年初制定的工作计划，按照发改委的相关文件要求，在公安部科技信息化局的精心指导下，在中盾公司和实验室全体成员的辛勤工作下，完成了多项关键技术突破以及研发支撑平台搭建，设备招标采购，国际论坛举办，国家级、省部级、所级及实验室等项目的申报和实施，对外合作等工作。实验室建设有序推进，取得了较好的成效。

一、基础设施建设

一是完善实验室办公场所，二是建设实验室研发支撑环境并投入运行。

二、人才队伍建设

实验室为了引进高端人才，2018 年制定并发布实施了《视频图像信息智能分析与共享应用技术国家工程实验室人才引进管理办法》和《视频图像信息智能分析与共享应用技术国家工程实验室聘请高层次人才（暂行）规定》等。依据管理办法，以社会招聘方式聘请了多位技术人才，聘请 IEC（国际电工委员会）资深技术官 Charles 博士为实验室客座专家。

三、科研工作

实验室根据 2018 年科研工作规划，精心组织、狠抓落实，在基于监控视频的动态人脸识别、车牌识别测评、SVAC2. 0 编码核心算法、视频安全防护、视频大数据等关键技术上均有所突破，包括以下内容：

自适应基于时空分类的动态背景检测算法；

支持异构资源调度与算法仓的人工智能与视频大数据平台；

开放、标准、高性能的视频大数据标准图像库；

大规模视频联网共享信令传输、控制、交换技术；

大规模高并发弹性安全媒体流处理技术；

基于自适应变换、高级熵编码、混合预测的 SVAC 视频压缩编码技术；

基于融合中心与三元组损失的人脸识别算法。

截至 2018 年 12 月，实验室主编或参与编制国家及行业标准 14 项，申请发明专利 9 项，申请软件著作权 17 项。

四、成果应用

实验室在发改委的带领下，在公安部科技信息化局的悉心指导和帮助下，以最新研发技术成果为基础，成功获批国家“十三五”重点研发计划公共安全 2008 年度专题项目，实验室承建单位及各参建单位牵头整个项目研究，并承担了 4 个课题研究。

实验室牵头承担的公安部技术研究计划竞争性遴选项目“公安人脸识别测评体系构建关键技术研究及应用示范”于 2018 年顺利通过中期检查，进展顺利。

实验室协助公安部编制强制性国家标准《公共安全视频监控联网信息安全技术要求》应用试点工作方案、《公共安全视频监控资源接入共享及管理技术要求》等重要文件。

实验室专家每月参加国际电工委员会/报警与电子安防系统技术委员会（IEC/TC79）WG12 视频标准工作组会议，并牵头提出了一项国际标准立项申请。

实验室积极配合国家、公安部和各地省市开展公共安全视频监控相关标准宣贯和智能视频技术应用的培训工作。

3 月，国家发改委、综治办、国家标准委和公安部联合举办了 27 个部委参加的，公共安全视频监控联网系统信息传输、交换、控制技术要求（GB/T28181-2016）、公共安全视频监控数字视音频编解码技术要求（GB/T25724-2017）、公共安全视频监控联网信息安全技术要求（GB35114-2017）三个国家标准的培训班，实验室为培训班做了三个标准的主旨演讲。

4 月，公安部进行了公共安全视频监控建设联网应用三个国家标准及其技术应用的培训，实验室宣讲了三个标准的主要内容和相应的技术应用。

在中国信息协会主办的 2018 第三届中国信息化融合发展创新大会上，实验室做了“视频大数据应用”的技术演讲。

5 月，实验室在扬州市公安局的智慧警务大讲堂上做了“视频大数据实战应用”的培训。

7 月，实验室在吉林省全省技防及视频工作培训班上做了“视频技术与标准引领视频大数据应用新时代”的主旨技术讲座。

8 月，在公安部举办的全国公安学院教师培训班上，实验室做了“视频大数据治理与实战应用”的培训。

9 月，在北京召开的强制性国家标准《公共安全视频监控联网信息安全技术要求》（GB35114）宣贯及执行工作座谈会上，实验室进行了标准宣贯。在杭州、广州分别召开的公共安全视频监控产品认证工作宣讲会上，实验室做了视频安全标准宣贯和要点解析。

10 月，实验室协办视频监控安全应用标准宣贯及技术论坛。

实验室在全国范围内广泛进行了公安实战需求调研，积极开展新成果推广工作，实验室各技术方向的部分成果已在新疆、北京、苏州、东莞、连云港、银川、泉州、呼和浩特、青海、甘肃等省、市、自治区，结合当地实际情况进行了不同范围、不同程度的示范应用，以积累经验进行后续推广。

实验室网站和微信公众号正式上线，利用多种渠道和形式宣传实验室研究成果，促进产业转化。

五、国际合作交流

5 月，实验室在北京与国际电工学会专家开展了“国际标准制定及国际标准化工作”的技术交流，与斯坦福大学教授开展了“智能视频前沿技术”专题研讨会。

5 月，在北京第九届中国国际警用装备博览会上，实验室主办了“视频技术高峰论坛”。

10 月，实验室在北京主办了“2018 中国安防技术创新峰会暨 IVAA2018 国际论坛”。

中国人民公安大学安全防范技术与风险评估实验室

中国人民公安大学安全防范技术与风险评估实验室是依托中国人民公安大学建立的综合性、开放性研究平台。实验室以安全防范系统工程、智能视频分析与侦查技术、社会安全风险评估与预测预警技术三个研究方向为核心，重点研究各种社会安全风险的形成规律，创新虚实空间风险监测、研判、预警和防范机制与能力，提升风险综合预测预警预防能力，并以此为总体目标，建设多种核心技术的研发环境，建立面向实战应用的软硬件系统及成果转化平台，参与相关国家与行业标准的制定，建立对外联络与服务平台，推进技术输出、咨询服务与国内外学术交流合作，大力培养公共安全学术精英、安全防范与风险评估技术骨干以及安全防范、公安视听和网络安全专业人才，从学科发展和服务公安实战的角度进一步明确实验室科技研究、实战支撑及人才培养的综合定位。实验室下设七个研究中心，即安全防范技术与应用研究中心、风险评估与预测预警研究中心、警务大数据智能分析研究中心、视频警务信息综合应用研究中心、网络空间安全技术研究中心、视频网络安全监测预警技术研究中心和低空安全防范研究中心。

地　　址：中国人民公安大学信息技术与网络安全学院
邮　　编：102623
负 责 人：曹诗权
电　　话：010-83905971
联 系 人：李　欣
电　　话：010-83905971
网　　址：http：//210. 31. 48. 104

2018 年，中国人民公安大学安全防范技术与风险评估实验室（以下简称“实验室”）在公安部科技信息化局的指导下和中国人民公安大学党委的大力支持下，在科研项目、基础建设、队伍建设、开放交流、运行管理方面取得了显著进步，圆满地完成了年初制定的各项科研规划任务。

一、科研项目

2018 年，实验室以重大项目攻关为载体，进一步加强科研基础条件建设，充分发挥人才资源优势，努力增强科技创新能力。全年新立项科研项目 14 项，全部在研国家级科研课题 20 项、省部级课题 20 项，其他类课题 7 项，制修订标准课题 2 项。其中，国家级项目包括重大科技专项“可视警务综合实战应用平台”、国家 863 项目“云安全的可信服务及在教育云的示范验证”以及国家自然科学基金项目“大规模视频目标的跨时空多维度关联”和“复杂场景下目标跟踪的表观建模研究”等，实验室到账科研经费目前已经达到 6830.76 万元。在科研成果方面，在国内外学术刊物发表学术论文 28 篇、国际会议论文 5 篇，被 EI、SCI 或 CPCI 收录 9 篇，出版中文著作 11 部，授权国内发明专利 3 项，重点实验室承担的国家 863 项目“警用视频监控系统效能评估方法及系统”荣获 2018 年公安部科技进步三等奖。

承担课题数（项）								
国家任务					省部级计划	地厅级计划	横向协作	其他
863 计划	973 计划	科技支撑	国家自然科学基金	其他				
1			1	18	20		4	3

科研经费（万元）							
国家级计划	省部级计划	国际合作	技术服务	依托单位投入	实验室自筹	其他	合计
6442.26	205		127	30		26.5	6830.76
课题进展情况（项）							
新立项	在研	验收结题					
14	26	7					

2018 年学术著作及论文（数量）

著作		论文				
中文著作	外文著作	国外学术刊物	国内学术刊物	国际会议论文	国内会议论文	三大检索收录
11		1	27	5		9

2018 年论文及著作列表

序号	论文及著作名称	作者	刊物名称/出版社名称	论文收录情况
1	Face Recognition Based on Densely Connected Convolutional Networks	张童，王蓉，丁建伟，李欣	BigMM 2018	EI 检索
2	A Discriminative Feature Learning Based on Deep Residual Network for Face Verification	张童，王蓉，丁建伟	IGTA 2018	EI 检索
3	Online Learning of Spatial-Temporal Convolution Response for Robust Real-Time Tracking	周婧琳，王蓉，丁建伟	ICPR 2018	EI 检索
4	Deep Convolutional Features for Correlation Filter Based Tracking with Parallel Network	周婧琳，王蓉，丁建伟	IGTA 2018	EI 检索
5	Abnormal Event Detection by Learning Spatiotemporal Features in Videos	张晓峰，王蓉，丁建伟	IGTA 2018	EI 检索
6	A Novel Immune-Inspired Shellcode Detection Algorithm Based on Hyperellipsoid Detectors	芦天亮	Security and Communication Networks	SCI 检索
7	表面增强拉曼检测爆炸物研究进展	卢树华	光谱学与光谱分析	SCI 检索

续表

序号	论文及著作名称	作者	刊物名称/出版社名称	论文收录情况
8	基于环境犯罪学理论的入室盗窃时空分布研究——以北京市主城区案件的分析为例	徐嘉祥，陈鹏	人文地理	CSSCI 核心期刊
9	反恐背景下的个人特征数据构成与涉恐个体的挖掘分析	陈鹏，瞿珂，陈刚，汪勇	情报杂志	CSSCI 核心期刊
10	城市居住小区盗窃犯罪的影响要素分析——以北京市某区 20 个居住小区为例	陈鹏，瞿珂	中国人民公安大学学报（社会科学版）	核心期刊
11	杭州互联网法院的历史意义、司法责任与时代使命	李怀胜	比较法研究	核心期刊
12	毒品政策的演变与抉择：国家意志与市民需求的良性互动	包涵	中国人民大学复印报刊资料	核心期刊
13	人工智能在犯罪预防中的应用及前景分析	刘钊，林晞楠，李昂霖	中国人民公安大学学报（社会科学版）	核心期刊
14	一种超椭球免疫理论启发的 shellcode 检测算法	芦天亮	小型微型计算机系统	核心期刊
15	始终坚持并不断丰富发展对我国教育事业的规律性的认识	戴继诚	红旗文稿	核心期刊
16	论中产阶层社会风险及其社会治安治理	周延东	山东警察学院学报	核心期刊
17	政府开放趋势下的舆情危机管理机制研究	韩娜	青年记者	核心期刊
18	基于机器学习的典型社会安全事件发生规律研究及对雄安新区的启示	邱凌峰，胡啸峰，周睿，等	中国安全生产科学技术	核心期刊
19	复杂街区脏弹恐怖袭击下放射性物质扩散模拟	郑超慧，吴建松，胡啸峰，等	中国安全科学学报	核心期刊
20	基于拓扑扩展的在线社交网络恶意信息源定位算法	袁得嵛，高见，叶萌熙，王小娟	计算机科学	核心期刊
21	在线社交网络恶意信息多源定位算法	袁得嵛，黄淑华，叶萌熙，王小娟	计算机工程	核心期刊
22	基于 Agent 模型的城市轨道交通车站人群聚集风险的分析	林铭，金华，徐汇川，程文涛	城市轨道交通研究	核心期刊
23	热应力对犯罪活动的影响规律研究	胡啸峰	中国人民公安大学学报（自然科学版）	核心期刊
24	入室盗窃犯罪时段分布特征分析	陈鹏，瞿珂，胡啸峰，曾昭龙，石少冲	中国刑警学院学报	一般期刊
25	基于机器学习的犯罪人惯犯身份预测分析和识别	陈鹏，曾昭龙，胡啸峰，张学军	中国刑警学院学报	一般期刊
26	基于不同个体要素的犯罪人出行距离统计特征分析	侯超，陈鹏	犯罪研究	一般期刊
27	海峡两岸刑嫌移管的施行现状及改善路径	包涵	北京联合大学学报	一般期刊
28	戒毒措施“医疗化”与我国戒毒制度的走向	包涵	河南警察学院学报	一般期刊

续表

序号	论文及著作名称	作者	刊物名称/出版社名称	论文收录情况
29	习近平新时代中国特色社会主义宗教工作思想初探	戴继诚	科学与无神论	一般期刊
30	公安院校马克思主义宗教观教育探究	戴继诚	公安教育	一般期刊
31	赵朴初先生推进当代佛教中国化问题研究	戴继诚	赵朴初诞生 110 周年学术研讨会论文集	一般期刊
32	嵌入联结领域：后单位社区安全治理的新框架	周延东	公安学研究	一般期刊
33	新时期“社区警务”实训教学创新研究	周延东，宫志刚	公安教育	一般期刊
34	互联网时代的信用体系建设的发展思路	李怀胜	中国信息安全	一般期刊
35	恐怖组织动员策略研究	韩娜	现代传播（C 刊）	一般期刊
36	新精神活性物质管制的国际经验和中国路径	包涵	公安学研究	一般期刊
37	基于社会力模型的北京西站地下通道人群聚集仿真分析	黄健，曾毅，金晓宇，金华	国防交通工程与技术	一般期刊
38	城市轨道交通恐怖袭击事件的特点分析	曾毅，黄健，金华	国防交通工程与技术	一般期刊
39	“一带一路”境外中资企业机构安全防范体系建设研究	陈文静	中国安防	一般期刊
40	境外中资企业机构安全防范体系规范建设研究——以澳大利亚安全防范政策框架为例	赵兴涛	中国安防	一般期刊
41	巴基斯坦恐怖袭击威胁分析与防范策略探讨	金华	中国安防	一般期刊
42	境外中资企业机构安全防范体系规范建设研究——以英国国家基础设施保护为例	赵兴涛	中国安防	一般期刊
43	犯罪制图与警务优化	陈鹏，刘择昌，张平吾，郑滋椀	清华大学出版社	著作
44	基于云存储的智能视频监控系统安全风险与应对策略	张雅丽	中国人民公安大学出版社	著作
45	刑事证据调查行为研究	刘为军	中国人民公安大学出版社	著作
46	神秘血手印	刘为军	中国政法大学出版社	译著
47	法律英语	李怀胜	中国政法大学出版社	编著、工具书
48	大学计算机基础	曹金璇，芦天亮，王任华，张建岭，陈丽，王宇，霍宏涛，张学军	清华出版社	编著、工具书
49	电信网络诈骗安全教育知识读本（大学生版）	曹金璇，裴沛，杨晶，高远晴	中国书籍出版社	著作
50	电信网络诈骗安全教育知识读本（中小学生版）	曹金璇，裴沛，杨晶，高远晴	中国书籍出版社	著作
51	危机传播中国家形象修复	韩娜	知识产权出版社	学术专著

续表

序号	论文及著作名称	作者	刊物名称/出版社名称	论文收录情况
52	电信网络诈骗安全教育知识读本（社区版）	曹金璇，裴沛，杨晶，高远晴	中国书籍出版社	著作
53	安全防范设施规划手册	金华	兵器工业出版社	著作

2018 年发明专利、软件著作权、标准等情况（数量）

申请国内发明专利	授权国内发明专利	申请国际发明专利	授权国际发明专利	软件著作权登记	制定标准	修订标准
	3					

专利情况

序号	专利类别	专利名称	申请人/设计人单位	申请时间	专利号	专利权人	实验室参与情况
1	发明专利	一种基于路网的警务巡逻盘查路径优化方法	中国人民公安大学	2018 年 12 月 17 日	201811541203. 6	陈鹏，瞿珂	独立完成
2	发明专利	一种基于案件要素分析的犯罪热点特征挖掘方法及系统	中国人民公安大学	2018 年 12 月 17 日	201811541213. X	郭雅琦，顾海硕，侯超，陈鹏	独立完成
3	发明专利	基于本体身份特征的涉嫌暴恐人员研判识别方法及系统	中国人民公安大学	2017 年 10 月 19 日	201710976646. 7	陈鹏	独立完成

2018 年参与制修订标准列表

序号	名称	状态
1	公共安全视频监控前端摄像机部署导则	已完成意见征求，正在准备报批稿
2	警用无人驾驶航空器无线通信技术要求	已完成初稿，准备征求意见

2018 年获奖列表

序号	名称	状态
1	警用视频监控系统效能评估方法及系统	公安部科学技术三等奖

二、基础建设

中国人民公安大学校党委高度重视实验室建设工作，2018 年多次组织召开重点实验室建设专项研讨会，听取实验室建设发展意见建议，并根据中国人民公安大学科研体制改革实际，对实验室下一步改革发展等事宜进行专门商讨。在校党委的领导下，实验室领导班子围绕实验室发展现状、存在的问题以及下一步实验室的组织机构、研究方向、成员组成、制度建设、科研成果、办公条件等方面的发展建设进行了广泛的讨论，为实验室下一步发展凝聚了共识、理清了思路、打下了坚实基础。具体举措如下：

一是在现有基础上进一步优化实验室办公与工作环境，拟将中国人民公安大学团河校区战训街区近 500 平方米实验场地扩充为实验室研究场地。

二是拓展实验室运行经费渠道，一方面，从学校角度加强日常运行经费投入，年办公和运行经费不少于 20 万元，同时，积极与企业开展合作，开展实验室与企业共建合作，目前已到账经费 50 万元。另一方面，积极开展各类实验室专项建设项目申报，申请国家和北京市双一流学科建设经费支持。

三、队伍建设

实验室密切围绕发展目标，依托重点项目和课题，通过人才培养和队伍建设，努力建设一支基本素质高且年龄结构、学缘结构合理的研究梯队，使实验室具有从事科技创新基础性应用研究的潜力和优势。目前，实验室已成为多项国家重点基础研究项目、科技攻关项目、科研开发和工程服务项目的研究基地以及高层次公安人才培养中心。

实验室在继续争取依托单位支持、进一步加大人才引进力度的同时，将重点放在已有人员的培养上，鼓励科研骨干特别是青年科研人员大胆承接重要科研任务，并为之创造学习深造和学术交流的机会，努力扶植培养科研能力突出的科研人员尽快成长为高层次拔尖人才和学术带头人，积极打造在国际学术领域有竞争力、影响力的名师。

截至目前，实验室团队中有国务院学科评议专家组专家1人、公安部信息安全和数据分析专业业务骨干2人、北京市优秀教师1人，40岁以下科研人员占比达50%以上。

同时，学位研究生培养也是实验室人才培养的一项重要工作。2018年，实验室培养在读研究生55人，其中在读42人（在读博士2人、在读硕士40人）、毕业13人（硕士）。

四、开放交流

2018年，实验室积极拓展对外交流、学习、合作，深入了解当前公安一线实战单位应用所需，强化与专家学者的学术交流，提升实验室的影响力，拓展实验室的工作思路，为下一步实验室发展建设做好充分的积累和准备。

2018年，根据研究方向和项目研究需求，实验室主动与中石油、中石化、中电建、工商银行、华为等具有资深海外安全管理经验的企业安全管理专家进行交流，加强与企业安全管理专家的沟通协调，提供管理经验和安全案例，实现强强联合，充分发挥项目研究团队和企业安全管理人员的特长和优势。

2018年，实验室成员赴深圳、上海、江苏等地开展交流活动，并于2018年10月分别赴巴基斯坦的喀喇昆仑公路升级改造项目工地、塔贝拉水电站四期扩建工程项目工地、华为公司华为巴基斯坦办事处、中国工商银行巴基斯坦支行、中石油巴基斯坦办事处进行交流访问，参观企业安保体系的建设现状，了解安保工作存在的问题等。

2018年，实验室配合部公安部科技信息化局开展公安视频监控网络安全检查现场抽查工作，设计抽查方案并组织实施。对7个地区20家单位（辽宁省公安厅、沈阳市公安局、丹东市公安局，浙江省公安厅、杭州市公安局、嘉兴市公安局，江西省公安厅、南昌市公安局、景德镇市公安局，广东省公安厅、广州市公安局、东莞市公安局，云南省公安厅、昆明市公安局、西双版纳州公安局，新疆自治区公安厅、乌鲁木齐市公安局、新疆建设兵团公安局、农六师公安局、农八师公安局）进行了抽查。

2018年，实验室挂牌成立视频监控网络安全监测预警通报研究中心，与21家单位签订合作协议。建设视频监控网络安全的预警通报体系，依据国家有关单位发布的网络安全相关预警信息，核实确认的视频监控网络安全预警信息，向各地发布预警通报情况，督促整改。

参加会议

时间	地点	项　目	人员	备注
2018年6月	西班牙	Environmental Criminology and Crime Analysis	陈鹏	主题报告
2018年7月	广州	第5届犯罪地理国际研讨会	陈鹏，顾海硕，石少冲，郭雅琦，朱冠宇	学术报告
2018年8月	北戴河	全国警务大数据应用研讨会	陈鹏	学术报告
2018年11月	佛山	公共安全科学技术学会年会—社会安全论坛	陈鹏	学术报告
2018年12月	成都	2018 4th IEEE International Conference on Computer and Communications（ICCC）	陈鹏	学术报告
2018年7月	成都	The International Conference on Machine Learning and Cybernetics	石少冲	学术报告
2018年6月22日	北京	纪念改革开放四十周年暨马克思主义与全面依法治国高峰论坛。报告题目：新时代下的“枫桥经验”：共建共治共享的社会治理创新实验	胡宝荣	主题报告

续表

时间	地点	项　　目	人员	备注
2018 年 1 月 11 日	深圳	针对华为驻全球机构安全管理工作中的先进经验、全球安全管控平台、驻外机构安全防范技术及产品应用等情况开展调研	金华，陈文静	交流
2018 年 1 月 12 日	上海	与上海广拓信息技术有限公司领导和相关工作人员对项目的研究进展、成果形式开展交流讨论，了解公司现有的核心技术及典型产品	金华，陈文静	交流
2018 年 1 月 14 日	江苏	与江苏固耐特有限公司领导和相关工作人员对项目的研究进展、成果形式开展交流讨论，了解公司现有的核心技术及典型产品	金华，陈文静	交流
2018 年 9 月 13 日	连云港	参加第四届连云港论坛安全发展共享繁荣分论坛，听取外交部、国资委、公安部及中资企业代表在论坛上的发言	金华，陈文静	交流
2018 年 10 月 21 日	巴基斯坦伊斯兰堡	在中国驻巴基斯坦使馆与在巴开展安保业务的保安公司进行交流座谈，了解巴基斯坦的安全形势、在巴中资企业安保工作的现状以及存在的问题，共同探讨解决方案	金华，陈文静	交流
2018 年 10 月 22 日	巴基斯坦伊斯兰堡	赴喀喇昆仑公路升级改造项目工地调研访问，参观安保系统的建设现状、了解安保工作存在的问题等	金华，陈文静	交流
2018 年 10 月 23 日	巴基斯坦伊斯兰堡	赴中国电力建设集团有限公司承建的“塔贝拉水电站四期扩建工程”项目工地调研访问，参观安保系统的建设现状，了解安保工作存在的问题等	金华，陈文静	交流
2018 年 10 月 24 日	巴基斯坦伊斯兰堡	赴华为公司华为巴基斯坦办事处调研访问，了解巴基斯坦分公司的安保体系建设情况、企业安全管理制度、员工出行安全管理办法等	金华，陈文静	交流
2018 年 10 月 25 日	巴基斯坦伊斯兰堡	赴中国工商银行巴基斯坦支行调研访问，参观支行的安全防范建设现状，了解安全防范工作存在的问题等	金华，陈文静	交流
2018 年 10 月 26 日	巴基斯坦伊斯兰堡	赴中石油巴基斯坦办事处调研访问，了解中石油驻巴工程营地的安保建设情况、安全管理制度、存在的主要问题等	金华，陈文静	交流
2018 年 8 月 15 日	北京	2018 年世界机器人大会。报告题目：无人机安全管控与警用	孙永生	主题报告
2018 年 8 月 16 日	乌鲁木齐	第六届中国—亚欧安防博览会。报告题目：无人机安全管控与警用	孙永生	主题报告
2019 年 12 月 13 日–15 日	浙江	全国首届机场防范无人机技术大赛。报告题目：低空安全防范	孙永生	主题报告

举办论坛

时间	地点	论坛名称
2018年9月15日	北京	2018公安大数据应用分析国际研讨会
2018年4月29日	北京	网络安全宣传日（举办全国学术会议）
2018年4月10日	北京	智慧公安协同创新论坛（举办全国学术会议）
2018年9月4日	北京	国家互联网安全大会360分论坛（举办全国学术会议）
2018年11月12日	乌镇	世界互联网大会网络反恐国际合作分论坛（举办国际学术会议）
2018年12月20日	北京	2018年首届智能智慧指挥调度技术创新大会（举办全国学术会议）
2018年10月24日	中国国际展览中心	2018视频监控网络安全论坛
2018年1月23日	中国人民公安大学	2018年全国警用无人驾驶航空器实战应用经验交流论坛
2018年6月23日	深圳会展中心	第二届中国低空安全高峰论坛
2018年6月23日	深圳会展中心	警用无人机创新应用论坛
2018年5月16日	北京国家会议中心	无人机安全管控论坛
2018年9月7日	中国国际展览中心	无人机安防应用与培训论坛

五、运行管理

2018年，实验室进一步理顺实验室体制机制，全面重组实验室内设机构，围绕三个研究方向建设七个研究中心，分别为安全防范技术与应用研究中心、网络空间安全技术研究中心、低空安全防范研究中心、视频警务信息综合应用研究中心、视频网络安全监测预警技术研究中心、风险评估与预测预警研究中心、警务大数据智能分析研究中心。以实验室“1+7”运行模式为基础提出四个创新，即创新专家指导团队、创新研究主体团队、创新研究水平和内容、创新实验室运行机制。

建立实验室科研考核与激励机制。对所有实验室固定及临时聘任的研究人员建立有别于学校教师的聘期考核与激励制度，对带头人实行三年一考核、对实验室一般研究人员和临时聘用人员实行一年一考核，对能够及时完成考核的人员进行优先续聘及相关奖励，对不能完成考核的人员予以解聘或转岗；建立科研成果为导向的激励机制，对取得重大科研理论创新、技术突破的人员给予一定的物质奖励，对科研成果转化为较大经济效益的以转化金额的30%对完成人员及其团队进行奖励。

实验室对全球范围内的前沿理论研究实现引入、移植、转化、升华，对全国范围内的先进技术研究实现比较、桥接、混配、融合，对全校范围内的优秀技术成果实现整合、转化、推送、推广，对公共安全领域内的高端人才进行发现、引进、汇聚、提升，对公安行业内的实战精英进行思维研磨和技术武装，将实验室打造为安全防范技术与风险评估领域的“校—企—局”新型科研创新平台。

六、实验室运行中存在的问题及建议

实验室在过去发展当中虽然取得了一定的成绩，但在组织领导、运行管理等方面仍存在很多问题，与公安部对实验室的要求还存在一定的差距。

总体发展规划还需进一步完善，细化各研究方向的目标任务，抓好具体工作落实与效果考核；加强实验室科研条件建设，对研发和运行经费进行常态化保障。

学术委员会作用有待加强，需优化学术委员会成员结构，紧密结合实验室研究方向，加强统筹规划，有针对性地指导科研工作，充分发挥学术委员会作用。

进一步加强科研人才队伍建设，积极引进和培养行业领军人才，提高科研攻关和自主创新能力，结合公安实战和社会公共安全需求做好成果转化工作，不断增强实验室的影响力。

加强开放课题、设备共享等工作，多渠道、多形式地加强国内外科研合作与学术交流。

进一步完善实验室管理制度，强化实验室管理，确保实验室更加规范有序运行。

实验室将系统梳理各项问题，深入分析实验室建设发展面临的新形势和新要求，全力做好各项工作。

视频图像智能分析与应用技术公安部重点实验室

视频图像智能分析与应用技术公安部重点实验室于 2012 年 12 月 20 日揭牌，是全国第一个视频监控技术专业的部级重点实验室，也是第一个采用公安机关与公安系统外高校联建模式的部级重点实验室。视频图像智能分析与应用技术公安部重点实验室以公安业务需求为导向，开展视频监控技术的科学方法、关键性技术、设备及成果产业化研究，在视频图像智能分析处理技术相关领域，特别是视频图像检索、视频监控联网共享、目标特征提取、智能识别等专项技术方面取得国内领先优势；构建视频监控技术软硬件产品、系统方法与视频图像资源的实验与检测体系，对各类案（事）件视频图像进行分析鉴定；面向基层，结合实战，开展技术推广、人员培训、学术交流和业务服务等工作，为高速发展的视频监控技术提供科研、应用、培训、推广、交流的综合性平台；同时，作为“视频图像信息智能分析与共享应用技术国家工程实验室”的成员单位，实验室将建设成为全国公安机关的视频图像智能分析与应用技术实验基地、国内领先的视频监控技术应用课题研发与成果转化基地以及视频监控技术高级人才培养基地。

地　　址：广州市越秀区黄华路 97 号
负 责 人：朱理臻
电　　话：13922263079
联 系 人：冯海正
电　　话：13512718338

视频图像智能分析与应用技术公安部重点实验室（以下简称“视频实验室”）自成立以来，在公安部科技信息化局、广东省公安厅等各级领导的关怀指导下，不断夯实基础建设，大力推进学术交流、科技研发、成果转化和实战应用。经过 2017 年公安部重点实验室评估，进一步梳理了建设和发展的重点方向，以党的十九大精神为指导，以广东智慧新警务规划为指南，以攻关重大关键和前瞻技术、建设标志性公共平台为核心研究方向，继续贯彻立足公安视频图像数据的实战应用和发展需求，制定了 2018—2020 年三年发展规划，在机制管理、承接科技项目、实战应用方面迈上新台阶。

一、科研项目

2018 年，视频实验室积极参与申报国家、公安部、广东省和广州市各级科技项目，获得批复立项国家重点研发计划课题 1 项、广州市科技计划重点项目 2 项，组织验收 4 项。在广州等地市部署科技成果“视频云+”、“车辆大数据”等的试点工作。

（一）瞄准前沿，紧扣应用，多渠道争取立项

视频实验室紧跟国际技术发展前沿，结合实际应用需求，不断谋划重大项目。2018 年，视频实验室联建单位中山大学申报科学技术处国家重点研发计划项目的“基于人脸识别的涉案人员智能检索技术”和广州市科技计划项目重点项目“基于无人机巡航视频河道一场场景检测识别与示范应用”、“城市交通智能计算与服务关键技术及应用示范”获得立项。

2018 年年底，视频实验室提前谋划、组织各成员单位积极准备 2019 年科研项目申报，收集到申请课题建议书 12 份，经过两轮专家和同行评议，甄选出“AR 三维实景融合一体化技术”、“多维设备生态化管理及数据接入技术”、“行人再识别关键技术及应用示范系统”等课题呈报公安部。

（二）加强攻关能力，推动科研验收

视频实验室顺应公安实战和安防行业发展趋势，紧跟深度学习、大数据、人工智能等新技术发展应用，重点关注视频联网云服务、视频大数据分析等公安应用科学研究，进一步聚焦“视频大数据深度解析”、“视觉场景语义分析”、“视频分布式并行计算架构”、“图像仿真”等视频技术领域的重大基础技术问题，更好地支持公安视频综合应用，不断提升公安业务实战能力。

2018 年，视频实验室科研基础项目“基于 PGIS 时空大数据分析的广东省社会治安视频”、“基于高性能深度学习的跨模态疑犯脸像辨识关键技术研究”、“基于车辆多层次特征融合的大数据以图搜车关键技术研究”已向公安部申请项目验收。此外，公安部技术研究计划“涉车视频图像大数据智能分析与挖掘关键技术研究”项目已完成，已提交验收材料向公安部申请项目验收。

（三）大力促进成果应用，积极推广试点建设

2018 年上半年，广东省公安厅联合视频实验室、广州市公安局，率先在广州启动视频云示范工程建设。通过视频资源云服务体系，依托统一的云服务支撑框架，将数据检索、分析、视频图像解析、人车技战法等能力通过统一的 API 接口，以标准总线方式连接基础能力与上层应用。目前，已有资源总览、视频调阅、人脸应用、车辆应用等 9 大类 83 个基础检索、碰撞功能，在刑警、交警、治安支队，公交分局，黄埔、花都、荔湾区分局等单位推广试用。截至 2018 年 11 月，广州市局利用视频服务各类案件 66428 宗（视频提取率 35%），其中服务刑事案件 32023 宗（视频提

取率 34%)，破获刑事案件 22588 宗（视频协助破案率 64%)；利用人脸识别系统抓获处理人员 2621 人，破获案件 1641 件，全面提升了视频技术在公安机关指挥调度、侦查破案、交通管理、应急封控的警务实战支撑能力。

目前，广州、深圳已完成全市视频云架构建设，初步具备了城市级人脸、车辆等大数据综合应用能力，同时，持续推进中山、茂名试点地市以及珠海的视频云建设工作。珠海市搭建视频云试用平台，整合了全市原分散在多个独立子系统的动态人脸资源 800 余路，并在航展安保开始前投入实战应用，协助抓获多名在逃人员，以及协助航展工作人员成功找到遗失背包等，圆满完成航展安保工作。今后，视频实验室将会依托视频云赋能，更好地服务基层侦查办案。

（四）科研成果评价高，荣获各项奖励

2018 年，由视频实验室联建单位中山大学研发的“视觉鲁棒特征提取与非线性分析”获得教育部高等学校科学研究优秀成果奖自然科学奖二等奖，“基于结构化表达学习的视觉理解及应用”获得吴文俊人工智能科学技术奖二等奖，“视频大数据高效表达、深度分析与综合利用”获得国家自然科学基金委优秀科研项目。

2018 年，视频实验室共发表论文 78 篇，其中在国际知名刊物发表 32 篇，被 SCI 检索收录 17 篇。视频实验室开发研制获得授权专利 6 项，申请专利 12 项。

二、基础建设

（一）各单位各级领导关心支持，配套投入科研经费

各级领导高度重视视频实验室的建设工作，积极争取经费投入。目前，已经在对各单位申报的课题进行专家评审。中山大学支持视频实验室工作，提供专项资金设立实验室开放基金，支持了 3 个开放课题项目。今后，视频实验室依托单位广东省公安厅将加大对实验室科研经费的投入，支持实验室开展科研工作。

（二）视频实验室合作单位与公安厅建立联合创新中心

根据 2018 年广东智慧新警务工作需要，视频实验室合作单位华为公司与公安厅建立联合创新中心，展示智慧新警务研究成果和应用创新成效，其中视频云赋能工程是重要内容。联合创新中心建立后，接待全国各地参观调研组 100 多批次，反响热烈。

（三）积极建设大型科研平台，推进研究基础条件建设

视频实验室以提高公安实战和科研能力为目标，联建单位在车路协同一体化实验环境、视频技术与软件产品测试平台、基于超算的视频大数据集成验证平台方面取得阶段性成果。车牌识别软件评测系统已经完成对海康、大华等企业的 14 个车牌识别软硬件产品评测，部署在公安信息网，加载功能数据库和性能数据库共 2 万多张图像。

三、队伍建设

（一）吸纳整合科研力量

2018 年，视频实验室为增强科研及应用推广能力，加快研究成果的转化，在实验室原有合作单位的基础上，增加华为技术有限公司、佳都新太科技股份有限公司、海康威视数字技术有限公司、东方网力科技股份有限公司、高新兴科技集团股份有限公司为实验室合作单位，有效加强整合科研力量，增强实验室视频图像建设应用能力。

（二）继续推动人才培养与学术交流

视频实验室积极开展学术交流，加强专业人才培养。2018 年，由视频实验室联建单位中山大学培养的视频应用相关专业硕士生 16 人，博士生 3 人；硕士生毕业 8 人。此外，视频实验室积极搭建学术交流平台，组织了公安部第一研究所、公安部科学技术信息研究所、中国人民武装警察部队学院科研部等 20 多批次的专家领导的调研交流活动，成效良好。在国内外知名学术会议中，进行主题及口头报告 4 次。

四、实践应用

视频实验室的科研成果，被广泛地应用于社会治安管理，发挥了重要作用。

视频实验室向广州公交分局提供“视频云”人脸布控预警服务，摸索出贴切地铁站“打防管控”需求的“APP+人脸+精准盘查”新勤务模式，实现精准抓捕（预警准确率达到 95%以上，预警信息 7 秒推送至 APP)，比传统动态人脸布控预警准确率提高两倍以上，实现了警力未增、成效倍增的效果。2018 年年底，公交分局在地铁客村站、广州南站、高增站、广州火车站等 4 个车站试点“APP+人脸+精准盘查”新勤务模式，截至 12 月 31 日共抓获在逃人员 54 人，4 个车站 3 个月的抓获人数已远超 2017 年 218 座车站设卡盘查全年抓获的人数，成效明显。广州黄埔公安分局直接从视频云订阅有关数据，构建智感安防小区应用，实现了对小区进出人员的实时感知，创新了小区内部人口管理新模式，通过视频云即可发现该小区存在的可疑人员，以及常住但未登记人员，变革了传统社区管理工作模式。2018 年至今，分局利用系统发现并注销流动人员数据 2397 条，核实并更新社区陌生人数据 2187 条，核实并排查重点人员异常可疑行为线索 131 条，抓获违法犯罪嫌疑人 34 名。

视频实验室通过“飞识系统”每日提供人脸比对次数超过 1.68 万次，全年达到 600 余万次。通过对“飞识系统”及警综系统后台有关数据的统计，2018 年 1 月至 11 月，“飞识系统”共协助确认嫌疑人身份 10748 人次，协助侦办案件 11441 起，协助抓获犯罪嫌疑人 2 万余名（刑侦“飓风 2018”人像会战抓获犯罪嫌疑人 15014 名)，含在逃人员 30 余人。此外，在深圳龙岗区全面布控了人像抓拍前端摄像机，2018 年，龙岗区“四项关键指数”全面下降，

其中刑事治安总警情同比下降 27.43%；“八暴”、“两抢”、“两盗”警情同比分别下降 25.59%、56%、52%。龙岗作为动态人像建设标杆，通过人像系统建设进行信息化强警，效果非常显著。

智能语音技术公安部重点实验室

智能语音技术公安部重点实验室成立于 2012 年 5 月，是经公安部批准，由安徽省公安厅、公安部物证鉴定中心和安徽科大讯飞信息科技股份有限公司三方联合建立的全国第一家“警企联建”的部级实验室。实验室以“围绕实战、服务实战、实战检验、实战引领”为导向，坚持“实用、管用、好用、爱用”的标准，积极开展公共安全领域智能语音与人工智能等技术应用的探索性、创新性和实用性研究，打造促进科技成果应用转化的重要平台和基地。

地　　址：安徽省合肥市安庆路 282 号
负 责 人：陈小平
电　　话：0551-62801097
联 系 人：宋　阁
电　　话：18655116663

2018 年，智能语音技术公安部重点实验室（以下简称“实验室”）紧紧围绕公安部的部署要求，在公安部科技信息化局和安徽省各级领导的关怀指导下，在实验室三方联建单位的紧密配合下，严格按照《公安部重点实验室建设与管理暂行办法》等规章制度，以提高科技创新能力、完善公共安全管理、实现科技强警为目标，切实加强科研队伍建设、基础设施建设和科研机制建设，大力开展智能语音与人工智能等基础性、关键性、应用性和前瞻性技术研究，积极争取国家和省部级项目，促进技术成果应用并服务于我国公共安全领域，不断将科研成果转化为反恐维稳及打击各类犯罪等实战的核心战斗力。

一、科研攻关

实验室坚持科技创新，明确研究方向、突出研究重点，扎实推进公安信息化建设。瞄准公安实战中的重点、难点、热点问题，大力开展科研攻关，致力于研发出更多一线急需、实用的科技成果。全年共承担省部级课题 15 项，其中验收结题 8 项，已结题待验收 1 项，在研 3 项，新立项 1 项，申报中 2 项。共发表学术论文及著作 15 篇，其中学术期刊 2 篇，国际会议 8 篇，国内会议 5 篇。

二、队伍建设与人才培养

为聚焦智慧公安建设与发展，聚力一流创新型人才，2018 年，实验室注重建立长期稳定的人才引进与培养机制，加大高端人才培育和团队建设力度。

在队伍建设方面，实验室于 4 月 21 日在安徽省合肥市召开了“2018 年度工作会议暨学术委员会会议”，会上完成了新一届组成人员的聘任工作，颁发了聘任证书，并组织实验室人员对 2018 年和今后三年的研究方向及科研任务进行了探讨和研究，为实验室下一步发展凝聚了力量、理清了思路、明确了目标。

在人才培养方面，鼓励联建三方发挥各自优势，积极面向公安多警种、多维度开展语音及人工智能技术的实战业务培训和工作指导。一是组织举办实验室研究领域的技术培训班，其中，2018 年 8 月，实验室于德州人民警察综合训练基地顺利举办了“录音资料检验处理技术培训班”，来自全国 18 个省、自治区、直辖市的公安、国家安全、海关缉私、军队等系统的 40 名学员参加了培训。培训班将理论讲解与实操练习相结合，获得切实成效，得到了参训学员的一致好评。二是委派实验室专家为公安实战单位及一线人员开展技术指导和培训，全年共授课 10 余场，授课对象共 500 余人。其中，为落实杜航伟副部长关于加强声纹技术推广应用的指示精神，实验室多次派技术人员前往辽宁、河南、湖北、广西、四川、福建、广东等地，探索和调研声纹数据库、语音识别、语音转写等技术应用工作。三是积极选派实验室优秀人员参加高新技术、科研管理与公安创新发展等国家级、部省级培训共 8 次，参加 2018 年“中国国际社会公共安全产品博览会”等公安领域展会共 7 场，从而提升公安科技管理人员的创新能力和水平，促进现代科技与公安业务需求的紧密结合，为实验室自主创新的提升提供核心力量。

三、开放交流

实验室继续秉承开放运行的原则，加强国内外高层次学术交流，开展深层次的科研合作，达到强强联合、优势互补，促进实验室自身水平的提高，共同推进科学技术的进步。持续促进交流探索，选派实验室骨干分别赴英国、美国、加拿大、印度、日本参加了国际司法语音及声学协会 2018 年年会、CVPR2018 会议、IWAENC2018 声信号增强国际研讨会、ICASSP2018 国际声学语音与信号处理会议、INTERSPEECH2018 全球语音顶级学术会议，并在英国哈德斯菲尔德大学“国际司法语音及声学协会 2018 年年会”上做了两场大会报告和一场海报展演，就声纹检验技术、说话人自动识别技术以及声纹数据库的建设与应用等相关技术问题与世界各国的参会专家及技术人员进行了交流探讨，并初步建立了良好的学术沟通交流渠道；同时，派员参加了第十三届全国语音学学术会议，实验室共有5篇论文在会议上被录用。

四、运行管理

为推动实验室领域的基础研究和技术创新，促进高层次创新人才培养，进一步提高实验室的学术研究水平，争取高水平、高实用性的科研成果产出，提升实验室的综合研究能力和创新科研能力，实验室结合自身总体技术规划和能力建设需求，制定了《主任基金使用规则》，用于资助围绕智能语音与人工智能技术服务公安实战的创新性课题研究、成果应用、论文发表、专利申请、优秀人才学位深造及智能语音技术成果应用实战案例。

北京安防视音频编解码技术产业联盟

2011年8月25日，北京安防视音频编解码技术产业联盟在北京宣布成立，在北京市民政局登记注册。

北京安防视音频编解码技术产业联盟是具有独立法人地位的非营利性社会团体，是联系、协调政府相关主管部门与安全防范视音频监控行业的桥梁，是政府及社会各界明确获知SVAC技术应用、获取SVAC产品及服务的渠道，是在宪法及法律的范围内推进社会公益事业发展的社会力量。

地　　址：北京市海淀区首体南路1号院33门
负 责 人：陈朝武
电　　话：010-68773009
联 系 人：黄麒麟
电　　话：010-88513287
网　　址：www. svac. com. cn

2018年，北京安防视音频编解码技术产业联盟（以下简称“SVAC联盟”）继续围绕SVAC标准宣贯、推进SVAC产业化发展的关键技术和解决核心“瓶颈”问题开展工作。在公安部等相关部门的指导下，在全体成员单位、各副理事长单位的积极参与下，结合联盟理事会的部署和要求，SVAC产业化程度稳步提升。同时，SVAC联盟不断完善各项工作规范，各项工作取得新进展，基本实现了年初的既定目标，有力地推进了SVAC产业整体持续健康快速发展。

一、宣传推广

2018年，SVAC联盟协同会员单位积极向安防行业主流刊物投稿10余次；参加安防行业具有影响力的展会2次；协助公安部科技信息化局、浙江省诸暨市政府开展有针对性的培训会2次；举办SVAC十年总结展望会议1次。

2018年年初，SVAC联盟在国家会议中心召开了SVAC十年总结展望会议暨SVAC北京峰会，对促进SVAC标准的宣贯实施、促进SVAC产业健康有序的发展、促进我国安防产业不断完善都起到了积极作用。此次峰会的举办，不仅得到了SVAC联盟会员、高等院校、企事业单位的大力支持，公安部、工信部、国标委、中国科协等单位领导对SVAC产业化的发展也提出了新的寄托和要求。其中，前公安部党组成员、部长助理，国家质检总局党组成员、国标委主任，中国科协党组成员、书记处书记出席会议并发表讲话，他们一致认为：SVAC标准从研究制定、发布实施到推广应用的10年里，对于减小我国企业对国外音视频节专利技术的依赖、确保我国的视频安全发挥了重要作用。本次会议在中央电视台一套晚间新闻栏目进行了播报，也通过人民网、搜狐等各大安防主流媒体进行了宣传。SVAC标准的发布实施标志着我国从基础信源标准层面上解决了公共安全和视频信息安全的关键问题，是我国技术研究和自主创新的又一重大成果，为保障国家重大战略需求做了重要的基础性、战略性工作。未来随着我国公共安全视频监控建设联网应用的深入开展及各地智慧城市建设的不断推进，SVAC标准的推广应用将进入关键期和高峰期，SVAC必将成为公共安全视频监控应用领域的主流技术。

《中国安全防范行业年鉴》由中国安全防范产品行业协会负责编辑，是一部客观、真实地记录中国安防行业年度发展概况的大型出版物，也是中国安防行业从业单位和人员相互交流、中国社会各界以及世界各国了解中国安防行业的平台。SVAC联盟通过投稿形式在年鉴中进行宣传，塑造SVAC品牌，增加SVAC品牌价值，使SVAC产业链各个环节的单位企业更加容易获取SVAC的最近发展动态。

2018年5月15日至18日，第九届中国国际警用装备博览会（以下简称“警博会”）在北京国家会议中心举办。这是由公安部支持主办，国内规模最大、最国际化、行业内最权威的警用博览会，SVAC联盟及联盟部分成员参加了警博会，展示了视频综合应用平台系统、视音频编解码器等产品，扩大了SVAC的宣传领域，提升了SVAC在安防领域的影响力。

2018年5月16日至5月20日，公安部科技信息化局在河南郑州铁道警察学院举办安全技术防范管理培训班。参加培训的对象为各地公安科信部门主管技防工作的领导干部和技术骨干。SVAC联盟秘书处积极沟通主办方，通过在会场发放 SVAC 宣传资料和会议讲座等形式开展 SVAC 标准的宣贯工作。

2018 年 10 月 12 日，“视频监控安全应用标准宣贯及技术论坛”在浙江省诸暨市召开，SVAC 联盟作为会议的协办单位，有效地推动公共安全视频监控相关国家标准和行业标准的贯彻实施，围绕促进安全防范和信息安全行业资源优势互补、带动安全防范和信息安全产业创新发展等话题进行了深入的交流。各位领导专家分析了公共安全视频监控系统风险与安全形势，就公共安全视频监控系统整体安全策略进行了交流。

2018 年 10 月 23 日至 26 日，由中国安全防范产品行业协会主办的 2018 年中国国际社会公共安全产品博览会在北京中国国际展览中心召开。为加强 SVAC 联盟的宣传工作，联盟制作了宣传展板并印制了宣传手册予以发放。博览会上设立的 SVAC 联盟展位，吸引了来自公安部、行业协会等多位领导以及相关安防企业的代表驻足，听取 SVAC 联盟技术人员的讲解，并对 SVAC 联盟的未来发展前景给予了充分的肯定。

二、技术保障

在 SVAC 标准批准发布后，SVAC 联盟工作组继续加强 SVAC 相关技术的研究，多次召开讨论会，从安全、智能、生物特征技术等多个方面开展技术探讨。

首先，SVAC 联盟工作组在公安部第一研究所和北京中星微电子有限公司的帮助下，开展了 SVAC2.0 参考代码的编写工作，经验证达到了发布的要求，于年初由联盟秘书处通过 SVAC 服务器向所有会员单位进行了公布。同时，征集的解码 SDK 正进行实验验证工作，不久将形成发布版解码 SDK，近期将向会员单位公布，为有效地解决前端与平台互联互通的问题做好技术积累。

其次，为进一步推动 SVAC 产品落地、加速产业化进程，SVAC 联盟工作组协助国家重点实验室开展国家标准《公共安全视频监控数字视音频编解码技术测试规范》的编制任务，该标准的实施与 SVAC 产品、产业化密切相关。标准编制工作组从使用角度入手，以技术研发为主，充分发挥各单位的技术特点，在各位同人的共同努力下，经过十余次技术研讨会，现该标准已完成送审稿，预计在 2019 年年初完成“三稿两审”工作。

三、产品、产业化

截至 2018 年 12 月底，SVAC 联盟共收到 165 款产品检测申请并开具检测委托书。已通过 SVAC 符合性测试产品总计达 300 余款。据统计，目前有近三十家成员单位拥有了基于 SVAC 标准的产品，包括 SVAC 前端产品、视频服务器、解码器、NVR 和支持多种 SVAC 应用功能的平台系统。基于 SVAC 标准已可构建大、中、小型视频监控系统，且实现了 ROI、SVC、监控扩展信息、加密和认证等 SVAC 特色功能的应用。

在芯片方面，北京中星微电子有限公司推出了最新一颗 VC0718P，集成国标 SVAC2.0 编码与 NPU（神经网络处理器）的机器视觉 SoC，这也是业界首颗集成国标与神经网络的机器视觉行业专用处理器，算力达 1T OPs，可在 1080P @30fps 输出实现人脸识别和物体分类。北京欣博电子科技有限公司推出的 STK-SC6235 是国内首颗低功耗 SVAC2.0 编解码芯片，并集成自主研发的 CNN 硬件加速引擎，搭配国密芯片可满足 GB35114 标准对 C 级前端设备数据签名和加密的要求。

在产品方面，杭州海康威视数字技术股份有限公司、浙江大华技术股份有限公司、浙江宇视科技有限公司、北京中星微电子有限公司等行业龙头企业均完成了相关产品生产的技术积累，进一步完善了 SVAC 产品线，包括以智能 SVAC 摄像机、物联网感知设备等为代表的前端硬件产品，以及以视频结构化、视频图像智能解析平台、视频 GIS 和时空大数据、“雪亮云眼”等为代表的实战平台。

在系统方面，东方网力科技股份有限公司、佳都科技等平安城市主流集成商也均推出了 SVAC 平台支持产品。

四、日常工作

（一）党建工作情况

SVAC 联盟秘书处现有党员 3 人，分别隶属于中盾党支部、公安部第一研究所离退休办党支部。党员同志在公安部一所党委、中共北京市社会团体管理等部门的领导下，认真学习党的十九大精神和习近平新时代中国特色社会主义思想，自学《中国共产党党章》、《中国共产党廉洁自律准则》、《中国共产党纪律处分条例》、《中国共产党党员权利保障条例》、《习近平总书记系列重要讲话读本》等材料。

（二）会员单位情况

根据自身发展需要，吸收 SVAC 产业链中各个环节的企业加入 SVAC 联盟。在上一次全体成员大会之后，经理事会审议批准，新增了七家单位加入联盟，分别是北京卓视智通科技有限责任公司、山东华软金盾软件股份有限公司、山东贝宁电子科技开发有限公司、富盛科技股份有限公司、上海依图网络科技有限公司、浙江宇视科技有限公司、北京安为科技有限公司。

SVAC 联盟现有会员 49 家，涵盖了技术研究、设备制造、系统集成等各个环节。按照联盟章程及会费管理办法，按时收取会费，颁发了 SVAC 联盟 2018 年成员证书。SVAC 联盟秘书处按照全体大会及理事会会议决议，会费主要用于 SVAC 联盟日常工作开展、SVAC 实验室筹建、SVAC 标准修订工作等方面。

（三）配合政府部门开展工作

SVAC 联盟按照民政局要求完成 2018 年年检工作并多次参加北京市民政局社团办、中关村标准创新服务中心、中关村产业联盟促进会举办的会议，加强同各联盟的交流，扩大本联盟的影响力。参加产业联盟标准化工作培训研讨会、标准必要专利培训会等多种会议 20 余次。

（四）规范制度

SVAC 联盟现有各种规章制度 15 项，针对联盟日常工作的需要，2018 年完成《SDK 管理办法》和《商标管理办法》等制度的编制修订工作。在坚持内控制度要全面性、重要性、制衡性、适应性、成本效益性等原则的基础上，进一步完善了联盟的内部控制制度，使之成为符合实际、行之有效的一套内控制度，大大提高了联盟管理服务水平及风险防范能力。

（五）SVAC 产品检测

SVAC 联盟积极探索推进 SVAC 产品检测工作，多次与检测机构洽谈合作，从 SVAC 产品受理检测流程、产品授权等多个方面进行深度改进，结合 SVAC 产品标签、证书等多种措施，从可靠、安全等多个方面进行整体考虑。经理事会讨论，授权北京检测中心开展 SVAC 产品检测工作。在检测技术层面有了较大的改进，一是检测环境和检测工具的更新。采用了国标 28181 进行信息传输，通过行标 GA1356 进行规范，提高了检测的精密度。二是减弱了人为因素的干扰，从码流端进行加密，提高了检测流程的严谨性。

目前，仍有多家检测机构与联盟进行沟通合作事宜，本着合格一个、发展一个的原则，为会员单位开展 SVAC 产品检测工作提供更加方便快捷的服务。

（六）接待会员及电话咨询等服务工作

2018 年，SVAC 联盟秘书处共计接待会员及相关人员到访 100 余人次，主要沟通 SVAC 的发展情况以及各类项目讨论等；接受电话咨询若干，主要内容包括：SVAC2.0 进展情况、产品产业化情况、新会员加入咨询、产品检测事宜咨询等。

（七）组织召开 SVAC 联盟年会和理事会

2018 年，SVAC 联盟秘书处组织召开 SVAC 联盟理事会 3 次、全体联盟会员会议 1 次、SVAC 标准修订工作组会议 1 次、各类专题技术研讨会 10 余次。通过召开会议，有针对性地讨论、解决产业和联盟发展的关键问题，搭建企业全面了解产业发展和交流的平台。

（八）探索国家资金申报情况

SVAC 联盟秘书处不断了解行业动态及相关部委的政策，通过各委办网站积极搜集有价值的行业信息及政策信息。2018 年，SVAC 联盟秘书处联合中盾公司探索申报了北京市科委的产业技术创新战略联盟促进专项申报项目，在规定的时间内，了解项目申报指南，明确项目申报路径，整合项目申报资料，编制申报材料等。虽然该申报项目未通过审批，但是对于探索申报方式积累了宝贵的经验。

中关村安防工程检测技术联盟

中关村安防工程检测技术联盟是经北京市民政局批准成立的社会团体，是由公安部安全与警用电子产品质量检测中心和来自河北、湖南、广西、内蒙古、陕西、新疆等地的工程检测机构共同发起，以检测机构为主体、以市场为导向、检测与研究相结合的行业组织。业务范围：开展安防工程检测技术领域的学术研究、学术交流、技术研发、咨询培训、会议会展、承办委托、国际交流等。中关村安防工程检测技术联盟现有成员单位 30 家，涵盖了全国各省市，其中理事长单位 1 家、副理事长单位 2 家、理事单位 6 家、监事单位 4 家、会员单位 17 家。

中关村安防工程检测技术联盟以合作共赢为原则，团结联盟成员，整合优势资源，以科技创新为指导，以促进机构转化为重点，以探索安防工程检测技术创新机制为目标，开展技术交流活动，加强行业自律和管理水平，增进行业内外的广泛合作，维护行业合法权益，引导行业健康发展。

地　　址：北京市海淀区首体南路 1 号院 12 号楼
负 责 人：胡志昂
电　　话：010-68773301
联 系 人：张凡忠
电　　话：010-68775143

一、工作概况

中关村安防工程检测技术联盟（以下简称“联盟”）自成立以来，在各级领导的大力支持和帮助下，成功举办了多次培训、交流会议，管理制度逐步完善，维护了成员单位的合法权益，加强了成员单位的交流协作，营建了相互尊重、公平竞争、共同发展的行业环境；积极开展了联盟内外的资源整合和优势互补合作；承担政府及其有关部门授权、委托的相关工作，接受成员单位和社会的委托提供有关专项服务，做到制度化、规范化、统一化，逐步发挥了社团组织的桥梁纽带作用，并充分利用团体智慧，成立了专家库，积极探索团体标准的制修订，从而促进了安防工程检测行业的健康、有序和可持续发展。

二、主要工作内容

（一）联盟理事会议

2018 年 4 月 9 日至 13 日，在厦门市组织召开 2018 年度联盟理事会议。联盟理事长胡志昂高度评价了联盟成立一年多来所做的工作和取得的成绩，并从服务、合作、共赢、品牌等方面对下一步工作提出了要求与希望。联盟秘书处从党建、会议、培训、宣传、专家队伍建设、团体标准制定、年审、财务等方面对联盟 2017 年的工作进行了总结，并对 2018 年的主要工作进行了计划安排。

根据联盟章程和成员申请，经现场表决，拟同意吸纳公安部第三研究所安全防范与信息安全产品及系统检验实验室为副理事长单位、湖南省产商品质量监督检验研究院为监事单位。

理事会讨论了联盟团体标准制定程序，并听取了联盟团体标准申请注册工作情况，认证讨论了报告的统一问题、GB/T28181-2016 版工具的授权使用情况和发放问题、GB50348 的修订情况、安防线缆的工程应用及检验、联盟的网站/商标/APP/公众号等联盟宣传工具、联盟的培训计划、成员的合作、优质工程评选以及国际合作等内容。

（二）“新技术、共分享、促交流、赢未来暨联盟全体交流分享”会议

2018 年 5 月 22 日至 24 日，联盟在湖南省长沙市组织召开“新技术、共分享、促交流、赢未来暨联盟全体交流分享”会议。来自联盟成员单位的代表共 50 余人参会。为提高成员单位的技术水平，成员单位代表把本单位的检测/验经验在会上与大家进行交流，联盟邀请 UL 公司就《建筑物安全系统工程检测与评估和智能锁检测的标准与方法》与大家进行了分享，并组织成员单位前往湖南产商院和湖南电子所两家成员单位参观交流。

（三）一届三次全体成员会议

2018 年 7 月 16 日至 19 日，在内蒙古锡林郭勒盟组织召开一届三次全体成员会议。本次会议的主要议程是回顾总结联盟的工作情况，深入分析当前联盟工作面临的形势，研究部署联盟以后工作的任务和措施，进一步振奋精神协作实干，努力提升联盟整体工作水平，为行业建设和发展营造一个良好的服务平台。

联盟理事长单位公安部检测中心相关领导出席会议，并从成员管理、制度落实等各方面对联盟工作给予了肯定。中国安全防范产品行业协会理事长对此次联盟大会的召开表示热烈祝贺，并对联盟的发展寄予了高度期望。公安部科技信息化局副处长鼓励联盟在今后的发展中进一步找准职能定位，抓好自身的规范化建设，加强与部局和其他相关政府部门的沟通联系，并和大家就安全防范管理和建设方面进行了广泛的交流，听取大家的意见及建议。内蒙古自治区公安厅科技信息化总队领导在会上对大家的到来进行欢迎，并表示坚决支持联盟的工作，共同推动安防行业的发展进步。副理事长单位内蒙古安防中心领导代表全体会员对为办好此次大会受到内蒙古自治区公安厅、内蒙古锡林郭勒盟领导的重视和支持表示衷心的感谢。

经全体与会代表表决，同意公安部第三研究所安全防范与信息安全产品及系统检测实验室为联盟副理事长单位、湖南省产商品质量监督检验研究院为监事单位，并颁发证书。

秘书处汇报了 2017 年的工作情况，并对 2018 年的主要工作进行了计划安排。会议对 GB 50348-2018、GB 35114-2017 等标准进行了宣贯，介绍了安防线缆及 LED 显示产品认证工作，分组讨论了联盟发展规划及建议，并就 GB/T 28181-2016 的检测情况进行了总结交流。

（四）团体标准制修订及活动情况

一是成立《安防线缆连接测试规范》团体标准起草小组，并组织参观思科供应商佳必琪电子设于江苏昆山、全球第三大该类产品生产企业嘉泽集团设于苏州的生产工厂，观摩了生产线、研发设计场地以及配套于生产过程的质量检测设备，与两家企业的技术研发部门就连接线与接插件领域发展现状和技术特点等方面进行了细致的交流与探讨，对《安防线缆连接测试规范》团体标准的制定方法和要点形成了基本思路，为联盟实现积极推动制定团体标准的职责目标起到了促进作用。

二是成立《信息安全技术——基于非涉密数据中心安全防范措施评测方法》团体标准起草小组，并组织参观考察广达电子设于上海市松江自贸区内的服务器生产工厂，与该工厂技术部门就服务器产品特征及质量管控措施、服务器处理能力等方面进行了细致的交流与探讨，为联盟实现积极制定团体标准的职责目标起到了促进作用。

三是组织召开《网络信息安全保险产品风险评估准则》编制研讨会。2018 年 10 月 11 日，在北京组织召开《网络信息安全保险产品风险评估准则》编制研讨会，共有 15 个成员单位参加。与会代表就该准则的必要性和重要性分别发表了意见，并对准则编制思路达成一致意见，本次会议对编制内容进行了详细分工。

联盟成立至今两年多，许多工作刚刚起步。下一步，联盟将通过邀请专家检查指导、开展评优评先活动和技术交流研讨会等工作，不断推广先进经验，不忘初心、牢记使命，为提高安防工程的检验水平，报效公安、服务社会而努力奋斗。

江苏警官学院“安全防范工程专业”

2014 年，江苏警官学院依托刑事科学技术专业设立安全防范技术专业方向，每年招生 50 人，学制四年，授予工学学士学位。2016 年，经教育部批准学院设立安全防范工程专业，同年开始招生，招生规模 50 人/年；专业代码 083104TK，学制四年；授予工学学士学位。2018 年，首届 2014 级安全防范技术专业方向 50 名学生顺利毕业，入警率达 100%。

一、培养目标

培养忠诚可靠、纪律严明、素质过硬，具有较强的社会责任感、法治意识、创新精神和警务实战能力，能够适应警务工作职业化、实战化要求，熟悉相关技术和政策法规，系统掌握安全防范工程基础理论、基本知识与基本技能，具备开展安全技术防范系统规划、指导、管理和推广运用等基本能力，能够胜任基层公安机关安全技术防范等部门工作的高素质应用型公安专门人才。

二、主干学科

本专业主要涉及公安学、公安技术、电子科学与技术、信息与通讯工程、计算机科学与技术等5个主干学科。

三、专业主干课程与学位课程

专业主干课程包括自动控制原理、通信原理、程序设计基础、数据库原理与应用、计算机网络、无线传感器网络、安全防范技术与工程、视频监控技术与应用、数据挖掘技术、安防工程实务等。其中，通信原理、自动控制原理、安全防范技术与工程、视频监控技术与应用、无线传感器网络等5门课程为学位课程，每门课程均达到70分（含）以上，方可授予学士学位。

四、师资队伍

现有专任教师12名，其中高级职称5人，占专任教师人数的42%；博士8人（1人在读），占专任教师人数的67%，平均年龄约40岁。师资队伍的年龄结构、学位层次配比合理、特点明显，具有较大的发展潜力。另外，公安机关兼职教官2名，主要承担校外实习和实训教学课程任务。

五、教学资源保障

安全防范工程专业通过学院投资建设和校企合作共建等形式，已建立了安全防范技术实验室、视频监控技术实验室、安防工程与物联网技术实验室、电子证据实验室、网络基础实验室等专业实验室。图书馆涉及相关专业纸质图书23865册、电子图书74358册，期刊4387种。

六、专业特色

在夯实专业基础学科教育的基础上，经过四年多来不断的教育教学实践与探索，逐步形成了以安防工程、视频监控、智能物联、大数据处理等技术应用能力培养为核心的专业特色，为丰富安全防范工程专业内涵、提升专业人才基础素养与核心能力打下了坚实的基础。

第四章 新技术、新产品

第一节 新技术应用

人工智能在安防领域的应用与发展状况解析

安防行业作为人工智能技术最佳落地的领域，主要是基于以视频技术为核心的安防行业拥有海量数据来源，可以充分满足深度学习对于模型训练的大量数据要求，与此同时，公安行业对数据的处理和深度挖掘需求日益迫切。近两年，随着芯片技术、核心算法的成熟，在安防行业中一些场景如公安、交通、商业、金融等，人工智能逐步实现商业化落地，并且带来的革新远超我们的想象。毋庸置疑，人工智能必将是安防视频监控发展的未来方向，不只是提升安防行业智能应用水平，同时还将推动整体安防产业的升级换代。

一、人工智能在安防行业细分市场的应用

结合具体应用行业来看，目前，“人工智能+安防应用”在公安、交通、楼宇、金融、商业、民用等多个领域都已经显露出了比较不错的应用前景。比如，在公安领域，主要涉及图侦、大数据预判实现事中、事前的预警；在交通领域，基于交通参与者人、车辆的识别，捕获交通违法车辆，获取车流信息，实时分析城市交通状况等，以合理调配资源提升城市道路的通行效率；在商业楼宇中，利用 AI 技术可以对进出人、车、物实现实时监控，实现属性分析以及人数统计等。

（一）在智慧警务中的应用

作为安防重点应用领域，目前公安行业正在依托信息感知、云计算、人工智能等技术的不断发展，大力推进公安信息化以及智慧警务建设，人工智能在其中发挥着越来越重要的作用。

公安行业用户的迫切需求是在海量的视频信息中，发现犯罪嫌疑人的线索。人工智能在视频内容的特征提取、内容理解方面有着天然的优势。在对人、车、物进行检测和识别的过程中，基于深度学习的图像识别技术是目前应用较为广泛的，公安工作中运用人脸识别技术在布控排查、犯罪嫌疑人识别、人像鉴定以及重点场所门禁等领域获得了良好的应用效果。

现有的治安监控系统融入基于深度学习的人脸识别算法，实现系统的智能化升级。系统平台数据库将案件重点关注人群入库，实现在身份认证方面对常住人口、暂住人口、重点人口、在逃人员等数据的人像比对，为户籍管理、治安管理、刑侦破案等提供大数据分析技术手段。

以科达猎鹰人员卡口分析系统为例，该系统拓展了六大核心应用，如可以实现实时抓拍存储、结构化分析检索、人脸以图搜图、人员以图搜图、实时布防告警等。在特色功能上，依托科达自身在视频监控细分行业应用上的经验积累，再结合人员卡口分析系统基于深度学习技术，几大类场景的反复应用，数千万样本迭代训练，可以实现以像识人、关联现场大图录像、重点人员一键标注以及嫌疑人员一键布防等特色应用。

以实时布防告警为例，科达猎鹰对接了相关人员信息库，前端摄像机捕捉到嫌疑人图像后，系统就会发出预警，关联人员信息，协助警员抓捕。同时，科达猎鹰还能主动出击，将嫌疑人照片导入系统，设置监控卡口，嫌疑人一旦出现，系统便能在第一时间发出警报。

（二）在智能交通中的应用

在城市交通领域，单纯的车牌识别技术已经无法满足实际需求，业界迫切希望能够更快、更准确地提取更多元的车辆信息，除车牌号码外，还有车辆的厂牌、车身颜色、车辆品牌、车辆类型、车辆特征物等。支持基于车辆外观特征的快速检索，这些特征在刑事案件侦查、交通事故处理、交通肇事逃逸、违章车辆自动记录等领域具有广泛而迫切的应用需求。

大数据分析技术、基于深度学习的图像识别技术很好地解决了城市公共交通安全管理中所面临的各种困境。针对违章车辆的抓拍，不再仅仅依靠车牌识别技术，借助计

算机视觉技术、图像处理并通过海量的大数据分析、深度学习训练，可以依靠前端设备采集的车身颜色、车灯以及车标或者其他多种特征，从而得到较高的识别率，实现对目标车辆的检索。

科达海燕车辆二次分析系统采用先进的深度学习算法，首先对所有卡口系统、电子警察系统抓拍的图片进行处理，进而进行二次识别，包括车牌号码及颜色、区域、时间、车辆细分车型、车标、车辆颜色等各种信息。

另外，海燕系统基于 GPU 的集群架构，为深度学习算法提供了强有力的支撑。系统采用大数据分析技术，对二次分析后的结构化数据和汇聚的其他车辆数据进行比对和数据挖掘，可实现更多实战应用，包括假牌套牌分析、未系安全带分析、车辆多点碰撞、昼伏夜出分析、交通流量统计等，满足交通管理者对城市道路安全管理的各种需求。同时，还为公安部门提供车辆稽查布控、布控车辆出现时告警等功能，追踪嫌疑目标，为辅助刑侦破案提供技术支撑。

在智能交通领域，仅仅对单个车辆的识别还不够。近些年，随着交通设施的大规模联网，汇集了海量车辆通行记录信息，利用人工智能技术，实时分析城市交通流量，提升城市道路的通行效率已经成为一种趋势。

目前国内一些试点城市，通过城市级的交通“智慧大脑”平台可以实时掌握城市道路通行车辆的轨迹信息、停车场的车辆信息以及小区的停车信息，能够提前预测交通流量变化和停车位数量变化，合理调配资源、疏导交通，实现大规模交通联动调度，提升整个城市的运行效率，为居民的出行畅通提供保障。

(三) 在智慧社区的应用

社区是城市的基本空间，是社会互动的重要场所，伴随着人口流动性的加大，社区中人、车、物多种信息重叠，数据海量复杂，传统管理方式难以取得高效的社区安防管控，同时，社区管理与民生服务息息相关，不仅在管理上要求技术升级，而且还要实现大数据背景下的社区服务。

通过在社区监控系统中融入人脸识别、车辆分析、视频结构化算法，实现对有效视频内容的提取，不但可以检测运动目标，同时根据人员属性、车辆属性、人体属性等多种目标信息进行分类，结合公安系统，分析犯罪嫌疑人线索，为公安办案提供有效的帮助。另外，在智慧社区中通过基于人脸识别的智能门禁等产品也能够精准地进行人员甄别。

科达智慧社区解决方案基于人工智能、大数据、物联网等技术，依托社区视频监控、人脸自助核验门禁/闸机、出入口车辆卡口、结构化摄像机等前端设备，通过智慧社区防控云平台，实现对社区车辆、人员、事件的全面、精准管理，同时为公安、物业、社区/街道办等部门提供相应的业务支撑。

通过社区出入口、公共区域监控、单元门人脸自助核验门禁等智能前端形成立体化治安防控体系，做到人过留像、车过留牌，不仅对社区安全进行了全方位监控保障，还可以实现人、车、房的高效管控，而且能够形成情报资讯，“反哺”公安民警、社区群众与物管人员，打造平安、便民、智慧的社区管理新模式。

以上几个行业场景只是“人工智能+安防应用”的缩影。当下，随着深度学习、大数据等技术持续突破，人工智能不仅会释放原来未被满足的大量市场需求，在公共安全、交通、楼宇等领域的安防行业市场中发挥重要作用，也会带来更多、更丰富的新场景、新需求，进而拓宽安防市场空间，推动智慧安防更加普及和深化。可以预见，人工智能对安防行业的驱动和颠覆力是远甚于前的。AI 技术的融入，将进一步丰富智能安防的内涵与维度。

二、人工智能在安防行业应用中存在的问题

在安防行业，AI 技术的先进性及未来发展趋势是毋庸置疑的，并且行业中已经有众多企业推出了相关产品和解决方案。虽然安防一直以来都是以人工智能最佳落地点自居，但从目前来看，人工智能在安防行业市场细分场景下的应用，还无法达到预期的效果，AI 新产品的替换率依然在谋求新的突破。无论是参与各方企业实力，还是在技术研发和产品融合应用等方面还存在诸多的难点与困境。

(一) 行业参与者层面

受限于各自的技术领域与行业发展，在安防领域参与 AI 技术研发应用的各方均存在明显的优劣势，这也是各方在持续推进 AI 技术落地应用中面临的一些难题。

首先，传统安防企业虽然表现出积极拥抱 AI 技术的态度，一些大型安防上市企业也提出对应策略，但时间点都集中在近两三年，成熟的 AI 产品及行业解决方案还相对较少，算法积累以及与行业的融合时间还较短。根据目前市场反应来看，传统安防企业 AI 产品依然局限于人脸识别、车辆识别以及相应的大数据平台的应用。

其次，部分 AI 算法企业虽然从四五年前就开始将视角转向安防领域，并基于自身在算法上的积累优势，推出了相应的 AI 安防产品及解决方案，但是算法企业在硬件制造、行业积累和渠道拓展方面，与传统的安防制造企业存在着很大差距，尤其是在细分领域的应用积累，亟须进一步提高。

最后，处于底层的安防中小企业既没有资金实力，又缺乏算法领域研发，也没有能力通过与各地公安业务部门建立合作关系获取大数据支撑，唯独有细分领域行业应用的经验。这也是 AI 时代，安防中小企业面临的一系列亟须解决的难题。

(二) 技术层面

目前，人工智能技术在安防行业的应用表现出一种欣欣向荣的态势，但当前的应用还只是浅层次的，技术还不

成熟，在一些场景应用中，人工智能还无法实现较为理想的落地效果。例如，AI在细分领域中环境适应性较差，目前鉴于车辆及道路环境的相对标准化，识别率相对较高，但对于人脸的准确识别则很容易受到光照不足、图像模糊、目标尺寸过小或相互遮挡等环境影响，以致影响到识别准确率。

另外，数据资源分散，安防领域监控数据的开放性和共享程度相对较低，很难开展多维数据的交叉融合分析，这使得人工智能分析缺乏有效的数据支撑，同样也会影响准确率。同时，不同的场景理解受限，由于缺乏有效的专业领域经验知识的积累，视频内容的理解能力偏弱，目前的智能分析多为单场景的目标检测和行为分析，很少涉及大范围场景的关联行为分析，以致很难用于异常行为分析和风险预测。

（三）落地应用层面

早在2012年，深度学习被广泛应用之后，部分AI算法企业将视角转向安防领域，并研发出基于人工智能或深度学习的AI安防产品。从产品线来看，主要分为人像识别布控系统、视频结构化分析系统、车辆大数据平台、警务大数据平台、AR实景指挥系统。但是在硬件制造、行业积累和渠道拓展方面，算法企业与传统的安防制造企业存在着很大差距，尤其是在细分领域的应用积累，亟须进一步提高。

三、安防企业如何解决落地难问题

从目前来看，实现AI技术在安防领域的落地，谁最先驾驭人工智能的“三驾马车”即精准算法、超强计算能力以及海量数据，谁就最具有先发优势。更为重要的是，谁能构建起以大数据为基础、以算法为推动力、以智能硬件为依托的结合场景化应用的整体解决方案，谁将最终把握行业应用市场。

（一）打造一线研发团队

视频的应用场景碎片化，各行业客户都有各自丰富的业务场景，业务逻辑不同，客户对于视频应用需求迥异。而所有场景化落地应用以及贴近实地的产品技术创新，都离不开一线研发团队。目前，算法初创企业在算法先进性上以及人才储备上拥有一定的优势，但这些优势并不是绝对的。从2017年起，国内传统安防企业纷纷发力人工智能，持续投入，招兵买马，储备人才，紧跟AI潮流。

科达在AI领域的投入是丝毫不吝啬的，公司每年的研发投入远超行业平均水平。截至2018年上半年，科达拥有研发人员2000多名，占公司总人数的50%以上，2017年的研发投入为4.79亿元，占营业收入的26.24%。科达正逐渐建立起全面以市场为导向、以客户需求为创新动力的产品规划与研发体系。

同时，传统安防企业在管理上也需要跟上研发人才激增的现实，梳理企业管理、决策机制，适应创新型研发企业发展。

（二）拥有海量大数据支撑

在人工智能技术演进中，大数据是养分，行业发展的关键在于借助架构与技术，找到合适的方式，获取大数据，进而才能拓展垂直领域的应用。在AI时代，谁获取了场景化的海量数据，谁就掌握了进入该领域的通行证。

从行业发展来看，无论是传统安防企业还是新晋的AI算法企业，通过与各地公安业务部门成立联合实验室，向垂直应用领域提供技术，各地公安业务部门提供大数据支撑，双方共同开发垂直行业应用，并复制到其他领域，进而实现双赢。

截至目前，科达已经与郑州市公安局、柳州市公安局、苏州市公安局、合肥市公安局等一线公安业务部门建立了战略合作关系，获得了一线公安大数据支撑。

（三）提供丰富贴近实战的产品

相对于扎根已久的安防企业来说，AI算法企业并没有在安防行业市场长期积累的从业经验，缺乏对安防市场情况的深度了解，包括用户真实需求、产品生命周期、渠道体系、解决方案能力及工程体系等。

以公安行业为例，作为安防最核心的服务对象，目前通过AI赋能推进公安信息化建设。AI赋能公安业务，最终都需要以产品化实现行业应用，其中最为明显的是贴近实战的产品制造能力。

通过在人工智能、云、大数据等领域进行技术积累，科达把AI赋能警用装备，助力公安信息化建设。目前，科达已经在移动警务、智能单警执法记录仪、无人机、移动车载等诸多产品领域实现AI赋能。

（四）场景化应用解决方案的整合

现阶段，智慧城市、平安城市、“雪亮工程”以及大型活动中的安保复杂度越来越高，要求进行顶层设计、提供整体解决方案正成为主流的商业模式。越来越多的安防企业不断地强化自身的系统整合和集成服务能力，以赢得更大的市场份额。

目前，科达解决方案已覆盖200多个行业。以公安、法院、检察院、监管、教育等重点行业为例，有近20种解决方案覆盖公安各个警种；有10余种解决方案覆盖最高检、全国25个省检院及2000多个基层检察；针对法院行业也有近10种解决方案。

除了服务不同行业的客户，科达的解决方案还深度参与到了各类国家级的活动保障工作中，包括全国“两会”、北京奥运会、上海世博会、G20峰会、“一带一路”峰会以及近期刚刚在青岛结束的上合组织峰会。

科达结合自身丰富的行业解决方案能力，把强有力的算法支撑以及AI赋能的硬件产品融入到行业解决方案中，实现整体解决方案智能化程度大跨步的提升。

随着行业进入大浪淘沙的阶段，不管是算法初创企业还是传统安防企业，都只能脚踏实地，一步一个脚印前行。

只有站在行业细分的视角上，以客户业务为核心，拓宽基础产品，深度整合解决方案，才能真正实现AI的落地应用。

四、结语

在人工智能向安防赋能的过程中，各企业都在加大投入，无论是弥补AI算法的不足和AI人才缺口，还是加紧行业积累和渠道建设，最终都期望于能够为用户提供更加智能和完善的综合解决方案。因此，目前行业中推进AI赋能最行之有效的方法便是合作，相互之间的短板与长处相互弥补，找到合适的合作伙伴，实现优势互补，更容易走向双赢。在这个过程中，安防中小企业基于自身细分领域的经验，更易于通过与AI算法企业的合作实现双方共赢。

除了加强合作，整个行业也应当清楚地认识到，当前人工智能的整体发展水平仍处在早期或者起步的阶段，系统的智能化程度在短时间内还难以达到普遍性的实战效果，行业应该以更加严谨、更加开放的态度，持续以技术创新、应用拓展推动安防产业的升级换代。

（供稿：刘志强　苏州科达科技股份有限公司）

三维人脸识别技术研究与应用

一、概述

人脸识别技术是依据人脸面部特征自动进行身份鉴别的一种生物特征识别技术，具有防作伪、不易假冒、识别精度高、直观性突出等特点，在公安刑侦领域应用非常广泛，如用于在逃人员追捕、犯罪嫌疑人身份确认、可疑人员排查、重点人员监视、户籍查重等活动。人脸识别技术的发展，改变了以往排查、走访、蹲点、散发传单、人工照片比对等传统办案手段，有效提高了公安机关的工作效率。

目前普遍采用的人脸识别技术是二维人脸识别，利用的是人脸纹理在平面上的投影信息，容易受到环境光照、拍摄角度、表情的影响，存在准确性不高的问题，在刑侦等实际应用中有很大的局限性。三维人脸识别技术使用了人脸的纹理和几何特征，包含了人脸的全部信息，因此识别效果比二维识别有了大幅度的提升，并且受环境光照、拍摄角度、表情的影响较小，在实际应用中有更强的鲁棒性。

随着三维传感技术的快速发展，能够用于实时获取人脸三维信息的设备越来越丰富，成本也越来越低，因此，三维人脸识别技术将是未来发展的趋势，在安防领域会得到大规模的应用。

本文将介绍三维人脸识别技术研究工作的进程，并结合实际应用案例，阐述三维人脸识别技术如何在安防领域应用落地。

二、三维人脸识别技术研究

三维人脸识别技术涉及深度感知、三维人脸重建、三维人脸识别等环节。

（一）深度感知

在深度感知领域，当前国内外市场上的深度相机主要应用于体感、增强现实、消费电子等领域，在采集距离、采集精度、应用场景等方面还达不到安防监控的需求。为了能够在安防领域应用深度相机，重点开展以下几个方面的研究。

1. 高精度人脸三维信息。现有的深度相机主要应用于体感、增强现实、消费电子等领域，没有针对人脸识别应用进行专门优化。经过测试发现，普通的深度相机对于人脸的细节恢复能力较差，特别是鼻子、嘴巴等关键部位的深度图与真实人脸的误差很大。主要原因是通常的深度感知算法对曲率较大的形状恢复能力差，与原始形状相比，获取的深度信息更加平滑，因此会丢失很重要的脸部特征信息。针对该问题，深入研究技术，开展专门用于人脸深度信息恢复的深度感知算法研究，恢复脸部细节特征，从而大幅度提高获取的人脸三维信息的精度。

传统的特征点投射器，光束的发散角以及特征点的数量是固定的，在远距离情况下，特征点会均匀地分布在场景内，造成感兴趣区域内特征点很少，譬如人脸，从而导致这些区域内的点云稀疏、精度低。为此可设计研究一种可以在各个距离下都能投射出足够稠密特征的特征点投射系统。通过这套变焦投射系统，可以控制投射光束的发散角，从而控制特征点的密集程度，在远距离情况下，可以把所有特征点投射到感兴趣区域，从而获取目标稠密、高精度的三维信息（如图1所示）。

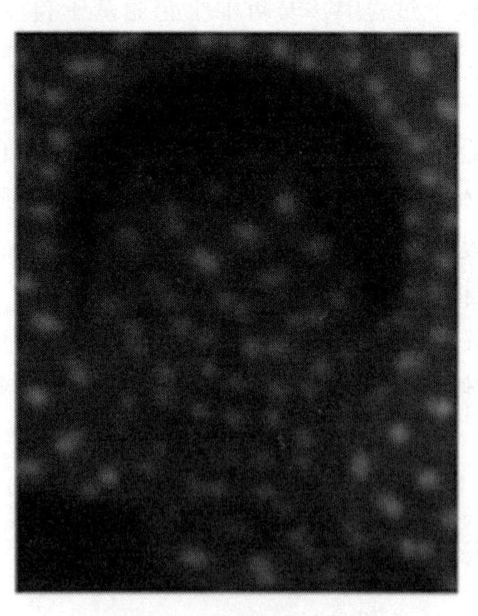

未使用变焦投射系统情况下
远处的人脸

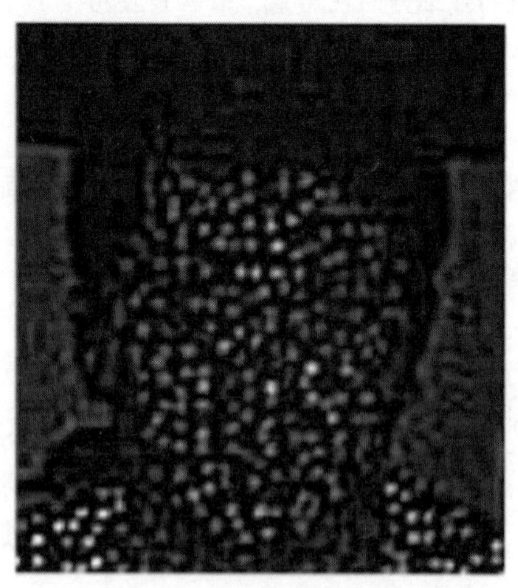

使用变焦投射系统情况下
远处的人脸

图1 变焦投射系统获取的深度图

2. 高保真的数据传输技术。三维深度图不同于二维图像，深度图上每个像素值的大小代表了目标和相机的几何距离，因此，深度图对于图像传输过程中的保真性要求很高，譬如两个物体交界的边界处，二维图像可以容忍一定的边界锯齿和模糊现象，但是对于深度图来说，边界锯齿和模糊现象都是不允许的。为此可通过设计两种预处理的方法来提高数据传输过程中的保真性：

第一，对深度图的前后景进行分离，同一深度范围内的目标归为一类，然后通过填充的方法对前后景图像进行填充，消除边界处的像素值阶跃现象，避免在传输过程中产生误码；

第二，对深度图的每个像素添加“数据校验位”，在用户上位机解码的过程中，对数据校验位进行校验，去除不通过校验的像素点，保证用户获取数据的正确性。

（二）三维人脸重建

传统的基于优化方法的三维人脸建模技术，计算过程复杂、计算量大、耗时长。而人脸识别应用场景对响应时间要求很高，因此传统的方法很难落地到实际应用。

针对人脸识别应用的实际需求，需要从提升效率、重建精度两方面开展研究。

不同于传统的有监督学习方法，利用一套基于原始RGB-D数据进行训练的无监督学习方法，在设计网络的损失函数时，除了利用单帧RGB-D图片的信息进行约束，还考虑多帧图片之间的时序信息，事实证明对建模精度和表情捕捉能力的提升作用很大。在模型表示方面，端到端建模网络设计，具有更强的几何表达能力，能够刻画出真实的人脸几何细节。在纹理方面，基于一套高质量人脸纹理的生成方法，能够从彩色照片中捕捉出人脸纹理细节，并进行真实还原（如图2所示）。实际测试表明，人脸重建精度与真实人脸的误差在1mm以内，在手机平台重建速度达到40帧/秒。

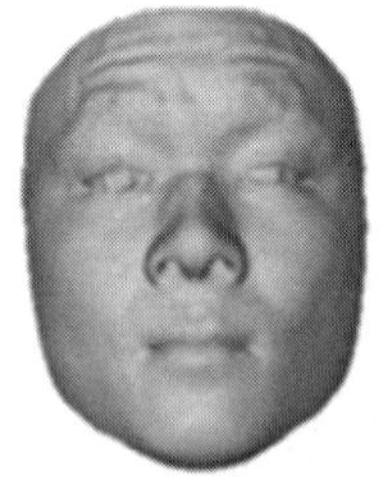 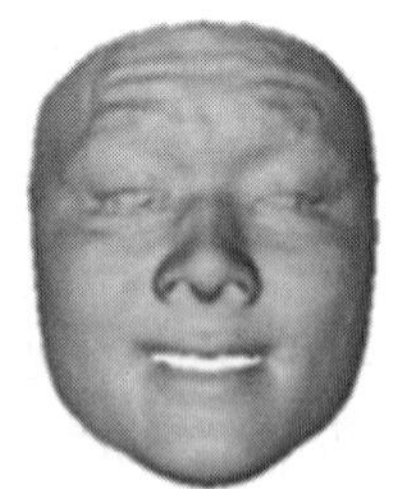 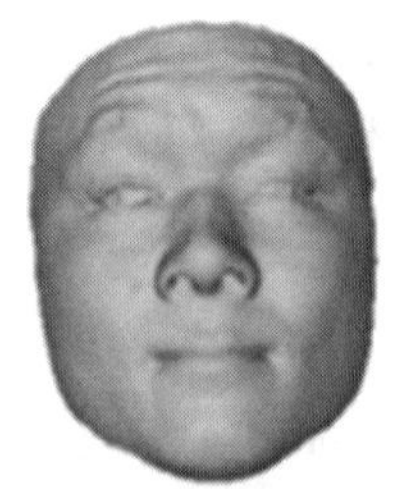 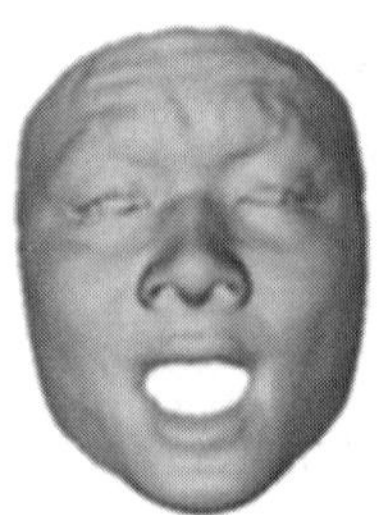

图2 三维人脸模型纹理细节

（三）三维人脸识别

基于重建的三维人脸模型，对模型进行空间坐标旋转，可以获取到各种角度下的模型表达，通过此种方法对训练集进行扩充，使得训练集更加丰富；三维人脸模型上的每一个点都包含了几何信息（XYZ）以及纹理信息（RGB），将人脸的几何和纹理信息送入深度网络进行融合训练。

为了使人脸的特征表达更具辨别性，需要对网络的损失函数进行设计，通过引入属性感知损失，构建人脸属性差异和特征差异之间的全局线性映射，将该人脸属性损失作为一个额外的监督项，与分类损失函数相结合，使得特征在聚类的同时也受到属性的正则化约束，促使具有相似属性的人脸其特征聚类也相近，从而优化深度网络的特征表达，使学习出的特征映射更加鲁棒，有效提高人脸识别方法的准确率和泛化能力。

三、三维人脸识别技术应用

三维人脸识别从技术上已经完全具备了应用落地的条件。

（一）三维人脸比对数据库的建立

在二维人脸识别技术中，普通彩色相机已经全面普及，在建立比对数据库方面非常方便。可以直接使用公安建立的身份证照片，或者使用任何来源的符合质量要求的图片建立比对数据库。

对于三维人脸识别，不管是从国家层面还是各单位层面都没有采集过三维人脸数据，因此无法直接建立三维比对数据库，如果要进行三维人脸识别应用，需要开展采集建库工作。

纹理、几何信息构成了完整的人脸三维信息。建库时需要采集原始可见光图像、近红外图像、深度图像。

三维人脸比对建库要求能够采集到完整、全面的人脸数据，这样重建出的三维人脸模型还原度更加精确，在识别时效果会更好。

根据实际应用经验，采集建库可以通过两种模式进行：高质量采集、快速采集。

1. 高质量采集。通过三维人脸采集设备，采集高质量的三维人脸数据。被采集人需要进行如下配合：

（1）头发、饰物等不应遮挡面部主要区域、耳朵，如头发不遮挡眼睛及眉毛、面部无口罩和夸张饰物；

（2）不应戴眼镜。

采集多帧不同角度的人脸数据，如图 3 所示。

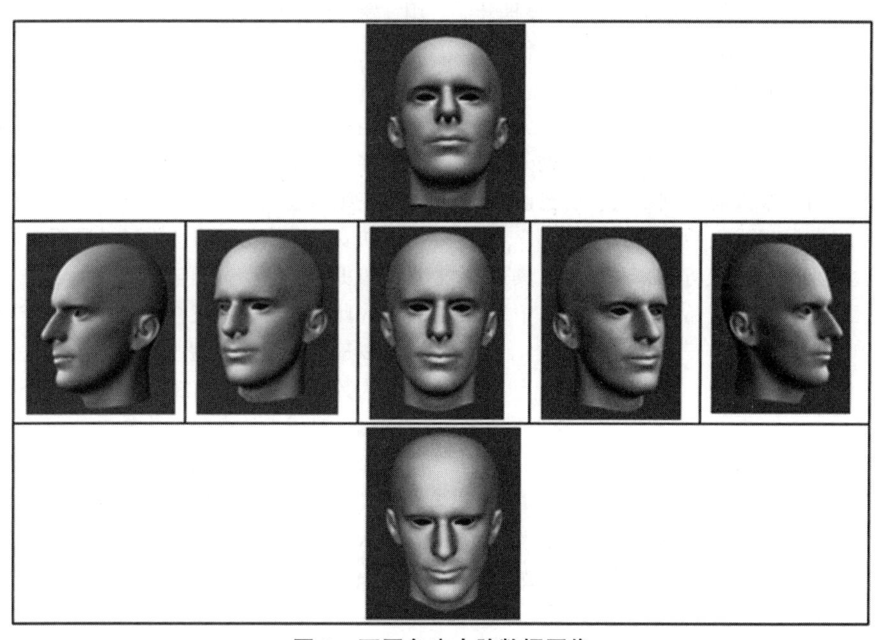

图 3 不同角度人脸数据图像

2. 快速采集。在实际应用中，高质量采集模式对采集条件要求较高，采集进度较慢，特别是对于大库应用场景，很难组织采集，周期很长。对于不易组织进行三维人脸采集的应用场景，可以使用快速采集模式。

快速采集功能一般与三维人脸识别、人证比对功能集成在配合式设备上，部署在门禁、闸机等场所。当人员刷身份证人证比对成功时，设备自动同步采集该人员的三维人脸数据。对采集到的人脸数据进行质量筛选和人员身份核验，满足条件的可用于建库。

基于上述两种模式采集的数据，重建三维人脸模型，提取三维人脸特征，构建三维人脸比对数据库。

（二）三维人脸识别技术的使用流程及优势

三维人脸识别技术可以应用于静态配合式、动态非配合式等场景。

在配合式场景下，使用流程为：

1. 对获取的三维图像进行人脸检测。
2. 如果检测到人脸，进行质量评价。
3. 如果满足质量要求，进行活体检测。
4. 通过了活体检测后，根据三维数据重建三维人脸模型。
5. 根据情况在本地提取特征，进行人脸识别；或者把三维模型上传到云服务进行识别（为了降低带宽占用，可以在本地提取特征后再上传）。

在动态场景下，使用流程为：

1. 对获取的三维图像进行三维人脸检测。

2. 对所有检测到的人脸进行跟踪。

3. 从每张人脸的所有采集数据中选取一帧质量最好、最有利于识别的三维图像数据。

4. 根据选取的三维图像数据重建三维人脸模型。

5. 根据情况在本地提取特征，进行人脸识别；或者把三维模型上传到云服务进行识别（为了降低带宽占用，可以在本地提取特征后再上传）。

相比二维人脸识别技术，三维人脸识别技术具有以下几个方面的优势：

第一，三维活体检测与二维活体检测相比，有非常明显的优势。对于平面类攻击，检测准确率达到 100%；对于三维面具攻击，检测准确率达到 99%。

第二，由于在检测、跟踪算法中使用了三维信息，因此人脸检测率非常高，跟踪效果鲁棒，误检率、重复抓拍率非常低。

第三，三维人脸识别比二维人脸识别准确率明显提升，特别是在大库（如千万级以上规模）应用场景下，低虚警率时的精准识别准确率非常高，能够满足实战需求。

（三）三维设备

针对三维识别领域的应用，主要产品包括三维人脸采集设备、配合式场景下的三维人脸识别设备、动态监控场景下的三维人脸识别设备、三维人脸识别云服务等。上述产品构成了三维人脸识别整套解决方案，可以针对具体应用快速部署、上线三维人脸识别产品，在实际应用中发挥了巨大的价值。

四、技术展望

三维人脸识别技术刚刚兴起不久，深度感知、三维建模、三维识别等技术还处于快速发展当中，随着相关算法研究的深入，三维人脸识别性能在识别效果方面还将进一步提升。除此之外，在以下几个方面将会有较大的突破：

（一）远距离深度感知

随着相关元器件以及算法效果的提升，未来预计可以在最远 10 米采集到可用于人脸识别的深度图，而且可以适用于户外、广角更加广阔的应用场景中。

（二）三维人体体貌特征测量与识别

随着三维人体重建技术的发展，人体重建精度、速度已经接近或达到实用需求。通过对人体进行高精度的重建，可以获取人体的身高、臂长、身体围度等体貌特征信息。结合三维人脸、体貌特征信息进行人的身份识别，识别准确率将比单纯的人脸识别更加精准，适用场景也更加广阔。

（三）动作捕捉与行为分析

基于二维图像的动作捕捉仅利用了平面图像上的人体关键点信息，因此对动作的估计并不准确，也不鲁棒。三维人体动作捕捉通过对人体进行三维建模，可以获取到精确的人体动作信息。在此基础上开展行为分析工作，准确性也将有明显提升。

（四）ReID

通过重建三维人体模型，可以精确地计算人体的体貌特征，捕捉人体姿态，以及获取人行走时的步态特征。另外，有了三维信息，也会有效提升行人检测、行人结构化方面的算法效果。因此，随着三维人体信息在 ReID 中的应用，跨境追踪效果将得到大幅度提升。

五、结语

随着三维人脸识别技术的不断优化以及落地项目的逐步增多，未来将在安防主流市场上得到更多应用。同时，由于三维人脸识别具备高准确率、高鲁棒性及高安全性，可加快安防一体化与信息化建设进程，提升安防反恐效率，让城市更为智慧、安全与高效。

为此，的卢深视正在积极探索三维机器视觉的闭环价值，以三维机器视觉感知技术为核心，融合多种传感器，构建大数据支撑下的精准身份管控与轨迹行为分析及预测。在端侧，对于人的身份行为轨迹进行细粒度的数据化和数字化，对多维信息进行关联分析，实现准确的动态身份管控以及时空轨迹的智能生成。在云侧，基于大数据分析研判技术，实现智能决策与显隐信息关联，最终实现危险因素的预测，服务于社会安全、公共安全甚至国家安全，驱动公共安全模式从被动的事后追溯缉逃向主动的事前分析预测转变，提升社会安全与稳定，对安防行业产生积极的影响与变革。

（供稿：朱海涛　崔哲　保长存　浦煜　北京的卢深视科技有限公司）

大数据时代视频指挥调度系统新技术融合应用

一、视频指挥调度系统概述

视频指挥调度系统是将视频会议系统技术与具体的行业应用模式和程序相结合，采用移动多媒体集群通信技术与视频监控系统的有机融合，从而达到将视频巡视、视频通话、调度服务、存储服务等功能实现统一整合的系统平台。

近些年，视频指挥调度系统以其良好的沟通性和实时而广泛的视频资源的接入性，在诸多行业得到了应用。尤其是在公安及应急管理部门，视频指挥调度系统已经成为处理日常业务、开展大型安保活动、进行应急救援等工作的有效信息交互模式。

从具体应用场景来看，视频指挥调度系统不但能够实时查看相关的现场监控画面、各类视频图像和数据信息，还能够进行实时决策与会商交流。因此，视频会议指挥调度系统可以说是一套集大成者，兼具监控、会议、指挥调度三重功能，不但改变了传统的视频通信单向传达，实现了真正意义上的“现场”互动，而且通过视频监控进行可视化的多层级指挥调度，满足了不同地域用户进行复杂的业务调度、决策指挥和协同会商等视频协同需要。

特别是在处理突发应急事件中，视频指挥调度系统已经成为一种通过“可视化”方式来实现命令下达、调动资源、综合协调、应急处置的高效手段，极大地提高了现场应急处置效率及临机决策的科学性。

二、传统视频指挥调度系统面临的局限性

近年来，随着人、物、信息等社会要素的流动不断加快，社会上各种突发事件愈发复杂化和极端化，并且各种突发事件的叠加往往导致政府管理部门制定的应急预案达不到最初设计所能应对的范畴，事件处置难度显著增加，同时还需要不同部门之间的通力合作，人力、物力投入等需要统筹协调，尤其是面对突发公共安全事件，事态难以预测，并伴随着通信中断、常规系统不能正常工作等多种状况。

传统视频指挥调度系统暴露出诸多问题，质量难以保障，互通能力弱；较为封闭，与外部系统整合难度大；操作烦琐、功能单一。同时，各部门应用系统相对独立，“信息孤岛”现象严重，协同作战能力较弱，导致整个系统沟通不畅、及时性较差，往往贻误战机。

（一）数据无法实现共享

作为视频指挥调度系统的前端采集终端，遍布于城市各个角落的视频监控摄像头在社会治安维护方面发挥着重要作用。然而，大量摄像头产生的海量视频图像内容，在传统方式下，都是以本地进行存储，不但建设成本高、不易维护、扩容成本高，而且由于视频监控在建设标准、接口、编码上不统一，国内各地区、各部门面临着视频信息无法共享、相互间缺乏有效协调、整体效率不高的应用难题。

（二）数据无法充分利用

在面对突发应急事件场景下，视频指挥调度系统中心不但要接收来自各地或者各部门视频监控资源的汇入与调度，同时还要接收来自现场各种移动终端的数据输入。面对海量数据的涌入，视频指挥调度中心平台不但需要实现数据稳定存储，而且还需要对海量数据进行实时分析挖掘，在各种数据资源中找到有价值的信息，支撑视频指挥调度系统对突发事件的事中处置。

（三）实时数据采集传输不畅

在视频指挥调度系统中，执法人员配备的各种移动终端作为对现场事件信息实时采集设备，以往受到信息通信技术不发达、应用单兵设备单一等因素限制，信息延时、可利用资源少，导致指挥调度中心无法实时精确把握现场状况，无法实现多点的高效快速协同，难以达成统一指挥作战，无法做到对事件的综合处置。

三、新技术在视频指挥调度系统中的应用

近些年，伴随着多媒体技术和通信技术的快速发展，尤其是在互联网技术实现大跨步发展的背景下，大数据、云计算、物联网、人工智能技术正在逐渐成熟落地，推动着各行各业信息化走向新的发展阶段。

以公安信息化为例，在公安部的大力号召下，各地积极借助大数据、云计算等现代科技，不断完善警务实战指挥体系，最大限度地实现大数据引领下的精准研判、精确指挥，并逐步向“数据驱动警务决策”业务管理新模式迈进，从而确保信息化在公安机关“维护稳定、打击罪犯、治安管理、队伍建设、社会服务”等方面发挥强大的助力引擎作用。

目前，公安业务涉及的视频指挥调度系统通过融合大数据、云计算及人工智能技术，整合各类通信系统和终端设备，集成对接与指挥调度相关的位置信息、地理信息、关联查询等信息系统，实现方便灵活的指挥关系重构、全面可视的警情态势掌控、及时动态的警情警令传递，满足“扁平化、可视化”指挥调度的需要。

（一）AI 赋能前端感知设备

前端感知设备的数据获取是视频指挥调度业务流程的源头。

近两年，基于大数据、算法等新科技形态的人工智能技术开始成熟落地，其中以人脸识别为代表的机器视觉技术已经应用在系统各种前端感知设备中。

例如，在大型活动安保现场等需要进行身份核查的场景下，通过AI赋能的移动警务设备可以实时识别视频图像中的人脸及其他信息，再通过系统后端大数据平台进行分类查询与比对，实现人证核验。

智能单警执法记录仪可准确识别视频图像中的人员、车辆，对接系统后台人像大数据分析、车辆大数据分析等，进行公安交警治安卡口、流动布控场所的重点人员及车辆的缉查布控。

（二）云计算构建共享平台

云计算的设计之初就是为了满足弹性需求，同时更符合互联网时代的服务需求。

基于云架构打造的视频指挥调度系统，采用云计算技术和虚拟化部署方式，应用层与底层硬件分离，底层硬件按需弹性平滑扩容，应用层平台许可统一管理，打破原有各系统相对封闭独立的限制及“信息孤岛”，实现系统资源

的“全网可调、一键直达、资源共享”。

通过云系统，视频指挥调度实现不同多媒体资源模块之间的均衡负载，提供丰富多样的应用场景；同时还可以实现所有入网设备的统一认证管理和资源自动分配，确保系统数据不丢失，系统规模易扩展，灵活响应面向未来的各类业务需求。

（三）大数据分析挖掘有价值信息

在基于云系统架构的视频指挥调度系统中，大数据分析平台统一集合众多智能前端设备获取的视频图像信息、地理信息、统计信息等各种大数据资源，诸如布局在各地区的视频监控摄像机获取的视频图像资源，警务巡逻中警用执法记录仪、警务通及单兵设备获取的动态图像及执法信息，突发事件中无线应急布控产品获取的现场各种信息。

以上各种大数据资源通过大数据碰撞，多角度、多层面的分析挖掘，并结合从公安数据库的海量数据中抽取出的警用资源数据，实现对各类警情的趋势和异常变化实时掌握。同时，针对突发事件的性质、特点和危害程度，多维度地分析汇总整合各类信息，为实战中的分析研判提供有力的数据支撑，为合理调整警力部署提供决策依据。

除了以上提到的几种新技术，在目前的视频指挥调度系统中，以 4G 甚至 5G 新技术的商用，不但能够实现信息快速流畅交换，解决延时问题，同时，5G 网络还能够更加灵活地支持各种移动终端，丰富执法智能终端。

四、结语

基于云计算架构的视频指挥调度系统，通过前端智能感知设备实时获取有价值信息，利用后端大数据平台分析挖掘能力，实现对实战状态下丰富的指挥调度应用功能。

云视频指挥调度系统不但能够提升警情判断及确认效率，提高应急指挥决策和资源调度速度，实时掌握处置过程和处置结果，更能有效提升公安机关在动态化、信息化条件下的预警预测能力、动态管控能力、现场处置能力和指挥保障能力，大大增强政府应急处理和城市管理水平。

（供稿：杨辉　乌鲁木齐市公安局水磨沟区分局指挥室）

多维大数据融合助力安防监控行业全面过渡到大数据时代

一、大背景

据相关数据统计表明，全球数据每两年翻一番，每天产生的数据总量达到 20PB。预计 2020 年，全球数据总量将达到 44ZB，而其中超过 80% 是非结构化数据。繁多的数据种类、PB 级的数据量、低价值密度的视频数据、快速的数据更新处理需求等，这些特性都预示着视图数据市场已经进入大数据时代。

近年来，随着各地智慧城市建设的广泛开展，汇聚了海量以视频为核心的数据，催生对城市视频、图像、信息等多元数据的分析和应用需求。如何针对海量监控视频数据进行多维感知接入、全网汇聚、存储、智能分析、多维融合碰撞及应用挖掘，成为重要的业务课题。云计算技术和智能算法的长足进步，让针对海量多维数据进行智能化分析成为可能。

随着科技的发展和城市管理者对视频应用需求的不断提出，针对视频图像数据的多维大数据融合应用关键技术也在经历革新。

（一）非结构化数据分析处理

在安防行业中，视频图像等非结构化数据占到数据总量的 95% 以上。因为传统产品的功能和处理能力限制，客户不得不满足于视频、图片全量浏览查看，耗时费力。目前，视频浓缩摘要、图片二次处理等新技术层出不穷且日渐成熟，逐步支撑起非结构化数据的分析处理需求。客户希望能获取视频图像中的高价值结构化信息，进行汇聚后可快速查询、深度挖掘。为了实现客户的新需求，需要优化甚至重新设计现有非结构化数据分析工具，提高其在各种新业务场景下的适应性。

（二）云计算技术

进入大数据时代以来，对数据处理的实时性和吞吐量的要求都在不断提升。以卡口系统为例，支持日过车 500W 已经成为基本要求，日过车 2000W 的城市也不在少数。同时，客户对于搜索、布控的实时性要求也越来越高，这就使得系统单位时间内需要处理的数据量急剧增加。而对于视频等非结构化数据的处理，客户已经不满足于单纯单机烟囱式建设的传统系统，而是要求对单个文件也有极致的处理性能，并且能支持 Scale-out 方式按需提高性能，高可靠、高可用。云计算具有天生的高容错能力，并且 Spark、Hadoop 等并行计算框架可以充分利用集群所有服务器的性能，将多台设备的计算资源虚拟化，对外提供统一的服务接口。因此，云计算技术是大数据时代非结构化数据分析的不二选择。

（三）多维大数据融合应用

两年前，一些大的厂家可以使用丰富的平台功能来进行重大项目的控标，使得其他厂家无法加入项目的竞争。但现在大多数厂家都已经具备了这些功能，已经不足以成为控标点。下一步要想在项目中取得领先，各厂家就必须要有多维大数据存储计算的基础平台和完备的端到端解决方案。

多维大数据时代，信息流通和共享是关键，多维数据在被使用的过程中才能体现出它的价值。对于海量非结构化数据及多种物联感知数据来说，极速的数据存取系统和开放的结构化处理系统，才能支持后续多维数据碰撞挖掘，保证其价值的最大化。

二、业务需求

各级公安机关在信息化建设和应用过程中，积累了海量的视频图像数据资源。随着视频图像数据资源的规模越来越庞大、增速迅猛以及各类物联感知系统（车辆卡口、电警、人脸卡口、mac 采集、rfid 采集）的接入，为公安信息资源的管理和应用带来了巨大挑战。因此，需要进一步深化多维数据信息应用，提升实战应用效能，持续完善立体化社会治安防控体系，不断提升平安城市建设能力和水平。

（一）百万级视频接入联网共享已成趋势

当前城市公共安全管理中，尤其是公安、应急等政府职能部门在城市管理和执法时，都需要浏览、调用、查询和控制相应区域位置的视频图像资源。因此，在公共安全视频监控建设中，要实现视频资源共享，满足公安部门业务需要，实现对视频监控图像实时监看、录像回放，为公安机关开展警务指挥调度、侦查办案和社会治安管理提供重要信息，还包括重点区域和警卫路线的安全保障与警卫、信访维稳领域的监控。此外，还需要满足政府部门的应用需求，并与政府原有图像信息资源共享平台对接进行视频共享。

通过相应的共享机制，系统需要满足为全市各政府职能部门、行业条线、企业单位、社会公众提供视频图像资源联网共享、基础应用和高级应用的支撑，以及视频的管理和运维功能。实现对各类共享用户的统一门户登录和统一授权管理，建立设备的类型、权属和功能的三相关系模型，建立用户的组织、角色和权限的三相关系模型；建立专业运维队伍和运维管理系统，实现平台系统运行状态监测，也可接收下级平台提供的系统设备、网络、软件运行状态和视频质量监测数据等信息，进行量化考核。

（二）大数据应用市场需求日趋旺盛

客户对视频图像的使用需求已经不满足于简单的浏览查看，而是希望可以从海量数据中挖掘分析得到更高价值的信息。例如，可以从景区实时视频摘要的数据中统计得到各地周末及节假日的人流量、车流量，以告知旅客各个景点的热度、交通拥堵情况，帮助其安排出行；可以根据卡口监控的视频数据统计分析交通拥堵实时情况及历史规律，帮助交警做疏导或管制，有备无患；可以根据各种数据模型检测河流湖泊的水质和生态系统情况，及时预警，帮助生态研究；可以建立面向大学的教室监控系统，智能统计到课率，帮助学校改进教学质量；可以面向监狱，进行实时行为检测，判断是否有异常人员并及时报警等。

基于云计算的海量非结构化处理技术在旅游、环保、教育、安防等各个行业的大数据应用得以实现，创造大量全新的细分市场。

（三）公安警务对多维智能化应用提出更高要求

如何运用海量的视频图像数据为情报、刑侦、治安、技侦等不同警种提供更加丰富和实用的视频应用服务，从“事后被动侦查”到“事前主动预警”是公安机关业务发展的核心需求。因此，公安部门迫切需要对视频资源和卡口价值图片进行深度的特征结构化分析，提取有价值的线索，以此提高公安机关的破案效率，达到向科技要警力的目的。

多维大数据融合应用是通过前端感知设备采集各类时空数据。此外，还可以利用视频结构化技术提取视频中的人、车等信息，把这些信息与安防业务系统中的警务数据相结合，不断深入挖掘数据深层次价值，构建一张“多维智能感知防控网络”，打通数据壁垒，服务全警应用。

三、多维大数据融合助力安防监控行业全面过渡到大数据时代

多维大数据融合应用是基于云存储、云计算技术，结合安防行业特点和需求，整合新一代非结构化数据智能化处理技术，通过自主创新方式研发制定的。其优秀的创新特性可以提升安防监控行业的核心竞争力，也是为行业发展做了一次有益的探索，从而加快安防新技术的发展。

对很多行业来说，多维大数据融合应用都会使业务模式发生彻底变革和性能规模出现巨大飞跃。然而，每个行业对于海量数据的存储、计算、碰撞、挖掘都有不同的需求，当多维数据深入每个行业进化融合，才体现出它真正的价值。

视频监控系统是一个比较复杂的工业级产品，要求全天候稳定运行，能够完全在线扩容；同时，海量非结构化数据的价值密度比较低，无法按照 IT 系统数据做多副本保存；安防行业涉及大量人、车信息记录，在实时录入数据的情况下要求极速分析搜索，等等。这些要求都促使我们深入研究多维大数据融合应用与安防业务的结合点，从而为后续深度智能化应用提供更多价值数据。

（供稿：沃晶晶　李志荣　浙江大华技术股份有限公司）

基层社会治理体系和治理能力现代化
——大数据与“雪亮工程”机遇、挑战

党的十九大报告中提出构建全民共建共治共享的社会治理格局的思路和要求。强调指出社会治理的制度建设，要完善党委领导、政府负责、社会协同、公众参与、法治保障的体制，社会化、法制化、智能化、专业化水平。研究推进基层社会治理体系和治理能力现代化建设，是中国特色社会主义进入新时代的客观要求，是解决新时代我国社会主要矛盾的本质规定，是全面建设社会主义现代化强国的现实需要，是对新时代社会治理发展和创新提出的新目标和新要求。

基层是社会治理的重心、难点和希望所在。习近平总书记一再强调指出：“治国安邦重在基层，基层是一切工作的落脚点，社会治理的重心必须落实到城乡、社区。党的工作最坚实的力量支撑在基层，最突出的矛盾和问题也在基层，必须把抓基层、打基础作为长远之计和固本之举。”实现基层社会治理现代化是推进国家治理体系和治理能力现代化的重要内容。如何实现基层社会治理现代化、精细化和更加有效？要清醒地看到，随着工业化、信息化、城镇化、农业现代化快速发展，经济结构深刻变革、利益格局深刻调整、思想观念深刻变化、社会结构深刻变动，社会治理面临的形势环境变化带来的矛盾风险和挑战之多前所未有，给这一系列的新挑战新要求寻找破解难题、补齐短板的主要抓手是什么？根据当前基层社会治理面临的形势，如何从推进制度建设的角度提出新思路和新举措？如何从体制、机制、手段和方法路径设计上进行思考和探索？

一、大数据、“雪亮工程”与基层社会治理

大数据、云计算、人工智能等先进的科技、信息技术，已经成为推进国家治理体系和治理能力现代化的必然选择和重要抓手。新一届中共中央政治局第二次集体学习时就强调：“大数据发展日新月异，我们应该审时度势、精心谋划、超前布局、力争主动，深入了解大数据发展现状和趋势及其对经济社会发展的影响，分析我国大数据发展取得的成绩和存在的问题，推动实施国家大数据战略，加快完善数字基础设施，推进数据资源整合和开放共享，保障数据安全，加快建设数字中国，更好服务我国经济社会发展和人民生活改善。”“雪亮工程”建设正是在新形势下提升国家竞争力、维护国家安全、社会公共安全的重大战略，也是建设平安中国、平安乡村、实施乡村振兴战略的重要保障，打通了基层社会治理、城乡社区治理的“最后一公里”“最后一米”，照亮了千家万户的平安。

大数据时代的基层社会治理，首先要有数据治理、权力治理，数据化的权利是一种新的权利合法化。信息技术的发展创造出一个新的领域，即包括大数据、互联网等在内的新的公共空间，各级政府的权力将受到这个空间的限制，政府和社会将在这个空间内互动、博弈。将重塑权力的观念，政府的权力边界将被深度调整，权力的逻辑将被深度改写，新的权力主体开始参与进来，一个数据化的全力结构和流程开始形成，新的制度设计路径和思路将会重新构建，新的社会治理体系和治理能力现代化逻辑将会重新定义，并将以公开透明的态度回应大数据带来的挑战，缓和社会矛盾，消弭社会裂痕。社会治理的最高境界，必须注重“互动”。要引导全社会达成利益共识，尤其是针对长期目标的利益共识，要建立一个适合多元主体参与的治理框架和社会机制，使多元主体都能够提出自己的利益诉求，然后在沟通交流、相互妥协、协商一致的基础上达成社会共识。在行动上，也应该是互动型的，上下配合，同心同德。

当今中国正处于社会矛盾多发期，也正处于全面建成小康社会的决胜阶段。大数据时代的到来，为完善社会治理、提升政府服务和监管能力，为“雪亮工程”在加强社会治安立体化防控体系建设，整合社会治理资源，防范社会风险，化解社会矛盾，提高社会治理社会化、法治化、智能化、专业化水平，创新社会治理模式，提升公共服务质量等方面带来了新的机遇与挑战。

二、“雪亮工程”的形成与发展

“雪亮工程”，即公共安全视频监控建设联网应用，是以县、乡、村三级综治中心为指挥平台、以综治信息化为支撑、以网格化管理为基础、以公共安全视频监控联网应用为重点的“群众性治安防控工程”，喻义“群众的眼睛是雪亮的”。它以“全域覆盖、全网共享、全时可用、全程可控”为总目标，推动重点公共区域和重点行业、领域的视频监控系统建设，指导、监督治安保卫重点单位公共安全视频监控系统建设；推动公共安全视频监控系统联网，整合各类视频图像资源；开展视频图像信息在城乡社会治理、智能交通、服务民生、生态建设与保护等领域应用。通过三级综治中心建设把治安防范措施延伸到群众身边，发动社会力量和广大群众共同监看视频监控，共同参与治安防范，充分发挥人民群众利用视频监控系统在社会治安综合治理和平安建设中的作用。从提出概念到向着智能化、专业化、精细化的纵深发展，社会治理体系和能力现代化建设在大数据时代有了新的发力点。

党的十八大以来，党中央、国务院和中央领导对社会治安综合治理和平安建设信息化工作高度重视，习近平总书记提出，要“依靠更多更好的科技创新保障国家安全”，“提高社会治安防控体系建设法治化、社会化、信息化水平”。公共安全视频监控建设联网应用，是新形势下维护国家安全和社会稳定、预防和打击暴力恐怖犯罪的重要手段，是动态化、信息化条件下完善社会治安防控体系、深化平安中国建设的重要基础性工程，对于提升城乡管理水平、创新社会治理体制具有重要意义。2015 年，习近平总书记就公共安全工作曾多次做出重要批示，其中明确指出：“当前，公共安全事件易发多发，维护公共安全任务繁重。政法综治战线要主动适应新形势，坚持科技引领、法治保障、文化支撑，创新理念思路、体制机制、方法手段，不断提高维护公共安全能力水平，有效防范、化解、管控各类风险，努力建设平安中国。”“要构建公共安全人防、物防、技防网络，实现人员素质、设施保障、技术应用的整体协调。”以政法综治战线为牵头主导单位，整合社会各方力量，坚持群防群治策略，充分运用大数据、云计算、物联网、决策科学、安全平台和应急技术装备等现代科学技术手段，基于公共安全视频图像信息联网整合，成为了健全公共安全体系、全面提升公共安全保障能力、构建安全保障型社会的重要保障和手段。

2015 年 5 月，国家九部委联合下发了《关于加强公共安全视频监控建设联网应用工作的若干意见》（发改高技〔2015〕996 号），提出“综治牵头、公安负责、部门配合”的要求，建设公安部公共安全视频图像信息交换共享分平台。公安部门作为视频监控应用的重要主体，要健全公共安全视频图像建设联网应用标准，建立动态化、信息化条件下支撑各项公安工作的重要基础信息资源智能服务系统，完善视频图像解析与应用、视频资源云存储等功能，形成立体化社会治安防控信息体系。建设中央综治办公共安全视频图像信息交换共享平台，依托全国社会治安综合治理信息化综合平台，满足中央领导同志对公共安全、社会治安重大、敏感事件综合研判、决策分析支撑的要求，利用地理信息技术促进关键图像信息资源的深度分析与互通共享，完善各级政法综治组织之间视频通信、视频图像深度应用等功能，具备应急情况下视频调用、存储和指挥、控制能力，同时加强对各级各有关部门视频监控建设联网应用等工作的有效监督和综合管理。这标志着“雪亮工程”的整体规划和项目建设落地了。

同年 8 月，国家发改委、中央综治办和公安部联合下发《关于印发加强公共安全视频监控建设联网应用工作方案（2015—2020 年）的通知》（发改高技〔2015〕2056 号）。“雪亮工程”开始向全国推广。其中提出的目标是，到 2020 年，我国基本实现“全域覆盖、全网共享、全时可用、全程可控”的公共安全视频监控建设联网应用，在加强治安防控、优化交通出行、服务城市管理、创新社会治理等方面取得显著成效。2016 年 6 月，国家发改委共同批准临沂市等 45 个城市成为全国首批公共安全视频监控建设联网应用工程示范城市，并获得中央补助资金，“雪亮工程”建设在国内全面铺开。

2016 年 10 月，全国综治“江西会议”再次指出，完善社会治安防控体系，核心是提高整体效能。中央将公共安全视频监控系统建设纳入“十三五”规划和国家安全保障能力建设规划，部署开展“雪亮工程”建设。2017 年 6 月，全国“雪亮工程”建设推进会在临沂市召开。2017 年 10 月，党的十九大报告提出，“实施乡村振兴战略”。加强治安管理，建设平安乡村，已经成为当前农村工作的重中之重。2018 年，《中共中央国务院关于实施乡村振兴战略的意见》提到推进农村“雪亮工程”建设。这是“雪亮工程”首次被写入中央一号文件，也意味着推进农村“雪亮工程”建设将成为实施乡村振兴战略的重要保障。

三、临沂市利用大数据建设“雪亮工程”案例

信息技术发展到今天，“互联网+”、大数据、云计算等信息技术已经运用到了社会的各个层面，利用信息技术抓平安建设和综治工作，是社会治理现代化的必由之路。临沂市是“雪亮工程”的发源地，作为“全国公共安全视频监控建设联网应用示范城市”，在大数据时代的“雪亮工程”建设中形成了特色经验。以临沂为例，总结“雪亮工程”建设的做法经验，可以为“雪亮工程”建设未来发展提供参考。

（一）贯彻中央战略部署，积极创新组织推动

在组织推动上，临沂市委、市政府采取党政领导、综治牵头、公安负责、部门配合、社会参与的工作机制，明确了市综治办作为建设与运维的主要负责部门以及各有关部门的具体职责划分，在“人、财、制度”等方面全方位保障了“雪亮工程”建设工作顺利推进。比如，在推动视频监控联网工作中，各级综治办建立视频监控建设联网应用联席会议制度，定期研究工作思路，及时协调解决联网工作中的问题、难题，确保了全市“雪亮工程”建设。在财政保障上，建立了“雪亮工程”建设和运行维护经费保障机制，加大财政投入力度，将建设经费和工作经费纳入财政预算。在考核机制上，严格落实社会治安综合治理领导责任，用足用好社会治安综合治理奖惩的措施，完善机制，压实责任。良好的组织推动机制有效地解决了牵头难的问题。

（二）坚持顶层设计，统一科学谋划

临沂市在视频监控点位建设和视频监控应用平台建设上坚持统一规划、统一标准、突出重点、分步实施。在监控点位建设中充分利用并整合现有视频监控资源，对符合国家和行业相关技术标准的已建监控点位进行联网整合，避免了重复投资。在公共安全智能视频监控监管应用平台建设中，坚持“一切从实际出发”的原则，不搞“一刀

切”，突出重点、统筹兼顾，提出了综治中心分类建设的意见。各地可在不违背原则的情况下，量身制作、量力而行，有效减轻了基层的工作压力和负担。比如，有些地方旅游资源比较丰富，那么在“雪亮工程”建设中可以考虑将本地旅游景点的视频推送到互联网上供民众查阅以选择错峰出行。有些地方更强调网格化的管理，在“雪亮工程”建设中可以将乡村进行网格化的划分，并指定网格员通过前端的 APP 进行所属区域的问题上报等。

（三）摸清底数，优化平台，稳步建设联网

临沂市政法委综治办联合公安、财政、规划等部门，对全市视频监控建设情况进行了专题调研。在摸清真实底数的基础上，通过整合各级各部门视频监控、网格化管理、视频会议、矛盾调处等系统资源，建立了以综治信息系统为核心，纵向贯通、横向集成、分级应用的综治信息平台，为“雪亮工程”建设提供了信息技术支撑。按照综治信息平台高清显示屏不同面积，研究制定了“县乡村三级综治信息平台建设分类标准”，实现硬件配置分级分类。开发建设市、县区统一规范的综治系统，将软件应用集成规范化，实现了信息收集、分析研判、指挥调度、监管考核等工作运行的信息化、实战化。打破信息壁垒，整合各级各类视频图像资源，建成纵向连接县乡村、横向贯通重点行业部门的公共安全视频监控网络，实现横向纵向的互联互通、信息共享。选择先进的网络视频传输技术，实现了资源整合、系统联网、授权管理、成果共享的工作运行机制。

（四）健全管理机制，实现规范运营

在管理机制上，临沂市建立了机构设置、人员配备、工作运行、工作保障实体化的市县乡村四级综治中心，各级综治办与综治中心合署办公，赋予综治中心指挥调度、分流指派、督查督办和考核奖惩建议四项权力，统筹协调推进各项工作的开展。依托市、县、乡、村四级以及重点行业部门互联互通的综治信息平台，对各县区、乡镇街道、村社区、重点行业部门、派出所等信息平台 24 小时值班值守情况进行监管考核，建立社会治安综合治理网上考评信息系统，通过设定固定指标和动态指标权重形成考核评价结果，统一制定县乡村三级综治平台管理办法，明确各平台操作细则、保密规定、值班值守等规章制度。并通过建立科学有效的考核评价体系，“以管促建、以管促用”，为基层社会治理和基层综治工作增加了抓手。

（五）共享深入应用，扩大工作效能

网络的本质在于互联，信息的价值在于应用。应用是“雪亮工程”的核心生命力。临沂市在推进“雪亮工程”建设过程中，着力深化拓展“领导用、部门用、群众用”三个层面的实战应用，充分发挥“雪亮工程”工作效能。比如，在领导应用层面上，将“雪亮工程”信息系统接到各级党政主要领导、分管领导和有关部门主要负责同志的办公电脑和手机上，即时查看平台推送的各种综合分析数据，直接调看重点行业、重点部位的实时视频图像，随时指挥调度有关工作情况。在各级综治组织应用层面上，通过可视化现场调度指挥，适时作出工作部署，全程跟踪办理监管，信息化监督考核，实现了工作联动、矛盾联调、问题联治、平安联创，大大提升了工作效能。在居民家庭，升级改造电视机顶盒，让群众坐在家里就能看到周围视频监控，积极研发推广手机 APP，使群众无论身在何方都能看到村里视频图像，使“人人都是平安员”成为可能。

四、“雪亮工程”在大数据时代的机遇

（一）大数据时代“雪亮工程”的数据价值

以视频数据存储为例，一个分辨率为 1920×1080 的 200 万像素的高清摄像机，码流为 8Mbps，每月产生的视频数据多达 2.47TB。对于一个拥有 10 万个摄像机的中等规模的城市而言，每月产生的数据在 250PB 左右。庞大的数据量蕴含着巨大的社会价值和经济价值。由“雪亮工程”视频监控应用项目产生的数据大概可以分为结构化数据和非结构化数据。其中，结构化数据以文本为主；非结构化包括网络日志、音频、视频、图片、地理位置信息等，具体到业务层面，主要有人脸数据、车辆数据、物体数据、地理信息数据、环境数据等。这些数据在通过采集、整理之后，又可以形成非常有价值的专业数据库。比如，车辆数据库可以分为车牌数据库、认证核验库、车辆通行数据库、案事件视频图像数据库等，通过车辆大数据分析系统，可以为交警在实战化中提供数据支撑。将基础数据库整合、互联、共享，使用数据分析技术实现全量跨部门数据的分析挖掘，就可以为“雪亮工程”建设提供有价值的情报信息，全面提升公共安全工作能力水平。例如，利用采集到的人脸数据，可以通过后台在逃人员的人脸数据库比对，快速找出犯罪嫌疑人的活动轨迹，或者城市中迷路的失忆老人；利用道路交通采集到的车辆数据，规避道路出现拥堵的现象。

（二）“雪亮工程”将解决综治工作多年困扰，解决许多长期想解决而没有解决的难题

近年来，中央综治办和全国各地政法综治部门以巨大的政治勇气和强烈的责任担当，提出一系列“雪亮工程”建设新理念、新思想、新战略，出台一系列重大方针政策，推出一系列重大举措，促进这项伟大民生、民心工程建设。“雪亮工程”建成后，将有效解决多年困扰综治工作的六个方面的难题：一是解决基层综治组织不健全、职能虚化的难题。“雪亮工程”强化了县乡村三级综治中心的阵地和职能，增配综治工作专职人员，有效促进了三级综治中心的规范化、实体化、实战化。二是解决基层治安防控力量薄弱、常态化巡逻措施难以落实的难题。通过“雪亮工程”，固化基层巡防队伍，壮大基层治安群防群治力量，可以形成队伍巡防与视频巡查联动互补的治安巡防新模式，织密基层防控网络。三是解决平安建设社会动员乏力、治安防范群众参与度不高的难题。通过信息化手段将视频监控图

像和治安防范信息送到群众身边，可以形成“人人都是治安监控员、信息员”的良好局面。四是解决综治监管考核效率不高、手段落后的难题。通过视频查岗、网上考核手段，实现对各项综治工作便捷高效、科学客观地考核评价，促进基层值守巡逻、矛盾化解等综治工作措施有效落实。五是解决视频监控设施分散建设、日常管理维护不到位的难题。通过自动化探头检测、探头使用数据分析等系统，规范设备运转、服务运用、信息调阅、维修养护等日常工作，保证视频监控长期稳定运行。六是解决“信息孤岛”、“数字鸿沟”的难题。通过信息资源整合，初步建成综治云大数据，实现数据互联互通、共享应用，有效提升综治工作效能和核心战斗力。

（三）“雪亮工程”提升公共服务的质量

社会治理与公共服务，一同构成了当代社会建设的两大支柱。“雪亮工程”建设不仅在社会治理中发挥着重要作用，在具体应用中也带动了公共服务领域的创新。推行“雪亮工程+”模式，将党建、环保、城管、扶贫等工作整合融入，可以大大提升公共服务的质量和水平。

比如“雪亮工程”管理应用，使视频监控、视频会议、视频调处、移动视频指挥、手机 APP 等实现统一整合，并将领导办公电脑和手机联入统一应用平台，实现部门联动更加快速协调、社会治安防控能力不断提升。在“雪亮工程”建设中，利用人脸识别技术，重点对社区、幼儿园、学校等重点区域安装人脸抓拍相机，及时发现出现在重点区域的精神障碍患者，破解易肇事肇祸等严重精神障碍患者服务管理难题。对果林、蔬菜基地实现高清视频全覆盖，在家打开电视机就可以随时看护果园、菜地。外地的客商通过上网远程全天候查看绿色有机农作物生长全过程。临沂是“中国物流之都”，通过“雪亮工程”寄递物流视频监控接入及监管，实现了对全市邮件快递100%实名制、100%开箱验视、100%过机安检的可视化、智能化监管。公交车、危险品运输车辆、城际班线客车全部安装车载视频监控并接入“雪亮工程”联网平台，实现了交通运输安全监管的“看得见、听得到、管得好”。

（四）“雪亮工程”建设带动安防产业的发展并形成了巨大的市场机遇

越来越多的省市将加入到“雪亮工程”的建设当中，这样不仅可以让越来越多的乡村享受到“遥控器握在手中，安全感长在心里”的安心暖意，同样也是安防产业企业进入视频联网领域的大好契机。视频监控企业占据“雪亮工程”最大建设市场份额，各个巨头都已经展开“雪亮工程”定制化的高端产品应用。“雪亮工程”不仅仅是镜头的重点覆盖，更是视频数据的高效应用。越来越多的企业会加入视频数据智能化应用服务市场，安防产业市场发展前景广阔。据 ITS114 数据统计显示，截至 2017 年 12 月底，我国安防与“雪亮工程”市场中标过亿项目 80 个，中标过亿项目市场规模总计约 260.3 亿元，同比增长 199.2%。其中涉及“雪亮工程”的中标亿元项目 9 个，总计 31.04 亿元，以平安城市和“雪亮工程”为代表的国内视频监控市场已然如火如荼。

五、“雪亮工程”在大数据时代的挑战

随着视频监控建设应用不断深入，技术人才缺口大、数据应用不深入、联网共享不规范、缺乏数据标准、数据安全无保障、基层技术力量薄弱等问题日益突出，制约了立体化社会治安防控体系建设发展。“雪亮工程”建设在机遇中仍面临着诸多挑战。“雪亮工程”建设不仅涵盖城市，还要求覆盖广大农村，其很重要的一个作用就是要推动实现城乡发展的动态平衡。从当前建设的主要试点地区来看，在解决基层政权治安防范力量薄弱、安全防范联动机制尚不完善、安全防控形势严峻等方面面临矛盾与挑战；借助现代大数据、云计算等信息化技术手段，提升基层治安综合治理在治安防控、人口服务、信息共享、矛盾纠纷调处理等方面的综合管理水平的工作机制尚不完善；特别是在偏远、人员稀少、欠发达等地区，针对不同地区的需求和发展特点，其建设内容要应当有所侧重；对于广大城乡社区和老少边穷等欠发达地区，应以补点扩面、提高覆盖率、大力发展社会视频资源联网为主；而一些发达地区，能够运用视频结构化描述、数据挖掘、人像比对、车牌识别、智能预警、无线射频、地理信息、北斗导航等现代技术的人才急缺，在公共安全视频监控系统中的集成应用力度不够，视频图像信息的综合应用水平有待提高。大数据时代，“雪亮工程”如何实现现代化升级，是在接下来的建设应用中仍需思考的问题。

（一）“雪亮工程”大数据思维尚未建立，技术人才缺口大

尽管大数据技术已经发展多年，但是不论是政府部门还是基层百姓，“大数据”的理念尚未真正建立起来，“雪亮工程”的建设与大数据应用还需要一个长期的思维转变过程。很多领导干部、技术人员对大数据的理解还停留在概念阶段，数据仍然只是辅助，还没有将用数据说话、用数据管理、用数据创新、用数据决策、用数据服务真正落到实处。无论是硬件建设还是设备联网，多数的政府部门还在被企业推着走，从技术上倒逼运行机制和标准体系建设，无法真正从顶层设计出发，科学规划统筹。即便数据库已经建立，数据应用仍是老大难问题，海量数据资源不知如何分析，该从何处着手，如何让“雪亮工程”建设大数据应用“智能”起来，还有很长一段路要走。另外，技术人才缺口大也是“雪亮工程”建设的一大阻碍。从整体来看，我国在大数据采集、大数据处理、大数据存储及管理、大数据分析和挖掘、大数据检索、大数据可视化表达、大数据安全等领域均缺乏国产自主研发的核心技术。当前从事数据分析的人才主要集中在互联网信息技术领域，其对软件开发、程序设计等较为熟悉，但对数据挖掘并不精

通。在政府部门中，既熟悉政务又深谙大数据应用的高端人才更是凤毛麟角；日常运维仍需企业支持，政府自主能动性无法发挥。

（二）共享联网不完善，大数据应用不够深入，大数据在视频技术领域应用面临挑战

平台系统需要进一步开发完善，特别是重点行业部门信息融合需要加强，智能化综合应用程度需要进一步提高，“大数据”社会治理尚未真正形成。复杂多样的承载网络环境给视频信息的整合联网、信息传输、权限管理、运行维护、安全共享等带来诸多挑战。社会视频资源数量多，建设类型各异，结构复杂，且构成各个系统的软硬件品牌繁多，标准杂乱，设备码流及协议普遍私有化，造成图像的编码格式、协议不统一，给整合带来一定的难度。现有视频监控设备主要功能是录像，欠缺对异常情况自动识别、推送、预警的功能。现有数据更多地应用于循迹追踪，系统对大数据进行深度整合、分析提出有价值、可供社会治理决策信息的能力有待进一步提升。“雪亮工程”如何解决让视频“说更多的话”是最大攻克目标，将视频形式的数据和信息包含用技术手段从不同层面解读，是大数据技术应用的方向。以道路监控为例，摄像头拍摄到一辆车经过，能得到的信息有：车的颜色、型号、车牌号及车主基本情况等。如果整合特定摄像头一段时间内拍摄到的车辆信息，能够判断这一路段的车流量状况，进而判断道路拥堵情况。让视频大数据“说话”，需要信息共享机制的建立和不断完善。算法创新，运用智能大数据手段是视频技术领域未来发展的一个重要方向。此外，目前已开发的APP功能尚不稳定，业务流程有待简化，群众服务功能有待加强。

（三）数据安全无规范，安全应用压力大

“雪亮工程”建设，除了带来了安全防范“无死角”的保护，也带来了隐私“全曝光”的隐忧。大数据时代的到来，让“雪亮工程”建设涉及的视频监控图像信息数据保护、网络安全、个人隐私保护等面对着复杂的挑战。首先，无处不在的监控摄像头全时记录每个人的一举一动，其本身就对个人隐私保护造成了巨大威胁。而相应的数据安全保护的法规、管理办法、安全标准尚未完善，即便这些信息是在本人知晓并且允许的情况下提供，利用大数据技术将这些原本很少涉及个人隐私的“散状分布”的碎片化信息加工整合之后形成新的数据很可能存在个人隐私侵权风险。其次，“雪亮工程”建设点多、线长、面广，信息交换共享平台和传输网络极易成为恶意攻击的风险隐患点。社会视频资源的承载网络情况复杂，互联网、自建局域网、自建视频专网、电信运营商及移动运营商视频专网等各类网络混合组网，种类繁杂，网络信息安全建设面临困境。最后，各个社会单位（个人）对视频监控系统缺乏有效的安全管理措施，一般为非专职人员操作，容易导致视频资源信息外流，信息安全难以有效保证。

（四）基层安全防范力量薄弱，整体建设进展缓慢

“雪亮工程”建设主要着力点在基层，基层安全防范力量、技术力量薄弱，也大大制约着“雪亮工程”建设。乡镇和农村人员多为“留守老人”、“留守妇女”、“留守儿童”，安全防范力量不足，信息值守平台人员多为基层干部或群众，存在信息技术知识匮乏、操作不熟练等问题。城乡结合部、镇、社区、农村监控点位覆盖率低，乡镇户外安防设备缺乏主动故障告警能力导致故障发现不及时、设备故障处理效率低，社会视频资源普遍存在运维投入不足，设备维护不到位，系统完好率低、可用性差等问题。虽然公安机关要求一些重点行业单位或特殊社会单位的视频监控系统至少要保存15天以上的监控录像，但由于缺少有效的监督和管理手段，等到真有事情发生的时候，往往会发生现场视频录像丢失或设备不录像等问题，而视频录像的丢失将会给事件的后续处理带来极大的阻碍。

六、推进“雪亮工程”建设的几点建议

（一）建立组织领导体系

推进“雪亮工程”建设首先要成立由党委政府领导的，包括政法综治、发改、公安财政等多部门共同构成的领导小组。一般建议由市委书记、市长任领导小组组长，由政法委综治办牵头，落实具体分项责任单位，项目承建单位由项目责任单位按照法定程序选择。具体分项包括：市级共享平台、区县共享平台、综治分平台、公安分平台、各部门信息平台及监控点位、传输网络。要落实项目咨询单位（一般为设计院或有工程咨询资质的单位），编制立项报告和设计方案，完成可研报告编制，签订联网共享协议，落实建设资金承诺等方面的综合举措。

（二）坚持法治保障，加快完善法律法规体系建设

法治是社会治理的最优模式。“雪亮工程”建设必须要充分发挥法治对社会治理的引领、规范和保障作用。要实现公共安全视频监控全覆盖、无死角，亟须通过立法进行基本的职能划分、基本的权限赋予、基本的程序规范。目前，我国关于视频图像信息安全、数据保护、个人隐私保护等方面的立法尚不完善，地方配套的立法和政策也尚未制定。需要尽快完善政策法规，强化安全准入，规范重点公共区域和重点行业、领域公共安全视频监控系统的建设、联网与信息的安全使用。同时，还要尽快完成对现有视频监控相关标准的修改完善，加强网络安全保障，确保产品、系统质量可靠和安全可控，对违反相关规定的应严肃追究相关责任。

（三）健全管理长效机制，建立管理应用队伍

加快制定完善视频图像信息安全、数据保护、个人隐私保护等方面的具体办法和措施。完善公共安全视频监控系统项目的方案论证、安全评价、检测验收、效能评估等机制，建立健全日常监督检查机制。以用促建，落实重点行业、领域视频监控系统的属地管理职责，支持公共安全视频监控联

网共享，谁建设、谁管理、谁维护。针对目前管理的应用实际，建立完善职业化的公共安全视频监控系统管理和监看队伍，进一步规范相关监督管理工作机制，建立健全人才引进、培养、使用、激励机制和科学合理的绩效管理制度。

（四）完善网络建设，保证资源共享

面对社会视频资源纷繁复杂的承载网络情况，在保证信息安全的前提下，实现网络的互联互通，打通网络信息通道，实现视频图像信息的安全加密传输，并最大限度地保证不改动原有网络，不影响社会单位原有系统及应用。针对社会面视频监控系统中品牌众多、标准杂乱的异构设备和异质平台，通过多种兼容性技术手段，实现各类资源的统一无缝接入，通过协议及码流的标准化转换，保证社会视频资源在共享、调用时均符合 GB/T28181 国标要求。通过社会资源接入，可使更多的场所纳入公安布控范围。但同时也需要重视社会视频资源接入时的安全性，根据需接入的社会视频资源类型，部署对应的安全接入设备及措施，规避前端设备、传输链路、网络边界、系统应用等各环节安全风险，保证信息安全，确保视频图像数据不会发生外泄。

（五）利用创新技术手段，扎实推进视频大数据应用

打造全城全网视频大数据服务平台，运用人像对比、指挥调度、社情分析、群防群治、一键报警、信息发布、移动 APP 等创新技术，面向政法、综治、公安、公共安全、政府职能部门、企业公众等提供视频大数据应用，汇聚全网、全行业及社会面环境下的海量视频大数据的分析应用。采用视频云解决海量资源的共享，建立视频解析中心和智能应用，深化基层治理、综治业务应用，建立视频惠民发布新机制，实现智能运维新模式。通过数据可视化、智慧管理，实现预测、预警、预防效果，为新形势下平安中国建设、社会治安防控体系建设提供强有力手段，织就守护百姓安全一张网。

（六）整合企业现有资源，积极推进城市视频监控联网工作能力建设，多渠道筹措建设资金，创新运维模式

各级政府及各地“雪亮工程”建设主管部门要善于运用市场化的机制，发挥市场化力量，在一定程度上要求建设中标企业应当具备雄厚资金实力和技术研发能力、强大的系统集成能力以及快速有效的运维响应服务保障能力，能够足以支撑大范围的多级视频联网应用和大数据管理与数据分析计算手段的能力，根据不同区域的不同特点提供不同的产品和服务的能力；运维企业和厂商应当具有前瞻性的战略规划和独特的市场把控能力。通过支持 BOT、PPP 等多种运营模式，建立起“雪亮工程”资金筹措、规划、建设、应用、运维的长效机制。

七、结语

互联网、大数据正在把我们带入一个日趋复杂和不确定的世界。在一个日益复杂、风险高发的世界如何进行社会决策？如何引导社会沿着正确的方向前进，避免曲折，避免危机？这就需要建立新的社会治理模式。大数据时代在加强社会治理能力、创新社会管理模式方面具有巨大的优势。“数据驱动的社会管理”是社会管理中实施的一种新型管理模式，无论是政府还是其他组织机构，数据收集和分析已经成为基层社会治理管理部门的基本要求，根据数据分析结果制定政策和法规，将社会管理从事后处罚转向事前预防，在医疗健康、国土安全、智慧城市建设、防范和打击恐怖活动、社会治安、治理社会腐败等方面发挥着重要作用。随着平安中国建设的不断推进，提高社会治安综合治理智能化水平，推动公共安全视频监控建设联网应用，已经成为平安中国建设的必要手段和必经之路，“雪亮工程”纵向串联省、市、县、乡镇、村综治中心平台，横向整合公安、交通、市场监管、国土、生态环保、政务、消防、城管、路政、文化旅游、教育等职能部门大数据资源，从真正意义上完善了公共安全视频图像传输网络、视频信息共享平台、安全管理系统，促进点位互补、网络互联、平台互通，最大限度地实现公共区域视频图像大数据资源的联网共享。在不久的将来，结合大数据技术的应用，城乡社会治理监控一体化发展建设将为平安中国建设做出更高水平的贡献，让“雪亮工程”建设打通精细精准服务人民群众的“最后一公里”，逐步形成社会治安综合治理过程人民参与、成效人民评判、成果人民共享的新模式。

（供稿：杨安　华中师范大学北京研究院）

移动视频监控技术的发展及应用

传统的视频监控系统中，摄像机/IPC、网络硬盘录像机 NVR、交换机、管理服务器、存储服务器、转发服务器、解码器、显控设备、大数据服务器、视频结构化服务器、客户端等网元设备都是在一个专网里面，或者经过专网骨干网、互联网等网络进行互联。

对移动视频监控系统来说，使用最多的是公安部门或者交管部门。随着监控技术的不断发展，移动式执法取证方案应运而生，即在执法车辆上安装车载摄像机，在车辆移动过程中或者车辆抵达现场的时候，进行摄像机拍摄取证，以解决公安部门或者交通执法部门执法力量不足、执法过程缺乏协调和监督、违法取证困难等问题。此外，还有专用的便携式执法记录仪以及具有便携执法摄像功能的 APP。

一、移动式视频监控系统技术风险

相比于传统的有线传输的固定摄像机的视频监控系统，

移动式视频监控系统有几个技术风险需要考虑：

（一）背景移动性和抖动性

传统固定式摄像机拍摄的视频画面的背景是静止的，只有需要采集的人、车等目标是运动的。但移动式视频监控系统中的画面背景和目前前景都是运动的，并且执法车辆在行驶过程中，拍摄的整个视频画面还处于不同程度的抖动之中，这就需要对拍摄的视频画面进行稳定性处理。

（二）无线传输协议的安全性

传统固定式网络摄像机的传输都是通过有线光纤或者有线网线传输，并且采用专用网络传输，码流传输带宽能够保障。但是在移动式视频监控系统中，传输网络只能采用 4G、Wi-Fi 或者将来的 5G 无线网络传输。尤其是在执法车辆快速行驶过程中，无线网络传输链路会被树木、楼房阻挡，同时还有可能经历无线基站/热点的快速切换等因素。这些因素都导致了视频图像传输网络的不稳定性和动态波动性。

（三）移动监控系统穿 NAT 性

传统视频监控系统中的所有网元大都在一个视频监控专用网络之内，但是对于使用 Wi-Fi 或者 4G 无线传输的移动视频监控系统来说，由于视频图像采集部分处于移动执法车辆之上，Wi-Fi 热点、4G 基站都是采用互联网 IP 地址链接。如此一来就导致了移动视频监控系统的网元被互联网分割开，视频图像采集摄像机等网元处于公网上或者公网之外的一个私网里，视频管理服务器、转发服务器、地图服务器、存储服务器等网元处于公网之外的另一个网元（如图 1 所示）。因为跨互联网，所以在实际组网时都会使用安全边界、防火墙等安全措施。

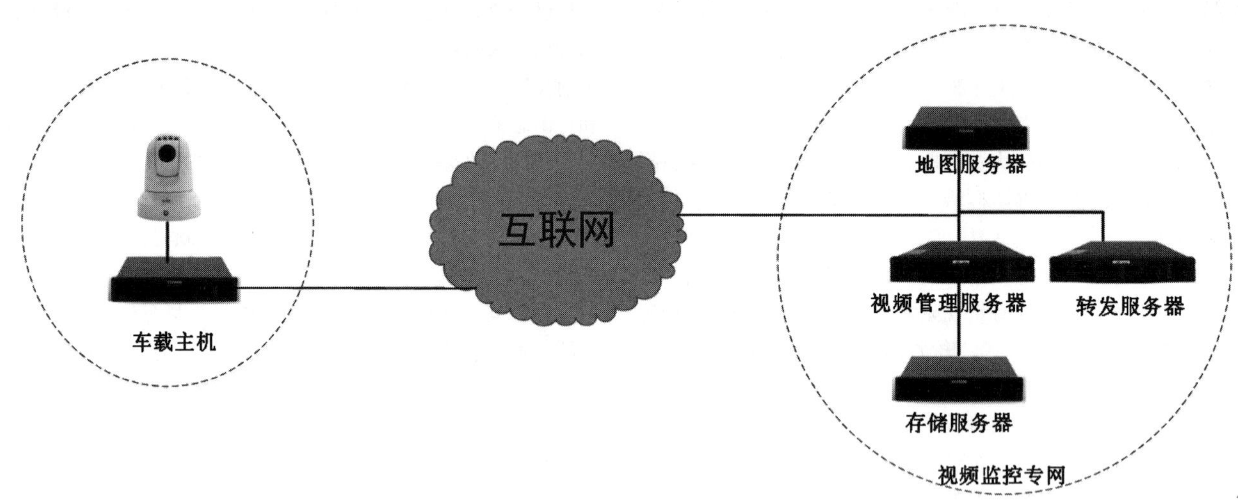

图 1　移动视频监控网络被互联网分割开

IPv4 地址资源紧张和现有各区域网络地址段相互重叠的现实，以及各种网络安全的需要，NAT、防火墙、安全隔离网闸等设备被大量地应用于大型网络中。这就使得基于 IP 的视频监控系统的信令和业务流程变得非常复杂，甚至导致某些业务在某些特定的组网中无法开展。

防火墙作为一个企业网络的安全保障，其职责之重不言而喻。一个大型 IP 视频监控项目不可避免地会有相当一部分终端处于防火墙外侧，而管理服务器通常处于防火墙内侧，其余部分的终端也处于内网（如图 1 所示），这就需要防火墙开放相当数量的 UDP/TCP 端口以便外部终端能主动访问内网的服务器和终端，如此就给内部专网带来了安全隐患。

二、移动视频监控的技术方案解决策略

针对移动视频监控方案中的技术风险，有如下几个解决策略：

（一）WPA3.0 安全技术

2018 年 6 月 25 日，Wi-Fi 联盟正式发布 Wi-Fi 安全标准——WPA3.0。该标准有望消除当今 Wi-Fi 中所有已知的安全漏洞和无线攻击。

WPA 或 Wi-Fi 保护访问是一种使用高级加密标准（Advanced Encryption Standard，AES）协议验证无线设备的标准，旨在防止黑客窃听无线数据。然而，2017 年年底，安全研究人员发现了当前被称为 KRACK（密钥重新安装攻击）的 WPA2 协议存在严重漏洞，使攻击者可能截获、解密甚至操纵 WiFi 网络流量。

WPA3 安全标准将取代已存在至少 15 年的现有 WPA2。新的安全协议在配置、认证和加密方面为 Wi-Fi 设备提供了一些重大改进，使黑客难以破解 Wi-Fi 或窃听网络。

Wi-Fi 联盟针对个人、企业和物联网无线网络推出了 WPA3-Personal 和 WPA3-Enterprise 两种最新的安全协议。

新的 WPA3.0 协议提供的一些关键功能有：

1. 防范暴力攻击。WPA3 针对离线蛮力字典攻击提供了增强的保护，使黑客难以破解 Wi-Fi 密码。

2. WPA3 前向保密。WPA3 利用 SAE（同步身份验证）握手提供前向保密安全功能，可防止攻击者解密旧捕获的流量。

3. 保护公共/开放 Wi-Fi 网络。WPA3 通过个性化数据加密，加强了开放网络中的用户隐私，该功能可以加密设备和 Wi-Fi 接入点之间的无线流量，从而降低中间人（Man-in-the-Middle，MitM）攻击的风险。为了防止这种被动攻击，WPA3 可以增加对机会性无线加密（Opportunistic Wireless Encryption，OWE）的支持。

4. 关键网络的强加密。使用 WPA3 Enterprise 处理敏感信息的关键 Wi-Fi 网络（如政府和工业组织），可以使用 192 位加密保护其 Wi-Fi 连接。

预计在不久的将来，使用 WPA3.0 的 Wi-Fi 协议接入的移动视频监控系统安全性会得到大大的增强。

（二）UNP 技术

为了解决移动视频监控系统中的这种穿 NAT 性，宇视科技提出了 UNP（Universal Network Passport，万能网络护照）技术。目前，针对监控系统穿越 NAT 设备、防火墙和安全网闸时，基本上都是使用引流方案、内部服务器方案、双网卡方案、VPN 方案或者 PAG 方案来实现。

1. 引流方案。引流方案是指监控系统智能的判断终端设备或用户与管理服务器之间是否存在 NAT 设备，以及终端或用户相对于中心服务器来说是处于公网或私网，并根据这个结果，在建立监控业务时首先通知私网的设备向公网的设备发起数据连接。

2. 内部服务器方案。内部服务器方案是指在 NAT 设备上对监控服务器的私网地址与公网地址进行地址或端口映射。在监控业务中应用到的协议端口号比较多，包括 http、SIP、SNMP、RTP/RTSP、FTP，并且实况流、回放流的端口号是一个非常大的范围，也就相当于用户需要为每个监控服务器都分配一个公网地址。

3. 双网卡方案。双网卡方案是指将监控服务器放于私网和公网的边界处，服务器的一个网卡连接公网与公网设备进行通信，另一个网卡连接私网与私网设备进行通信，而公私网间的设备通信需要通过服务器进行中转。

4. VPN 方案。VPN 方案是指使用 VPN 技术将两个或者两个以上的私网连接在一起，互通路由，这些私网就相当于同一个私网。该方案主要用于用户网络存在多个私网的情况。

5. PAG 方案。PAG 方案是指基于全球眼架构，通过公网部署固定 IP 地址的前端接入网关（PAG）做 NAT 打洞、信令和媒体的转发。

从上述几种方案的模式来看，当前的组网在应用范围、安全性和实用性存在不足，主要表现在以下几个方面：

第一，应用范围有限。在多数情况下，用户的监控组网不仅仅只存在一个公网和私网，可能包括多个私网和一个公网。在这种情况下，因为发流端和接收端都处于私网，其中任意一端都无法主动访问另外一端，导致引流方案不能单独使用，必须与内部服务器方案组合才能使用。双网卡方案需要用户的监控服务器与公网直接连接，但是在部分情况下，用户的出口地址并不是公网地址，而是小运营商或者科技园提供的私网地址。另外在公安系统中，为了保证安全，外网不能主动访问内网，也就不能使用内部服务器方案和双网卡方案。如果用户多个私网的网络地址存在重叠现象，则不能直接使用 VPN 方案将用户网络联通，必须对用户现有网络进行整改，否则会影响用户的现有业务。

第二，浪费公网地址。对于内部服务器方案和双网卡方案都需要用户提供比较多的固定公网地址，否则无法体现 NAT 思想解决公网地址短缺的优势，增加用户的资金投入。

第三，安全性存在较大的风险。内部服务器方案为用户的监控服务器进行 IP 地址的一一映射，攻击者可以在任意网络中对该公网地址的任意协议端口发起攻击，这些攻击都会被转发给内部服务器。在最恶劣的情况下，用户的监控服务器全部被攻瘫，整个监控系统将不能使用。双网卡方案同样存在这个问题，因为监控服务器直接有一个公网地址连接到公网上，危险性更大。单独的引流方案思想风险较低，但是在多数场景下，引流方案需要与内部服务器方案一起使用，则同样存在着较大的风险。VPN 方案将用户多个私网打通，路由互通后，很多非监控业务也能互访，带来网络安全风险。PAG 方案增加了运营商部署主机服务器的成本，存在转发瓶颈，容易成为 DOS 攻击对象。

三、UNP 方案功能

为了解决现有 NAT、网闸和防火墙的方案中存在的不足，宇视科技推出了万能网络护照（UNP）解决方案，旨在为用户提供一个简单、安全、通用的方法来解决这些问题。UNP 方案通过在终端与监控服务器之间、上下级域监控服务器之间建立一条应用层通道，后续通道两端的设备之间通信时都走该通道进行转发，不需要用户进行引流操作，也不需要用户增加额外的公网地址，极大地减少了网闸厂家的二次开发工作量。其主要功能包括：

（一）万能穿越——所有 NAT、网闸和防火墙组网都适用

UNP 方案将所有的监控业务报文在 UNP 应用层通道中进行传输，NAT 设备在更改 IP 地址的时候仅修改了应用层通道的 IP 地址，对于通道内部的报文没有任何影响。当 UNP 服务器在私网时，仅需要在用户的现有公网 IP 地址上做一个端口映射即可。

（二）安全保障——黑客无法攻击到监控服务器

在 UNP 方案中，由于开放端口数量限制到了最低程度，入侵攻击已不可能，只剩 DOS 攻击，而 DOS 攻击报文基本上会被防火墙过滤掉。即使黑客通过 DOS 攻击攻瘫中继，也不会影响数据类服务器的功能。

四、UNP 应用场景

UNP 是一种万能网络护照解决方案，具有很强的灵活性和适应性，可以使用 Linux 服务器、路由器等设备做 UNP 服务器，实现单域、多域等组网方式的防火墙、网闸、NAT 设备穿越。

UNP 方案可为以下应用场景提供网络护航：

（一）前端设备使用 UNP 方案接入

在部分监控组网中，中心监控服务器放置在私网中，而前端编码设备放置在公网或者另外一个私网中，中间需要穿越 NAT 设备和防火墙。譬如环保监控部门，监控摄像头放置在污水排放处，通过 3G 网络连入到监控服务器。而单兵无线监控系统的便携式视频监控终端，在接入到后台监控中心时，也需要穿越公网。

（二）监控用户使用 UNP 方案接入

在部分监控组网中，中心监控服务器放置在企业私网中，而监控用户在公网或者另外一个私网中。譬如监控人员在出差或者家中，需要接入到监控中心查看监控图像或者回放录像。

（三）跨域平台使用 UNP 方案互联

多个监控平台需要建立上下级域或者平级域的关系，而不同的监控平台又放置在不同的网络中，这样跨域的协议和数据报文都需要穿越 NAT 设备和网闸、防火墙系统。

五、UNP 介绍

UNP 万能网络护照方案是浙江宇视科技有限公司拥有完整知识产权的独创技术，其基本部件包括 UNP 服务器、UNP 客户端。UNP 服务器允许通过认证的 UNP 客户端接入，并建立 UNP 的应用通道，在应用通道中进行监控业务报文的传输。其原理如图 2 所示。

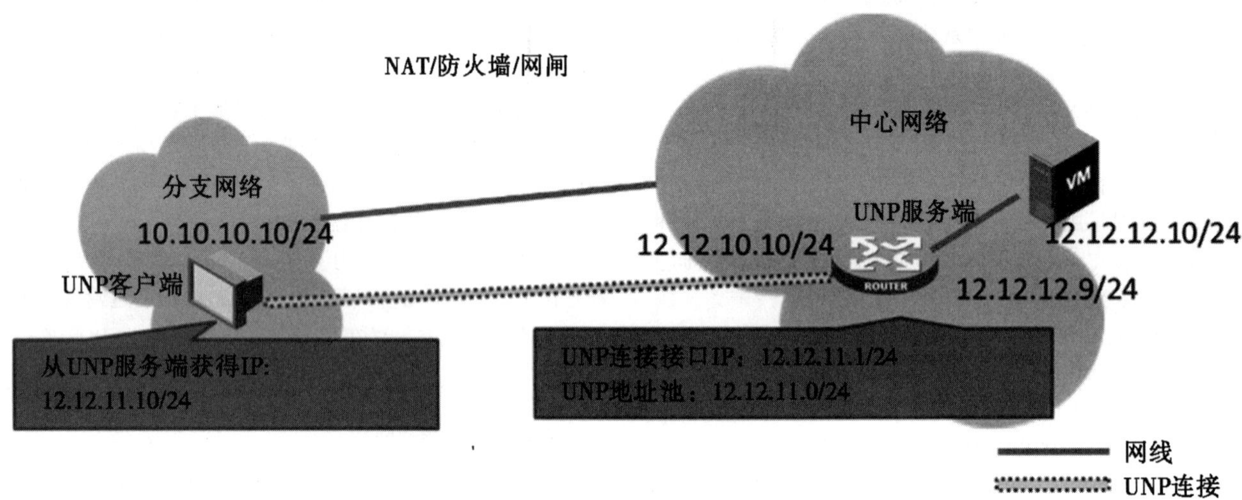

图 2　UNP 原理

UNP 客户端是所有需要使用 UNP 方案接入的主体，包括监控前端、监控客和监控服务器。

UNP 服务器是指允许 UNP 客户端接入并进行不同 UNP 应用层通道间报文转发的设备，包括路由器设备和 Linux 服务器。

UNP 方案的基本原理是通过在客户端和中继服务器之间建立一条应用通道，再将监控业务的报文通过应用通道进行转发（如图 3 所示）。

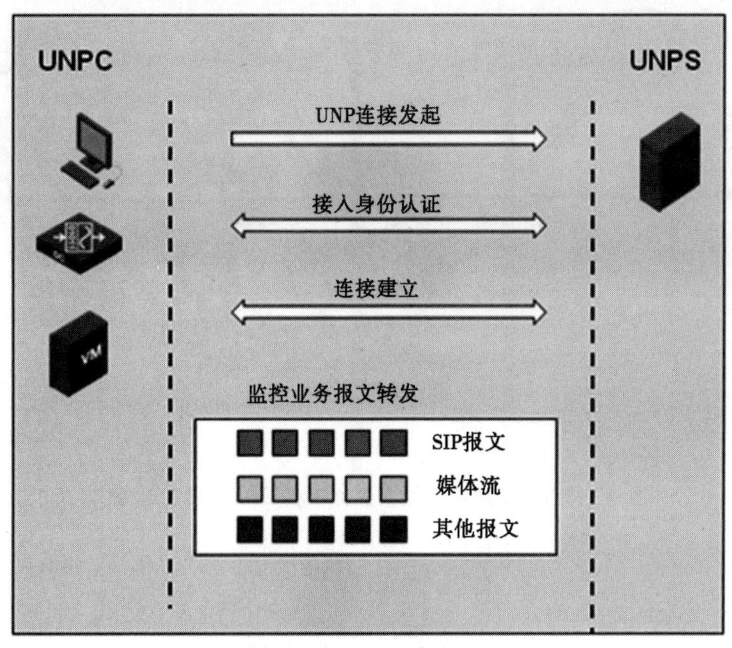

图 3　UNP 应用通道建立

1. UNP 客户端向 UNP 服务器发起连接。

2. UNP 服务器对 UNP 客户端进行身份认证。

3. 通过身份认证的 UNP 客户端将与 UNP 服务器之间建立一条 UNP 的应用通道。

4. 通道建立后，UNP 客户端和服务器之间发送的监控业务报文，包括 SIP 报文、媒体流报文或者其他使用到的协议报文，都通过 UNP 应用层通道进行转发。

UNP 的应用通道在建立完成之后，各 UNP 设备都会得到一个新的虚拟 IP 地址，这些虚拟 IP 地址可能由 UNPS 自动分配，也可能是 UNPC 自己确定。后续各 UNP 设备之间在进行监控业务交互时，都使用虚拟地址进行交互。

如图 4 所示，VM2 向 VM1 注册时，会使用 IP1’ 作为源地址、使用 IPA’ 作为目的地址，而注册报文会首先通过 VM2 与 UNPS（MS1）之间的应用通道发给 UNPS（MS1），UNPS 在收到该报文后，再通过 UNPS 与 VM1 间的应用通道发给 VM1，VM1 的回应报文源地址为 IPA’、目的地址为 IP1’，同样通过应用通道，先发给 UNPS，再发给 VM2。UNP 方案符合公安监控系统安全标准和 GB/T 28181 国家标准（如图 5 所示）。

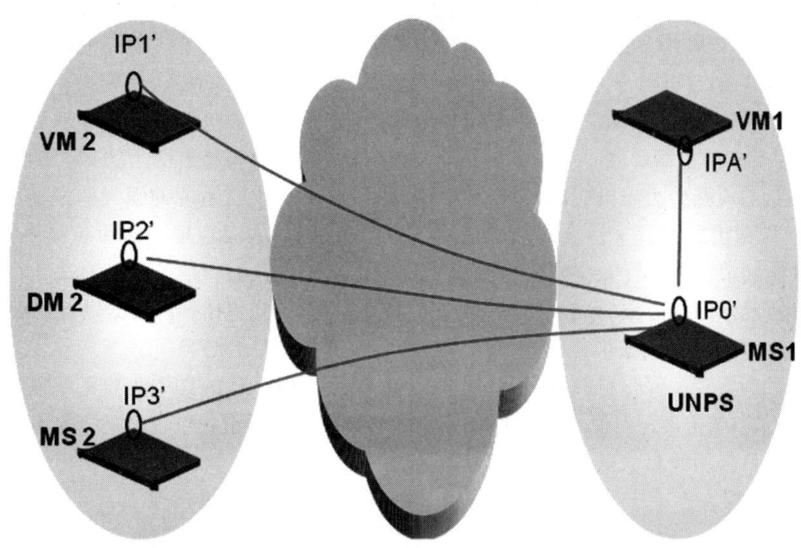

图 4　UNP 方案基本原理

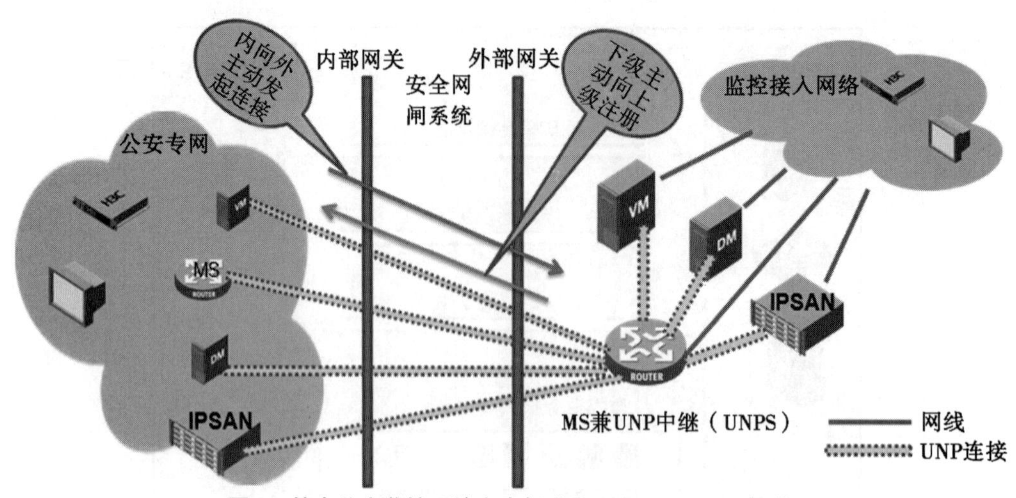

图 5 符合公安监控系统安全标准和 GB/T 281281 标准

（供稿：吴参毅 浙江宇视科技有限公司）

基于无人机的立体防控系统的创新应用

一、无人机在社会治安防控场景下的背景需求

随着我国经济的快速发展和城市化的大步迈进，人、财、物流动加剧，社会公共安全形势日趋复杂，安全防范、安全监控与安全保护工作的紧迫性不断加大。党的十九大报告指出，加强和创新社会治理，加快社会治安防控体系建设。社会治安防控是指公安机关为实现社会稳定的目标，运用各种科学手段整合现有警力和社会资源，把打击、防范、控制等多种措施有机结合，实现“打、防、管、控”一体化，实现统一指挥、快速反应、整体联动，对社会治安实施全方位动态防控的一项系统工程。这就要求我们大力推动“三化”（信息化、网格化、社会化）和“四防”（人防、物防、技防、心防）的有机融合，努力构建全社会共同参与，人防、物防、技防、心防“四位一体”，天网地网齐头并进的立体化社会治安防控体系。

随着无人机技术的日趋成熟，无人机应用领域日益广泛，公安机关特别是基层派出所在日常社会管理工作中，对服务群众、掌握辖区实际情况、开展安全防范以及维护治安秩序、应急救助等情况，传统措施的局限性已日益凸显。为了有效服务群众和掌控社会治安形势，并迅速、准确处置在当前时期显得尤为重要。深化科技强警战略，积极探索实践“无人机+警员”警务巡逻新模式，加强和创新社会治安综合治理，实现科技用警最大效益化，通过智慧警务服务民生，护卫社会发展。

二、基于无人机的立体防控系统的创新应用场景

基于无人机的立体防控系统运用了创新的无人机应用技术及系统解决方案，发挥无人机平台结合视频图像、红外传感等监控技术，以及无人机智能任务规划和航线规划、无人机视觉智能感知，实现空中对复杂地形、复杂结构区域以及人口密集等重点防控区域进行智能化监测和科学化管控，在服务社会安全需求、预防和打击违法犯罪、防范恐怖暴力事件、维护国家安全及社会安定等方面均能发挥积极和重要的作用。

针对人群、车辆、非法无人机、建筑、事件、危情的智能化监控，系统完成包括嫌疑目标的自动发现、识别、定位、跟踪和分析，整合空、地监控设备采集的图像、音频、数据和地理信息，实时地进行集中融合、交互、统一平台显示。一体化指挥中心根据集中融合的信息，统一指挥、控制所有终端设备和警力，实施统一指挥、控制下的空地联合行动，包括自动引导地面人员到事件地点，空中取证、喊话驱离和抛投，以及空中拦截和救援等行动。

借助无人机系统的强大监控能力，现场无须大量部署警力，通过远程管理、自动航线，无人机无须现场飞手，可实现自主飞行，系统具备对采集的图像、数据进行智能分析的能力，包括多源数据融合处理、大数据处理的能力，可完成实时联合告警。

基于无人机的立体防控系统以信息集成管理平台的建设为基础，建设城市区域的智能化、网格化、立体化的防控系统，由无人机无线传感器、空中无人机集群组成立体网络，融合自动目标搜索、目标发现、目标定位、目标识别、目标跟踪、目标监测等核心功能，集成信息发布、数据分析、态势研判、指挥调度、联动控制、多系统对接等功能于一体的集中式操控界面。

三、利用无人机实现空地一体化的立体防控系统亮点

（一）利用无人机实现空地一体化智能防控

利用空中无人机和地面双光云台相机的基于图像处理的自动目标跟踪能力，对区域可疑目标实时锁定，地面相机和空中相机进行跨区域联合跟踪。对锁定目标实时定位，利用光学、红外设备的目标跟踪能力，以及相机自身坐标数据，可实时定位出动态目标的地理坐标。

利用空地一体视觉智能感知系统能够自动识别、比对人脸特征，实现对指定的人和车等目标的结构化特征的记录、比对、识别，以及对视频数据的自动搜索、比对、定位和分析，从而得出分析判断结果及辅助决策。

利用无人机搭载的红外热成像设备可实现异常高温区域监测，利用无人机搭载的特种气体检测设备可实现异常气体告警等多种危情报警。系统根据不同的危情告警，启动相应的应急预案，能够利用无人机实现自动引导地面人员到事件地点，执法人员同步通过手机客户端被引导到现场进行执法。同时，系统将事发位置下发给待命的无人机，无人机自动飞到事件现场位置进行视频监控、空中取证、智能分析、预案处理等工作，通过中心统一指挥、控制空地联合行动，实现基于无人机的空地一体化、网格化、智能化防控。

（二）利用无人机智能任务规划和智能航线规划完成防控区域的自动化巡查

无人机智能化任务规划子系统基于工作预案进行无人机任务规划，通过在数字地图上显示飞行路线，仿真飞行过程，使无人机尽可能地规避飞行路线上可能出现的威胁；对无人机使用效果进行预估和判断，并反馈指导决策，形成最优方案。同时，仿真演示功能还可用于记录无人机飞行过程，以进行事后分析和总结；在平时的演习训练中，还可提供虚拟现实的训练环境，并对演练结果进行评判。

无人机智能航线规划子系统结合三维地图应用界面，指点无人机对目标点进行自动布控，并实时传回监控画面，系统根据三维信息，自动计算从飞机当前位置到任务点的航线，自动避开途中障碍物。子系统提前对无人机的航线进行规划，实现无人机的全自主方式飞行，包括航线中各个关键航点的经纬度位置信息、高度信息以及对任务设备的操作。

（三）利用无人机实现“三位一体”的3D感知网络

采用空中无人机和地面PTZ摄像机，实现视频网络实时联动，实现对地面和空中目标在期望区域内的不间断跟踪监控。利用现有平安城市与网接入中心管理平台，在重要区域、重要卡口、制高点做分布式部署，相互之间通过控制中心信令流形成联动，配合无人机监控系统实现监控全覆盖，通过城市运营商网络接入中心平台，移动地面站和固定地面站通过4G图传、光纤网络和集群无人机形成链路网络，网络各部分既独立感知，又相互联通，形成联动的“三位一体”3D感知网络。

四、基于无人机的立体防控系统的核心技术

（一）基于机器学习技术的目标检测与行为识别技术

系统采用机器学习技术应用在红外目标检测与行为识别领域，在研究方法上具有很强的探索性。

在无人机对时敏目标的自主实时跟踪与监视方面，通过自动对图像中出现的兴趣目标进行快速智能搜索、检测与类型判断，可极大加快无人机作战的“观察、判断、决策、行动”循环，及时准确捕获高价值的时敏目标，实施高效精确的情况处置。

在无人机对态势与目标行动意图的自主分析与预判方面，通过实现从目标属性的获取提升到目标行为语义的理解，使无人机对所处的区域态势进行动态精确的形式化描述，实现无人机高对抗环境下的决策优势，从而降低地面人员的工作负荷。

（二）无人机智能视觉导航系统

系统利用多目可见光传感器、RGBD相机、激光测距仪、超声波传感器和高速可见光摄像头采集场景深度信息、场景纹理信息，经过压缩和传输系统发送回系统地面站，实现精确的姿态控制、高度控制、位置控制、偏航控制。

通过关键技术基于视觉的障碍物感知、跟踪目标及着陆标识识别，基于视觉及导航信息的实时避障、跟踪及着陆路径规划的研究，实现了无人机自主视觉避障、自主视觉跟踪、自主视觉着陆。

同时，基于3DGIS的实时动态无人机航线智能规划及地图避障，结合三维地图应用界面，通过指点操作自动计算从飞机当前位置到任务点的航线，无人机自动飞行到目标点进行布控，并实时传回监控画面。航线规划及飞行中，无人机可自动避开飞行途中的障碍物。

（三）空地一体、“三位一体”的体系化联合防控系统

基于无人机的立体防控系统是空中无人机+地面监控+地面勤务统一管理、统一指挥、多画面显示的智能安防系统。系统把地面人员和固定地面站、光纤网络和集群无人机形成链路网络——“三位一体”的3D感知网络。

系统在“一张超级地图”上提供地图基础服务、地图导航服务、社会兴趣点数据、地址查询、路径分析、警情定位、警情分布、警力定位、警力分布、卡点定位、卡点分布、防控圈设定、辖区划定、路线标注、卡点标注、区域划分、预案分布、轨迹刻画、视频点位标注、卡警点位标注、轻量级地图服务、地图负载均衡等可视化系统功能。

五、无人机在安防行业的推广应用预期

无人机立体防控系统利用无人机采集现场各类传感数据，迅速将现场的视频、音频、告警、传感信息传送到指挥中心，实时跟踪事件的发展态势，供指挥者进行判断和

决策。无人机机载摄像头是动态的视角、三维立体式的多样视角，到达现场之后能够迅速展开多角度、大范围的现场观察，具有不可替代的作用，是一般监控设备无法比拟的。

安防行业级无人机响应迅速、机动灵活，可以全方位、立体化、无死角监控，大大延伸和拓展了监控范围。无人机具有更好的机动性，配有相应的控制、调度软件系统平台后，可以全方位、立体化、实时监控，大大拓展了监控范围。无人机在实时监控的同时，可以灵活机动地执行各类任务。无人机立体防控系统打造了空地一体监控体系，引领安防行业进入立体监控时代，解决了行业用户的需求。无人机应用在警务工作中已经取得了不俗的实战效果，未来将广泛运用于公安、应急、消防、交通等政府执法的各个领域，快捷高效地完成应急救援、陆地搜救、应急追踪、现场取证等急难险重任务，是公安机关在信息化条件下，完成打击罪犯、维护稳定、服务人民等警务工作的杀手锏，也预示着无人机在未来将有更好的发展。

（供稿：冯力　魏一　刘杰　金鹏电子信息机器有限公司）

智慧平安社区智能安防应用系统——助力和谐社区建设

智慧平安社区是社区管理的一种新理念，是新形势下社会管理创新的一种新模式。

智慧平安社区是指充分借助互联网、物联网，涉及智能楼宇、智能家居、路网监控、个人健康与数字生活等诸多领域，充分发挥信息通信（ICT）、产业发达、电信业务及信息化基础设施优良等优势，通过建设 ICT 基础设施、认证、安全等平台和示范工程，加快产业关键技术攻关，构建城区（社区）发展的智慧环境，形成基于海量信息和智能过滤处理的新的生活、产业发展、社会管理等模式，面向未来构建全新的城区（社区）形态。

一、智慧平安社区建设的必要性

针对社会治安防控现状，中共中央办公厅、国务院办公厅印发了《关于加强社会治安防控体系建设的意见》，要求有效应对影响社会安全稳定的突出问题，创新立体化社会治安防控体系，健全社会治安防控运行机制，编织社会治安防控网，提升社会治安防控体系建设法治化、社会化、信息化水平，增强社会治安整体防控能力，努力使影响公共安全的暴力恐怖犯罪、个人极端暴力犯罪等得到有效遏制，使影响群众安全感的多发性案件和公共安全事故得到有效防范，人民群众安全感和满意度明显提升，社会更加和谐有序，全面推进平安中国建设。

公安部于 2018 年 4 月下发了《“十三五”平安中国建设规划》智慧社区警务建设项目方案，要求各省市建设智慧社区警务管理平台，配套建设手机移动终端、公共视频图像应用管理平台，对社区人、事、物、房、车、组织等数据进行结构化、智能化采集；借助科技手段加强社区基础管理、治安秩序维护，落实安全防范措施，预防、减少违法犯罪活动和治安灾害事故，实现社区警务规范化、信息化、智能化管理服务。

综上所述，整合现有信息管理系统，构建智慧社区警务体系，推进智慧社区共享共治，提升“全息感知、全能计算、全景应用”三大能力，实现社会维稳和安防工作在派出所、社区层面上的信息广泛采集、数据精准研判、指令准确推送、警务效能提升的最大化实战效果，实现社会治安维稳和治安防控水平的有力提升，助力和谐社区建设加速发展。

二、智慧平安社区智能安防应用系统

普泰国信是一家面向公安科技信息化领域的综合应用解决方案和软件平台提供商。2018 年，公司参与起草《天津市智慧平安示范社区建设技术标准》并实施建设平安社区智能安防应用系统。

普泰国信通过多年的技术沉淀和市场运营，结合天津市公安局平安社区智能安防应用系统项目建设经验，充分利用云计算、物联网、大数据和视频分析技术等前沿科技，开发建设智慧平安社区智能安防应用系统。为各区社会安防信息中心、各分局社会安全防范支队情报分析大队、派出所指挥调度室、社区民警提供集各类信息展示、查询统计、分析研判、颜色预警于一体的应用信息系统。全面提升社区警务信息化工作水平，实现对社区实有人员、实有车辆信息的实时、精确掌控，实现对重点关注人员的动态管控，有效预防社区高发侵财类案件的发生，提高社区居民的安全感和满意度，从根本上实现从事后研判到事前预警的转变，为全面建成智慧城市提供基础保障。

普泰国信开发的智慧平安社区智能安防应用系统基于主流成熟平台技术，采用组件技术、数据库技术，其中系统平台软件开发采用的主要技术方法有：面向服务的体系架构（SOA）技术、大数据实时分析处理技术、大数据挖掘技术、全文检索技术、插件技术、工作流程技术、规则引擎技术、模型计算技术等，充分保证了平台软件系统的安全性、先进性、可扩展性、可移植性。

三、平台整体架构

社区需要采集的信息包括：车辆号牌信息、门禁人脸信息、普通门禁信息、智能门禁信息、“一标三实”信息采集系统及手机 APP 采集的居民“一标三实”基础信息。对于社区采集的信息，通过本地的“一标三实”信息采集设

备，对数据进行加密后，按照“平安社区智能安防应用系统接口设计规范”，实现与分局互联网信息汇聚平台的对接，上传相应的数据资源。社区采集的数据资源采用专线或互联网链路方式传输至分局互联网信息汇聚平台，由分局端实现数据的加密存储；社区出入口采集的视频、人脸照片采用视频专网传输的方式传输至分局视频专网人车分析比对系统，在分局视频专网内进行存储（≥90 天）。

社区物业管理处使用门禁、道闸等系统，通过分局端提供的数据查询接口获取脱敏后的人、车、房基础信息，实现对人、车进出权限的管理控制。

分局互联网信息汇聚平台按照“平安社区智能安防应用系统接口设计规范”，通过数据安全边界，把车牌照片、人脸照片推送到分局视频专网内的人车分析比对系统，同时分局视频专网内人车分析比对系统将车辆照片、人脸照片通过视频专网上传至市局视频专网人车分析比对系统，在市局视频专网内进行存储（≥90 天）；通过分局互联网信息汇聚平台把普通门禁采集的轨迹信息、智能门禁采集的人脸照片及轨迹信息和“一标三实”信息加密后直接推送到市局互联网汇聚平台，实现数据资源的汇聚。

市局互联网信息汇聚平台通过数据安全边界，把汇聚的“一标三实”基础信息、普通门禁采集的轨迹信息、智能门禁采集的人脸照片及轨迹信息，传输到公安网内平安社区业务平台，进行大数据分析比对及业务应用；市局视频专网人车分析比对系统对汇聚的人脸照片和车辆照片进行数据结构化，并通过数据安全边界，将结构化之后的数据传输到公安网平安社区业务平台，进行大数据分析比对及业务应用；市局公安网平安社区业务平台，按照市局、分局、派出所三级进行应用。

四、产生的社会效益和经济效益

智慧平安社区智能安防应用系统采用人工智能、大数据技术，依托平安社区的建设，将公安机关采集的人口信息数据、车辆信息数据、人行轨迹数据、车行轨迹数据、视频监控数据纳入统一的资源管理体系，利用信息的交叉共享和深度挖掘，进一步加强社区实有人员基础数据采集和实时更新，实现社区域内和域外重点关注人员、机动车、电动车的信息采集和动态管控；实现社区重点区域、部位的日常监控，降低社区发案率，提升社区案件防控水平，增强公安机关对社区社会管理和服务群众的能力，同时降低业务管理成本、系统中断维护费用，节省有限的办公费用。

通过本系统建设，可推动落实智慧平安示范社区建设，实现对社区实有人口的精准管理和分析预测，大幅度提升平安社区建设水平，降低社区可控性案件发案，提升群众安全感；实现社区人员进出信息动态采集和管控，社区车辆进出信息动态采集和管控，社区安防设备监控；实现颜色预警管理，有效整合社区各类资源，站在全局角度推进公安机关对社区全面、多维度、高效管控。通过移动 APP，实现预警实时动态情况推送到民警手心，有效提升民警工作效能。

该系统建立后，一是强化公安派出所与社区居民之间的紧密联系，第一时间为居民群众排忧解难，如在查找走失人口、独居老人、精神病患者等方面更加快捷和精准；二是提升居民群众安全感，通过增设全方位前端安防设备，极大提升社区安防硬件水平，最大限度地为域内居民提供更加安全的居住环境；三是增加居民家居科技便利条件，通过人脸识别、手机 APP 等方式极大方便居民群众出入社区，在保障安全的基础上，使居民的出行和居住更具科技感和智能化。

五、结语

普泰国信作为一家专注于公安信息化立体防控领域的年轻企业，研发了具有自主知识产权的业内领先的系统平台，如警务大数据分析及研判系统、社会治安综合治理大联动系统、公安多维数据侦查防控系统、公安可视化立体防控系统等专业平台。在党的十九大精神指引下，普泰国信必将为推动“建设平安中国，加强和创新社会治理，维护社会和谐稳定，确保国家长治久安、人民安居乐业”做出更多的贡献。

（供稿：季元　天津普泰国信科技有限公司）

第二节　创新产品

以下收录的是“2018中国国际社会公共安全产品博览会”评选出的5款“重大行业创新贡献奖”和20款“优秀创新产品特等奖”产品信息。

一、华为 OceanStor 9000 横向扩展文件存储

产品图片	
产品名称	华为 OceanStor 9000 横向扩展文件存储
型　　号	OceanStor 9000
产品概况	华为 OceanStor 9000 作为非结构化存储资源池，提供共享、开放的分布式存储的硬件资源、高效智能的大数据平台和云平台，以及开放智能的“数据底座”，塑造了一个开放性、运维性极强的生态系统
关键技术指标	OceanStor 9000 拥有的强大的可扩展能力，可扩展至超过100PB级的海量数据存储能力，是全球首款支持14TB硬盘的商用存储系统，单节点提供504TB容量，相比传统存储厂商采用6TB或8TB硬盘方案，华为 OceanStor 9000 可帮助客户节省40%以上的机房空间和能源消耗。其针对行业应用的存储读写优化，配置14TB盘单节点可满足618路2Mpbs高清视频保存30天的容量需求，为安防行业客户系统建设、视频共享、智能视频解析提供最佳选择
产品创新点	1. ROW数据读写模式优化，采用写时重定向（Redirect On Write）技术，确保所有写入操作均为顺序写，保障系统性能。并且，冷热数据分离，分离系统中的元数据和数据，分别存储到不同的区域。 2. 将传统的阻塞式校验优化为“无阻塞校验”，传统分布式存储冗余校验算法需要将所有数据分片缓存在内存中，积累到一定数量后统一生成校验，然后写入磁盘，导致内存占用高、磁盘IO浪涌丢帧等问题。华为 OceanStor 9000 独创无阻塞校验模式，无须将大量数据分片缓存在内存中，采用流水线模式在数据分片写入过程中逐步生成校验，减少内存占用，避免磁盘IO浪涌，提升系统读写性能。采用包括“无阻塞校验”在内的多种技术优化后，视频录入场景 Oceanstor 9000 可以提供单节点618路2Mbps高清视频录入能力，性能是业界同类厂商的2~3倍。 3. 传统RAID数据每TB数据重构时间超过10小时，14TB硬盘重构需要140小时（一周），数据重构期间如出现多盘失效，可能导致业务中断和数据丢失。OceanStor 9000 采用分布式重构技术，数据重构速度高达1TB/hr，相比传统RAID重构速度提升10倍。即使出现多盘失效，系统依然尽力保障数据可用。 4. 视频数据为一帧一帧画面，而分布式存储天然需要将数据切分成不同分片存储到多个不同的设备上。当某些设备出现故障时，其他设备上存储的数据分片依然可以访问。华为 OceanStor 9000 InfoR-evive数据抢救技术，针对视频类数据特征做了独特优化，当多盘/多节点失效时，对失效硬盘/节点上的数据做一些特殊处理，用部分画面出现马赛克或丢帧现象确保整个视频依然可以被读取。

二、天跃安防智能管理系统 TY-SIMS

产品图片	
产品名称	天跃安防智能管理系统 TY-SIMS
型　　号	TY-SIMS
产品概况	天跃科技以 PDCA 循环管理作为核心设计理念，聚焦业务场景化需求，以实现系统化、全视角、无盲区的安防风险管控为目标，通过风险管理矩阵方法，重磅推出新一代旗舰产品——天跃安防智能管理系统 TY-SIMS。该系统将中心管理与移动管理端结合，提供高效的应急处置方案。可预先设置多级应急处置预案，通过中心管理端与移动管理端的信息、处置预案的交互，能及时发现、处理、反馈设备运行、故障状态，可节省设备运营成本和人工维护成本。变事后取证为事前主动预测、预警、预防转移，实现精准防范、智慧管理
关键技术指标	1. 报警处置过程实时记录，全程可追溯。 2. 风险事件处置合规、标准化；巡更管理确保合规，消灭管理盲区。 3. 有助于行业人员之间经验案例分享、知识学习。 4. 报警处置效率提升，降低误报率。 5. 提升检查效率、网点布防效率。 6. 通过应用移动端，随时随地非现场指挥，高效应急处置。 7. 移动审批，提高办公决策效率。 8. 确保一线安全工作履职到位，不留死角。 9. 一键推送报警，预案演练全程记录，应急高效处置。 10. 智能运维，主动发现故障及潜在风险。
产品创新点	1. 运用大数据、AI、物联网等新兴技术对风险进行深度分析，准确提取更多的深度特征、检测/采集更多的深度信息，深度挖掘更多的管理价值，精准发现潜在风险并高效处置，助力相关部门工作重心从事中、事后打击向事前预测、预警、预防转移，有效提高防范能力。 2. 采用中心端和移动端协同工作机制，中心端包括报警处置、非现场检查、第三方验证等四大模块，移动端包括审批、布防、报警、知识库、履职等九大模块。将中心端的数据汇聚、报警处置和移动端的数据采集、监督复核相结合，二者相辅相成，实现“1+1>2”的风险管理优势。 3. 建立大数据下的安全管理价值链，针对风险事件建立前端风险识别，采用风险管理矩阵系统感知风险，系统功能全覆盖实现风险的精细化管理，驱动管理者采取正确规范的风险预案，最终达到精准防范、高效处置的目的，生成风险数据报告，揭示整体风险和主要发展趋势，为业务高速发展保驾护航。

三、依图人像大平台

产品图片	
产品名称	依图人像大平台
产品概况	依图人像大平台，可基于视频流、图片流进行动态人像识别及对比。系统整合了人脸跟踪捕获和识别、实时布控、过往路人轨迹查询等功能，可广泛应用于火车站、地铁站、快速公交站、机场、海关、居民区、商业区、大型公共活动出入口等人流密集区域。通过布控报警功能，可在第一时间预警布控名单人员进入监控区域。通过路人轨迹查询功能可以查询对象轨迹路线，确认对象出没规律及随行同伴，为警方提供有效破案线索
关键技术指标	依图人脸识别算法在千万分之一误报下达到识别准确率 95.5%，依图人像大平台拥有十亿级秒级返回能力，高精准对比百亿分之一误报，动态人像识别机支持万台横向扩展，单台深度学习服务器处理 200 路视频流
产品创新点	依图人像大平台，采用依图自主研发的人脸识别技术，依托世界领先的人工智能算法，是全球最大的人像比对平台，拥有十亿级静态库查询秒级返回能力，实现百亿分之一误报的高精准比对；广泛支持业界主流的视频流标准，提供完善、可定制的用户体系、授权机制、权限系统和监管能力；针对不同应用场景，提供了 GPU 服务器、便携式单兵工具等多种产品形态；目前已广泛应用于中国多地省市区公安系统，并取得了丰硕的实战成果

四、AI 摄像机

产品图片	
产品名称	AI 摄像机
型　　号	CW-SC1610-FR4K
产品概况	智能摄像机是集成了音视频采集、智能编码压缩及网络传输、人脸抓拍及识别视频数据结构化等多种功能的智能监控产品。采用嵌入式操作系统和高性能 SOC 硬件处理平台，具有较高的稳定性和可靠性。适用于火车站、汽车站、地铁进出口，小区、超市、银行出入口，宾馆、关键道路、通道进出口等

关键技术指标	1. 传感器采用大靶面、4K 高清技术、120fps 高帧率，硬件支持 HDR 算法，超星光。 2. 快速移动的目标也能清晰抓拍、识别。 3. 硬化 6-Dof 数字防抖技术减少了对机械云台的依赖。 4. 神经网络硬件加速器，运算能力达到 5T。 5. 符合国家的视频压缩标准 SVAC。 6. 人脸抓拍>200 人。 7. 同时对 30 张人脸/人体/车辆进行检测、抓拍及识别。 8. 采用国密加密技术，防止数据的泄密。 9. 人脸抓拍、人体抓拍、车辆抓拍、行为分析（打架、聚集、跌倒）。 10. 支持 10 万张人脸、多人脸库的管理功能。 11. 宽温设计，适合严酷的室内外工作环境。
产品创新点	AI 摄像机采用“智能前置”的方式为每一台摄像机赋予了一个“AI 大脑”，让它们有“独立思考”的能力，因此具备以下优势： 1. 智能分析精准度提升。智能分析集中于 AI 摄像机中，规避传输中网络延迟、丢包或由压缩造成的误差等情况，提升了分析的精确性。 2. 智能分析实时性提升。从传统的“事后查阅录像”到“事中及时响应”，大大提高了实时性，提升了监控的价值。 3. 监控系统可靠性提升。当其中一台 AI 摄像机功能失效时，监控系统中的其他摄像机仍然可以独立完成智能侦测和分析，从而保证了整个系统的可靠性。 4. 监控系统成本降低。智能分析集中于 AI 摄像机中，既降低了网络带宽的压力和成本，也节省了大量后台服务器的配置和维护成本。 5. 视频结构化信息提取。对于区域/跨界入侵、进入/离开区域、物品遗留/拿取、人员聚集、徘徊、非法停车、快速移动等行为都可以进行实时侦测和报警。标记“智能侦测事件”的视频录像被存储下来后，可以大大提升后续的录像检索效率，实现秒级的数据搜索。

五、公安视频图像信息数据库软件

产品图片	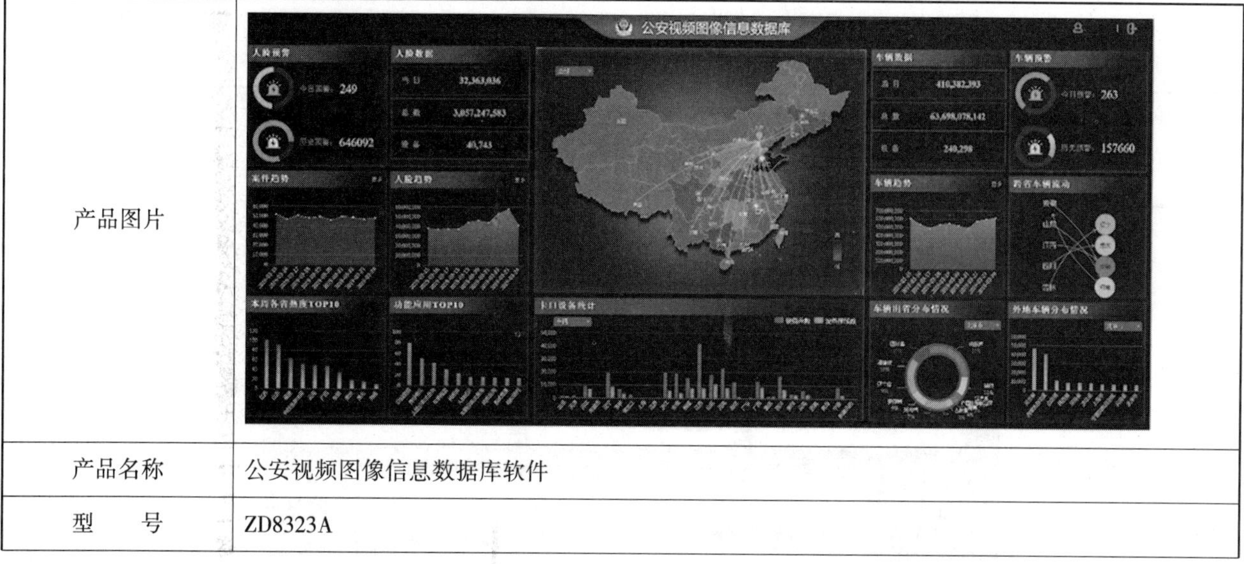
产品名称	公安视频图像信息数据库软件
型　　号	ZD8323A

产品概况	公安视频图像信息数据库软件（简称视图库），以 GA/T1400 系列标准为基础，采用领先的开放型大数据技术框架，创新性地实现了部、省、市、县多级架构，支持多级联动和分布式应用场景，支持海量多源异构视频图像数据高并发、高可靠的分析处理，实现视频图像等非结构化、半结构化、结构化信息的采集、处理、存储、分析，支撑视频图像信息综合应用。创新性地将数据与应用解耦、数据与基础平台解耦，开放性高，应用互联性强，形成完整的生态体系，构建视频大数据核心数据层。技术先进，应用广泛，领域覆盖全面，是视频大数据研究应用的基础，是公安大数据的有机组成部分，是国家大数据战略的重要基石
关键技术指标	并发接收图像对象的速度不小于 26000 张/s，可扩展； 并发接入系统用户数不少于 200 个，可扩展； 视图库管理的采集设备对象不少于 200000 个，可扩展； 视图库管理的视频图像信息对象不少于 1000 亿个，可扩展； 视图库支持的并发处于布控状态的布控对象不少于 1024 个，可扩展； 视图库支持的并发处于订阅状态的订阅对象不少于 1024 个，可扩展。
产品创新点	1. 标准化规范化。首个完全符合 GA/T1400 公安视频图像信息应用系统系列标准的大型视图库软件产品，创新性地对人、车、案等视频图像信息进行标准化处理、汇聚、存储、分析，有效推动视频图像数据标准化，提升数据应用价值和使用效率。 2. 高性能的大数据存储和应用技术。采用领先的开放型大数据技术框架，基于分布式集群的数据采集和流式数据处理机制，满足高并发、大吞吐量的实时数据接收和处理要求。基于多模态数据分布式智能分级存储技术，支持非结构化、半结构化、结构化视频图像数据混合存储，提供高性能、海量的视频图像数据存储和管理，以及企业级可靠性和安全保障。 3. 解耦数据与应用，解耦数据与基础平台，构建独立视图库。创新开放型应用框架，形成以数据服务为核心的多算法融合、多应用整合的新型生态体系，更好地支持新技术、新产品的持续迭代发展，满足快速增长的业务应用需求。 4. 创新视频大数据应用新模式。采用分布式架构，部、省、市、县四级级联部署，实现数据的级联汇聚和分布式检索、布控。在公安部层面实现了全网一体化的采集、查询、检索、布控、分析的视频大数据业务协同。视图库是继 GB/T 28181 视频全国联网之后，基于 GA/T1400 实现视频图像信息全国汇聚应用最重要的基础性平台，融合政务外网、视频专网、公安信息网等多网多平台视频图像数据，范围广、规模大、纵度深，有效提升了公安及政府部门对视频图像信息的深度应用能力。

六、以萨视频 AI 多维大数据融合分析系统

产品图片	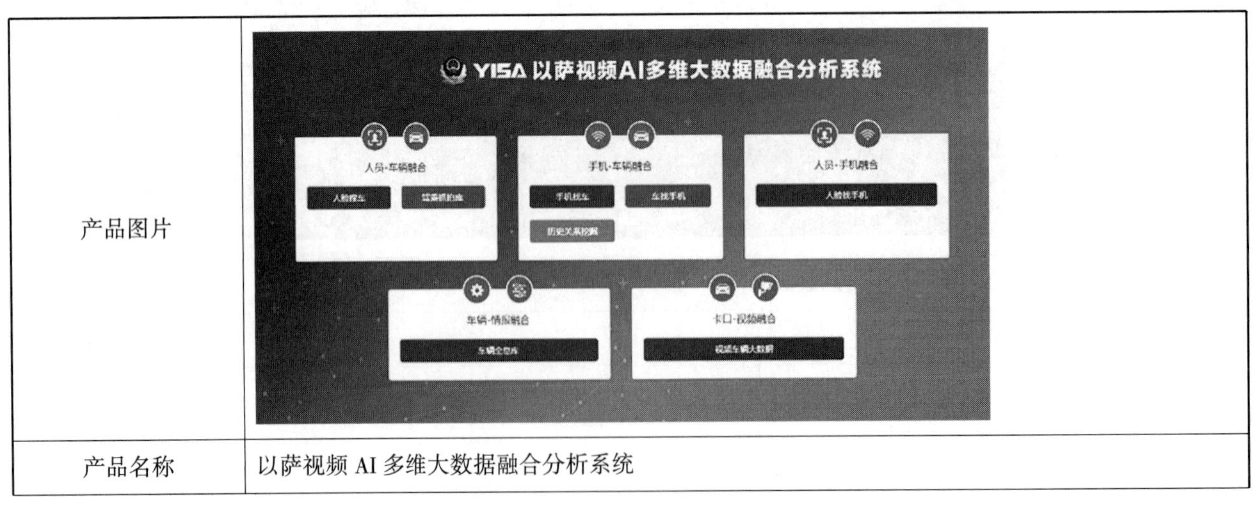
产品名称	以萨视频 AI 多维大数据融合分析系统

型　　号	V1.4
产品概况	随着治安卡口、视频监控、人脸卡口、电子围栏设备广泛建设应用，多维数据爆发增长，依靠单一数据类型分析的模式已不能满足时代需求。以萨视频 AI 多维大数据融合分析系统以“硬件+软件+数据”的融合串并为建设理念，以 GPU 智能识别及索引算法、大数据技术为架构支撑，实现涉及人、车、手机、视频等多源数据的智能融合分析。真正做到“一人采集、全网共享，一键录入、精准复用，一点查询、全网分析，一点多控、多点布控”。系统顺应国家人工智能发展规划，立足 AI 技术创新，遵从信息共享、存储及各警种融合应用策略，实现“事前预警、事中响应、事后反馈”的立体化联动分析，切实解决公安、情报信息与安保业务系统融合的难题，构建“智慧安防”新时代
关键技术指标	经公安部安全与警用电子产品质量检测中心权威检测，该系统针对车内主/副驾驶人员未系安全带、开车接打电话行为、无牌车、一图多车的识别准确率≥95%；针对车牌号、车辆类型、车辆型号、渣土车、危险品车、二轮三轮车载人行为的白天识别准确率≥90%，夜间识别准确率≥80%；针对车辆颜色、车辆特征的识别准确率≥80%，并实现了对轿车、越野车、面包车等 11 大类 11000 余款车型的智能识别。 综合运用计算机视觉处理、人工智能深度学习算法、GPU 图形计算、Redis 内存数据库、CPU+GPU 异构计算等多项相关技术，实现视图资源的高效存储。以卡口过车图片为例，300K 字节的过车图片经转化后可压缩为原来的 1/3000，能够大大节约存储资源，提高运算速度。以日均 1000 万张过车图片为例，可将存储空间由 3T 压缩为 1G，实现亿过车数据内实时组合查询时间不超过 0.5 秒。最高 120 路实时视频结构化处理（1080p@ 4Mbps）、120 倍离线视频结构化处理（1080p@ 4Mbps），包含人车混合目标检测、特征提取、分析检索功能；10 亿数据内检索时间不超过 1 秒。
产品创新点	在技术层面，以萨视频 AI 多维大数据融合分析系统以业界领先的 CPU+GPU 异构计算架构，支撑辖区过车图片及视频的实时分析和快速检索，大幅度提升视频图像的处理速度。深度应用人工智能技术，实现多维异构数据的融合关联分析，从源头上攻克车辆动态数据关联管控应用的难题，达到全局分析、统筹研判的应用效果。 在模式方面，系统依托现有前端设备，无须进行二次建设，便可实现海量非结构化数据的实时结构化特征提取、智能识别，利用人工智能、3D 校正等先进技术，对人脸图像进行实时结构化识别，自动分析比对。攻克了视图数据联网实战应用的技术壁垒，将警务资源高效整合、应用、共享。通过对多维度大数据深度挖掘，有效实现对人员、车辆的动态管控，及时发现犯罪趋势和犯罪模式，实现了对犯罪行为的预知、预警和预防。 系统荣获“山东公安科技进步奖”；被列为公安部“科技成果示范推广项目”；作为山东“数据警务”建设优秀成果列入全省公安信息化现场会唯一的视频实战应用类展示项目；作为公安部从全国遴选的重点参展项目，亮相第九届中国国际警用装备博览会。

七、智能安防社区系统

产品图片	

产品名称	智能安防社区系统
产品概况	智能安防社区系统是面向市、区、所三级公安用户，实现辖区内实有人口、实有房屋、实有设备等基础数据采集和汇聚，整合社区门禁管理系统、人脸系统、小区微卡口系统、WIFI 探针系统等多系统数据，围绕打、防、管、控业务实现小区登记人口管理、流动人口管理、重点人员管理、人车轨迹研判、异常人员分析等公安业务应用。 主要功能： 1. 基于物联网系统，解决不同厂家、不同感知设备终端、多源感知数据接入问题，提供海量数据的汇聚、清洗、存储和共享输出能力。 2. 突破大数据检索性能瓶颈，提供多维度、复杂条件的多种查询检索应用，快速找到目标信息。 3. 挖掘海量数据中潜在的规律和线索，提供人、车、房、事件等多要素关系分析应用，构建“一人一档”、“一车一档”和“一屋一档”数据关联模型。 4. 整合社区感知数据信息、“一标六实”业务数据信息，进行数据碰撞、信息挖掘，根据公安业务需要构建“关注人员分析”、“异常行为预警”等多种数据模型。 5. 利用视频 AI 技术、大数据技术，实现人脸采集、人脸识别、重点人员布控，利用大数据技术实现人群聚类分析、社区陌生人员感知发现、登记人员感知离开等应用。 主要用途： 1. 面向公安：针对社区警务应用，一方面，实现社区基础数据采集、数据分析、重点人员管控，实现以房管人，并通过视频智能分析、大数据分析生成各类警情和事件。另一方面，通过政务微信 APP 应用，形成警情“推送—接警—处置—反馈—结束”处置闭环。警情处置流程和制度按照“智慧公安”警务流程再造要求进行试点，探索社区警情处置新模式。 2. 面向街道：建立城区政府逐层精细化管理层级，形成街道、居委、小区三级管理模式，深化管理层次、强化管理层级。街道管理通过建立数据模型和数据规则对感知数据进行筛选，并生成感知事件。系统对感知事件进行自动整理，根据事件性质和紧急程度推送至不同的处置系统，进入相关的处置环节进行流转、处理。 3. 面向网格中心：系统汇聚的前端设备和系统数据分析产生的各类告警事件，均以事件的方式推送给网格系统，网格系统根据事件种类将各类事件进行分类，产生工单，推送给网格员、居委干部等，形成事件处置的闭环。 4. 面向政务中心：政务服务中心基于各类感知数据的汇聚和统计，在政务服务中心实现智慧安防社区系统建设成效的统一展现，实时展现社区感知数据总量及增量，人车通行情况、外来感知人员数量、事件处置数量等信息。 5. 面向人口办：人口办基于人员的感知发现、感知离开数据和处理核实数据，实时更新人口数据。目前，该机制正在试运行中。 6. 面向其他单位：其他单位可以通过开放服务接口，按需获取社区实时感知数据、告警数据、数据分析结果等。

关键技术指标	1. 车牌精确查询平均响应时间。 100 亿条社区微卡口过车记录数据情况下，50 个用户并发，精确车牌号码查询任意 1 年车辆通行记录，平均响应时间≤3s。 2. 车牌模糊查询平均响应时间。 100 亿条社区微卡口过车记录数据情况下，50 个用户并发，模糊车牌号码查询任意 1 年车辆通行记录，平均响应时间≤3s。 3. 车辆轨迹分析平均响应时间。 100 亿条微卡口过车记录数据情况下，进行任意 1 年车辆行车轨迹分析，平均响应时间≤3s。 4. 管理小区总量。 系统支持 10 万个小区的创建与管理。 5. 系统单节点结构化数据管理能力。 系统单台数据节点支持 10 亿条数据存储与管理，数据多线程并发插入能力不低于 3 万条/秒； 系统单台数据节点支持查询检索能力，10 亿条数据查询响应时间低于 1 秒。 6. 系统单节点数据采集能力。 在千兆局域网条件下，系统单台采集节点支持数据库采集性能不低于 100000 条/秒，文件采集性能不低于 200MB/s。 7. 系统单节点非结构化数据管理能力。 单节点非结构化图片和视频片段云存储管理能力不低于 64TB。
产品创新点	1. 优化并行加速查询引擎（OPAQ）。 优化并行加速查询引擎（OPAQ）是在分布式数据库基础上实现的一种中间件技术。OPAQ 可以实现分布式数据库中的高效查询，对于海量数据（亿条记录以上）的查询、检索效果尤为明显。OPAQ 自动识别查询语句，并将查询语句分解成多条子查询语句分发给各个数据库节点进行查询，每个数据库节点返回查询结果由 OPAQ 融合、排序后输出。OPAQ 能够自动地识别到数据所在的节点，并将子查询任务准确地派发到节点上，使得分布式数据库的查询效率随节点数量的增加呈线性增长。 OPAQ 是针对海量数据应用开发的一个查询引擎，综合了 Hadoop 与传统数据库的优点，将结构化数据按照一定的规则并行分布式存储到 n 组数据库节点中，实现了 Hadoop 数据存储和查询检索的并行处理，又保留了结构化数据查询速度快的特点，极大提升了数据存储和查询的效率。 2. 基于计算机深度学习的人脸识别技术的人脸聚类。 通过在深度学习技术上的不断深耕和对各类数据的收集整理，已逐渐形成了一整套行业内领先的技术体系。基于社区基础数据采集和动态感知数据采集，利用深度学习方法不断训练算法的准确性和多角度适应性，通过半监督式学习来实现算法的自我提升。同时，融合大数据分析技术和人脸识别技术，实现社区人脸感知数据的聚类分析，在应用层实现陌生人的感知发现与感知离开。 3. 基于图计算技术的关系图谱。 图计算是以“图论”为基础的对现实世界的一种“图”结构的抽象表达，以及在这种数据结构上的计算模式。通常，在图计算中，基本的数据结构表达是：G=（V，E，D），V=vertex（顶点或者节点），E=edge（边），D=data（权重）。在社区大数据中，以关注对象“人、房、车”为节点，以对象间的关系为边，以对象间的关联关系为权重，利用 Spark 技术计算出不同对象间的关联关系，建立不同对象的关联，利用静态关系数据、动态感知数据计算对象间的关系，并为不同关联关系赋值，建立人、车、房等关联对象的关系图谱。

八、智能环境监测管理平台

产品图片	
产品名称	智能环境监测管理平台
型　号	FDP-FS001
产品概况	智慧环境监测管理平台充分结合视频智能监控和环境监测两大模块，提供全实时的视频监管以及环境管控服务。针对目前建筑行业监管亟待解决的问题，平台采用太阳能节能技术、物联网技术，深度整合工地可视化远程管理、环境监测管理、工程车辆定位等多个安防及物联网应用系统，对工地监测信息进行实时采集、监督管理、智能处理和系统协同，实现对工地现场安全事故及文明施工违规行为的预警防控、应急联动、监督管理，构建全方位的安全监控和防范体系，有效降低工地建设的安全隐患，提升在建工程的安全防范、管理水平和文明规范施工水平
关键技术指标	可接入并显示、存储、统计 PM2.5、PM10、噪声、温度、湿度、风向、风速、气压等数据，测量误差≤15%。 图像延时在有线网络环境下小于 350ms，在 3G/4G 环境下小于 650ms。 故障提示报警功能，对设备异常报警、备电报警灯报警信息进行管理，并触发报警点位球机跟踪，自动抓拍取证。 电子地图功能，可在地图上查看监控点位分布、显示报警的位置、显示摄像头的位置，并可选取监控区域。 支持智能手机、平板电脑等移动终端查看视频画面、录像检索、查看与下载，拍照、录像上传，以及地图展现。 平台实现实时监控，录像存储、检索、点播、下载全方位一体化服务。
产品创新点	采用先进的无线太阳能在线监测技术，全天候 24 小时全面监控污染情况，数据超标自动报警抓拍图片，实时对视频图像进行多维度数据综合分析，为环境监测与执法提供多维度佐证。同时，结合多维度数据，根据建委、环保、交通等部门监管职能提供定制数据应用模式，实现以大数据应用为基础的多部门联合监管

九、金蝉甲软质防弹衣

产品图片	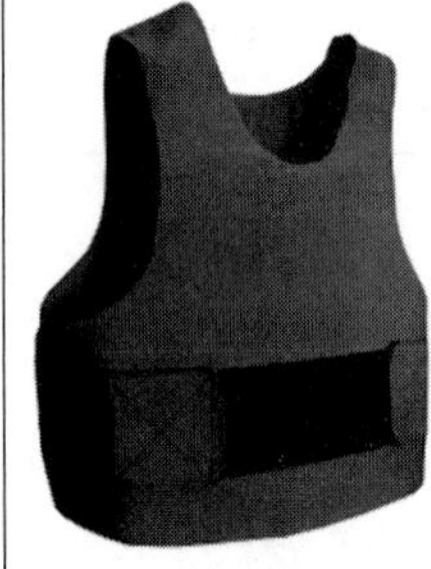

产品名称	金蝉甲软质防弹衣
型　　号	FDY1R-SD31、FDY2R-SD31、FDY3R-SD31
产品概况	金蝉甲软质防弹衣是依据一线民警对防护装备的轻量化提出的实际迫切需求，通过对防护材料的优选、编制工艺的改进、防弹结构的精心设计、反复的测试打靶验证，而研制成功的高性能轻量化防弹衣。金蝉甲软质防弹衣满足公安行业标准《GA141-2010 警用防弹衣》1、2、3 级软质防弹衣的要求，并且具有轻薄、隐蔽性强、阻燃、耐高温等优异品质
关键技术指标	1. 金蝉甲 1 级防弹衣。 防弹等级：1 级 枪弹枪型：1964 年式/1977 年式 7.62mm 手枪发射的铅心弹 子弹初速（m/s）：320±10 芯片重量（kg）：≤0.6kg 芯片厚度（mm）≤2.6 2. 金蝉甲 2 级防弹衣。 防弹等级：2 级 枪弹枪型：1954 年式 7.62mm 手枪发射的 1951 年式铅心弹 子弹初速（m/s）：455±10 芯片重量（kg）：≤1.08kg 芯片厚度（mm）≤5.5 3. 金蝉甲 3 级防弹衣。 防弹等级：3 级 枪弹枪型：1979 年式 7.62mm 轻型冲锋枪发射的 1951 年式铅心弹 子弹初速（m/s）：515±10 芯片重量（kg）：≤1.5kg 芯片厚度（mm）≤7.2
产品创新点	“金蝉甲”系列防弹装备采用杂环芳纶复合防弹材料，突破了国外多年的技术壁垒，是力学性能最好的高性能纤维之一，具有高强高模、质量轻、抗冲击性好、耐高温、阻燃、耐紫外线等突出优点，综合性能十分优异。在目前国内同等级别防弹衣中，其轻薄性首屈一指，减重高达 30%以上，并且在厚度和柔软度上也较之前国内产品有很大提高，具有非常优秀的试穿性

十、Z15B 门口机（超薄）

产品图片	
产品名称	Z15B 门口机（超薄）
型　　号	AJB-ZJ15BC（IC）HIP

产品概况	德国精工设计，超薄机身； 金属透光压电感应式按键，冬天亦无须脱手套操作； 一体化金属氧化面板，整体造型美观大方，尊贵高雅； 操作简便，具有可靠的性能、较高的性价比； 采用高性能的 32 位 ARM 嵌入式微处理器，系统功能更加完善； APP 自动蓝牙配对，可实现摇一摇开门的功能； 呼叫数字分机，并与数字分机实现可视对讲； 可直接呼叫管理机，并进行可视对讲； 接受数字分机/管理机远程遥控开锁； 本机可编四位楼栋地址码； 单元门口机具有公共密码/用户个人密码开锁功能； 可内置门禁刷卡开锁功能； 具有红外补光功能（开启镜头夜间模式）； 具有防拆报警功能； 具有门磁（开/关）状态检测以及门磁（开/关）延时报警功能； 各工作状态具有文字及相应的语音提示。
关键技术指标	摄像头：1/2. 5″COMS 数字高清镜头（高清主机专用）、1/4″COMS 彩色镜头； 显示屏：LED 数码管； 安装方式：嵌入式； 外形尺寸：372mm×135mm×41mm（长×宽×高）。
产品创新点	德国精工设计； 金属透光压电感应式按键； 可进行云对讲功能演示。

十一、比对服务器

产品图片	
产品名称	比对服务器
型　　号	后端服务器
产品概况	随着人脸系统成果的不断输出，全国各地人脸项目规模不断扩大，对人脸系统承载能力、计算能力的要求也在不断提高。尤其是以“一人一档”为代表的人脸技战法应用的兴起，明确了新一代的人脸系统必须具备超大人脸库容、超强计算能力。 海康威视作为全球视频监控数字化、网络化、高清智能化的见证者、践行者和重要推动者，始终专注于人脸识别和比对技术的研发，数据模型比对服务器是海康威视针对以上问题专门设计的智能高速比对服务器，基于 GPU 技术，可实现超高并发比对，承载亿级超大人脸名单模型库，满足各个行业用户的人脸大库比对应用需求。

关键技术指标	1. 模型库容量：单机承载不少于亿级人脸模型，支持集群扩容。 2. 模型并发计算：单机每秒完成不少于数十亿次模型计算任务，支持集群扩展。
产品创新点	1. 采用了 GPU 计算技术，创新性地把 GPU 并行计算技术应用到了人脸模型比对领域，实现的数据承载量、计算性能均属于国内领先水平。 2. 满足以“一人一档”为代表的典型人脸技战法应用场景，实现了频次分析、标签人员管理、路人库建设等功能；同时将人脸数据处理从事后转为事中，既降低了投资成本，又提升了数据应用的效率。

十二、海康超脑

产品图片	
产品名称	海康超脑
型　号	iDS-96032NX-I2
产品概况	海康超脑采用嵌入式设计，集成高性能 GPU 模块，内嵌深度学习算法，集 IPC 接入、存储、管理、控制、智能分析于一体，实现精准的人脸、人体、车辆识别分析，提升监控视频价值，服务安防大数据时代。产品既可作为 NVR 进行本地独立工作，也可联网组成一个强大的安全防范系统。
关键技术指标	1. 活动目标识别：人、车及其他目标的精准识别。 2. 人脸分析比对：人脸的精准识别和属性分析，通过人脸模型进行人脸比对，根据相似度情况判断是否为同一个人。 3. 周界防范报警：对人或车辆目标越界、入侵时进行报警，对于动物穿越、树叶摇晃、光影变幻等干扰进行过滤。 4. 针对周界报警图片中的人体做关键属性识别。 5. 视频结构化：基于视频流直接分析人体、车辆的属性信息。 6. 视图库技术：结构化数据和图片的存储，快速模糊检索，支持以脸搜脸、以人搜人等。
产品创新点	1. 业内首创视频 SMD+GPU 目标分类的事件检测技术，有效地解决传统 Smart 检测、红外对射误报多、不美观的痛点，误报去除率达到 90%以上，处世界一流水平。基于深度学习算法的视频周界防范，可通过数据样本的训练，不断提升对周界防范算法目标的识别准确性。 2. 人脸深度应用，基于人脸库布控识别，基于抓拍库对陌生人频次分析，支持签到考勤业务，满足多样化的小场景人脸业务需求。 3. 集人脸、周界、视频结构化于一体，存算一体，一机多用。

十三、萤石 C5Si

产品图片	
产品名称	萤石 C5Si
产品类别	人工智能
产品概况	近日，萤石发布了一款基于人工智能基础的民用互联网摄像机新品——C5Si，开启萤石智能摄像机系列序章。 C5Si 内置人形检测智能芯片，能够强化在移动侦测活动中的人形识别效果，实现对图像数据的精细化特征分类与处理，减少移动侦测的消息误报。
关键技术指标	超清 1080P 分辨率，领先的 H. 265 视频编码技术，轻松输出高清监控画面；内置高灵敏度防水 MIC，支持 5 米远程拾音，强力外置双天线 Wi-Fi，信号穿透性好，传输距离远；内置红外夜视距离可达 50 米的高效红外灯，轻松覆盖室外监控环境，实现强劲的日夜监控效果。C5Si 自带 Wi-Fi 热点，即便在没有网络的情况下，也能允许萤石客户端直连，进行实时查看和回放操作
产品创新点	1. 以人形为触发机制，当人体在画面中出现时，C5Si 将对人脸、头肩（上半身）、全身进行检测，成功检出率达到 95%以上。 2. C5Si 内置基于 ARM 技术的 T01 高性能机器视觉智能芯片来运行算法，融合了几十万组示例图像发展而来的人体模型大数据，大幅降低移动误报。同时，T01 芯片能够处理 60 帧的高清画面，即便是高速移动的物体也能轻松被追踪。

十四、视频大数据平台数据安全系统

产品图片	
产品名称	视频大数据平台数据安全系统
型　　号	SmartSPG-BCSG-8O

产品概况	随着我国视频监控系统建设的快速推进，视频监控系统中的数据呈现指数级增长，传统的对视频进行分析的手段已经显得捉襟见肘，不能完全满足客户业务部门的诉求。同时，大数据存储与分析技术快速发展，公安、政法委等部门在牵头建设视频监控系统的时候，也会默认建设大数据平台，利用大数据和 AI 等技术来充分挖掘海量视频数据的价值。 大数据平台在带来分析效率和质量大幅度提升的同时，也无疑使数据安全风险加剧。慧盾视频大数据平台数据安全系统应运而生，从视频大数据平台的数据产品、数据传输、数据存储、数据使用、数据共享、数据销毁等全生命周期的维度对数据进行全方位的防护，确保视频大数据平台的数据端到端的安全。
关键技术指标	1. 峰值事件处理能力：1 万条语句/秒。 2. 审计日志存储能力：8 亿条。 3. 支持双机热备，当主用网关发生故障时，自动切换到备用网关。 4. 加解密性能损耗：平均损耗率为 3%~5%，特殊场景下最多不会超过 10%。 5. 数据保险柜性能损耗：平均损耗率为 3%~5%，特殊场景下最多不会超过 10%。
产品创新点	1. 支持 Hadoop Hive sql 的基本操作的全面实时审计与审计日志存储。 2. 支持 Hbase 的 JAVA API、REST API 等的操作的全面实时审计与审计日志存储。 3. 支持基于 solr 的管理界面的操作的全面实时审计与审计日志存储。 4. 支持 Hbase 的 JDBC Trift 的操作的全面实时审计与审计日志存储。 5. 当用户出现高危操作时，可通知大数据运维安全网关主动拒绝高危操作。 6. 支持通过操作系统驱动和内核层技术，高性能地实现大数据平台数据非法拷贝防护。 7. 支持通过操作系统驱动和内核层技术，高性能地实现大数据平台数据非法篡改防护。 8. 支持通过操作系统驱动和内核层技术，高性能地实现大数据平台数据非法删除防护。 9. 通过人工智能算法对数据源行为进行画像与建模，智能、高效地识别非法数据源和合法数据源的非法行为。 10. 通过人工智能算法对共享用户行为进行画像与建模，智能、高效地识别非法数据源和合法数据源的非法行为。

十五、视频云+大数据应用平台

产品图片	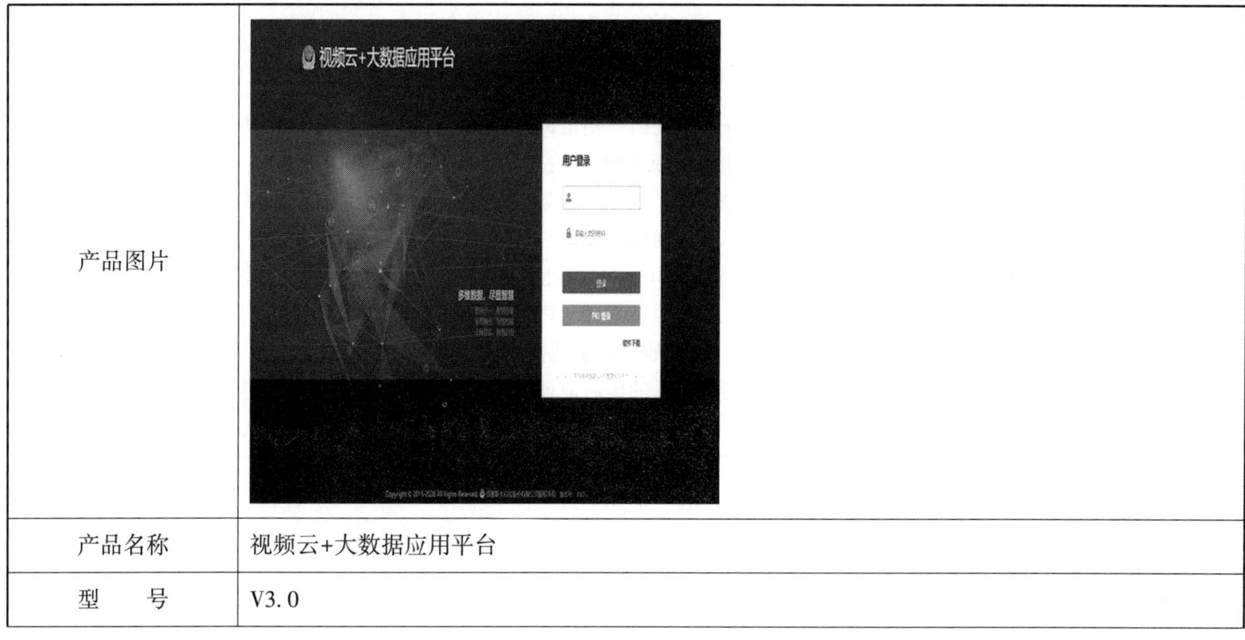
产品名称	视频云+大数据应用平台
型　　号	V3.0

产品概况	佳都科技研发了视频云+大数据平台，以视频结构化、人脸动态比对技术为核心，在重点管控小区、地铁、机场、汽车站等出入口，利用人脸识别、车辆识别、WIFI 采集、电子围栏、门禁、证件感知等智能感知设备，获取重点管控人员、车辆的时空轨迹信息，形成“前端感知—图像结构化—人脸识别—大数据关联碰撞—形成抓捕、管控对象两类数据流”的综合应用模式，使得排查隐性犯罪、跟踪异常人员更加全面精细，事前能编织一张密而不疏的追踪网，事后通过大数据关联分析，成为精准追踪循迹的捕捞网；使得治安防控模式从事后被动翻查转变为事前主动防控，侦查研判模式从靠人力和经验转变为大数据关联碰撞比对
关键技术指标	1. 基于 Hadoop 的大数据分析处理技术。 视频云+大数据平台以 Hadoop 框架为基础，展开视频的大数据分析处理应用。视频图像信息数据库是大数据的存储和计算中心，具有分布式、统一存储、统一访问、动态扩容的特点，用于汇集视频、图像、卡口信息、位置信息、电子轨迹信息、警务通采集信息等大数据，为数据的综合利用提供支撑。支持对几十亿条甚至几百亿条的数据进行采集、整合、清洗和关联分析，支持各种在线实时业务分析计算，具有强大的系统扩展和容错能力。 2. 视频结构化技术。 结构化数据能够用数据或统一的结构加以表示；非结构化数据则无法用数字或统一的结构表示，如文本、图像、声音、网页等。在本项目中，需要对重点场所的视频图像中的人、车活动目标进行结构化处理，以实现自动化提取视频图像中的人、车活动对象的相关特征，记录时空属性，形成重点部位过人过车的视频大数据。 3. 动态人脸识别技术。 人脸识别主要用于身份识别。由于视频监控正在快速普及，众多的视频监控应用迫切需要一种远距离、用户非配合状态下的快速身份识别技术，以求远距离快速确认人员身份，实现智能预警，而动态人脸识别技术无疑是最佳的选择。动态人脸识别技术具有非强制性、非接触性、并发性等几大优势。动态人脸识别技术突破了过去静态人脸识别对光照、位置、角度、遮挡、环境变化的适应要求，可以自动选择最佳抓拍角度、自动聚焦最清晰正面人脸，人脸识别准确率从 20%提升到 70%以上。
产品创新点	1. 平台所使用的底层模块“佳都新太融合安防平台”通过 GB/T28181 标准包括 89 个项目的全项测试。 2. 平台所使用的底层模块“佳都新太融合安防平台”获得广东省计算机学会颁发的科学技术奖一等奖。 3. 平台所使用的底层模块“佳都新太融合安防平台”获得广东省人民政府颁发的广东省科学技术奖三等奖。 4. 平台所使用的视频智能分析系统由广州市科技和信息化局组织的科技成果鉴定会评价为“到达国际先进水平”，并获得广州市人民政府颁发的广州市科学技术奖一等奖；摄像机故障自动检测和管理方法、装置和系统获得广州市人民政府颁发的广州市科学技术奖三等奖。 5. 平台所使用的人脸识别模块采用控股公司云从科技顶尖的视频算法，云从科技 CIGIT 实验室算法在光照、视角、分辨率等多种影响下鲁棒性优异，获得微软图像识别大赛第一名。 6. 平台所使用的视频智能分析模块具有“以图搜图”功能，能够用于案件侦破，关键数据范围可以缩小到原视频数据的 3%，极大地缩短了视侦人员查看关键视频的时间。 7. 平台创造性地将视频应用从单一的事后取证升级为事前的主动防控，将基层的视频应用从单一的查看视频扩展到综合利用视频情报，为城市立体化防控反恐提供有力支撑。

十六、科达猎鹰实战应用平台

产品图片	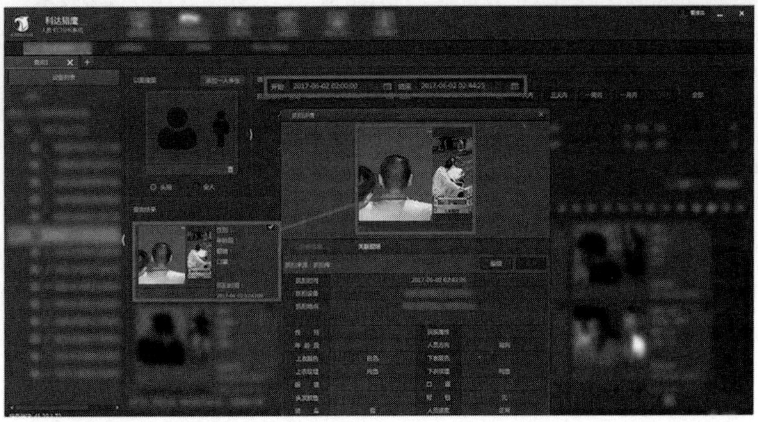
产品名称	科达猎鹰实战应用平台
产品概况	近年来，随着视频监控建设的不断深入，前端摄像机逐渐覆盖城市的各个角落。公安机关应用最广泛的技术手段是视频监控技术，对于海量视频信息中的人脸/人像的检索、比对、识别、研判、分析是当下正在广泛使用的智能分析应用解决思路，对重点人员、重点人群、重点场所的管防控以及社会矛盾的化解提供有效的信息支撑。科达猎鹰实战应用平台集人员卡口分析、多引擎静态识别、大规模数据秒级检索、大规模数据研判、大规模时空分析等功能于一体，符合视图库标准，支持跨区域告警订阅、布控、检索查询等联网应用，满足大规模人像实战应用需求。
关键技术指标	科达猎鹰实战应用平台紧密围绕“打、防、管、控”的实际应用需求，以数据为核心，从实战角度出发，按照模块化设计提供应用，包含视频监控、人员卡口、结构化分析、视频侦查、智能地图、技战法、涉案视频库、系统管理等多个模块，各个警种按照需求进行模块组合，达到“建为用、用为战、边建边用、以用促建”的良性循环目标
产品创新点	标准化的多源异构数据资源服务能力； 快捷的大数据检索与数据挖掘能力； 精准的视图智能分析处理能力； 高效的 CPU+GPU 协同计算能力； 多种业务应用的处理能力。

十七、图侦综合实战平台

产品图片	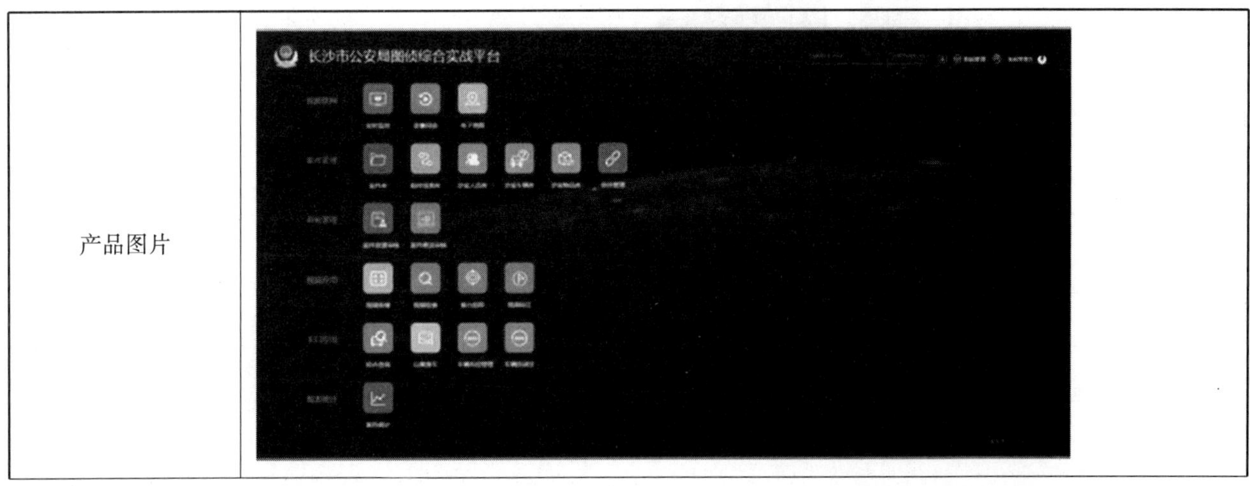

产品名称	图侦综合实战平台
产品概况	千视通的图侦综合实战平台是基于视频结构化、大数据处理等核心技术，通过对视频图像中涉及的“行人、机动车、人骑车、人脸”四类实战元素进行特征提取、标注解析处理，结合公安实战业务，打造案件侦办研判、视频智能应用、视频联网监控、卡口应用、人脸识别比对等五大基础功能模块，通过整合业务数据和流程，为用户提供视频侦查的全链条解决方案
关键技术指标	高效处理：单 GPU，12-16 倍速； 秒级反馈：视频检索，千万图片秒级反馈； 属性识别：4 类元素总计 60 余种属性识别。
产品创新点	1. 基础数据采集方便快捷。系统支持通过 GB28181 或 SDK 方式从基础监控平台联网获取原始视频，无须进行离线拷贝；支持通过案件编号或接处警编号进行案件信息自动关联，杜绝二次录入。 2. 目标排查过程智能高效。创新性地将以图搜图与嫌疑目标追踪流程结合起来，贯穿通过看录像对目标进行辨认、对目标轨迹进行追踪、对涉案线索进行梳理、对案件报告进行导出的个案侦查全流程。 3. 数据横向贯通关联碰撞。充分整合人像、机动车、人形、骑行等相关视频图像数据，解决前端设备类型不同导致的数据不兼容问题，实现“卡视联动分析”，极大提升嫌疑目标锁定率。 4. 海量数据分析指导精准防范。结合 PGIS 可视化与大数据处理技术对涉案数据的时空规律和轨迹点位进行分析，定位高危区域、高危点位，指导精准打击与防范处理。 5. 图侦综合实战平台的建设，可高度整合车辆系统、图侦系统、结构化系统等业务，打破“信息孤岛”，实现案件管理、线索规整、协同作战、智能应用等功能，满足民警视侦业务、个案侦查、系统连接、业务整合的应用需求。结合大数据处理技术，对涉案数据进行关联碰撞，实现自定义研判建模、可视化热点展示、多级联动协同作战等功能，为寻找案件规律、实现案件串并提供支撑。

十八、毫米波人体安检门

产品图片	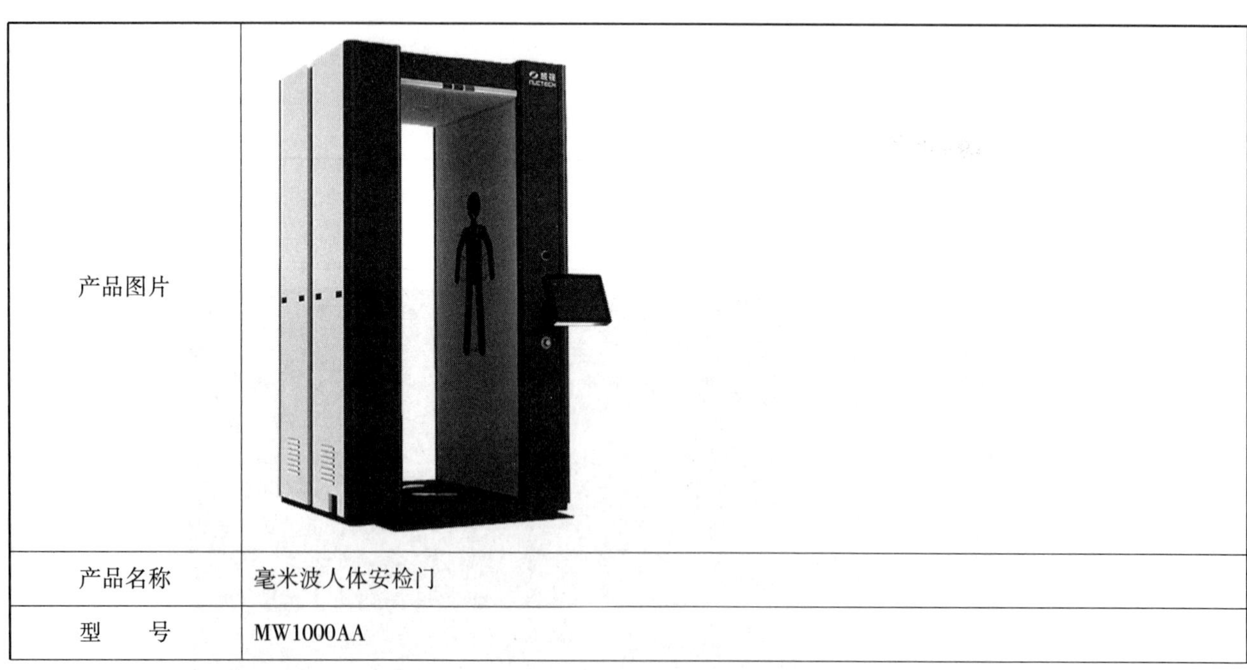
产品名称	毫米波人体安检门
型　　号	MW1000AA

产品概况	毫米波人体安检门集成安检成像机理、技术与系统等方面的最新研究成果，通过分析人体反射的毫米波信号快速检测藏匿于衣物中的枪支、刀具、爆炸物、毒品等违禁物品，不仅能够以图像的方式显示扫描结果，还能够对违禁品位置进行自动标识，实现高效、文明的人身非接触查验。与传统手段相比，它具有检查全面、方便、快捷、人性化等优势，且不存在电离辐射风险。产品在研发过程中获得国家重大科学仪器设备开发专项支持，技术指标居国际先进水平，是国内唯一通过欧洲民航最高标准认证的人体安检设备。目前，该产品已在国内外机场、海关、地铁、监狱、政府等重要场所开展示范性应用，是我国独立研发的新一代自主可控的人体安检成像技术装备
关键技术指标	查验方式：非接触式； 单次扫描时间：2 秒； 通道尺寸：2100mm（高）×750mm（宽）×1188mm（深）； 系统尺寸：2388mm（高）×1408mm（宽）×1706mm（深）； 电磁辐射剂量：(实测上限) $<2\mu w/cm^2$； 空间分辨率：≤5mm； 嫌疑物品自动识别：通过 ECAC 标准 2 权威认证。
产品创新点	1. 通过主动式毫米波技术实现非接触式安检，且检查过程安全，无电离辐射。 毫米波人体安检门采用“全息毫米波全身成像”技术，彻底解决了传统金属安检门+人工搜身模式只能检查金属、查验效率低、安检员辛苦等多项安检难题，实现了更全面、更舒适、更准确的全新人体安检模式。相比于其他采用 X 射线的成像式技术，“全息毫米波全身成像”技术不会产生任何电离辐射，工作期间扫描阵列的发射功率小于 1 毫瓦，仅相当于手机发射功率的千分之一。 2. 通过双面联动扫描实现对人体的快速扫描，突破国外专利壁垒。 创新性地提出了针对近场毫米波全息成像的精确重建方法，并采用“阵列双面联动”的平面垂直扫描方式和“复用多通道”的毫米波收发阵列技术，一举突破国外厂商已有的基于圆柱扫描方式的多项专利壁垒。被检人员在检查过程中，无须脱掉衣物及转身，仅需静止站立大约 2 秒即可完成全身的扫描。基于上述创新性工作，产品核心技术通过教育部科技成果鉴定，鉴定委员会认为该项目“在国际上首次提出并实现了近场精确毫米波全息成像，总体技术达到国际领先水平”。研制期间共发表论文 12 篇，累计获得国内外发明专利授权 50 项、实用新型专利授权 12 项、软件著作权 4 项，并获得第九届国际发明展览会金奖。 3. 实现了对违禁物品的自动识别。 该产品攻克了自动目标识别等技术难题，在优化传统卷积神经网络的基础上，通过对不同人群的海量数据进行参数训练，获得了违禁品模型，实现了基于深度学习的智能化自动识别；借助 GPU 加速等硬件计算技术，实现了嫌疑物品识别和报警在扫描后 1 秒内自动完成，极大地提高了检查效率。 使用上述“智能自动识别”技术的毫米波人体安检门，通过了欧洲民航委员会人体安检仪的最高标准认证，表明该产品的成像性能和识别准确率均已达到国际先进水平。

十九、微瞳低空固定式无人机反制系统

产品图片	
产品名称	微瞳低空固定式无人机反制系统
型　　号	T 系列 001
产品类别	人工智能
产品概况	微瞳低空固定式无人机反制系统是为监测未经允许的无人机（UAV）潜在恶意活动而设计。 系统以调频连续波雷达及光电协同探测为主要技术手段，雷达远距离发现疑似目标，双摄像头联动完成视距内无人机的搜索、检测和识别，并对识别出的无人机进行驱离或迫降处理。 系统可扩展接入音频侦听、无线电检测等探测设备。 系统可组网使用，以适应不同场地需求。 系统运行过程：雷达系统将远距离疑似目标位置信息传送给视频系统，高速球机快速搜索低空目标，对目标进行跟踪、识别，识别出目标后发出告警并将疑似无人机出现位置传送给控制主机，主机控制云台转向及高清枪机变焦，系统可根据预设定模式自动实施干扰，驱离或迫降入侵的无人机。
关键技术指标	1. 对 500 米范围内的入侵无人机识别率>80%。 2. 使用 25WHalo 雷达对大疆“御”无人机发现距离不小于 800 米。 3. 干扰控制范围：距离≥800 米；波束宽度：水平 60°，垂直 30°。 4. 发现、跟踪、识别、打击系统联动，响应时间小于 3 分钟。 5. 照度 50-10000Lux、图像分辨率 1920×1080 像素、多旋翼飞行器成像清晰、最小多旋翼飞行器成像尺寸 40×40 像素的情况下，检测率不低于 70%，检测虚警率不高于 10%，检测速度不低于 10fps。 6. MTBF>20000 小时，MTTR<30 分钟。
产品创新点	传统雷达的目标检测均为信号处理方法，运用滤波器及信号相关性进行动目标检测。该产品运用人工智能及计算机视觉技术，将雷达参数、气候条件等作为参量对地杂波背景建模并进行学习，有效改善近地慢速微小目标的发现概率，能够适应不同场地、气候条件；对无人机的检测场景不做限定，天空背景以及山地、林地、建筑物等背景都适用，采用双摄像头联动，宽视角小目标与窄视场晃动目标同时存在的情况下，对摄像头要求较低，更具实用性

二十、希捷酷鹰 SkyHawk AI 系列硬盘

产品图片	
产品名称	希捷酷鹰 SkyHawk AI 系列硬盘
型　　号	ST10000VE0004
产品概况	希捷酷鹰 SkyHawk AI 系列硬盘非常适合支持 AI 的监控 NVR 系统以及集中式监控 SAN 系统； 任何 AI 深度学习系统的精确性和成功完全取决于系统所提取的数据； SkyHawk AI 系列硬盘是专为可靠地记录高分辨率视频图像以及深度学习调查而打造的硬盘。
关键技术指标	高达 10TB 的存储； 550TB/年的工作负载； 兼容 NVR； 16+AI 流； 支持多达 64 台摄像机； 7×24 小时； 唯一一款可同时录制视频和 AI 流的硬盘； 定制化设计可支持额外 16 个 AI 流，同时同步且完美录制来自高达 64 部高清摄像机的视频片段； 数据恢复服务，每块 SkyHawi AI 硬盘都随附免费 2 年 Rescue 数据恢复服务计划。
产品创新点	SkyHawk AI 系列硬盘非常适合额定工作负荷高达 550TB/年的以下 AI 应用： 企业 NVR/VMS 设备； 视频分析/深度学习服务器； 用于视频存储及处理的集中式存储（SAN）； 支持 AI/深度学习的 NVR； 混合 DVR/NVR。

二十一、超融合智能服务器

产品图片	
产品名称	超融合智能服务器
型　　号	DH-IVS-X80
产品概况	DH-IVS-X80 是集人脸识别及视频结构化于一体、融合智能计算、存储、网络交换为一体的智能分析服务器。DH-IVS-X80 面向于后端智能，超密集的运算单元架构及多类型芯片的异构方案为产品提供了超强的运算能力，基于大华云架构的方案，部署简单，支持主从热备，集群扩展，分布式存储，为客户提供了强劲、可靠、简单、易用的一体化解决方案。
关键技术指标	1. 单服务器整机交换能力达到 3200Gbps。 2. 单服务器支持 256T 的本地存储。 3. 单服务器支持 3840 张/秒的分析能力，规模可线性扩展。 4. 单服务器支持 9600 万的布控库。
产品创新点	1. 产品采用多类型芯片的异构融合方案，有效地发挥各运算资源的优势，提高产品的整体运算能力。 2. 产品采用业界领先的正交架构技术，无背板设计，消除了传统机箱背板性能及扩展瓶颈，具有更高的单板、整机交换容量，更好的长期扩容及升级能力。 3. 产品交换网板采用 N+1 的备份方案，使设备拥有稳定的高带宽交换能力。 4. 产品采用高效能一体化散热解决方案，严格遵循前后风道设计，配合高性能智能调速风扇，提升散热效能，大幅降低功耗。

二十二、钩舌锁（双钩锁）

产品图片	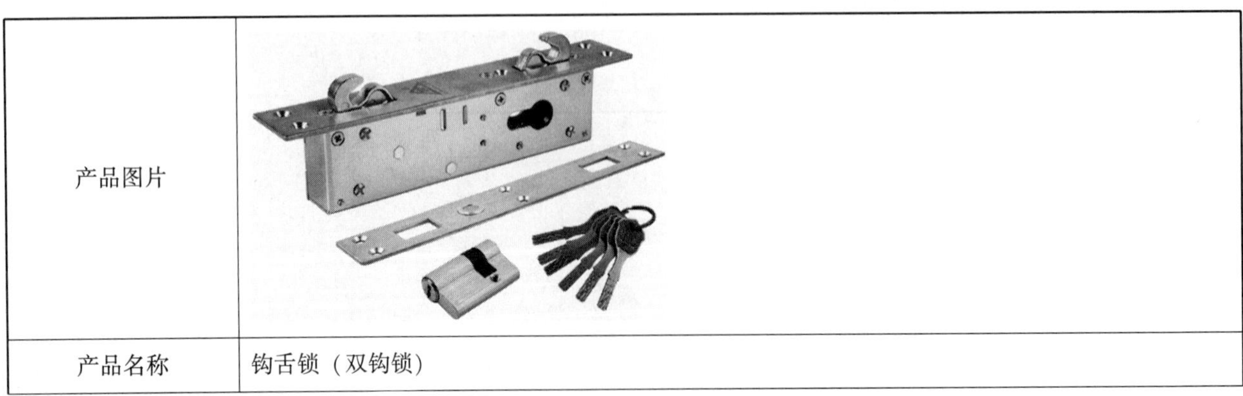
产品名称	钩舌锁（双钩锁）

型　　号	GSS1
产品概况	钩舌锁（双钩锁）是一款电子防盗锁，适用于平移门。双钩锁舌，上锁时锁舌扣于门扣板上。关门自动上锁，电控电机驱动开锁，有门锁状态输出，输出信号满足控制平台的监测。已获得国家发明专利并获得市场好评
关键技术指标	1. 电源电压适应性：使用电源电压（直流），额定电压DC12V。当使用电源（DC）电压在额定值的90%～110%范围内变化时，锁具仍能正常工作。在额定工作电压下，电控瞬间开锁电流≤0.7A，静态工作电流≤0.05A。 2. 具备自动检测锁舌状态与报警提示功能。 3. 锁舌强度：钩舌在承受7000N的侧向静压力后，仍能正常使用。钩舌在承受6000N的轴向拉力后，仍能正常使用。钩舌能抗脱出力6000N。 4. 采用多轨道18叶片的C级锁心（GA/T 73-2015）。
产品创新点	锁体尺寸小巧，可以安装到门框上，避免了门内布线在开关门中的扯动损坏，填补了监狱电控平移门锁的空白

二十三、HDH3021产品

产品图片	
产品名称	HDH3021产品
产品概况	HDH3021产品是为了满足电力巡检机器人、森林防火、铁路沿线、边海防等行业客户需求而研发，是一款能够同时集成可见光、热成像、激光雷达、补光、拾音器、喇叭、电子罗盘、GPS、倾角传感器、气象等模块的智能多用途产品，大大提高了产品的行业适应性和灵活性
关键技术指标	1. 可配置星光级可见光设备，最低彩色照度0.001lux，最大焦距可达316mm。 2. 可配置多种热成像测温系统，测温范围最大值达到550℃。 3. 支持画中画视频输出。 4. 支持可见光电子防抖、光学透雾、数字降噪、强光抑制等。 5. 支持H.265、H.264等编码。 6. 支持移动侦测、越界拌线、区域入侵、热点追踪等智能功能。 7. 支持断电记忆、3D预置、苹果皮扫描等。

产品创新点	1. 低功耗设计，待机功耗小于 10W。采用高效率电源芯片，同时利用内置传感器、感光元件、电子罗盘等，根据环境和操控需要，智能分配供电。 2. 多目外观设计，并配用气动的方式清除摄像机视窗表面的灰尘，从而保证视窗的清洁。 3. 可同时配置可见光、热成像、补光、拾音器、喇叭组件。实现多光谱视频采集和处理的同时，实现前后端语音交互。 4. 内置电子罗盘、GNSS、倾角传感器，可直接将安装和监控目标位置信息叠加到视频上，简单明了，一目了然。 5. 内置稳像仪，保证画面稳定，可用于船载系统，维持图像稳定。 6. 可见光+热成像双光谱监控，热成像探测目标，可见光实现目标定位、跟踪以及目标细节信息识别。 7. 内部采用蜗轮蜗杆传动，传动结构外围采用复合材料，具备自润滑防沙垫。边防应用时，可有效阻止风沙侵袭。 8. 内部配置智能分析模块，可识别人、轿车、卡车、鸟类等多种模型。

二十四、SC6235 超低功耗 SVAC2.0 人工智能芯片

产品图片	
产品名称	SC6235 超低功耗 SVAC2.0 人工智能芯片
型　　号	SC6235
产品概况	SC6235 是国内首个基于公共视频安全国家强制标准 GB35114 而打造的超低功耗 SVAC2.0 人工智能芯片。该产品采用全定制硬件架构（ASIC），功耗小于 0.6 瓦，是在此标准下的首个实战型 AI 芯片，与国密芯片搭配可满足 GB 35114 国家强制标准的 C 级要求。在 2018 年安博会正式亮相，并获得芯片类创新产品特等奖。该产品覆盖智慧安防、智慧园区、智慧校园、智慧金融、智慧家居、智慧交通、智慧国防、智慧能源等多方面需求，融合压缩与智能分析为一体，具有低功耗、易于集成等优势
关键技术指标	1. 较主流 H.264 芯片，压缩效率是其的 1.4 倍。 2. 芯片功耗小于 0.6 瓦。 3. 支持 1920×1080P@30fps SVAC2.0 编码。 4. 支持深度学习算法加速，硬件支持 Convolution、Pooling、Relu、Concatenation、Elementwise 等运算。 5. 支持图像缩放、多人脸图片按 JPEG 格式批处理压缩。 6. 内置 2 片 256M 字节的 DDR。 7. 支持 BT1120 视频输入接口。 8. 支持 SDIO、SPI 压缩视频流输出接口。 9. TFBGA 封装，185pin，尺寸 14mm×14mm，管脚间距 0.8mm。

产品创新点	1. 采用全定制硬件架构，实现图像处理的硬编硬解，芯片功耗小于0.6瓦，达超低功耗水平。完美解决实战环境下，因功耗过高设备出现的过热、延时、卡顿等问题，保障系统正常运行。 2. 以算法引导芯片设计的理念，通过对不同算法的分析，消除算法在芯片端执行瓶颈，实现算法与芯片架构的高度融合，大幅提升AI算法在芯片上的执行效率，实现同一个人脸检测算法在同等执行效率下，所需算力比主流产品少一个数量级。 3. 内置2片512Mb DDR，提高芯片性能。 4. 集成自主设计的CNN硬加速引擎，可同时进行视频压缩与智能分析，产生结构化的高压缩比视频流。 5. 与国密芯片搭配，实现对码流的加密和对信令的签名，满足GB35114国家强制标准的C级要求。

二十五、SVAC安全智能高清系列网络摄像机

产品图片	
产品名称	SVAC安全智能高清系列网络摄像机
型　号	ZD5920-Gi4N、ZD5920-GN、ZD5921
产品类型	视频监控
产品概述	本系列产品是符合GB/T 25724《安全防范监控数字视音频编解码技术要求》、GB/T 28181《安全防范视频监控联网系统信息传输、交换、控制技术要求》、GB 35114《公共安全视频监控联网信息安全技术要求》和GA/T 1400.3《公安视频图像信息应用系统　第3部分：数据库技术要求》的安全、智能高清网络视频采集产品。该系列产品基于视频大数据战略，采用前端智能化、实时分析模式，解决了一些前端分析的技术痛点，形成智能视频前端分析与中心分析的快速互联和响应，有力推动了实战应用落地；同时通过对设备的认证、签名以及视频数据的加密，解决了视频信息安全隐患等问题，实现数据安全传递，代表了行业的发展方向。 ZD5920-Gi4N智能高清网络摄像机：低照度、宽动态、自动对焦200万像素SVAC一体化筒机，具有动态人像抓拍、跟踪识别、入侵检测、视频安全等功能。 ZD5920-GN高清网络摄像机：低照度、宽动态、自动对焦200万像素SVAC一体化筒机，具有视频安全等功能。 ZD5921高清红外网络摄像机：45倍高速球机，具有视频安全等功能。 摄像机采用一体化交付设计，采用星光级200万像素超低照度传感器，内置GPS、WIFI嗅探模块；可支持SVAC、H264、H265视频编码1080P高清实时图像输出，支持视频安全功能；可实现最佳人脸、人员全貌快照抓拍，以及人员方向、速度的特征分析；适用于金融、电信、政府、学校、机场、公安、司法、平安城市等要求高清实时画质的场所。

关键技术指标	一体化交付设计，安装方便； 200 万像素逐行扫描图像传感器； SVAC 视频编码（兼容 H. 265/H. 264），1080P 高清实时图像输出； 支持视频监控扩展信息，加密和认证，保证数据安全性； 0. 0001Lux 星光级超低照度成像； 3D 数字降噪，图像清晰细腻； 内置 AF 一体化机芯镜头，支持自动聚焦、自动光圈、强光抑制、背光补偿、自动电子快门功能； 自动方位检测，为电子地图提供监控覆盖区域信息； 内置 GPS，精确定位监控点经纬度信息； 内置 WIFI 嗅探模块，支持移动设备 MAC 地址检测； 支持最佳人脸快照抓拍、最佳人员全貌快照抓拍，以及人员方向、速度的特征分析。
产品创新点	1. SVAC 安全智能高清系列网络摄像机完全符合 GB/T 25724、GB/T 28181、GB 35114 和 GA/T 1400. 3 等标准要求，解决了当前国内视频安防监控应用领域存在的核心技术匮乏和视频信息安全隐患等问题，内嵌深度智能分析引擎，实现了视频监控的实时智能分析和应用。 2. 具有对设备的加密与认证、视音频信息防篡改和加密传输等功能，可有效保护国家重要视音频信息安全。 3. 具有最佳人脸快照抓拍、最佳人员全貌快照抓拍，人员特征分析，目标运动方向、速度监测等功能；特别是针对在恶劣环境下（如强顺光、强逆光）摄像机成像质量较差等问题，在 ISP 图像处理上增加了 3D 降噪、宽动态和感知协同、自适应动态目标曝光算法，以保证图像清晰，有效避免抓拍率、识别率急剧下降等问题。 4. SVAC 安全智能高清系列网络摄像机采用一体化交付设计，现场安装、调试、维护便利灵活。

附 录

附录一 已颁布且现行有效的法律、法规、规章和其他规范性文件

一、已颁布且现行有效的法律、行政法规、部门规章及规范性文件

序号	法规名称	颁布机构	实施日期
1	中华人民共和国标准化法	全国人民代表大会常务委员会	2018年1月1日
2	中华人民共和国文物保护法（2017年修正本）	全国人民代表大会常务委员会	2017年11月28日
3	中华人民共和国反恐怖主义法	全国人民代表大会常务委员会	2016年1月1日
4	中华人民共和国国家安全法	全国人民代表大会常务委员会	2015年7月1日
5	中华人民共和国就业促进法	全国人民代表大会常务委员会	2008年1月1日
6	中华人民共和国行政许可法	全国人民代表大会常务委员会	2004年7月1日
7	中华人民共和国产品质量法	全国人民代表大会常务委员会	2000年9月1日
8	中华人民共和国招标投标法	全国人民代表大会常务委员会	2000年1月1日
9	国务院办公厅关于推动国防科技工业军民融合深度发展的意见	中华人民共和国国务院	2017年11月23日
10	国务院办公厅关于进一步加强文物安全工作的实施意见	中华人民共和国国务院	2017年9月9日
11	国务院关于印发新一代人工智能发展规划的通知	中华人民共和国国务院	2017年7月8日
12	国务院办公厅加强中小学幼儿园安全风险防控体系建设意见	中华人民共和国国务院	2017年4月25日
13	国家突发事件应急体系建设“十三五”规划	中华人民共和国国务院	2017年1月12日
14	关于国家重大科研基础设施和大型科研仪器向社会开放的意见	中华人民共和国国务院	2014年12月31日
15	国务院关于扶持小型微型企业健康发展的意见	中华人民共和国国务院	2014年10月31日
16	关于加快科技服务业发展的若干意见	中华人民共和国国务院	2014年10月9日
17	企业信息公示暂行条例	中华人民共和国国务院	2014年10月1日
18	物流业发展中长期规划（2014—2020年）	中华人民共和国国务院	2014年9月12日
19	国家新型城镇化规划（2014—2020年）	中华人民共和国国务院	2014年3月16日
20	国务院关于推进物联网建设有序健康发展的指导意见	中华人民共和国国务院	2013年2月5日
21	国务院关于印发“十二五”国家自主创新能力建设规划的通知	中华人民共和国国务院	2013年1月15日
22	突发事件应急预案管理办法	中华人民共和国国务院	2013年10月25日
23	长江三峡水利枢纽安全保卫条例	中华人民共和国国务院	2013年10月1日
24	国务院办公厅转发关于安全监管总局等部门关于依法做好金属非金属矿山整顿工作意见的通知	中华人民共和国国务院	2012年11月4日
25	国务院关于第六批取消和调整行政审批项目的决定	中华人民共和国国务院	2012年9月23日

续表

序号	法规名称	颁布机构	实施日期
26	国务院关于促进企业技术改造的指导意见	中华人民共和国国务院	2012 年 9 月 1 日
27	国务院关于加强道路交通安全工作的意见	中华人民共和国国务院	2012 年 7 月 22 日
28	校车安全管理条例	中华人民共和国国务院	2012 年 4 月 5 日
29	国务院关于印发“十二五”国家战略性新兴产业发展规划的通知	中华人民共和国国务院	2012 年 7 月 9 日
30	中华人民共和国招标投标法实施条例	中华人民共和国国务院	2012 年 2 月 1 日
31	危险化学品安全管理条例	中华人民共和国国务院	2011 年 12 月 1 日
32	保安服务管理条例	中华人民共和国国务院	2010 年 1 月 1 日
33	民用爆炸物品安全管理条例	中华人民共和国国务院	2006 年 9 月 1 日
34	娱乐场所管理条例	中华人民共和国国务院	2006 年 3 月 1 日
35	国家突发公共事件总体应急预案	中华人民共和国国务院	2006 年 1 月 8 日
36	企业事业单位内部治安保卫条例	中华人民共和国国务院	2004 年 12 月 1 日
37	中华人民共和国认证认可条例	中华人民共和国国务院	2003 年 11 月 1 日
38	国务院对确需保留的行政审批项目设定行政许可的决定	中华人民共和国国务院	2004 年 7 月 1 日
39	国务院关于坚持科学发展安全发展促进安全生产形势持续稳定好转的意见	中华人民共和国国务院	2011 年 11 月 26 日
40	中共中央办公厅、国务院办公厅印发《关于加强社会治安防控体系建设的意见》	中共中央办公厅、国务院办公厅	2015 年 4 月 13 日
41	国家突发环境事件应急预案	中华人民共和国国务院办公厅	2014 年 12 月 29 日
42	推进长江危险化学品运输安全保障体系建设工作方案	中华人民共和国国务院办公厅	2014 年 6 月 9 日
43	促进新一代人工智能产业发展三年行动计划（2018—2020 年）	工业和信息化部	2017 年 12 月 14 日
44	加强中小学生欺凌综合治理方案	教育部、中央综治办、最高人民法院、最高人民检察院、公安部、民政部、司法部、人力资源和社会保障部、共青团中央、全国妇联、中国残联	2017 年 11 月 22 日
45	工业和信息化部办公厅、民政部办公厅、国家卫生计生委办公厅《关于开展智慧健康养老应用试点示范的通知》	工业和信息化部办公厅、民政部办公厅、国家卫生和计划生育委员会办公厅	2017 年 7 月 27 日
46	关于印发严密防控涉医违法犯罪维护正常医疗秩序意见的通知	国家卫生计生委办公厅、公安部办公厅、国家中医药管理局办公室	2017 年 6 月 26 日
47	科技型中小企业评价办法	科技部、财政部、国家税务总局	2017 年 5 月 3 日
48	“十三五”先进制造技术领域科技创新专项规划	科技部	2017 年 4 月 14 日
49	“十三五”公共安全科技创新专项规划	科技部	2017 年 4 月 24 日

续表

序号	法规名称	颁布机构	实施日期
50	关于加强公共安全视频监控建设联网应用工作的若干意见	国家发展改革委、中央综治办、科技部、工信部、公安部、财政部、人力资源社会保障部、住房城乡建设部、交通部	2015年5月6日
51	深入实施国家知识产权战略行动计划（2014—2020年）	知识产权局、中央宣传部、外交部、发展改革委、教育部、科技部	2014年12月10日
52	关于印发维护医疗秩序打击涉医违法犯罪专项行动方案的通知	国家卫生计生委、中央综治办、中宣部、最高人民法院、最高人民检察院、公安部、民政部、司法部、工商总局、中国保监会、国家中医药局	2013年12月20日
53	关于印发道路旅客运输企业安全管理规范（试行）	交通运输部、公安部、国家安全监管总局	2012年1月19日
54	关于印发促进智慧城市健康发展的指导意见的通知	国家发展改革委、工业和信息化部、科学技术部、公安部、财政部、国土资源部、住房和城乡建设部、交通运输部	2014年8月27日
55	关于进一步做好维护医疗秩序工作的通知	国家卫生计生委、中央综治办、公安部、司法部	2016年3月24日
56	关于组织开展新型智慧城市评价工作务实推动新型智慧城市健康快速发展的通知	国家发展改革委、网信办、国家标准委员会	2016年11月22日
57	关于加强医院安全防范系统建设的指导意见	国家卫生计生委办公厅、公安部办公厅	2013年10月12日
58	国家发展改革委办公厅、公安部办公厅关于请组织申报社会治安防控领域创新能力建设专项的通知	国家发展改革委办公厅、公安部办公厅	2016年2月17日
59	关于进一步加强学校幼儿园安全防范工作建立健全长效工作机制的意见	中央综治办、教育部、公安部	2010年8月23日
60	安全技术防范产品管理办法	国家质量技术监督局、公安部	2000年9月1日
61	邮电局（所）安全防范规定	邮电部、公安部	1997年9月24日
62	关于促进安全产业发展的指导意见	工业和信息化部、国家安全监管总局	2012年8月7日
63	金融机构营业场所和金库安全防范设施建设许可实施办法	公安部	2006年2月1日
64	娱乐场所治安管理办法	公安部	2008年10月1日
65	关于外商独资企业从事安防工程建设有关事项的通知	公安部	2000年6月14日
66	关于加强对列入强制性产品认证目录内的安全技术防范产品质量监督管理的通知	公安部	2002年5月1日
67	关于严格执行《国务院关于取消第二批行政审批项目和改变一批行政审批项目管理方式的决定》的通知	公安部	2003年3月20日

续表

序号	法规名称	颁布机构	实施日期
68	中华人民共和国公安部关于规范安全技术防范行业管理工作几个问题的通知	公安部	2004 年 8 月 3 日
69	关于印发《关于深入开展城市报警与监控系统应用工作的意见》的通知	公安部	2010 年 4 月 6 日
70	电力监控系统安全防护规定	国家发展和改革委员会	2014 年 9 月 1 日
71	国家地理信息产业发展规划（2014—2020 年）	国家发展改革委测绘地信局	2014 年 7 月 18 日
72	国家集成电路产业发展推进纲要	工业和信息化部	2014 年 6 月 24 日
73	民用爆炸物品生产企业门禁式定员监控系统安全技术条件	工业和信息化部	2014 年 4 月 11 日
74	关于加强民用爆炸物品生产销售全过程安全管控的通知	工业和信息化部	2014 年 7 月 1 日
75	信息化发展规划	工业和信息化部	2013 年 9 月 29 日
76	关于开展国家智慧城市试点工作的通知	住房和城乡建设部	2012 年 11 月 22 日
77	关于加强城市轨道交通安防设施建设工作的指导意见	住房和城乡建设部	2010 年 6 月 28 日
78	关于印发《城市轨道交通工程安全质量管理暂行办法》的通知	住房和城乡建设部	2010 年 1 月 8 日
79	工程造价咨询企业管理办法	建设部	2006 年 7 月 1 日
80	建设工程勘察质量管理办法	建设部	2003 年 2 月 1 日
81	建筑智能化系统工程设计管理暂行规定	建设部	1998 年 3 月 10 日
82	铁路旅客运输安全检查管理办法	交通运输部	2014 年 12 月 8 日
83	关于加强城市轨道交通运营安全管理的意见	交通运输部	2014 年 9 月 30 日
84	关于加强安全生产科技创新工作的决定	国家安全监管总局	2012 年 9 月 17 日
85	关于进一步加强安全生产应急平台体系建设的意见	国家安全监管总局	2012 年 9 月 6 日
86	关于进一步加强公共交通领域电梯安全工作的指导意见	国家质量监督检验检疫总局	2012 年 1 月 19 日
87	认证机构管理办法	国家质量监督检验检疫总局	2011 年 9 月 1 日
88	强制性产品认证管理规定	国家质量监督检验检疫总局	2009 年 9 月 1 日
89	关于切实加强博物馆公共安全工作的紧急通知	国家文物局	2010 年 5 月 13 日
90	关于印发《涉及国家秘密的计算机信息系统集成资质管理办法（试行）》的通知	国家保密局	2001 年 10 月 12 日
91	关于增设涉密信息系统集成“保密安防监控”单项资质的通知	国家保密局	2006 年 10 月 11 日
92	强制性产品认证标志管理办法	国家认证认可监督管理委员会	2002 年 5 月 1 日
93	认证技术规范管理办法	国家认证认可监督管理委员会	2006 年 3 月 1 日
94	关于协助做好强制性产品认证行政执法工作有关问题的通知	国家认证认可监督管理委员会	2006 年 5 月 23 日
95	关于进一步加强监督管理规范使用认证标志有关问题的通知	国家认证认可监督管理委员会	2007 年 3 月 5 日
96	中国人民解放军军用安全技术防范产品安全认证管理办法	中国人民解放军总政治部保卫部	2008 年 5 月 1 日

二、已颁布且现行有效的地方法规、规章及规范性文件

序号	名称	颁布机构	实施日期
1	北京市住宅区及住宅安全防范设施建设和使用管理办法	北京市公安局	2003 年 10 月 1 日
2	北京市人民政府关于加强图像信息管理系统建设工作的意见	北京市人民政府	2006 年 4 月 28 日
3	北京市公共安全图像信息系统管理办法	北京市人民政府	2007 年 4 月 1 日
4	北京市公共安全图像信息系统备案管理规定（试行）	北京市人民政府	2007 年 8 月 31 日
5	北京市地下停车场安全防范管理工作规范（试行）	北京市公安局	2010 年 9 月
6	北京市公安局关于进一步加强地下停车场安全防范管理工作的意见	北京市公安局	2010 年 9 月 29 日
7	北京市写字楼内部治安保卫工作规定	北京市公安局、北京市住房和城乡建设委员会、北京市社会建设工作办公室、北京市工商行政管理局	2011 年 9 月 1 日
8	北京市金银珠宝经营场所治安保卫工作规范	北京市公安局、北京市商务委员会、北京市工商行政管理局	2012 年 12 月 1 日
9	北京市公安局关于印发《北京市公共安全图像信息系统管理办法实施意见（试行）》的通知	北京市公安局	2013 年 9 月 10 日
10	关于在建设工程施工现场推广使用远程视频监控系统的通知	北京市住房和城乡建设委员会	2013 年 10 月 30 日
11	北京市突发事件信息管理办法	北京市突发事件应急委员会	2014 年 1 月 16 日
12	北京市轨道交通运营安全条例	北京市人民代表大会常务委员会	2015 年 5 月 1 日
13	天津市安全技术防范管理条例	天津市人民代表大会常务委员会	2006 年 9 月 7 日
14	关于进一步加强我市视频监控图像信息系统建设资源共享工作的通知	天津市公安局技防办	2010 年 7 月 27 日
15	天津市电梯安全监督管理办法	天津市人民政府	2012 年 4 月 1 日
16	天津市公安局《关于加强我市技术防范网络体系建设实施意见》	天津市人民政府办公厅	2012 年 9 月 29 日
17	天津市公安局关于实施《天津市视频监控摄像机技术规范》的通知	天津市公安局技防办	2013 年 5 月 22 日
18	关于印发《天津市技防网电子卡口技术规范》的通知	天津市公安局技防监管总队	2013 年 12 月 5 日
19	河北省公共安全技术防范管理规定	河北省人民政府	2004 年 4 月 1 日
20	河北省公共安全技术防范管理规定修正案	河北省人民政府	2010 年 11 月 30 日
21	河北省突发事件应对条例	河北省人民代表大会常务委员会	2013 年 7 月 1 日
22	山西省安全技术防范条例	山西省人民代表大会常务委员会	2012 年 10 月 1 日
23	山西省安全技术防范条例实施细则	山西省人民代表大会常务委员会	2013 年 3 月 20 日
24	内蒙古自治区公共安全技术防范系统设计、施工和维修单位备案等级评定办法	内蒙古自治区公安厅	2007 年 7 月 20 日
25	内蒙古自治区公安机关公共安全技术防范监督检查规定（试行）	内蒙古自治区公安厅	2009 年 8 月 5 日
26	关于加强全区学校和幼儿园安全技术防范系统建设的意见	内蒙古自治区公安厅、内蒙古自治区教育厅	2010 年 6 月 2 日
27	关于规范管理公共安全技术防范报警运营服务业的意见	内蒙古自治区公安厅	2010 年 11 月 12 日

续表

序号	名称	颁布机构	实施日期
28	内蒙古自治区公共安全技术防范管理条例实施细则	内蒙古自治区公安厅	2014 年 6 月 19 日
29	内蒙古自治区公共安全视频监控图像信息系统管理办法	内蒙古自治区人民政府	2014 年 11 月 1 日
30	关于修改《内蒙古自治区公共安全技术防范管理条例》的决定	内蒙古自治区人民代表大会常务委员会	2017 年 7 月 22 日
31	辽宁省公共安全视频图像信息系统管理办法	辽宁省人民政府	2008 年 1 月 1 日
32	辽宁省公共安全技术防范条例	辽宁省人民代表大会常务委员会	2015 年 2 月 1 日
33	《辽宁省公共安全技术防范条例》实施细则（试行）	辽宁省公安厅	2015 年 6 月 5 日
34	吉林省公共安全视频图像信息系统管理办法	吉林省人民政府	2013 年 1 月 1 日
35	黑龙江省水利厅关于切实加强水利行业反恐工作的通知	黑龙江省水利厅	2011 年 7 月 8 日
36	关于印发黑龙江省道路运输企业安全生产管理办法（试行）的通知	黑龙江省交通运输厅、黑龙江省安全生产监督管理局、黑龙江省公安厅	2012 年 9 月 1 日
37	黑龙江省公共安全技术防范条例	黑龙江省人民代表大会常务委员会	2012 年 11 月 1 日
38	黑龙江省公安机关实施《黑龙江省公共安全技术防范条例》细则	黑龙江省公安厅	2013 年 3 月 28 日
39	关于印发《上海市公共安全技术防范工程管理实施细则》的通知	上海市公安局技防办	2001 年 4 月 1 日
40	上海市社会公共安全技术防范管理办法	上海市人民政府	2001 年 4 月 1 日
41	关于印发《本市技防设施使用年限的规定》的通知	上海市公安局技防办	2002 年
42	关于在居民住宅小区等技防工程项目中推广使用电子围栏周界报警系统的通知	上海市公安局技防办	2007 年 8 月 20 日
43	关于贯彻国家标准《视频安防监控数字录像设备》（GB 20815-2006）的通知	上海市公安局技防办、上海市社会公共安全技术防范标准化技术委员会	2008 年 1 月 4 日
44	关于贯彻国家标准《视频安防监控数字录像设备》（GB 20815-2006）的补充通知	上海市公安局技防办	2008 年 3 月 19 日
45	关于印发《栅栏、玻璃类电控防盗门技术规范》的通知	上海市公安局技防办	2008 年 7 月 1 日
46	关于印发《本市安防工程用高压电子脉冲式探测器基本技术要求》的通知	上海市公安局技防办	2008 年 12 月 1 日
47	关于印发《张力式电子围栏人侵探测装置技术要求》的通知	上海市公安局技防办	2009 年 3 月 30 日
48	关于贯彻执行国家标准《脉冲电子围栏及其安装和安全运行》的通知	上海市公安局技防办	2009 年 6 月 8 日
49	关于贯彻实施《重点单位重要部位安全技术防范系统要求第 9 部分：零售商业》的补充通知	上海市公安局技防办	2009 年 6 月 25 日
50	关于贯彻实施《重点单位重要部位安全技术防范系统要求　第 9 部分：零售商业》的补充通知	上海市公安局技防办	2009 年 6 月 30 日
51	关于印发《上海综合型数字录像设备补充技术要求（试行）》的通知	上海市公安局技防办	2009 年 7 月 17 日

续表

序号	名称	颁布机构	实施日期
52	关于印发《本市视频安防监控用模拟彩色摄像机技术规范（试行）》的通知	上海市公安局技防办	2010年1月6日
53	关于印发《本市区域报警视频联动服务系统基本技术要求（试行）》的通知	上海市公安局技防办	2010年4月8日
54	关于进一步规范中小学、幼儿园紧急报警系统相关技术要求的通知	上海市公安局技防办	2010年5月25日
55	关于进一步规范区域报警系统接处警服务工作的通知	上海市公安局技防办	2010年7月16日
56	关于印发《本市视频安防监控用彩色数字摄像机技术规范（试行）》的通知	上海市公安局技防办	2010年9月5日
57	关于加强监管本市安防工程所用技防产品的通知	上海市公安局技防办	2011年1月21日
58	关于印发《本市视频安防监控系统用彩色显示终端技术规范（试行）》的通知	上海市公安局技防办	2011年7月8日
59	关于印发《本市专业型数字录像设备补充技术要求（试行）》的通知	上海市公安局技防办	2011年10月19日
60	上海市实施《中华人民共和国突发事件应对法》办法	上海市人民代表大会常务委员会	2013年5月1日
61	关于印发《本市视频安防监控系统用摄像机镜头技术规范（试行）》的通知	上海市公安局技防办	2013年5月1日
62	关于印发《关于〈数字视频安防监控系统基本技术要求〉的补充说明（一）》的通知	上海市公安局技防办	2013年8月8日
63	上海市人民政府办公厅印发《关于本市推动新一代人工智能发展的实施意见》的通知	上海市人民政府办公厅	2017年10月26日
64	江苏省收费营业场所安全防范工作规定（试行）	江苏省公安厅	2013年3月1日
65	江苏省人民政府办公厅关于加强铁路安全管理的意见	江苏省人民政府办公厅	2017年4月12日
66	社会治安动态视频监控系统技术规范	浙江省质量技术监督局	2004年8月4日
67	浙江省社会治安动态视频监控系统建设指导意见	浙江省公安厅	2004年8月20日
68	基于公共运营商的社会治安动态视频监控系统建设工作规范	浙江省公安厅	2006年9月4日
69	跨区域视频监控联网共享技术规范	浙江省质量技术监督局	2007年2月5日
70	全省社会治安动态视频监控系统“白昼工程”建设实施方案	浙江省公安厅	2007年8月1日
71	浙江省安全技术防范系统日常安全检查工作规范	浙江省公安厅	2007年12月12日
72	关于加强社会治安动态视频监控系统共享平台建设的通知	浙江省公安厅技防办	2008年2月26日
73	关于加强全省社会治安动态视频监控系统建设的意见	浙江省委办公厅、省政府办公厅	2008年8月27日
74	安全技术防范系统建设技术规范	浙江省质量技术监督局	2010年3月8日
75	跨区域视频监控联网共享技术规范	浙江省质量技术监督局	2011年6月27日
76	安全技术防范（系统）工程检验规范	浙江省质量技术监督局	2011年6月27日
77	安全技术防范工程运行维护规范	浙江省质量技术监督局	2011年6月27日
78	视频安防监控设备运行监测系统技术规范	浙江省质量技术监督局	2011年6月27日

续表

序号	名称	颁布机构	实施日期
79	浙江省社会管理综合治理委员会关于加强安全技术防范体系建设的实施意见	浙江省社会管理综合治理委员会	2013年1月6日
80	浙江省社会管理综合治理委员会办公室浙江省公安厅关于开展安全技术防范体系建设试点工作的通知	浙江省社会管理综合治理委员会	2013年7月31日
81	浙江省公安视频专网安全管理工作规范	浙江省公安厅	2015年12月31日
82	浙江省公安视频专网安全管理技术规范	浙江省公安厅	2015年12月31日
83	关于印发《浙江省国家信息经济示范区建设实施方案》的通知	中共浙江省委办公厅、浙江省人民政府办公厅	2017年4月27日
84	浙江省人民政府关于印发浙江省新一代人工智能发展规划的通知	浙江省人民政府	2017年12月4日
85	浙江省水利厅关于在全省重大水利建设工程中试行视频监控系统建设的通知	浙江省水利厅	2017年12月5日
86	安徽省公共安全技术防范管理规定	安徽省人民政府	2002年2月1日
87	安徽省公共安全技术防范管理规定实施细则	安徽省公安厅	2002年12月4日
88	安徽省突发事件应对条例	安徽省人民代表大会常务委员会	2013年3月1日
89	安徽省公共安全视频图像信息系统管理办法	安徽省人民政府	2016年11月2日
90	福建省社会治安综合治理条例	福建省人民代表大会常务委员会	2011年5月21日
91	关于贯彻执行《〈福建省视频监控系统技术规范〉的实施意见》的通知	福建省公安厅	2011年10月18日
92	关于数字福建智慧城市建设的指导意见	福建省人民政府	2014年4月10日
93	福建省公共安全技术防范管理办法	福建省人民政府常务会议	2015年7月1日
94	福建省公安机关公共安全技术防范监督管理实施细则	福建省公安厅	2015年7月23日
95	山东省公共安全技术防范管理办法	山东省人民政府	2004年10月31日
96	山东省安全技术防范工程管理规范	山东省公安厅	2005年3月21日
97	山东省安全技术防范产品管理规范	山东省公安厅	2005年
98	山东省安全技术防范工程设计施工等级确认管理办法	山东省公安厅	2017年1月1日
99	江西省公共安全技术防范管理规定	江西省人民政府	1999年4月16日
100	江西省突发事件应对条例	江西省人民代表大会常务委员会	2013年9月1日
101	江西省公安行政处罚自由裁量权细化标准（公共安全技术防范管理类、消防管理类、交通管理类）	江西省公安厅	2015年9月1日
102	河南省公共安全技术防范管理条例	河南省人民政府	2013年10月1日
103	河南省公共安全技术防范管理条例实施细则	河南省公安厅	2013年10月1日
104	湖北省公共安全技术防范管理规定	湖北省人民政府	2007年11月28日
105	湖北省公共安全技术防范管理规定实施细则	湖北省公安厅	2008年1月16日
106	湖北省文物保护单位及博物馆纪念馆安全技术防范工程建设管理办法	湖北省文化厅、湖北省公安厅、湖北省监察厅、湖北省财政厅	2011年8月31日

续表

序号	名称	颁布机构	实施日期
107	关于印发《湖北省中小学幼儿园安全防范标准》的通知	湖北省综合治理委员会、湖北省教育厅、湖北省公安厅	2011 年 9 月 19 日
108	湖北省公共安全视频图像信息系统管理办法	湖北省人民政府	2013 年 9 月 1 日
109	湖北省突发事件应对办法	湖北省人民政府	2014 年 3 月 1 日
110	关于进一步加强单位内部治安保卫工作的意见	湖北省人民政府	2014 年 7 月 25 日
111	湖北省国家安全技术保卫办法	湖北省人民政府	2017 年 4 月 15 日
112	湖南省公共安全技术防范管理规定	湖南省人民政府	2004 年 6 月 23 日
113	湖南省商场（超市）、金银珠宝饰品店治安防范管理规范	湖南省社会治安综合治理委员会办公室、湖南省公安厅、湖南省商务厅	2011 年 8 月 29 日
114	广东省安全技术防范管理条例	广东省人民代表大会常务委员会	2002 年 5 月 30 日
115	广东省公共安全视频图像信息系统管理办法	广东省人民政府	2009 年 4 月 1 日
116	推进珠江三角洲地区智慧城市群建设和信息化一体化行动计划（2014—2020 年）	广东省人民政府	2014 年 11 月 7 日
117	广东省人民政府关于取消和调整一批行政审批项目等事项的决定	广东省人民政府	2015 年 8 月 7 日
118	广东省机构编制委员会关于做好非行政许可审批等事项调整工作的函	广东省机构编制委员会办公室	2015 年 9 月 9 日
119	广东省安全技术防范管理实施办法	广东省人民政府	2017 年 8 月 1 日
120	广西壮族自治区安全技术防范管理暂行规定	广西壮族自治区人民政府	2000 年 2 月 1 日
121	广西公安机关社会管理视频监控系统联网技术指导性意见（试行）	广西壮族自治区公安厅	2011 年 6 月 1 日
122	社会公共安全视频图像信息系统技术规范	重庆市质量技术监督局	2006 年 9 月 1 日
123	关于规范全市公安 GPS 卫星定位报警指挥调度系统建设与管理的通知	重庆市公安局办公室	2009 年 1 月 24 日
124	重庆市公共安全视频图像信息系统管理办法	重庆市人民政府	2016 年 8 月 1 日
125	四川省公共安全技术防范专家管理办法（试行）	四川省公安厅	2010 年 3 月 26 日
126	四川省“十二五”安全生产规划 2014 年度实施计划	四川省人民政府	2014 年 3 月 19 日
127	四川省深化制造业与互联网融合发展实施方案	四川省人民政府	2017 年 6 月 27 日
128	贵州省安全技术防范管理条例	贵州省人民代表大会常务委员会	2004 年 3 月 1 日
129	贵州省公共安全视频信息系统管理办法	贵州省人民政府	2010 年 12 月 1 日
130	云南省社会治安综合治理委员会关于加强城市报警和监控系统建设的意见	云南省公安厅	2007 年 11 月 1 日
131	云南省城市报警和监控系统建设实施意见	云南省社会治安综合治理工作办公室	2007 年 11 月 6 日
132	云南省公共安全技术防范管理办法	云南省社会治安综合治理办公室、云南省公安厅	2007 年 12 月 1 日
133	云南省公共安全视频图像信息系统管理规定	云南省人民政府	2016 年 10 月 1 日
134	陕西省安全技术防范条例实施细则	陕西省人民政府	2006 年

续表

序号	名称	颁布机构	实施日期
135	陕西省安全技术防范条例	陕西省人民代表大会常务委员会	2006年10月1日
136	陕西省公共安全图像信息系统管理办法	陕西省人民政府	2011年8月1日
137	甘肃省公共安全视频信息系统管理办法	甘肃省人民政府	2011年5月1日
138	甘肃省实施《中华人民共和国突发事件应对法》办法	甘肃省人民代表大会常务委员会	2011年9月29日
139	甘肃省加强中小学幼儿园安全风险防控体系建设实施意见	甘肃省人民政府办公厅	2017年9月18日
140	关于印发《关于进一步开展全区公安机关视频图像信息整合与共享、深化视频应用工作的意见》的通知	宁夏回族自治区公安厅	2012年8月15日
141	宁夏回族自治区人民政府办公厅关于加快新型智慧城市建设的实施意见	宁夏回族自治区人民政府办公厅	2017年5月24日
142	新疆维吾尔自治区社会公共安全技术防范管理暂行规定	新疆维吾尔自治区人民政府	2004年10月11日
143	新疆维吾尔自治区公共安全视频信息系统管理办法	新疆维吾尔自治区人民政府	2014年7月1日

附录二　我国安全技术防范行业标准体系表

一、指导思想

1. 编制标准体系表是我国安全技术防范标准化工作的一项重要基础性工作。

2. 我国安全技术防范标准体系表是我国安全技术防范现有、应有和预计制定标准的蓝图，是编制安全技术防范标准制修订规划和计划的基本依据，是促进我国安全技术防范标准组成达到科学合理化的重要基础，是开展安全技术防范领域科学技术研究的重要参考资料。

3. 我国安全技术防范标准体系表将随着科学技术的发展而不断更新和充实。

二、编制原则

（一）目标明确

编制我国安全技术防范标准体系表的目的是为我国安全技术防范标准化工作提供基本依据，保障我国安全技术防范标准化工作科学、高效的开展，从而促进我国安全技术防范产业健康、有序和快速发展。

（二）全面成套

本标准体系表的编制遵循全面成套的原则，内容涵盖了我国安全技术防范行业的通用标准、行业所涉及的各专业（子系统）通用标准、构成各专业（子系统）的产品标准等。

（三）层次适当

本标准体系表的层次结构是根据 GB/T 13016-2009 中 5.1.3 条“层次结构”的相关要求划分的，第一层为安全技术防范行业通用标准，第二层为各专业（各子系统）通用标准等，第三层为产品标准等。

（四）划分清楚

本标准体系表中的标准元素和标准集合按照基础、技术、工程、管理、服务等标准化活动性质的同一性进行划分，基本做到了标准体系表内的子体系或类别划分清楚。

（五）国际接轨

在本标准体系表的编制过程中，参考了相关的国际、区域和国外标准体系，重点研究了与我国安全技术防范标准化工作对口的国际电工委员会（IEC）和欧洲电工委员会（CLC）的相关标准，并基本将其标准纳入了本标准体系表中。

（六）适合国情

在参考相关的国际、区域和国外标准体系的同时，本标准体系表的编制更注重适合我国国情，并没有照搬国际、区域和国外的标准体系结构和标准名称，而是根据我国安全技术防范标准化工作的实际需要，将这些标准元素合理纳入不同层次的子体系，同时对标准名称进行了适当的调整。

三、相关术语和定义

（一）安全技术防范（security）

利用各种电子信息设备组成系统和/或网络，用于防入侵、防盗窃、防抢劫、防破坏、防爆安全检查等，以实现维护社会公共安全的目的。

（二）标准体系（standard system）

一定范围内的标准按其内在联系形成的科学的有机整体。

[GB/T 13016-2009，3.3]

（三）标准体系表（diagram of standard system）

一定范围的标准体系内的标准按其内在联系排列起来的图表。

[GB/T 13016-2009，3.4]

（四）基础标准（basic standard）

具有广泛的适用范围或包含一个特定领域的通用条款的标准。

[GB/T 20000.1-2002，2.5.1]

（五）产品标准（product standard）

规定产品应满足的要求以确保其适用性的标准。

[GB/T 20000.1-2002，2.5.4]

（六）服务标准（service standard）

规定服务应满足的要求以确保其适用性的标准。

[GB/T 20000.1-2002，2.5.6]

（七）技术标准（technical standard）

规定技术应满足的要求以确保其适用性的标准。

（八）工程标准（engineering standard）

规定工程应满足的要求以确保其适用性的标准。

（九）公共管理标准（public administration standard）

规定公共管理应满足的要求以确保其适用性的标准。

（十）行业通用标准（industry general standard）

规定行业领域内应满足的通用要求以确保其适用性的标准。

（十一）专业通用标准（specialty general standard）

规定行业中某一专业领域内应满足的通用要求以确保其适用性的标准。

四、体系结构

（一）体系结构框图

我国安全技术防范标准体系结构框图如图 1 所示。

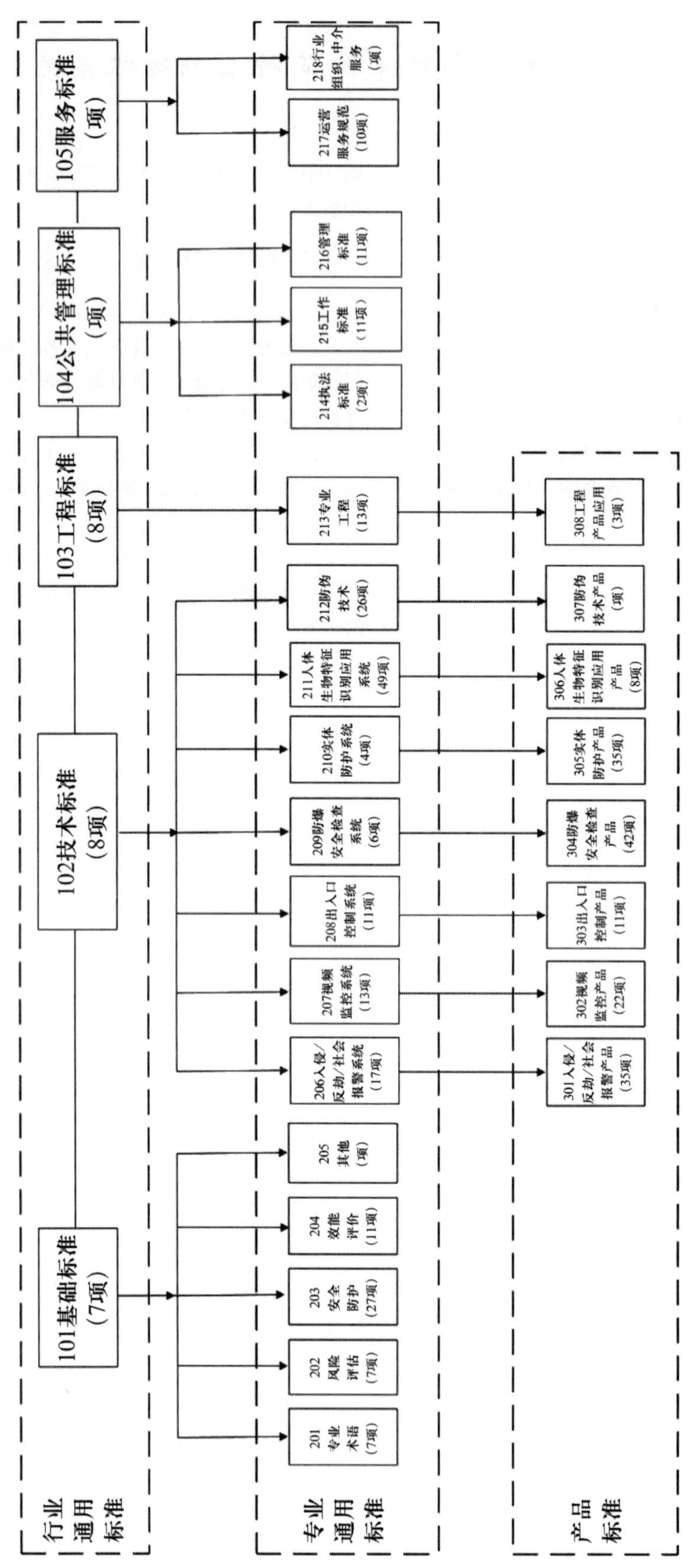

图1 我国安全技术防范标准体系结构框图

（二）体系结构说明

1. 横向层次。

本标准体系横向主要分为三层结构。第一层为安全技术防范通用标准，包括基础标准、技术标准、工程标准、公共管理标准和服务标准等。第二层为专业通用标准，包括安全技术防范各专业（子系统）的术语、技术和工程标准等，将作为安全技术防范工作基础的风险评估、安全防护和效能评估等列入该层，同时将公共管理标准和服务标准的细分类别列入该层。第三层为产品标准和产品应用标准。在第二层和第三层的有些部分，根据实际需要，按分类或门类增加了扩展层。

2. 纵向层次。

本标准体系纵向划分了基础标准、技术标准、工程标准、公共管理标准和服务标准五个子体系。鉴于支撑安全技术防范工作的重要性，将术语、风险评估、安全防护和效能评估标准纳入基础标准子体系，将安全防范系统和入侵/反劫/社会报警系统、视频监控系统、出入口控制系统、防爆安全检查系统、实体防护系统、人体生物特征识别应用系统、防伪技术等子系统以及各类产品标准纳入技术标准子体系，将安全防范工程设计、施工、检测、验收和产品应用等纳入工程标准子体系，将执法标准、工作标准和管理标准纳入公共管理标准子体系，将安防系统运营服务、行业组织和中介服务纳入服务标准子体系。

五、标准明细表

1. 本标准体系表给出了《我国安全技术防范标准明细表》，由31个表格组成，目前共列入了378个标准元素。随着科学技术的进步和新产品的生产以及新的安全需求带来的新的应用，标准体系表和标准明细表都有一个不断完善的过程。

2.《我国安全技术防范标准明细表》各表格的编号原则是：标准体系第一层的表格编号为101～105；第二层的表格编号为201～218；第三层的表格编号为301～308。

3.《我国安全技术防范标准明细表》和城市监控报警联网系统标准体系的具体内容，可参见本年鉴的网络版。

六、公共安全视频图像信息联网共享应用标准体系

公共安全视频图像信息联网共享应用标准体系如图2所示。

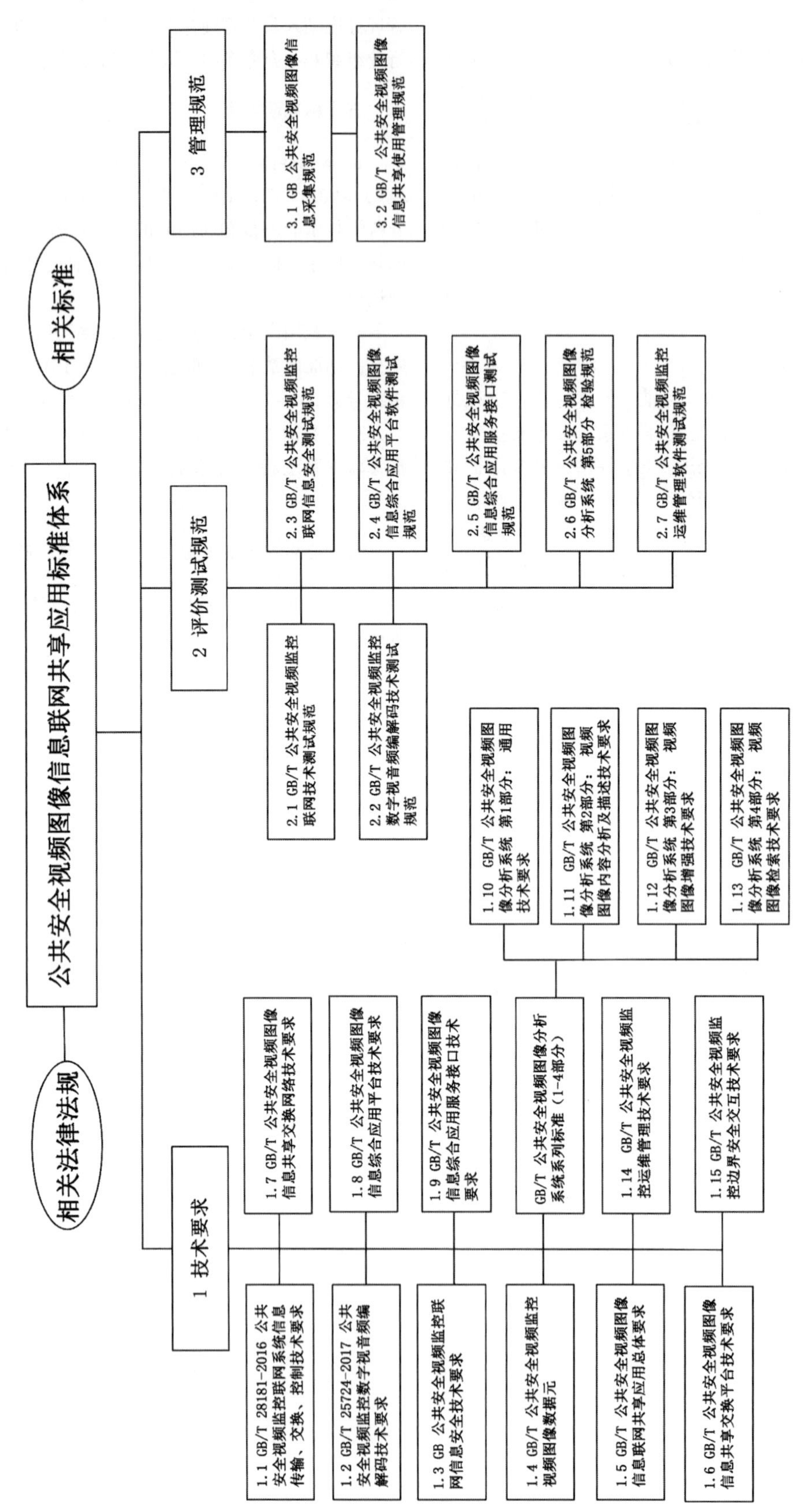

图2 公共安全视频图像信息联网共享应用标准体系

附录三　全国安全防范报警系统标准化技术委员会现行标准目录

截至 2018 年 12 月 31 日，现行有效的标准共 208 项，其中国标 62 项、行标 146 项。

入侵和紧急报警系统（共 35 项，其中国标 24 项、行标 11 项）		
序号	标准编号	名　称
1	GB 15407-2010	遮挡式微波入侵探测器技术要求
2	GB/T 15211-2013	安全防范报警设备　环境适应性要求和试验方法
3	GB 10408. 1-2000	入侵探测器　第 1 部分：通用要求
4	GB 10408. 2-2000	入侵探测器　第 2 部分：室内用超声波多普勒探测器
5	GB 10408. 3-2000	入侵探测器　第 3 部分：室内用微波多普勒探测器
6	GB 10408. 4-2000	入侵探测器　第 4 部分：主动红外入侵探测器
7	GB 10408. 5-2000	入侵探测器　第 5 部分：室内用被动红外探测器
8	GB 10408. 9-2001	入侵探测器　第 9 部分：室内用被动式玻璃破碎探测器
9	GB 12663-2001	防盗报警控制器通用技术条件
10	GB 15209-2006	磁开关入侵探测器
11	GB 20816-2006	车辆防盗报警系统　乘用车
12	GB/T10408. 8-2008	振动入侵探测器
13	GB 10408. 6-2009	微波和被动红外复合入侵探测器
14	GB/T 21564. 1-2008	报警传输系统串行数据接口的信息格式和协议　第 1 部分：总则
15	GB/T 21564. 2-2008	报警传输系统串行数据接口的信息格式和协议　第 2 部分：公用应用层协议
16	GB/T 21564. 3-2008	报警传输系统串行数据接口的信息格式和协议　第 3 部分：公用数据链路层协议
17	GB/T 21564. 4-2008	报警传输系统串行数据接口的信息格式和协议　第 4 部分：公用传输层协议
18	GB/T 21564. 5-2008	报警传输系统串行数据接口的信息格式和协议　第 5 部分：数据接口
19	GB 16796-2009	安全防范报警设备　安全要求和试验方法
20	GB 25287-2010	周界防范高压电网装置
21	GB/T 30148-2013	安全防范报警设备　电磁兼容抗扰度要求和试验方法
22	GB/T 31132-2014	入侵报警系统　无线（射频）设备互联技术要求
23	GB/T 32581-2016	入侵和紧急报警系统技术要求
24	GB/T 36546-2018	入侵和紧急报警系统　告警装置技术要求
25	GA/T 553-2005	车辆反劫防盗联网报警系统通用技术要求
26	GA/T 600. 1-2006	报警传输系统的要求　第 1 部分：系统的一般要求
27	GA/T 600. 2-2006	报警传输系统的要求　第 2 部分：设备的一般要求
28	GA/T 600. 3-2006	报警传输系统的要求　第 3 部分：利用专用报警传输通路的报警传输系统
29	GA/T 600. 4-2006	报警传输系统的要求　第 4 部分：利用公共电话交换网络的数字通信机系统的要求
30	GA/T 600. 5-2006	报警传输系统的要求　第 5 部分：利用公共电话交换网络的话音通信机系统的要求
31	GA/T 1031-2012	泄漏电缆入侵探测装置通用技术要求

续表

入侵和紧急报警系统（共 35 项，其中国标 24 项、行标 11 项）		
序号	标准编号	名　　称
32	GA/T 1032-2013	张力式电子围栏通用技术要求
33	GA/T 1158-2014	激光对射入侵探测器技术要求
34	GA/T 1217-2015	光纤振动入侵探测器技术要求
35	GA/T 1372-2017	甚低频感应入侵探测器技术要求

视频监控系统（共 40 项，其中国标 6 项、行标 34 项）		
序号	标准编号	名　　称
1	GB 20815-2006	视频安防监控数字录像设备
2	GB/T 25724-2017	公共安全视频监控数字视音频编解码技术要求
3	GB/T 28181-2016	公共安全视频监控联网系统信息传输、交换、控制技术要求
4	GB/T 30147-2013	安防监控视频实时智能分析设备技术要求
5	GB 35114-2017	公共安全视频监控联网信息安全技术要求
6	GB 37300-2018	公共安全重点区域视频图像信息信息采集规范
7	GA/T 367-2001	视频安防监控系统技术要求
8	GA/T 645-2014	安全防范监控变速球型摄像机
9	GA/T 646-2016	安全防范视频监控矩阵设备通用技术要求
10	GA/T 669. 1-2008	城市监控报警联网系统　技术标准　第 1 部分：通用技术要求
11	GA/T 669. 2-2008	城市监控报警联网系统　技术标准　第 2 部分：安全技术要求
12	GA/T 669. 3-2008	城市监控报警联网系统　技术标准　第 3 部分：前端信息采集技术要求
13	GA/T 669. 6-2008	城市监控报警联网系统　技术标准　第 6 部分：视音频显示、存储、播放技术要求
14	GA/T 669. 7-2008	城市监控报警联网系统　技术标准　第 7 部分：管理平台技术要求
15	GA/T 669. 9-2008	城市监控报警联网系统　技术标准　第 9 部分：卡口信息识别、比对、监测系统技术要求
16	GA/T 792. 1-2008	城市监控报警联网系统　管理标准　第 1 部分：图像信息采集、接入、使用管理要求
17	GA 793. 1-2008	城市监控报警联网系统　合格评定　第 1 部分：系统功能性能检验规范
18	GA 793. 2-2008	城市监控报警联网系统　合格评定　第 2 部分：管理平台软件测试规范
19	GA 793. 3-2008	城市监控报警联网系统　合格评定　第 3 部分：系统验收规范
20	GA/T 669. 8-2009	城市监控报警联网系统　技术标准　第 8 部分：传输网络技术要求
21	GA/T 669. 10-2009	城市监控报警联网系统　技术标准　第 10 部分：无线视音频监控系统技术要求
22	GA/T 1072-2013	基层公安机关社会治安视频监控中心（室）工作规范
23	GA/T 1127-2013	安全防范视频监控摄像机通用技术要求
24	GA/T 1128-2013	安全防范视频监控高清晰度摄像机测量方法
25	GA/Z 1164-2014	公安视频图像信息联网与应用标准体系表
26	GA/T 1178-2014	安全防范系统光端机技术要求
27	GA/T 1211-2014	安全防范高清视频监控系统技术要求
28	GA/T 1216-2015	安全防范监控网络视音频编解码设备
29	GA/T 1353-2018	视频监控摄像机防护罩通用技术要求
30	GA/T 1354-2018	安防视频监控车载数字录像设备技术要求
31	GA/T 1355-2018	国家标准 GB/T 28181-2016 符合性测试规范

续表

视频监控系统（共 40 项，其中国标 6 项、行标 34 项）		
序号	标准编号	名　　称
32	GA/T 1356-2018	国家标准 GB/T 25724-2017 符合性测试规范
33	GA/T 1357-2018	公共安全视频监控硬盘分类及试验方法
34	GA/T 1399. 1-2017	公安视频图像分析系统　第 1 部分：通用技术要求
35	GA/T 1399. 2-2017	公安视频图像分析系统　第 2 部分：视频图像内容分析及描述技术要求
36	GA/T 1400. 1-2017	公安视频图像信息应用系统　第 1 部分：通用技术要求
37	GA/T 1400. 2-2017	公安视频图像信息应用系统　第 2 部分：应用平台技术要求
38	GA/T 1400. 3-2017	公安视频图像信息应用系统　第 3 部分：数据库技术要求
39	GA/T 1400. 4-2017	公安视频图像信息应用系统　第 4 部分：接口协议要求
40	GA/T 1352-2018	视频监控镜头

出入口控制系统（共 15 项，其中国标 4 项、行标 11 项）		
序号	标准编号	名　　称
1	GB/T 31070. 1-2014	楼寓对讲系统　第 1 部分：通用技术要求
2	GB/T 31070. 2-2018	楼寓对讲系统　第 2 部分：全数字系统技术要求
3	GB/T 31070. 4-2018	楼寓对讲系统　第 4 部分：应用指南
4	GB/T 37078-2018	出入口控制系统技术要求
5	GA 374-2001	电子防盗锁
6	GA/T 394-2002	出入口控制系统技术要求
7	GA/T 72-2013	楼寓对讲电控安全门通用技术条件
8	GA/T 644-2006	电子巡查系统技术要求
9	GA 701-2007	指纹防盗锁通用技术条件
10	GA/T 678-2007	联网型可视对讲系统技术要求
11	GA/T 761-2008	停车场（库）安全管理系统技术要求
12	GA/T 992-2012	停车库（场）出入口控制设备技术要求
13	GA/T 1132-2014	车辆出入口电动栏杆机技术要求
14	GA 1210-2014	楼寓对讲系统安全技术要求
15	GA/T 1260-2016	人行出入口电控通道闸通用技术要求

防爆与安全检查系统（共 21 项，其中国标 9 项、行标 12 项）		
序号	标准编号	名　　称
1	GB 12664-2003	便携式 X 射线安全检查设备通用规范
2	GB 12899-2018	手持式金属探测器通用技术规范
3	GB 15208. 1-2018	微剂量 X 射线安全检查设备　第 1 部分：通用技术要求
4	GB 15208. 2-2018	微剂量 X 射线安全检查设备　第 2 部分：透射式行包安全检查设备
5	GB 15208. 3-2018	微剂量 X 射线安全检查设备　第 3 部分：透射式货物安全检查设备
6	GB 15208. 4-2018	微剂量 X 射线安全检查设备　第 4 部分：人体安全检查设备
7	GB 15208. 5-2018	微剂量 X 射线安全检查设备　第 5 部分：背散射物品安全检查设备
8	GB 15210-2018	通过式金属探测门通用技术规范

续表

防爆与安全检查系统（共21项，其中国标9项、行标12项）		
序号	标准编号	名　　称
9	GB/T 37128-2018	X射线计算机断层成像安全检查系统技术要求
10	GA/T 71-1994	机械钟控定时引爆装置探测器
11	GA/T 142-1996	排爆机器人通用技术条件
12	GA/T 841-2009	基于离子迁移谱技术的痕量毒品/炸药探测仪通用技术要求
13	GA 857-2009	货物运输微剂量X射线安全检查设备通用技术要求
14	GA 921-2011	民用爆炸物品警示标识、登记标识通则
15	GA 926-2011	微剂量透射式X射线人体安全检查设备通用技术要求
16	GA/T 1060.1-2013	便携式放射性物质探测与核素识别设备通用技术要求　第1部分：γ探测设备
17	GA/T 1060.2-2013	便携式放射性物质探测与核素识别设备通用技术要求　第2部分：识别设备
18	GA/T 1067-2013	基于拉曼光谱技术的液态物品安全检查设备通用技术要求
19	GA/T 1152-2014	安全防范　手持式视频检查仪通用技术要求
20	GA/T 1323-2016	基于荧光聚合物传感技术的痕量炸药探测仪通用技术要求
21	GA/T 1336-2016	车底成像安全检查系统通用技术要求

安全防范系统工程（共48项，其中国标10项、行标38项）		
序号	标准编号	名　　称
1	GB/T 16571-2012	博物馆和文物保护单位安全防范系统要求
2	GB/T 16676-2010	银行安全防范报警监控联网系统技术要求
3	GB 50348-2018	安全防范工程技术标准
4	GB 50394-2007	入侵报警系统工程设计规范
5	GB 50395-2007	视频安防监控系统工程设计规范
6	GB 50396-2007	出入口控制系统工程设计规范
7	GB/T 21741-2008	住宅小区安全防范系统通用技术要求
8	GB/T 29315-2012	中小学、幼儿园安全技术防范系统要求
9	GB/T 31068-2014	普通高等学校安全技术防范系统要求
10	GB/T 31458-2015	医院安全技术防范系统要求
11	GA/T 75-1994	安全防范工程程序与要求
12	GA/T 74-2017	安全防范系统通用图形符号
13	GA 308-2001	安全防范系统验收规则
14	GA 27-2002	文物系统博物馆风险等级和安全防护级别的规定
15	GA 38-2015	银行营业场所安全防范要求
16	GA/T 70-2014	安全防范工程建设与维护保养费用预算编制办法
17	GA 586-2005	广播电影电视系统重点单位重要部位的风险等级和安全防护级别
18	GA/T670-2006	安全防范系统雷电浪涌防护技术要求
19	GA 745-2017	银行自助设备、自助银行安全防范要求
20	GA 837-2009	民用爆炸物品储存库治安防范要求
21	GA 838-2009	小型民用爆炸物品储存库安全规范
22	GA/T 848-2009	爆破作业单位民用爆炸物品储存库安全评价导则

续表

安全防范系统工程（共 48 项，其中国标 10 项、行标 38 项）		
序号	标准编号	名　称
23	GA 858-2010	银行业务库安全防范的要求
24	GA 873-2010	冶金钢铁企业治安保卫重要部位风险等级和安全防护要求
25	GA 1002-2012	剧毒化学品、放射源存放场所治安防范要求
26	GA 1003-2012	银行自助服务亭技术要求
27	GA 1015-2012	枪支去功能处理与展览枪支安全防范要求
28	GA 1016-2012	枪支（弹药）库室风险等级划分与安全防范要求
29	GA 1081-2013	安全防范系统维护保养规范
30	GA 1089-2013	电力设施治安风险等级和安全防护要求
31	GA 1166-2014	石油天然气管道系统治安风险等级和安全防范要求
32	GA/T 1184-2014	安全防范工程监理规范
33	GA/T 1185-2014	安全防范工程技术文件编制深度要求
34	GA 1257-2015	民用枪弹编号及包装标识要求
35	GA 1258-2015	民用枪支编号及包装标识要求
36	GA 1280-2015	自动柜员机安全性要求
37	GA/T 1297-2016	安防线缆
38	GA 1383-2017	报警运营服务规范
39	GA/T 1406-2017	安防线缆应用技术要求
40	GA/T 1351-2018	安防线缆接插件
41	GA 1467-2018	城市轨道交通安全防范要求
42	GA/T 1468-2018	寄递企业安全防范要求
43	GA/T 1469-2018	光纤振动入侵探测系统工程技术规范
44	GA 1511-2018	易制爆危险化学品储存场所治安防范要求
45	GA 1517-2018	金银珠宝营业场所安全防范要求
46	GA 1524-2018	射钉器公共安全要求
47	GA 1525-2018	射钉弹公共安全要求
48	GA 1531-2018	工业电子雷管信息管理通则

实体防护系统（共 15 项，其中国标 2 项、行标 13 项）		
序号	标准编号	名　称
1	GB 10409-2001	防盗保险柜
2	GB 17565-2007	防盗安全门通用技术条件
3	GA/T 73-2015	机械防盗锁
4	GA/T 143-1996	金库门通用技术条件
5	GA 164-2018	专用运钞车防护技术要求（代替 GA 164-2005）
6	GA 165-2016	防弹透明材料
7	GA 166-2006	防盗保险箱
8	GA 501-2004	银行用保管箱通用技术条件
9	GA 576-2018	防尾随联动互锁安全门通用技术条件（代替 GA 576-2005）

续表

实体防护系统（共 15 项，其中国标 2 项、行标 13 项）		
序号	标准编号	名　称
10	GA 667-2006	防爆炸复合玻璃
11	GA 746-2008	提款箱
12	GA 844-2018	防砸透明材料（代替 GA 844-2009）
13	GA 1051-2013	枪支弹药专用保险柜
14	GA/T 1337-2016	银行自助设备防护舱安全性要求
15	GA/T 1499-2018	卷帘门安全性要求

人体生物特征识别应用（共 30 项，其中国标 6 项、行标 24 项）		
序号	标准编号	名　称
1	GB/T 31488-2015	安全防范视频监控人脸识别系统技术要求
2	GB/T 35676-2017	公共安全　指静脉识别应用　算法识别性能评测方法
3	GB/T 35678-2017	公共安全　人脸识别应用　图像技术要求
4	GB/T 35735-2017	公共安全　指纹识别应用　采集设备通用技术要求
5	GB/T 35736-2017	公共安全　指纹识别应用　图像技术要求
6	GB/T 35742-2017	公共安全　指静脉识别应用　图像技术要求
7	GA/T 893-2010	安防生物特征识别应用术语
8	GA/T 894. 3-2010	安防指纹识别应用系统　第 3 部分：指纹图像质量
9	GA/T 894. 6-2010	安防指纹识别应用系统　第 6 部分：指纹识别算法评测方法
10	GA/T 922. 2-2011	安防人脸识别应用系统　第 2 部分：人脸图像数据
11	GA/T 894. 7-2012	安防指纹识别应用系统　第 7 部分：指纹采集设备
12	GA/T 938-2011	安防指静脉识别应用系统设备通用技术要求
13	GA/T 939-2011	安防指静脉识别应用系统算法评测方法
14	GA/T 940-2011	安防指静脉识别应用系统图像技术要求
15	GA/T 1093-2013	出入口控制人脸识别系统技术要求
16	GA/T 1126-2013	近红外人脸识别设备技术要求
17	GA/T 1179-2014	安防声纹确认应用算法技术要求和测试方法
18	GA/T 1181-2014	安防指静脉识别应用　程序接口规范
19	GA/T 1208-2014	安防虹膜识别应用　算法评测方法
20	GA/T 1212-2014	安防人脸识别应用　防假体攻击测试方法
21	GA/T 1213-2014	安防指静脉识别应用　3D 数据技术要求
22	GA/T 1284-2015	安防指/掌纹识别应用　图像数据交换格式一致性测试方法
23	GA/T 1285-2015	安防指/掌纹识别应用　图像数据交换格式
24	GA/T 1286-2015	安防虹膜识别应用　图像数据交换格式
25	GA/T 1324-2017	安全防范　人脸识别应用　静态人脸图像采集规范
26	GA/T 1325-2017	安全防范　人脸识别应用　视频图像采集规范
27	GA/T 1326-2017	安全防范　人脸识别应用　程序接口规范
28	GA/T 1429-2017	安防虹膜识别应用　图像技术要求
29	GA/T 1470-2018	安全防范　人脸识别应用　分类
30	GA/T 1486-2018	安全防范　虹膜识别应用　程序接口规范

附录四　国际电工委员会/报警与电子安防系统技术委员会（IEC/TC79）现行国际标准目录

（截至 2018 年 12 月）

序号	标准号	英文名称	中文名称	发布日期
1	IEC60839-5-1：2014	Alarm and electronic security systems-Part 5-1：Alarm transmission systems-General requirements	报警与电子安防系统-第 5-1 部分：报警传输系统-通用要求	2014 年 7 月 28 日
2	IEC60839-5-2：2016	Alarm and electronic security systems-Part 5-2：Alarm transmission systems - Requirements for supervised premises transceiver（SPT）	报警与电子安防系统-第 5-2 部分：报警传输系统-受控区域收发器（SPT）要求	2016 年 2 月 3 日
3	IEC60839-5-5：2016	Alarm and electronic security systems-Part 5-3：Alarm transmission systems-Requirements for receiving centre transceiver（RCT）	报警与电子安防系统-第 5-3 部分：报警传输系统-接收中心收发器（RCT）要求	2016 年 2 月 3 日
4	IEC60839-7-1：2001	Alarm systems - Part 7 - 1：Message formats and protocols for serial data interfaces in alarm transmission systems-General	报警系统-第 7-1 部分：报警传输系统串行数据接口的信息格式和协议-总则	2001 年 3 月 9 日
5	IEC60839-7-2：2001	Alarm systems - Part 7 - 2：Message formats and protocols for serial data interfaces in alarm transmission systems-Common application layer protocol	报警系统-第 7-2 部分：报警传输系统串行数据接口的信息格式和协议-公用应用层协议	2001 年 3 月 9 日
6	IEC60839-7-3：2001	Alarm systems - Part 7 - 3：Message formats and protocols for serial data interfaces in alarm transmission systems-Common data link layer protocol	报警系统-第 7-3 部分：报警传输系统串行数据接口的信息格式和协议-公用数据链路层协议	2001 年 3 月 9 日
7	IEC60839-7-4：2001	Alarm systems - Part 7 - 4：Message formats and protocols for serial data interfaces in alarm transmission systems-Common transport layer protocol	报警系统-第 7-4 部分：报警传输系统串行数据接口的信息格式和协议-公用传输层协议	2001 年 3 月 9 日
8	IEC60839-7-5：2001	Alarm systems - Part 7 - 5：Message formats and protocols for serial data interfaces in alarm transmission systems-Alarm system interfaces employing a two-wire configuration in accordance with ISO/IEC 8482	报警系统-第 7-5 部分：报警传输系统串行数据接口的信息格式和协议-按照 ISO/IEC 8482 采用双线配置的报警系统接口	2001 年 3 月 9 日
9	IEC60839-7-6：2001	Alarm systems-Part 7-6：Messageformats and protocols for serial data interfaces in alarm transmission systems-Alarm system interfaces employing ITU-T Recommendation V. 24/V. 28 signalling	报警系统-第 7-6 部分：报警传输系统串行数据接口的信息格式和协议-采用 ITU-T 建议 V. 24/V. 28 信令的报警系统接口	2001 年 3 月 9 日
10	IEC60839-7-7：2001	Alarm systems - Part 7 - 7：Message formats and protocols for serial data interfaces in alarm transmission systems-Alarm system interfaces for plug-in alarm system transceivers	报警系统-第 7-7 部分：报警传输系统串行数据接口的信息格式和协议-插入式报警系统收发器的报警系统接口	2001 年 3 月 9 日

续表

序号	标准号	英文名称	中文名称	发布日期
11	IEC60839-7-11：2001	Alarm systems-Part 7-11：Message formats and protocols for serial data interfaces in alarm transmission systems-Serial protocol for use by digital communicator systems using ITU-T Recommandation V. 23 signalling at interfaces with the PSTN	报警系统-第 7-11 部分：报警传输系统串行数据接口的信息格式和协议-与 PSTN 接口处采用 ITU-T 建议 V. 23 信令的数字通信系统中的串行协议	2001 年 3 月 9 日
12	IEC60839-7-12：2001	Alarm systems-Part 7-12：Message formats and protocols for serial data interfaces in alarm transmission systems - PTT interfaces for dedicated communications channels using ITU-T Recommendation V. 23 signalling	报警系统-第 7-12 部分：报警传输系统串行数据接口的信息格式和协议-采用 ITU-T 建议 V. 23 信令的专用信道的 PTT 接口	2001 年 3 月 9 日
13	IEC60839-7-20：2001	Alarm systems-Part 7-20：Message formats and protocols for serial data interfaces in alarm transmission systems-Terminal interfaces employing ITU-T Recommendation V. 24/V. 28 signalling	报警系统-第 7-20 部分：报警传输系统串行数据接口的信息格式和协议-采用 ITU-T 建议 V. 24/V. 28 信令的终端接口	2001 年 3 月 9 日
14	IEC60839-10-1：1995	Alarm systems - Part 10：Alarm systems for road vehicles-Section 1：Passenger cars	报警系统-第 10 部分：道路车辆报警系统-第 1 节：客车	1995 年 12 月 22 日
15	IEC60839-11-1：2013	Alarm and electronic security systems - Part 11 - 1：Electronic access control systems -System and components requirements	报警与电子安防系统-第 11-1 部分：电子出入口控制系统-系统和部件要求	2013 年 5 月 7 日
16	IEC60839-11-2：2014	Alarm and electronic security systems - Part 11 - 2：Electronic access control systems Applicants guidelines	报警与电子安防系统-第 11-2 部分：电子出入口控制系统应用指南	2014 年 7 月 24 日
17	IEC60839-11-31：2016	Alarm and electronic security systems - Part 11 - 31：Electronic access control systems-Core interoperability protocol based on Web services	报警与电子安防系统-第 11-31 部分：电子出入口控制系统-基于网络服务的核心互联互通协议	2016 年 11 月 24 日
18	IEC60839-11-32：2016	Alarm and electronic security systems - Part 11 - 32：Electronic access control systems-Access control monitoring based on Web services	报警与电子安防系统-第 11-32 部分：电子出入口控制系统-基于网络服务的出入口控制监控标准	2016 年 11 月 24 日
19	IEC62599-1：2010	Alarm systems-Part 1：Environmental test methods	报警系统-第 1 部分：环境试验方法	2010 年 5 月 19 日
20	IEC62599-2：2010	Alarm systems-Part 2：Electromagnetic compatibility-Immunity requirements for components of fire and security alarm systems	报警系统-第 2 部分：电磁兼容性-火灾和安全报警系统元件的抗扰度要求	2010 年 5 月 19 日
21	IEC62642-1：2010	Alarm systems-Intrusion and hold-up systems-Part 1：System requirements	报警系统-入侵和反劫系统-第 1 部分：系统要求	2010 年 6 月 16 日
22	IEC62642-2-2：2010	Alarm systems-Intrusion and hold-up systems-Part 2-2：Intrusion detectors-Passive infrared detectors	报警系统-入侵和反劫系统-第 2-2 部分：入侵探测器-被动红外探测器	2010 年 10 月 7 日
23	IEC62642-2-3：2011	Alarm systems-Intrusion and hold-up systems-Part 2-3：Intrusion detectors-Microwave detectors	报警系统-入侵和反劫系统-第 2-3 部分：入侵探测器-微波探测器	2011 年 1 月 16 日

续表

序号	标准号	英文名称	中文名称	发布日期
24	IEC62642-2-4：2011	Alarm systems-Intrusion and hold-up systems-Part 2-4：Intrusion detectors-Combined passive infrared / Microwave detectors	报警系统-入侵和反劫系统-第2-4部分：入侵探测器-组合被动红外/微波探测器	2011年1月16日
25	IEC62642-2-5：2011	Alarm systems-Intrusion and hold-up systems-Part 2-5：Intrusion detectors-Combined passive infrared / Ultrasonic detectors	报警系统-入侵和反劫系统-第2-5部分：入侵探测器-组合被动红外/超声波探测器	2011年1月16日
26	IEC62642-2-6：2011	Alarm systems-Intrusion and hold-up systems-Part 2-6：Intrusion detectors-Opening contacts (magnetic)	报警系统-入侵和反劫系统-第2-6部分：入侵探测器-磁开关	2011年1月16日
27	IEC62642-2-71：2015	Alarm systems-Intrusion and hold-up systems-Part 2-71：Intrusion detectors-Glass break detectors (acoustic)	报警系统-入侵和反劫系统-第2-71部分：入侵探测器-玻璃破碎探测器（有声）	2015年10月7日
28	IEC62642-2-72：2015	Alarm systems-Intrusion and hold-up systems-Part 2-72：Intrusion detectors-Glass break detectors (passive)	报警系统-入侵和反劫系统-第2-72部分：入侵探测器-玻璃破碎探测器（被动）	2015年10月7日
29	IEC62642-2-73：2015	Alarm systems-Intrusion and hold-up systems-Part 2-73：Intrusion detectors-Glass break detectors (active)	报警系统-入侵和反劫系统-第2-73部分：入侵探测器玻璃破碎探测器（主动）	2015年10月7日
30	IEC62642-3：2010	Alarm systems-Intrusion and hold-up systems-Part 3：Control and indicating equipment	报警系统-入侵和反劫系统-第3部分：控制和指示设备	2010年10月5日
31	IEC62642-4：2010	Alarm systems-Intrusion and hold-upsystems-Part 4：Warning devices	报警系统-入侵和反劫系统-第4部分：告警装置	2010年10月7日
32	IEC62642-5-3：2010	Alarm systems-Intrusion and hold-up systems-Part 5-3：Interconnections-Requirements for equipment using radio frequency techniques	报警系统-入侵和反劫系统-第5-3部分：使用无线射频技术的互联设备要求	2010年10月7日
33	IEC62642-6：2011	Alarm systems-Intrusion and hold-up systems-Part 6：Power supplies	报警系统-入侵和反劫系统-第6部分：电源	2011年2月10日
34	IEC/TS62642-7：2011	Alarm systems-Intrusion and hold-up systems-Part 7：Application guidelines	报警系统-入侵和反劫系统-第7部分：应用指南	2011年2月10日
35	IEC62642-8：2011	Alarm systems-Intrusion and hold-up systems-Part 8：Security fog device/systems	报警系统-入侵和反劫系统-第8部分：安防喷雾设备/系统	2011年2月10日
36	IEC62676-1-1：2013	Video surveillance systems for use in security applications-Part 1-1：System requirements-General	安防视频监控系统-第1-1部分：系统要求-通用要求	2013年10月28日
37	IEC62676-1-2：2013	Video surveillance systems for use in security applications-Part 1-2：General video transmission-performance requirements	安防视频监控系统-第1-2部分：通用视频传输-性能要求	2013年10月28日
38	IEC62676-2-1：2013	Video surveillance systems for use in security applications-Part 2-1：Video transmission protocols-General requirements	安防视频监控系统-第2-1部分：视频传输协议-通用要求	2013年11月7日

续表

序号	标准号	英文名称	中文名称	发布日期
39	IEC62676-2-2：2013	Video surveillance systems for use in security applications-Part 2-2：Video transmission protocols-IP interoperability implementation based on HTTP and REST services	安防视频监控系统-第 2-2 部分：视频传输协议-基于 HTTP 和 REST 服务的 IP 互联互通实现方式	2013 年 11 月 7 日
40	IEC62676-2-3：2013	Video surveillance systems for use in security applications-Part 2-3：Video transmission protocols-IP interoperability implementation based on web services	安防视频监控系统-第 2-3 部分：视频传输协议-基于 web 服务的 IP 互联互通实现方式	2013 年 11 月 7 日
41	IEC62676-3：2013	Video surveillance systems for use in security applications-Part 3：Analog and digital video interfaces	安防视频监控系统-第 3 部分：模拟数字视频接口	2013 年 7 月 22 日
42	IEC62676-4：2014	Video surveillance systems for use in security applications-Part 4：Application guidelines	安防视频监控系统-第 4 部分：应用指南	2014 年 4 月 29 日
43	IEC62676-5：2018	Video surveillance systems for use in security applications-Part 5：Data specifications and image quality performance for camera devices	安防视频监控系统-第 5 部分：摄像机数据规范和图像质量性能	2018 年 6 月 5 日
44	IEC62820-1-1：2016	Building intercom systems-Part 1-1：System requirements-General	楼寓对讲系统-第 1-1 部分：系统通用要求	2016 年 9 月 22 日
45	IEC62820-1-2：2017	Building intercom systems-Part 1-2：System requirements-Building intercom systems using the internet protocol（IP）	楼寓对讲系统 第 1-2 部分：系统要求-数字楼寓对讲系统（IP）	2017 年 7 月 26 日
46	IEC62820-2：2017	Building intercom systems-Part 2：Requirements for advanced security building intercom systems（ASBIS）	楼寓对讲系统 第 2 部分：高安全楼寓对讲系统要求（ASBIS）	2017 年 9 月 15 日
47	IEC62820-3-1：2017	Building intercom systems-Part 3-1：Application guidelines-General	楼寓对讲系统 第 3-1 部分：通用系统应用指南	2017 年 12 月 13 日
48	IEC62820-3-2：2018	Building intercom systems-Part 3-2：Application guidelines-Advanced security building intercom systems（ASBIS）	楼寓对讲系统 第 3-2 部分：高安全楼寓对讲系统应用指南（ASBIS）	2018 年 2 月 6 日
49	IEC62851-1：2014	Alarm and electronic security systems-Social alarm systems-Part 1：System requirements	报警与电子安防系统-社会报警系统-第 1 部分：系统要求	2014 年 4 月 10 日
50	IEC62851-2：2014	Alarm and electronic security systems-Social alarm systems-Part 2：Trigger devices	报警与电子安防系统-社会报警系统-第 2 部分：触发设备	2014 年 4 月 10 日
51	IEC62851-3：2014	Alarm and electronic security systems-Social alarm systems-Part 3：Local unit and controller	报警与电子安防系统-社会报警系统-第 3 部分：本地单元和控制器	2014 年 4 月 10 日
52	IEC62851-5：2014	Alarm and electronic security systems-Social alarm systems-Part 5：Interconnection and communications	报警与电子安防系统-社会报警系统-第 5 部分：互联和通信	2014 年 4 月 10 日

附录五 2018年中国国际社会公共安全产品博览会优秀创新产品名录

2018年中国国际社会公共安全产品博览会创新产品评选活动中，共有5款产品获得了新增设的“重大行业创新贡献奖”，20款产品被评为“创新产品特等奖”，79款产品被评为“创新产品优秀奖”。

一、重大行业创新贡献奖

序号	公司名称	产品名称
1	华为技术有限公司	华为 OceanStor 9000 横向扩展文件存储
2	上海天跃科技股份有限公司	天跃安防智能管理系统 TY-SIMS
3	上海依图网络科技有限公司	依图人像大平台
4	云从科技	AI 摄像机
5	公安部第一研究所	公安视频图像信息数据库软件（型号：ZD8323A）

二、创新产品特等奖

序号	公司名称	产品名称
1	北京以萨技术股份有限公司	以萨视频 AI 多维数据融合分析系统
2	东方网力科技股份有限公司	智能安防社区系统
3	富盛科技股份有限公司	智能环境监测管理平台
4	公安部第一研究所	金蝉甲软质防弹衣
5	广东安居宝数码科技股份有限公司	Z15B 门口机（超薄）
6	杭州海康威视数字技术股份有限公司	萤石 C5Si
7	杭州海康威视数字技术股份有限公司	比对服务器
8	杭州海康威视数字技术股份有限公司	海康超脑
9	慧盾信息安全科技（苏州）股份有限公司	视频大数据平台数据安全系统
10	佳都新太科技股份有限公司	视频云+大数据平台
11	苏州科达科技股份有限公司	科达猎鹰实战应用平台
12	苏州千视通视觉科技股份有限公司	图侦综合实战平台
13	同方威视技术股份有限公司	毫米波人体安检门
14	微瞳科技（深圳）有限公司	微瞳低空固定式无人机反制系统
15	希捷新加坡国际总部私人有限公司	希捷酷鹰 SkyHawk AI 系列硬盘
16	浙江大华技术股份有限公司	超融合智能服务器
17	浙江宏泰电子设备有限公司	钩舌锁（双钩锁）
18	北京欣博电子科技有限公司	超低功耗 SVAC2.0 人工智能芯片（型号：SC6235）
19	北京中盾安全技术开发公司	SVAC 安全智能高清系列网络摄像机（型号：ZD5920-Gi4N、ZD5920-GN、ZD5921）
20	天津市亚安科技有限公司	HDH3021

三、创新产品优秀奖

序号	公司名称	产品名称
1	安徽创世科技股份有限公司	无线高清布控球
2	安徽创世科技股份有限公司	便携式指挥调度无线视频终端
3	安徽清新互联信息科技有限公司	“清新小超脑”智能分析盒
4	安徽清新互联信息科技有限公司	iCVS2.0 云视频管理平台
5	安徽清新互联信息科技有限公司	4G 智能车载硬盘录像机
6	安徽清新互联信息科技有限公司	4G 智能便携应急指挥箱
7	安徽睿极智能科技有限公司	“在目”无线智能眼镜
8	安徽睿极智能科技有限公司	RJI 双 4G 无线低功耗智能模组
9	北京的卢深视科技有限公司	“火眼”系列-嵌入式三维智能人脸开发套件
10	北京格灵深瞳信息技术有限公司	皓目行为分析仪
11	北京航天长峰科技工业集团有限公司	时空大数据云平台
12	北京航天长峰科技工业集团有限公司	新一代指挥系统
13	北京和普威视科技股份有限公司	输电线路防山火预警专用热成像摄像机
14	北京蓝卡科技股份有限公司	AI 高清视频车位引导系统
15	北京明朝万达科技股份有限公司	新一代移动警务建设方案
16	北京深鉴科技有限公司	DNNDK™（Deep Neural Network Development Kit）
17	北京深晶科技有限公司	视频结构化服务器
18	北京深醒科技有限公司	深醒公安大数据一体化防控平台
19	北京深醒科技有限公司	深醒动态人脸识别系统
20	北京世纪之星应用技术研究中心	光多普勒入侵探测器
21	北京斯科德科技有限公司	面部识别与 RFID 无障碍通行二合一会议签到验证系统
22	北京斯科德科技有限公司	斯科德人证合一管理系统 V9.0
23	北京蛙视通信技术股份有限公司	基于 AI 深度学习的高速公路事件检测系统
24	北京眼神科技有限公司	智能人脸识别摄像机
25	北京眼神科技有限公司	智能虹膜人脸一体机
26	北京眼神科技有限公司	眼神智能科技刷脸通智能通道管理系统
27	北京易华录信息技术股份有限公司	公安情报指挥一体化合成作战平台
28	成都翰东科技有限公司	安防综合智能管理系统
29	成都翰东科技有限公司	外出押解定位管控系统
30	东方网力科技股份有限公司	互联网视频大数据平台
31	富盛科技股份有限公司	智慧城市综合视频管理平台
32	高新兴科技集团股份有限公司	智眸视频门禁系统
33	公安部第一研究所	全景 720°音视频采集执法终端

续表

序号	公司名称	产品名称
34	广东德明科技有限公司	三维地图的视频应用及调度预警系统平台
35	广州美凯信息技术股份有限公司	Caesar 凯撒光纤 KVM 坐席协作管理平台
36	广州翼梭电子科技有限公司	拍打门机芯模块
37	海能达通信股份有限公司	极速 110 指挥调度系统
38	杭州当虹科技股份有限公司	当虹鹰眼移动人像单兵
39	杭州迪普科技股份有限公司	物联网应用安全控制系统
40	杭州海康威视数字技术股份有限公司	合智能全局摄像机
41	杭州海康威视数字技术股份有限公司	智能三目摄像机
42	杭州海康威视数字技术股份有限公司	合智能双舱一体机
43	杭州海康威视数字技术股份有限公司	ADAS 智能分析主机
44	杭州海康威视数字技术股份有限公司	9 寸 400W 黑光球机
45	杭州海康威视数字技术股份有限公司	双目矩机
46	湖南华南光电科技股份有限公司	便携式痕量炸药探测器
47	湖南源信光电科技股份有限公司	超微光 180°高清全景网络摄像机
48	华为技术有限公司	华为 OceanStor 2800 V5 视频云融合存储
49	华为技术有限公司	华为 FusionMind 城市交通大脑
50	华讯方舟科技有限公司	毫米波人体安检仪
51	金鹏电子信息机器有限公司	金鹏公共安全智能防控平台
52	普天线缆集团	新型结构的超六类数字通信电缆
53	青岛海信网络科技股份有限公司	海信公安实战平台
54	厦门立林科技有限公司	LuxDomo 智能家居系统
55	上海广拓信息技术有限公司	智能安防集成应用系统
56	上海广拓信息技术有限公司	T6/T8 系列触网防旁路脉冲电子围栏
57	深圳耐杰电子技术有限公司	55 倍光学变焦星光级超低照度全实时日夜型 1080P 全高清双通道 IP 融合一体机
58	深圳市华尊科技股份有限公司	人像集成综合应用系统
59	深圳市刻锐智能科技有限公司	刻锐智能报警主机
60	深圳市刻锐智能科技有限公司	刻锐智能报警系统
61	深圳市优特普科技有限公司	优特普大功率无风扇 PoE 交换机
62	深圳云天励飞技术有限公司	云天人像边缘计算引擎
63	深圳云天励飞技术有限公司	云天动态人像平台
64	深圳震有科技股份有限公司	新一代应急指挥平台
65	深圳力维智联技术有限公司	ZNV 力维人脸大数据系统
66	深圳力维智联技术有限公司	ZNV 力维心理与情绪识别系统

续表

序号	公司名称	产品名称
67	石家庄优创科技股份有限公司	视频车型分类仪
68	石家庄优创科技股份有限公司	鹰眼栏杆机
69	天地伟业技术有限公司	200 万超星光定焦全光谱警戒一体机
70	天地伟业技术有限公司	人脸实战云平台
71	武汉微创光电股份有限公司	智慧运维管理平台
72	西部数据 Western Digital	WD Purple microSD 存储卡
73	新智认知数据服务有限公司	人网平台
74	新智认知数据服务有限公司	应用支撑平台
75	浙江大华技术股份有限公司	智能视频监控一体机
76	浙江宇视科技有限公司	“燕山” 视频安全智能准入设备
77	浙江宇视科技有限公司	“天目” 900W 天目抓拍单元
78	中控智慧科技股份有限公司	悦通系列智能摆闸 SBTH7000
79	中云智慧（北京）科技有限公司	安检通道智能旅检系统

附录六　2018 年“平安建设”优秀行业解决方案推荐名录

中国安防产品行业协会于 2018 年 5 月至 9 月在全国范围内组织开展了为“平安城市”建设推荐优秀行业解决方案及自主创新产品工作。该活动本着企业自愿申请及公开、公正、公平、客观的原则进行组织，共收到 151 家企业的申报方案 255 个，经过对资料的分析、整理、核实、计算和专家认真评议，共提出推荐 86 家企业 129 个优秀解决方案。现公布名单如下：

序号	公司名称	行业	方案名称
1	云从科技	雪亮工程	智慧平安小区系统解决方案
2	云从科技	平安城市	人脸视图汇聚分析与应用解决方案
3	中星电子股份有限公司	雪亮工程	视频监控雪亮工程建设方案
4	中星电子股份有限公司	平安城市	智慧警务解决方案
5	中控智慧科技股份有限公司	司　法	智慧监狱生物识别智能管理系统解决方案
6	浙江宇视科技有限公司	雪亮工程	视频监控雪亮工程建设方案
7	浙江宇视科技有限公司	平安城市	平安城市建设方案
8	浙江宇视科技有限公司	教　育	平安校园高教综合解决方案
9	浙江宇视科技有限公司	交　通	高速公路视频监控系统方案
10	浙江立元通信技术股份有限公司	平安城市	分层次网格化社会治安视频防控系统的应用
11	浙江红苹果电子有限公司	文　博	文博园区视频监控解决方案
12	浙江浩腾电子科技股份有限公司	雪亮工程	基于物联网+技术的视频智能运维系统
13	浙江浩腾电子科技股份有限公司	交　通	基于人工智能的城市交通视频云平台
14	浙江大立科技股份有限公司	司　法	反恐反暴红外热成像夜间侦察方案
15	浙江大华技术股份有限公司	平安城市	大华 HOC 智慧警务解决方案
16	浙江大华技术股份有限公司	能　源	智慧安全工业园区解决方案
17	浙江大华技术股份有限公司	教　育	智慧教育校园宿舍人脸考勤解决方案
18	浙江大华技术股份有限公司	交　通	高速公路智能事件检测解决方案
19	浙江大华安防联网运营服务有限公司	报警运营	基于物联网电动车安全运营服务管理平台技术方案
20	银江股份有限公司	交　通	城市交通多层次主动控制与协同系统
21	讯飞智元信息科技有限公司	交　通	“智能交通”交通领域优秀解决方案
22	新华三技术有限公司	雪亮工程	鹰视系统　视频监控网前端接入安全防护解决方案
23	武汉微创光电股份有限公司	交　通	高速公路视频联网监控解决方案
24	武汉网信安全技术股份有限公司	医　疗	智慧医疗整体解决方案
25	武汉瑞科兴业科技有限公司	能　源	数字化电厂综合管理系统
26	武汉旗云高科工程技术有限公司	文　博	文物保护单位安全技术防范系统工程设计方案
27	武汉烽火众智数字技术有限责任公司	平安城市	平安城市建设解决方案
28	同方威视技术股份有限公司	交　通	城市轨道交通安检信息系统

续表

序号	公司名称	行业	方案名称
29	通号通信信息集团有限公司	交　通	智慧型平安车站解决方案
30	天津普泰国信科技有限公司	雪亮工程	视频监控雪亮工程解决方案
31	天地伟业技术有限公司	司　法	智慧公安执法办案区解决方案
32	天地伟业技术有限公司	平安城市	人脸识别布控系统　平台联网应用方案
33	天地伟业技术有限公司	金　融	银行安防联网监控解决方案
34	天地伟业技术有限公司	交　通	智能交通系统解决方案
35	苏州科达科技股份有限公司	雪亮工程	视频监控雪亮工程建设方案
36	苏州科达科技股份有限公司	平安城市	平安城市建设解决方案
37	苏州科达科技股份有限公司	教　育	视讯教室与教学督导解决方案
38	苏州科达科技股份有限公司	交　通	城市智能交通解决方案
39	深圳云天励飞技术有限公司	平安城市	云天“深目”动态人像识别系统
40	深圳市万佳安物联科技股份有限公司	雪亮工程	平安乡镇项目建设解决方案
41	深圳市捷顺科技实业股份有限公司	智能建筑	智慧停车解决方案
42	深圳市华德安科技有限公司	平安城市	执法记录系统整体解决方案
43	深圳市豪恩安全科技有限公司	司　法	监狱安全防范解决方案
44	深圳市豪恩安全科技有限公司	社区家庭	智能小区防盗报警解决方案
45	深圳金三立视频科技股份有限公司	能　源	智慧电力行业解决方案
46	深圳金三立视频科技股份有限公司	交　通	高速公路高清视频监控整体解决方案
47	上海天跃科技股份有限公司	金　融	新一代金融安防智能管理系统方案
48	上海天跃科技股份有限公司	教　育	天跃高校综合安防管理平台方案
49	上海天诚通信技术股份有限公司	智能建筑	综合布线解决方案
50	上海集光安防科技股份有限公司	社区家庭	集光安防智慧社区解决方案
51	山东中安科技股份有限公司	司　法	监管场所综合管理平台
52	山东亚华电子股份有限公司	医　疗	“安全护理、平安病区”解决方案
53	山东科威达信息科技有限公司	平安城市	平安城市建设方案
54	山东科威达信息科技有限公司	交　通	国省道智能交通管控系统技术设计方案
55	厦门万安智能有限公司	智能建筑	高端酒店智能化系统工程
56	厦门万安智能有限公司	社区家庭	智慧小镇智慧化系统工程
57	厦门立林科技有限公司	社区家庭	智能门禁系统
58	厦门科拓通讯技术股份有限公司	交　通	全视频智慧停车场综合解决方案
59	厦门狄耐克智能科技股份有限公司	社区家庭	人脸通全系列解决方案
60	泉州佳乐电器有限公司	智能建筑	数字云对讲解决方案
61	青岛浩海网络科技股份有限公司	其　他	森林防火预警监控系统　建设方案
62	青岛海信网络科技股份有限公司	平安城市	公共安全平安城市整体解决方案
63	罗普特（厦门）科技集团有限公司	雪亮工程	罗普特雪亮工程解决方案

续表

序号	公司名称	行业	方案名称
64	联通系统集成有限公司	智能建筑	少年儿童场馆智能化建设方案
65	联通系统集成有限公司	雪亮工程	雪亮工程解决方案
66	科海电子股份有限公司	平安城市	智慧城市大数据高清智能综合项目
67	靖江市旭飞安防工程有限公司	司 法	智慧监所安防整体解决方案
68	金鹏电子信息机器有限公司	平安城市	智慧平安城市解决方案
69	佳都新太科技股份有限公司	平安城市	视频云+大数据平台
70	济南中维世纪科技有限公司	其 他	农业溯源整体解决方案
71	华为技术有限公司	雪亮工程	视频云“云识”解决方案
72	华为技术有限公司	平安城市	融合指挥解决方案
73	华为技术有限公司	交 通	智慧交通云行解决方案
74	湖北泰信科技信息发展有限责任公司	司 法	应急指挥综合管理平台关键技术解决方案
75	湖北集防科技有限公司	雪亮工程	视频监控雪亮工程建设方案
76	恒锋信息科技股份有限公司	平安城市	监管场所安防集成平台建设方案
77	河南华安保全智能发展有限公司	报警运营	报警运营行业解决方案
78	合肥未来计算机技术开发有限公司	智能建筑	法庭智能化系统设计方案
79	杭州中威电子股份有限公司	雪亮工程	雪亮工程整体解决方案
80	杭州中威电子股份有限公司	平安城市	平安城市行业解决方案
81	杭州中威电子股份有限公司	能 源	变电站智能监控系统解决方案
82	杭州青鸟电子有限公司	金 融	银行（金融）营业场所智慧安防系统
83	杭州海康威视数字技术股份有限公司	医 疗	医院综合安防集成系统解决方案
84	杭州海康威视数字技术股份有限公司	雪亮工程	AI+雪亮工程解决方案
85	杭州海康威视数字技术股份有限公司	平安城市	海康威视人像大数据解决方案
86	杭州海康威视数字技术股份有限公司	金 融	金融智慧库房建设解决方案
87	杭州海康威视数字技术股份有限公司	教 育	高教校园综合安防解决方案
88	杭州海康威视数字技术股份有限公司	交 通	云图交通 AR 实景指挥作战系统解决方案
89	海南科澜科技有限公司	司 法	防暴防逃指挥中心信息系统集成方案
90	海南科澜科技有限公司	平安城市	非机动车过街通道信号灯系统解决方案
91	广州市保伦电子有限公司	智能建筑	CBD 音视频系统
92	广州市保伦电子有限公司	平安城市	应急广播系统
93	广东美电贝尔科技集团股份有限公司	司 法	智慧监所信息化建设
94	广东履安实业有限公司	金 融	银行综合业务大楼安防解决方案
95	广东履安实业有限公司	教 育	平安校园安防解决方案
96	广东安居宝数码科技股份有限公司	社区家庭	智能家居解决方案
97	冠林电子有限公司	医 疗	医疗建筑智能化信息集成平台系统解决方案
98	高新兴科技集团	交 通	基于 AR 的交通可视化管控系统的解决方案

续表

序号	公司名称	行业	方案名称
99	富盛科技股份有限公司	雪亮工程	雪亮工程行业解决方案
100	富盛科技股份有限公司	交　通	轨道交通行业解决方案
101	东方网力科技股份有限公司	雪亮工程	雪亮工程解决方案
102	东方网力科技股份有限公司	社区家庭	智能安防社区解决方案
103	东方网力科技股份有限公司	平安城市	平安城市解决方案
104	成都理想科技开发有限公司	报警运营	基于 LoRa 技术的报警系统远距离无线防区方案
105	北京中盾安民分析技术有限公司	交　通	机场旅检“智能通道”整体解决方案
106	北京中电兴发科技有限公司	雪亮工程	视频监控雪亮工程建设方案
107	北京中电兴发科技有限公司	平安城市	平安城市技术方案
108	北京智鑫安盾数字技术有限公司	智能建筑	商业综合体安防解决方案
109	北京智鑫安盾数字技术有限公司	平安城市	数字城市视频监控管理系统解决方案
110	北京易华录信息技术股份有限公司	平安城市	光磁一体机解决方案
111	北京以萨技术股份有限公司	平安城市	以萨平安城市人工智能解决方案
112	北京声迅电子股份有限公司	雪亮工程	视频监控雪亮工程建设方案
113	北京声迅电子股份有限公司	交　通	轨道交通视频监控系统解决方案
114	北京深醒科技有限公司	平安城市	深醒公安动态人脸识别系统
115	北京尚易德科技有限公司	雪亮工程	视频监控雪亮工程建设方案
116	北京蓝色星际科技股份有限公司	司　法	监狱安全防范系统整体解决方案
117	北京蓝色星际科技股份有限公司	金　融	银行视频报警监控联网项目技术方案
118	北京蓝色星际科技股份有限公司	教　育	平安校园解决方案
119	北京蓝卡科技股份有限公司	智能建筑	AI 云无人值守停车场管理系统
120	北京旷视科技有限公司	智能建筑	智能楼宇园区解决方案
121	北京旷视科技有限公司	平安城市	端到端智能安防行业解决方案
122	北京快鱼电子股份公司	金　融	银行音视频同步录音录像系统解决方案
123	北京和普威视科技股份有限公司	平安城市	反无人机低空预警光电系统
124	北京北电科林电子有限公司	智能建筑	智慧园区一体化解决方案
125	安徽四创电子股份有限公司	平安城市	平安城市技术方案
126	安徽南瑞继远电网技术有限公司	智能建筑	继远电网智能建筑一体化监控平台解决方案
127	安徽南瑞继远电网技术有限公司	能　源	继远电网变电站智能辅助监控平台解决方案
128	安徽创世科技股份有限公司	能　源	电力行业高清无线监控综合解决方案
129	安徽超清科技股份有限公司	平安城市	平安城市解决方案

附录七 2018年中国安防行业展会名录

序号	展会名称	展会时间	展会地点
1	2018中国国际智能建筑展览会	2018年3月12-14日	北京国家会议中心
2	2018中国（湖北）国际公共安全技术产品博览会	2018年3月21-23日	武汉国际博览中心
3	2018第十二届广西国际社会公共安全产品暨智慧城市产品展览会	2018年3月23-25日	南宁国际会展中心
4	2018第十七届河北社会公共安全产品博览会	2018年3月23-25日	石家庄国际博览中心
5	2018第九届中国（昆明）东南亚、南亚安防暨警用装备展览会	2018年3月26-28日	昆明滇池国际会展中心
6	2018中国重庆智慧城市暨社会公共安全、警用装备产品技术展览会	2018年3月30日-4月1日	重庆展览中心
7	2018第十六届中国（郑州）社会公共安全产品博览会	2018年4月3-5日	郑州国际会展中心
8	2018东北（长春）第十六届国际社会公共安全产品博览会	2018年4月8-10日	长春国际会展中心
9	2018中国（武汉）公共安全产品暨警用装备展览会	2018年4月13-15日	武汉国际会展中心
10	2018年第21届台北国际安防展	2018年4月18-20日	世贸中心南港展览馆
11	2018第九届中国（杭州）国际社会公共安全产品与技术博览会	2018年4月19-21日	杭州国际博览中心
12	2018第二十届东北国际公共安全防范产品博览会	2018年4月19-21日	沈阳新世界博览馆
13	2018（第17届）南京安博会	2018年4月26-28日	南京国际博览中心
14	2018第十届亚洲（北京）国际智慧城市技术与应用产品展览会	2018年4月27-29日	中国国际展览中心（老馆）
15	2018第十七届济南国际公共安全防范产品暨警用装备博览会	2018年5月8-10日	济南国际会展中心
16	2018第十八届中国成都国际社会公共安全产品与技术展览会	2018年5月10-12日	成都世纪城新国际会展中心
17	2018第九届中国国际警用装备博览会	2018年5月15-18日	国家会议中心
18	2018第十八届上海国际公共安全产品博览会	2018年5月23-25日	上海世博展览馆
19	2018中国西安国际社会公共安全产品、智慧城市暨警察反恐技术装备博览会	2018年5月23-25日	西安曲江国际会展中心
20	2018第十二届中国国际智能交通展览会	2017年5月28-30日	中国国际展览中心（新馆）
21	2018第九届中国（天津）国际智慧城市暨社会公共安全产品展览会	2018年5月31日-6月2日	天津国际展览中心
22	2018中国（太原）第五届社会公共安全产品暨警用装备博览会	2018年6月14-16日	中国（太原）煤炭交易中心
23	2018第七届中国（北京）国际智能楼宇展览会	2018年6月28-30日	北京亦创国际会展中心
24	2018第七届西部（甘肃）社会公共安全防范产品与智慧城市警用装备博览会	2018年7月20-22日	甘肃国际会展中心

续表

序号	展会名称	展会时间	展会地点
25	2018 第五届中国—亚欧安防博览会暨 2018 第十四届新疆警用反恐技术装备博览会	2018 年 8 月 16-18 日	新疆国际会展中心
26	2018 第十二届上海国际智能建筑展览会	2018 年 9 月 3-5 日	上海新国际博览中心
27	2018 第十七届中国（青岛）国际社会公共安全博览会	2018 年 9 月 22-25 日	青岛国际会展中心
28	2018 年中国国际社会公共安全产品博览会	2018 年 10 月 23-26 日	中国国际展览中心
29	2018 中国（海南）国际社会公共安全产品暨警用装备博览会	2018 年 12 月 21-23 日	海南国际会议展览中心

后 记

《中国安全防范行业年鉴》是国内唯一一部由公安部科技信息化局指导、中国安全防范产品行业协会编制的安防行业权威出版物。

《中国安全防范行业年鉴》（2018 版）的编写工作于 2018 年 12 月正式启动。编辑工作组吸取以往的工作经验，在对原有篇章结构进行大幅压缩的前提下，大胆探索、勇于创新，力图使其成为中国安防行业从业企业和人员之间相互交流的平台、社会各界了解中国安防行业的窗口。

编写前期，在中国安全防范产品行业协会的组织领导下，组成编辑工作组，制定工作计划，搜集相关资料，集中采编整理。编辑工作完成后，组织召开编委会会议，并对《中国安全防范行业年鉴》（2018 版）送审稿的基本框架结构和整体内容进行了审议。根据编委会审议意见对年鉴内容进行再次补充调整，使其总体编排更加合理、资讯内容更加丰富、信息检索更加便捷。

在信息采集阶段，编辑工作组主要通过以下渠道获取信息：一是公安部科技信息化局向各地公安厅（局）技防管理部门采集相关信息；二是中国安全防范产品行业协会向标准化、检测和认证等行业技术服务机构以及各地安防协会发文采集相关信息；三是中国安全防范产品行业协会专家委员会向在库专家发文采集新技术、新应用等相关信息；四是编辑工作组采集整理其他相关信息。

在信息整理阶段，编辑工作组首先对所获得的全部资料进行了认真梳理和加工，并按照编辑方案进行编写，形成了《中国安全防范行业年鉴》（2018 版）送审稿。同时，召开编委会会议，听取编委会成员的意见和建议，经过多次反复修改，最终结稿出版。

《中国安全防范行业年鉴》（2018 版）出版发行在公安部科技信息化局的正确领导下，得到了各省区市公安厅（局）技防管理部门、各地安防协会、全国安全防范报警系统标准化委员会、公安部特种警用装备标准化技术委员会、中国安全技术防范认证中心、国家安全防范报警系统产品质量监督检验中心（北京、上海）等技术服务机构以及广大安防企业的大力支持。

为本书提供稿件的单位如下：

技防管理机构

公安部科技信息化局安全技术防范工作指导处
北京市公安局指挥部视频警务和安技防通信保障处
天津市公安局安全技术防范管理办公室
河北省公安厅安全技术防范管理办公室
山西省公安厅治安管理总队安全技术防范支队
内蒙古自治区公安厅公共安全技术防范管理办公室
辽宁省公安厅技术防范办公室
吉林省公安厅视频监控处
黑龙江省公安厅安全技术防范管理办公室
上海市公安局安全技术防范办公室
江苏省公安厅科技信息化处
浙江省公安厅安全防范技术管理办公室
安徽省公安厅科技信息化处
福建省公安厅安全防范技术管理办公室
江西省公安厅安全防范技术管理办公室
山东省公安厅科技处
河南省公安厅安全防范技术管理办公室
湖北省公安厅安全技术防范管理办公室
湖南省公安厅科技信息化总队视频图像与技术防范支队
广东省公安厅安全技术防范管理办公室
广西壮族自治区公安厅安全技术防范管理办公室
海南省公安厅安全技术防范管理办公室
重庆市公安局社会公共安全行业管理办公室
四川省公安厅安全技术防范管理办公室
贵州省公安厅安全技术防范管理办公室
云南省公安厅科技信息化处
西藏自治区公安厅科技信息化总队
陕西省公安厅安全技术防范管理办公室
甘肃省公安厅安全技术防范管理办公室
青海省公安厅安全技术防范管理办公室

宁夏回族自治区公安厅安全技术防范管理办公室
新疆维吾尔自治区公安厅治安管理总队基层基础工作支队保安技防指导大队
新疆生产建设兵团公安局科技信息化总队

行业组织

中国安全防范产品行业协会
北京安全防范行业协会
石家庄市安全技术防范协会
邯郸市安全防范产品行业协会
内蒙古自治区公共安全技术防范行业协会
辽宁省社会公共安全产品行业协会
吉林省社会公共安全产品行业协会
黑龙江省安全防范产品行业协会
上海安全防范报警协会
南京安全技术防范行业协会
苏州市安全技术防范行业协会
常州市安全技术防范行业协会
昆山市安全防范行业协会
南通安全防范协会
浙江省安全技术防范行业协会
杭州市安全技术防范行业协会
宁波大榭开发区保险箱（柜）行业协会
东阳市保安技术防范行业协会
安徽省安全技术防范行业协会
芜湖市安全技术防范协会
福建省安全技术防范行业协会
三明市安全技术防范行业协会
江西省安全技术防范行业协会
南昌市安全技术防范协会
济南市社会公共安全防范协会
青岛市社会公共安全防范协会
郑州市公共安全防范行业协会
湖北省安全技术防范行业协会
武汉市安全技术防范行业协会
湖南省安全技术防范协会
广东省公共安全技术防范协会
广州市安全防范行业协会
深圳市安全防范行业协会
深圳市智慧安防行业协会
东莞市公共安全技术防范协会
珠海市公共安全技术防范协会
广西安全技术防范行业协会
海南省智慧城市安防技术行业协会
成都安全防范协会
重庆市公共安全技术防范协会
贵州省安全技术防范行业协会
云南省安全技术防范协会
陕西省安全防范产品行业协会
甘肃省安全技术防范协会
青海省公共安全技术防范协会
新疆维吾尔自治区安全技术防范行业协会

技术服务机构

全国安全防范报警系统标准化技术委员会
全国安全防范报警系统标准化技术委员会实体防护设备分技术委员会
全国警用装备标准化技术委员会
公安部社会公共安全应用基础标准化技术委员会
国家安全防范报警系统产品质量监督检验中心（北京）
国家安全防范报警系统产品质量监督检验中心（上海）
中国安全技术防范认证中心
公安部第三研究所认证中心
视频图像信息智能分析与共享应用技术国家工程实验室
中国人民公安大学安全防范技术与风险评估实验室
视频图像智能分析与应用技术公安部重点实验室
智能语音技术公安部重点实验室
北京安防视音频编解码技术产业联盟
中关村安防工程检测技术联盟
江苏警官学院“安全防范工程专业”

以上单位通力协作，在《中国安全防范行业年鉴》（2018 版）的编写过程中发挥了重要作用并作出了积极贡献。在《中国安全防范行业年鉴》（2018 版）付梓之际，谨向所有关心、支持编写工作的领导、专家、机构、协会、企业以及编写人员表示衷心的感谢并致以崇高的敬意。

《中国安全防范行业年鉴》（2018 版）编辑工作组
2019 年 6 月